NIELS H. M. ALBRECHT

KOMMUNIKATIONSMACHT
STRATEGIEN DER AUFMERKSAMKEITSÖKONOMIE

Niels H. M. Albrecht

KOMMUNIKATIONSMACHT
STRATEGIEN DER AUFMERKSAMKEITSÖKONOMIE

© DEACK – Deutsche Akademie für Change & Kommunikation | Potsdam 2021

Bestellnummer
ISBN 978-3-98212-621-0

Verlagsanschrift
DEACK – Deutsche Akademie für Change & Kommunikation
Lindenstraße 63 | 14467 Potsdam
+49 331 97 93 75 7-0 | verlag@deack.de | www.deack.de

Covergestaltung, Layout und Satz | Sabine Metzger
Lektorat | Elke Link
Zeichnungen und Illustrationen | MaRo
Fotografien | Niels H. M. Albrecht
Druck und Bindung | Eberl & Koesel GmbH & Co. KG

Copyright
Das Werk einschließlich aller seiner Teile ist urheberrechtlich geschützt. Jede Verwertung außerhalb der engen Grenzen des Urheberrechtsgesetzes ist ohne Zustimmung des Verlages unzulässig und strafbar. Das gilt insbesondere für Vervielfältigung, Übersetzung, Mikroverfilmung und die Einspeicherung und Verarbeitung in elektronischen Systemen. Alle in diesem Buch enthaltenen Angaben, Ergebnisse usw. wurden von dem Autor nach bestem Wissen erstellt. Sie erfolgen ohne jegliche Verpflichtung oder Garantie des Verlages. Er übernimmt deshalb keinerlei Verantwortung und Haftung für etwa vorhandene Unrichtigkeiten. Die Wiedergabe von Gebrauchsnamen, Handelsnamen, Warenbezeichnungen usw. in diesem Werk berechtigt auch ohne besondere Kennzeichnung nicht zu der Annahme, dass solche Namen im Sinne der Warenzeichen- und Markenschutz-Gesetzgebung als frei zu betrachten wären und daher von jedermann benutzt werden dürfen.

Bibliografische Information der Deutschen Nationalbibliothek
Die Deutsche Nationalbibliothek verzeichnet diese Publikation in der Deutschen Nationalbibliografie; detaillierte bibliografische Daten sind im Internet über http://dnb.d-nb.de abrufbar.

AUTOR

Dr. jur. Dr. phil. Niels H. M. Albrecht ist Experte der Aufmerksamkeitsökonomie.

Seit mehr als 20 Jahren berät er Mandantinnen und Mandanten aus Regierung, Unternehmen, Stiftungen, Vereinen und Kirche. Nach dem Studium der Rechts- und Kommunikationswissenschaften war er als Journalist, Medienmanager und Unternehmensberater tätig. Als Politik- und PR-Berater der Bundesregierung setzte sich Niels Albrecht mit der digitalen Bürgergesellschaft und deren Vernetzung auseinander und kommunizierte diese Themen für die Regierung. Anschließend wurde er in den Beraterstab der Katholischen Kirche berufen. Seit 2011 ist er Leiter der DEACK – Deutsche Akademie für Change & Kommunikation.

Als Speaker und Buchautor beschäftigt er sich mit dem Management von Kommunikations-, Change- und Krisenprozessen und gibt sein Wissen im Rahmen von Tagungen, Seminaren und Workshops weiter.

Kontakt zum Autor
albrecht@deack.de
nielsalbrecht@nielsalbrecht.com

01 BEDENKE, DASS DISKURSE NICHT HERRSCHEN, SONDERN EINE KOMMUNIKATIVE MACHT ERZEUGEN
KOMMUNIKATIVES HANDELN
SEITE 18

02 WENN DU KOMMUNIKATIV FÜHREN WILLST, MUSST DU DICH SELBST FÜHREN KÖNNEN
KOMMUNIKATIONSPSYCHOLOGIE
SEITE 30

03 BEGINNE JEDE STRATEGIE MIT EINEM KLAREN NEIN
KOMMUNIKATIONSHALTUNG
SEITE 38

04 ERZIELE WIRKUNG MIT NONVERBALEN SIGNALEN ODER VERLIERE ALLES
NONVERBALE KOMMUNIKATION
SEITE 46

05 HÖRE, WAS NICHT GESAGT WIRD
AKTIVES ZUHÖREN
SEITE 54

06 SAGE, WAS DU MEINST, UND MEINE, WAS DU SAGST
RHETORIK
SEITE 62

07 ZIELE AUF DAS HERZ, UM DEN VERSTAND ZU TREFFEN
VORTRAGSTECHNIKEN
SEITE 68

08 WER FRAGT, DER FÜHRT
FRAGETECHNIKEN
SEITE 76

09 FÜHRE NICHT ÜBER DEN INHALT, SONDERN ÜBER DIE STRUKTUR
MODERATIONSTECHNIKEN
SEITE 84

10 ENTFACHE DIE ZÜNDSTUFEN, UM DIE EMOTIONEN AUF DIE RICHTIGE FLUGHÖHE ZU BRINGEN
PRÄSENTATIONSTECHNIKEN
SEITE 94

11 VERHANDLE MIT PLAN, UM DAS MACHBARE ZU ERREICHEN
VERHANDLUNGSTECHNIKEN
SEITE 104

12 VERMEIDE KEINE KONFLIKTE, SONDERN LÖSE SIE
GEWALTFREIE KOMMUNIKATION
SEITE 116

13 DULDE KEINE INTRIGE, DENN SIE WIRD UM SICH GREIFEN
TROJANISCHE KOMMUNIKATION
SEITE 124

14 UNTERSCHÄTZE NIE DIE MACHT DES BILDES, DENN WIR ERSCHLIESSEN UNS DIE WELT ÜBER UNSERE AUGEN
MASSENPSYCHOLOGIE
SEITE 130

15 SEI WACHSAM, DENN SIE SPIELEN MIT DEINEN TRÄUMEN
NEURO-LINGUISTISCHES PROGRAMMIEREN
SEITE 140

16 SCHÜTZE DEINE WERTE, DENN SIE BESTIMMEN DEINEN KURS
PERSONALITY-PUBLIC-RELATIONS
SEITE 152

17 BAUE DEINE REPUTATION STABIL AUF, DENN SIE IST DAS FUNDAMENT DEINER MACHT
CEO-KOMMUNIKATION
SEITE 164

18 SCHAFFE EIN MONOPOL IN DEN KÖPFEN DER ANDEREN
MARKENFÜHRUNG
SEITE 172

19 VERFOLGE IMMER DIE HÖHERE VISION, UM DAS UNMÖGLICHE ZU ERMÖGLICHEN
KOMMUNIKATIONSSTRATEGIE
SEITE 178

20 PLATZIERE DEINE BOTSCHAFT IM SPIEL UM DIE MACHT
KOMMUNIKATIVE WIRKPRINZIPIEN
SEITE 202

**ERSCHAFFE EINE SCHLAGZEILE
FÜR DIE EWIGKEIT**
PRESSEARBEIT
SEITE 212

BEFÄHIGE DIE MANNSCHAFT, DIE DU FÜHRST
INTERNE KOMMUNIKATION
SEITE 220

**MACHE MITARBEITENDE ZU FANS,
DENN SIE HABEN DIE BESTEN BOTSCHAFTEN**
EMPLOYER BRANDING
SEITE 230

**LASS ANDERE FÜR DICH WERBEN,
DIE DEN AUTOPILOTEN AKTIVIEREN**
NEUROMARKETING
SEITE 242

**LOCKE DIE MENSCHEN MIT GESCHICHTEN,
DENN SIE KAUFEN KEINE FAKTEN**
STORYTELLING
SEITE 250

**ÜBERZEUGE NICHT MIT ARGUMENTEN,
SONDERN MIT TATEN**
EMPFEHLUNGSMARKETING
SEITE 260

**NUTZE DIE VIRALITÄT,
UM DEINEN INHALT ZU VERBREITEN**
CONTENT MARKETING
SEITE 270

**GEHE GELASSEN IN JEDES DUELL,
WENN DU DIE AUFMERKSAMKEIT
ZU LENKEN WEISST**
KAMPAGNE
SEITE 276

**SEI DEMÜTIG IM SIEG,
DENN DAS IST DER WAHRE GEWINN**
INVESTOR RELATIONS
SEITE 288

**INVOLVIERE DIE MENSCHEN,
UM DIE NACHFRAGE ZU STEIGERN**
INVOLVEMENT
SEITE 296

31
KENNE DIE BEDÜRFNISSE DER ANDEREN, DANN KANNST DU EINFLUSS NEHMEN
ZIELGRUPPENKOMMUNIKATION
SEITE 306

32
VERRATE NIE DEINE PRINZIPIEN, DENN DU VERRÄTST DICH SELBST
KRISENKOMMUNIKATION
SEITE 316

33
ENTWAFFNE DEINE GEGNER MIT EHRLICHKEIT
PERSÖNLICHE KRISEN-PR
SEITE 326

34
IN DER KRISE MUSS DU DER CHRONOLOGIE FOLGEN, NICHT DER KAUSALITÄT
KRISENINTERVIEW
SEITE 334

35
KENNE DEINE ANSPRUCHSGRUPPEN ODER DEIN HANDELN GEHT INS LEERE
STAKEHOLDER-MANAGEMENT
SEITE 352

36
ÜBERPRÜFE DEINE STANDFESTIGKEIT, DAMIT DU NICHT IM GRASSROOTS-LOBBYING STOLPERST
PUBLIC AFFAIRS
SEITE 360

37
UNTERLIEGE NIE DEINER EIGENEN INSZENIERUNG
IMPRESSION-MANAGEMENT
SEITE 368

38
WER DIE REIZ-REAKTIONS-MASCHINE BEHERRSCHT, BESTIMMT DIE AUFMERKSAMKEITSKURVE
AUFMERKSAMKEITSSTEUERUNG
SEITE 380

39
TÖTE DEN STILLSTAND, UM VERÄNDERUNGEN ZU ERZIELEN
CHANGEKOMMUNIKATION
SEITE 400

40
BEWEISE CHARAKTER, UM GESTÄRKT AUS DER KRISE HERVORZUGEHEN
THINK-TANK-MANAGEMENT
SEITE 412

PROLOG

KENNE DIE RICHTIGEN STRATEGIEN, UM IN DER AUFMERKSAMKEITSÖKONOMIE ZU ÜBERLEBEN

KENNE DIE RICHTIGEN STRATEGIEN, UM IN DER AUFMERKSAMKEITSÖKONOMIE ZU ÜBERLEBEN

Die Menschheit hat ihren Aufstieg der Kommunikation zu verdanken. Ohne sie sind keine Verständigung und Weiterentwicklung denkbar. Alle Meilensteine der Kommunikationsgeschichte haben nicht nur die Architektur des Zusammenlebens zwischen den Menschen, sondern auch die verschiedenen Gesellschaftsformen nachhaltig verändert.

Rückblickend können wir die Geschichte der Menschheit in sieben mediale Revolutionen unterteilen: Von den ersten Verständigungen innerhalb der Stammesgesellschaft über die antike Hochkulturgesellschaft der Rhetorik und die Buchdruckgesellschaft sowie die visuelle Gesellschaft hin zur Informationsgesellschaft und der Digitalgesellschaft der Gegenwart. Und da klopft bereits die siebte Revolution an unsere Tür. Heute stehen wir an der Schwelle der virtuellen Cybergesellschaft, auf deren Herausforderungen wir noch keine schlüssigen Antworten haben. Doch eines steht fest: Vom Urknall bis zum Internet waren es immer die Kommunikation und deren Technologien, die den Antriebsmotor der Menschheit am Laufen hielten.

STAMMESGESELLSCHAFT 1.0 In der Stammesgesellschaft war das Gespräch aus dem Dreiklang von Sprechen, Zuhören und Verstehen die notwendige Qualifikation und Voraussetzung für das gemeinsame Wirken der Menschen. Durch die Sprache konnten die Gedanken der einzelnen Person den anderen vermittelt und zugänglich gemacht werden. Mit dem dialogischen Austausch entstand ein Mehrwert aus neuen Lösungen und Ideen.

ANTIKGESELLSCHAFT 2.0 In der Hochkultur der Antike befassten sich die Gelehrten mit der Verfeinerung dieser Kommunikationstechniken. Sie setzten sich mit der Philosophie, der Rhetorik und dem politischen Diskurs sowie deren Dokumentation auseinander. Mit der Schrift konnte die Notwendigkeit der Anwesenheit der jeweiligen Person überwunden und zugleich ein über die Zeit hinausgehendes Gedächtnis an Erfahrung und Wissen aufgebaut werden, dessen Ursprung und Quellenangaben dokumentiert werden konnten. Mit der Dokumentation wurde das Fundament unserer Wissensgesellschaft aufgebaut.

BUCHDRUCKGESELLSCHAFT 3.0 Erst mit der Erfindung des Buchdrucks mit beweglichen Lettern durch den Mainzer Johannes Gutenberg begann die massenhafte Wissensverbreitung, die nun nicht mehr durch die Autorität von Obrigkeit und Kirche kontrolliert werden konnte. Das Buch wurde zum bedeutendsten Massenmedium. Zugleich entwickelten sich Lesen und Schreiben zu den elementaren Grundkenntnissen der Menschheit. Wissen wurde für breite Bevölkerungsschichten verfügbar. Und mit dem neuen Wissen wurden die Gesellschaftsstrukturen durchlässiger. Durch die Erfindung des Buchdrucks konnten auch Gesellschaftsstände aufgebrochen werden. »Stärker noch als das Blei in der Flinte«, so formulierte es Johannes Gutenberg, »hat das Blei im Setzkasten die Welt verändert.« Zeitungen und Periodika lieferten einen wichtigen Beitrag zum gesellschaftlichen Diskurs in der ganzen Welt. Selbstbestimmung und demokratische Strukturen bahnten sich ihren oft schwer umkämpften Weg. Mit dem Buchdruck fand das Wissen seine Verbreitung, und ein weltweiter Diskurs setzte ein.

VISUELLE GESELLSCHAFT 4.0 Mit der Erfindung der Fotografie brach das Zeitalter der visuellen Kommunikation an. Die Fotografie hat die Alltagswahrnehmung der Menschheit grundlegend verändert. Die darauffolgende elektronische Bilderwelt des Kinos und Fernsehens hat diese revolutioniert. Aus »Schlagworten« der Geschichte sind »Schlagbilder« geworden. Zu Personen des öffentlichen Lebens wie Willy Brandt, Angela Merkel oder Steve Jobs haben wir keine Daten mehr im Kopf, sondern Bilder. »Was wir über unsere Gesellschaft, ja über die Welt wissen«, so der Soziologe Niklas Luhmann, »wissen wir durch die Massenmedien.« Es sind ihre visuellen Bilder, die uns Vorstellungen von den Geschehnissen liefern.

INFORMATIONSGESELLSCHAFT 5.0 Die Welt ist, wie es der Kommunikationswissenschaftler Marshall McLuhan voraussagte, durch die Massenmedien zum globalen Dorf geworden. Die Informationsgesellschaft hat sich die Welt durch die audiovisuellen Medien bis in die entlegensten Regionen erschlossen.

DIGITALGESELLSCHAFT 6.0 Die Kommunikations- und Datenmaschinen mit ihren Algorithmen werden künftig unsere Arbeit übernehmen. In der digitalen Gesellschaft werden die menschlichen Aktivitäten auf Netzwerken und Plattformen dargestellt und durch Rechenprozesse optimiert. All dies wird von noch nie dagewesenen Speicherkapazitäten gesichert. Zeit und Raum zerfließen im globalen Dorf. Sämtliche Informationen sind immer und überall verfügbar.

Das Internet der Dinge, welches alles miteinander vernetzt, ist ebenso epochal wie die Einführung von Sprache und Schrift oder die Erfindung des Buchdrucks. So kommen jeden Tag 500.000 neue Nutzer:innen auf Facebook hinzu; das sind sechs neue Profile pro Sekunde. Täglich werden auf Twitter 500 Millionen Tweets versendet; das sind 6.000 Tweets pro Sekunde. Auf YouTube werden jeden Tag eine Milliarde Stunden Videos angesehen und jede Minute 300 Stunden Videomaterial eingestellt. Und an einem Tag werden über 95 Millionen Fotos auf Instagram hochgeladen und weltweit 4,2 Milliarden Likes vergeben. Wir leben im allumfassenden Informations- und Netzwerkzeitalter, in dem wir uns vor Informationen nicht mehr retten können. »Wir ertrinken in Informationen, aber hungern nach Wissen«, so hat es der Zukunftsforscher John Naisbitt festgehalten. In unserer Zeit steht nicht mehr der überwältigende Nutzen von Informationen im Zentrum, sondern die Bewältigung der Informationsflut. Früher bedeutete der Zugang zu Wissen Macht. Heute bedeutet Macht zu wissen, was man ignorieren kann.

CYBERGESELLSCHAFT 7.0 Wir stehen vor der globalen Herausforderung, die technischen, rechtlichen und sozialen Rahmenbedingungen für die digitale Welt zu gestalten, um im nächsten Schritt in die Cybergesellschaft 7.0 einzutreten. Zum ersten Mal in der Geschichte der Menschheit folgen zwei Medienrevolutionen unmittelbar aufeinander. Das wird erhebliche Einschnitte und unbekannte Veränderungen auf allen gesellschaftlichen Ebenen mit sich bringen. Wir haben die digitale Transformation noch nicht verstanden, da wird bereits an der virtuellen Cyberwelt gearbeitet. Die Dataisten aus dem Silicon Valley haben nach Überzeugung des Historikers Yuval Noah Harari die menschliche Erkenntnispyramide auf den Kopf gestellt. Sie vertrauen nicht mehr der Datenverarbeitung und der Analysefähigkeit der Menschen, sondern setzen ausschließlich auf die Macht der Daten, deren Ströme sie durch ihre Algorithmen schon heute vollständig beherrschen. Big Data sollen das menschliche Gehirn überflüssig machen. Für alle, die keinen Zugriff auf die nicht enden wollenden Datenströme im Internet haben, werden die Strategien der Aufmerksamkeitsökonomie aus Kommunikations- und Manipulationstechniken wieder in den Mittelpunkt rücken. Die magischen Kommunikationskanäle auf der nächsten Seite machen diese Entwicklung sichtbar.

Wann immer sich die Medien ändern, ändert sich die Gesellschaft.

Walter Benjamin

Das 21. Jahrhundert wird von Verteilungskämpfen um gesundheitliche Vorsorge, globalen Klimaschutz, sauberes Trinkwasser, humane Arbeitsbedingungen und sozialen Ausgleich heimgesucht, in denen valide Informationen entscheidend sein werden. Das Zeitalter von Information und Desinformation hat gerade erst begonnen.

Mit diesem Buch halten Sie die Macht der Kommunikation in Ihren Händen. Jede Strategie beginnt mit einem Meilenstein der Kommunikationsgeschichte und schließt mit einem Tool, welches Sie für sich einsetzen können. Ich wünsche Ihnen eine spannende Entdeckungsreise durch die 40 wichtigsten Strategie-Tools der Aufmerksamkeitsökonomie.

Herzlichst,
Ihr
Niels H. M. Albrecht

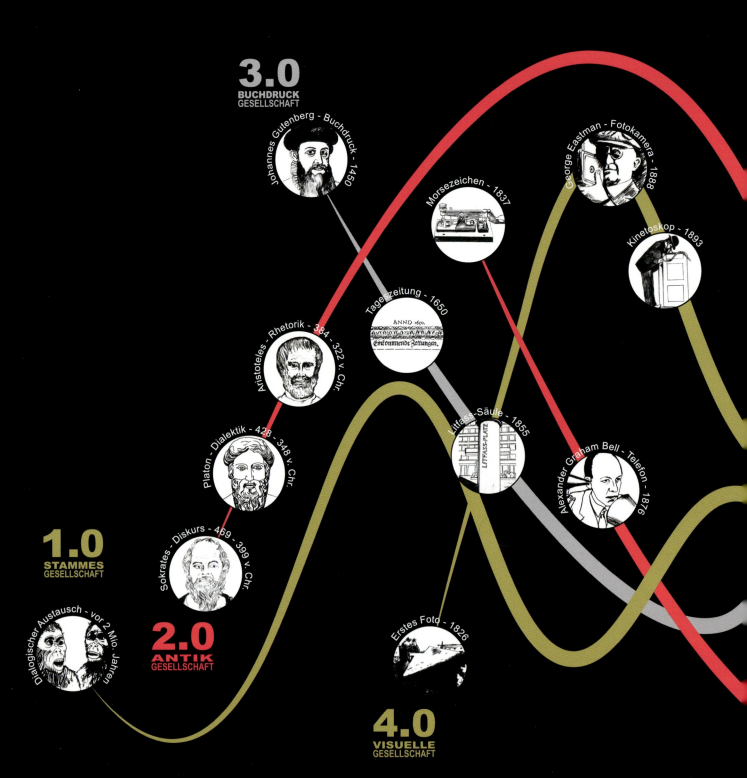

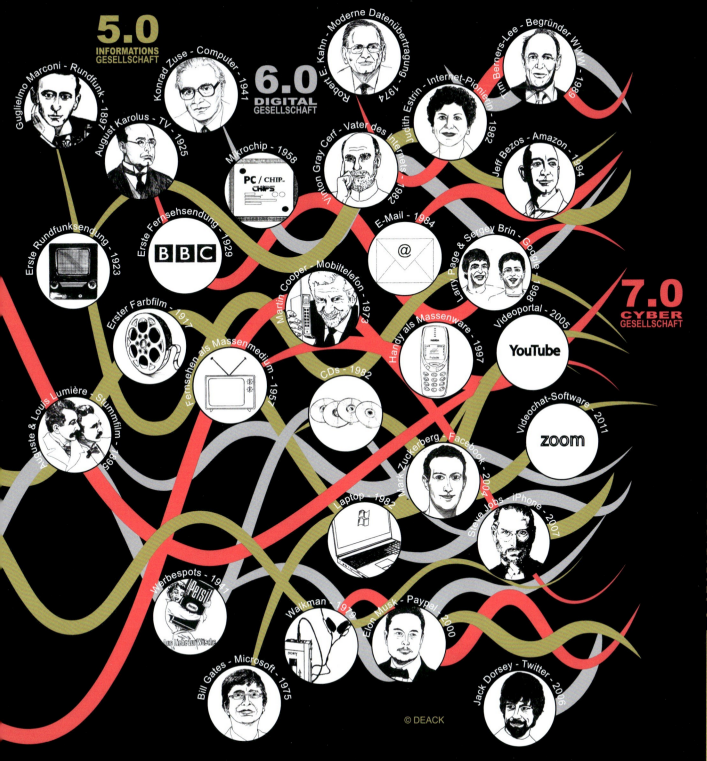

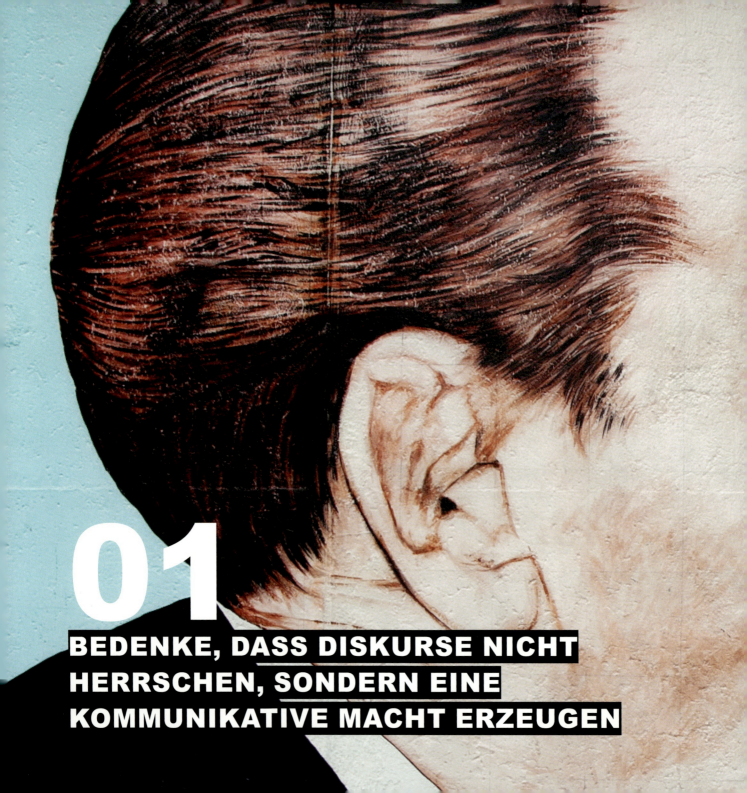

01
BEDENKE, DASS DISKURSE NICHT HERRSCHEN, SONDERN EINE KOMMUNIKATIVE MACHT ERZEUGEN

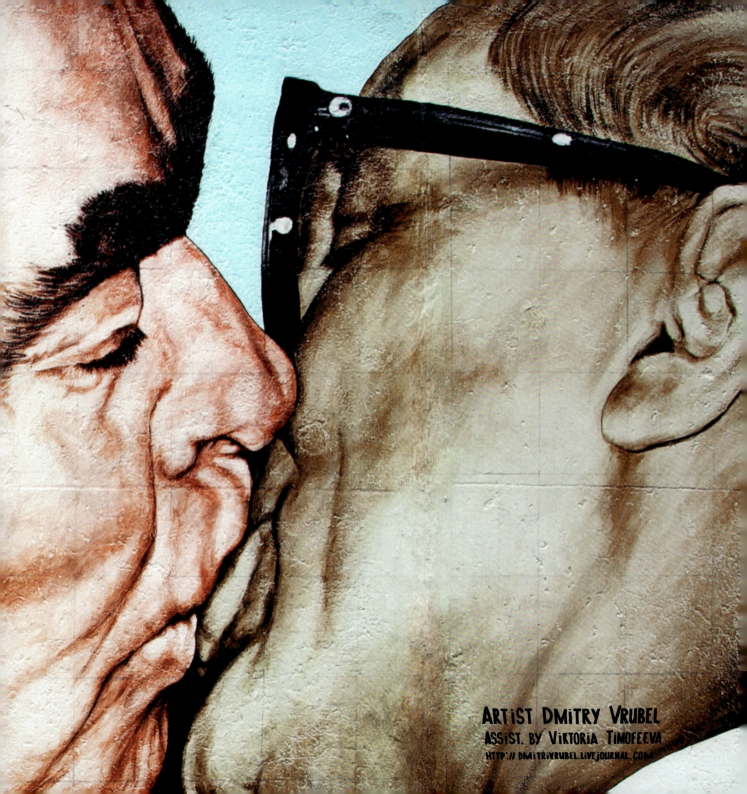

BEDENKE, DASS DISKURSE NICHT HERRSCHEN, SONDERN EINE KOMMUNIKATIVE MACHT ERZEUGEN

Die größte militärische Truppenbewegung auf deutschem Boden nach dem Zweiten Weltkrieg kam am 31. August 1994 zum Abschluss. Nach einer Besatzungszeit von fast 50 Jahren hatten die sowjetischen Streitkräfte ihre Kasernen, Truppenübungsplätze, Bunker, Flughäfen und Seestützpunkte im wiedervereinigten Deutschland geräumt. Eine Streitmacht, bestehend aus einer halben Million Soldaten und deren Angehörigen sowie unzähligen Millionen Tonnen an Waffen, Kriegsmaterial, Fahrzeugen, Panzern, Hubschraubern, Jets und militärischer Ausrüstung, wurde mit Lastwägen, Zügen, Schiffen und Flugzeugen abtransportiert. Zurück blieben etwa 1.500 verlassene militärische Anlagen der Roten Armee in den ostdeutschen Bundesländern.

Allein rund um Berlin gibt es noch über 300 Einrichtungen aus dem Kalten Krieg, die verborgen in Städten, verlassenen Orten und dunklen Wäldern liegen. Die Rote Armee hatte Westberlin vollständig umstellt. Im Ernstfall hätten die Männer mit dem roten Stern auf der Brust den östlichsten Standort der North Atlantic Treaty Organization (NATO) einfach überrannt. Diese Bedrohung gibt es nun nicht mehr. Die Kasernen sind menschenleer, die militärischen Stützpunkte der ehemaligen Union der Sozialistischen Sowjetrepubliken (UdSSR) zerfallen. Die Natur hat sich die Gelände des Kalten Krieges wieder zurückgeholt.

Am Ende des Zweiten Weltkriegs sah es hier anders aus. Die Rote Armee rückte vor und eroberte nach und nach Gebiete in Ostdeutschland. Wichtige militärische Anlagen der Wehrmacht fielen ihnen in die Hände. Am 20. April 1945 nahmen die sowjetischen Truppen fast kampflos das Oberkommando des Heeres und der Wehrmacht im 20 Kilometer vor Berlin liegenden Wünsdorf ein. Der russische Führungsstab schlug hier sein Hauptquartier für die Schlacht um Berlin auf.

Nach dem Sieg über den Nationalsozialismus wurde Wünsdorf die größte Garnisonsstadt der Russen außerhalb der Sowjetunion. Hier entstand der größte Militärstandort in Europa. Alle Kasernen- und Bunkergelände auf dem Gebiet der Deutschen Demokratischen Republik (DDR) waren Sperrgebiet. Die Rote Armee schottete sich hermetisch ab. Kontakte zwischen den Soldaten und der deutschen Bevölkerung waren strengstens verboten. Die Regeln waren hart. Wenn Soldaten dagegen verstießen, wurden sie in die UdSSR zurückgeschickt oder sogar aus den Streitkräften entlassen.

Die selbst gewählte Isolation führte dazu, dass von den russischen Besatzern nach ihrem Abzug nicht viel geblieben ist. Sie haben kaum Spuren ihrer Kultur hinterlassen: Nach russischen Vereinen, Verbänden, Kultureinrichtungen oder Restaurants muss man lange suchen. Positive Erinnerungen bei den Menschen, die in unmittelbarer Nähe der Truppenstützpunkte lebten, sind Mangelware. Am Ende ihrer Stationierung nahmen die Truppen alles mit, was ihnen noch brauchbar erschien. Den Rest zerstörten sie. Die Enttäuschung und der Frust der Soldaten waren groß: Sie fühlten sich als die Verlierer der deutschen Wiedervereinigung. Für die einst siegreiche Rote Armee war es eine Demütigung. Ihre Abschottung hinter den hohen Mauern und Wachtürmen verhinderte eine tiefgreifende Beziehung zwischen Russland und der ostdeutschen Bevölkerung über all die Jahre. Die Soldaten waren nie ein Teil der ostdeutschen Bevölkerung. Sie kamen als Besatzer und gingen als Fremde. Kluges Beziehungsmanagement sieht anders aus.

Durch die Abschottung hatten die Generäle alles unter Kontrolle. Ein schneller Einsatz gegen die NATO war jederzeit möglich. Durch ihren mangelnden Kontakt waren sie abgeschnitten von Informationen und Vorgängen innerhalb der Bevölkerung, die sie zu verteidigen suchten. Ein Diskurs fand nie statt. Das Volk entledigte sich mit seiner friedlichen Revolution nicht nur der Diktatoren der Sozialistischen Einheitspartei Deutschlands (SED), die sich in Wandlitz eine Festung geschaffen hatten, sondern auch ihrer stets fremd gebliebenen Besatzungsmacht, die in Sperrgebieten weilte. Eine Festung soll schützen, doch in Wahrheit schafft sie Isolation. Bauen Sie um sich keine Festung auf, denn langfristig verlieren Sie den Sinn für die Realität. Der Kreis Ihrer Kontakte und der Austausch mit anderen Menschen werden immer kleiner. Sie haben nur noch Gleichgesinnte um sich, die Ihnen keine neuen Perspektiven ermöglichen. Alle in Ihrem Umkreis denken in die gleiche Richtung. Ohne es selbst zu bemerken, leben Sie in einer Welt von selbst geschaffenen Mauern, die Ihren eigenen Horizont begrenzen. Sie sind gefangen hinter Ihren eigenen Mauern. Der italienische Staatsphilosoph der Neuzeit Niccolò Machiavelli veranschaulichte, dass eine militärische Festung immer ein Fehler ist: Die hoch auf dem Berg liegende Zitadelle liefert das Bild der verhassten Autorität des Machthabers. Die im Tal lebende Bevölkerung verrät dem erstbesten Angreifer die Schwachstellen, und die Festung wird zum leichten Ziel. Abgeschnitten von Nachschub an Wasser, Nahrung und Munition fällt die Zitadelle schnell. Jede Festung engt die Flexibilität enorm ein, und durch diese Manövrierunfähigkeit wird man zur leichten Beute. Aus der Militärgeschichte und zahlreichen Strategiespielen wissen wir, dass auf die Isolation die Niederlage folgt. Personen aus Politik und Wirtschaft gab Machiavelli den Rat, keine Festung zu bauen. Sein Hinweis war schlicht: »Die beste Festung, die es gibt, ist, nicht vom Volke gehasst werden.«

Der Niedergang der DDR hielt alle Bilder des Hasses der Bevölkerung gegen die SED-Diktatur bereit. Selbst die Grenzmauer der DDR brachte Honecker, Mielke und Co. keinen Schutz, denn das eigene Volk stürzte seine Herrscher und öffnete den Eisernen Vorhang, der Deutschland jahrzehntelang trennte, von innen. Am Ende waren all die Mauern kein Zeichen von Stärke, sondern ein Zeichen von Schwäche. Mauern lassen sich einreißen, wie die friedliche Bürgerbewegung der DDR bewies. Viel schlimmer sind die zahlreichen Mauern, die wir alle in unseren Köpfen haben.

Diese Mauern hatte die SED-Führung in ihren Köpfen hochgezogen und ein ganzes Volk in Geiselhaft genommen. Dabei missachteten sie den wichtigsten Grundsatz ihrer Vordenkerin Rosa Luxemburg: »Freiheit ist immer Freiheit der Andersdenkenden.« Mit dem Freiheitsentzug durch die SED ging zugleich die Unterdrückung eines offenen Diskurses

Das Zentralkomitee der KP kam schlicht und einfach mit der sich rasant verändernden Welt des späten 20. Jahrhunderts nicht zurecht.

Yuval Noah Harari

einher. Ein Diskurs, den jede Gesellschaft benötigt, um sich weiterzuentwickeln. Zudem hatte der Ostblock gegenüber dem Westen einen weiteren strategischen Fehler begangen, indem die Leitungen in Moskau und Ostberlin versuchten, alle Kommunikations- und Datenflüsse zu zentralisieren. Durch die Zentralisierung, so die Einschätzung des Historikers Yuval Noah Harari, kam es immer mehr zu einem extremen Engpass in der Datenverarbeitung. Die Länder des Warschauer Pakts litten an einem kommunikativen Flaschenhals: Die zahlreichen Meldungen kamen nicht mehr durch. Das System verstopfte. Viele Vorgänge blieben liegen. Der Kommunismus scheiterte am Zentralismus, der nur wenige Menschen befähigte, Entscheidungen zu treffen. Und noch weniger vernetztes Arbeiten ermöglichte. »Das Zentralkomitee der Kommunistischen Partei (KP) kam schlicht und einfach mit der sich rasant verändernden Welt des späten 20. Jahrhunderts nicht zurecht«, so Harari. »Wenn sämtliche Daten in einem geheimen Bunker angehäuft und alle wichtigen Entscheidungen von einer Gruppe älterer Apparatschiks getroffen werden, dann kann man zwar tonnenweise Atombomben produzieren, aber einen Apple oder ein Wikipedia bekommt man damit nicht hin.« Die selbst auferlegten Kommunikationsstrukturen und Denkverbote ließen den Warschauer Pakt lange vor seinem Untergang scheitern. Mit der Verweigerung eines offenen Diskurses stirbt jedes Gesellschaftsmodell, da es keine innovativen Lösungsmodelle entwickeln kann. Die Bürger:innen der DDR merkten, dass dies ein Zeichen von Angst war. Jede Demokratie ist allen diktatorischen Staatsformen langfristig überlegen, weil sie den Menschen die freie Entfaltung ermöglicht. Der Mensch stellt die höchstentwickelte kommunizierende Gattung der Erde dar, die nicht einmal mit ständiger Überwachung zu unterdrücken ist. Der weltweit meistrezipierte Sozialphilosoph der Gegenwart, Jürgen Habermas, stellt fest: »Diskurse herrschen nicht. Sie erzeugen eine kommunikative Macht, die die administrative nicht ersetzen kann, sondern nur beeinflussen kann.« Der Fall der Berliner Mauer war ein kommunikativer Akt, der mit Macht die Welt veränderte.

KOMMUNIKATIVES HANDELN

Nach Jürgen Habermas liegen die normativen Grundlagen der Gesellschaft in der Sprache begründet. Der gleichberechtigte und freie Diskurs ist das Ideal für den Erkenntnisgewinn. Die Kommunikation bildet das zwischenmenschliche Verständigungsmittel und ermöglicht uns so eine soziale Interaktion. Jede soziale Handlung setzt eine kommunikative Handlung voraus. Demnach sollte jeder kommunikativen Handlung der zwanglose Zwang des besseren Arguments innewohnen.

An die Stelle des Bewusstseins einer einzelnen Person sollte nach Habermas der zwanglose Zwang des besseren Arguments treten. Wo sich also die Menschen in einer demokratischen Kommunikationsinteraktion befinden, bildet sich die Vernunft. Demnach funktioniert Kommunikation nur dann, wenn auch ihre Prozesse vernunftorientiert organisiert sind. Das wiederum bedeutet, dass die Gesprächsteilnehmer:innen darauf verzichten müssen, bei anderen eine Wirkung im Sinne von Beeinflussung oder gar Manipulation erzielen zu wollen. Nur wenn eine begründbare und kritisierbare Kommunikation erfolgt, ist eine vernunftgesteuerte Verständigung dauerhaft möglich. Letztendlich gibt es für den Philosophen nur vier Geltungsansprüche, welche Bezugspunkte für die Argumentation bilden können. Es gibt drei Elemente, die für eine herrschaftsfreie Kommunikation erfüllt sein müssen: objektive Wahrheit, normative Richtigkeit und subjektive Wahrhaftigkeit. Demnach wäre eine Kommunikation ideal, wenn eine Verzerrung ausgeschlossen wäre. Hierfür sind folgende Kriterien einzuhalten:

- Gleiche Chancen und gleiche Beteiligung am Dialog
- Gleiche Chancen bei der Deutungs- und Argumentationsqualität
- Gleichberechtigung und Herrschaftsfreiheit aller Beteiligten
- Keine Täuschung und Manipulation innerhalb des Dialoges

Der Grundsatz des zwanglosen Zwangs des besseren Arguments, der unsere Kommunikation leiten sollte, ist im digitalen Strudel des 21. Jahrhunderts untergegangen. Wir leben im Zeitalter der Informationsüberflutung, Kommunikationsverzerrung und der bewussten Massenmanipulation. Die Algorithmen der Aufmerksamkeitsökonomie geben den Takt vor. Die neue Zeit begann mit der Wende 1989.

Während die Rote Armee mit dem Rückbau ihrer mitteleuropäischen Stützpunkte beschäftigt war, was sich als tiefe Demütigung in die Seelen des russischen Volkes einbrannte, arbeiteten die Vereinigten Staaten von Amerika (USA) bereits an einer neuen Strategie, da es das alte Feindbild plötzlich nicht mehr gab. Die Welt war durch den Zusammenbruch der UdSSR und die Auflösung des Warschauer Pakts von einem auf den anderen Tag komplexer geworden. Neue Sicht- und Reaktionsweisen mussten an die Stelle des überholten Ost-West-Denkens treten. Die amerikanischen Militärs erkannten früh, dass ein dramatischer Transformationsprozess bevorstand, der die sozioökonomischen Strukturen für immer verändern würde. Die Transformation wirkte jedoch viel schneller und stärker, als sie es sich vorstellen konnten, denn in diesem Zeitraum kumulierten gleich drei Entwicklungslinien:

- Social Media veränderten die globale Kommunikation
- Algorithmen steuerten und verwerteten die gigantischen Datenströme
- Maschinen hatten im Internet der Dinge begonnen selbständig zu kommunizieren

Obwohl diese drei Entwicklungslinien nicht vorhersehbar waren, fand das Army War College schon früh einen strategischen Hebel für die elementaren Veränderungen der Welt. Zur Neuausrichtung von Denkmustern entwickelte das US-Militär VUCA.

VUCA-KOMMUNIKATION

VUCA ist ein Kunstwort, welches sich aus den Anfangsbuchstaben von V:olatility (Volatilität), U:ncertainty (Unsicherheit), C:omplexity (Komplexität) und A:mbiguity (Mehrdeutigkeit) zusammensetzt. Mit diesem Akronym versuchten die Militärstrateg:innen die herausfordernden

Merkmale der modernen Welt zusammenzufassen. Sie stellten ihren Entscheidungsträger:innen dieses Konzept vor, damit sie sich in der veränderten Welt behaupten konnten. Die Herausforderungen fassten sie in vier Begriffen zusammen:

V:OLATILITY. Seit den 1990er Jahren unterliegt die Welt ständigen Veränderungen, die durch kleinere oder gravierendere Ursachen zu völlig unerwarteten Wirkungen führen. Die Welt hatte sich verändert. Um auf die neuen Anforderungen reagieren zu können, wurde das agile Management entwickelt. Agilität ist die Fähigkeit, auf gesellschaftliche Veränderungen rasch zu reagieren. Schnelligkeit und Wendigkeit in einer Organisation sicherzustellen, ohne die innere Stabilität zu verlieren, sind die gefragten Fähigkeiten im Management. Die Agilität muss sowohl in der Organisation als auch in den Teams entwickelt werden. Dies setzt auch eine kommunikative Neuausrichtung voraus. Die Business-to-Consumer-Kommunikation auf den zahlreichen Social-Media-Plattformen ist schnell wechselnden Trends und Neigungen der verschiedenen Zielgruppen unterworfen. Es braucht klare Werte und eine eindeutige Haltung sowie eine Kommunikation, die den Bedingungen der digital vernetzten Aufmerksamkeitsökonomie in Echtzeit gerecht wird.

U:NCERTAINTY. Vorhersehbarkeiten nehmen ab. Unvorhersehbarkeiten nehmen zu. Damit verlieren Erfahrungswerte aus der Vergangenheit immer stärker ihre Gültigkeit für die Gestaltung der Zukunft. Eindeutige Planungen und Entwicklungen werden immer schwieriger. Die gesamte Welt befindet sich in allen Bereichen im Umbruch. Nie war das Meinungsspektrum größer als heute. Nie war die Meinungsbeeinflussung durch das Internet weltumspannender als heute. Längst ist ein Kampf um die Meinungsherrschaft entbrannt. Staaten, Organisationen, Unternehmen sowie Privatpersonen sind durch Data Analytics, sogenannte Dateninformationsanalysen, gezwungen, ihren eigenen Informationsgrad zu verbessern. Big Data liefern die notwendigen Datenmengen pro Kanal und Kund:in.

C:OMPLEXITY. Unsere Welt wird immer komplexer. Die zahlreichen Probleme und deren Auswirkungen sind vielschichtiger und schwerer zu verstehen. Die extreme Informationsdichte ist Fluch und Segen zugleich: Den fokussierten Menschen ermöglicht die Informationsdichte einen tiefen Erkenntnisgewinn, die Masse verliert jedoch die Orientierung.

Milliardenfach füllen die Menschen ihre Onlineplattformen mit Urlaubs-, Essens- und Katzenfotos, ohne zu bemerken, dass sie zu Datensklaven geworden sind. Sie investieren Zeit und Geld, um auslesbar zu werden. Komplexität lässt sich nur durch eine Gegengleiche von Komplexität erzeugen. Unternehmen lassen sich nur noch mit mindestens zwei Betriebssystemen aus Linienorganisation und agilen Netzwerkteams führen, und im crossmedialen Content Marketing laufen die unternehmenseigenen Kommunikationsstränge zusammen. Big Data, Cloud, Quantencomputer und deren Algorithmen sowie Robotik und Sensorik mit ihren cyber-physischen Schnittstellen sind zum Gebot der Stunde geworden. Wer sie beherrscht, beherrscht die Komplexität.

A:MBIGUITY. Es gibt nicht mehr den einen Weg, der zur Lösung führt. Die Bandbreite der Optionen ist heute unendlich groß. Daher gehören alte Glaubenssätze, Paradigmen und Erfahrungen auf den Prüfstand. Die Führung von Organisationen ist paradoxer denn je, und alle bekannten Strategien werden auf die Probe gestellt. Die verschiedenen Informationsebenen und -inhalte haben sich längst vermischt und machen die Zusammenhänge immer unübersichtlicher. Entscheidungen sind zu einem Geflecht aus Reaktion und Gegenreaktion geworden. Hierbei gilt ein transparenter Umgang mit bestehenden Widersprüchen. Führung im 21. Jahrhundert benötigt Werte, Mut und ein ausgeprägtes Informationsradar sowie eine von Vertrauen geprägte Fehlerkultur.

Die Individualität löst die Standardprozesse ab. Nur das regelmäßige Experimentieren mit Fehlern und Erfolgen sowie die ständige Reflexion ermöglichen Einzelpersonen und Organisationen die notwendige Lernkurve innerhalb der VUCA-Welt. Dabei muss eine multidimensionale Kommunikationsstrategie die Anschlussfähigkeit sicherstellen. Im Hinblick auf die Informationsgesellschaft wird eine transparente und authentische On- und Offline-Kommunikation mit den relevanten Zielgruppen zum entscheidenden Erfolgsfaktor der Zukunft. Die multidimensionale Kommunikationsstrategie steigt dabei zur Marktmacht auf.

Kommunikationsexpert:innen bestimmen die Inhalte und die Großrechner und Maschinen die Taktung an den ausgewählten Märkten. Das US-amerikanische Militär nutzte sein VUCA-Konzept, um den Übergang vom Kalten Krieg zu einer multilateralen Welt nicht nur zu erfassen, sondern diese auch gestalten zu können.

Mit VUCA brachen sie, ganz nach Albert Einstein ihre alten Denkmuster auf: »Probleme kann man niemals mit derselben Denkweise lösen, durch die sie entstanden sind.« Doch die Strateg:innen der US-Administration wollten mehr. Sie planten Lösungen für die Beherrschung der digital vernetzten Welt. Die treibende Kraft war der US-Informatiker Robert E. Kahn. Er, der die technologischen Grundlagen für das Internet konzipierte, sorgte dafür, dass das amerikanische Verteidigungsministerium rund eine Milliarde Dollar in ein zehnjähriges Forschungsprogramm zur Entwicklung der Künstlichen Intelligenz (KI) investierte. Es war bis dahin das größte und teuerste Projekt in der Computerforschung der Vereinigten Staaten von Amerika.

Kahn hielt damals fest, dass die Nation, die das Feld der Informationsverarbeitung dominiert, den Schlüssel zur Weltherrschaft im 21. Jahrhundert besitzen wird.

In diesem Wettstreit befindet sich die Welt. Er wird zwischen Amerika und China ausgetragen. Anstatt den Blick auf die Herausforderungen der globalen Welt zu richten, beschäftigt sich Deutschland seit 1990 mit der Aufarbeitung der Wiedervereinigung. Wir arbeiten uns an längst überholten Ost-West-Betrachtungen ab. Aus der innerdeutschen Diskussion ist eine Echokammer geworden, in der wir kommunikativ gefangen sind. In unserer Kammer der immer wiederkehrenden Aussagen haben wir keine neuen Ideen zur digitalen Transformation Deutschlands, Europas und der Welt entwickeln können.

Wir haben in diesem schleichenden Prozess eine wichtige Chance verpasst. Wir haben die VUCA-Welt ignoriert – und plötzlich stehen wir in der BANI-Welt, die wir nicht mehr ignorieren können.

Probleme kann man niemals mit derselben Denkweise lösen, durch die sie entstanden sind.

Albert Einstein

BANI-KOMMUNIKATION

Mit der globalen Corona-Pandemie sind wir schlagartig von der VUCA-Welt in das Zeitalter von BANI vorgestoßen. Über die letzten Jahre begleitete uns das VUCA-Konzept in eine dynamische Welt aus Volatilität, Unsicherheit, Komplexität und Mehrdeutigkeit. Auf dieser Logik sind alle agilen und selbstorganisierten Denk- und Handlungsmodelle entwickelt worden.

Das Covid-19-Virus hat mit einem Schlag die Welt verändert. Die Linearität ging verloren. Das Zusammenleben ist durch die Pandemie und den Klimawandel brüchiger, ängstlicher und an vielen Stellen unbegreiflicher geworden. Das BANI-Modell passt sich diesen veränderten Rahmenbedingungen an. BANI steht für das neue Zeitalter aus B:rittleness (Brüchigkeit), A:nxiety (Ängstlichkeit), N:on-linearity (Nicht-Linearität) und I:ncomprehensibility (Unbegreiflichkeit). Das neue Denkmodell BANI bietet uns die Möglichkeit, den gegenwärtigen Zustand der Welt besser zu erfassen, um auf die zukünftigen Verwerfungen angemessen reagieren zu können. Betrachten wir das Akronym BANI genauer:

B:RITTLENESS. Die Welt ist brüchig geworden: Ein Virus zeigte uns unsere eigene Verletzlichkeit und die unserer globalen Weltwirtschaft auf. Der Verlust der Vielfalt von Flora und Fauna ist so dramatisch, dass unser gesamtes Ökosystem auf der Kippe steht. Zugleich wird ein radikaler Technologiewandel die alten Wertschöpfungsketten und die heutige Arbeitswelt erheblich verändern. Im gleichen Atemzug versuchen radikale Kräfte, die Schwachstellen für sich zu nutzen. Demokratische Einrichtungen werden von inneren Feinden angegriffen: Querdenker:innen greifen den Deutschen Bundestag an und Trumpisten stürmen das US-Kapitol. Äußere Feinde der Demokratie nutzen Terror und Cyberangriffe. Eine neue Zeit ist angebrochen. Wir müssen die Belastbarkeit unserer Systeme sicherstellen.

Jürgen Habermas

A:NXIETY. Angst ist das stärkste Kommunikationsmittel. Darauf beruht der Mediengrundsatz, dass nur schlechte Nachrichten gute Nachrichten sind. Die mediale Darstellung in Zeitungen, Radio und Fernsehen konzentriert sich stets auf Krisen und Katastrophen, da diese Auflagen und Einschaltquoten in die Höhe treiben. Die Social-Media-Plattformen sind noch perfekter auf die Angst ausgerichtet, da sie viel direkter, emotionaler und in konzentrischen Wellen wirken. In der Pandemie verbreitete sich die Angst schnell. Das Netz ist voll von Desinformationen, Falschnachrichten und Lügen. Fake News sind zu einer medialen Waffe geworden, welche die Menschen über die Angst manipulieren. Der Wahrheitsgehalt von Informationen und deren stetige Überprüfung wird von entscheidender Bedeutung für die Weiterentwicklung unserer digitalen Gesellschaft werden.

N:ON-LINEARITY. Mit Covid-19 sind wir in einer nicht-linearen Welt aufgewacht. Bekannte Mechanismen von Ursache und Wirkung setzten aus. Das Gleichgewicht geriet außer Kontrolle. Komplexität, Mehrdeutigkeit und Verwerfungen sind gleichzeitig erschienen. Die Pandemie war nur ein Vorgeschmack auf das, was uns bei dem Zusammenprall von Ökologie und Ökonomie erwartet. Die Menschheit hat mit der Klimaerwärmung und ihrem ungebremsten Hunger nach immer mehr Wachstum einen nicht-linearen Weg eingeschlagen, dessen Folgen wir noch nicht im Ansatz durchdacht haben. Nicht-lineare Systeme sicher managen und dabei glaubhaft kommunizieren zu können, werden die entscheidenden Fähigkeiten des 21. Jahrhunderts.

I:NCOMPREHENSIBILITY. Täglich stehen uns unzählige Informationen zur Verfügung. Die schiere Menge verbessert unsere Entscheidungsprozesse jedoch nicht, wenn wir ihre Bedeutung nicht erkennen. Immer stärker wird das Gegenteil sichtbar: Die Informationsflut verstopft unsere Kanäle. Das Wissen wird immer größer, doch es ruht nicht in uns, sondern auf unzähligen Datenströmen, die keiner einheitlichen Systematik unterliegen. Zu jeder These gibt es eine Antithese. Zu jeder Empfehlung gibt es eine Gegenempfehlung. Unsere Aufmerksamkeit ist in einer Dauererregung gefangen. Diese wird von den unterschiedlichen Algorithmen erzeugt. Je komplexer die KI wird, je mehr sie lernt und sich vernetzt, desto schwieriger wird es sie zu verstehen. Ihre Entscheidungswege sind für uns nicht mehr nachvollziehbar. Die Offenlegung der Algorithmen kann einen wichtigen Teil der neuen Unbegreiflichkeit überwinden.

> *Diskurse herrschen nicht. Sie erzeugen eine kommunikative Macht, die die administrative nicht ersetzen kann, sondern nur beeinflussen kann.*
>
> Jürgen Habermas

Das BANI-Prinzip schafft ein neues Verständnis für die Neuausrichtung von Ökologie, Ökonomie und Aufmerksamkeitsökonomie, welches wir annehmen müssen, um die Zukunft gestalten zu können. Denn nur mit den vier Dimensionen der BANI-Theorie sind die neuen Anforderungen, auch an eine moderne Kommunikationsausrichtung, zu verstehen. Die Grafik »Kommunikatives Handeln« zeigt, wie unsere Kommunikation verlässlicher, vertrauenswürdiger, eindeutiger und verständlicher werden muss, damit wir in der neuen BANI-Welt kommunikativ bestehen können.

Mit jeder Windung der BANI-Spirale wächst die Autonomie. Doch je mehr Autonomie entsteht, desto größer wird die Abhängigkeit, da alles mit allem verbunden ist. Daher unterbinden totalitäre Staaten wie China jede Form des Diskurses. Demokratien, wie Deutschland oder die USA, haben den schwierigeren Weg des gleichberechtigten Austausches zu leisten. Damit der Diskurs gelingen und ein Vertrauen in die Vernunft immer wieder neu entstehen kann, braucht es den zwanglosen Zwang des besseren Arguments. Dieser elementare Grundsatz von Jürgen Habermas sollte das kommunikative Handeln bestimmen.

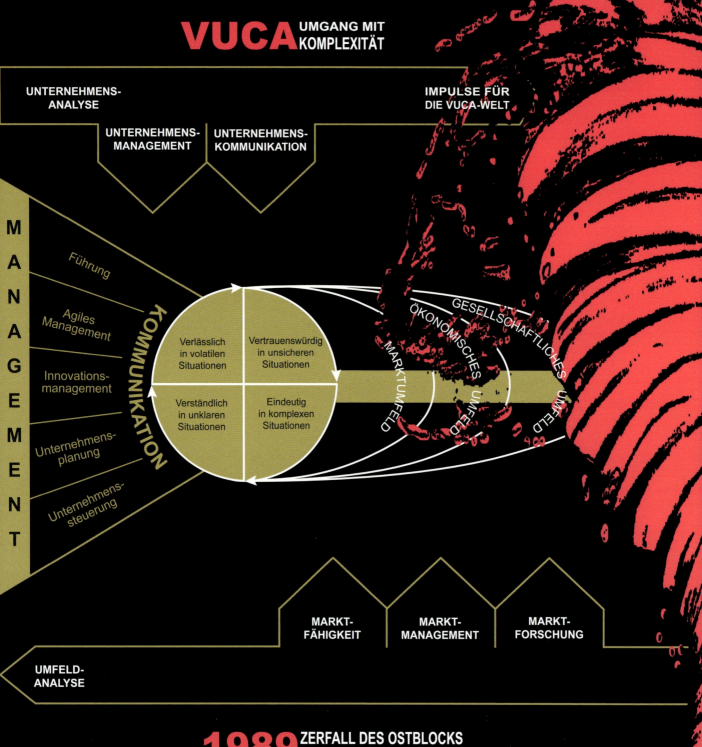

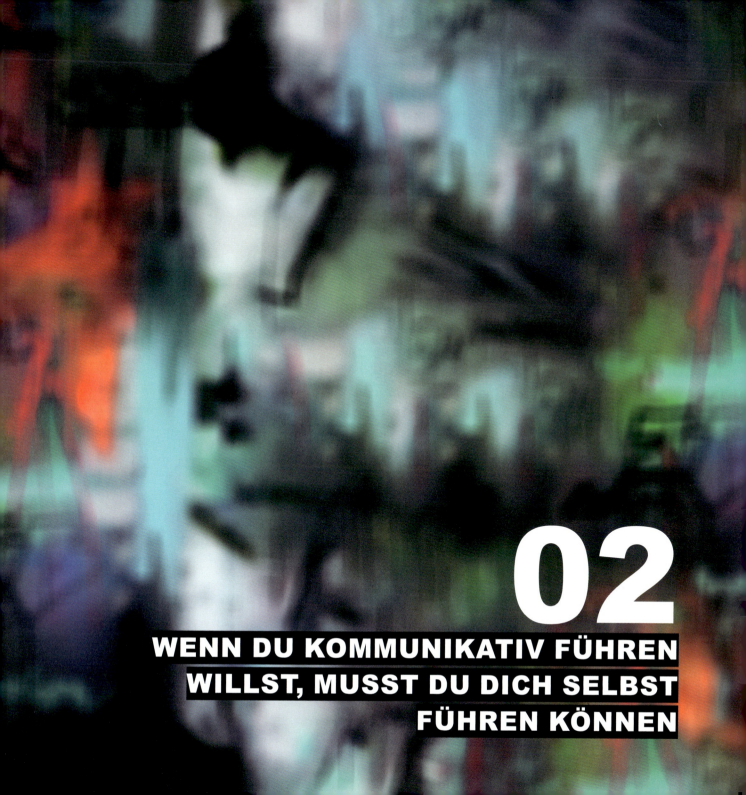

WENN DU KOMMUNIKATIV FÜHREN WILLST, MUSST DU DICH SELBST FÜHREN KÖNNEN

Mit der ersten Onlinemeldung des Nachrichtenmagazins Stern kam am 16. Januar 2013 der Steuerskandal von Uli Hoeneß ins Rollen. Stück für Stück kamen alle Details seiner zahlreichen Devisentermingeschäfte im Volumen von 20 bis 30 Millionen Euro ans Licht der Öffentlichkeit. So soll er zeitweise über Sicherheiten von mehr als 200 Millionen Euro verfügt und damit regelmäßig Transaktionen im dreistelligen Millionen-Euro-Bereich getätigt haben. Schon 2003 soll Hoeneß insgesamt 52 Millionen Euro Gewinn und bereits zwei Jahre später 78 Millionen erwirtschaftet haben. Innerhalb eines Jahrzehnts hatte Hoeneß über 52.000 Transaktionen getätigt. Das Vermögen soll bis 2010 größtenteils auf Nummernkonten bei anderen Banken verschoben worden sein. Später kam heraus, dass Hoeneß zeitweise als der wichtigste Kunde im Devisenhandel seiner Schweizer Bank galt. Es ging um unvorstellbare Summen, die der Fußballmanager für seine nächtlichen Transaktionen einsetzte.

Der Steuerskandal von Uli Hoeneß ist ein gutes Beispiel, um sich die bekannte Psychoanalyse von Sigmund Freud noch einmal selbst vor Augen zu führen. Als Persönlichkeit des öffentlichen Lebens war die Selbstdarstellung des Fußballweltmeisters von 1974 stets an hohen moralischen Werten orientiert. Hoeneß glaubte, dass er seine sozial-kulturellen Werte aus der moralischen Instanz (laut Sigmund Freud das ÜBER-ICH) so verinnerlicht hatte, dass er sie authentisch in sein ICH übertragen hatte. Allerdings wurden diese von seinem triebhaften Bedürfnis (laut Freud das ES) nach dem »Zocken« mit großen Geldsummen unterlaufen. Nach der Veröffentlichung seiner Selbstanzeige versuchte Uli Hoeneß sich selbst zu erklären. In einem Interview mit der Wochenzeitung Die Zeit räumte er ein, dass es ihn dreimal gebe: »Einer ist der seriöse, konservative Geschäftsmann beim FC Bayern, bei unserer Wurstfabrik. Der zweite Uli Hoeneß ist auch sehr konservativ, nur klassische Geldanlagen, wenn Aktien, dann halte ich sie mindestens drei bis zehn Jahre. Und dann gibt es da noch den Uli Hoeneß, der dem Kick nachjagt, der ins große Risiko ging.«

Der Fußballmanager beschreibt in dieser Selbstanalyse seinen inneren Konflikt zwischen dem ÜBER-ICH, das die konservativen Normen einhalten und diese nicht verlassen will, und dem ES, das dem eigenen Verlangen nach dem Kick nachjagt. Hier beginnt das Dilemma.

Es ist nicht allein das Vergehen, dass Uli Hoeneß 28,5 Millionen Euro Steuern hinterzogen hat, sondern, dass seine Hybris ihm einen realistischen Blick auf die Wirklichkeit verstellt hat.

Der Sohn einer Ulmer Metzgerfamilie war im Gegensatz zu Franz Beckenbauer nie eine Lichtgestalt des Fußballs. Im Gegenteil. Er musste sich alles erkämpfen – auf dem Platz wie im Leben. Hoeneß hatte immer den Drang, allen zu beweisen, dass er der Beste ist. Und er hat es bewiesen: Europameister, Weltmeister, Unternehmer, Manager und Vorsitzender des Aufsichtsrats der FC Bayern München AG mit einem Umsatz von mehr als 400 Millionen Euro. Zudem ein enger Draht über Angela Merkel und Edmund Stoiber in die Politik und über Helmut Markwort in die Medienwelt. Seinen 60. Geburtstag feierte er mit dem Moderator Thomas Gottschalk und mit Würdigungen auf sein Lebenswerk durch Horst Seehofer und den damaligen VW-Chef Martin Winterkorn. Für Uli Hoeneß gab es keine Grenzen mehr. Ein glaubhaftes ICH setzt sich aus dem kohärenten Spannungsfeld von ES und ÜBER-ICH zusammen. Wenn dieses Spannungsfeld keinen Ausgleich mehr herstellen kann, dann driftet das ICH. Daher forderte der Arzt und Erfinder der

Uli Hoeneß

Psychoanalyse Sigmund Freud: »Wo ES war, soll ICH werden.« Solange Steuerhinterziehung nicht öffentlich sanktioniert wird, erzielt der Einzelne durch sein heimliches, gegen die Norm verstoßendes Agieren einen Lustgewinn. Das ES erhält eine Befriedigung. So können wir uns mit den drei Elementen – ES, ICH und ÜBER-ICH – selbst analysieren. Unsere Bedürfnisse und die Umwelterwartungen können Konfliktentscheidungen im ICH hervorrufen.

Die Entschuldigungen für sein Vergehen in den Medien lassen sehr deutlich erkennen, dass Uli Hoeneß seine Doppelmoral über die Jahre erfolgreich verdrängt hatte. Anders sind seine Entschuldigungs- und teilweise widersprüchlichen Erklärungsversuche vor dem Münchner Landgericht nicht zu deuten. Besonders schwerwiegend ist, dass er sich als erfolgreicher Unternehmer und Fußballmanager, als konservativer Privatmann und gleichzeitig als Spieler, der dem Kick nachjagt, darstellen wollte. Sich selbst vor Gericht in mehrere Personen zu unterteilen, kann nur scheitern. Der Vorsitzende Richter konnte den Angeklagten, auch wenn sich Uli Hoeneß dies anders gewünscht hätte, nur als eine Person bewerten. Das Urteil war eindeutig: drei Jahre und sechs Monate Haft. Trotz seiner strafrechtlichen Verurteilung steht die Lebensleistung von Uli Hoeneß für den deutschen Fußball und den FC Bayern München außer Frage. Und doch verlor er durch seinen Trieb und die daraus folgenden Verfehlungen seinen Status als moralische Instanz. Ein schwerer Verlust.

Sigmund Freud formulierte einen sehr einfachen und zugleich wichtigen Satz für die Beurteilung des eigenen Handelns, dessen Einhaltung uns besonders schwerfällt: »Zu sich selbst vollkommen ehrlich zu sein, ist eine gute Übung.« Ich würde ergänzen, es ist die wichtigste und zugleich die schwerste Übung eines jeden Menschen. Die größtmögliche Ehrlichkeit zu sich selbst macht die eigene Kommunikation sehr viel leichter. Denn: Eine klare Kommunikation beruht immer auf einer klaren Haltung.

KOMMUNIKATIONSPSYCHOLOGIE

Die Auseinandersetzung mit der Kommunikation beginnt immer mit einem Diskurs über die eigene Identität. Bei der Auseinandersetzung mit der Psychoanalyse geht es nicht darum, die Abgründe der eigenen Seele zu erspüren. Ganz im Gegenteil. Es geht darum, der eigenen Profilierung ein sinnhaftes Gefüge zu geben. Je besser wir erkennen, wer wir sind und was wir wollen, umso leichter gelingt unser eigener Auftritt. Je stimmiger, umso größer unsere Überzeugungskraft und damit unsere Wirkung auf andere Menschen.

Um die Ausgangsfrage »Wer bin ich?« dreht sich seit Jahrhunderten ein philosophischer Diskurs zur menschlichen Identität, von dem griechischen Philosophen und Sokrates-Schüler Platon über den französischen Philosophen und Begründer des modernen Rationalismus René Descartes bis zum Pop-Philosophen unserer Tage Richard David Precht. Anfangs rangen die Gelehrten um die Fragestellung, ob die psychische Entwicklung von Anlagefaktoren oder von Umweltfaktoren bestimmt ist. Die Nativisten in der geistigen Tradition von Platon und Immanuel Kant, dem deutschen Philosophen und Begründer von Kritizismus und Transzendentalphilosophie, waren von der Vorherrschaft der Erb- oder Anlagetheorie überzeugt. Sie glaubten daran, dass unser ICH weitgehend angeboren sei. In diesem Sinne sind Menschen dann talentiert oder eben nicht. Eine Gestaltbarkeit der eigenen Persönlichkeit wird von ihnen verneint. Die Empiristen traten für die Vorherrschaft der Milieubedingungen ein.

Die wissenschaftliche Grundlage unseres heutigen Identitätsverständnisses wurde dabei maßgeblich durch die Aufsätze des englischen Philosophen John Locke beeinflusst. In seinem Hauptwerk »An Essay Concerning Human Understanding« (»Ein Versuch über den menschlichen Verstand«) betonte Locke die Bedeutung des menschlichen Bewusstseins für die Bestimmung der menschlichen Identität. Er begründete darin die Philosophie des englischen Empirismus und bekämpfte René Descartes' Lehre von den angeborenen Ideen. Als Erfahrungsquellen ließ John Locke nur die Sinneswahrnehmung und die Selbstwahrnehmung zu. Seine Grundthese lautet: »Nichts ist im Verstand, was nicht vorher in den Sinnen gewesen wäre.« Für die Persönlichkeit ist aus Sicht dieser Theoretiker entscheidend, was wir erleben. In diesem Sinne wird das eigene Selbst maßgeblich von Familie, Freunden, Schule und sonstigem Umfeld geprägt. Wir sind, was wir tun, und wir sind nur, was wir auch bewusst erlebt haben. Zu Beginn des 20. Jahrhunderts setzte sich die Auffassung der Konvergenztheorie des deutschen Philosophen und Psychologen William Stern durch. Die Konvergenztheorie zieht die beiden Faktorengruppen aus Anlage und Umwelt gleichmäßig für die Persönlichkeitsentwicklung heran.

Die sich Ende des 19. Jahrhunderts entwickelnde Psychologie nahm sich dann eher aus naturwissenschaftlicher und weniger aus philosophischer Sicht unserer Ausgangsfrage »Wer bin ich?« an. Sigmund Freud gilt als Begründer der Tiefenpsychologie. Er kommt in seiner Psychoanalyse zu einem ganzheitlichen Ansatz, wer wir sind – oder genauer – was unser ICH ausmacht. Unser Wesen oder unser ICH sind nach Freud das Ergebnis von Veranlagungen und Umweltprägungen. Hinzu kommt eine genauere Betrachtung unserer inneren Prozesse. Sigmund Freud charakterisiert unseren psychischen Apparat mit drei Instanzen: ICH, ES und ÜBER-ICH.

Das ICH empfängt und verarbeitet die Reize der Außenwelt und steht somit im ständigen Austausch zwischen Reiz und Reaktion. Das ICH ist besonnen und vernünftig. Anstößige Vorstellungen werden von ihm zurückgewiesen. Trotzdem muss das ICH sich gegen die Triebe des mächtigen ES erwehren.

Das ES beinhaltet die angeborenen Triebe und körperlichen Eigenschaften und kennt nach Freud keine Moral. Rücksichtslos versucht das ES, seine Triebregungen zu befriedigen. Die menschlichen Triebe werden von Freud in Libido (Sexualtrieb) und Destrudo (Todestrieb) unterteilt, die sich diametral gegenüberstehen. Eine Symbiose der Triebe ist nicht ausgeschlossen.

Wo ES war, soll ICH werden.

Sigmund Freud

Das ICH sieht sich nicht nur mit dem chaotischen ES konfrontiert. Es muss sich zugleich mit der normativen Instanz des ÜBER-ICH auseinandersetzen. Das ÜBER-ICH ist die soziale Normeninstanz – unser Gewissen aus Erziehung, kultureller Tradition und Milieu. Das ÜBER-ICH ist zugleich der Ort der Selbstkritik und der unbewussten Schuldgefühle.

Somit ist das ICH unsere Kontrollinstanz, die im Spannungsfeld zwischen ES und ÜBER-ICH steht. Es kommt zu inneren Konflikten, da das ES nach Befriedigung von Trieben verlangt und das ÜBER-ICH auf die Einhaltung von moralischen Werten drängt. Das ICH hat die Aufgabe, beiden gerecht zu werden und die inneren Konflikte zu meistern.

Freuds Modell mit seinen Unterorganen ICH, ES und ÜBER-ICH wurde bei der Untersuchung innerer Konflikte entwickelt. Hauptsächlich in diesen Fällen sind die drei Systeme deutlich abgrenzbar. Dann können wir zwischen ICH und ES unterscheiden oder zwischen ICH und ÜBER-ICH. Im Sinne von Freud haben wir stets mehrere Seelen in unserer Brust.

Diese Erkenntnis ist hilfreich für ein Verständnis unserer eigenen Person. Oberste Aufgabe ist es, die inneren Konflikte, gerade in schwierigen Situationen oder ernsthaften Krisen, immer wieder neu zu befrieden und eine klare Haltung zu entwickeln.

Doch das Werkzeug der Psychoanalyse hilft uns nicht nur, unsere Kommunikation ganzheitlich auszurichten; es dient uns ebenso dabei, die Werte und Reize, auf die andere Menschen reagieren, zu erkennen.

In der Kommunikation wird häufig an das ÜBER-ICH appelliert. So versuchen Eltern, ihre Kinder an die Werte und Normen zu erinnern, die sie einhalten sollen.

Sigmund Freud

WERTE

Die Banken- und Versicherungswirtschaft richtet ihre gesamte Werbestrategie so aus, dass sie uns auffordert, an die spätere Lebensabsicherung zu denken.

Ganz anders geht die Konsumgüterindustrie vor: Sie stimuliert uns mit Reizen, die zum Kauf führen sollen. Und obwohl wir wissen, dass der Preis zu hoch ist, unterliegen wir ihren Reizen. Unsere Bedürfnisse und Triebe werden angesprochen.

Ein besonders einprägsames Beispiel ist die Kaffeemarke Nespresso. Der Schweizer Lebensmittelkonzern Nestlé hat es geschafft, seinen Kaffee als Lifestyle-Produkt zu platzieren. Der Kaffee wird nicht in herkömmlichen Tüten, sondern in vielen bunten Kapseln verkauft. Dazu gibt es die passenden Maschinen, Tassen, Ther-mobecher und andere Accessoires, die das Leben schöner machen sollen. Das Lebensgefühl beim Shoppen wurde durch den Werbeträger George Clooney sogar noch auf Hollywood-Niveau gehoben. Die Nespresso-Kund:innen wissen sehr genau, dass sie erheblich mehr Geld für ihren Kaffee bezahlen und durch die verwendeten Aluminiumkapseln einen schlechten Beitrag für die Umwelt leisten. Doch der Reiz, in einer edlen Boutique seinen Kaffee mit der eigenen Clubkarte zu beziehen, ist so groß, dass der Verstand aussetzt.

REAKTIONEN

Die Werbe- und Marketingstrateg:innen wissen sehr genau, wie sie sich der Psychoanalyse von Sigmund Freud bedienen müssen. Der Grundsatz ist einfach: Wer die Reize der Menschen anspricht, kann sie führen. Und wer diesen Reizen unterliegt, wird verführt.

REIZE

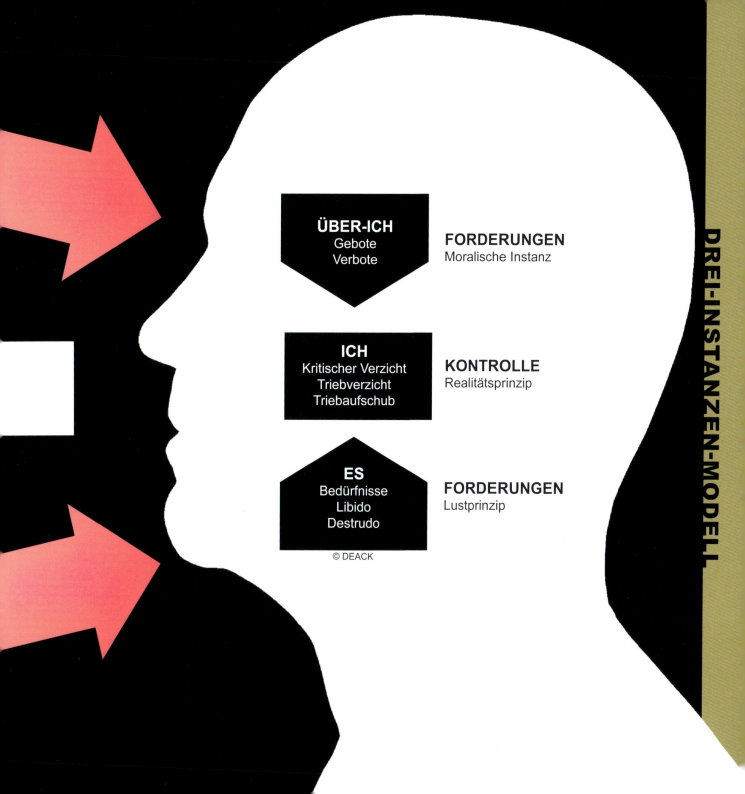

03
BEGINNE JEDE STRATEGIE MIT EINEM KLAREN NEIN

BEGINNE JEDE STRATEGIE MIT EINEM KLAREN NEIN

Im Alter von 17 Jahren gewann Boris Becker das Grand-Slam-Turnier von Wimbledon. Es war seine Mondlandung. Damit war er der erste Deutsche, der erste ungesetzte Spieler und der jüngste Wimbledon-Sieger. Über Nacht war ein neuer Megastar geboren. Völlig unvorbereitet wurde der junge Mann mit seinem neuen Tennisspiel aus mächtigem »Bum-Bum-Aufschlag« und »Becker-Hecht« zum Liebling der Nation.

Was würden Sie tun, wenn Sie mit 17 Jahren bereits alles erreicht hätten? Eine schwere Frage. Boris Becker hat sich nicht auf dem einen Erfolg ausgeruht, sondern Antworten geliefert. Er gewann in seiner Karriere 49 Turniere, war zwölf Wochen die Nummer Eins der Weltrangliste und kassierte insgesamt gut 25 Millionen US-Dollar Preisgelder. Und die Marke Boris Becker war noch viel mehr wert: Puma, Mercedes-Benz, AOL, Ebel – sie alle standen Schlange für einen Werbevertrag mit dem Tennisstar. Doch der junge Mann hat seine tadellose Reputation mit Füßen getreten. Über sich selbst sagte er: »In den ersten drei Jahren habe ich vor allem vom Talent gelebt und wenig gelernt.«

Diskretion und Zurückhaltung waren nicht seine Berater. Becker ging einen anderen Weg. Im Spiel suchte er immer die schnellen Entscheidungen am Netz. Im Tennis seine Erfolgsstrategie. Im richtigen Leben oft ein Doppelfehler. Von der weißen Tennis-Welt begab er sich in die schwarze Poker-Welt. »Bum Bum Boris« verschwand hinter einem Pokerface. Er war nicht wiederzuerkennen. Ein klares »Nein« zum Werbevertrag mit Poker Stars wäre ein Gewinn für seine Reputation gewesen.

Jahre später wechselte er sein Image erneut. Von der dunklen Poker-Welt ging es an der Seite des Spaßvogels Oliver Pocher in die bunte Comedy-Welt.

Boris Becker

Es war der perfekte Absturz. Die Tennislegende ließ sich im Fernsehen eine »Fliegenklatschen-Mütze« aufsetzen und gab sich damit vor einem Millionenpublikum der Lächerlichkeit preis. In dieser TV-Show konnte es nur einen Gewinner geben: Oliver Pocher. Und alle Welt fragte sich: »Warum tut sich das ein Boris Becker an?« Es ist nicht komisch, sondern nur tragisch, in einer TV-Show derart vorgeführt zu werden. An dieser Stelle hätte gutes Reputationsmanagement ebenfalls ein klares »Nein« verlangt.

Boris Becker hat einen entscheidenden Fehler gemacht: Er hat sich nie auf seine Stärken konzentriert und keine klare strategische Ausrichtung seiner Marke vorgenommen. Anstatt den Tennissport in Deutschland weiter auszubauen, sich in der Deutschen Sporthilfe, in Sportstiftungen oder der Sportpolitik zu engagieren, entwickelte er sich zum Pokerspieler und zur Unterhaltungsnudel. Wichtig ist, die eigenen Kräfte zu fokussieren, denn Zerstreuung ist der Tod.

So war auch sein Umgang mit seinem Privatleben. Alles wurde öffentlich gelebt: Hochzeit, Besenkammeraffäre, Scheidung, Beziehungschaos, zweite Hochzeit live bei RTL, zweite Scheidung. Und alles wurde medial verkauft. Viel zu spät gestand sich Becker ein: »Eine Hochzeit im Fernsehen würde ich nie wieder machen.« Doch bei einer ARD-Show mit Kai Pflaume ging er noch weiter. An diesem Abend ging es um den »Mile High Club«, also um Sex im Flugzeug, und Becker outete sich stolz vor laufenden Kameras: »Ich bin Clubmitglied.« Und die Nation erfuhr, dass es in einem Privatjet auf den Flug nach Miami passiert sei. Nun waren alle Dämme gebrochen. Rückblickend beschrieb er seinen Umgang mit den Medien als »viel zu blauäugig, viel zu offen und viel zu nett«. Doch da war es bereits zu spät. Boris Becker hatte nicht nur sein Privatleben verkauft, sondern auch seine Seele offenbart. Er brauchte die mediale Aufmerksamkeit. Und für die Medien produzierte er immer neue Schlagzeilen. Ein Abhängigkeitsverhältnis entstand. Heute wissen wir: Er folgte dem schnellen Geld.

> *Es ist nicht leicht,
> Boris Becker zu sein.*
>
> Boris Becker

Am 21. Juni 2017 platzte die Bombe: Der millionenschwere Boris Becker wurde vor dem Londoner Konkursgericht für zahlungsunfähig erklärt. Die Privatbank Arbuthnot Latham & Co. hatte den Prozess angestrengt, da die Tennislegende seit 2015 den Rückzahlungen langjähriger Schulden nicht mehr nachkam. Und das, obwohl Becker erst im März desselben Jahres seine drei Mercedes-Benz-Autohäuser in Stralsund, Greifswald und Ribnitz-Damgarten verkauft hatte. Auch dieses jahrzehntelange Investment war gescheitert. Somit blieb Beckers Anwälten vor Gericht nur ein Argument: Ihr Mandant werde durch den anstehenden Verkauf seiner Immobilie auf Mallorca innerhalb eines Monats in der Lage sein, die Außenstände zu begleichen. Diesen Antrag auf Aufschub lehnte die Richterin ab, denn sie glaubte nicht, dass Boris Becker seine Finca auf Mallorca kurzfristig zu Geld machen könne. Und die Negativschlagzeilen über das Anwesen auf der spanischen Ferieninsel, die sich seit mehr als zehn Jahren immer wieder überschlagen hatten, gaben ihr recht. Noch während seiner aktiven Laufbahn hatte Becker die Luxusimmobilie »Son Coll« für rund eine Million Euro erworben und über die Jahre eine Menge Geld hineingesteckt. Es sollte der Familiensitz für die Ewigkeit werden.

Doch es kam anders. Erst ging die Liebe zu Barbara Becker verloren, dann die Liebe zum Luxusdomizil und doch wagte Becker den großen Wurf. 2006 versuchte er mit einer pompösen Einweihungsparty das 2,6 Hektar große Anwesen zu verkaufen – für stolze 15 Millionen Euro. Ein schöner Versuch. Doch ohne Ergebnis. Im November 2020 erfuhr die Öffentlichkeit, dass die Finca nun der britischen Privatbank Arbuthnot Latham & Co. gehört. Der Eigentümerwechsel erfolgte bereits im Winter 2019 mit dem spanischen Zusatz »Dación en pago«. Damit stand fest, dass kein Kaufpreis gezahlt, sondern eine Schuld getilgt wurde. Seine Geld- und Steuertransaktionen wirken bis heute nach. Die Geister, die er rief, wird er nicht mehr los. Die Journalist:innen verfolgen ihn auf Schritt und Tritt. Und die Geschichte ist noch lange nicht vorbei.

Eine klare Ausrichtung beginnt mit einem klaren Ziel. Schon als kleiner Junge wollte Boris Becker in seinem Sport viel erreichen. Er war fokussiert und eilte von Turniersieg zu Turniersieg. Der ganz große Wurf gelang ihm früh. Boris Becker ist eine lebende Sportlegende. Allerdings verlor er nach der aktiven Sportlerlaufbahn seinen Fokus und holte viel zu spät seine Pubertät nach. Er hatte das Geld und die Möglichkeiten, alles auszuprobieren. Die Welt schien für ihn grenzenlos. Und genau mit dieser Grenzenlosigkeit begann die Verzettelung, die zu dem verheerenden Ergebnis führte. Der Ausnahmesportler urteilte über sich selbst: »Es ist nicht leicht, Boris Becker zu sein.« Ein trauriges Fazit.

KOMMUNIKATIONSHALTUNG

Der Pionier der modernen Managementlehre des 20. Jahrhunderts, Peter Drucker, brachte es auf den Punkt: »Konzentration ist der Schlüssel zu wirtschaftlichen Resultaten. Gegen kein anderes Prinzip der Effektivität wird so regelmäßig verstoßen wie gegen das Grundprinzip der Konzentration.« Wirksame Führung beginnt mit einer klaren Zielsetzung. Das gilt sowohl bei der Führung der eigenen Person als auch im Management von Organisationen. Das Ziel muss klar sein. Drei Fragestellungen zur Zielerreichung gilt es zu beantworten:

- Was ist mein Ziel?
- Wie erreiche ich dieses Ziel?
- Was unternehme ich, wenn ich mein Ziel erreicht habe?

Es ist notwendig, sich wenige, dafür aber große Ziele im Leben zu setzen und diese konsequent anzustreben. Die meisten Menschen haben für sich selbst zu kleine Ziele gewählt und leiden anschließend darunter, da diese sie nicht motivieren und herausfordern. Erst die richtig gewählten Ziele geben der menschlichen Anstrengung einen Sinn. Somit muss die Erfüllung des Lebens hart erarbeitet werden. Sie entsteht nicht von selbst. Doch viele Menschen beschäftigen sich nur sehr allgemein oder gar nicht mit ihren persönlichen Zielen.

Eindrucksvoll beweist das eine Studie der Harvard University: Lediglich drei Prozent eines Jahrgangs der Elitehochschule definierten klare Ziele für ihr Leben. Die restlichen 97 Prozent der Studierenden hatten nur ein verschwommenes Bild davon. Nach 20 Jahren wurden die ehemaligen Absolvent:innen wieder interviewt. Das Ergebnis war eindeutig: Exakt die drei Prozent mit den klaren Zielen hatten mehr Einkommen erzielt, als die anderen 97 Prozent zusammen. Der wesentliche Faktor, um seine Ziele zu erreichen, ist die Kraft des Neinsagens. Doch die meisten Menschen scheitern genau daran. Beginnen Sie daher jede Strategie mit der Fragestellung: Was will und werde ich nicht mehr tun? Das 21. Jahrhundert ist geprägt von einer Flut an Informationen. Schon heute leben wir in einem allumfassenden Informationszeitalter, in dem wir uns vor Informationen nicht mehr retten können. Wir sind den unendlichen Reizen ausgesetzt: Unsere gesamte Umwelt fungiert als Werbeträger. Kein Produkt, das Sie konsumieren oder an sich tragen, kommt ohne Markenlogo, Produktdesign und Werbung aus. Die gesamte Wirtschaft kann ohne Marketing und Public Relations nicht mehr existieren. Zudem hat die größte Reiz-Reaktions-Maschine der Welt, das Internet, die Menschen in ihren Bann gezogen. Die glatten, makellosen und stets verlockenden Oberflächen der zahllosen Internetseiten faszinieren die User:innen rund um die Uhr. Alles ist immer und überall abrufbar. Und unsere selbst eingerichteten Push-Funktionen informieren uns über die neuesten Entwicklungen zu allen Themen aus der ganzen Welt. Immer stärker verfestigt sich das Bild, dass wir überall dabei sein können und uns alle Wege offenstehen. Das Gefühl der unendlichen Möglichkeiten wird suggeriert. Ganz nach dem Motto: Lasst uns alles gleichzeitig tun! Obwohl wir wissen, dass dieses Motto nicht aufgeht, versuchen wir es jeden Tag neu.

In der modernen Arbeitswelt wechseln Angestellte im Durchschnitt alle drei Minuten zwischen ihren Aufgaben. Wenn ihre Konzentration erst einmal unterbrochen wurde, brauchen sie im Schnitt rund 25 Minuten, um wieder zu ihrer Tätigkeit zurückzukommen. Es entsteht der Sägeblatteffekt. Die Konzentration ist erst ganz oben und bricht dann durch eine Störung auf die Nulllinie ein. Bis man seine Leistungsfähigkeit

Dwight D. Eisenhower

wieder aufbaut, benötigt man viel Zeit und Kraft. Nach Studien aus den USA gehen jährlich über 28 Milliarden Arbeitsstunden durch Ablenkungen, insbesondere durch moderne Kommunikationsmittel, verloren. Auch Fach- und Führungskräfte leiden unter der Smartphone-Krankheit, dem Twitter-Fieber oder dem Facebook-Daumen. In Sitzungen wird das Handy oder Tablet nicht mehr ausgeschaltet, sondern parallel bedient. Das Tempo von Information und Verarbeitung ist enorm hoch und nimmt immer weiter zu. Allein diese Rahmenbedingungen der massenmedialen Informationsgesellschaft zwingen uns, bestimmte Programme oder Plattformen auszuschalten oder vollständig wegzulassen. Nie war eine scharfe Selektion wichtiger als heute. Wir müssen wieder lernen, Nein zu sagen. Denn nur wer wirklich Nein sagen kann, hat die Chance sich klar zu fokussieren. Und nur mit einer sehr eindeutigen Fokussierung können Sie Ihre Ziele auch wirklich erreichen. Unserer Zeitalter ist geprägt von den unendlichen Möglichkeiten zur Verzettelung. Wir fangen alles an und bringen nur wenig zu Ende.

Albert E. N. Gray war zeit seines Lebens auf der Suche nach dem Geheimnis erfolgreicher Menschen. Nach über 30 Jahren der Recherche hatte er herausgefunden, dass Erfolg nicht nur durch harte Arbeit, menschliche Beziehungen und glückliche Zufälle entsteht, sondern dass eine einzige Fähigkeit alle erfolgreichen Menschen verbindet: Sie erledigen das Wichtigste zuerst. Und unterlassen unwichtige Dinge ganz.

Anders formuliert: Erfolgreiche Menschen haben eine klare Fokussierung. Dieser Zielfokus hat sie gelehrt, Nein zu sagen. Im Umkehrschluss bedeutet es, dass viele Menschen ihre Prioritäten falsch oder gar nicht setzen. In Gesprächen mit meinen Mandant:innen höre ich immer wieder, dass die Hektik des Alltags und der eigene Mangel an Disziplin ihre Ziele verkümmern lassen. Bei näherer Betrachtung liegt das Grundproblem ganz woanders: Sie haben ihre Prioritäten nicht klar vor Augen.

Die ständigen äußeren Reize sind die größten Ablenkungsquellen unserer Zeit. Menschen, die zu allem Ja sagen, müssen am Ende immer öfter zu sich selbst Nein sagen. So entstehen innere Widersprüche – und auf diese folgen Brüche.

Die meisten Seminare zum Neinsagen bieten einen unbrauchbaren Weg an: Sie wollen Personen im Neinsagen stärken, ohne deren eindeutiges Ziel herauszuarbeiten. Sie arbeiten mit einem Kompass ohne Nadel.

Bedenken Sie: Wenn Sie nicht wissen, wohin Sie wollen, können Sie auch nicht Nein sagen. Denn Sie wissen nicht, ob das Nein Sie einschränkt. Erfolgreiche Menschen wollen sich begrenzen. Die klare Begrenzung von Möglichkeiten ist der Weg zur Zielerreichung.

Ein gutes Werkzeug, um richtig zu priorisieren, ist das Eisenhower-Prinzip. Benannt wurde es nach dem US-amerikanischen Präsidenten Dwight D. Eisenhower, der von 1953 bis 1961 im Weißen Haus residierte. Nur wenige US-Präsidenten können von sich sagen, dass man sie Jahrzehnte später in der Managementliteratur zitiert. Mit dieser Theorie aus einer Zeit, als das Wort Management noch gar nicht im Sprachgebrauch war, hat der damalige Stab des Präsidenten Maßstäbe gesetzt. Die Mitarbeiter:innen von Eisenhower unterschieden mit dieser Methode zwischen Wichtigkeit und Dringlichkeit. Zwei wesentliche Kriterien, um die Arbeit zu organisieren und damit die eigenen Ressourcen sinnvoll zu nutzen.

Wenn Sie auf Ihre Aufgaben schauen, ist vermutlich erst einmal alles wichtig. Aber was führt tatsächlich zum Ziel? Was ist Ihnen wirklich wichtig?

Wenn Sie Ihre Aufgaben entsprechend der Eisenhower-Matrix gewichten, werden Sie sehr schnell erkennen, was weder wichtig noch dringlich ist. Zu all diesen Aufgaben sagen Sie sofort Nein. Doch noch viel entscheidender ist, ob Sie Ihre Wünsche und Lebensziele fest im Blick haben und diese auch im Blick behalten. Darum habe ich die alte Matrix um diese beiden relevanten Punkte erweitert. Hier sollten die Schwerpunkte innerhalb der Matrix liegen, und Sie sollten Ihre Wünsche und Lebensziele klar benennen.

Wenn Sie alle Aufgaben, die Ihren Lebenszielen entgegenstehen, konsequent verweigern, wird Ihre Kommunikation eindeutig und Ihre Haltung klar.

Priorisieren statt verzetteln ist das höchste Gebot in unserer überfluteten Informationsgesellschaft und Verzicht ist zu einer neuen Tugend geworden.

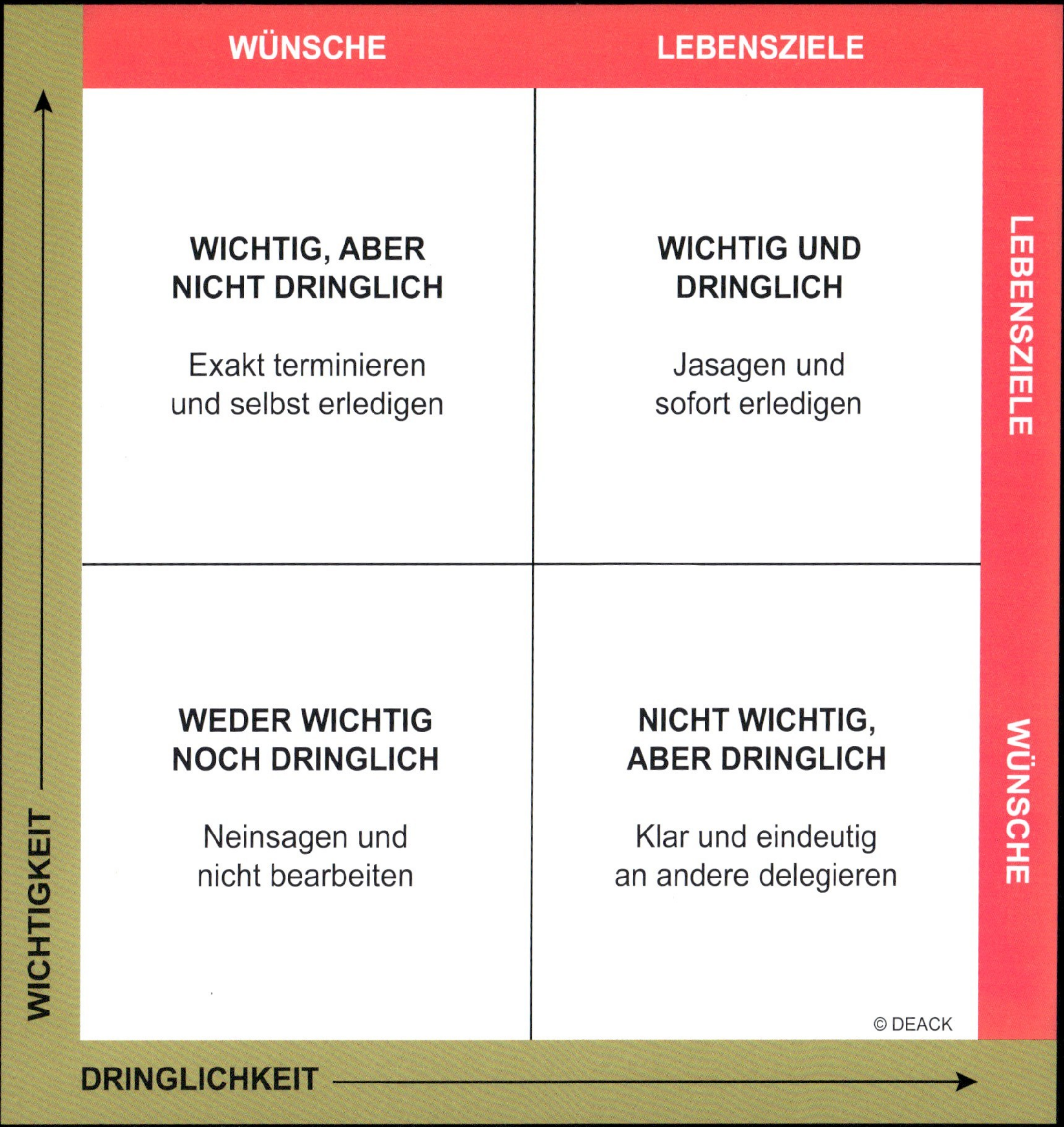

	WÜNSCHE	**LEBENSZIELE**	
↑ WICHTIGKEIT	**WICHTIG, ABER NICHT DRINGLICH** Exakt terminieren und selbst erledigen	**WICHTIG UND DRINGLICH** Jasagen und sofort erledigen	**LEBENSZIELE**
	WEDER WICHTIG NOCH DRINGLICH Neinsagen und nicht bearbeiten	**NICHT WICHTIG, ABER DRINGLICH** Klar und eindeutig an andere delegieren	**WÜNSCHE**

DRINGLICHKEIT →

KOMMUNIKATIVE FOKUSSIERUNG®

© DEACK

ERZIELE WIRKUNG MIT NONVERBALEN SIGNALEN ODER VERLIERE ALLES

Der Großmeister der Kommunikation, der von sich behauptete, dass er zum Regieren nur Bild, BamS und die Glotze brauche, scheiterte am Ende seiner Kanzlerschaft vor laufenden Kameras. Es war der Abend des 18. September 2005, an dem die »Elefantenrunde« nach der vorgezogenen Bundestagswahl live ausgestrahlt wurde. Alle Vorsitzenden der im Deutschen Bundestag vertretenen Parteien waren nach den ersten Hochrechnungen auf Einladung des ZDF-Moderators Nikolaus Brender und dessen ARD-Kollegen Hartmann von der Tann ins Studio gekommen, um über den Wahlausgang zu diskutieren.

Anders als von den Meinungsforschungsinstituten vorausgesagt, hatte Angela Merkel, die Herausforderin der Union, ihren deutlichen Vorsprung auf den sozialdemokratischen Bundeskanzler Gerhard Schröder eingebüßt. Im Willy-Brandt-Haus war nach der ersten Hochrechnung frenetischer Jubel ausgebrochen. Die Genossen feierten ihren Kanzler. Wie im Rausch verkündete er vor seiner Anhängerschaft, dass er einen klaren Regierungsauftrag habe. Und das, obwohl die CDU zu diesem Zeitpunkt schon knapp vorne lag.

Entgegen seiner Gewohnheit fuhr der Medienprofi Schröder an diesem Abend früh ins Fernsehstudio. Er wollte es allen zeigen. Zu Beginn der Fernsehrunde war die Stimmung höchst angespannt, und die Hochrechnungen wurden immer eindeutiger: Merkel war vor Schröder als Siegerin durchs Ziel gegangen. Trotzdem nahm der gescheiterte Bundeskanzler sie nicht ernst und betonte im Studio: »Sie wird keine Koalition mit meiner Partei zustande kriegen. Machen Sie sich da nichts vor.« Ein Millionenpublikum erlebte einen angriffslustigen und an seinem eigenen Wahlkampf berauschten Gerhard Schröder,

> *Zum Regieren brauch ich nur Bild, BamS und Glotze.*
>
> Gerhard Schröder

der seine Emotionen nicht mehr im Griff hatte. Übereilt wie einst CSU-Politiker Edmund Stoiber, der 2002 seinen Sieg feierte, ohne das amtliche Endergebnis abzuwarten, nach dem er knapp gegen Schröder verlor, agierte nun auch der SPD-Politiker. Anders als sonst folgte Schröder seiner Hybris, welche ihm den realistischen Blick auf die Wirklichkeit nahm. Die Zuschauer:innen achteten auf seine Körpersprache, die überheblich und ungesteuert wirkte. Nach zahlreichen Unterbrechungen ließ der Kanzler die Runde wissen, dass niemand außer ihm in der Lage sei, eine stabile Regierung zu bilden. Die Moderatoren machten Schröder darauf aufmerksam, dass er gar keine Mehrheit habe. Dieses Argument wischte er mit einer ihm entgleitenden Mimik aus Grinsen und Entgeisterung über die Journalisten vom Tisch. Auch der Klang der Kanzlerstimme wirkte auf die TV-Zuschauer:innen nicht mehr ernsthaft. Schnell kam das Gerücht vom Rotweinkonsum vor der Sendung auf, der den ungewollten Auftritt verursacht haben sollte.

Nikolaus Brender hielt seine Eindrücke an diesen denkwürdigen TV-Auftritt so fest: »Hartmann von der Tann und ich hatten nicht den Eindruck, dass es der Alkohol war, der Schröder an diesem Abend in einen Kriegselefanten verwandelte. Es war das ausgebrochene Ego, das den Kanzler aufputschte und seine Attacken gegen die Kanzlerkandidatin Merkel, gegen die Moderatoren und gegen die Realitäten des Wahlergebnisses reiten ließ.« Und es kam noch schlimmer: Schröder verlor mit seiner Botschaft »Ich bleibe Bundeskanzler, auch wenn Medien, wie Sie, dagegen gearbeitet haben«, seine Glaubwürdigkeit bei den Zuschauer:innen, denn die Wahlhochrechnungen, die durchs Fernsehbild liefen, besagten, dass Angela Merkel ins Kanzleramt einziehen würde. Und so kam es auch. Wenige Wochen nach der Sendung wurde Merkel

Gerhard Schröder

mit den Stimmen der SPD zur ersten Kanzlerin Deutschlands gewählt. Sie hatte auf die zahlreichen Angriffe von Schröder in der Sendung nicht reagiert und stattdessen im Nachgang mit dem SPD-Vorsitzenden Franz Müntefering die große Koalition geschmiedet. Angela Merkel ging an diesem Abend nicht in den verbalen Schlagabtausch mit dem Kanzler. Sie behielt die Ruhe und gewann erst die Fernsehzuschauer:innen und dann das Amt für sich. Die Elefantenrunde ging als Meilenstein in die deutsche Mediengeschichte ein: Bundeskanzler Schröder redete sich um Kopf und Kragen und ebnete damit seiner Herausforderin, die ein extrem schlechtes Wahlergebnis einfuhr, das Fundament ihrer ersten Kanzlerschaft. Schröder wollte etwas erzwingen, das an diesem Abend nicht zu erzwingen war. Statt in Ruhe zu sondieren, verschoss er vor laufenden Kameras sein ganzes Pulver. Damit hatte Gerhard Schröder im Fernsehstudio nicht nur die Macht, sondern auch seine viel beachtete Medienkompetenz verloren.

NONVERBALE KOMMUNIKATION

UNBEWUSSTE KOMMUNIKATION

Paul Ekman, ein US-amerikanischer Anthropologe und Psychologe, ist für Forschungen zur nonverbalen Kommunikation bekannt geworden. Gemeinsam mit seinem Kollegen Wallace Friesen entwickelte er das Facial Action Coding System (FACS) – eine physiologisch orientierte Klassifikation der emotionalen Gesichtsausdrücke des Menschen. FACS spielt in der Ausdruckspsychologie eine wichtige Rolle; es erfasst und beschreibt die emotionalen Ausdrucksmuster des Menschen.

> *Es sind nur 43 Muskeln, mit denen wir mehr als 10.000 Gesichtsausdrücke erzeugen können.*
>
> Paul Ekman

Schauspieler:innen und hier vor allem die Hollywood-Stars, arbeiten sehr hart an ihrer Ausdrucksfähigkeit. Im Gegensatz zu den Leinwandgrößen sind die Mikrogesichtsausdrücke für die meisten Menschen nicht kontrollierbar, und doch benutzen wir sie täglich. Die Basisemotionen eines Menschen sind mit etwas Übung leicht zu erkennen. Wut, Freude, Trauer, Ekel, Verachtung, Angst und Überraschung – das sind nach Paul Ekman die sieben wichtigsten Emotionen des Menschen. 1990 wurde diese Liste um Heiterkeit, Verachtung, Zufriedenheit, Verlegenheit, Aufregung, Schuldbewusstsein, Entspannung, Genugtuung und Scham erweitert. Das FACS ordnet nahezu jeder sichtbaren Bewegung der mimischen Muskulatur eine Bewegungseinheit, im Englischen Action Unit, zu. Insgesamt gibt es 44 solcher Bewegungseinheiten: zwölf im Obergesicht und 32 im Untergesicht. All diese Emotionen an den Gesichtsausdrücken zu erschließen, fällt ungeübten Beobachter:innen sehr schwer. Paul Ekman behauptet von sich, alle Mikrogesichtsausdrücke zu kennen: »Es sind nur 43 Muskeln, mit denen wir mehr als 10.000 Gesichtsausdrücke erzeugen können, und ich habe alle gesehen. Ich bin bis Papua-Neuguinea und auf alle Kontinente gereist. Es gibt keinen Ausdruck, den ich nicht kenne.«

Im Kommunikationsalltag bringt es uns keinen Vorteil, über 10.000 Gesichtsausdrücke zu entschlüsseln. Doch können uns ein paar Grundkenntnisse helfen, unsere Wahrnehmung zu schärfen, um die Gefühlswelt unserer Gesprächspartner:innen frühzeitig zu erkennen. Damit ist es möglich, unser Gegenüber kommunikativ besser zu erfassen und zu erreichen.

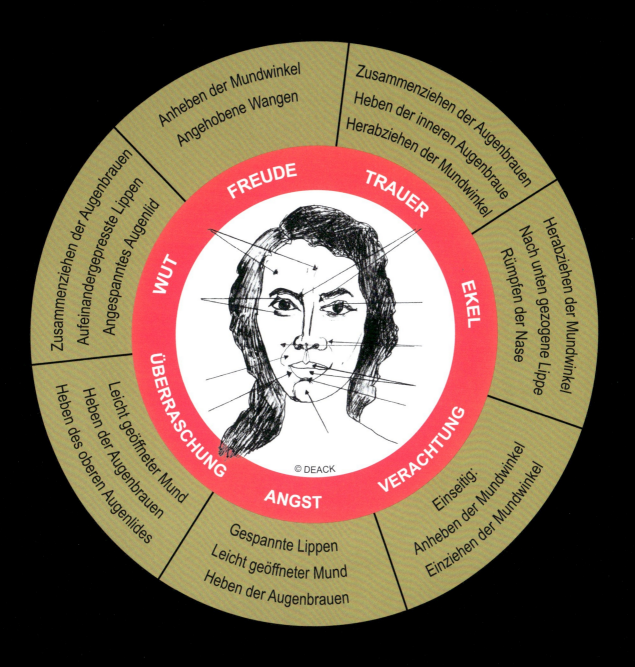

55-38-7-REGEL

Bestimmte körpersprachliche Signale laufen bei uns nur teilbewusst ab. Wenn wir uns selbst beobachten oder besonders achtsam mit uns umgehen, bemerken wir die Veränderungen unserer Mimik. Doch über weite Strecken eines Gesprächsverlaufs können wir die Veränderungen nicht vollständig wahrnehmen oder steuern. In der Bevölkerung ist die Redewendung von dem »Entgleisen der Gesichtszüge« bekannt. Der deutsche klassische Philologe Friedrich Nietzsche formulierte es schöner: »Man lügt wohl mit dem Munde; aber mit dem Maule, das man dabei macht, sagt man doch noch die Wahrheit.«

Die nonverbale Kommunikation verrät mehr über uns, als uns oft lieb ist. Wir überprüfen unser Gegenüber nicht so sehr an seinen Worten. Unsere Aufmerksamkeit richtet sich auf die gesamte Person. Das relative Wirkungsverhältnis der drei Komponenten Körpersprache, Stimme und Inhalt untersuchte der Psychologieprofessor Albert Mehrabian von der University of California in Los Angeles.

Mehrabian stellte hierzu die 55-38-7-Regel auf, nach der wir von unserem Gegenüber hauptsächlich die nonverbalen Signale (55 Prozent) aufnehmen. Danach folgt die Stimme (38 Prozent) und dann kommt erst der Inhalt (7 Prozent). Albert Mehrabian fasst seine Formel wie folgt zusammen: »Wenn eine nonverbale einer verbalen Handlung widerspricht, ist es wahrscheinlicher, dass die Gesamtaussage der Nachricht von der nonverbalen Handlung definiert wird.« Viele Menschen unterschätzten die Rolle der Körpersprache in der menschlichen Wahrnehmung. Seien Sie klug und achten Sie besonders auf die Wirkung Ihrer nonverbalen Kommunikation.

Aufgrund dieser enormen Bedeutung werden Schauspieler:innen intensiv in Stimmmodulation und Körpersprache ausgebildet. Sie wirken nicht so sehr durch den von ihnen gesprochenen Text, sondern durch ihre nonverbale Ausdruckskraft. So beherrschen gute Schauspieler:innen mindestens ein Dutzend verschiedener Bedeutungsnuancen des Wortes »Nein«, um dem Publikum die dargestellte Situation vermitteln zu können. Und das Publikum entscheidet in Bruchteilen von Sekunden, ohne dass es das will oder beeinflussen kann, über eine Zu- oder Abneigung zu der Schauspielerin oder dem Schauspieler. Ähnlich geht es uns in der Liebe. Durch die Signale, die wir in Bruchteilen von Sekunden empfangen, wird unser Interesse geweckt.

Dieses Modell sollten Sie bei allen Ihren Präsentationen, Reden oder Vorträgen berücksichtigen: Das gesprochene Wort sollte stets im Einklang mit der Ausdruckskraft von Körpersprache und Stimmmodulation sein. Erst wenn eine Übereinstimmung dieser drei Elemente erreicht ist, kann ein Wirkungshorizont bei den Rezipient:innen entstehen.

Albert Mehrabian

55-38-7-REGEL

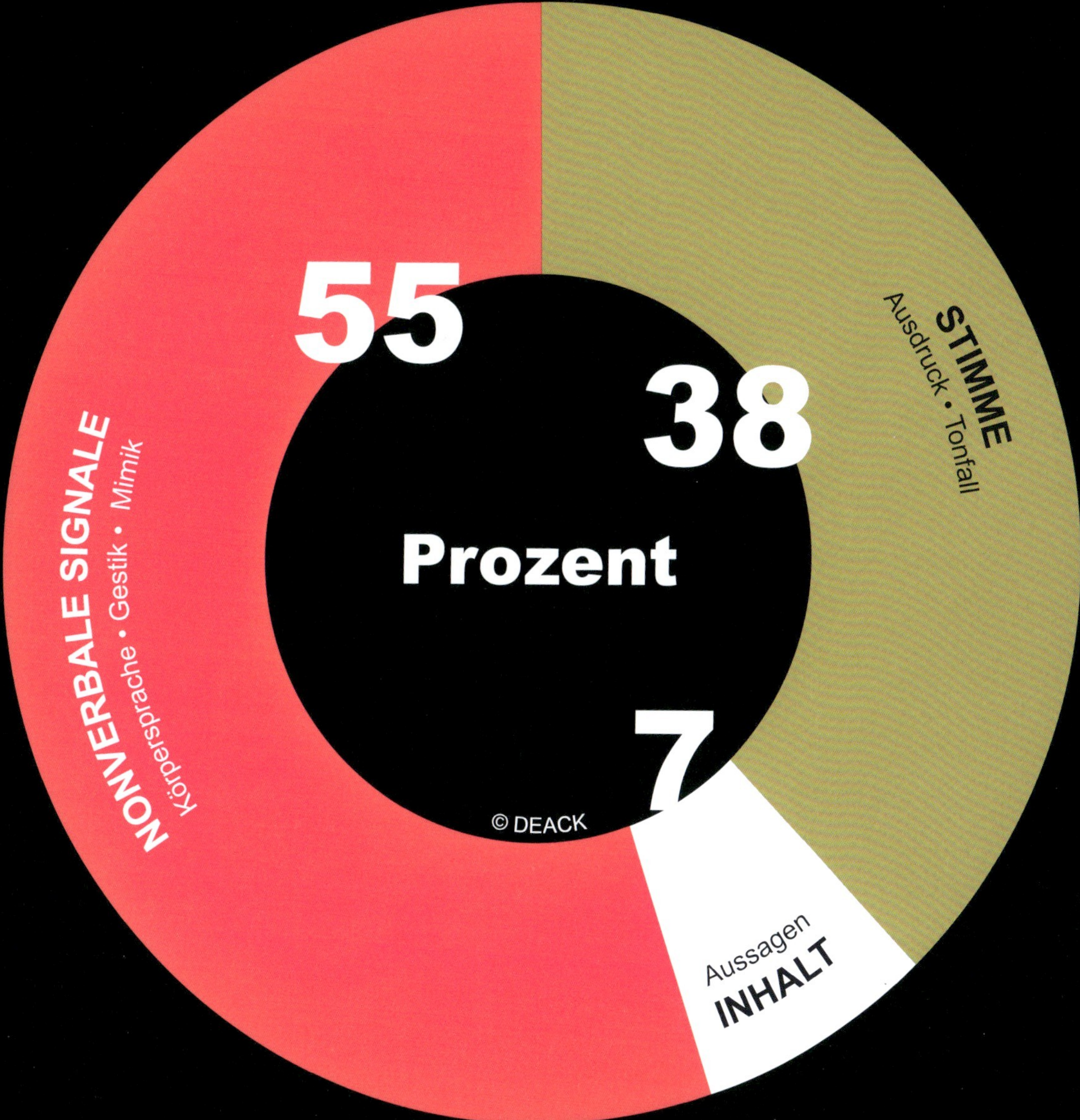

55 Prozent
NONVERBALE SIGNALE · Körpersprache · Gestik · Mimik

38
STIMME · Ausdruck · Tonfall

7
Aussagen **INHALT**

© DEACK

05
HÖRE, WAS NICHT GESAGT WIRD

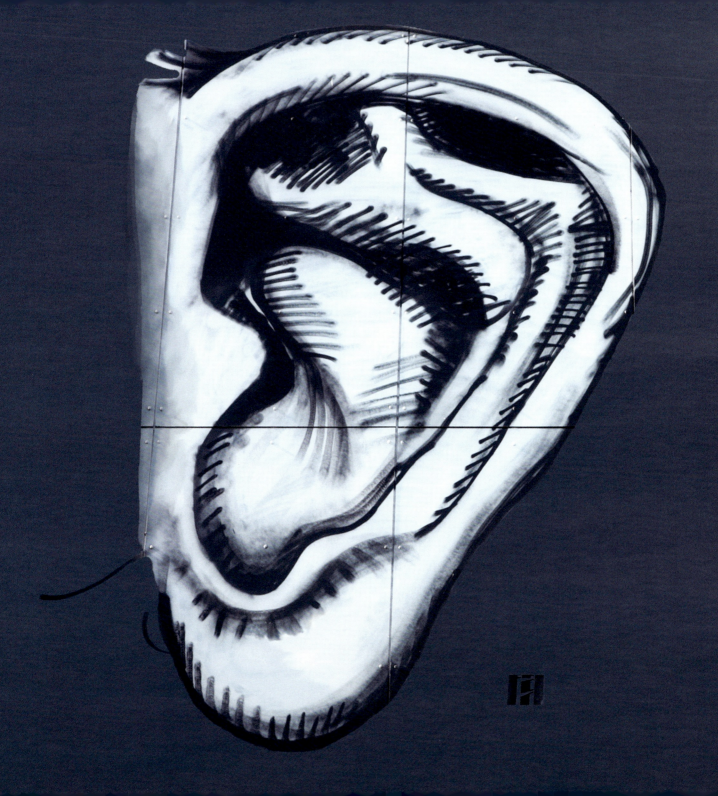

HÖRE, WAS NICHT GESAGT WIRD

Die Empörung war am 23. Oktober 2013 in Deutschland groß. An diesem Tag wurde bekannt, dass das Mobiltelefon von Bundeskanzlerin Angela Merkel durch die Agent:innen der National Security Agency (NSA) abgehört wurde. Das ganze Land diskutierte über die Spähaffäre der NSA. Schnell kam heraus, dass die Amerikaner und die Briten Abhöreinrichtungen in ihren Botschaften im Berliner Regierungsviertel aufgebaut und so die deutsche Politik systematisch ausspioniert hatten. Nun stand endgültig fest: Unsere Freunde und Bündnispartner hören uns ab.

Der Skandal wurde von dem ehemaligen Mitarbeiter der Central Intelligence Agency (CIA) Edward Snowden enthüllt. Er hatte die streng geheimen Informationen über die Überwachungsprogramme der weltweiten Internetkommunikation der britischen und US-amerikanischen Geheimdienste an die Öffentlichkeit gebracht: »Ich will nicht in einer Welt leben, in der alles, was ich mache und sage, aufgenommen wird.« Snowden wurde über Nacht zum meistgesuchten Mann und gleichzeitig zum bekanntesten Whistleblower der Welt. Mit seinen Veröffentlichungen gab er den Menschen einen tiefen Einblick in das Ausmaß der weltweiten Internetüberwachung. Die Spionagesoftware der Geheimdienste dient dazu, aus der Informationsfülle mithilfe von Data Mining nachrichtendienstlich relevante Daten und signifikante Zusammenhänge über die Kommunikation im Netz, in E-Mails und aus Telefonmetadaten einzelner Menschen herauszufiltern. Der Traum vom freien Internet war im Sommer 2013 gestorben.

Eine spätere Überprüfung durch den Europäischen Gerichtshof für Menschenrechte ergab, dass der britische Geheimdienst mit dem systematischen Auslesen großer Datenmengen in Teilen die Menschenrechte von Internetnutzer:innen verletzt hatte. Das Ausmaß der Affäre war riesig. Und die Spionage fand mitten in Berlin statt. Diese Erkenntnisse sind nicht wirklich neu; die NSA-Spionage in Deutschland hatte viel früher begonnen.

Bereits nach dem Zweiten Weltkrieg hatte die NSA die zweithöchste Erhebung von Berlin für sich entdeckt: den Teufelsberg. In den 1940er Jahren stand dort der Rohbau der Wehrtechnischen Fakultät, welche die Welthauptstadt Germania für den Diktator Adolf Hitler realisieren sollte. Aus den Allmachtsphantasien der Nationalsozialisten war der Albtraum der Menschheit geworden: Völkermord, Vernichtung, Zerstörung, Hunger, Elend und Not überall in Europa und der Welt. So auch in Berlin. Kurz nach Kriegsende wurde die NS-Fakultät im Grunewald von den Alliierten gesprengt. Die Trümmer blieben einfach liegen und dienten als Grundlage für den unendlichen Schutt der Stadt. Ein Drittel aller Berliner Gebäude wurde im Krieg zerstört: eine unvorstellbare Trümmermenge von rund 100 Millionen Kubikmetern. Täglich luden 600 bis 800 Lastzüge bis zu 7.000 Kubikmeter Steine, Geröll und Asche aus ganz Berlin auf den Trümmern der NS-Fakultät ab. So entstand der künstliche Teufelsberg mit einer Höhe von 120 Metern. Es dauerte nicht lange, bis die US-Armee die höchste Erhebung Westberlins einnahm. Der Teufelsberg lag optimal für das amerikanische Militär: genau an der deutsch-deutschen Grenze und mitten in der ehemaligen Deutschen Demokratischen Republik (DDR). Der frühere US-Soldat Tom Maguire brachte es auf den Punkt: »Die Anlage befand sich mitten im Fleisch des Gegners.«

Die NSA baute auf dem 4,7 Hektar großen Gelände die bedeutendste Abhöranlage der USA auf: So weit im Osten lag keine andere. Mithilfe ihrer fünf großen Radarantennen konnten die Amerikaner vom Teufelsberg aus bis weit in das Gebiet des Warschauer Paktes hinein die Kommunikationssignale abfangen. Die Antennen waren unter weißen Kuppeln verborgen, damit die Russen nicht herausfinden konnten, welche Frequenzen gerade abgehört wurden. Auch sämtliche Radiowellen wurden abgefangen. Die NSA dechiffrierte den Diplomatenfunk und wertete Gespräche in Deutsch, Tschechisch, Polnisch und Russisch aus. Das meiste wurde tatsächlich in Klartext übertragen. Dafür waren rund 1.000 verschiedene Spezialist:innen in rotierendem Schichtdienst im Einsatz.

Die Schicht in den fensterlosen Gebäuden dauerte acht Stunden. Carol Hemphil, die letzte Befehlshaberin der Station, berichtet, dass 24 Stunden täglich, sieben Tage die Woche, sogar an hohen Feiertagen, wie Weihnachten, gearbeitet wurde. Doch die erfassten Daten wurden nicht vor Ort ausgewertet; sie flossen direkt in die NSA-Zentrale nach Fort Meade bei

Washington. Der Arbeitsablauf auf dem Teufelsberg war klar strukturiert: Die US Army Intelligence, der Nachrichtendienst der US-Armee, lieferte das gesammelte Material, die NSA nahm die Auswertung vor. So war auch die Rollenverteilung auf dem künstlichen Hügel von Berlin. Die NSA hatte das Kommando inne und die Militärs waren den Agent:innen unterstellt. Die Grundregel innerhalb der geheimdienstlichen Tätigkeit lautete, dass alle Mitarbeitenden die notwendigen Informationen für ihre Arbeit erhielten, aber auch nicht mehr. Der US-Soldat Tom Maguire berichtete später über seine Tätigkeit auf dem Teufelsberg: »Wir waren eben die Beschaffer der kleinen Informationen, die sie dort benutzt haben, um ein Gesamtbild zu erstellen. Wir waren die kleinen Arbeitstiere.« Doch auch den Analyst:innen erschloss sich nicht das gesamte Bild der Lage. Sie mussten täglich ihre Teilberichte verfassen und abliefern. Die gesamte Aktenlage bekamen nur sehr wenige ausgewählte Personen zu sehen. Einer von ihnen war der NSA-Direktor. In der Truppe der Aufklärungsspezialisten wurde er nur »Big Daddy« genannt. Und »Big Daddy« wusste alles.

Die aus diesem Fallbeispiel gewonnene Erkenntnis ist eindeutig: Informationen bringen einen Vorsprung, doch nur das vernetzte Wissen bedeutet Macht. Heute dient das vernetzte Wissen nicht mehr nur der Spionage und Gefahrenabwehr; die Kommunikationsströme der Massen sind längst zu einem Milliardengeschäft für Facebook, Google, Apple und Amazon geworden. Die Datenmengen, die von US-Großkonzernen beherrscht werden, sind die Voraussetzung zur Entwicklung der Künstlichen Intelligenz (KI). Dank unserer täglichen Nutzung.

Schon im Kalten Krieg erfasste die NSA unzählige Datenströme auf dem Teufelsberg, die bis heute alle geheim blieben. Und doch ist eine konkrete Geschichte überliefert: Sie ereignete sich am 9. November 1989. An diesem Tag arbeitete Richard Smith, Experte für Entschlüsselung, in der Tagesschicht auf dem Teufelsberg. Er hatte die Aufgabe, die ostdeutsche Regierung abzuhören. Als er am Nachmittag seinen Arbeitsplatz verließ, ging er nicht wie gewohnt zurück in die Kaserne, sondern direkt zum Checkpoint Charlie. Schon lange vor der berühmten Pressekonferenz von Günter Schabowski wusste er, dass dieser Tag in die deutsche Geschichte eingehen würde. Richard Smith hatte gut zugehört. An jenem Tag fiel die Mauer. Deutschland war nicht mehr geteilt. Der Kalte Krieg war überwunden. Die Abhöreinrichtung verlor ihre Funktion und wurde 1992 deinstalliert.

Mit der deutschen Wiedervereinigung wurde aus den Spekulationen des Nachrichtenmagazins Der Spiegel Gewissheit. Dieser mutmaßte bereits im Februar 1989 unter dem Titel »Freund hört mit«, dass die NSA auch Westberlin und die Bundesrepublik Deutschland (BRD) überwachte. Die Unterlagen des Ministeriums für Staatssicherheit (Stasi) der DDR und ihrer Offiziere legten nun Zeugnis ab. Klaus Eichner, damals leitender Analytiker für die US-Geheimdienste der Abteilung IX des Ministeriums für Staatssicherheit, berichtete, wie der Stasi 1984 Dokumente der NSA in die Hände gefallen waren, die Erkenntnisse über Westdeutschland enthielten.

Edward Snowden

In der Spionage wurde noch nie zwischen Freund und Feind unterschieden. Das ist allen Militärs, Politiker:innen und Sicherheitsberater:innen klar. Und doch war die Empörung in Deutschland groß. Die Bundeskanzlerin kommentierte den Vorgang mit einem kurzen, trockenen Satz: »Ausspähen unter Freunden – das geht gar nicht!« und kehrte zur Tagespolitik zurück. Denn auch Angela Merkel wusste, dass sie die Praktiken der weltweiten Geheimdienste nicht verändern konnte. Zumal der Bundesnachrichtendienst (BND) bei der Terrorbekämpfung auf die weltweiten Erkenntnisse der amerikanischen Spionage angewiesen und inzwischen klar ist, dass auch der BND seinerseits über Jahre hinweg befreundete Regierungen und Institutionen ausgespäht hat. Pikant an der Tatsache ist, dass die Kontrolle über den BND beim Kanzleramt liegt und somit die Kanzlerin die Aufsicht hatte. Ihre ernstgemeinten Versuche, ein »No-Spy-Abkommen« zwischen Deutschland und den USA auszuhandeln, scheiterten, da mit der Regierung in Washington in diesem Punkt nichts zu beschließen war. So sind alle Seiten weiterhin im Lauschangriff-Modus. Bei all der berechtigten Empörung über die Lauschangriffe ist völlig untergegangen, dass nicht das Abhören, sondern das Zuhören eines der wichtigsten Kommunikationswerkzeuge ist. Mit dem Abhören von Mitmenschen, Kolleg:innen oder Nachbar:innen kann man nur verlieren – außer man arbeitet für den Geheimdienst. Agent:innen, Politiker:innen, Unternehmenslenker:innen, aber auch wir selbst wollen meistens zu viel und zu schnell. Alle Erkenntnisse sollen sofort auf dem Tisch liegen. Doch so einfach ist es nicht. Tom Maguire fasste zusammen: »Jeder, der sich mit Geheimdiensten beschäftigt, kommt zu dem Schluss, dass es nicht unbedingt die Nachricht ist, die du gerade bekommen hast – es sind viele, viele kleine, manchmal banal erscheinende Nachrichten. Man nimmt diese ganzen Mosaiksteine zusammen und macht sich ein Bild.« Um sich ein Bild von der Lage zu machen, braucht es zahlreiche Gespräche, große Aufmerksamkeit und die Fähigkeit, intensiv zuzuhören. Leider haben wir diese Schlüsselfertigkeiten in Zeiten der vollständigen Reizüberflutung mehr und mehr verloren. Zahlreiche Studien belegen, dass schlechte Zuhörer:innen auch nicht erfolgreich kommunizieren können. Unser größtes Kommunikationsproblem ist, dass wir nicht zuhören, um zu verstehen, sondern um zu antworten.

AKTIVES ZUHÖREN

Aktives Zuhören ist eine Kunst. Andere Menschen senden ständig Signale, durch die sie uns ihre Wünsche, Hoffnungen und Sehnsüchte offenbaren. Und wir? Wir hören meistens nicht genau hin. Dabei ist das aktive Zuhören so einfach. Stellen Sie nicht zu viele Fragen, sondern lassen Sie die Menschen reden und beobachten Sie genau. Ohne Anstrengung wird Ihr Wissen wachsen. Schalten Sie Ihren eigenen Monolog ab und lernen Sie, andere zu »lesen«.

Das bedeutet permanentes Training. Eine sehr gute Übung bietet das »Kommunikationsquadrat« des Hamburger Psychologen Friedemann Schulz von Thun. Mit diesem Modell beschreibt er den Grundvorgang der menschlichen Kommunikation zwischen Sender und Empfänger. Der Sender sendet eine Nachricht, die immer, ob er will oder nicht, vier psychologisch bedeutsame Aspekte oder Ebenen enthält. Wir senden also immer auf vier Ebenen, den »Vier Kanälen einer Nachricht«.

Unsere Nachricht besteht aus Sachinhalt, Selbstoffenbarung, Beziehungsebene und Appell.

Doch wir senden nicht nur auf vier Kanälen, wir empfangen auch auf vier Kanälen. Schulz von Thun nennt diese Empfangskanäle die »Vier Ohren«. Und genau hier entsteht oftmals das Dilemma der zwischenmenschlichen Kommunikation: Der Empfänger hat die freie Auswahl, auf welchem Ohr er zuhört. Damit hat er aber auch die Freiheit, den Sender gründlich misszuverstehen.

Die Vier Ohren sind bei allen Menschen unterschiedlich empfindlich. Es hängt also von uns selbst ab, wie wir sie nutzen und mit welchem Ohr wir unseren Gesprächspartner:innen zuhören. Eines steht fest: Je positiver die Beziehung zu diesen ist, umso besser können wir die Signale auf der Inhaltsebene verstehen und annehmen. Das heißt, dass unsere Haltung und Einstellung gegenüber anderen Menschen auch unsere Art des Zuhörens beeinflusst. Wir sind häufig nicht so offen, wie wir glauben oder gerne wären. Mit den vier Arten des Zuhörens stellen wir automatisch die Weichen des Kommunikationsverlaufs. Schulz von Thun rät uns: »Willst du ein guter Kommunikator sein, so schau auch in dich selbst hinein.« Nicht das Reden macht uns also zu begehrten Gesprächspartner:innen, sondern das Zuhören. Nehmen Sie die Anliegen der anderen ernst, dann haben Sie bereits einen großen Schritt in Richtung einer gelungenen Kommunikation getan. Oder, um es mit den Worten von Dean Rusk zu sagen: »Am besten überzeugt man andere mit den Ohren, indem man ihnen zuhört.« Rusk war Außenminister unter den Präsidenten John F. Kennedy und Lyndon B. Johnson und betrachtete das Zuhören als seine stärkste diplomatische Waffe, um Verständigung zu erzielen.

Besonders deutlich wird unsere Schwäche, nicht mehr zuhören zu können, in Großorganisationen. Diese haben in den letzten Jahren ihre Kommunikations- und Marketingabteilungen immer weiter ausgebaut. Die Marketing- und Public-Relations-Verantwortlichen senden ihre Botschaften auf allen Kanälen. Ihr Ziel ist die ständige Beschallung der Stakeholder:innen. Alle senden, aber keiner hört mehr zu. In den meisten Unternehmen gibt es niemanden, der nur fürs Zuhören bezahlt wird. Und die Vorgesetzten, die das Wissen über die Mitarbeiter:innen, Kund:innen und den Markt haben sollten, leiden unter ständigem Zeitmangel. Kontaktpflege und Nähe werden immer weiter reduziert. Blogs, Chats und Videobotschaften ersetzen den persönlichen Kontakt.

Das ist eine Entwicklung, die wir am Ende teuer bezahlen werden. Denn die elektronischen Medien leisten einen enormen Beitrag bei der sachbezogenen Inhaltsvermittlung und können gleichzeitig auf der Beziehungsebene ungewollten Schaden hervorrufen. Wer kennt das nicht, dass die Flut von E-Mails, WhatsApp-Nachrichten oder Chat-Einträgen zu echten Kommunikationsproblemen oder sogar zu Konflikten führt? Es fehlt häufig nicht nur an den Fähigkeiten, richtig zu kommunizieren und zuzuhören, sondern in einem Gespräch zu hören, was nicht gesagt wurde. Das ist die höchste Kunst, die es zu trainieren gilt.

Dafür ist es besonders wertvoll, wenn wir zwischen den Zeilen lesen können und unsere Antennen für die Signale des anderen aufstellen. Die menschliche Kommunikation besteht ja nicht nur aus Worten. Wichtige Hinweise liefern uns die Körpersprache, Gestik, Mimik und der Tonfall unseres Gegenübers. Das ist ein sehr hoher Anspruch und setzt voraus, dass man sich mit seiner eigenen Kommunikation auseinandersetzt und diese immer wieder neu überprüft.

Der US-amerikanische Staranwalt Gerry Spence, der nie einen Strafprozess verloren hat, entwickelte eine eigene Technik des Zuhörens: Im Schlussplädoyer des gegnerischen Anwalts schloss Spence oft die Augen und konzentrierte sich ausschließlich auf dessen Tonfall. Nach seiner Erkenntnis konnte er übermittelte Argumente besser über den Tonfall als über die Worte herausfiltern. Die Klangfarbe verrät die Gefühls- und Emotionslage eines Menschen viel intensiver. Wenn der Staranwalt von dem Klang nicht berührt wurde, ganz gleich wie stark die Worte waren, wusste er, dass das Plädoyer nicht die Kraft hatte, die Jury zu erreichen. Der Ton ist der Bedeutungsträger der Information. Erst wenn der Tonfall ihn erreichte, machte Gerry Spence sich an die Widerlegung der Argumente. Der Staranwalt verfeinerte die Techniken des Zuhörens in seinem Berufsleben immer weiter und war doch immer wieder erstaunt, wie wenige Menschen über diese Fähigkeit verfügten.

Denn ein Gespräch, eine Rede, eine Präsentation oder wie in diesem Fall eine Verhandlung werden nicht allein vom Wort getragen. Die Art, wie wir etwas aussprechen, gibt dem Inhalt seinen Sinn. Denken Sie nur an die Tonlage, Lautstärke, Modulation, Betonung, Pausen oder das Tempo Ihrer Sprache. All diese Elemente geben unserer Sprache die Kraft oder Schwäche, welche die Botschaft bestimmt und somit über die Wirkung entscheidet.

Ich möchte Sie auf wichtige politische Reden hinweisen. Die meisten vergessen wir wieder. Das liegt nicht an den Redenschreiber:innen, die ihr Handwerk mit ausgefeiltem Satzbau und differenziertem Wortschatz durchaus verstehen. Oft scheitert die gute Rede an der Person, die ihr Wort führt. Denn der Ton macht die Musik und öffnet die Ohren der Zuhörerinnen und Zuhörer. Achten Sie darauf, dass der Tonfall dem Wort seine Bedeutung gibt. Und wenn es den Redner:innen dann noch gelingt, den Sachinhalt mit einem hohen Selbstoffenbarungsanteil zu verknüpfen, dann hören wir aufmerksam zu.

SACHEBENE

Der Sender vermittelt seine Informationen. Er hat die Aufgabe, seinen Sachinhalt klar und verständlich zu kommunizieren. Für den Sender stellt sich die Frage: Wie kann ich den Sachinhalt meinem Empfänger klar und verständlich mitteilen, ohne dass es zu Missverständnissen kommt? Die Sachebene zielt auf den Kopf.

BEZIEHUNGSEBENE

Wie stehen Sender und Empfänger zueinander? Wie behandle ich als Sender den Empfänger? Bin ich oberlehrerhaft, überheblich, zynisch oder offen, gespannt, diskussionsfreudig? Sie können noch so sachorientiert senden, die Beziehungsebene lässt sich nicht vermeiden. Zwischenmenschliche Störungen sind immer da und können sich in einem Gespräch sehr schnell verstärken. Daher ist die Reflexion der Beziehungsebene für die Botschaftengeberin oder den Botschaftengeber elementar. Hierzu gehört auch die Selbstreflexion. Nur wer klar in seiner Haltung ist, ist auch klar in seiner Kommunikation. Die Beziehungsebene zielt auf das Herz. Sprechen Sie als Sender so, wie Sie selbst gerne angesprochen werden möchten.

SENDER

NACHRICHT

SACHEBENE

APPELL

APPELL

Wenn wir etwas mitteilen, wollen wir immer auch etwas erreichen. Mit dem Appell will der Sender den Empfänger veranlassen, etwas zu tun oder zu unterlassen. Der Versuch, Einfluss zu nehmen, kann entweder offen oder verdeckt vorgetragen werden. Vermeiden Sie versteckte Appelle. Arbeiten Sie lieber mit offenen Ich-Botschaften, direkten Aufforderungen oder offen geäußerten Wünschen.

SELBSTOFFENBARUNG

Hier offenbart sich, was ich von mir selbst beim Sprechen preisgebe, wie offen ich bin. Selbstoffenbarungsanteile in der Rede sind Kostproben der Persönlichkeit. Jede inhaltliche Nachricht enthält eine Selbstoffenbarungsseite. Wenn es dem Sender aber gelingt, den Sachinhalt mit hohen Selbstoffenbarungsanteilen zu verknüpfen, dann hören wir aufmerksam zu. Wer auf diesem Kanal seine Persönlichkeit verbirgt, sendet die Selbstoffenbarung: Von mir erfährst du nicht, wie ich denke und wo ich stehe. Das führt meist zu Problemen.

SACH-OHR

Mit dem Sach-Ohr hören wir Inhalt. Der Empfänger überprüft die Nachricht des Senders nach folgenden Kriterien: Ist sie verständlich oder unverständlich? Ist die Nachricht wahr oder unwahr? Ist sie für mich wichtig oder unwichtig? Sind die Inhalte der Nachricht für mich ausreichend oder ergänzungsbedürftig?

BEZIEHUNGS-OHR

Das Beziehungs-Ohr hört mit folgenden Fragestellungen: Wie redet der Sender eigentlich mit mir? Welche Worte wählt er? Geht er kommunikativ auf mich ein? Berücksichtigt er meine Sichtweisen? Wen glaubt der Sender vor sich zu haben? Unser Beziehungs-Ohr ist empfindlich, häufig sogar überempfindlich.

Beziehungsbotschaften bestimmen unser Selbstwertgefühl. Je geringer dieses ist, desto empfindlicher ist das Beziehungs-Ohr. Aus dem Zuhören mit dem Beziehungs-Ohr entstehen oftmals Spannungen und Konflikte. Diese können durch das Zuhören mit einem anderen Ohr entschärft werden.

BEZIEHUNGSEBENE
SELBSTOFFENBARUNG
© DEACK

NACHRICHT

EMPFÄNGER

KOMMUNIKATIONSQUADRAT

APPELL-OHR

Mit dem Appell-Ohr sucht der Empfänger hinter dem gesendeten Inhalt eine Aufforderung. Bei Bitten versucht das Appell-Ohr die offenen oder verdeckten Veranlassungen mittels der folgenden Fragen zu entschlüsseln: Was soll ich machen? Was soll ich denken? Was soll ich fühlen? Wenn diese Aufforderung als Anmaßung identifiziert wird, kann es schnell im Konflikt enden.

SELBSTOFFENBARUNGS-OHR

Das Selbstoffenbarungs-Ohr ist wie gute Therapeut:innen diagnostisch tätig. Der Empfänger möchte wissen, was für ein Mensch der Sender ist. Er hinterfragt ihn, analysiert seine Glaubwürdigkeit und prüft hierbei seine Worte, seine Haltung, Gestik, Mimik sowie seine äußere Erscheinung: Was ist das für eine Person? Kann ich diese Person beim Wort nehmen? Steht diese Person auch zu ihren Aussagen? Redet die Person nur so oder handelt sie auch danach? Das Selbstoffenbarungs-Ohr identifiziert, was der Sender über sich selbst sagt.

SAGE, WAS DU MEINST, UND MEINE, WAS DU SAGST

Helmut Kohl schlug 1989 beim Gipfel der Europäischen Gemeinschaft (EU) in Straßburg die offene Feindseligkeit der britischen Premierministerin entgegen, wie es noch kein Bundeskanzler zuvor erlebt hatte. Beim Abendessen hatte Margaret Thatcher vor den damals noch zwölf Regierungschefs ihre berühmt-berüchtigte Warnung vor einem wiedererstarkten Deutschland vorgetragen: »Zweimal haben wir die Deutschen geschlagen, jetzt sind sie wieder da.« Unter allen Umständen wollte sie die deutsche Wiedervereinigung verhindern. Mit ihrer rhetorischen Kraft stemmte sie sich gegen den Zehn-Punkte-Plan von Helmut Kohl, der die deutsche Einheit vollenden wollte. Thatcher mochte den »so deutschen Mann« und seinen Wiedervereinigungsplan nicht.

Weder der Präsident des Weißen Hauses noch der Chef des Kreml und schon gar nicht der Hausherr des Élysée-Palastes stellten sich gegen die historische Entwicklung. Nur die Chefin aus der Downing Street No. 10 kämpfte dagegen. Sie wurde zur mächtigsten Gegnerin von Helmut Kohl. Der Kanzler musste sein ganzes diplomatisches Geschick aufbringen. Am Ende gelang ihm die Wiedervereinigung.

Für Thatcher war es die letzte große politische Auseinandersetzung, denn ihre eigene Partei folgte ihr nicht mehr. Bereits ein Jahr später musste sie zurücktreten. Margaret Thatcher war die erste Frau in diesem Amt und übte es länger als jeder andere britische Premierminister im 20. Jahrhundert ohne Unterbrechung aus. Als Staatslenkerin des Vereinigten Königreichs hat sie ihr Land, Europa und die Weltpolitik über ein Jahrzehnt geprägt wie keine Politikerin vor ihr. Weltweit wurde sie als durchsetzungsstarke und stimmgewaltige Persönlichkeit verehrt und von vielen, wie von Helmut Kohl,

> *Folge nie der Menge, oder du wirst in ihr untergehen.*
>
> Margaret Thatcher

gefürchtet. Das war nicht immer so. Der Anfang war schwer für Margaret Thatcher. Als Hinterbänklerin im englischen Parlament blieb der Erfolg ihrer Reden aus. Ihre Stimme war zu hoch und überschlug sich, wenn sie vor dem Unterhaus laut und energisch ihren Standpunkt vortragen wollte. Die überwiegend männlichen Abgeordneten schenkten ihren Ausführungen kaum Beachtung. Es lag nicht am Inhalt, sondern an der Form, wie sie vortrug.

Thatcher orientierte sich an dem britischen König Georg VI., der am 3. September 1939 seine bedeutendste Radioansprache zum Kriegseintritt seines Landes gegen Nazi-Deutschland hielt und damit dem Diktator Hitler die Stirn bot. Seine Worte verfehlten ihre Wirkung nicht. Doch es kostete ihn große Überwindung. Denn der Vater von Königin Elisabeth II. litt unter einem Sprachfehler: Er stotterte. Der Kinofilm »The King's Speech« zeigt eindrucksvoll seinen Kampf gegen das Stottern und seine persönliche Auseinandersetzung mit der Rhetorik. Der König überwand mithilfe eines Sprachtrainers seine menschliche Schwäche. Aus dem Stotterer wurde ein würdevolles Staatsoberhaupt, das seine Stimme gegen die Nazis erhob.

Wie König Georg VI. unterzog sich auch Margaret Thatcher zu Beginn ihrer politischen Karriere einem Sprachtraining. In einem wahren Gewaltakt senkte sie mithilfe eines speziellen Sprechtrainings ihre Stimme um eine halbe Oktave. Dies entsprach einem männlichen Stimmbruch in der Pubertät. Die harte Schule zahlte sich aus. Durch ihre disziplinierte Körperhaltung, ihren strengen Kleidungsstil und nicht zuletzt durch ihren charakteristischen Tonfall sowie ihren Sprachduktus setzte sie sich in der Männerdomäne des englischen Unterhauses durch.

Margaret Thatcher wurde zur ersten Premierministerin ihres Landes gewählt. Nun hörten ihr die mächtigsten Männer der Welt zu. Sie kam als Tochter eines Milchladenbesitzers zur Welt und ging als »Eiserne Lady« in die Geschichtsbücher ein. Der »Thatcherismus« prägte – im Positiven wie im Negativen – ein ganzes Land. Ihre Maxime war stets: »Folge nie der Menge, oder du wirst in ihr untergehen.« Ihre Stimme, mit der sie Rededuelle und Debatten gewann, war ihr Alleinstellungsmerkmal.

Wenn »Maggie« bei internationalen Konferenzen auftrat, platzierte sie ihre übergroße Handtasche mit lautem Getöse auf dem Konferenztisch und nahm den Raum für sich ein. Nicht zuletzt durch ihre nonverbalen Signale und ihren charakteristischen Tonfall wusste sie die Aufmerksamkeit auf sich zu lenken. Sie stand im Mittelpunkt. Thatcher hatte die Machtspiele der Männer gekonnt für sich verfeinert. Allein mit ihrer harten und tiefen Stimme gelang es ihr, die mächtigsten Männer der Welt einzuschüchtern. Helmut Kohl musste bei niemandem mehr um die deutsche Einheit kämpfen als bei ihr. Margaret Thatcher hatte die Grauen des Zweiten Weltkriegs miterlebt und als Gegnerin der Wiedervereinigung der deutschen Nation ihr Vermächtnis hinterlassen: Nie wieder darf Krieg von deutschem Boden ausgehen. Und nicht nur diese klare Haltung ist von Margaret Thatcher geblieben. Bei genauer Betrachtung hat sie das moderne Frauenbild des 20. Jahrhunderts mehr verändert als so manche Frauenrechtlerin vor ihr. So hat Margaret Thatcher den Frauen neue Attribute der Macht zugesprochen und diese im Alleingang vor der gesamten männlichen Elite der Welt durchgesetzt.

Auch eine wissenschaftliche Studie der Professoren Bil Mayrew und Mohan Venkatachalam belegt, dass die Bemühungen von Margaret Thatcher um eine dunkle Stimme nicht umsonst waren. So wird eine tiefe Stimmlage von den meisten Zuhörer:innen als besonders angenehm empfunden, und der dunkle Tonfall hat Einfluss auf den ökonomischen Erfolg einer Person. Laut der Studie verdienen Menschen mit einer tieferen Stimme im Schnitt mehr Geld als Personen mit einer höheren Stimmlage. Daher war der Erfolg von Margaret Thatcher kein Zufall. Seien auch Sie sich stets Ihrer Macht bewusst und nutzen Sie die sechs Säulen der Rhetorik für jeden Ihrer öffentlichen Auftritte. Denn mit Ihrem gesprochenen Wort können Sie große Wirkung erzielen.

Margaret Thatcher

RHETORIK

Die Rhetorik ist die Kunst der Rede. Die Geschichte der Rhetorik beginnt nicht erst in der griechischen Antike, wo sie im allgemeinen Bildungskanon eine zentrale Rolle einnahm. Sie setzt bereits mit dem Sprachvermögen der Menschen ein. Doch in der Antike erhält die Rhetorik erstmals die Bedeutung, die sie verdient. So entwickelte Aristoteles als Erster eine systematische Darstellung für die Kunst der Rede. Nach seiner Vorstellung ging es in der Rede darum, die Fähigkeit zu entwickeln, bei jedem Thema das treffendste Argument zu platzieren. Aristoteles unterschied zwischen drei Formen der Überzeugung: der Glaubwürdigkeit des Redners, dem emotionalen Zustand des Hörers und der Logik des Arguments. Er wusste, dass es erforderlich ist, Kunstfertigkeit anzuwenden, ohne dass man es merkt, und die Rede nicht als verfertigt, sondern natürlich erscheinen zu lassen – erst so wird eine Rede als glaubwürdig erachtet.

All diese Hinweise zur Rhetorik setzte Margaret Thatcher um und behauptete sich als erste Frau in einer männerdominierten Welt. Rhetorik spielt in allen meinungsbildenden Prozessen der Gesellschaft die entscheidende Rolle. Sie ist der wesentliche Baustein für den politischen Diskurs in einer Demokratie. Die eigene Rede und die Beschäftigung mit der Gegenrede bilden die Grundvoraussetzung unserer demokratischen Staatsform. Trotz der herausgehobenen Bedeutung der Rhetorik im Alltag wird dieses Fach an keiner Schule unterrichtet und auch an den deutschen Universitäten verwaist diese Disziplin. Der letzte bekannte Rhetoriker Deutschlands war der Altphilologe Walter Jens, der seine wichtigste Erkenntnis in einem Grundsatz zusammenfasste: »Eine Rede ist zunächst dann überzeugend, wenn ich zeige: Dies bin ich, und ich meine es so, wie ich es sage.« Überzeugen Sie Ihr Publikum mit Ihrer Persönlichkeit und der Wahrhaftigkeit Ihrer Aussagen. Die Säulen der Rhetorik dienen Ihnen zur eigenen Überprüfung vor dem großen Auftritt. Grundsätzlich gilt der Leitsatz: »Sage, was du meinst, und meine, was du sagst.« Denn nur über die Klarheit in der Sprache entsteht auch die Klarheit in der Sache. In vielen Situationen geht es darum, sehr schnell und einfach seinen Standpunkt zu vertreten und die eigene Situation verständlich darzustellen. Beachten Sie dafür die sechs Säulen der Rhetorik.

AUTHENTIZITÄT. Wahrhaftigkeit überzeugt. Treten Sie so auf, wie Sie sind. Seien Sie sich Ihrer Rolle und Verantwortung als Rednerin oder Redner bewusst, aber spielen Sie keine Rolle. Echtheit macht Sie zu einem Original. Das gilt auch für Ihre Inhalte und Argumente.

KÖRPERSPRACHE. Gestik und Mimik haben Einfluss auf die Verständlichkeit. Ihre Körpersprache verleiht Ihren Worten die richtige Wirkung.

EMOTIONEN. Emotionen lösen Emotionen aus. Wer Emotionen hat, sollte sie zeigen. Nur wer für sein Anliegen brennt, kann andere entzünden.

STIMME. Der Ton macht die Musik. Setzen Sie Ihre Stimme gezielt ein. Werden Sie mal lauter und mal leiser, um Ihrer Rede einen eigenen Sprachduktus zu geben.

REDESTIL. Wer einfach und verständlich spricht, spricht immer gut. Nutzen Sie einen Dreiklang Ihrer Argumente. Das bekannteste Beispiel stammt von dem römischen Feldherrn Caesar: »Veni, vidi, vici.« – »Ich kam, sah und siegte.« Einen solchen Dreiklang können sich die Menschen merken.

PUBLIKUM. Jede Interaktion mit dem Publikum ist ein Gewinn. Gehen Sie auf Ihr Publikum ein, und Sie bekommen mehr zurück.

Schon im 17. Jahrhundert fasste der französische Dramatiker Molière seinen Wunsch nach Klarheit in der Sprache so zusammen: »Wer so spricht, dass er verstanden wird, spricht immer gut.«

Ein schönes Leitmotiv für Jurist:innen, Psycholog:innen, Manager:innen, Politiker:innen und Unternehmensberater:innen, die oft in einer Sprache aus Abkürzungen, Fachchinesisch und dem neumodischen »Denglisch« gefangen sind. Wer kann ihnen noch folgen? Nehmen Sie sich diese »Wortkünstler:innen« nicht zum Vorbild.

07
ZIELE AUF DAS HERZ,
UM DEN VERSTAND ZU TREFFEN

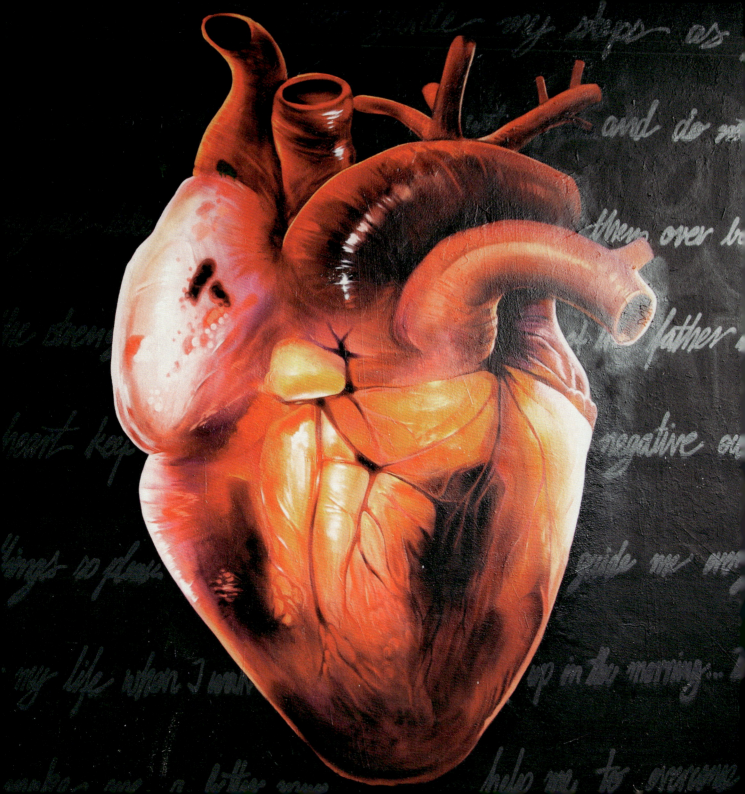

ZIELE AUF DAS HERZ, UM DEN VERSTAND ZU TREFFEN

Nach dem Zweiten Weltkrieg übernahmen die Alliierten die Hoheitsgewalt über das geschlagene Nazi-Deutschland und teilten dessen Gebiet in Besatzungszonen auf. Aus den zunehmenden Spannungen zwischen den westlichen Alliierten und der Sowjetunion gingen 1949 zwei deutsche Staaten hervor. Schauplatz des Kalten Krieges wurde die geteilte Stadt Berlin. Hier standen sich die Supermächte gegenüber. Die Rote Armee hatte Westberlin vollständig umstellt und hätte im Ernstfall den östlichsten Standort der NATO einfach überrannt. Noch heute kann man in der Umgebung von Berlin über 300 Einrichtungen der Roten Armee finden. Sie liegen verborgen in Städten, verlassenen Orten und dunklen Wäldern.

Die größte Garnisonsstadt der Russen zu DDR-Zeiten war Wünsdorf. In den letzten Tagen des Zweiten Weltkriegs hatten die sowjetischen Truppen das Oberkommando des Heeres und der Wehrmacht fast kampflos eingenommen. Nach dem Krieg stationierten die Russen dort zeitweilig 75.000 Männer, Frauen und Kinder. Wünsdorf war damit der größte Militärstandort Europas. Es handelte sich um eine eigenständige sowjetische Stadt mitten in der DDR, welche die Soldaten liebevoll Klein-Moskau nannten. Dort gab es alles: Kasernenanlagen, Wohnhäuser, Brotfabriken, Warenhäuser, Kindergärten, Schulen, Sportanlagen, Schwimmbäder, Theater und Kino sowie ein Krankenhaus. Auch ein eigenes Fernseh- und Radioprogramm wurde ausgestrahlt. Und täglich fuhr vom deutschen Hauptquartier der sowjetischen Streitkräfte ein Zug nach Moskau. Damit war die Anbindung an die Heimat für die hier stationierten Soldaten gewährleistet. Wünsdorf war vollständig vom Rest des Landes abgeschirmt. Keine Bürger:innen der DDR hatten Zutritt. Das gleiche Bild zeigte sich an vielen weiteren Orten rund um Westberlin.

Ich bin ein Berliner!

John F. Kennedy

Die Bedrohung einer neuen militärischen Auseinandersetzung lag über der Stadt, denn der damalige Staats- und Parteichef der Sowjetunion Nikita Chruschtschow behauptete, dass ganz Berlin zum Territorium der DDR gehöre. Er verlangte den Abzug der Westalliierten aus Westberlin. Zudem stand die DDR-Führung unter erheblichem Druck, da jeden Monat Tausende Menschen über Berlin in den freien Westen flohen.

Die DDR verlor Monat für Monat viele Akademiker:innen und Facharbeiter:innen, die für den Wiederaufbau des Landes benötigt wurden. Die Situation spitzte sich weiter zu. Am 13. August 1961 begann die DDR, den östlichen Teil von Berlin abzuriegeln und eine Mauer zu errichten. Ganz Berlin befand sich im Ausnahmezustand. Und der Staats- und Parteichef der DDR, Walter Ulbricht, wurde an diesem Tag als einer der größten Lügner überführt. Nur zwei Monate vor dem Beginn des Mauerbaus hatte er am 15. Juni 1961 auf einer Pressekonferenz verkündet: »Niemand hat die Absicht, eine Mauer zu errichten!«, und damit seine Glaubwürdigkeit verspielt.

Der Mauerbau war ein Weltereignis. In seinem ersten Amtsjahr musste US-Präsident John F. Kennedy die Teilung Deutschlands hinnehmen. Doch zwei Jahre später schaffte er Klarheit. Mit einer Rede wollte Kennedy ein Bekenntnis abgeben, dass er Westberlin keinesfalls der Sowjetunion überlassen werde. So reiste er aus Anlass des 15. Jahrestags der Berliner Luftbrücke in die geteilte Stadt. Er wollte in Berlin seinen Anspruch auf eine freie Welt untermauern. Am 26. Juni 1963 fuhr Kennedy in einer Limousine neben Bundeskanzler Konrad Adenauer und dem Regierenden Bürgermeister Willy Brandt 53 Kilometer durch Berlin. Die schwierige Situation der Stadt und die geschundenen Seelen der Bevölkerung blieben ihm dabei nicht verborgen.

John F. Kennedy

Als bedeutender Redner war John F. Kennedy weit über Amerika hinaus bekannt geworden. Seine Ansprachen haben sich nicht nur tief in das Bewusstsein der amerikanischen Bevölkerung gebrannt; sie haben auch in Westeuropa Anklang gefunden. Er war ein leidenschaftlicher Redner und nahm sich immer sehr viel Zeit für die Vorbereitung. So feilte er zwei Monate an seiner Antrittsrede zum 35. Präsidenten der USA am 20. Januar 1961 in Washington D.C. und schloss mit einem emotionalen Appell an seine Landsleute: »Fragt nicht, was euer Land für euch tun kann; fragt, was ihr für euer Land tun könnt.« Es wurde ein Satz für die Ewigkeit.

Auch in Berlin sollten seine Worte Spuren hinterlassen. Die vom Kalten Krieg geteilte Stadt war für ihn von besonderer Symbolkraft. Von hier aus wollte er ein klares Signal an die Sowjetunion senden: Amerika steht an der Seite Westberlins. Amerika will die Freiheit. Schon Wochen vor seiner Deutschlandreise hatte ihm sein Bruder Robert Kennedy, der Justizminister in seinem Kabinett war, empfohlen: »Wenn du in Deutschland sprichst, sag einen Satz auf Deutsch.« Aufgrund dieser Empfehlung ließ der Präsident den US-Journalisten Robert H. Lochner, der in Berlin aufgewachsen war, nach Washington kommen. Lochner versuchte, Kennedy einen einfachen deutschen Satz beizubringen. Die Versuche scheiterten, und die Idee wurde schnell wieder verworfen. Als Kennedy in Berlin ankam, spürte er die große Hoffnung, welche die Menschen auf ihn setzten. Daraufhin fasste er den spontanen Entschluss, nun doch einen Satz auf Deutsch an die Berliner:innen zu richten. Bloß einen einzigen wollte er sprechen. Dazu musste er aber von seiner abgestimmten Rede ein wenig abweichen. Akribisch hatte er sie sich auf seine hellblauen DIN-A5-Karten geschrieben. In letzter Minute kam noch eine Karte dazu. Auf ihr stand in Lautschrift: »Ish bin ein Bearleener.« Wieder und wieder übte Kennedy noch kurz vor dem großen Auftritt mit Robert H. Lochner im Amtszimmer des Regierenden Bürgermeisters Brandt die Aussprache dieses einen deutschen Satzes. Auf der Karteikarte wurden die beiden »ee« von »Bearleener« unterstrichen, damit Kennedy die Betonung richtig setzte.

Auf dem Balkon des Schöneberger Rathauses standen die Mikrofone bereit, um die Rede live in Radio und Fernsehen zu übertragen. Eine hoffnungsvolle Anspannung lag über der wartenden Menge. Die Bevölkerung sorgte sich um die Zukunft ihrer geteilten Stadt und darum, ob die USA treu zu Westberlin stehen würden. Kennedy erfüllte die Hoffnungen der Menschen. In seiner neunminütigen Rede trat er für Freiheit und Frieden und gegen die Berliner Mauer ein. Im letzten Satz bündelte er alle Emotion, indem er ein persönliches Bekenntnis ablegte: »All free men, wherever they may live, are citizens of Berlin, and, therefore, as a free man, I take pride in the words: Ich bin ein Berliner!« Auf dem völlig überfüllten Rathausplatz brach Jubel aus. »Kennedy, Kennedy« ertönte es überall. Mit diesem einen Satz gab der US-Präsident nicht nur sein Bekenntnis für die geteilte Stadt ab, sondern brannte sich für immer in die Herzen der Berliner:innen ein.

John F. Kennedy vollzog ein Meisterstück aus der antiken Rhetorik. Die Regel besagt: Wer sein Publikum hinreißen möchte, muss auch selbst hingerissen sein. Große Redner:innen schaffen nicht nur eine Verbindung zum Publikum; sie bilden eine Einheit. Sie zielen auf das Gefühl, um den Verstand zu treffen. Das kann sogar mit einem einzigen Satz gelingen. Er muss nur überraschend, emotional und von großer Tragweite sein. Und so endete auch die DDR mit nur einem Satz. Günter Schabowski sprach den wohl wichtigsten Halbsatz der deutschen Geschichte auf der internationalen Pressekonferenz am 9. November 1989: »Nach meiner Kenntnis … ist das sofort, unverzüglich.« Zuvor hatte der italienische Journalist Riccardo Ehrman Schabowski gefragt, ob die vor wenigen Tagen vorgestellte neue Reiseregelung nicht ein Fehler gewesen sei. Daraufhin hatte Schabowski bestätigt, dass »Privatreisen nach dem Ausland … ohne Vorliegen von Voraussetzungen beantragt werden könnten.« Dem Berliner Journalisten Peter Brinkmann haben wir den Halbsatz des SED-Sekretärs für Informationswesen zu verdanken, der nochmals nachfragte, ab wann die neue Regelung gelte. Die daraufolgende Ausführung von Schabowski wurde zur wichtigsten Nachricht im Westen. Als die ARD-Tagesschau um 20.00 Uhr mit der Meldung »DDR öffnet Grenzen« aufmachte, gab es kein Halten mehr. Die DDR-Grenztruppen mussten sich dem Ansturm der eigenen Bevölkerung beugen und die Schlagbäume öffnen.

Der emotionale Satz des amerikanischen Präsidenten und der ungewollte Halbsatz von Günter Schabowski sind eng verbunden mit der deutschen Geschichte. In wenigen Worten wurden Emotionen freigesetzt, die das Land nachhaltig veränderten.

VORTRAGSTECHNIKEN

Ethos, Logos, Pathos – für Aristoteles setzte sich die Rhetorik aus diesen drei Komponenten zusammen. Für den griechischen Philosophen bestand die Kunst der Rhetorik in der Überzeugung und nicht in der Überredungskunst; das Argument ist das entscheidende rhetorische Mittel. Aristoteles erklärte die Rhetorik zur Fähigkeit, in jedem Einzelfall ins Auge zu fassen, was Glaubhaftigkeit bewirkt. So forderte er dazu auf, dass die Redner:innen die psychische Beschaffenheit ihrer Zuhörerschaft kennen sollten, um die Inhalte so präsentieren zu können, dass ihre Rede glaubwürdig wirkt. Das Einfühlungsvermögen der Redner:innen in die Stimmung und Individualität des Publikums beeinflusst die Wirkung der Rede. Aristoteles fasste seine Erkenntnisse in einem Satz zusammen: »Die Rede ist die Kunst, Glauben zu erwecken.« Die Vortragenden haben die Aufgabe, mittels ihrer Sprache und ihres persönlichen Stils im Publikum ein neuronales Muster einer Idee zu reproduzieren.

Die antike Lehre der Rhetorik ist heute aktueller denn je. Redner:innen müssen ihr Publikum überzeugen, um es für sich zu gewinnen. Die Kunst der Rhetorik ist besonders gut in den Wahlkämpfen der USA zu beobachten. Die Politiker:innen der Vereinigten Staaten bedienen sich der Strategien aus der Antike. Die erste Rede von George Washington als US-Präsident im Jahr 1789 war noch sehr komplex aufgebaut und richtete sich an die Eliten des Landes. Ein ebenso brillanter Redner wie Kennedy ist Barack Obama. Er nutzte eine einfachere Sprache als seine Vorgänger und führte den immer wiederkehrenden Wahlkampfslogan ein: »Yes, we can.« Mit der Einfachheit versuchte er, seine politischen Botschaften im Volk zu verankern. Er wiederholte ihn immer und immer wieder. Über zwei Millionen Mal. Doch die drei Worte waren viel mehr als ein einfacher Slogan: Sie vermittelten der Bevölkerung, nach den Toten und Verletzen der umstrittenen »Kriege gegen den Terror« seines Vorgängers George W. Bush und der hohen Arbeitslosigkeit im eigenen Land, dass diese schwierige Zeit hinter ihnen liege. Sie sollten in die Zukunft schauen. Aristoteles empfahl seinen Schülern, »nicht nur darauf zu sehen, dass die Rede beweisend und überzeugend sei«, sondern auch dafür Sorge zu tragen, »sich selbst und den Beurteiler in eine bestimmte Verfassung zu versetzen.« Die suggerierte Aufbruchstimmung des Satzes »Yes, we can.« verfehlte ihre Wirkung nicht. Barack Obama zog 2009 als 44. Präsident, getragen von einer großen Begeisterung in der Bevölkerung als erster farbiger Amerikaner ins Weiße Haus ein. Kurz darauf erhielt er den Friedensnobelpreis. Hinter vorgehaltener Hand witzelten Kritiker:innen, er hätte den Preis für seine engagierten Wahlkampfreden erhalten. Mit seiner Wortkunst gelang ihm auch die Wiederwahl. Gute Redner:innen sind nicht nur in der Politik, sondern auch in der Wirtschaft gefragt. Noch heute erforschen Sprachwissenschaftler:innen das Geheimnis der Sprache des früheren Apple-Chefs Steve Jobs. Der Phonetiker an der süddänischen Universität in Sonderburg, Oliver Niebuhr, hat die Erfolgsmuster des charismatischen Sprechers Jobs ausgemacht: Mit seiner Sprachmelodie und seinem Wortklang konnte er Apple als Weltkonzern platzieren. So können charismatische Sprecher:innen besonders gut Höhen und Tiefen überwinden. Die ausgedehnten melodischen Aufwärts- und Abwärtsbewegungen in Steve Jobs' Reden wirkten auf das Publikum engagiert, involviert und leidenschaftlich. In jeder Minute, so die Analysen von Niebuhr, verwendete er bis zu fünf Wörter, die er ganz besonders betonte. Jobs konnte seine Stimme um zwei Oktaven modulieren. Wer also monoton redet, kommt bei den Zuhörer:innen schlechter an. Ausdrucksstärke in Stimme und Inhalt ist gefragt.

Für einen gelungenen Aufbau Ihrer Reden nutzen Sie die Acht-Satz-Methode.

Barack Obama

Mit der Methode der Acht-Satz-Rede können Sie auch sehr lange Vorträge konzipieren. Der Vorteil liegt klar auf der Hand: In kürzester Zeit haben Sie eine Struktur für Ihre Rede festgelegt, und die wesentlichen Sätze werden Sie, auch wenn Sie frei sprechen, nicht vergessen. Die acht Sätze bilden die Struktur Ihrer Rede. Der erste und der letzte Satz sollten einen kausalen Zusammenhang aufweisen. Der Aufbau sollte stets logisch sein, denn jedes Publikum liebt es, wenn sich der erste Gedanke am Ende schließt und sich so ein schlüssiges Bild ergibt. Wählen Sie Ihre acht Sätze mit Bedacht und heben Sie diese besonders hervor.

1 THEMA

Im ersten Satz schreiben Sie Ihr Thema auf. Formulieren Sie es möglichst interessant, um Spannung bei den Zuhörer:innen zu erzeugen. Sie können sich an den Überschriften einer Zeitung orientieren. Mit der Auswahl Ihres Themas und der passenden Überschrift haben Sie zugleich den Rahmen Ihrer Rede gewählt. Die Aufgabe ist es, eng beim Thema zu bleiben, nicht abzuschweifen und einen Spannungsbogen mit Nutzwert für die Zuhörerschaft zu erschaffen.

2 FAKTUM

Als Einstieg legen Sie Ihrem Publikum keine Behauptung oder eigene Meinung vor, sondern eine Tatsache. Schreiben Sie diese in einem Satz auf. Wichtig ist hierbei, dass die Tatsache Ihrer Zuhörerschaft bekannt ist, ansonsten verkommt eine Rede schnell zur Lehrveranstaltung. Ihr Publikum können Sie am besten mitnehmen, wenn es sich um ein aktuelles Geschehen handelt.

3 FOLGEN

Im dritten Satz formulieren Sie die Folgen, die aus dieser Tatsache erwachsen können.

④ ALTERNATIVLÖSUNGEN

In Ihrer Folgenabschätzung wägen Sie das »Für und Wider« gegeneinander ab. Dadurch entsteht ein Spannungsbogen, der die Aufmerksamkeit im Publikum erhöhen soll.

⑤ ERSTE ALTERNATIVLÖSUNG

Stellen Sie Ihre eigene Position dar.

⑥ ZWEITE ALTERNATIVLÖSUNG

Greifen Sie die Gegenposition auf.

⑦ WIDERLEGUNG

Widerlegen Sie die Gegenposition und untermauern Ihre eigene Position mit Fakten. Stellen Sie Ihr persönliches Engagement für die Sache in den Mittelpunkt.

⑧ FAZIT

© DEACK

Zuletzt formulieren Sie Ihren Zielsatz. Er ist das Fazit Ihrer Rede. Mit dem Zielsatz können Sie veranlassen, dass sich das Publikum für oder gegen eine bestimmte Ansicht entscheidet. Ebenfalls ist es möglich, dass Sie Ihre Rede mit einer Fragestellung schließen, die das Publikum zum Nachdenken bewegt oder eine Diskussion eröffnet. Am Ende kann aber auch eine Aufforderung stehen, mit der Sie das Publikum zu einer bestimmten Handlung motivieren wollen. Der Zielsatz ist das wesentliche Momentum Ihrer Rede. Ihm hat sich alles unterzuordnen: der Aufbau des Inhalts sowie Ihre Gestik, Mimik und Stimmlage.

ACHT-SATZ-METHODE®

08
WER FRAGT, DER FÜHRT

WER FRAGT, DER FÜHRT

2010 veröffentlichte der ehemalige Bundesbankvorstand und SPD-Politiker Thilo Sarrazin sein umstrittenes Buch »Deutschland schafft sich ab«, welches zu einem Medienereignis wurde. Im ganzen Land diskutierten die Menschen seine Thesen. Eine Auswertung des Marktforschungsunternehmens Media Control, welches die Musik- und Buchbestsellerlisten ermittelt, ergab, dass »Deutschland schafft sich ab« zu den meistverkauften Sachbüchern seit Gründung der Bundesrepublik gehört. Es war 21 Wochen lang auf Platz 1 der Spiegel-Bestsellerliste und wurde bis Anfang 2012 über 1,5 Millionen Mal verkauft. Die Thesen von Sarrazin veränderten und radikalisierten die Republik.

Der Autor, auch wenn er selbst nie Mitglied der Alternative für Deutschland (AfD) war, gilt als der »Spiritus Rector« dieser Partei. Bernd Lucke, Konrad Adam und Alexander Gauland gründeten im September 2012 ihren »Verein zur Unterstützung der Wahlalternative«. Im Gründungsaufruf hieß es damals: »Das Euro-Währungsgebiet hat sich als ungeeignet erwiesen. Südeuropäische Staaten verarmen unter dem Wettbewerbsdruck des Euro. Ganze Staaten stehen am Rande der Zahlungsunfähigkeit.« Es war die Zeit der schweren Wirtschaftskrise in Griechenland und der damit einhergehenden politischen Auseinandersetzung über die zukünftige Ausrichtung der Europäischen Union und ihrer Finanzpolitik.

Aufgrund dieser Diskussion gründete eine 18-köpfige Gruppe am 6. Februar 2013 im beschaulichen Oberursel vor den Toren von Frankfurt am Main die neue Partei mit dem Namen »Alternative für Deutschland«. Der Parteiname richtete sich schon damals gegen die Äußerung von Bundeskanzlerin Angela Merkel, dass die Eurorettung alternativlos sei. Der erste Parteivorsitzende Bernd Lucke wollte ein klares Signal setzen und zog aus, um den etablierten Parteien das Fürchten zu lehren. Die Medien rissen sich um den neuen Mann der deutschen Politik. Keine Talkshow kam zu dieser Zeit ohne Bernd Lucke aus. Egal, ob es um die Wirtschaftsentwicklung, die Griechenlandkrise oder den Euro ging – er war der gefragteste Gesprächspartner. Der Professor für Makroökonomie punktete mit seinen Themen: Er konnte seine Argumente untermauern. Bei Wirtschaftsthemen strahlte er Sicherheit aus. Die Zuschauer:innen sprachen ihm Glaubwürdigkeit zu.

Mit der Eurokrise und der enormen Schuldenlast, die aus seiner Sicht allein Deutschland zu tragen habe, schürte er die Ängste in der deutschen Bevölkerung. Sein Rettungsplan für den Exportweltmeister Deutschland war schlicht: Zurück zur D-Mark. Und je schlichter eine Lösung vermittelt wird, umso mehr Zuspruch erfährt sie normalerweise.

> *Wenn ich eine konkrete Frage stelle, dann möchte ich darauf eine konkrete Antwort haben.*
>
> Michel Friedman

Die Folge dieser einfachen Formel war, dass einerseits die Partei wuchs und andererseits die Probleme des Parteivorsitzenden immer größer wurden. Mit der D-Mark-Debatte zog die AfD immer mehr rechtsnationales Gedankengut an. In den Parteireihen nahmen neben Bernd Lucke nun auch Neumitglieder mit rechtsradikaler Gesinnung Platz. Und mit den Erfolgen wie dem Einzug in das Europaparlament und die ersten Landesparlamente wurde der radikale Rechtsruck der Partei für Bernd Lucke nicht mehr beherrschbar. Er wurde die Geister, die ihm die Erfolge sicherten, nicht mehr los.

Seine Abgrenzung zu den rechtsnationalen Strömungen innerhalb der Partei war viel zu schwach ausgeprägt. Die Wahlerfolge seiner AfD machten ihn auf dem rechten Auge blind. Es fiel ihm immer schwerer, seinen Standpunkt zu erläutern. In einer Fernsehsendung des Moderators Michel Friedman wurde die ganze Tragweite seiner Hilflosigkeit sichtbar. In der N24-Sendung »Studio Friedman« ging es am 27. Februar 2014 um die Freizügigkeit in Europa. Der Moderator fasste die Schlagzeilen der letzten Wochen wie folgt zusammen: »Billige Arbeitskräfte kommen aus Rumänien und Bulgarien. Die Euro-Krise steckt fest. Die Bürokratie aus Brüssel wird immer schlimmer. Und die einzigen, die dafür bezahlen, sind die Deutschen.« Und stellte Lucke die Frage: »Stimmt das?« Er gab daraufhin seine Einschätzungen ab. Alles kein Problem für Bernd Lucke.

Doch dann nahm Friedman seinen Gast ins Kreuzverhör und zitierte eine Aussage der AfD-Kandidatin für die Europawahl, Beatrix von Storch. Er zitierte sie mit den Worten: »Multikulti hat die Aufgabe, die Völker zu homogenisieren und damit religiös und kulturell auszulöschen.« Auf das Zitat folgte die Frage an Lucke: »Wenn das nicht Rassismus ist, was ist dann Rassismus?« Lucke versuchte, diese Frage zurückzudrängen, da es nicht seine Aussage war.

Das forderte den Moderator erst recht heraus, der nun mit einer geschlossenen Frage konterte: »Stehen Sie hinter dieser Aussage – ja oder nein?« Wieder versuchte Bernd Lucke, sich dieser Fragetechnik zu erwehren. Doch Friedman ließ nicht locker. Immer und immer wieder wiederholte er die gleiche Frage: »Stehen Sie hinter dieser Aussage?« Friedman drängte seinen Gast mit der geschlossenen Frage in die Enge.

Nach elf Minuten war das Gespräch zu Ende. Fluchtartig und wutentbrannt verließ Bernd Lucke das Fernsehstudio. Der Moderator, der für seine scharfen Nachfragen bekannt ist, hatte den damaligen AfD-Chef mit seiner geschlossenen Frage so unter Druck gesetzt, dass dieser das Interview vor laufenden Kameras abbrach. Zu dem Vorfall sagte Michel Friedman später: »Wenn ich in meiner Sendung eine konkrete Frage stelle, dann möchte ich darauf eine konkrete Antwort haben. Wenn ich die nicht bekomme, hake ich mehrmals nach – das ist die Handschrift meines Moderierens seit 15 Jahren und das weiß jeder Gast, der zu mir kommt.« Zudem sei es im Fall von Lucke, so Friedman, sehr einfach gewesen, konkret zu antworten: »Ich hielt ihm einen Satz der AfD-Kandidatin für die Europawahl, Beatrix von Storch, vor: ›Multikulti hat die Aufgabe, die Völker zu homogenisieren und damit religiös und kulturell auszulöschen.‹ Meine Frage an Herrn Lucke lautete: ›Stehen Sie hinter diesem Satz?‹ Das kann man mit Ja oder Nein beantworten, aber das wollte Herr Lucke nicht. Da habe ich nachgesetzt, das ist nichts Überraschendes bei mir.«

Über die Flucht aus dem TV-Studio wurde in allen Medien berichtet. Und zum ersten Mal hatte das Fernsehpublikum bemerkt, dass die Sicherheit bei Lucke weg war. Er musste nun nicht mehr nur zu Euro- und Wirtschaftsfragen Stellung beziehen, sondern Vorwürfe des Rassismus in der eigenen Partei beantworten. Die immer neuen Hinweise auf rechte Strömungen in der AfD machten die Lage für ihn unüberschaubar. Bernd Lucke verlor zuerst die Kontrolle über seinen eigenen politischen Kompass, dann über die Fragetechniken eines Moderators und am Ende über seine Partei. Rassismus ist ein schleichender Prozess, den man sichtbar machen muss, um ihm begegnen zu können.

Die Frage von Friedman hätte Lucke klar mit Nein beantworten müssen. Doch das Thema stand den Wahlerfolgen im Weg. Aber auch Friedman unterlag einem Fehler. Denn das Zitat, das er Beatrix von Storch zugeschrieben hatte, stammte gar nicht von ihr. Erstmals erschienen war es in einem Aufsatz von Roland Woldag. Sein Text wurde auch in dem Online-Magazin Freie Welt, das von Beatrix von Storchs Mann betrieben wird, veröffentlicht. Via Facebook distanzierte sich die AfD-Politikerin von dem Zitat. Ein durchschaubares Manöver. Umso schwerer wog nun der Fehler von Bernd Lucke, der auf die einfache Frage keine Antwort hatte. Die wichtigen Erkenntnisse dieses Meilensteins der deutschen Kommunikationsgeschichte bleiben die Tatsachen: Wer fragt, der führt. Und wer keine klare Haltung hat, verliert.

Michel Friedman

REDE UND GEGENREDE

Bei heutigen Diskussionen wird ein Thema nicht mehr in der Tiefe besprochen, sondern wenn die Teilnehmenden nicht mehr weiterwissen, wird einfach ein anderer Aspekt ins Feld geführt. In Diskussionen ist heute alles erlaubt. Hauptsache, sie sind unterhaltsam. Um ein gemeinsames Ergebnis geht es schon lange nicht mehr. All das hat mit der klassischen Argumentationslehre von Rede und Gegenrede nichts mehr zu tun. Dabei können Fragetechniken Struktur und Ordnung in jede Debatte bringen. Sie dienen der Verständigung und dem gemeinsamen Verständnis.

GESPRÄCHSFÜHRUNG DURCH FRAGEN

Wählen Sie einen weichen Einstieg	**EINSTIEGSFRAGEN** Am Anfang stehen die allgemeinen Fragen
Versuchen Sie, wirklich zu verstehen	**OFFENE FRAGEN** Die offenen Fragen dienen der Klärung des Themas
Bleiben Sie beim Thema, prüfen Sie die Alternativen und suchen Sie nach möglichen Gemeinsamkeiten	**ALTERNATIVFRAGEN** Anhand dieser Fragetechnik werden Alternativen zum Thema diskutiert und bewertet
Begründen Sie Ihren Standpunkt und üben Sie sachliche Kritik an Punkten, die Ihnen nicht zusagen	**GESCHLOSSENE FRAGEN** Mit dieser Fragetechnik versucht man eine eindeutige Stellungnahme vom Gegenüber zu erhalten
Fassen Sie Ihre wichtigsten Aspekte zu dem Thema schlüssig und nachvollziehbar zusammen	**ABSCHLUSSFRAGEN** Mit den Abschlussfragen sollen die Ergebnisse gesichert werden

FRAGETECHNIKEN

Fragen nehmen in der Kommunikation einen wichtigen Stellenwert ein – und werden doch von den meisten Menschen unterschätzt. Dabei gehören Fragen zur Königsdisziplin der Gesprächsführung. Durch eine gut gestellte Frage können neue Perspektiven und Zusammenhänge erschlossen werden. Fragen animieren auch zum Zuhören. Viele Menschen hören sich gerne selbst sprechen und verpassen dabei die Chance, die Belange und Motive ihres Gegenübers zu erfahren und für sich zu entschlüsseln. Denn in den Antworten des anderen liegt der Erkenntnisgewinn, den wir nur über die verschiedenen Fragetechniken erlangen können. Fragen regen, im Gegensatz zu fertigen Antworten, zum Nachdenken an.

Der griechische Philosoph Sokrates entdeckte die große Wirkung der Fragetechniken, indem er durch seine Fragen die Gesprächspartner:innen anleitete, über ihr Weltbild zu reflektieren. Sokrates gelang es, seinen ungebildeten Diener den »Satz des Pythagoras« formulieren zu lassen. Er leitete dessen Gedanken durch seine Fragen so gezielt, dass der Sklave selbstständig den Lehrsatz hervorbringen konnte. Fragetechniken nehmen in Bildung und Wissenschaft eine besondere Bedeutung ein, denn nur durch das Nachdenken über ein Thema können Inhalte und Zusammenhänge sowie neue Überlegungen vermittelt werden.

Darüber hinaus kann man durch Fragen das Gesprächsklima verbessern, den Gesprächsinhalt strukturieren und das gesamte Gespräch lenken – getreu dem Grundsatz des Sokrates: »Wer fragt, der führt.« Und wer führen will, muss fragen. Diese Binsenweisheit gilt umso mehr für Menschen, die Führungsverantwortung innehaben. Führungskräfte müssen an Menschen interessiert sein. Sie müssen von ihnen lernen wollen und ihre Impulse aufnehmen wollen. Manager:innen benötigen zahlreiche und verschiedene Quellen, um einen Informationsvorsprung zu erlangen und zu sichern. Das setzt nicht nur ein starkes Interesse an den Sachinhalten, sondern auch an den Menschen, welche die Impulse liefern, voraus. Der französische Schriftsteller Albert Camus formulierte es noch schöner: »Das echte Gespräch bedeutet: Aus dem Ich heraus und an die Türe des Du klopfen.«

Fach- und Führungskräfte sollten sich in ihrem Berufsalltag an den Regeln des deutschen Qualitätsjournalismus orientieren. Die Medienvertreterinnen und Medienvertreter überprüfen anhand von drei unterschiedlichen Quellen ihre Berichterstattung. Die Quellenabsicherung erfolgt durch intensive Recherche, Interviews und Hintergrundgespräche, die alle auf Fragetechniken beruhen.

Somit sind die Fragetechniken in den Bereichen Führung und Quellensicherheit unerlässlich. Führung beginnt nicht mit Ansagen, sondern mit den richtigen Fragen.

Sokrates

Michel Friedman nutzte die geschlossene Frage, um von Bernd Lucke eine Ja-oder-Nein-Antwort zu erhalten. Damit ließ sich der ehemalige AfD-Politiker vor laufenden Kameras in die Enge treiben und flüchtete aus dem Studio.

Um ein Gespräch oder ein Interview erfolgreich zu führen, sollten Sie die verschiedenen Fragetechniken kennen und Antworten auf die wichtigsten Fragen haben.

OFFENE FRAGEN. Offene Fragen sind alle W-Fragen. Sie beginnen mit Fragewörtern, wie »Was kann ich für Sie tun?« oder »Welche Beobachtungen haben Sie gemacht?« Offene Fragen wecken die Auskunftsbereitschaft des Gegenübers und zielen auf längere Antworten ab. Eine nachteilige Wirkung der offenen Fragen ist, dass sie die Gesprächspartner:innen hinsichtlich Art und Umfang ihrer Äußerungen oft unzureichend lenken. Sie können in alle Richtungen ausweichen, um einem kritischen Problem und dessen Lösung zu entgehen.

GESCHLOSSENE FRAGEN. Geschlossene Fragen lassen nur die Antworten »Ja« oder »Nein« zu. Damit beschleunigt diese Fragetechnik ein Gespräch und dient der Verständnisüberprüfung. Zugleich engen Sie den Antwortbereich Ihres Gegenübers deutlich ein. Oftmals beginnen die geschlossenen Fragen mit einem Verb, wie zum Beispiel: »Haben Sie schon vorher einmal in diesem Beruf gearbeitet?« Die große Wirkung dieser Fragetechnik liegt darin, dass Sie das Gegenüber zu einer eindeutigen Stellungnahme anregen oder gar zwingen können. Will das Gegenüber von dem vorgegebenen Antwortmuster abweichen, braucht es eine Portion »diplomatisches« Geschick, um gekonnt eine Ja-oder-Nein-Antwort zu umgehen: »So kann man die Frage nicht stellen« oder »In der Form kann ich Ihnen die Frage nicht beantworten«.

GERICHTETE FRAGEN. Gerichtete Fragen werden an eine bestimmte Person gestellt. Solche Fragen strukturieren ein Gespräch sehr stark. Sie können sicherstellen, dass jede Person zu Wort kommt. Die Fragetechnik wird häufig bei Konfliktsituationen eingesetzt, damit alle Parteien gehört werden.

FOKUSSIERENDE FRAGEN. Durch fokussierende Fragen soll das Gespräch wieder auf das Thema zurückgeführt werden. Beispielsweise über die Frage: »Was hat das jetzt mit dem Steuerrecht zu tun?«

UNGERICHTETE FRAGEN. Ungerichtete Fragen werden so gestellt, dass jede der anwesenden Personen antworten kann. Die Beobachtung, welche Person die Frage beantwortet, gibt Hinweise auf die Dynamik in der Gruppe.

KLARSTELLENDE FRAGEN. Klarstellende Fragen dienen der Konkretisierung abstrakter oder allgemeiner Gedanken. Ein Beispiel wäre: »Was meinen Sie mit ›alles‹?«

ERÖFFNUNGSFRAGEN. Eröffnungsfragen bringen ein Gespräch in Gang. Zum Beispiel: »Welche Erfahrungen haben Sie darin, mit dieser Art von Problemen umzugehen?«

HINLEITENDE FRAGEN. Hinleitende Fragen geben Anregungen, andere Möglichkeiten in Betracht zu ziehen, wie zum Beispiel: »In Anbetracht der Art des Problems, wäre es auch denkbar, dass ...?«

BEWERTENDE FRAGEN. Bewertende Fragen helfen, Fortschritte und Ergebnisse einzuschätzen: »Warum kommen wir Ihrer Meinung nach an diesem Punkt nicht weiter?«

SCHEINBAR OFFENE FRAGEN. Diese Fragen sind eine Zwischenform von offenen und geschlossenen Fragen mit interner Antwortvorgabe. Eigentlich ist die interne Vorgabe der Antwortalternativen unvollständig. Es wird durch die explizit vorgegebene Antwortalternative eher gewählt, die implizit enthaltene Antwortalternative wird vernachlässigt. Es hängt allerdings davon ab, wie ausgeprägt die Meinung der Befragten ist beziehungsweise wie deutlich die Erinnerung noch ist.

FRAGETECHNIKEN®

ZURÜCKGEGEBENE FRAGEN. Die zurückgegebene Frage wird oftmals als unhöflich bewertet, dafür hat man den Überraschungseffekt auf seiner Seite. Die direkteste Form der zurückgegebenen Frage lautet: »Das sollten Sie mir beantworten.« Freundlicher formuliert klingt es so: »Diese Frage möchte ich gerne an Sie zurückgeben, da mir Ihre Einschätzung zu diesem Thema besonders wichtig ist.«

DESKRIPTIVE FRAGEN. Deskriptive Fragen legen Informationen klar und wollen ein Verständnis für die systematischen Zusammenhänge erzeugen. Stellt man eine rein deskriptive Frage, nimmt man eine neutrale Haltung ein und will verstehen, warum die »Dinge so sein müssen«, wie sie momentan sind.

FRAGEN ZUR POSITIONSKLÄRUNG. Mit dieser Fragetechnik versucht man zu klären, warum jemand eine bestimmte Position einnimmt: »Warum glauben Sie, dass ...?«

ABSCHLUSSFRAGEN. Abschlussfragen ermutigen die Teilnehmer:innen eine Entscheidung zu treffen: »Haben wir diesen Punkt ausführlich besprochen?«

AUSWAHLFRAGEN. Auswahlfragen sollen die Gruppenmitgliederveranlassen, zwei oder mehrere Alternativen zu vergleichen: »Welche der beiden Möglichkeiten halten Sie für die bessere?«

HYPOTHETISCHE FRAGEN. Hypothetische Fragen bringen neue Gedanken in das Gespräch ein. Beispielsweise: »Wie würden Sie reagieren, wenn Sie im Lotto gewinnen würden?«

FEEDBACKFRAGEN. Nach Besprechungen, Workshops oder Seminaren können die Teilnehmenden aufgefordert werden, ein Feedback zu geben. Dieses könnte wie folgt eingefordert werden: »Bitte geben Sie mir Ihre Rückmeldung zu dieser Veranstaltung. Was gefiel Ihnen gut? Was gefiel Ihnen weniger gut?«

REFLEXIVE FRAGEN. Reflexive Fragen haben das Ziel, in dem untersuchten System eine Veränderung auszulösen. Stellen die Moderator:innen eine reflexive Frage, wollen sie einen Wandel bewirken, einen Prozess unterbrechen oder einen neuen Blickwinkel beleuchten. Sie könnten folgende Frage stellen: »Angenommen, Sie würden diese Möglichkeit ausprobieren, was glauben Sie, würde passieren?« Mit den reflexiven Fragen lassen sich Perspektivwechsel erzeugen. Dennoch sind die reflexiven Fragen nicht ohne Risiko. Wird von ihnen zu häufig Gebrauch gemacht, kann in einem Gespräch das Klima einer Prüfung oder eines Verhörs entstehen.

MITEINBEZIEHENDE FRAGEN. Miteinbeziehende Fragen ermutigen Gruppenmitglieder zur Äußerung von Gedanken oder Bedürfnissen: »Was halten Sie von dem Gedanken, Frau Dr. Musterfrau?«

© DEACK

WEITERGELEITETE FRAGEN. In einer Gruppe kann man Fragen auch weiterleiten. Zum Beispiel: »Diese Frage möchte ich gern an Herrn Mustermann weiterleiten, da dieses Thema in seiner Abteilung ausgearbeitet wurde.«

FÜHRE NICHT ÜBER DEN INHALT, SONDERN ÜBER DIE STRUKTUR

»Das erste Tor ist schon gefallen!« So kommentierte am 1. April 1998 Günther Jauch ein Fußballspiel, obwohl noch kein Spieler auf dem Platz stand. Dabei handelt es sich nicht um einen schlechten Aprilscherz des Kommentators, sondern um das legendäre Champions-League-Halbfinale im Bernabéu-Stadion, wo nur wenige Minuten vor dem Anpfiff zwischen Real Madrid und Borussia Dortmund (BVB) ein Tor umkippte. Der Grund für den »Torfall von Madrid« ist schnell erzählt: Die spanischen Fans hatten einen Schutzzaun im Stadion erklommen. Der hohe Zaun knickte unter der Last in Richtung der Tribünen um und riss das daran befestigte Tor mit. Auf diesen Vorfall war niemand vorbereitet. Man stand ohne ein Tor da. Und keiner konnte auf die Schnelle ein Ersatztor beschaffen. Große Ungewissheit herrschte bei allen Verantwortlichen. Niemand wusste, ob und wann das Spiel beginnen würde. Auch nicht Michael Zorc, der damalige Dortmunder Mannschaftskapitän: »Wir konnten es uns nicht vorstellen, dass es so lange dauert, bis ein neues Tor installiert war.« Beim amtierenden Champions-League-Sieger von 1997 ging in dieser Zeit die Konzentration verloren. Zorc erinnerte sich: »Das Schlimmste in solchen Situationen ist die Ungewissheit. Und du musst trotzdem die Spannung hochhalten.« Das gelang dem BVB nicht. Nachdem das Ersatztor ins Stadion gebracht und aufgestellt worden war, wurde tatsächlich noch Fußball gespielt. Der BVB verlor das erste Halbfinale kurz vor Mitternacht mit 0:2. Doch mit dem Abpfiff um Mitternacht war der Spuk nicht vorbei. Denn als die gefrustete BVB-Delegation längst wieder im Hotel war, kam man auf die Idee, die Maße des Tores nachzumessen. Josef Schneck, damals Mediendirektor des BVB, machte sich mit dem Organisationsleiter Christian Hockenjos und einem geliehenen Maßband auf den Weg ins Stadion. Um Einlass zu finden, gaben sie sich als UEFA-Mitarbeiter aus, welche die Tore nachmessen wollten. Kurioserweise hatte das neue Tor die richtigen Maße. Im Gegensatz zum alten, das war nicht hoch genug. Doch das hatte logischerweise niemanden interessiert. Das Desaster vom »Madrider Torfall« ist in die Fußballgeschichte eingegangen. Doch die wirkliche Meisterleistung von deutscher Seite kam an diesem Abend nicht vom BVB, sondern von den beiden RTL-Moderatoren Günther Jauch und Marcel Reif. Ganze 76 Minuten passierte im Madrider Fußballstadion nichts. Trotzdem gelang es dem Fernseh-Duo, diese Zeit unterhaltsam zu überbrücken. Beide liefen zur Höchstform auf: Sie spielten sich verbale Doppelpässe zu und schafften wortreiche Höhepunkte. Marcel Reif witzelte: »Noch nie hätte ein Tor einem Spiel so gutgetan wie heute.« Und Günther Jauch konterte mit dem bekannten Wortspiel vom schon gefallenen ersten Tor. Damit fesselten sie ein Millionenpublikum vor den Fernsehgeräten, die über eine Stunde nur auf einen grünen Rasen schauten. Für diese Moderationsleistung über das Nichts auf einem Fußballplatz erhielten die TV-Legenden den Bayerischen Fernsehpreis.

Günther Jauch

Die meisten von uns würden bei so einer überraschenden Aufgabe vermutlich scheitern. Auch mir wäre wahrscheinlich nach kurzer Zeit »die Luft ausgegangen« – und das obwohl ich als rasender Reporter für RTL gearbeitet und in dieser Zeit meine erste Moderatorenausbildung genossen habe. Doch Moderation soll nicht bloß unterhalten, sondern den Menschen Halt und Orientierung geben. Im Businessumfeld ist sie zudem deutlich schwieriger. Denken Sie an Ihre Firma. Wie viele Besprechungen, Sitzungen, Meetings, Workshops, Tagungen und Konferenzen haben Sie in einer Woche? Wahrscheinlich viel zu viele. Dabei sind zu viele Besprechungen ein Zeichen für eine schlechte Organisation. Alles wird besprochen, alles ist gleich wichtig und nichts folgt klaren Regeln.

Die meisten Sitzungen sind weder gut vorbereitet noch gut strukturiert und werden nicht professionell moderiert. Nicht einmal die Ergebnisse werden richtig festgehalten. Am Ende bildet sich jede teilnehmende Person ein eigenes Bild über die Ergebnisse. Eine Verbindlichkeit, wer was bis wann zu erledigen hat, gibt es nicht. Und ohne diese Verbindlichkeit und eine entsprechende Nachverfolgung passiert leider über die Meetings hinaus wenig bis gar nichts. Außer dass man viel Arbeitszeit verschwendet. Ganz nach der fatalen deutschen Losung: »Wenn du nicht mehr weiter weißt, bilde einen Arbeitskreis.« Das Problem unserer ungesteuerten Meetingkultur liegt klar auf der Hand: Die meisten Menschen können nicht zwischen Inhalt und Struktur unterscheiden. Häufig verschwimmen die Ebenen und führen zu erheblichen Störungen. Dabei ist die Lösung ganz einfach: Bestimmen Sie eine moderierende Person, die sich um die Vorbereitung, Durchführung und Nachbereitung der Besprechung kümmert. Sie wird die Sitzung leiten und lenken, die Teilnehmenden besprechen, bearbeiten und bestimmen die Inhalte. Wer moderiert, trägt die Verantwortung für den Ablauf. Die Teilnehmer:innen sind für die Ausarbeitungen verantwortlich. Diese Rollenteilung ist entscheidend für eine ergebnisorientierte Gruppenarbeit. Die Moderatorin oder der Moderator wacht über die Struktur. Wer sich für eine strukturierte und ergebnisorientierte Arbeitsweise interessiert, dem lege ich die Themenzentrierte Interaktion sowie den seit Jahren bewährten Moderationszyklus ans Herz.

MODERATIONS-TECHNIKEN

THEMENZENTRIERTE INTERAKTION

Ruth C. Cohn hat die Erkenntnisse aus der Psychoanalyse und der Gruppentherapie zu dem Kommunikationsmodell der Themenzentrierten Interaktion (TZI) zusammengeführt. Das TZI-Modell wird dort angewandt, wo Arbeitsgruppen ihren Kooperations- und Kommunikationsstil verbessern wollen. Es handelt sich um ein wertvolles Instrument für die Leitung oder Moderation von Gruppen, da es den Teilnehmer:innen eine Ausgewogenheit von Sach- und Beziehungsebene bietet.

Um eine Balance zwischen der Sach- und Beziehungsebene innerhalb einer Gruppenarbeit herzustellen, werden vier Faktoren im TZI-Modell beachtet: das ICH (Individuum), das WIR (Gruppe), das ES (Thema) und der GLOBE (Umwelt). Die Anerkennung und Förderung der Gleichgewichtigkeit der ICH-WIR-ES-Faktoren im GLOBE ist die Basis der Gruppenarbeit.

Marcel Reif

ICH. Mit dem ICH ist das einzelne Gruppenmitglied mit seinen individuellen Erfahrungen, Bedürfnissen, Stärken und Schwächen gemeint. Die Persönlichkeit bringt ihre Fähigkeiten und ihr Verhalten in die Gruppe ein. Das ICH entscheidet, was es der Gruppe gibt und was es ihr vorenthält. Das ICH ist daher verantwortlich für seine Beiträge sowie seine Aktionen und Reaktionen. Das Individuum muss die Licht- und Schattenseiten seiner Verantwortung sowie die der Gruppe und Umwelt erkennen, um ganzheitlich entscheiden zu können. Ruth Cohn gab uns zu bedenken: »Es ist wichtig, sich seiner eigenen Schatten bewusst zu werden, nicht aber, sie als zwingend für Handlungen zu akzeptieren.«

WIR. Das WIR bezieht sich auf die Interaktion, die Kommunikation sowie die Kultur und die Dynamik der Gruppe. Eine Gruppe zeigt durch Sympathie und Antipathie oder durch Zuwendung und Ablehnung ihre Beziehung untereinander. Die Kunst der Gruppendynamik ist es, die anderen vorurteilsfrei wahrzunehmen, auch wenn ihre Meinung von den eigenen Vorstellungen differiert, und sich dabei nicht selbst zu beschränken oder gar seine eigenen Prinzipien zu verraten. Der Gruppenprozess unterliegt der Verantwortung der gesamten Gruppe. Auch die Diskussionsleitung ist Teil der Gruppe. Sie gehört zum WIR. Nach der Vorstellung von Ruth Cohn gilt für die Gruppendynamik folgender Grundsatz: »Das WIR wird stärker nicht durch Mitglieder, die sich selbst aufgeben, sondern durch die, die sich eingeben.«

ES. Das ES ist die Sache, um die es geht. Es kann sich um das Thema, die Aufgabe, das Projekt oder um das gemeinsame Ziel der Gruppe handeln. Schon die Namensgebung des Themas kann die Gruppe unterschiedlich berühren und bei jedem Individuum gegensätzliche Empfindungen auslösen. Im ES können offene oder verborgene Konfliktpotenziale liegen. »Das Thema ist wie ein runder, zu erkundender Raum«, so Ruth Cohn, »der sehr viele Eingangstüren hat, weil es viele Wege zu ihm gibt.«

GLOBE. Der GLOBE, der in der Abbildung als Kugel dargestellt ist, symbolisiert das Umfeld der Gruppe. Mit dem Globe ist die äußere Wirklichkeit mit ihren sozialen, geschichtlichen, politischen, kulturellen und religiösen Besonderheiten gemeint. Der Kern der Gruppenarbeit liegt in der Berücksichtigung des persönlichen Anteils, der Gefühle und Empfindungen sowie der Dynamik innerhalb der Gruppe. Gleichwohl darf der äußere Rahmen der Gruppe nicht außer Acht gelassen werden. Ruth Cohn formulierte es schärfer: »Wer den Globe nicht kennt, den frisst er.«

Ein weiteres Merkmal der TZI ist die Ausgewogenheit von Sach- und Beziehungsebene. Das heißt, dass Gefühle und Emotionen ebenso ihren Platz haben wie Logik und Verstand. Wenn eine der beiden Ebenen eine Art Übergewicht bekommt, entstehen kontraproduktive Kräfte, welche die Einzelpersonen sowie die Gruppe in ihrem Schaffens- und Entwicklungsprozess behindern. Die Umsetzung des TZI-Dreiecks versuchte Ruth Cohn durch Axiome, Postulate und Regeln zu stützen. Drei Axiome liegen dem TZI zugrunde:

AUTONOMIE UND INTERDEPENDENZ. Der Mensch ist als psycho-biologische Einheit Teil des Universums. Wir sind umso eigenständiger, je mehr wir uns der Allverbundenheit bewusst sind. Das heißt, wenn wir uns innerhalb einer Gruppe der Fähigkeiten, Probleme, Konflikte und Abhängigkeiten der Teilnehmer:innen bewusst sind, umso mehr haben wir die Möglichkeiten, unsere Ziele und Werte realistisch zu vertreten.

RESPEKT UND EHRFURCHT. Nach Cohn ist Humanes wertvoll und Inhumanes wertbedrohend. Der Respekt vor allen Äußerungen des Lebens ist die Grundlage für alles Wachstum, auch für das Miteinander. Jeder und alles verdient Wertschätzung.

FREIE ENTSCHEIDUNG. Innerhalb innerer und äußerer Grenzen geschehen freie Entscheidungen. Eine Erweiterung dieser Grenzen ist möglich und wünschenswert.

Ruth Cohn hat zudem zwei Postulate aufgestellt:

VERANTWORTUNG FÜR DIE EIGENE PERSON. Führe dich selbst. Sei dir selbst, deiner Aufgabe und deines Umfelds zu jeder Zeit bewusst und nimm sie ernst. Dabei akzeptiere deine eigenen Wahrnehmungen, Gefühle und Werte. Das »ich soll« muss gegen das »ich möchte« ausgeglichen werden.

STÖRUNGEN HABEN VORRANG. Alle Störungen nehmen sich den Vorrang. Sie fragen nicht danach. Alle Bedürfnisse, Gefühle und Impulse, die nicht abgeschlossen werden können, blockieren die einzelne Person und damit die Gruppe. Sie führen zu einer Art Abwesenheit und behindern den Erfolg der Kommunikation in der Gruppe. Bleiben Störungen unausgesprochen und unterdrückt, bestimmen sie die Vorgänge in der Gruppe.

Des Weiteren entwickelte Ruth Cohn neun Regeln als Kommunikations- und Interventionshilfen, die den Umgang mit den oben genannten Axiomen und Postulaten unterstützen sollen. Diese Regeln sind nie dogmatisch, sondern taktvoll anzuwenden.

EINS. Vertritt dich selbst in deinen Aussagen: Sage »ich« und nicht »wir« oder »man«.

ZWEI. Wenn du eine Frage stellst, sage, warum und was sie für dich bedeutet. Eine Frage, der kein Informationsbedürfnis zugrunde liegt, ist unecht.

THEMENZENTRIERTE INTERAKTION®

ES
Was ist das gemeinsame Anliegen?

THEMA & STRUKTUR
Ist das Thema bei allen im Fokus?

Über welche Arbeitsformen, Methoden und Medien wird das Thema bearbeitet?

ICH
Ist allen bewusst, dass jede Person wichtig ist? Jede anwesende Person übernimmt eine wichtige Aufgabe.

WIR
Wie wollen wir als Gruppe zusammenarbeiten? Die Interaktion ist wichtig für die Bearbeitung des Themas.

GLOBE
Worauf müssen wir in unserem Umfeld achten? Das soziale, kulturelle und politische Umfeld hat Einfluss auf den Prozess.

© DEACK

DREI. Sei authentisch und selektiv bei Gesprächen: Mache dir bewusst, was du denkst und fühlst, und wähle, was du sagst und tust.

VIER. Halte dich mit Interpretationen so lange wie möglich zurück: Wenn Interpretationen nicht den richtigen Zeitpunkt treffen, dann erregen sie Abwehr und verlangsamen den Kommunikationsprozess.

FÜNF. Sei zurückhaltend mit Verallgemeinerungen: Sie unterbrechen den Arbeits- und Kommunikationsprozess.

SECHS. Aussagen über andere Teilnehmer:innen sind eine rein persönliche Meinung: Wenn du etwas über eine andere teilnehmende Person aussagst, dann begründe deine Aussage und erkläre, was es dir bedeutet.

SIEBEN. Seitengespräche haben Vorrang: Sie würden nicht stattfinden, wenn sie unwichtig wären und sind darum öffentlich zu machen.

ACHT. Aussagen müssen nacheinander erfolgen: Nur einer zur gleichen Zeit kann reden. Ihm gehört die volle Aufmerksamkeit.

NEUN. Wenn mehrere gleichzeitig sprechen wollen, verständigt euch in Stichworten, über was ihr zu sprechen beabsichtigt. Wenn diese Regel nicht eingehalten wird, dann wird die dominante Person immer lauter und die scheue Person immer leiser. Am Ende geht die Balance der Gruppe verloren.

Die von Ruth Cohn aufgestellten Axiome, Postulate und Regeln helfen, die dynamische Balance des TZI-Modells zu halten. Doch das Gleichgewicht zwischen den vier Faktoren – ICH, WIR, ES und GLOBE – ist nie vollkommen. Es muss durch die Gruppenleitung immer wieder dynamisch ausgeglichen werden. Somit ist die Themenzentrierte Interaktionslehre ein wichtiges Werkzeug für die moderierende Person, um eine Gruppe arbeitsfähig zu halten und zu einem gemeinsamen Ergebnis zu führen.

Ruth C. Cohn

MODERATIONSZYKLUS

Zahlreiche Untersuchungen belegen, dass die Fach- und Führungskräfte in vielen Unternehmen einen zu großen Teil ihrer Arbeitszeit mit Sitzungen verbringen, wo viel besprochen, aber nur wenig entschieden wird. Diese Meetings mindern die Produktivität der Organisation. Wir »meeten« uns zu Tode. Das muss nicht sein. Mit einer entsprechenden Vor- und Nachbereitung sowie einer qualifizierten Moderation, welche die Struktur der Sitzung in Händen hält, können Besprechungen höchst effektiv sein. Es gibt nur wenige Gründe für eine Besprechung:

Etwas muss diskutiert werden.
Etwas muss bearbeitet werden.
Etwas muss entschieden werden.

Am Ende jeder Besprechung sollte ein festgeschriebenes Ergebnis stehen. Wird in einer Besprechung kein Ergebnis oder keine Entscheidung angestrebt, so sollte diese nicht einberufen werden. Vielmehr sollte sich die Organisation Gedanken über alternative Kommunikationsformen machen, wie zum Beispiel die 15-minütige Lagebesprechung, die jeden Tag im Stehen abgehalten wird, das Zweiergespräch, wo die Informationen direkt geteilt werden, oder die schriftliche Anfrage sowie das interdisziplinäre Arbeiten an nur einem digitalen Dokument in der Cloud. Diese und viele weitere Maßnahmen können die Arbeitsabläufe entschlacken und Lust auf Besprechungen machen. Denn Meetings sind im Idealfall das beste Motivationsmittel überhaupt: Mitarbeiter:innen werden zeitnah und zeitgleich eingebunden. Sie werden beteiligt, indem ihre Meinung gehört wird. Sie arbeiten an den Entscheidungen und Ergebnissen mit und können diese beeinflussen. Meetings bringen Menschen zusammen, fördern den Teamgeist und geben innovativen Projekten neue Impulse. Allerdings können Besprechungen an vielen großen und kleinen Fallstricken scheitern. Diese Fallstricke werden immer da sein. Sie können sie nur teilweise durch eine gute Organisation und Vorbereitung verhindern. Anderen Fehlern können Sie durch eine gute Moderation begegnen und so die Besprechung zum Erfolg führen. Fallstricke können sein: schlechte Vorbereitung, persönliche Konflikte in der Gruppe, eine unklare oder eine zu kleine wie zu große Agenda, Störungen, falsche Auswahl der Teilnehmer:innen, schlecht gewählte Rahmenbedingungen wie zum Beispiel ein zu kleiner Raum, eine falsche Sitzordnung oder nicht funktionierende Technik, unklare Ziele und Erwartungen bei den Teilnehmenden und vieles mehr. Wie Sie mit diesen und vielen anderen Dingen umgehen und dass Ihre Meetings so verlaufen, wie Sie sich das vorstellen, möchte ich Ihnen hier darstellen.

VORBEREITUNG. Überlegen Sie, ob das Meeting wirklich nötig ist. Falls ja, machen Sie sich Gedanken um das Ziel, wie und in welchem Zeitraum es zu erreichen ist und welche Personen erforderlich sind.

ZIEL. Die Gründe und Ziele von Meetings sollten allen Teilnehmenden bekannt sein. Die Ziele formulieren Sie am besten nach der SMART-Regel: s:pezifisch, m:essbar, a:nspruchsvoll, r:ealistisch und t:erminiert. Das Ziel kann somit in fünf Bedingungen unterteilt werden und die Evaluation fällt eindeutig aus.

TAGESORDNUNG. Bei der Erstellung der Agenda benennen Sie die Themen von wichtig zu unwichtig und von dringend zu weniger dringend. Danach benennen Sie die weiteren zu behandelnden Themen. Dann folgen die Punkte, welche bei der letzten Sitzung offen geblieben sind. Zum Abschluss nehmen Sie den Punkt »Themen für die nächste Sitzung« auf. Dieser wird am Ende von allen Teilnehmer:innen gemeinsam gefüllt. Hinterlegen Sie einen Zeitplan! Spätestens hier werden Sie feststellen, ob Ihre Tagesordnung zum geplanten Meeting passt oder ob zu viele oder zu wenige Punkte auf der Agenda stehen und diese oder die geplante Dauer angepasst werden muss.

MODERATION. Zur Sicherstellung eines optimalen Verlaufs und der Erreichung des geplanten Ziels sollte jede Gruppenbesprechung moderiert werden. Moderatorinnen und Moderatoren haben viele Aufgaben. Sie führen durch die Agenda, geben kurze Einführungen zu den Tagesordnungspunkten und bringen alle Teilnehmer:innen auf denselben Informationsstand. Des Weiteren steuern sie die Besprechung und sorgen dafür, dass der Zeitrahmen eingehalten wird. Sie fassen zusammen, arbeiten die Ergebnisse heraus und erstellen Maßnahmenkataloge. Die Moderator:innen lassen die Aussagen von den Teilnehmer:innen präzisieren oder fassen alle Ergebnisse oder Beschlüsse zusammen, falls etwas nicht von allen verstanden wurde. Außerdem lenken sie die Diskussionen und führen wieder auf das Thema zurück, falls die Gespräche eine andere Richtung einnehmen. Wichtig ist, dass sie bei Konflikten vermitteln und die Teilnehmenden bei Formulierungen unterstützen. Dabei sind die Moderator:innen sachlich, unparteiisch und bewerten nicht. Sie bremsen Dauerredner:innen und fordern schweigsame Personen direkt zu Wortbeiträgen auf, sammeln Fakten, visualisieren bei Bedarf, sorgen dafür, dass ein Protokoll geschrieben wird und vieles mehr. Um dies alles bewerkstelligen zu können, ist es wichtig, dass Moderator:innen sich in den Kommunikationstechniken auskennen und entsprechende Werkzeuge zur Verfügung haben. Gute Moderator:innen sind verantwortlich für die Struktur und nicht für den Inhalt. Somit ist ihre Rolle klar definiert. Eine Mischform zwischen Prozess und Inhalt ist nicht empfehlenswert.

MODERATIONSFÜHRUNG. Moderatorinnen und Moderatoren sind für die gründliche Vor- und Nachbereitung jeder Sitzung verantwortlich. Sie wachen über den Prozess. Auch bei der Durchführung der Veranstaltung ist die Rolle nicht zu unterschätzen. Die moderierende Person muss die Sitzung nach der vorgegebenen Agenda straff führen, den Zeitplan im Auge behalten, die Teilnehmer:innen motivieren, Diskussionen und Konflikte moderieren sowie die Arbeitsfähigkeit der Gruppe und die Erreichung der Resultate sicherstellen. Für eine gelungene Moderation gibt es eine Grundregel: Die moderierende Person verantwortet die Struktur, die Gruppe den Inhalt. Für das Gelingen der Veranstaltung sind beide gemeinsam verantwortlich.

Der Moderationszyklus gibt Ihnen die Sicherheit, die Sie brauchen, um eine Gruppe sicher zu leiten. Bauen Sie Ihre Moderation Schritt für Schritt auf, und Sie werden die Gruppe sicher zum Ergebnis führen.

1 PLANUNG
Inhaltliche Vorbereitung vornehmen
Methodische Vorbereitung vollziehen
Organisatorische Vorbereitung umsetzen
Persönliche Vorbereitung durchführen

2 EINSTIEG
Positives Arbeitsklima schaffen
Mit spannendem Einstieg begrüßen
Agenda vorstellen
Gemeinsame Regeln beschließen
Partizipation sicherstellen
Ergebnissicherung planen und festlegen

3 SAMMLUNG
Ideen sammeln
Themenwünsche erfassen
Fragestellungen klären
Transparenz sicherstellen
Gesamtüberblick schaffen
Weitere Arbeitsschritte festlegen

4 AUSWAHL
Auswahlprozess vornehmen
Themenspeicher bearbeiten
Rangfolge über die Themenbearbeitung festlegen
Arbeitsschritte vollziehen

5 BEARBEITUNG
Freiraum für Kreativität schaffen
Arbeitsweise in Groß- oder Kleingruppen festlegen
Methodische Bearbeitung umsetzen
Arbeitsfähigkeit ermöglichen
Arbeitsergebnisse festhalten

6 ERGEBNIS
Kurz-, mittel- und langfristige Ziele benennen
Verantwortliche für konkrete Aufgaben verpflichten
Maßnahmenplan entwickeln und notieren
Ergebnisse visualisieren und sichern

7 ABSCHLUSS
Prozess reflektieren
Gemeinsame Arbeit und Ergebnisse würdigen
Feedback einholen
Teilnehmenden danken
Veranstaltung schließen

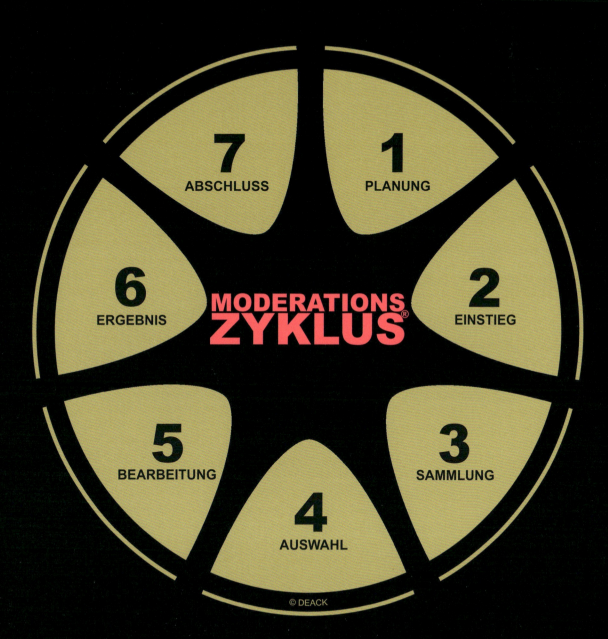

10
ENTFACHE DIE ZÜNDSTUFEN, UM DIE EMOTIONEN AUF DIE RICHTIGE FLUGHÖHE ZU BRINGEN

ENTFACHE DIE ZÜNDSTUFEN, UM DIE EMOTIONEN AUF DIE RICHTIGE FLUGHÖHE ZU BRINGEN

Steve Jobs hat sich selbst und andere immer radikal geführt. Wenn es um die schnelle Beurteilung ging, verfügte er meistens nur über zwei Kategorien: Liebe oder Hass. So war er Zeit seines Lebens in die eigene Apple-Werbung und seine Präsentationen verliebt. Dabei war er kein rhetorisches Naturtalent, doch er wollte die Menschen in den Bann ziehen und sie mit seinen Geschichten berühren. Darum steckte er viel Zeit und Hingabe in seine Vorträge und probte stundenlang seine Livepräsentationen. Er legte an alles die höchsten Maßstäbe an, und es durfte nichts zwischen ihm und seinem Publikum stehen – nicht einmal eine Folie.

Steve Jobs verachtete den Einsatz von Folien bei Vorträgen und ließ daran nie einen Zweifel aufkommen: »Ich hasse es, wenn jemand Präsentationen auf Folien macht, anstatt nachzudenken. Menschen, die wissen, worüber sie reden, brauchen kein Powerpoint.« Damit hatte Jobs ein elementares Problem angesprochen. Die meisten Businesspräsentationen werden als nicht überzeugend und zielführend wahrgenommen. Dabei sind langweilige Powerpoint-Präsentationen kein deutsches Problem. Sie sind eine globale Seuche.

Weltweit werden pro Tag rund 30 Millionen Powerpoint-Präsentationen gehalten, wovon laut einer Studie 84 Prozent als einschläfernd empfunden werden. 25 Millionen Präsentationen werden demnach sofort wieder vergessen. Es wird viel geredet, aber nichts gesagt. Es bleibt einfach nichts hängen. Damit ist es die reinste Zeitverschwendung. In der Geschäftswelt spricht man längst von einer Folienschlacht mit unzähligen Aufzählungszeichen und sinnentleerten Halbsätzen, wozu die Vortragenden eine Art »Powerpoint-Karaoke« singen oder im schlimmsten Fall ihre Halbsätze dem Publikum noch vorlesen.

> *Ich hasse es, wenn jemand Präsentationen auf Folien macht, anstatt nachzudenken.*
>
> Steve Jobs

Dabei muss eine Powerpoint-Präsentation nicht per se schlecht sein. Häufig wird vergessen, dass die erste Version der Präsentations-Software auf einem Macintosh-Computer lief. 1987 brachte Apple das Produkt auf den Markt, und noch im gleichen Jahr wurde es von Microsoft lizenziert. Bill Gates erkannte den massenhaften Einsatz dieser Software, und schnell wurde Powerpoint zum weltweiten Standard für Präsentationen. Apple hatte die eigene Entwicklung unterschätzt und Steve Jobs kämpfte gegen die Folienflut. Doch das eigentliche Übel lag woanders: Durch die wahllos aufeinander folgenden Folien wurde die Kreativität aus den Vortragssälen verdrängt. Immer der gleiche Vorgang: Der Beamer wird ausgerichtet, der PC hochgefahren. Und schon startet die bunte Powerpoint-Show. Im Mittelpunkt stehen nicht mehr die Redner:innen, ihre Ideen und Geschichten, sondern der Beamer. Stellen Sie keine Technik zwischen sich und das Publikum. Suchen Sie wie Steve Jobs die Nähe zu den Menschen und beziehen sie diese mit ein. Trotz der Vermittlung von technischen Applikationen gelang es dem ehemaligen CEO von Apple, eine Atmosphäre wie am Lagefeuer zu schaffen. Bei jeder Präsentation liegt das Holz bereit. Es ist die große Kunst, es zu entzünden und die Menschen für eine Idee zusammenzuführen. Auch der Einsatz von Folien kann diese Wärme erzeugen. Wichtig ist, dass mit einer eigenen Bildsprache eine neue Perspektive eröffnet wird. Dabei können gut ausgewählte Bilder nicht nur den vorgetragenen Text unterstützen, sondern auch beide Gehirnhälften der Zuhörer:innen ansprechen. Eine eigene Bilderwelt kann die Verarbeitung des Inhalts erheblich erleichtern. So stimulieren Sie die Synapsen des Publikums. Wichtig ist, dass Sie den Text auf den Folien soweit wie möglich reduzieren. Die Menschen sollen nicht an den Folien, sondern an Ihren Lippen hängen.

Der eigentliche Erfolg einer Präsentation entsteht durch ihren Aufbau. Die Dramaturgie Ihrer Geschichte muss ein klares Ziel verfolgen. Und das Ziel wird nur über einen gut gespannten Spannungsbogen erreicht. Zudem braucht Ihre Geschichte eine Kernaussage, die bei den Teilnehmer:innen im Kopf bleibt.

Genau hier lag die Stärke von Steve Jobs. Bei einer Feier der Universität Stanford hielt er 2005 eine bewegende Rede vor den frisch diplomierten Studierenden und gab ihnen seine Lebensempfehlung mit auf den Weg: »Lassen Sie sich nicht durch den Lärm der anderen Meinungen Ihre eigene innere Stimme ertränken. Und das Wichtigste, haben Sie den Mut, Ihrem Herzen und Ihrer Intuition zu folgen. Diese beiden wissen schon irgendwie, was Sie wirklich werden wollen. Alles andere ist sekundär.« Und am Ende seiner Rede nahm er einen sehr persönlichen Rückblick vor, der zum Ausblick für die jungen Universitätsabsolvent:innen und ihn selbst wurde:

»Als ich jung war, gab es eine wunderbare Publikation namens ›The Whole Earth Catalog‹, die eine der Bibeln meiner Generation war. Sie wurde von einem Mann namens Stewart Brand nicht weit von hier im Menlo Park geschaffen, und er erschuf sie mit seinem poetischen Touch. Dies war in den späten 1960er Jahren, vor dem PC und Desktop-Publishing, daher war alles mit Schreibmaschinen, Scheren und Polaroid-Kameras gemacht. Es war eine Art Google in Taschenbuchformat, 35 Jahre bevor Google kam: Es war idealistisch, und überbordend mit nützlichen Werkzeugen und großen Ideen. Stewart und seine Mannschaft gaben einige Ausgaben des vollständigen ›The Whole Earth Catalog‹ heraus, und dann, als es seine Zeit gesehen hatte, gaben sie eine letzte Ausgabe heraus. Es war Mitte der 1970er Jahre, und ich war in Ihrem Alter. Auf der Rückseite ihrer abschließenden Ausgabe war ein Foto einer morgendlichen Landstraße. Jene Art, die Sie als Tramper erleben können, wenn Sie etwas abenteuerlich wären. Darunter waren die Worte: ›Bleibt hungrig. Bleibt albern.‹ Es war ihre Abschiedsbotschaft, als sie aufhörten.

Bleibt hungrig. Bleibt albern. Und genau das habe ich mir immer für mich selber gewünscht. Und jetzt, da Sie Ihr Diplom haben, um von Neuem zu beginnen, wünsche ich das für Sie: Bleibt hungrig. Bleibt albern.«

Diese Rede hielt Steve Jobs, als er mit dem Krebs kämpfte. Tag für Tag konnte sein Leben ein Ende finden. Doch die Rede war sein eigener Ansporn: Er wollte, dass die Jugend jeden Tag hungrig und albern bleibt. Und er selbst wollte dieser Losung folgen. Es war seine Therapie gegen den Krebs.

Steve Jobs war von seiner sehr persönlichen Botschaft überzeugt. Er brannte für sie. Emotional sprach er von seinen Erfahrungen, beruflichen Höhen und Tiefen und seinem Kampf um Leben und Tod. Der Funke sprang auf die Zuhörer:innen über. Jeder Satz war echt. Jeder Satz war authentisch. Er teilte Freud und Leid mit der Öffentlichkeit.

Viele Redner:innen mögen nichts Persönliches preisgeben; dabei erhöht gerade die Offenlegung des eigenen Erfahrungshintergrunds die Wirksamkeit. Das Charisma kann aus der grauen Masse hervortreten. Doch der wesentliche Erfolgsfaktor von Steve Jobs war, dass er nie eine fertige Lösung oder gar ein Produkt verkaufte, sondern eine Idee in den Raum stellte, die er als Geschenk anbot.

So auch bei »Bleibt hungrig. Bleibt albern.« Beides kann man nicht vorschreiben oder verordnen. Es ist ein Angebot, das sich Steve Jobs auch selber unterbreitete und an das er sich hielt. Doch auch vor hungrigen und albernen Menschen macht die teuflische Krankheit keinen Halt. Sechs Jahre später, im Oktober 2011, starb Steve Jobs. Geblieben sind seine Botschaften und Präsentationen mit einer hohen Selbstoffenbarung, die ihn stets nahbar machten.

Wie emotional wollen und können Sie Ihre Zuhörerschaft ansprechen? Welche Botschaft haben Sie bei Ihrer letzten Präsentation hinterlassen?

> *Wer etwas aus dem Ärmel schütteln will, muss vorher was hineinlegen.*
> Rudi Carrell

PRÄSENTATIONSTECHNIKEN

Wenn Sie wirklich eine tolle Präsentation halten wollen, können Sie sich an Rudi Carrell orientieren. Der niederländische Entertainer, der seine größten Shows im deutschen Fernsehen hatte und von einem Millionenpublikum verehrt wurde, pflegte immer zu sagen: »Wer etwas aus dem Ärmel schütteln will, muss vorher was hineinlegen.« Nach diesem Prinzip baute er seine unzähligen TV-Formate auf. Im ersten Schritt bedeutet dies harte Arbeit, die am Ende niemand sieht. Und genau das müsste auch Ihr Ziel sein. Niemand will die zahlreichen Schleifen, die Sie gedreht haben, erkennen. Es soll alles ganz leicht aussehen. Um das zu erreichen, nutzen Sie die besten Präsentationstechniken. Die erste und vielleicht härteste Übung ist die Reduktion: Verdichten Sie Ihre Story auf ein Minimum. Hierzu empfehle ich Ihnen die Pecha-Kucha-Technik.

PECHA KUCHA

Diese Präsentationstechnik, die »petscha-kutscha« gesprochen wird, kommt aus dem Japanischen und ist ein lautmalerischer Begriff, welcher die Geräusche beschreibt, die entstehen, wenn viele Menschen reden. Sie wurde das erste Mal 2003 von den beiden Architekten Astrid Klein und Mark Dytham im Rahmen einer Designveranstaltung in Tokio angewendet. Sie versuchten, zu ihrem mündlichen Vortrag die passenden Bilder an die Wand zu projizieren, sodass ihr Publikum in kürzester Zeit in eine neue Welt eintauchen konnte. Bei dieser Technik gelten klare Regeln: 20 Bilder werden anhand einer Folienpräsentation jeweils 20 Sekunden eingeblendet und unterstützen die mündlichen Ausführungen.

Rudi Carrell

Die Pecha-Kucha-Präsentation dauert somit genau sechs Minuten und 40 Sekunden. Hiermit endet auch die maximale Sprechzeit.

In diesem kurzen Zeitfenster haben die Vortragenden ihre Gedanken zu präsentieren und die Zuhörer:innen auf eine kleine Reise mitzunehmen. Die 20x20-Regel kommt gut an. Die Geschwindigkeit erzeugt Dynamik, und der Vortrag bleibt für die Zuhörer:innen kurzweilig. Pecha Kucha ist damit die härteste Form der Fokussierung. Allerdings muss man, wie bei allen radikalen Ansätzen, aufpassen, dass man keinen verkürzten Inhalt präsentiert, der sinnentleert erscheint.

Pecha Kucha führt uns jedoch zur zentralen Fragestellung, welcher Neuigkeitswert in diesem Zeitfenster vermittelt werden muss. Hierbei ist klar, dass man nicht alle Inhalte in dieser Zeit präsentieren kann – und doch hilft Ihnen die Methode: Wenn Sie diese Kurzform verwenden, können Sie in einem zweiten Schritt weitere Ergänzungen vornehmen, sodass Sie aus der 20x20-Technik eine vollständige Präsentation entwickeln. Denn die meisten Präsentationen leiden unter zu vielen Informationen und zu vielen Folien. Meistens geht erst der rote Faden, dann die Aufmerksamkeit und am Ende die Zustimmung des Publikums verloren. Das Lose-Lose-Prinzip setzt ein. Längst hat die Pecha-Kucha-Technik Einzug in die Wirtschaft gefunden. Viele Unternehmen versuchen so, die Informationsflüsse in internen Meetings und bei Veranstaltungen zu fokussieren und eine gleichberechtigte Zeiteinteilung vorzunehmen. Vielredner:innen wird so der Stecker gezogen.

Bei den Vorträgen von Steve Jobs oder den vielen ausgezeichneten Redner:innen bei TED Talks, die Sie alle im Internet abrufen können, werden Sie schnell erkennen, dass viele unterschiedliche Präsentationsstile zum Erfolg führen. Das heißt, Sie müssen Ihren eigenen Stil finden. Hierbei gilt: Je authentischer Sie sind und je mehr Sie Ihre Persönlichkeit und Position darlegen, umso glaubwürdiger erscheinen Sie. Zeigen Sie ruhig Ihre Ecken und Kanten. Das Publikum mag keine oberflächlichen Rhetorikmaschinen, sondern Menschen, die Expert:innen auf ihrem Gebiet sind und ihre Schwächen und Niederlagen nicht verstecken müssen. Zusätzlich sollten Sie die elementaren Merkmale einer guten Präsentation beachten, damit auch Ihr Vortrag zu den weltweit fünf Millionen gehört, an die sich die Zuhörer:innen erinnern können.

Wenn Sie etwas über Präsentationen lernen wollen, müssen Sie sich nur vor den Fernseher setzen und die alten Shows von Rudi Carrell ansehen; oder noch besser, Sie gehen gleich ins Kino. In den beiden Genres werden alle Register einer erfolgreichen Präsentationstechnik gezogen, daher empfehle ich Ihnen einen Blick hinter die Kulissen. Nichts passiert dort aus Zufall. Es ist harte Arbeit, und Sie müssen sich fragen, welches Ass Sie aus dem Ärmel schütteln wollen.

PRÄSENTATIONS-TREATMENT

Eine Präsentation sollte wie ein Film entwickelt werden. Hierbei ist es egal, ob es sich um einen Spielfilm, Dokumentarfilm, Historienfilm oder um einen Naturfilm handelt. Den Inhalt bestimmen Sie. Entscheidend bei einer Präsentation sind, wie im Film, der richtige Aufbau, der erzeugte Spannungsbogen und der rote Faden innerhalb der Handlung.

Ziel ist es, Bilder in den Köpfen der Zuhörer:innen zu verankern. Um all das zu erreichen, orientieren wir uns an dem Treatment der Filmindustrie. Das Treatment ist in der Filmbranche die Vorstufe zum Drehbuch. Anhand des Treatments wird entschieden, ob in ein Drehbuch und später in die Umsetzung des Films investiert wird. Die Treatment-Technik kann die Voraussetzung für eine gelungene Präsentation schaffen. Sie bietet Ihnen die Möglichkeit, aus einer Präsentation eine zusammenhängende Geschichte zu entwickeln. Das Treatment vor Ihrer Präsentation sollte die vollständige und dramaturgisch schlüssige Geschichte, die Sie erzählen wollen, vermitteln, ohne sich in der Tiefe der Details zu verlieren.

Stellen Sie sich vor, Sie sollen die Geschichte eines Films nacherzählen. Dann werden Sie versuchen, die wichtigsten Inhalte darzustellen. Ähnlich wie in einer Nacherzählung sollten im Treatment die Struktur, der Spannungsbogen und der rote Faden der Handlung erkennbar sein. So auch in der späteren Präsentation.

Mit dem Treatment-Aufbau wird die Erstellung einer Präsentation leichter, und Sie gewinnen Sicherheit, denn Sie haben alle wesentlichen Punkte durchdacht. Um für den großen Auftritt gerüstet zu sein, sollten Sie die zehn Zündstufen starten.

01 ZIELGRUPPE KENNEN.
Überlegen Sie im Vorfeld, vor welcher Zielgruppe Sie sprechen. Was wird ihr Publikum am meisten interessieren? Womit stiften Sie zum Nachdenken an? Welche neuen Erkenntnisse können Sie vermitteln?

02 RELEVANZ VERMITTELN.
Die Zuhörer:innen müssen das Gefühl haben, dass das Thema eine hohe Relevanz für sie hat. Machen Sie über Ihre Kernbotschaften klar, dass der Inhalt Ihr Publikum weiterbringt.

03 STORYTELLING.
Eine Präsentation ist keine lange Liste von Aufzählungspunkten. Erzählen Sie eine zusammenhängende und schlüssige Geschichte. Um diese zu entwickeln, nutzen Sie den Aufbau des Treatments.

04 IM FOKUS SEIN.
Konzentrieren Sie sich auf das Wesentliche. In der Kürze liegt die Würze. Nicht die Vielredner:innen gewinnen, sondern die mit dem richtigen Timing.

05 VISUALITÄT GESTALTEN.
Verwenden Sie eine einheitliche Corporate Identity für Ihre Präsentation. Alles sollte wie aus einem Guss wirken.

06 BILDERWELTEN ENTFESSELN.
Verwenden Sie eine eigene Bilderwelt mit Fotos und Filmen, die Ihre Geschichte illustrieren.

07 INFOGRAFIKEN MIT MEHRWERT.
Visualisieren Sie Zahlen, Daten und Fakten auf sinnvolle und ästhetische Weise. Nutzen Sie Infografiken, die das Zahlenmeer mit einem Blick veranschaulichen.

08 EINBEZIEHUNG DER MENSCHEN.
Beziehen Sie Ihr Publikum mit ein. Aktivieren Sie es durch Abstimmungen, Abfragen oder Umfragen. Lassen Sie Fragen Ihres Publikums zu.

09 INTERAKTIONEN SCHAFFEN.
Nutzen Sie den Raum für sich und wenden Sie sich Ihrem Publikum zu. Eine Interaktion mit den Zuhörer:innen schafft eine lockere Atmosphäre. Je motivierter, sicherer und zugänglicher Sie auftreten, desto größer ist die Chance, dass das Publikum sich öffnet.

10 EMOTIONEN AUSLÖSEN.
Die größte Zündstufe ist die Emotionalität, die Sie dem Publikum geben und die Sie aus dem Publikum erhalten. Das ist Ihr persönlicher Hauptgewinn! Deshalb bauen Sie sehr persönliche N-Faktoren, wie »Neues, Nützliches und Nachdenkliches« in Ihre Präsentation ein.

11
VERHANDLE MIT PLAN, UM DAS MACHBARE ZU ERREICHEN

VERHANDLE MIT PLAN, UM DAS MACHBARE ZU ERREICHEN

»Es ist besser, nicht zu regieren, als falsch zu regieren.« Mit diesen Worten brach FDP-Chef Christian Lindner kurz vor Mitternacht am 19. November 2017 die Sondierungsgespräche zwischen CDU, CSU, Bündnis 90 / Die Grünen und seiner Partei ab. Es war das Jamaika-Aus. Dieser Begriff wurde zum Wort des Jahres erhoben und beschreibt den langen und quälenden Weg einer Verhandlung, die ein abruptes Ende nahm. Christian Lindner hatte die Tür für eine noch nie dagewesene Regierungsbildung zugeschlagen. Angela Merkel erklärte nach dem Scheitern, dass man bei den Sondierungen »vieles erlebt« und es »sehr unterschiedliche Kulturen von Verhandlungsstilen« gegeben habe, und gab damit zu, dass man sich nicht auf eindeutige Verfahrensregeln hatte verständigen können. Jeder verhandelte auf seine Art. Der Tagesspiegel kommentierte das Desaster wie folgt: »Kurz vor der Küste von Jamaika, eventuell sogar bei der Einfahrt in den Hafen, kenterte der Dampfer mit den Sondierenden an Bord. Grüne und Schwarze schienen auf Kurs, als die Gelben mit Ruck ins Ruder griffen und das Schiff zerschellte.« Doch das Scheitern vollzog sich nicht durch einen einzigen Griff in das Ruder. Die Fehler lagen in der Navigation. Das Schiff konnte den Kurs nie richtig halten. Eine frühe Schlagseite brachte am Ende die Havarie.

ERSTER FEHLER. Die Verhandlungsdelegation mit insgesamt 52 Personen war viel zu groß, um einen Überblick über den Verhandlungsprozess zu behalten. Die Sondierungen wirkten wie ein großes Meer an unterschiedlichen Stimmen und Stimmungen. Somit wurde ein lautes Grundrauschen erzeugt, welches jedoch den Kanal der Ergebnissicherung verstopfte. Zu viele Personen und Informationen führen nicht zur Klarheit. Wenn alle mitreden wollen, ist meistens nichts gewonnen. Bei Verhandlungen gilt: Je kleiner eine Verhandlungsdelegation ist, umso schneller kommen Sie zu einer Entscheidung.

ZWEITER FEHLER. Am Anfang der Verhandlungen wurden die einfachen Themen besprochen, um sich am Ende den schwierigen Fragestellungen der nationalen und internationalen Politik zu nähern. In großen und komplexen Verhandlungen ist immer der umgekehrte Weg einzuschlagen: Verhandeln Sie von wichtig zu unwichtig. So verlieren Sie nicht unnötig viel Zeit und haben die Kraft, sich am Anfang um die »schweren Brocken« zu kümmern. Am Ende gibt es noch genügend Verhandlungsmasse bei den »kleinen Stolpersteinen«, wo Zugeständnisse allen Beteiligten leichter fallen.

DRITTER FEHLER. In den ersten Wochen der Jamaika-Verhandlungen wurde von allen Beteiligten sichergestellt, dass auch die kleinsten Annäherungen in den Medien präsentiert wurden. Dieses Spiel nahmen die Medienvertreter:innen gerne an. Sie stellten ihre Kameras auf und sendeten jede Bewegung auf dem Balkon der Parlamentarischen Gesellschaft. Nun wurde alles in der Öffentlichkeit diskutiert und jeder Zwischenstand kommentiert. Am Ende war es keine Verhandlung, sondern eine politische Inszenierung. Die PR-Strateg:innen der vier Parteien hatten die Verhandlung übernommen: Es gab viele schöne Bilder, unzählige Statements und Interviews – nur kein Ergebnis. Verhandlungen gehören nicht in die Öffentlichkeit und schon gar nicht ins Fernsehen. Ansonsten könnten Politiker:innen ihre Regierungsbildung gleich bei Anne Will verhandeln.

VIERTER FEHLER. Wenn die Medien einen tiefen Einblick in die Vorgänge erhalten, kommt es bei den Verhandlungs-

> *Es ist besser, nicht zu regieren, als falsch zu regieren.*
> Christian Lindner

Christian Lindner

partner:innen meistens zu unbemerkten Konflikten. Medienvertreter:innen und Öffentlichkeit verlangen nach schlagfertigen Antworten. Bei den Jamaika-Verhandlungen erfüllten die Interviewten diesen Wunsch. Sie gaben den anderen Parteien vor laufenden Kameras sogar noch Ratschläge. So ist das bei Debatten; bei Verhandlungen sind weder Schlagfertigkeit noch Ratschläge zielführend. In beiden Wörtern ist das »Schlagen« enthalten, welches Sie gegenüber Ihren Verhandlungspartner:innen lieber vermeiden sollten. Denn auf jeden Schlag folgt ein Gegenschlag. Die andere Seite fühlt sich getroffen und wird dagegenhalten. Die Emotionen gewinnen die Oberhand. Die Rationalität verliert. Bleiben Sie also diplomatisch.

FÜNFTER FEHLER. Gestalten Sie ein gutes Ende. Auch wenn die Verhandlungspartner:innen nicht zusammenkommen, muss ein würdevoller Abschluss gefunden werden. Wer eine Verhandlung scheitern lässt, trägt Verantwortung. Diese wird man so schnell nicht wieder los – sie ist für immer dokumentiert. Die Jamaika-Verhandlungen hätten nach Schwerpunkten gegliedert werden können. Die Wirtschaftsthemen hätten bei der CDU gelegen, die ökologischen Themen bei den Grünen und die digitale Transformation bei der FDP. Damit wären wichtige Zukunftsthemen abgedeckt gewesen. Stattdessen kümmerten sich alle um alles.

Für erfolgreiche Verhandlungen benötigen Sie eine eigene Strategie und Taktik sowie das richtige Feingefühl oder die angemessene Härte. Denn Sie wollen das Machbare erreichen.

VERHANDLUNGSTECHNIKEN

Eine Verhandlung durchläuft vier Phasen, welche ich Ihnen im Anschluss detailliert vorstelle. Diese sollten Sie kennen und vor Verhandlungen gedanklich durchspielen, damit Sie in jeder Phase auf Augenhöhe mit Ihren Verhandlungspartner:innen sind.

VORBEREITUNGSPHASE

Die Vorbereitung auf eine Verhandlung beginnt mit der Definition Ihres eigenen Ziels. Wer verhandelt, muss wissen, welches Ergebnis erreicht werden kann. Halten Sie dieses Ziel schriftlich fest, damit Sie sich während und nach der Verhandlung nicht selbst in die Tasche lügen. Doch Vorsicht! Oftmals wissen wir schon im Vorfeld, dass die Verhandlung keine »Wünsch-dir-was-Veranstaltung« wird und unsere Zielvorstellung nur sehr schwer oder gar nicht zu erreichen ist. Viele Verhandlungspartner:innen wissen das und legen sich trotzdem keine alternativen Ziele zurecht. Ein schwerer Fehler! Sie verhandeln dann wie kleine Kinder vor dem Süßigkeitsregal im Supermarkt: Erst wird es unsachlich, dann laut, und am Ende folgt die Trotzphase und alle anderen sind schuld. Eine solche Eskalationsstrategie kann im Supermarkt funktionieren. Viele Eltern geben genervt auf.

Mit so einem Verhalten lässt sich kein tragfähiges Ergebnis in der Arbeitswelt erzielen. Und ganz nebenbei ist Ihr guter Ruf verspielt. Gehen Sie daher niemals unvorbereitet in eine Verhandlung. In der Vorbereitungsphase sollten alle vorliegenden und noch notwendigen Informationen erhoben und durch einen Triple-Check überprüft werden. Das heißt, dass Sie Ihre Informationen durch drei unabhängige Quellen bestätigen müssen, um nicht einer falschen Nachricht aufzusitzen. Denn die Aufstellung von falschen Tatsachenbehauptungen in einer Verhandlung schwächt Ihre Position. Sie werden angreifbar.

Weiterhin sollten Sie sich vor Manipulationen in der Vorbereitung schützen. Bei wichtigen Verhandlungen wird gerne mit gezielten Gerüchten gearbeitet. Ihre Aufgabe ist es, Ihre eigenen Ziele vor der Verhandlung zu schützen. Sie dürfen nicht bekannt werden. Wählen Sie aus diesem Grund einen engen und vertrauten Kreis für Ihre Verhandlungsdelegation.

Zuerst sollten Sie mit Ihrem Team das maximale Ziel festlegen, danach Alternativen und deren Ableitungen definieren. Je besser Sie die verschiedenen Parameter Ihrer Verhandlungsstrategie kennen, umso mehr wissen Sie, wo Ihre Grenzen liegen. Definieren Sie unbedingt auch Ihr Minimalziel, um möglichst frühzeitig zu erkennen, ab wann die Verhandlung keinen

Sinn mehr ergibt. In über 90 Prozent aller Verhandlungen ist das Minimalziel nicht definiert. Wenn es in der Verhandlung schlecht läuft, bemerken Sie nicht, wenn die Grenze längst unterschritten ist. Die Forschung hat herausgefunden, dass Menschen, die länger miteinander ringen, zu einem bestimmten Zeitpunkt der Verhandlung bereit sind, sich schneller zu einigen. Somit gibt es in jeder Verhandlung einen bestimmten Punkt, an dem eine Einigung einen höheren Stellenwert einnimmt als das angestrebte Ziel. Die Psyche des Menschen macht eine neue Gleichung auf: »Ich habe schon so viel Zeit und Kraft in diese Verhandlung gesteckt, jetzt muss eine Lösung her.« Mit diesem inneren Konflikt entsteht ein Wendepunkt in der Verhandlung. An dieser Stelle wird viel Geld verloren. Beherzigen Sie den Grundsatz, dass jede Strategie mit einem klaren Nein beginnt.

Verhandeln ist die öffentliche Darstellung der eigenen Haltung, Werte und Verantwortung. Jede verhandelnde Person, die klar sagen kann, wann eine Verhandlung für sie endet, wird respektiert. Menschen ohne klare Haltung und Strategie sind ihrem Gegenüber ausgeliefert.

Durch die Beschäftigung mit verschiedenen Alternativzielen schaffen Sie bereits im Vorfeld einen realistischen Erwartungshorizont und haben im Verhandlungsgeschehen jederzeit die Möglichkeit, flexibel zu reagieren. Sie sind nicht auf eine Lösung festgelegt. Das schafft Ihnen Verhandlungsräume.

Wenn Sie Ihre eigene Untergrenze kennen, haben Sie die beste Voraussetzung, um entspannt und aggressionsfrei aus einer Verhandlung auszusteigen. Denn kein Ergebnis zu erzielen, ist auch ein Ergebnis. Es ist immer besser, den eigenen Wert und die eigene Verhandlungsgrenze zu kennen.

Nur wer nicht um jeden Preis zu einem Abschluss kommen muss, hat die Freiheit auszusteigen. Und wer keinen inneren Druck und keine äußere Gefahr sieht, begibt sich auch nicht in eine Spirale aus Verhandlungsangst und -stress. Damit sind Sie im Gegensatz zu den meisten Verhandler:innen, die Angst und Stress schnell den eigenen Verstand kosten kann, klar im Vorteil. Ebenso sollten Sie das Scheitern schon vor der Verhandlung einplanen, damit Ihnen Alternativen schnell zur Verfügung stehen. Denken Sie immer in Alternativen – am und außerhalb des Verhandlungstisches. Sie sollten unbedingt Ihre Möglichkeiten am Markt kennen.

EINSTIEGSPHASE

Der größte Fehler, der in der Einstiegsphase passiert, ist, dass sich die Verhandlungspartner:innen ausschließlich auf den Inhalt konzentrieren und nicht auf die Struktur. Dabei gehört die ganze Aufmerksamkeit dem Prozess: Wo und wie wird verhandelt? In welcher Reihenfolge wird was verhandelt? Wer ist beteiligt? Und warum? Gibt es eine große oder mehrere kleine Verhandlungsdelegationen? Welche Unterlagen müssen zur Verfügung gestellt, gesichtet und analysiert werden? Wie ist die Sitzordnung? Wie sind die Sitzungszeiten? Wer führt das Protokoll? Gibt es ein Wort- oder ein Ergebnisprotokoll? Wie sieht die Medien- und Öffentlichkeitsarbeit der Verhandlungspartner:innen aus? Werden Teilergebnisse oder nur das Endergebnis präsentiert?

Diese und viele weitere Fragen gilt es im Vorfeld einer Verhandlung festzulegen, damit es zu keinen unangenehmen Überraschungen kommt. Das bedeutet jedoch auch, dass man den Verhandlungsprozess selbst verhandeln und in einer Agenda festlegen muss. Erst wenn dieser Schritt erfolgreich abgeschlossen ist, stehen die gemeinsamen Spielregeln fest. Doch gerade hier werden schwere Fehler gemacht, die während einer Sondierung immer wieder für Unmut sorgen können.

Ich erinnere mich sehr genau an eine schwierige Verhandlung, an der ein bekannter Vollblutpolitiker beteiligt war. Dieser verhielt sich wie ein Pokerspieler: Er betrat den Verhandlungssaal ohne eine Regung bei der Begrüßung. Diese fiel kurz und förmlich aus. Bereits mit seiner klaren und leicht unterkühlten Gestik erzielte er Wirkung: Alle hatten ihn nun auf der Rechnung. Er ging zum Verhandlungstisch, nahm seinen Platz ein, ohne mit den anderen in Austausch zu treten. In aller Ruhe und ohne einen eigenen Wortbeitrag verfolgte er die inhaltliche Auseinandersetzung. Er sagte einfach nichts. Diese Strategie scheint einfacher, als sie ist. Denn das Nichts-Sagen fällt den meisten Verhandler:innen besonders schwer, da sie sich verbal und nonverbal ganz zurücknehmen müssen. Diese hohe Kunst beherrschen nicht viele. Umso größer ist die Wirkung, wenn die schweigende Person das Wort ergreift. So auch im vorliegenden Fall. Kurz vor dem Verhandlungsdurchbruch schlug die Stunde des Verhandlungsprofis. Der Inhalt der Diskussion interessierte ihn nicht. Er führte zur Überraschung aller anwesenden Personen einen Verfahrensfehler ins Feld. Ein Schock.

Die gesamte Runde hielt inne. Alle Blicke richteten sich auf ihn. In dieser Minute riss bei mir der Film. Mein Ziel war der Abschluss. Ich war so sehr auf den Inhalt fokussiert, dass ich zum Verfahren in dem Moment nicht sprechfähig war. Ich befand mich in einem Tunnel: Die Straße verlief gerade, und am Ende war Licht zu sehen. Alles lief gut. Da überholte mich ein Fahrzeug, welches im gleichen Moment Feuer fing. Ich musste bremsen, und tausend Gedanken schossen mir durch den Kopf. Ich war blockiert. Der Clou des erfahrenen Pokerface hatte seine Wirkung nicht verfehlt. Zum Glück hatten wir diese Problematik im Vorfeld durchdacht. Mein Partner und ich hatten eine Rollenteilung vorgenommen: Er war für die Struktur und ich für den Inhalt verantwortlich. Folgerichtig zog mein Kollege einen dicken Aktenordner hervor und erläuterte den Teilnehmer:innen die Verfahrensschritte und deren Richtigkeit. Er war genau auf diese Situation vorbereitet und hatte die ganze Sitzung auf seinen Einsatz gewartet. Auf die einstudierte Aktion des Politikers folgte die vorbereitete Reaktion. Die Situation zeigt, dass es sich lohnt, seine innerlichen und äußerlichen Emotionen im Griff zu haben. Grundsätzlich gilt: Gehen Sie niemals unvorbereitet in eine Sitzung – und schon gar nicht in eine Verhandlung. Hätten wir nicht bereits im Vorfeld der Verhandlung eine Aufgabenteilung vorgenommen oder hätte ich die Sondierung alleine bestritten, wäre diese Situation anders ausgegangen. Daher gilt in schwierigen Verhandlungen: Klären Sie immer erst die Struktur und dann den Inhalt. Nehmen Sie, wenn nötig, eine Aufgaben- und Rollenteilung vor.

VERHANDLUNGSPHASE

Roger Fisher und William L. Ury haben die Verhandlungstechnik des Harvard-Konzepts eingeführt und damit die Win-Win-Strategie entwickelt, welche inzwischen zum Standardvokabular des modernen Managements gehört. Die Grundregel des Harvard-Konzepts besagt, dass man Menschen und Probleme getrennt voneinander zu behandeln hat: »Sei weich zu den Menschen und hart in der Sache.« Wer sich friedlich einigen möchte und dieses auch erreichen kann, sollte das Harvard-Prinzip anwenden. »Verhandeln ist kein Zeichen von Schwäche, sondern von Vertrauen«, so Roger Fisher. Mit seinem Ansatz können sehr gute Ergebnisse erzielt werden. Doch wenn sich eine Seite schmutziger Tricks bedient, wird es schnell unangenehm. Folgende Taktiken können dann helfen:

EINS. PERSPEKTIVWECHSEL. Zuerst sollten Sie sich nicht nur auf die Personen konzentrieren, die am Verhandlungstisch sitzen, sondern die Perspektive sämtlicher Parteien einnehmen, die das Verhandlungsergebnis beeinflussen oder davon betroffen sein könnten. Oftmals werden Verhandlungen außerhalb des Konferenzraums gewonnen oder verloren. Stellen Sie sich folgende Frage: Wer beeinflusst wen und warum? Führen Sie eine Umfeldanalyse durch, um die richtigen Antworten zu finden. Dabei kann auch das Internet helfen: Welche Daten, Ereignisse und Medienberichte finden Sie? Wer ist mit wem über Facebook, Twitter, Xing oder LinkedIn befreundet oder vernetzt? All diese Personendaten können Sie im Stakeholder-Mapping analysieren. Ihr Ziel muss sein, über mehr Wissen zu verfügen als die Gegenseite. Denn in einer Verhandlung ist Wissen Macht.

ZWEI. ROLLENTEILUNG. Eine Vielzahl an Studien belegt, dass Sie im Team besser verhandeln können als alleine. Schauen Sie sich in Ihrer Organisation um: Wer besitzt welche Fähigkeiten? Wie können diese in einer Verhandlung eingesetzt werden? Sie brauchen Expert:innen für die Bereiche Analyse, Struktur, Strategie, Inhalt, Taktik und Psychologie. Verhandeln Sie im Team, um stärker auftreten zu können.

DREI. RESPEKT. Am Anfang einer Verhandlung geht es darum, Vertrauen zu gewinnen und der anderen Seite zu zeigen, dass man das Geschäft, das Marktumfeld und die Rahmenbedingungen gut genug kennt, um auf Augenhöhe zu verhandeln. Mit klugen Fragen, die nicht nur das Interesse wecken, sondern auch zum Nachdenken anregen, erarbeitet man sich Respekt und Wertschätzung. Wer eine Verhandlung lenken will, muss die Fragetechniken beherrschen.

VIER. NUTZEN. Sie müssen Ihr Angebot in einer Verhandlung immer begründen können. Viel zu häufig versuchen sich Verhandler:innen für ihre eigene Offerte mit Worten wie »Mir ist auch klar, dass es sich um eine kostspielige Investition für Sie handelt, aber ...« zu entschuldigen. Damit signalisieren Sie Ihrem Gegenüber, dass Sie den Preis ebenfalls für unangemessen halten und eröffnen mit diesem Satz das Feilschen. Alles dreht sich jetzt um den Preis. Diese Verhandlung haben Sie verloren. Ihr Ziel muss es sein, den Mehrwert Ihres Produktes oder Ihrer Dienstleistung in den Mittelpunkt zu rücken. Arbeiten Sie den Nutzen für die andere Seite heraus!

Je weniger Sie etwas verkaufen wollen, um so überzeugender werden Sie. Verhandeln Sie nicht über den Preis, sondern über den Wert und Nutzen.

FÜNF. GEHEIMHALTUNG. In schwierigen Verhandlungen sitzen einem die eigentlichen Gegenspieler:innen gar nicht gegenüber, sondern in den eigenen Reihen. Geheime Informationen wechseln die Seiten schneller, als Sie glauben. Dahinter muss nicht immer kriminelle Energie stehen. Kolleg:innen und Mitarbeiter:innen gehen nach Feierabend mit der Gegenseite ein Bier trinken, treffen sich zum Sport oder posten auf Facebook die neuesten Verhandlungserfolge ihrer Firma. Herzlichen Glückwunsch! Ihre Verhandlungsstrategie kann schneller öffentlich werden, als Ihnen lieb ist. Halten Sie den Kreis der Informationsträger:innen klein. Und im Notfall verhängen Sie eine interne Informationssperre, denn viele Medienvertreter:innen liegen auf der Lauer und lassen auch bei Ihnen und Ihren Teammitgliedern nicht locker.

SECHS. ÜBUNG. Für die meisten Menschen in Deutschland ist Verhandeln ein Übel. Nicht einmal 30 Prozent der Bundesbürger:innen feilschen gerne. Doch wer, beruflich wie privat, nicht gerne verhandelt, kann keine guten Ergebnisse erzielen. Es fehlt die intrinsische Motivation. Wenn Sie gut verhandeln wollen, müssen Sie sich auf das Spiel einlassen. Die Versuchsplätze für gutes Feilschen sind bei Ihnen um die Ecke: Besuchen Sie den nächsten Autohändler, den Flohmarkt am Wochenende oder einfach eBay-Kleinanzeigen. Hier haben Sie jedes Mal die Möglichkeit, die Kunst aus Strategie, Taktik und Improvisation zu erlernen.

Wie in einer richtigen Verhandlung müssen Sie all das auch wirklich wollen. Regelmäßige Übung hilft. Manchen Personen hilft es sogar sich vorzustellen, dass Sie sich nur in einer Übung befinden. Wenn Sie so zu besseren Ergebnissen kommen, dann los.

Roger Fisher

ENTSCHEIDUNGSPHASE

Über Ihren Erfolg am Verhandlungstisch entscheidet nicht die letzte Verhandlungsrunde, sondern Ihre gründliche Vorbereitung und kluge Verhandlungsstrategie.

Viele Verhandlungspartner:innen glauben, dass sich in der letzten Phase alles entscheidet – sie heißt schließlich auch Entscheidungsphase. Doch das ist ein großer Irrtum. In der Entscheidungsphase sollten Sie ganz bewusst den Druck auf die Gegenseite erhöhen, indem Sie, je nach Ausgangslage, eigene Forderungen aufstellen oder ein Entgegenkommen blockieren. Durch Ihre Analysen, Beobachtungen und das aktive Zuhören wissen Sie genau, was der anderen Seite wichtig ist. Diese Punkte müssen Sie nun direkt ansprechen. Die Gegenseite wird ebenso versuchen, den Druck auf Sie zu erhöhen. Nun schaukeln sich Druck und Gegendruck auf. Das bedeutet, dass in dieser Endphase das Stressniveau extrem hoch ist. Die Folge von Stress sind Fehler. Und die Strategie von beiden Seiten ist ganz einfach: Provozieren Sie Stress und Fehler auf der anderen Seite und schützen Sie sich selbst davor.

Diese Strategie erscheint so einfach – und sie ist doch so schwer. Denken Sie an die FDP in Thüringen. Der Grundsatz »Es ist besser, nicht zu regieren, als falsch zu regieren«, der vom Parteivorsitzenden Christian Lindner Ende 2017 aufgestellt wurde, war schon Anfang 2020 nichts mehr wert. Die Fünf-Prozent-Partei wollte an die Macht. Die FDP-Abgeordneten im Thüringer Landtag waren trotz aller taktischer Überlegungen und Warnungen aus der CDU-Fraktion dem Pokerspiel der AfD erlegen. Ein Spiel, welches die Liberalen nie gewinnen konnten. Ohne Plan und Weitsicht hatten sich die Mandatsträger:innen der FDP an den Pokertisch gesetzt und gewannen mit Thomas Kemmerich ihren Ministerpräsidenten von AfD-Gnaden. Kemmerich nahm die Wahl ohne moralische Bedenken an. Noch am selben Abend stellte sich der neu gewählte Ministerpräsident den Fragen der Moderatorin

Marietta Slomka im ZDF-heute-journal und leistete sich dabei einen verhängnisvollen Satz, der die Wahrheit des Vorgangs entlarvte:

MARIETTA SLOMKA: »Ahnten Sie denn nicht, was da auf Sie zukommen würde? Nämlich dass die AfD diese Gelegenheit nutzt. Davor gab es ja ausdrückliche Warnungen!«

THOMAS KEMMERICH: »Wir haben sehr detailliert in den Parteigremien besprochen, diese Kandidatur gegen Kandidaturen von Links und Rechts der demokratischen Mitte anzubieten. Und wir mussten damit rechnen, dass dieses passiert. Wir werden jetzt eine Politik machen kontra AfD, auch gegen linke radikalistische Forderungen, Enteignungsfantasien ...«

MARIETTA SLOMKA: »Moment! Habe ich Sie richtig verstanden?! Sie haben damit gerechnet, dass das passiert? Das heißt: Sie waren nicht überrascht? Deshalb hatten Sie ja auch schon eine Rede vorbereitet?!«

THOMAS KEMMERICH: »Nein. Die Rede habe ich nicht vorbereitet. Frau Slomka, Sie brauchen jetzt nicht versuchen, mir das jetzt in den Mund zu legen. Ich habe mich einer demokratischen Wahl gestellt ...«

MARIETTA SLOMKA: »Das heißt: Sie haben sich bewusst in diese Situation hineinbegeben? Nochmal, damit wir das einfach klären: Das war jetzt keine Naivität, sondern Sie ahnten, die AfD würde das so machen?«

THOMAS KEMMERICH: »Frau Slomka ... Nein, davon bin ich nicht ausgegangen.«

MARIETTA SLOMKA: »Tatsächlich nicht? Ich meine, das lag doch einfach auf der Hand ...«

THOMAS KEMMERICH: »Frau Slomka, wir diskutieren seit Tagen über die Möglichkeiten, wie eine Ministerpräsidentenwahl zustande kommen kann. Im Extremfall mit einer Ja-Stimme. Ich habe nicht ... Es gibt kein Angebot, es wird keine AfD-Politik geben. Dazu stehe ich. Und daran können Sie mich messen.«

Kemmerich konnte weder in der Sendung noch in der Öffentlichkeit erklären, wie er als Vorsitzender der kleinsten Partei mit 5,4 Prozent ohne die Zustimmung der AfD regieren will. Diese Wahl löste national wie international Fassungslosigkeit und Entsetzen aus. Nach Protesten vor den FDP-Parteizentralen in ganz Deutschland musste Kemmerich zurücktreten und Lindner sich vor dem Deutschen Bundestag entschuldigen: »Wir sind beschämt, weil wir der AfD ermöglicht haben, uns und darüber hinaus die parlamentarische Demokratie zu verhöhnen.«

Ein solch gravierender Fehler darf in einer heißen Entscheidungsphase nicht passieren, wenn man Glaubwürdigkeit und Regierungsverantwortung und keine Abhängigkeit erlangen möchte.

Rückblickend hätte Christian Lindner 2017 Verantwortung für Deutschland übernehmen sollen und Kemmerich 2020 mit dem Satz »Es ist besser, nicht zu regieren, als falsch zu regieren« Verantwortung für Thüringen übernehmen müssen. Die Liberalen entschieden sich anders. Zwei historische Fehler einer Partei.

Die meisten Verhandlungspartner:innen unterlassen die systematische Vorbereitung und den wichtigsten Strategiegrundsatz: Treffen Sie in der heißen Phase einer Verhandlung keine Entscheidung. Die Entscheidungen über das Maximal- und Minimalziel und alle weiteren Ableitungen haben Sie bereits in der Vorbereitung getroffen. Daher können Sie sachlich, ruhig und ohne Stress in die letzte Runde gehen. Ihre Zielerreichung steht. Ihr Minimalziel ist nicht verhandelbar. Sie müssen unter Stress keine schlechten Deals eingehen. Lassen Sie die Fehler die anderen machen.

Marietta Slomka

FrankfurterRundschau

Thomas Kemmerich (FDP) und Björn Höcke (AfD)

Der Faschist und sein Werkzeug

VORBEREITUNG

EINSTIEG

ANALYSE

Definieren Sie Ihr Ziel
(Maximalziel und Minimalziel)

Überprüfen Sie
alle Informationen

Schützen Sie Ihre Ziele

Denken Sie über
Alternativziele nach

Jede Strategie beginnt
mit einem klaren Nein

STRUKTUR

Konzentrieren Sie sich nicht nur
auf den Inhalt, sondern vor allem
auf die Struktur (den Prozess)

Nehmen Sie ggf. eine
Aufgaben- und Rollenteilung vor

VIER PHASEN EINER VERHANDLUNG®

3 VERHANDLUNG

4 ENTSCHEIDUNG

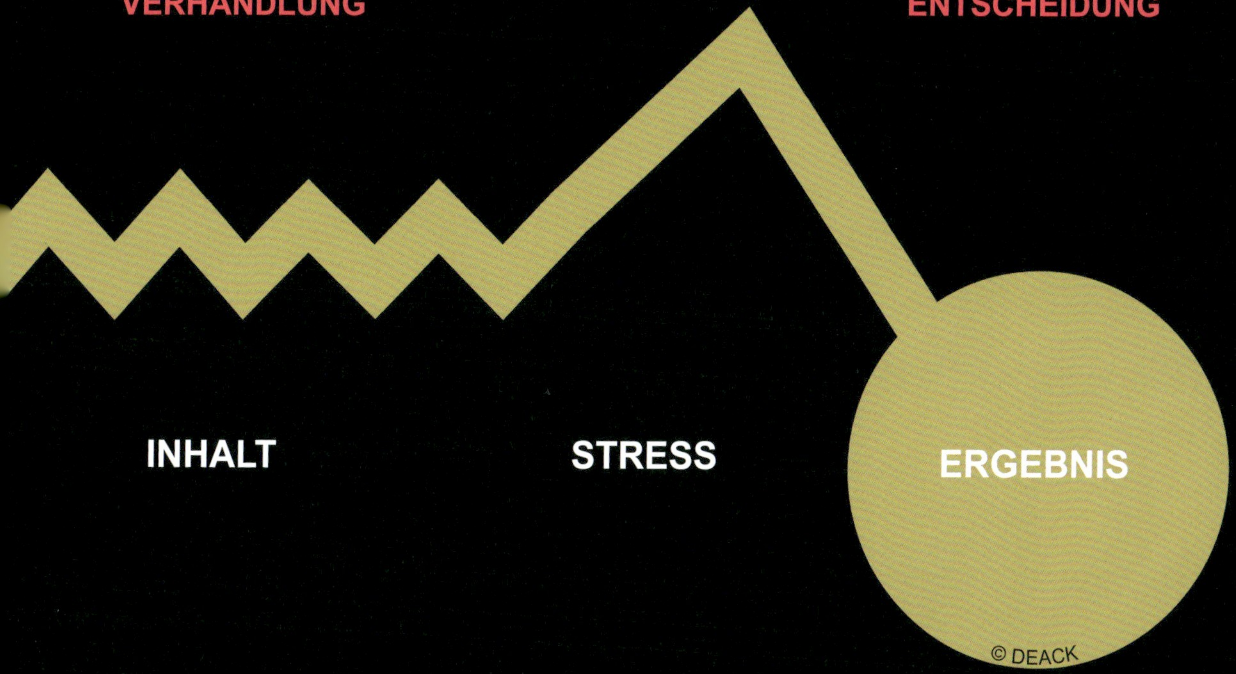

INHALT

Behandeln Sie Probleme und Menschen getrennt voneinander

Berücksichtigen Sie die sechs Taktiken in der Verhandlungsphase:

Perspektivwechsel
Rollenteilung
Respekt
Nutzen
Geheimhaltung
Übung

STRESS

Schützen Sie sich in der Endphase vor Stress

Die Folgen von Stress sind Fehler, daher sollten Sie den Druck auf der anderen Seite erhöhen

ERGEBNIS

Nicht die letzte Verhandlungsrunde entscheidet, sondern eine gründliche Vorbereitung und eine kluge Verhandlungsstrategie

Erhöhen Sie den Druck auf die Gegenseite

Sprechen Sie an, was dem anderen wichtig ist

Ihr Maximal- und Minimalziel stehen fest — gehen Sie daher ruhig und stressfrei in die letzte Runde

© DEACK

VERMEIDE KEINE KONFLIKTE, SONDERN LÖSE SIE

Nur wer Tabus bricht, kann Neues schaffen. Willy Brandt tat dies. Er ignorierte die Deutsche Demokratische Republik (DDR) nicht mehr, sondern nahm das Nachbarland als real existierenden Staat ernst. Die Neuausrichtung war schwer umstritten. Es handelte sich um eine Gratwanderung. In Washington, London und Paris hatte man erhebliche Vorbehalte. Und in Moskau war man an grundlegenden Veränderungen des politischen Systems der Union der Sozialistischen Sowjetrepubliken (UdSSR) nicht interessiert. Auch innenpolitisch brachte der neue Kurs harte Auseinandersetzungen mit sich. Für die konservativen Kräfte waren die Reformen eine Annäherung an den Sozialismus, und für die Studentenbewegung gingen sie nicht weit genug. Und den Millionen von Vertriebenen nahm der Kanzler die Hoffnung, jemals wieder in die alte Heimat der ehemaligen deutschen Ostgebiete zurückkehren zu können. Von seiner Überzeugung, einen »Wandel durch Annäherung« zu erzielen, ließ sich Willy Brandt trotz aller Anfeindungen nicht abbringen. Von der Idee, neuen Frieden zu stiften, war er beseelt. Brandt wusste, dass es sich um eine der größten Langfriststrategien handelte, die jemals ein Politiker für ein friedliches Europa erdacht hatte. Schon in den 1950er Jahren hatte er seine Vision vom Konfrontationsabbau zwischen Ost und West entwickelt, und nur zwei Jahre nach der Eskalation des Mauerbaus wurde sie von Egon Bahr verkündet. Nun musste die deutsch-deutsche und internationale Entspannungspolitik von Willy Brandt in der Öffentlichkeit vermittelt werden. Für die Zustimmung seiner Landsleute setzte er seine ganze rhetorische Kraft ein. Kein einfaches Unterfangen. Die Annäherung bedeutete die Anerkennung der bestehenden Grenzen und damit den Verzicht auf Ansprüche. Demgegenüber stand ein sehr vages Versprechen von Versöhnung und Frieden in Europa. Um diese Hoffnung zu vermitteln, sprach der Sozialdemokrat die altruistische Seite der Menschen an. Anders als zahlreiche Politiker:innen vor ihm, wählte er keine harte und feindselige Sprache, sondern einen versöhnlichen Ton. Damit prägte Brandt einen ganz neuen Politikstil. Er appellierte an den Verstand und die Vernunft der Menschen. Mit seiner überlegten und gut gewählten Kommunikation gelang es ihm, Mehrheiten für seinen Kurs zu erhalten und die Verhandlungen über die Ostverträge einzuleiten. Doch Zuspruch erhält man nicht wegen schöner Worte. Entscheidend sind Taten, welche die 1.000 Worte in einem Bild zusammenfassen.

> *Jener Vernunft, die uns den Frieden befiehlt, weil der Unfriede ein anderes Wort für die extreme Unvernunft geworden ist.*
>
> Willy Brandt

Ein solches Zeichen konnte Willy Brandt im Dezember 1970 setzen: Die Schmach und Schuld der Verbrechen gegenüber den Opfern des Warschauer Ghettos zwang ihn in die Knie. Der Spiegel fasste den Moment des Kniefalls in Worte: »Willy Brandt kniet. Er hat mit zeremoniellem Griff die beiden Enden der Kranzschleife zurechtgezogen, obwohl sie kerzengerade waren. Er hat einen Schritt zurück getan auf dem nassen Granit. Er hat einen Augenblick verharrt in der protokollarischen Pose des kranzniederlegenden Staatsmanns. Und ist auf die Knie gefallen, ungestützt, die Hände übereinander, den Kopf geneigt.« Die Geste wurde zum Symbol seiner Politik. Deutschlands Versöhnungsweg fand eine Dokumentation, die in der Welt Beachtung und Bewunderung fand.

Ein Jahr später wurde der Kanzler für seine ausgestreckte Hand der Versöhnung durch den Eisernen Vorhang mit dem Friedensnobelpreis ausgezeichnet. Nach der Entgegennahme hielt Brandt eine vielbeachtete Rede an der Universität von Oslo: »Jener Vernunft, die uns den Frieden befiehlt, weil der Unfriede ein anderes Wort für die extreme Unvernunft geworden ist.

Krieg ist nicht mehr die ultima ratio, sondern die ultima irratio. Auch wenn das noch nicht allgemeine Einsicht ist: Ich begreife eine Politik für den Frieden als wahre Realpolitik dieser Epoche.« Heute haben wir den Kalten Krieg überwunden, aber auch ein halbes Jahrhundert später gehört nicht nur der Krieg zur Realpolitik, sondern alle Formen der Kriegsrhetorik zu unserem medialen Alltag. In seiner Ansprache ergründete er auch den politischen Sprachgebrauch: Krieg führt man – den Frieden muss man halten. Das heißt, dass Kriegsrhetorik per se immer aktiv und Friedensrhetorik immer passiv erscheint.

Brandt gelang es als erstem Politiker einen Friedensprozess aktiv zu gestalten und für eine mediale Öffentlichkeit aufzubereiten. Der Kniefall von Warschau trug dazu bei. Er wurde zu einem der größten politischen Symbolhandlungen des 20. Jahrhunderts. Eine Geste, die oft überhöht wurde. So wurde der Kniefall des Hitler-Gegners nicht nur als eine Versöhnungsgeste gewertet, sondern auch als christliches Bedürfnis interpretiert, indem der Nichtschuldige die Schuld der anderen, die Schuld eines ganzen Landes, abtrug. Sein Einsatz für die Freiheit von Westberlin, seine Verständigung mit dem Ostblock, die Anerkennung der nationalsozialistischen Verbrechen im Warschauer Ghetto und der Friedensnobelpreis sind gleichsam der Kern der öffentlichen Erinnerungsfigur. Dabei wird seine wahre Leistung meistens übersehen. Willy Brandt verfügte über eine Kommunikation, die stets das Verbindende und nicht das Trennende ansprach. Das wichtige Leitprinzip seiner Politik war die Mitwirkung. Fortschritt lässt sich nicht von oben verordnen, sondern muss von den verschiedenen Kräften gemeinsam ermöglicht werden. In der Retrospektive hielt er nachdenklich über seinen partizipatorischen Ansatz fest: »Solche demokratische Ordnung braucht außerordentliche Geduld im Zuhören und außerordentliche Anstrengung, sich gegenseitig zu verstehen.« Brandt blieb seiner Linie treu. Am Ende seines Lebens stand die friedliche Wiedervereinigung Deutschlands, deren Grundstein er legte. Und so war es wieder Brandt, der das entfesselte Glück eines Volkes in nur einem Satz bändigte: »Jetzt wächst zusammen, was zusammengehört.« In nur fünf Worten erfasste er die gesamte historische Tragweite. Solche Sätze sind entscheidend, da sie sinnstiftende Verbindungen schaffen und den Augenblick in Zeitgeschichte wandeln. Wer Tabus für eine bessere Zukunft brechen will, muss das Verbindende benennen können.

Willy Brandt

GEWALTFREIE KOMMUNIKATION

»Wir finden drei Gründe für den Streit in der menschlichen Natur: erstens Konkurrenz, zweitens Mangel an Selbstvertrauen, drittens Sucht nach Anerkennung.« Diese drei Faktoren fand der englische Staatstheoretiker Thomas Hobbes über die menschlichen Konflikte heraus. Die Gründe klingen harmlos und können doch zu schweren Eskalationen führen.

KONFLIKTESKALATION

Der Konfliktforscher Friedrich Glasl stellt die Konflikteskalation in seinem neunstufigen Modell dar. Es zeigt den Abstieg zu einer immer tieferen und unmenschlicheren Form der Auseinandersetzung, an deren Ende der Abgrund für beide Seiten steht. Das neunstufige Modell ist ebenfalls in drei Ebenen unterteilt. In der ersten Ebene können beide Konfliktparteien noch gewinnen, eine sogenannte Win-Win-Situation erzielen. In der zweiten Ebene verliert eine Partei, während die andere gewinnt. Hier tritt die Win-Lose-Situation ein. In der dritten und letzten Ebene verlieren beide Parteien. Am Ende liegt eine Lose-Lose-Situation vor. Interessanterweise kann man die unterschiedlichsten Konflikte mit diesem Modell analysieren, dabei kann es sich um eine Scheidung zwischen Eheleuten, einen Konflikt zwischen Kolleg:innen oder eine Auseinandersetzung zwischen zwei Staaten handeln. Die neun Stufen der Konflikteskalation verlaufen nach Glasl wie folgt:

VERHÄRTUNG. Die Standpunkte versteifen zuweilen und prallen immer stärker aufeinander. In der Verhärtung kommt es zu verbalen Ausrutschern von beiden Seiten. Das Bewusstsein über die bestehende Spannung fördert weitere Verkrampfung zwischen den Kontrahent:innen.

DEBATTE UND POLEMIK. Eine Polarisierung im Denken, Fühlen und Wollen setzt ein. Es wird so getan, als ob rational argumentiert würde. Diskrepanzen verschärfen sich zwischen offiziellem »Oberton« und dem, was im »Unterton« gehört wird. Wir hören mit unseren »Vier Ohren« was wir hören wollen. Im Konfliktfall verschärfen wir die Beziehungsebene. Es beginnt der Kampf um die Überlegenheit.

TATEN STATT WORTE. Die Überzeugung kommt auf, dass Reden nicht mehr hilft. Auf beiden Seiten werden vollendete Tatsachen geschaffen. Die eingeleiteten Taten werden zu Konfliktbeschleunigern. Das Einfühlungsvermögen für die andere Seite geht verloren.

IMAGES UND KOALITIONEN. Beide Seiten gehen in eine sogenannte Imagekampagne. Sie werben in ihrem Umkreis verstärkt um Unterstützung. Im Kleinen wie im Großen: Zerstrittene Eheleute werben um die Freund:innen, Parteien um die Wähler:innen. Stereotype Feindbilder werden in beiden Lagern entworfen. Verdecktes Sticheln macht die Situation nur schwieriger.

ANGRIFF UND GESICHTSVERLUST. Öffentliche und persönliche Angriffe sind die Folge. Das Ziel ist es, die Ehre und Glaubwürdigkeit der Gegenseite zu besudeln. In dieser Phase setzt der Verlust der Außenwahrnehmung vollständig ein. Es gibt nur noch das Freund-Feind-Schema.

DROHUNG UND ERPRESSUNG. Nun wird das Geschehen von Drohungen beherrscht. Die gegnerischen Parteien manövrieren sich selbst in Handlungszwang. Gegenseitige Ultimaten steigern den Stress auf beiden Seiten. Es ensteht ein Stressdreieck mit mangelnder Zeit, höchstem Entscheidungsdruck und gewaltigem Datenmaterial.

BEGRENZTE VERNICHTUNGSSCHLÄGE. Menschliche Tugenden und Wertvorstellungen werden nicht mehr respektiert. Begrenzte Vernichtungsschläge werden als Sieg gefeiert. Der kleinere eigene Schaden wird als Gewinn gewertet. In Wirklichkeit handelt es sich längst um Niederlagen und Verluste.

ZERSPLITTERUNG UND VERNICHTUNG. Nun ist alles auf den Zusammenbruch des »Feindes« ausgerichtet. Das einzige Ziel, das geblieben ist, ist die gänzliche Zerstörung der anderen Seite.

GEMEINSAM IN DEN ABGRUND. Es gibt keinen Weg mehr zurück. Totale Konfrontation. Vernichtung des Feindes

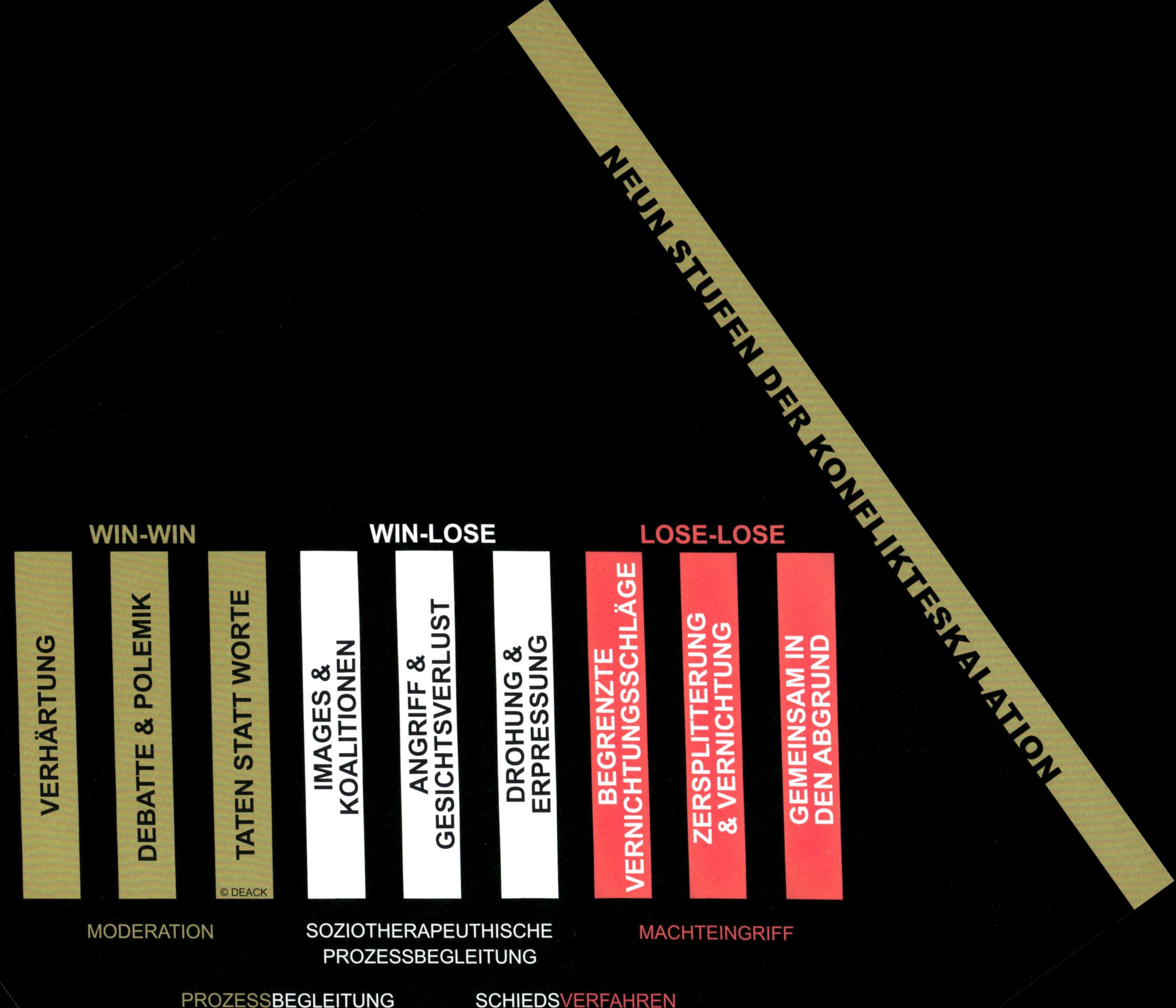

NEUN STUFEN DER KONFLIKTESKALATION

WIN-WIN
- VERHÄRTUNG
- DEBATTE & POLEMIK
- TATEN STATT WORTE

© DEACK

WIN-LOSE
- IMAGES & KOALITIONEN
- ANGRIFF & GESICHTSVERLUST
- DROHUNG & ERPRESSUNG

LOSE-LOSE
- BEGRENZTE VERNICHTUNGSSCHLÄGE
- ZERSPLITTERUNG & VERNICHTUNG
- GEMEINSAM IN DEN ABGRUND

MODERATION

SOZIOTHERAPEUTISCHE PROZESSBEGLEITUNG

MACHTEINGRIFF

PROZESSBEGLEITUNG   SCHIEDSVERFAHREN

sogar zum Preis der Selbstvernichtung. Es herrscht die Lust an der Selbstzerstörung und die Bereitschaft, die Umgebung und Nachkommen nachhaltig zu schädigen. Die Vernichtung der Gegenseite ist wichtiger geworden als die eigene Existenz.

DEESKALATIONSSTRATEGIEN

Den verschiedenen Eskalationsstufen sind Deeskalationsstrategien zugeordnet, die meistens einen Lösungsansatz von außen bieten:

ERSTE BIS DRITTE STUFE. Moderation

DRITTE BIS FÜNFTE STUFE. Prozessbegleitung

VIERTE BIS SECHSTE STUFE. Soziotherapeutische Prozessbegleitung

FÜNFTE BIS SIEBTE STUFE. Vermittlung und Mediation

SECHSTE BIS ACHTE STUFE. Schiedsverfahren oder gerichtliches Verfahren

SIEBTE BIS NEUNTE STUFE. Machteingriff von außen

Alle Lösungsansätze sind mit Handlungsoptionen versehen, sodass ein schnelles Erkennen und Eingreifen im privaten, beruflichen und politischen Kontext jederzeit möglich ist. Grundlage aller Handlungsoptionen sind geschulte Kommunikationsmaßnahmen.

GEWALTFREIE KOMMUNIKATION

Mit der Sprache des Friedens setzte sich der US-amerikanische Psychologe Marshall B. Rosenberg intensiv auseinander und entwickelte ein Handlungskonzept der Gewaltfreien Kommunikation (GFK). Im Zentrum der Überlegungen von Rosenberg steht der Vertrauensgewinn durch wertschätzende Kommunikation. Andere Menschen sollen nicht manipuliert oder zu bestimmten Handlungen bewegt werden, sondern einen gemeinsamen Ansatz für kreative Lösungen finden, um ein einvernehmliches Zusammenleben zu ermöglichen.

Der Psychologe unterteilt die zwischenmenschliche Kommunikation in zwei Arten: die gewaltfreie und die lebensentfremdende. Rosenberg spricht in diesem Zusammenhang auch von der sogenannten Giraffensprache und der Wolfssprache. Für ihn symbolisiert die Giraffe mit ihrem langen Hals und dem großen Herzen die gewaltfreie Kommunikation. Um Probleme zu lösen ist es wichtig, wie eine Giraffe, den Blick von den Details abzuwenden und das ganze Thema von oben zu betrachten.

> *Du kannst dich jederzeit entscheiden, wie du die Worte deines Gegenübers aufnimmst, die Macht liegt bei dir.*
>
> Marshall B. Rosenberg

In der Gewaltfreien Kommunikation sagen Sie sich offen, was sie stört und schildern Ihre Sicht der Dinge sowie Ihre Bedürfnisse. Hören Sie gut zu und nehmen Sie auch die Bedürfnisse Ihres Gegenübers auf. Lassen Sie das Gehörte stehen und kommentieren Sie es nicht. Häufig sind die Differenzen noch gar nicht ausgesprochen worden. Das bedarf einer Offenheit für die jeweils andere Sichtweise. Voraussetzung ist, dass Sie die persönliche und emotionale Ebene einbeziehen. Der Satz »Jetzt bleiben wir sachlich« stimmt so nicht, da es immer eine emotionale Ebene gibt, die beachtet werden sollte. Hierbei sollten Sie gegenüber der anderen Person eine positive Haltung einnehmen. Wenn Sie diese aufgeben und zum Angriff übergehen, wird sich Ihr Gegenüber wahrscheinlich wehren oder zurückziehen. Eine Lösung ist so nicht möglich. Erinnern Sie sich an die Vier Ohren von Friedemann Schulz von Thun und daran, dass Sie entscheiden, wie Sie die Worte Ihres Gegenübers aufnehmen. Die Kommunikation liegt in Ihren Händen. Konflikte frühzeitig zu erkennen, zu managen und zu lösen ist eine entscheidende Fähigkeit im Leben. Der Schwerpunkt liegt auf der Lösungskompetenz. Vermeiden Sie keine Konflikte, sondern lösen Sie diese.

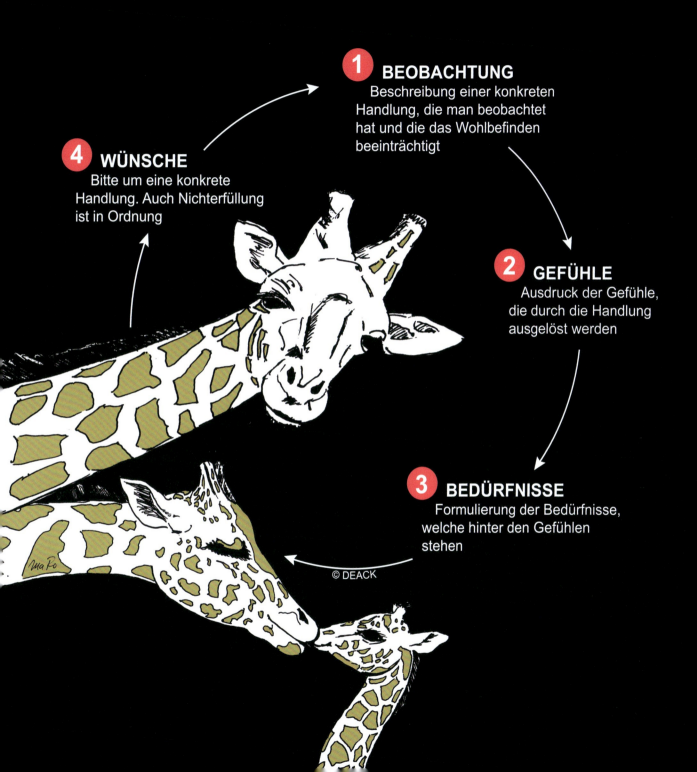

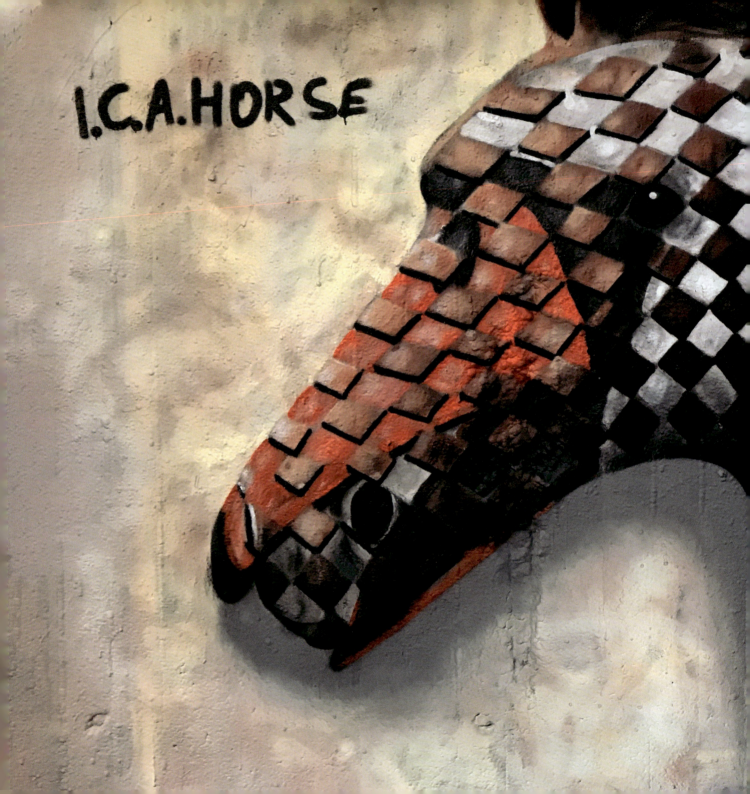

DULDE KEINE INTRIGE, DENN SIE WIRD UM SICH GREIFEN

Friedrich der Große ließ am 22. Februar 1758 das neutrale Fürstentum Anhalt-Zerbst militärisch besetzen. Ein unvorstellbarer Vorgang, ein neutrales Land mitten im Krieg zu annektieren. Doch der Siebenjährige Krieg zeigte ein neues Ausmaß. Viele Historiker:innen sehen diese militärische Auseinandersetzung als ersten Weltkrieg, da die wichtigsten Nationen von 1756 bis 1763 nicht nur in Europa, sondern auch in Nordamerika, Indien und auf den Weltmeeren ihre Konflikte ausfochten. So kämpfte Preußen an der Seite von Großbritannien und Kurhannover gegen die Habsburgermonarchie aus Österreich, gegen Frankreich, Russland und das Heilige Römische Reich. Während Friedrich der Große sich gegen die Vormachtstellung der Habsburger in Mitteleuropa stemmte, kämpften Großbritannien und Frankreich bereits um die Vorherrschaft der Seewege und Kolonien.

In dieser Zeit hatte Preußen das Fürstentum Anhalt-Zerbst eingenommen. Doch für die Fürstenfamilie kam es noch schlimmer. Der Alte Fritz ordnete die Absetzung des Fürsten an und beauftragte seinen Major von Kleist, diesen Befehl zu vollziehen. Denn hinter der prachtvollen Fassade des Zerbster Schlosses lauerte der Verrat. Trotz der erklärten Neutralität von Anhalt-Zerbst gewährte der regierende Fürst Friedrich August dem französischen Spion Marquis de Fraigne in seinem Schloss Unterschlupf. Der Agent sollte im Auftrag des französischen Außenministers Kardinal de Bernis erkunden, ob Russland dem Bündnis gegen die Preußen treu bliebe. Die Spionage, die durch den Fürsten von Anhalt-Zerbst gebilligt wurde, rief den König von Preußen auf den Plan.

Friedrich der Große, ein Monarch der klaren Prinzipien, duldete keine Form des Verrates. Er handelte so entschlossen, um zu verhindern, dass die Intrige um sich griff oder sogar auf seine eigenen Truppen übersprang. Um diese Gefahr zu bannen, setzte der Alte Fritz den Fürsten ab. Friedrich August von Anhalt-Zerbst blieb nur der Gang ins Schweizer Exil. Seine Abwesenheit führte zu einer inneren Zerrüttung im Fürstentum: Chaos, Willkür und Despotie griffen um sich. Das prächtige Schloss stand leer, und Preußen war durch das konsequente Handeln seines Königs zur fünften Großmacht Europas aufgestiegen. 1872 richtete man in Schloss Zerbst ein Staatsarchiv ein; 50 Jahre später wurde aus dem Schloss ein Museum. Nach und nach wurde das Gebäude auch von der städtischen Verwaltung bezogen. So erhielt das Finanzamt der Stadt einen Schlossflügel, und die Finanzbeamt:innen konnten den fürstlichen Blick über die Parklandschaft genießen. Doch es war die Ruhe vor dem Sturm.

> *Jeder Staat, in dem die Tugend überwiegt, ist den anderen auf Dauer überlegen.*
>
> Friedrich der Große

Ein weiterer Krieg zog übers Land. In den letzten Tagen des Zweiten Weltkriegs war es um das Schloss geschehen. Der große Komplex war ein einfaches Ziel für die alliierten Kampfpiloten. Ihre Bomben trafen das Schloss und ließen es vollständig ausbrennen. Der Wiederaufbau wurde in der DDR von der Sozialistischen Einheitspartei Deutschlands (SED) abgelehnt. So sind vom Fürstentum Anhalt-Zerbst nur die Grundmauern erhalten geblieben, die sich bis heute wie ein Gerippe aus der Parklandschaft erheben. Es sind die Überreste einer Intrige, die ein ganzes Fürstentum zu Fall brachte.

Intrigen gehören zum Alltag unseres Lebens. In Politik und Wirtschaft ist die Intrige sogar fester Bestandteil des Werkzeugkastens der Macht und wurde am 4. August 2017 von der Abgeordneten von Bündnis 90 / Die Grünen, Elke Twesten, eingesetzt. An diesem Tag vollzog Elke Twesten im niedersächsischen Landtag überraschend ihren Wechsel zur CDU und brachte damit die rot-grüne Mehrheit zu Fall. Mit diesem Schachzug bestimmte nicht mehr der SPD-Ministerpräsident Stephan Weil das Geschehen in Niedersachsen, sondern Bernd Althusmann, sein Gegenspieler von der CDU. Dessen Plan schien aufzugehen. Die Umfragewerte der CDU lagen zu diesem Zeitpunkt bei 40 Prozent, und mit der Überläuferin Twesten war der Weg für Neuwahlen frei.

Nach unserer Verfassung sind die Abgeordneten ausschließlich ihrem Gewissen verpflichtet. Und das ist auch gut so. Sie können frei entscheiden und sich neu orientieren. Doch der Fall von Elke Twesten lag anders. Sie nahm ihr Mandat der Grünen-Fraktion einfach mit zur CDU und stellte somit den Wählerwillen auf den Kopf. Recherchen zeigten, dass es ihr nicht um ihre politische Überzeugung, sondern ausschließlich um ihren Machterhalt ging. Ihr Motiv war der sichere Listenplatz bei der CDU, den sie innerhalb der Grünen verloren hatte. Elke Twesten war der Regierungsauftrag ebenso egal wie ihre Wähler:innen, die ihr das Mandat nicht direkt, sondern über die Landesliste erteilten. Ausschließlich ihr persönliches Fortkommen stand im Zentrum. Sie selbst nährte diesen Boden mit unbedachten Äußerungen, dass ihr berufliche Zusagen für den Wechsel zur CDU gemacht worden seien. Belege gab es hierfür nie. Doch die Stimmen im Land verhallten nicht. Immer wieder wurden Fragen laut: Ist das eine Politikerin, von der man sich als Wählerin oder Wähler repräsentieren lassen kann? Wofür steht Elke Twesten eigentlich? Wird sie in der nächsten Legislaturperiode wieder die Partei wechseln, wenn es dort mehr zu holen gibt?

Die Menschen in Niedersachsen beschlich das Gefühl, dass es nicht mehr um die Gestaltung des Landes, sondern ausschließlich um den persönlichen Machterhalt einer Politikerin und den schnellen Machtgewinn der CDU ging. All die Fragen, die sich im ersten Moment um Elke Twesten drehten, wurden nun dem Spitzenkandidaten der CDU zum Verhängnis. Man fragte sich, welchen Politikstil Bernd Althusmann vertrete und ob die CDU einen solchen Deal nötig habe. Bernd Althusmann wurde die Geister, die er rief, nicht mehr los. Der Fall Elke Twesten hatte eine emotionale Dynamik entfaltet. Der große Vorsprung der

Friedrich der Große

CDU schrumpfte von Tag zu Tag. Am Ende hieß der klare Sieger Stephan Weil. Der alte Ministerpräsident war auch der neue Ministerpräsident. Die Integrität der CDU wurde für ein kurzfristiges und durchschaubares Machtspiel geopfert. Bernd Althusmann musste seinen Parteifreund:innen nicht nur das Wahldesaster, sondern auch den Deal mit Elke Twesten erklären, vor dem ihn viele gewarnt hatten. Auch hier zeigte sich, dass man durch eine Intrige meistens mehr verliert als gewinnt. Am Ende rettete sich Bernd Althusmann mit seiner CDU als Juniorpartner in die Große Koalition unter der Führung des sozialdemokratischen Ministerpräsidenten Stephan Weil.

TROJANISCHE KOMMUNIKATION

Vor über 3.000 Jahren belagerten die alten Griechen Troja. Nach zehn Jahren der Belagerung, die zu keinem Sieg führte, versammelte der Seher Kalchas die Griechen und sprach: »Hört auf, gegen diese Mauern anzurennen! Ihr müsst einen anderen Weg finden, einen Trick. Mit Kraft allein können wir Troja nicht einnehmen. Wir brauchen eine schlaue Kriegslist.« Und so bauten sie ein riesiges hölzernes Pferd, welches sie zum Sieg führen sollte. Doch es handelte sich nicht um eine moderne Waffe, sondern um ein Geschenk. Die Trojaner konnten diesem wertvollen Geschenk nicht widerstehen und zogen die Kostbarkeit hinter ihre sicheren Mauern. Es folgte die Zerstörung. Troja fiel, weil es, geblendet von dem Geschenk, die verborgenen feindlichen Krieger im Inneren des Pferdes nicht bemerkt hatte. Wenn wir einen ungeahnten Vorteil für uns erblicken, so blendet unser Verlangen die Nachteile aus. Dieses sehr einfache Muster der menschlichen Psyche ist die Grundlage der Werbung. Doch auch in Politik und Wirtschaft kommt die trojanische Kommunikation zum Einsatz.

Immer wenn es um Macht geht, werden alle Formen der Täuschung eingesetzt. Die menschliche Kommunikation ist voll von List und Tücke – und sie kann ganze Organisationen lähmen. In Unternehmen, in denen die trojanische Kommunikation zum Alltag gehört, leiden die Menschen unter einem verseuchten Arbeitsklima. Es regieren Misstrauen und Angst. Motivation und Engagement gehen zurück. Mitarbeiter:innen schauen nur noch auf die Erfüllung ihrer zu erbringenden Ergebnisse und sind am Ende perfekt angepasst. Alle denken in die gleiche Richtung. Doch wenn sich die Rahmenbedingungen verändern, sind kreative Impulse nicht zu erwarten. Entscheidend ist somit die Fragestellung, wie man mit einer trojanischen Kommunikation umgeht und welche Instrumente man zur Gefahrenabwehr einsetzen kann. Denn das frühzeitige Entlarven und Beseitigen von Intrigen sind wichtige Führungsaufgaben.

Je länger in einer Organisation Gerüchte und Lügen verbreitet und akzeptiert werden, desto schwerer wird es, den entstandenen Schaden zu beheben. Nichts verseucht das Klima mehr, als wenn eine Intrige um sich greift. Doch wenn der Verrat frühzeitig erkannt wird, muss auch konsequent gehandelt werden. Viele Führungskräfte schrecken jedoch davor zurück. Ein schwerer Fehler, denn die trojanische Kommunikation wird so erst salonfähig.

Aufgabe einer Führungskraft ist es, die Auswirkungen eines Verrats schnell unter Kontrolle zu bringen. Oftmals bleibt kein anderer Ausweg, als sich schnell von Intrigant:innen zu trennen, um eine Vertrauenskrise zu vermeiden. Viele Organisationen missachten diesen Grundsatz. Zahlreiche Krisen, wie bei Volkswagen oder der Deutschen Bank, belegen, dass die Weiterentwicklung der Unternehmen durch Täuschungen und Intrigen auf der Strecke bleibt. Am Ende nimmt die ganze Firmenkultur Schaden, und die hart erkämpfte Reputation liegt im Dreck.

Unterwerfen Sie sich niemals dem Spiel der trojanischen Kommunikation. Setzen Sie die folgenden zehn Regeln der Intrigenabwehr ein.

ZEHN REGELN DER INTRIGENABWEHR®

EINS. Hüten Sie sich vor Geschenken oder Versprechen, denen eine Täuschung innewohnt. Hinter den meist leicht zu habenden Angeboten verbirgt sich eine Verpflichtung, die Sie später teuer bezahlen müssen.

ZWEI. Haben Sie Ihr Ohr an der Organisation. Hören Sie genau zu, um Gerüchte im »Flurfunk« schnell entschlüsseln und dementieren zu können.

DREI. Kennen und erkennen Sie die verschiedenen Netzwerke im Unternehmen. Alle Behauptungen müssen mindestens von drei unterschiedlichen Quellen belegt werden.

VIER. Taten, nicht Argumente, zählen. Überprüfen Sie die Tatbestände des Geschehens und treffen Sie keine Entscheidungen auf der Grundlage von Gerüchten.

FÜNF. Beantworten Sie eine Intrige niemals mit einer Intrige, da sich die negative Energie immer stärker aufschaukelt. Begeben Sie sich nie auf das Niveau von Intrigant:innen oder die Probleme werden Sie verfolgen.

SECHS. Wagen Sie die Konfrontation. Wenn hinter Ihrem Rücken eine Intrige läuft, gehen Sie in die Konfrontation und verlangen Sie nach Antworten. Sie müssen die Intrigant:innen öffentlich zur Rede stellen. Niemand legt sich mit einer starken Persönlichkeit an, welche die Öffentlichkeit sucht.

SIEBEN. Sorgen Sie für Klarheit und Wahrheit. Gegen toxische Menschen gibt es nur ein Führungsmittel: Gradlinigkeit!

ACHT. Stellen Sie Transparenz her und verabschieden Sie Spielregeln für die zukünftige Zusammenarbeit. Verabschieden Sie ein Compliance-Handbuch, in dem die Einhaltung von Gesetzen, Richtlinien und freiwilligen Kodizes geregelt ist. Somit gibt es ein klares Regelwerk für Ihr Unternehmen.

NEUN. Legen Sie Fehler offen. Wenn Sie selbst einen Fehler gemacht haben, müssen Sie diesen ebenfalls offenlegen. Jede Form von verbergen, leugnen oder vertuschen macht die Sache schlimmer und Sie werden angreifbar. Tun Sie nichts, was Sie erpressbar macht.

ZEHN. Trennen Sie sich schnell von intriganten Personen oder, wenn die Intrige zur Unternehmenskultur gehört, verlassen Sie selbst das Unternehmen. Ihre eigene Würde ist das höchste Gut.

© DEACK

14
UNTERSCHÄTZE NIE DIE MACHT DES BILDES, DENN WIR ERSCHLIESSEN UNS DIE WELT ÜBER UNSERE AUGEN

UNTERSCHÄTZE NIE DIE MACHT DES BILDES, DENN WIR ERSCHLIESSEN UNS DIE WELT ÜBER UNSERE AUGEN

Am Tag der Vereidigung des ersten Reichspräsidenten der Weimarer Republik im Jahre 1919 veröffentlichte die Berliner Illustrirte Zeitung (BIZ) ein ungewöhnliches Titelfoto. Es zeigte Friedrich Ebert, den ersten Demokraten im höchsten Staatsamt Deutschlands, und seinen Reichswehrminister Gustav Noske am Ostseestrand in Badehosen. Die Fotografie, die als »Badebild« in die Geschichte einging, schockierte nicht nur die Bevölkerung, sondern löste auch ungeahnte Folgen für die abgelichteten Personen aus.

Schon vor über 100 Jahren kämpften die verschiedenen Verlagshäuser um die Gunst der Leser:innen. Die Verlage mussten, wenn sie höhere Gewinne machen wollten, durch spektakuläre Geschichten, Enthüllungen, Fotos oder Skandale ihre Auflagen erhöhen. Ganz wie heute. Der damalige BIZ-Chefredakteur Kurt Korff schilderte den Umgang mit Fotos im Ullstein Verlag: »Nicht die Wichtigkeit des Stoffs entschied über die Auswahl und Annahme von Bildern, sondern allein der Reiz des Bildes selbst.« Der Reiz steht in der Medienlogik über der Information. Somit gilt: Schlechte Nachrichten sind gute Nachrichten für die Medien.

Und die Veröffentlichung des Badebilds war eine gute Nachricht für die BIZ, denn es handelte sich um ein echtes Skandalbild. Bis dato war die Bevölkerung ausschließlich die Gala-Uniformen von Kaiser Wilhelm II. und seinem Hofstaat gewöhnt. Nun standen die neuen Repräsentanten der Republik ohne Kleider da. Und es war sogar noch schlimmer: Zu dieser Zeit waren Badeanzüge für Männer üblich. Ebert und Noske trugen lediglich Badehosen – de facto waren die beiden Politiker nackt. Zudem sah die hungernde und leidende Bevölkerung nach dem verlorenen Ersten Weltkrieg zwei gut genährte Sozialdemokraten. All das gab Anlass zu Spott und Häme. Es folgten zahllose Verunglimpfungen von Gegnerinnen und Gegnern der Republik. Sie nutzten das Bild für Artikel, Postkarten, Karikaturen und Bücher. Vor dem Ullstein Verlag hatte bereits die Deutsche Tageszeitung das Foto veröffentlicht. Sie schrieb dazu: »Mitte Juli weilten die Herren Reichspräsident Fritz Ebert und Reichswehrminister Noske auch einige Tage im Ostseebade Haffkrug bei Travemünde. In Ausübung ihrer hohen Machtvollkommenheiten dispensierten sie sich von der dort herrschenden Vorschrift, nur im Kostüm zu baden, stellten der Welt ihre ganze Mannesschönheit zur Schau und veranlassten in animierter Stimmung die Fixierung der nebenstehend wiedergegebenen Szene auf eine photographische Platte. Nachträglich kamen ihnen doch Bedenken über die Abzüge. Herr Ebert hatte indes die Freundlichkeit, uns eine Kopie zur Verfügung zu stellen, weil er in ihrer Wiedergabe mit Recht eine treffliche Propaganda für das neue Regime und für seine Person erblickt.« Im 21. Jahrhundert würden wir von einer Fake News sprechen, denn die Nachricht war erlogen.

Der Büroleiter des Reichspräsidenten, Rudolf Nadolny, hielt in seinen Aufzeichnungen fest, dass Ebert und seine Begleiter nach einem Besuch in Hamburg weiter nach Haffkrug gefahren waren, um ein Waisenhaus zu besuchen. Nach der Besichtigung habe jemand angeregt, noch ein Bad in der Ostsee zu nehmen. Während sie badeten, sei der Fotograf noch einmal vorbeigekommen und habe vorgeschlagen, ein weiteres Bild zu machen. Alle Personen stimmten dem Foto für private Zwecke zu. Die

Demokratie braucht Demokraten.

Friedrich Ebert

Berliner Illustrirte Zeitung

Nr. 34 — 25 Pfg.

Herausgabe der Fotoplatte an fremde Dritte war ausdrücklich untersagt worden. Der Strandfotograf Wilhelm Steffen brach sein Versprechen und verkaufte das Bild an die Berliner Presse. Das Vertrauen, das Ebert dem Fotografen entgegengebracht hatte, wurde ihm zum Verhängnis. Nach der Veröffentlichung fehlte es ihm an einer klugen Medienstrategie, um den Skandal in den Griff zu bekommen. Stattdessen befeuerte er selbst die Auseinandersetzung um das Foto. Immer wieder verklagte er seine Gegner vor der monarchisch eingestellten Justiz, die auf dem rechten Auge blind war. Die Klage gegen die Veröffentlichung des Fotos wurde abgewiesen, da die Richter das private Bild als Dokument der Zeitgeschichte einstuften. Insgesamt stellte der Reichspräsident in seiner Amtszeit 173 Strafanträge, mit denen er versuchte, die Würde seines Amtes und der Demokratie wiederherzustellen. Vergeblich.

Die Republikgegner, Nationalisten und rechtsextremen Kräfte hatten eine Verleumdungskampagne entfacht: Aus Friedrich Ebert war längst ein »fetter Eber« geworden, der zum »Bademeister der Republik« herabgewürdigt wurde. Noch 1925 war Ebert in einem Strafprozess gegen das Badebild und seine Folgen involviert. Es sollte sein letzter Prozess sein, denn der letzte Demokrat im Amt des Reichspräsidenten verstarb vor der Urteilsverkündung. Friedrich Ebert war während seiner gesamten Amtszeit mit postfaktischen Meldungen konfrontiert. Auch er beschäftigte sich mit der Berichterstattung in der Presse, doch nach der Verantwortung der Medien fragte er nie. Ein Diskurs über die Medienethik hätte der jungen Republik geholfen, denn das Badebild hatte keinen Informations-, sondern ausschließlich einen Sensationsgehalt.

Die Medien als »Vierte Gewalt« tragen in einer Demokratie große Verantwortung für eine glaubwürdige und transparente Berichterstattung. Sie müssen ihre Freiheit nach Artikel 5 des Grundgesetzes für eine objektive Nachrichtenverbreitung einsetzen und sollten von ihren Nutzer:innen kontrolliert werden. Denn eine »Demokratie braucht Demokraten«, so fasste Friedrich Ebert das Problem der Weimarer Republik zusammen.

Genau dort liegt jedoch die Schwierigkeit: Damals wie heute lieben wir die Sensationen, Skandale und spektakulären Fotos. Facebook, als die größte Reiz-Reaktions-Maschine der Welt, zeigt unseren Trieb nach täglicher Stimulation. Über 100 Jahre später stehen wir wieder vor der ethischen Fragestellung: Wie zügeln wir unsere eigene Sensationsgier und gestalten nachhaltige Informationsflüsse in einer digital vernetzten Welt?

MASSENPSYCHOLOGIE

Schon lange vor dem 1919 erschienenen Badebild hatte der französische Mediziner und Psychologe Gustave Le Bon das Phänomen der Massenpsychologie beschrieben und damit eine neue Forschungsrichtung innerhalb der Sozialpsychologie begründet. In seinem 1895 veröffentlichten Buch »Psychologie der Massen« machte er deutlich, mit welchen Kommunikationsstrategien die Bevölkerung zu führen sei.

Le Bon setzte sich mit Meinungsbildungsprozessen und Ideologien in der Politik auseinander und erforschte, wie diese Eingang und Verbreitung in der Bevölkerung finden. Hierbei ging er einen entscheidenden Schritt weiter. Er stellte dar, wie man Massen beeinflussen kann und welche Eigenschaften einzelne Führungsfiguren haben müssen, um Gehorsam in der Masse zu erzeugen Der Franzose betonte in diesem Zusammenhang immer wieder den geringen Einfluss von Vernunft, Unterricht und Erziehung in der Bevölkerung sowie deren Anfälligkeit für Schlagworte, Bilder und geschickte Täuschungen. Je dreister die Lüge, die man den Massen suggeriert, so Le Bon, desto wahrscheinlicher wird sie geglaubt und massenhaft übernommen. Wörtlich führte er aus: »Die Macht der Worte ist mit den Bildern verbunden, die sie hervorrufen, und völlig unabhängig von ihrer wahren Bedeutung. Worte, deren Sinn schwer zu erklären ist, sind oft am wirkungsvollsten. So zum Beispiel die Ausdrücke Demokratie, Sozialismus, Gleichheit, Freiheit, deren Sinn so unbestimmt ist, dass dicke Bände nicht ausreichen, ihn festzustellen. Und doch knüpft sich eine wahrhaft magische Macht an ihre kurzen Silben, als ob sie die Lösung aller Fragen enthielten. In ihnen ist die Zusammenfassung der verschiedenen unbewussten Erwartungen und der Hoffnungen auf ihre

Verwirklichung lebendig. Mit Vernunft und Beweisgründen kann man gewisse Worte und Redewendungen nicht bekämpfen. Man spricht sie mit Andacht vor den Massen aus, und sogleich werden die Mienen ehrfurchtsvoll und die Köpfe neigen sich. Viele sehen in ihnen Naturkräfte oder übernatürliche Mächte. Sie rufen in den Seelen großartige und unbestimmte Bilder hervor, aber eben das Unbestimmte, das sie verwischt, vermehrt ihre geheimnisvolle Macht.« Somit sind Worte ebenso lebendig wie Ideen.

In seinem Hauptwerk bringt Le Bon seine Erkenntnis in radikaler Form zum Ausdruck: »Die Masse ist nur wenig intelligent.« … »Sie denkt einseitig grob und undifferenziert im Guten wie im Bösen.« »Die Masse denkt nicht logisch, sondern in Bildern, die häufig durch einfache Sprachsymbolik hervorgerufen werden.« … »Die Meinungsbildung in der Masse erfolgt durch geistige Ansteckung.« Schnell erreichten diese Thesen eine hohe Aufmerksamkeit. Das Buch wurde in zehn Sprachen übersetzt und verkaufte sich in der ganzen Welt.

Besonders Politiker:innen, Demagog:innen und Militärs setzten sich mit den Techniken der Massenmanipulation auseinander. Doch nicht nur in politischen und militärischen Zirkeln wurde die Schrift diskutiert, auch in der Wissenschaft setzte man sich mit Le Bon auseinander. So auch der Psychoanalytiker Sigmund Freud. In seinem Essay »Massenpsychologie und Ich-Analyse« führte er die Überlegungen von Le Bon mit der Rolle des Unterbewussten zusammen, indem er eine tiefenpsychologische Wertung vornahm und die Einschätzung Le Bons, wonach die Masse einen starken Führer benötigte, grundsätzlich ablehnte. So hatte Le Bon 1895 folgende Sätze herausgestellt: »Führer wirken oft durch eine große Rednergabe. Große Führer können einen Glauben erwecken und damit ganze Völker steuern.«

Diese Theorie des Franzosen fiel bei dem späteren Diktator Adolf Hitler und seinem Propagandaminister Joseph Goebbels auf fruchtbaren Boden. Die menschenverachtende Massensuggestion der Nazi-Diktatur mit ihren Aufmärschen, Reichsparteitagen und inszenierten Fotografien, Filmen und Rundfunkübertragungen ist auf den Erkenntnissen von Le Bon aufgebaut: Das Individuum verschwand in der Masse, und die gleichgeschaltete Masse folgte der verordneten Propaganda bis in den Untergang.

Heute wissen wir, dass Propaganda nicht aus dem Nichts heraus agieren kann. Vielmehr baut die Propaganda auf einer Stimmung auf und bündelt diese. Trifft diese Wirkungsvermutung zu, ist die Propaganda nur zur Hälfte der Agent des Senders und zur anderen Hälfte ein Bedürfnis des Empfängers. Das heißt, dass die Propaganda keine Inhalte doktrinär verordnen, sondern nur eine Deutungshoheit besonders intensiv oder sogar aggressiv anbieten kann. Der Gegenpol zu dieser Massensuggestion ist eine aufgeklärte und mündige Bevölkerung, die aktiv Widerstand gegen jede Form von Massensuggestion leistet.

Noch viel schwieriger ist der Umgang mit der Macht der Bilder. Le Bon hatte diese Macht frühzeitig erkannt und sehr prägnant zusammengefasst: »Die Massen können nur in Bildern denken.« Daher setzten die Nationalisten zwischen 1919 und 1925 das Badebild von Friedrich Ebert immer wieder gezielt ein, um den Reichspräsidenten und die erste Demokratie auf deutschem Boden zu untergraben. Sie wussten um die Macht des Bildes.

> *Die Massen können nur in Bildern denken.*
> Gustave Le Bon

Schauen wir uns in unserer Medienwelt um, so hat dieses Wirkprinzip bis heute Bestand. Die unendliche und nie endende Informations- und Bilderflut des Internets belegt diese These von Le Bon. Wir sind nicht mehr in den Themen verwurzelt, sondern orientieren uns an Schlagzeilen, Sprüchen und Bildern. Sie vermitteln uns Halt in einer Welt der Sinnüberflutung. Und doch unterliegen wir ihnen, weil sie uns gar keinen Halt bieten, sondern uns ständig neue Angebote unterbreiten, denen wir erliegen. Wir nehmen die Nachrichtenströme gläubig auf, ohne sie kritisch zu hinterfragen.

DEFINITION

Fake News sind bewusst manipulierte Nachrichten. Mit Falschmeldungen werden meistens politische oder ökonomische Ziele verfolgt. Dieses gilt besonders für emotionale Themen, die kontrovers diskutiert werden. Sie bieten eine Grundlage, um die aufgebrachte Stimmung viral zu verbreiten und immer wieder neu zu befeuern.

AUSWIRKUNGEN

Gut platzierte Falschmeldungen können in Sekunden erhebliche Auswirkungen verursachen. 2013 berichtete ein Fake-News-Tweet von einer angeblichen Explosion, bei der der US-amerikanische Präsident Barack Obama zu Schaden gekommen sei. Diese Twitter-Nachricht verursachte einen Verlust von rund 130 Milliarden Dollar an der New-Yorker-Börse. Die schnelle Enttarnung der Falschmeldung korrigierte die Börsenverläufe wieder. Ein einziger Tweet ließ die Börse erzittern. Umso schwerwiegender sind die langfristigen Auswirkungen von Falschmeldungen auf eine funktionierende Demokratie, die sich auf eine gut informierte Bevölkerung stützen muss, da alle Gewalt von Volke ausgeht. Wenn diese Gewalt durch Verschwörungstheorien und Fake News in die Irre geführt wird, ist unser gesellschaftliches Zusammenleben in Gefahr.

ALTERNATIVE FAKTEN

Fake News werden meist über die sozialen Netzwerke ausgespielt, da diese Verbreitung kaum Geld und Aufwand für die Verursacher:innen bedeutet. Doch es gibt auch groß angelegte Kampagnen: So behauptete 2003 die US-Regierung unter George W. Bush zusammen mit der Regierung von Großbritannien unter Premierminister Tony Blair, dass der Irak über Massenvernichtungswaffen verfüge. Sie taten dies, obwohl sie wussten, dass es solche Waffen im Irak nicht gab. Es handelte sich um eine bewusste Manipulation der Bevölkerung, um die Legitimation für einen Krieg zu erhalten. Der Wettstreit um die Wahrheit ging verloren. Das 21. Jahrhundert begann mit einer fatalen Täuschung. Einer Täuschung, die sich bis heute auswirkt: Immer weniger Menschen bemühen sich um die Realität. Mit dem Irak-Krieg begann das Zeitalter der alternativen Fakten. Donald Trump erhob die alternativen Fakten zur neuen Realität seiner Weltpolitik.

VIERTE GEWALT

Eine besondere Verantwortung kommt dem Journalismus zu: Relevante Themen zu recherchieren, zu analysieren und verständlich aufzubereiten bleibt eine zentrale Aufgabe in unserer Mediengesellschaft. Doch mit den extremen Zwängen der Aufmerksamkeitsökonomie – in immer kürzerer Zeit, immer lautere Meldungen für immer mehr Klicks zu produzieren – gerät der Qualitätsjournalismus unter Druck. Schwierig wird es, wenn Journalist:innen der Sensationsgier unterliegen. Mit der Veröffentlichung der gefälschten Hitler-Tagebücher hatte das Magazin Stern 1983 seinen journalistischen Ruf verspielt. Und auch der 2018 bekannt gewordene Skandal um den Spiegel-Journalisten Claas Relotius ist ein Lehrstück der Manipulationsanfälligkeit von Medien, wenn diese durch Geschichten, die zu schön, um wahr zu sein, selbst verführt werden.

© DEACK

QUELLENCHECK

Im Fall von Claas Relotius versagte der Quellencheck eines ganzen Verlagshauses. Um Fake News zu begegnen, ist eine kritische Haltung gegenüber allen Nachrichten und Aussagen zu wahren. Die Überprüfung der Fakten ist zwingend notwendig. Folgende Fragen sind zu stellen: Wer sind die Urheber:innen dieser Nachricht? Sind diese und ihre möglichen Eigeninteressen bekannt? Gibt es drei unterschiedliche Quellen, die unabhängig voneinander die Richtigkeit dieser Nachricht bestätigen? Diese Fragen sind nicht nur in einer Redaktion zu stellen, sie gehören in unseren Alltag.

5-x-WARUM-FRAGETECHNIK

Die 5-x-Warum-Fragetechnik ist eine Methode, um Probleme zu lösen oder Fake News zu entschlüsseln. Diese Technik beruht auf der Erkenntnis, dass man bei einer oberflächlichen Betrachtung das eigentliche Problem oder die Falschinformation nicht erkennt und nur die Symptome, nicht aber die Ursache behandelt. Solche Scheinlösungen können teuer sein und zu noch schlimmeren Fehleinschätzungen führen. Daher ist die Auseinandersetzung mit den Ursachen notwendig. Die 5-x-Warum-Methode geht auf den japanischen Manager Taiichi Ōno zurück, der sie bei Toyota eingeführt hatte. Nach seiner Erfahrung muss man fünf Mal »Warum« fragen, bis man zum Ursprung des Problems vorgestoßen ist. Mit dieser Methode können Sie die Plausibilität von Aussagen überprüfen. Bei der Anwendung dieser Fragetechnik werden Sie bemerken, ob die Aussagen schlüssig begründet werden.

Die Ursachenkette

Die 5-x-Warum-Fragetechnik

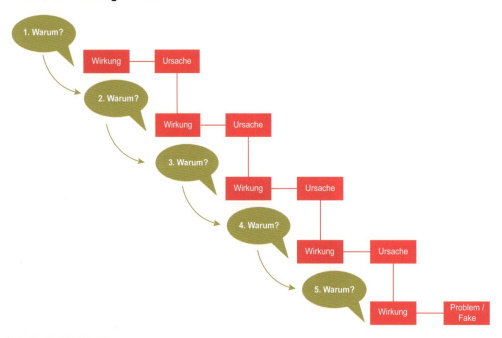

WIDERLEGUNGSSTRATEGIE

Gerüchte auszuräumen und falsche Informationen zu korrigieren ist nicht leicht. Die beiden australischen Kognitionspsychologen John Cook und Stephan Lewandowsky haben sich auf dem Gebiet der Erkennung und Widerlegung von Desinformation verdient gemacht. Sie haben herausgefunden, dass ein unvorsichtiger Versuch, eine falsche Information zu widerlegen, dazu führen kann, dass das Gerücht sogar noch verstärkt wird. Um dieses zu vermeiden, sind drei Schritte notwendig:

EINS. Bei der Widerlegung muss man sich auf die wesentlichen Fakten anstatt auf das Gerücht fokussieren, um zu verhindern, dass sich die Falschinformation verfestigt. Somit sollten Sie sich auf die Fakten konzentrieren, die Sie vermitteln möchten.

ZWEI. Bei der Erwähnung des Gerüchts sollte jeweils eine eindeutige Warnung vorangestellt werden, damit die beteiligten Personen wissen, dass die nachfolgende Information falsch ist.

DREI. Im letzten Schritt sollte die Widerlegung eine alternative Erklärung beinhalten, die wesentliche Bestandteile der ursprünglichen Falschinformation aufgreift. Wenn Sie ein Gerücht ausräumen wollen, sollten Sie wissen, dass bei der anderen Person eine gedankliche Lücke entsteht. Um erfolgreich bei Ihrer Widerlegung zu sein, müssen Sie diese Lücke mit Fakten füllen. Erfolgreiche Widerlegungsstrategien bestehen aus: Fakten- und Quellenprüfungen, Hintergrundinformationen über die Verbreitungsabsicht der Falschmeldung, Ausarbeitungen von zentralen Widerlegungsargumenten und Grafiken, die keine Falschinterpretationen zulassen.

Viel schwieriger ist es, Fotografien, Filme und Videos zu überprüfen. Hier muss man sich mit der Entstehungsgeschichte, Aussagekraft und den Protagonist:innen, den Quellen sowie den offenen und verdeckten Botschaften intensiv auseinandersetzen, um die mediale Wirkungsabsicht zu entschlüsseln. Denn die Massen denken in Bildern, ohne nachzudenken.

ANTI-FAKE-NEWS-STRATEGIEN

15
SEI WACHSAM, DENN SIE SPIELEN MIT DEINEN TRÄUMEN

SEI WACHSAM, DENN SIE SPIELEN MIT DEINEN TRÄUMEN

Deutschland hat starke Marken. Die weltweit bekanntesten gehören den Automobilkonzernen. Sie haben sich ihren Weltruf nicht zuletzt durch ihre klare Markenführung erarbeitet. So entstand nach einem New-York-Besuch von Ferry Porsche im Jahr 1952 das berühmte Wappen für seine Autos. Der amerikanische Automobilimporteur Max Hoffman hatte Ferry Porsche um ein optisch ansprechendes Qualitätssiegel für den Sportwagen Typ 356 gebeten, um die Autos besser anpreisen und von anderen Herstellern deutlicher unterscheiden zu können. Porsche erkannte schon damals, dass diese Information, die für das Auto völlig irrelevant ist, den Unterschied machen wird. Noch in New York zeichnete er einen ersten Logoentwurf auf eine Serviette.

Von dieser Idee inspiriert, ließ Ferry Porsche im Rahmen einer Ausschreibung unter Kunsthochschulen verschiedene Entwürfe anfertigen, die ihm jedoch nicht gefielen und die er alle verwarf. Die Lösung für das neue Logo lieferte sein zeichnerisch hoch begabter Konstrukteur Franz Xaver Reimspieß, der vermutlich schon 1936 das Logo von Volkswagen entwickelt hatte. Er entwarf für Porsche ein Fantasiewappen, welches gleichermaßen sowohl die Wurzeln des Unternehmens als auch die Qualität und Dynamik der Produkte symbolisieren sollte. Ferry Porsche war von dem Designvorschlag begeistert. Er sah in den Konturen eines goldenen Schildes ein aufsteigendes Pferd. Hierbei handelte es sich um das Stuttgarter Wappen, über dem der Name der Stadt zu lesen war. Ein klares Bekenntnis zum Produktionsstandort. Umgeben wurde das Stadtsiegel von den rot-schwarzen Landesfarben mit den stilisierten Geweihstangen aus dem traditionellen Wappen von Württemberg-Hohenzollern. Hiermit sollten die Tradition und die Qualität der deutschen Wertarbeit symbolisiert werden. Über dem Wappen thronte der gewölbte Schriftzug »Porsche«, der die Dynamik der Sportwagen erfassen sollte.

Ferry Porsche reichte das neue Markenzeichen beim Deutschen Patentamt ein und ließ das Porschewappen bereits Ende 1952 erstmals auf dem Lenkrad anbringen. 1954 wurde das Markenzeichen auf der Fronthaube integriert. Nur ein Jahr später kam es zum aufsehenerregendsten Autounfall aller Zeiten: Am 30. September 1955 starb James Dean in seinem silbernen Porsche 550 Spyder. Der schwere Unfall beschädigte die Automarke nicht; vielmehr verschmolzen James Dean und Porsche zu einem gemeinsamen Mythos.

In den wilden 1970er Jahren wurde der US-Schauspieler Steve McQueen, der im Cockpit von Porsche Autorennen fuhr, zum wichtigsten Botschafter der Marke. Heute würde die Aufmerksamkeitsökonomie von einem Top-Influencer sprechen. Nur waren seine Geschichten erheblich cooler als die unzähligen Kurzvideos der oftmals belanglosen YouTube-Stars heute. Die Mischung aus Design, Qualität, Motorsport und Hollywood-Stars hat das Pferdewappen aus Zuffenhausen zu einer der berühmtesten Marken der Welt gemacht. Porsche hat nicht nur Autos gebaut, sondern eine Ästhetik erschaffen. Der angloamerikanische Philosoph und Kybernetiker Gregory Bateson prägte einen wichtigen Satz: »Ästhetik ist die Aufmerksamkeit für das Muster, das verbindet.« Porsche hat dieses Muster bedient. Der 911er ist im 20. Jahrhundert zum Kultstatus erhoben worden.

All das ist kein Zufall, sondern harte Arbeit. Luxusmarken sind zum größten Fetisch unserer Zeit geworden. Das weltweite Marktvolumen von Luxusgütern wie Uhren, Mode, Schmuck, Autos, Yachten, Privatjets und anderen Produkten liegt pro Jahr bei weit über 1 Billion Euro. Tendenz steigend. Es handelt sich um einen riesigen Wirtschaftszweig. Und die Kommunikationsindustrie aus Marketing, Werbung, Public Relations (PR), Social Media, Film und Fotografie ist angetreten, um Tag für Tag die richtigen Vermarktungsstrategien für die verschiedenen Marken voranzutreiben und immer neue Bedürfnisse in der Bevölkerung zu wecken. Das Internet ist voll davon. Und die deutsche Automobilindustrie ist ein wichtiger Bestandteil dieses Marktes.

Unzählige Männer sind zu Enthusiasten geworden, die ihrer Automarke huldigen. Für sie dokumentiert das Auto ihren sozialen Status. Psycholog:innen und Hirnforscher:innen haben

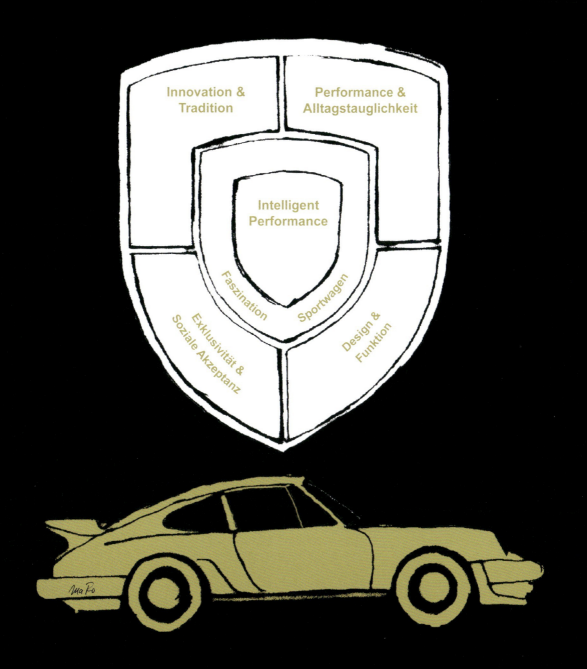

herausgefunden, dass Männer durch einen Sportwagen stimuliert werden: Ein solches Vehikel kann das Sex-Zentrum im Gehirn des Mannes aktivieren. Porsche hat die Männerphantasien früh erkannt. So hat das Logo des Sportwagenherstellers längst Einzug in die Wohnungen und Kleiderschränke der Fans gehalten. Für sie gibt es Kaffeemaschinen, Toaster, Wasserkocher, Sonnenbrillen, Kugelschreiber, Taschen, Manschettenknöpfe, Jacken und T-Shirts. Alles von der Marke. Alles für die Marke. Doch diese strategische Markenführung ist kein Kinderspiel. Vielmehr ist sie der entscheidende Hebel für die interne Führung des Unternehmens und die externe Marktbearbeitung. Hierbei müssen Manager:innen viel weniger auf die Platzierung des Logos als vielmehr auf die Werte, Haltung und Kultur, die hinter der Marke liegen, achten. Heute wissen wir, dass man eine Marke daran erkennt, dass man sie erkennt. Die Marketingverantwortlichen bei Porsche tun alles, damit das so bleibt. Markenführung ist zu einer strategischen Managementaufgabe geworden.

Porsche hat mit seinem Markenkern »Intelligent Performance« eine klare Ausrichtung vorgenommen. In den Markenwerten werden die Gegensätze aus »Innovation & Tradition« oder »Performance & Alltagstauglichkeit« miteinander verbunden. Ebenso stellt sich der Automobilhersteller der Herausforderung, sehr gegensätzliche Werte wie »Exklusivität & Soziale Akzeptanz« miteinander zu vereinen. Der Sportwagenbauer unternimmt damit den Versuch, seiner Käuferschaft Exklusivität zu vermitteln und gleichzeitig bei der Bevölkerung eine soziale Akzeptanz zu erzielen. Die Autos sollen, so das Unternehmen, für einen Traum stehen, der erreichbar ist.

Kein leichtes Unterfangen, denn die deutsche Automobilindustrie hat alternative Antriebsformen der Zukunft ignoriert. Längst steht die Individualmobilität mit ihren PS-starken Motoren in der Kritik, da sie keine Lösung in den Ballungsräumen und Megacitys mehr bietet. Das Klima, die Umwelt und die Menschheit leiden. Ein Teenager begann 2018 mit seinem stillen Protest für mehr Klimaschutz. Was als Mahnwache vor dem schwedischen Parlament seinen Anfang nahm, ist zur Fridays-for-Future-Bewegung geworden. Und längst hat sich Greta Thunberg mit den Mächtigen angelegt: »Einige Leute, einige Unternehmen, vor allem einige Entscheidungsträger haben genau gewusst, welchen unbezahlbaren Wert sie opfern, um weiterhin unvorstellbare Mengen Geld zu verdienen.« In ihrer Rede vor den Vereinten Nationen in New York nimmt die junge Schwedin kein Blatt vor den Mund: »Mehr als 30 Jahre waren die Zeichen für jeden sichtbar. Wie könnt ihr es wagen, weiterhin wegzuschauen und hierherkommen und weiter zu sagen, ihr würdet genug tun?« Den Verantwortlichen in Politik und Wirtschaft wirft sie Versagen vor und wählt drastische Worte: »Ihr lasst uns im Stich! Aber die jungen Leute beginnen, euren Verrat zu durchschauen.« Wütend und empört ruft sie den Entscheider:innen zu: »Meine Botschaft an Sie ist: Wir beobachten Sie.«

„

*Meine Botschaft an Sie ist:
Wir beobachten Sie.*

Greta Thunberg

„

Die Automobilkonzerne hatten in der Vergangenheit weder Angst vor Regierungen noch vor Aufsichtsbehörden oder Umweltverbänden, denn sie hatten stets die größten Druckmittel auf ihrer Seite: Arbeitsplätze und Wirtschaftswachstum. Doch mit Fridays-for-Future steht ihnen eine Massenbewegung gegenüber, welche die Abhängigkeit vom Auto außer Kraft setzt. Sie fordert ein radikales Umsteuern. Die Automobilunternehmen stehen zum ersten Mal in ihrer Geschichte unter einem enormen Anpassungsdruck. Die Konsumentinnen und Konsumenten von morgen wollen keine Verbrennungsmotoren mehr. Viele von ihnen wollen überhaupt kein Auto mehr. Das Auto ist kein Fetisch mehr.

Ein Anbieter wie Porsche muss seine Markenwerte aus Exklusivität und sozialer Akzeptanz neu versöhnen und alle dringenden Fragen der Nachhaltigkeit beantworten. Die alte Marketingfrage lautete stets: Kann die Marke genügend Kraft entfalten, um die Kunden zu verführen? Diese Frage hat ihre Gültigkeit verloren. Die Greta-Generation lässt sich

vom schönen Schein nicht blenden. Sie hat andere Träume als die Generationen vor ihr. Die Marketingfragen des 21. Jahrhunderts lauten: Welchen Sinn stiftet das Unternehmen? Welchem Zweck dienen seine Produkte? Verkörpert die Marke Glaubwürdigkeit? Erbringt das Markenprodukt eine nachhaltige Leistung für Umwelt, Gesellschaft und Mensch? Wenn Konzerne auf diese Fragen keine Antworten haben, können sie die nächsten Generationen als Kundschaft abschreiben. Viele bekannte Marken werden den Wandel nicht schaffen. Sie werden sterben. Die Verantwortlichen der Unternehmen müssen die Worte der Schwedin ernst nehmen. Die junge Generation hat die medialen Wirkungsprinzipien durchschaut. Politik und Wirtschaft stehen unter besonderer Beobachtung. Doch die Wirtschaft hat längst verstanden, dass es mehr gibt als eine sture Gewinnmaximierung.

NEURO-LINGUISTISCHES PROGRAMMIEREN

Die Inszenierung von Träumen ist das Arbeitsfeld der Werbung. Kommunikative Verführung hat drei Buchstaben: NLP. Das Modell des Neuro-Linguistischen Programmierens (NLP) wurde in den 1970er Jahren von Richard Bandler und John Grinder entwickelt und seither kontinuierlich ergänzt und verfeinert. Doch bis heute konnte NLP seine Wirksamkeit nicht nachweisen und wird in der Wissenschaft abgelehnt. Somit spielt NLP im akademischen Lehrbetrieb keine Rolle. Trotzdem weise ich an dieser Stelle des Buches darauf hin, um Ihnen ein umfassendes Bild von verschiedenen Kommunikationsmodellen zu geben. Auch in diesem Fall gilt der Grundsatz, wie in der gesamten Kommunikationslehre, dass jeder Sender über die Wahl seiner Worte, Kommunikationstechniken und -wege selbst entscheidet. Dem Empfänger obliegt es, die Nachrichten des Senders zu entschlüsseln und darauf angemessen zu reagieren. Diesen ethischen Anspruch müssen alle Beteiligten innerhalb eines Kommunikationsprozesses für sich verantworten. Um dieser Verantwortung gerecht zu werden, sind ein breiter Kenntnisstand und tiefes Wissen über die verschiedenen Methoden notwendig, damit Sie die richtige Wahl der Mittel treffen können.

Mittels Manipulation ist es möglich, die Interessen eines Individuums zu beeinflussen. Wir kennen das aus der täglichen Werbung, der Beeinflussung im Social Web oder durch die politischen Parteien. Die schlimmsten Erfahrungen mit Manipulation hat die Welt durch die Propaganda der NS-Diktatur gemacht. Die Beispiele belegen, dass gezielte Beeinflussung entweder der vorbewussten Filter oder der unbewussten Verhaltensmuster, die meist emotionaler Natur sind, das Denken und Verhalten verändern kann. Natürlich wissen Sie, dass eine Information umso stärker wirkt, je öfter diese wiederholt wird. In der Werbebranche wird das als Penetrationstechnik bezeichnet. Diese wird eingesetzt, um eine bestimmte Werbebotschaft bei den Endverbraucher:innen zu verankern und so deren Kaufverhalten zu beeinflussen. Doch auch wir stützen uns in unserem Alltag auf Manipulationstechniken. Dies geschieht in einem ständigen Kreislauf der Kommunikation, indem wir andere manipulieren und von anderen beeinflusst werden. Nur wenn wir uns der Methoden der Manipulation bewusst sind und über die nötige Kompetenz des Selbstmanagements verfügen, können wir uns vor ungewollter oder negativer Beeinflussung schützen. Doch festzuhalten bleibt: Kommunikation ist immer auch mit Manipulation verbunden.

Das Neuro-Linguistische Programmieren befasst sich mit den Zusammenhängen zwischen dem Körper (Neuro – die Prozesse in unserem Nervensystem), der Sprache (Linguistik – durch die Sprache werden die nervlichen Vorgänge, die Erfahrungen in der Welt und in uns selbst, dargestellt) sowie der Wechselwirkung zwischen den Denk- und Verhaltensmustern des Menschen (Programmierung – alle Denkmuster, über die sich innere Einstellungen in ein praktisches Handeln niederschlagen). Danach geht es um Interventionsmuster und Techniken zur Veränderung menschlichen Verhaltens und Erlebens. Am Anfang standen folgende Fragen im Zentrum:

- Was macht Kommunikation wirksam?
- Wie gehen wir kommunikativ auf andere Menschen ein?
- Was machen wir automatisch und intuitiv richtig?

Dazu analysierten Bandler und Grinder die Arbeit des Hypnotherapeuten Milton H. Erickson, der Familientherapeutin Virginia Satir und des Gestalttherapeuten Frederick S. Perls. Die Ergebnisse ihrer Ausarbeitung wurden zur Grundlage für ihr Modell. NLP geht davon aus, dass das Sprechen mit dem Denken und Fühlen eng verbunden ist. Die Wechselwirkung schafft, so die Entwickler, die Möglichkeit, mit Sprache sowohl das Denken und Handeln anderer Menschen als auch das eigene zu beeinflussen. NLP zielt darauf ab, das eigene Gesprächsverhalten an das Verhalten der anderen Person anzupassen. Voraussetzung für diese Verhaltensjustierung sind Kenntnisse über eigene Verhaltensmuster und die Beobachtung der Verhaltensmuster des Gegenübers. Diese Methode wird auch als Spiegeltechnik bezeichnet, da wir Menschen uns gerne in anderen wiederfinden – uns also gerne spiegeln.

Geschulte Verkäufer:innen nutzen diese Technik. Zuerst beobachten sie die Kleidung, das Verhalten, die Interessenlage und die emotionale Lage der Kundschaft, um eine gezielte Gesprächseröffnung vorzunehmen. Im Gesprächsverlauf wird der Kundschaft ein Gefühl von Nähe, Verständnis und gleicher Wertvorstellung vermittelt. Damit versucht das Personal seine Kund:innen zu spiegeln und das Verlangen nach dem Produkt zu steigern. Ein gutes Beispiel sind Nobelautohäuser, wo die Verkäufer:innen auf verschiedene Gesprächssituationen trainiert sind. Auch ihre Wahrnehmung ist geschult.

WAHRNEHMUNG DER INNEREN LANDKARTE

Die Basis jeder Kommunikationsform ist die Beobachtung. Die genaue Wahrnehmung der inneren Prozesse eines anderen Menschen – seiner Freude, Wünsche, Sorgen und Ängste – ist für den Gesprächseinstieg und den Verlauf der Konversation entscheidend. Ziel des Neuro-Linguistischen Programmierens ist es, die Welt des anderen zu verstehen. Jeder Mensch hat im Laufe seines Lebens Erfahrungen gesammelt. Mit diesen Erfahrungen hat jede Person – nach dem NLP-Modell – eine Art innere Landkarte im Kopf entwickelt, an der sie sich orientiert. Diese Karte ist wie ein Routenplan für das eigene Leben zu verstehen. Wer die innere Landkarte des anderen lesen kann, ist in der Lage, die unterschiedlichen Vorstellungen im Gespräch zu berücksichtigen und herauszuarbeiten. Wer hingegen die innere Landkarte des anderen entschlüsselt hat, kann die betreffende Person manipulieren. Nach der NLP-Methode gibt es verschiedene Landkarten in den Köpfen der Menschen:

VISUELL ORIENTIERTE MENSCHEN. Visuell orientierte Menschen wenden ihre Aufmerksamkeit dem Sichtbaren zu und verarbeiten ihre Erfahrungen meist visuell. Sie haben Bilder im Kopf und nutzen diese kommunikativ. Wenn diese Personen einen Raum betreten, lassen sie die Architektur auf sich wirken und nehmen besonders stark die Farben und Formen wahr. Die Autostadt in Wolfsburg, die BMW-Welt in München und die Automobilmuseen der großen Hersteller können Highlights für diesen Typus von Menschen darstellen. Wenn die Raumgestaltung ihre Zustimmung findet, verwenden sie Sätze, wie »Das sieht aber toll aus«. Die geschulten Zuhörer:innen werden das bestehende »Kopfkino« aufnehmen und eine Vorstellung mit der Person weiterentwickeln. Hierbei werden sie ein inneres Leitbild verwenden. Die Zuhörerschaft übernimmt die bildhafte Sprache und verstärkt die Wirkung mit Sätzen, wie »Eine wunderbare Vorstellung, die Sie da entwickelt haben«. Ein weiterer Ankerpunkt neben der Architektur sind die hochwertigen Automagazine mit ihren aufwendigen Fotos und Grafiken, die im Gedächtnis der visuellen Typen abgespeichert werden.

AUDITIV ORIENTIERTE MENSCHEN. Das Hörbare hat für den auditiv orientierten Menschen eine besonders hohe Bedeutung. Er liebt Musik und das gute Gespräch. Diese Personengruppe hört oft noch klangliche Nuancen, wo andere keine Unterschiede mehr feststellen können. Viele auditive Menschen sind musikalisch, aber auch lärmempfindlich. Daher setzen Nobelautohäuser eine angenehme, aber nicht aufdringliche Hintergrundmusik oder zu bestimmten Anlässen eine Pianistin oder einen Pianisten ein, um die richtige Untermalung des Aufenthalts zu bieten. Ziel ist es, diese Personen vom guten Klang zu überzeugen: »Das klingt aber gut. Um welche Interpretation könnte es sich handeln?« Über die Musik wird das Gespräch eröffnet. Erfolgreich ist diese Strategie erst, wenn über die Musik eine Assoziation mit der Marke entsteht. Daher entwickeln große Unternehmen eigene Soundmarken, die in ihren Werbefilmen, Radiospots und Telefonwarteschleifen eingespielt werden. Die auditiv orientierten Personen sprechen ihre Handlungsoptionen, Probleme oder Entscheidungen im sogenannten »inneren Dialog« durch. Daher bietet geschultes

Personal diesen Kundinnen oder Kunden eine Reflexion an. Einen kommunikativen Anker kann man diesen Menschen mit einem Satz wie »Ihre Aussage hallt bei mir immer noch nach« zuwerfen.

KINÄSTHETISCH ORIENTIERTE MENSCHEN. Personen dieses Typs nehmen bevorzugt kinästhetisch, also über das Fühlen, Tasten und Bewegen, wahr. Der kinästhetisch orientierte Mensch muss die Dinge anfassen und bewegen können, damit er sie erfahren kann. In einem Autohaus ziehen ihn die Cockpits der verschiedenen Modelle magisch an. Jeder Knopf, den man drücken oder drehen kann, muss ausprobiert werden. So erschließt sich der kinästhetisch orientierte Mensch die Funktionen hinter den Knöpfen. Er begreift durchs Begreifen. Und tut dies auch kund: »Das fühlt sich aber gut an.« Er schätzt Verkäufer:innen, die ihm neue Erfahrungshorizonte ermöglichen, wie eine Probefahrt auf einer Teststecke oder einen Werksbesuch, wo er die neuesten Produkte anfassen und ausprobieren darf. Er mag verbindliche Gesprächspartner:innen, die dieses auch verbal ausdrücken: »Dafür lege ich meine Hand ins Feuer.«

AUDITIV-DIGITAL ORIENTIERTE MENSCHEN. Menschen, die ausgeprägt auditiv-digital verarbeiten, sind die Logiker unter uns. In der Regel können sie gut mit Zahlen, Daten und Fakten umgehen und sich darüber die Welt erschließen. Diese Personen sind permanent am Denken. Bei ihnen läuft meistens ein innerer Dialog ab, den sie gerne mit sich selbst führen. Sie behaupten von sich, dass sie über keine inneren Bilder verfügen. Vielmehr strukturieren sie ihr Leben über das Erstellen von Checklisten. In der Vorbereitung auf einen Autokauf orientieren sie sich an den Leistungs- und Verbrauchswerten des Wagens sowie den Leasingraten des Händlers. Alle Listen werden zusammengetragen und ausgewertet. Der befreiende Satz lautet dann: »Das Ergebnis ist eindeutig.«

Verkäufer:innen, die alle Listen und Berechnungen nicht nur vorlegen, sondern auch selbst berechnen können, punkten bei auditiv-digital orientierten Personen. Der Schlüsselsatz des Personals kann beispielsweise lauten: »Unser Computerprogramm bestätigt ihre Annahme zu 100 Prozent.« Je besser Sie die bevorzugten Wahrnehmungsmuster und inneren Prozesse Ihrer Mitmenschen kennen und auf diese eingehen, umso besser können Sie mit ihnen kommunizieren. Das Ziel im NLP ist es, die Landkarte des anderen zu kennen und sich gedanklich auf ihr zu bewegen. Ein wichtiger Grundsatz für die Kommunikation lautet: Sprechen Sie die Sprache des anderen.

RAPPORT – EINE VERBINDUNG HERSTELLEN

Der Begriff Rapport kommt aus dem Französischen und bedeutet so viel wie Beziehung oder Verbindung. Im NLP beschreibt er die unmittelbare Kontaktaufnahme und Kontaktpflege zwischen zwei Personen. Der Psychoanalytiker Daniel Stern verwendet in diesem Zusammenhang den englischen Begriff Attunement, also die Einstimmung auf die emotionale Kommunikation. Es handelt sich um eine wichtige Voraussetzung für eine gelingende Kommunikation. Doch der Rapport im NLP geht noch weiter. Er verlangt, die eigene Körperhaltung, Stimmlage und Wortwahl dem Gegenüber anzupassen, um diesem auf der gleichen Wellenlänge zu begegnen. Diese NLP-Technik wird eingesetzt, um Kommunikationspartner:innen in einen gewünschten Zustand zu versetzen.

PACING – IM GLEICHSCHRITT GEHEN

Das englische Wort Pace wird mit Gangart übersetzt. Entsprechend bedeutet Pacing im NLP, sich den Gesprächspartner:innen anzugleichen, indem man zeitgleich mit ihnen ein Verhalten übernimmt, aber nicht mit dem gleichen Körperteil, mit dem sie es tun. Hierbei werden Körperhaltung, Gestik, Mimik, Sprechweise und Stimmlage unauffällig kopiert. Schlechtes Pacing kommt allerdings einem Nachäffen gleich und scheitert. Vielmehr versucht man, sich auf die Gangart der anderen Person einzustellen und mit ihr einen Gleichschritt zu erzeugen. Als Grundthese hinter Pacing steht, dass sich Vertrauen durch Ähnlichkeit und Übereinstimmung aufbauen lässt. Hat sich der sogenannte Pacer, zum Beispiel in einem Verkaufsgespräch, auf sein Gegenüber eingestellt, beginnt er, ihn zu seinem Ziel zu leiten. Die Person, die sich in den Gleichschritt des anderen begeben hat, übernimmt nun die Führung.

LEADING – DIE LEITUNG ÜBERNEHMEN

Leading bedeutet das Führen von anderen Menschen. Leading ist der Prozess, bei dem die Person im Stadium des Pacing ihr Verhalten verändert und durch langsames, eindringliches oder bestimmtes Reden die Führung übernimmt. Die andere Person folgt ihr nun. Führen auf diese Art gelingt nur, wenn eine bestimmte Intensität an Kontaktdichte, Nähe und gleicher Wellenlänge im Rapport erzielt wurde. Dieses Vorgehen zielt darauf ab, das Wohlgefühl zu steigern, sodass die Gesprächspartner:innen geneigt sind, auf die Vorschläge und Führung positiv zu reagieren.

ANCHORING – EINEN ANKER WERFEN

Unter dem Begriff des Ankerns werden im NLP äußere Reize verstanden, die in unserem Erleben wie ein Schlüssel innere Räume öffnen. Das wohl bekannteste Beispiel ist der Pawlowsche Reflex. Der russische Mediziner und Forscher Iwan Petrowitsch Pawlow hat durch ein empirisches Experiment mit Hunden den Nachweis der klassischen Konditionierung erbracht. Die Hunde reagierten auf einen Glockenton mit Speichelfluss, weil sie in dem Experiment gelernt hatten, dass sie ihr Futter erhalten, wenn die Glocke ertönt. Später, als nur noch der Ton zu hören war und es kein Futter mehr gab, lief der Speichel bei den Hunden trotzdem.

Ein gleiches Phänomen konnte auch bei Menschen festgestellt werden. Der Fliegeralarm im Zweiten Weltkrieg löste bei den Menschen Ängste und Fluchtreaktionen aus. Doch auch nach dem Krieg waren bei Alarmübungen diese Reaktionen bei den Menschen festzustellen. Der Mensch ist also konditionierbar.

Anker erzeugen Gewohnheiten, welche die Grundlage unserer Orientierung bilden. Jeder von uns reagiert auf Reize, die zuvor durch eine Konditionierung gesetzt wurden. Unser Unterbewusstsein braucht Konditionierungen, um ein gelerntes Verhaltensmuster rasch einsetzen zu können, wie bei der allgemeingültigen Regel unseres Ampelsystems: Bei Rot stehen und bei Grün gehen wir. Wesentlich ist, dass Anker direkt auf unser Unterbewusstsein wirken, sie aber auch vom Bewusstsein erkannt und genutzt werden können. Nur ein sehr kleiner Teil unseres täglichen Handelns wird von uns bewusst gesteuert. Der Großteil unserer Handlungen wird durch unbewusste Programmabläufe bestimmt. Es gibt verschieden starke Anker. Ihre Stärke hängt von der Intensität, Qualität, Häufigkeit und deren Wirkung auf die Zielperson ab. So können Musik, Bilder, Düfte, Lichtkonzepte, Stimmen oder Orte ein bestimmtes Ereignis bei einem Menschen wieder hervorbringen. Anker können in allen Sinnessystemen genutzt werden. Beim Pawlowschen Hund war es der Glockenton. Entscheidend ist, dass es sich um ein intensives Erlebnis handelt, damit dieses auch abrufbar ist. Somit werden über die Anker Erfahrungen mobilisiert, die dabei helfen sollen, ein gesetztes Ziel zu erreichen. Die NLP-Methode versteht sich selbst als die Kunst, gezielt und intelligent Anker zu setzen.

Darauf greift auch die Werbung zurück. Die wichtigste Werbekundschaft in Deutschland, die Automobilindustrie, hat jede Menge Anker zu bieten: Betritt man ein hochpreisiges Autohaus, wird man von einer bestimmten Architektur und Raumgestaltung begrüßt. Es sind bestimmte Licht-, Musik- und Duftkonzepte hinterlegt. Die Wünsche der Kund:innen werden von geschultem Personal mit einer angelegten Gesprächsführung optimal entwickelt. Unterstützt wird das Ganze durch eigene Museen, Werksbesichtigungen, Teststrecken, Events, Showrooms und Fußballteams. Längst verkaufen die Automobilkonzerne kein einzelnes Auto mehr; sie verkaufen eine ganze Erlebniswelt. Sie werfen uns regelmäßig Anker für den nächsten Autokauf zu.

Doch auch der Mensch kann ganz gezielt Anker setzen. Hierzu können alle Sinnessysteme genutzt werden: Visuelle Anker durch Mimik, Gestik und Körpersprache. Auditive Anker durch Stimmenführung, Lautstärke oder eine besondere Betonung. Und kinästhetische Anker durch Berührungen.

FRAMING – EINEN NEUEN RAHMEN SCHAFFEN

Der Begriff Framing kommt aus dem Englischen und bedeutet Rahmen oder Einrahmen. Umgangssprachlich wird es auch als Schubladendenken beschrieben. Der Ursprung des wissenschaftlichen Begriffs Framing geht auf den angloamerikanischen Psychiater Gregory Bateson zurück, der 1972 damit ein psychologisches Phänomen beschrieb: die Exklusion und Inklusion bestimmter Informationen in Nachrichten. In der Medienwirkungsforschung beschreibt Framing die Einbettung von Ereignissen und Themen in ein Deutungsraster. Komplexe Informationen werden damit strukturiert oder selektiert aufbereitet, sodass eine bestimmte Ursachenbeschreibung, Problemdefinition oder Bewertung in der jeweiligen Thematik dargestellt wird. Mithilfe von Frames versuchen Journalist:innen, ihrer Leserschaft bestimmte Bilder zu vermitteln, um komplexe Themen anschaulich darzustellen: So wird aus einem politischen Wahlkampf zwischen zwei gleich starken Kandidat:innen von den Journalist:innen ein Bild eines Gladiatorenkampfes entwickelt.

Sind die Kandidat:innen nicht gleich stark, wird von den Medien gerne die Metapher von David gegen Goliath bemüht, um in ihrer Darstellung einen Spannungsbogen zu erzeugen. Da die Bilder und Metaphern der Leserschaft bekannt sind, können sie der medialen Darstellung gut folgen. Sie nehmen die Darstellung und damit auch den gewählten Rahmen der Nachricht an. Fraglich bleibt, welcher Rahmen für die Nachricht gewählt wurde und ob dieser der Wirklichkeit entspricht.

Am besten kann man das Phänomen des Framing am Beispiel eines Wasserglases erläutern: Durch die Wahl der Rahmung kann eine positive Deutung mit einem halb vollen Wasserglas oder eine negative Deutung mit einem halb leeren Wasserglas erzeugt werden. Entscheidend bleibt, ob wir über die Darstellung des gesamten Bildes verfügen. Daher sind folgende Fragen wichtig:

- Welcher Rahmen wird mir geboten?
- Welche Sichtweise wird mir angeboten?
- Wie kann ich diesen Rahmen überprüfen?
- Kenne ich selbst das gesamte Bild?
- Wie kann ich mir ein eigenes Bild machen?

Im Alltag stellen wir uns diese entscheidenden Fragen meistens nicht.

Schaut man genauer hin, so stellt man fest, dass es im NLP weniger um das Framing, sondern vielmehr um das Reframing geht. Der englische Begriff Reframing bedeutet Umdeutung. Diese Technik der Umdeutung wurde in der Systemischen Familientherapie, die auf Virginia Satir zurückgeht, entwickelt. So hat Satir bei ihren Mandant:innen ein negativ wahrgenommenes Verhalten, wie zum Beispiel »Meine Mutter mischt sich ständig in mein Leben ein« in eine positives Botschaft »Ihre Mutter möchte Sie also beschützen« gewandelt, um eine Sensibilisierung bei dem Kind zu erzeugen und der Mutter die negativen Folgen ihres »gutgemeinten« Verhaltens darzustellen. Verlassen wir unseren geistigen Rahmen, können neue Vorstellungen entstehen. So können wir die positiven Absichten unseres Gegenübers erkennen und möglicherweise besser annehmen. Der innere Rahmen eines Menschen ist auch immer sein eigener Käfig: Einerseits schränkt uns unsere Sichtweise ein, andererseits gibt sie uns Sicherheit, da wir keine neuen Perspektiven zulassen müssen.

Im Neuro-Linguistischen Programmieren wird der Umdeutungsmethodik, dem Reframing, ein hoher Stellenwert eingeräumt. Eine Umdeutung kann, wie in der Familientherapie, einen Perspektivwechsel ermöglichen und damit Konflikte entschärfen. Auch bei Verkaufsgesprächen wird diese Technik gezielt zum Einsatz gebracht.

In unserem fiktiven Autohaus könnte sich folgende Szene abspielen, in der ein älterer Kunde über den ihm angebotenen Sportwagen klagt: »Der Einstieg bei diesem Fahrzeug ist nicht angenehm.« Der junge Verkäufer wird seinem Kunden nicht den problemlosen Einstieg in den engen Sportwagen demonstrieren, sondern eine ganz gezielte und auch nachvollziehbare Umdeutung vornehmen: »Die gleiche Fahrdynamik dieses Sportwagens haben wir in unseren neuen SUV übernommen. Der SUV hat den großen Vorteil, dass bei diesem Fahrzeug der Einstieg, die Sitze und die Straßenübersicht deutlich komfortabler sind.«

Diese Umdeutung ist vollständig nachvollziehbar. Gefährlich wird es erst dann, wenn durch eine gezielte Umdeutung von außen einer Situation eine völlig andere Bedeutung zugewiesen wird, als sie in Wirklichkeit hat. Diese aktive Umdeutung führt, wenn sie bemerkt wird, zu erheblichen Konflikten. Aktiv betriebene Umdeutungen, die nicht bemerkt werden, haben meistens einen Verlierer: die Wahrheit.

Am Ende bleiben nur zwei offene Fragen: Was ist die Wahrheit? Und ist die Wahrheit die Erfindung eines Lügners?

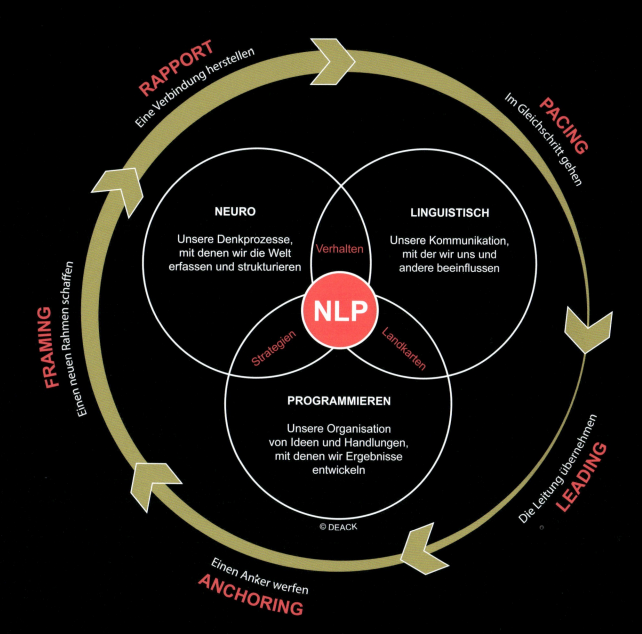

16
**SCHÜTZE DEINE WERTE,
DENN SIE BESTIMMEN DEINEN KURS**

SCHÜTZE DEINE WERTE, DENN SIE BESTIMMEN DEINEN KURS

Seit der Gründung der Bundesrepublik Deutschland am 23. Mai 1949 hat die Freie Demokratische Partei (FDP) die Entwicklung unseres Landes maßgeblich durch Persönlichkeiten wie Walter Scheel, Hildegard Hamm-Brücher, Hans-Dietrich Genscher oder Klaus Kinkel mitgeprägt. In der Zeit von 2011 bis 2015 geriet die Partei in ihre schwerste Krise.

Auslöser war die Landtagswahl im September 2011 in Mecklenburg-Vorpommern. Die Partei erreichte nur noch 2,7 Prozent. Sie verlor mehr als zwei Drittel ihres Stimmenanteils. Ein vernichtendes Ergebnis. Nach nur einer Wahlperiode verpasste die FDP damit klar den Wiedereinzug in den Schweriner Landtag. 81 Prozent der wahlberechtigten Personen waren der Ansicht, dass die Liberalen über keine guten Politiker:innen verfügten. 73 Prozent der Befragten gaben gegenüber Marktforschungsinstituten an, dass die Partei zu zerstritten sei, um ernsthaft Politik mitgestalten zu können. Diese Zahlen waren jedoch nicht auf die Landespolitik zurückzuführen, sondern es handelte sich um Probleme auf Bundesebene. Die Menschen waren von der Arbeit der liberalen Ministerien innerhalb der schwarz-gelben Bundesregierung enttäuscht, weil die FDP ihre eigenen Wahlversprechen nicht einhielt. Wolfgang Kubicki fand nach der Wahl klare Worte für seine Partei: »Die FDP hat als Marke generell verschissen.« Nach dieser vernichtenden Kritik versuchte der damalige Parteivorsitzende Philipp Rösler, seine Partei auf neue Sachthemen einzuschwören. Doch Rösler war zu schwach, um zu liefern. Stattdessen nahm die Parteiführung die Kritik von Wolfgang Kubicki an: Die Partei suchte nun nach ihrer eigenen Identität. Es galt, die eigene Marke neu zu definieren; denn in der Zwischenzeit hatte der frisch gewählte Bundespräsident den Markenkern der FDP, die Freiheit, besetzt. Joachim Gauck stand als Bundespräsident und steht als Mensch für den Wert der Freiheit. Seine Biografie, Theologie, Aufarbeitung des SED-Unrechts, Politik und sein gesamtes Wirken sind mit dem Markenkern Freiheit auf das Engste verbunden. Das Freiheitsthema zog sich wie ein roter Faden durch seine gesamte Amtszeit. Gaucks berühmtester Satz lautete: »Freiheit ist ohne Verantwortung nicht zu haben.« Mit dieser Themensetzung gab er dem Amt seine Prägung.

> *Die FDP hat als Marke generell verschissen.*
> Wolfgang Kubicki

Der Markenkern der Liberalen, die Freiheit, lag nun ausschließlich bei Joachim Gauck – also genau bei dem Bundespräsidenten, den Philipp Rösler gegen den Willen von Bundeskanzlerin Angela Merkel durchgesetzt hatte. Dafür ließ er sich in jeder Talkshow feiern, ohne zu bemerken, was er getan hatte. Röslers einmaliger Erfolg gegen Merkel wurde zum freien Fall für die FDP. Die Partei stand nicht nur ohne eigene Sachthemen, sondern auch ohne Markenkern da.

In dieser Notlage beauftragte die Parteiführung eine Unternehmensberatung, die den Markenkern der FDP suchen sollte. Damit nicht genug. Sie ließ die Suche in allen Medien verbreiten. Ein echtes Armutszeugnis. Denn die Neuausrichtung eines Markenkerns ist kein Medienereignis. Der Markenkern ist der Kompass der eigenen Strategie, der nicht in der Öffentlichkeit zu diskutieren ist. Eine Partei, die Regierungsverantwortung für ein Land mit 80 Millionen Menschen übernehmen will, muss wissen, wofür sie steht. Ein Schlingerkurs beim eigenen Markenkern führt ins Aus: Keine klare Ausrichtung. Keine klare Kommunikation. Und so flogen die Liberalen 2013 aus dem Deutschen Bundestag. 600 Mitarbeiter:innen packten im Reichstag ihre Kisten, und einige von ihnen standen nun plötzlich nicht mehr im Machtzentrum unseres Landes, sondern vor den Türen der Agentur für Arbeit.

Mit einer klaren Markenführung kam der Erfolg zurück. Die FDP zog am 24. September 2017 mit einem historischen Ergebnis wieder in den Bundestag ein. Da war Joachim Gauck nicht mehr im Amt. Die FDP konnte ihren Markenkern Freiheit nun wieder alleine vertreten. Der neue Chef im Bundespräsidialamt, Frank-Walter Steinmeier, verkündete in der Antrittsrede sein neues Leitmotiv »Mut«, welches er bei der schwierigen Regierungsbildung nach der gescheiterten Jamaika-Verhandlung unter Beweis stellen musste. Die FDP hatte sich die Freiheit genommen, den Wählerauftrag für einen Regierungsauftrag nicht zu übernehmen.

Die Wählerinnen und Wähler entscheiden immer wieder neu. Darum müssen der Markenkern und die Werte einer Partei klar erkennbar sein, damit eine Identifikation stattfinden kann. Politiker:innen wissen um diese Bedeutung und arbeiten immer stärker ihre Markenpersönlichkeit heraus, um diese in der medialen Präsenz zu vermarkten. Denken Sie an die Turnschuhe von Joschka Fischer, den gelben Pullover von Hans-Dietrich Genscher oder den roten Schal von Franz Müntefering. Das sind keine Zufallsprodukte. Es sind einfache Symbole, um dem Wahlvolk einen schnellen Hinweis auf die politische Ausrichtung zu geben. Hierzu muss man die eigenen Werte verinnerlicht haben, um sie jederzeit vermitteln zu können.

Mit der Wahl des zweiten FDP-Ministerpräsidenten in der Geschichte der Bundesrepublik Deutschland, Thomas Kemmerich, fielen die Werte der liberalen Partei auseinander. Am 5. Februar 2020 ließen die FDP-Abgeordneten im Thüringer Landtag zu, dass ihr Kandidat Kemmerich mit den Stimmen der AfD zum Ministerpräsidenten gewählt wurde. Kemmerich war somit der erste Ministerpräsident von Gnaden der AfD. Bedenken hatte er keine. Er nahm die Wahl an. Die Medien überschlugen sich, und während Tausende von Menschen protestierten, sandte Wolfgang Kubicki noch Glückwünsche an Kemmerich. Erst als prominente FDP-Persönlichkeiten wie Gerhard Baum, Sabine Leutheusser-Schnarrenberger oder Alexander Graf Lambsdorff sich eindeutig gegen diese Wahl aussprachen, wurde der politische Dammbruch auch in der FDP-Parteizentrale in Berlin erkannt. 24 Stunden später trat Kemmerich zurück. In diesen Stunden saßen Wolfgang Kubicki und Christian Lindner in einer Achterbahn ihrer eigenen Werte. Mit viel Mühe legten sie einen abrupten Not-Stopp hin. Das Schleudertrauma wirkt nach.

Nicht nur Politiker:innen müssen wissen, wofür sie stehen, wenn sie Menschen erreichen und Verantwortung übernehmen wollen, sondern auch Sie. Wofür stehen Sie? Welche Werte vertreten Sie? Und wie schützen Sie Ihre Werte vor allen Versuchungen?

Wolfgang Kubicki

Franz Josef Strauß

Joschka Fischer

PERSONALITY-PUBLIC-RELATIONS

SEMIOMETRIE

Unsere Werte leiten uns wie ein innerer Kompass. Sie geben uns Orientierung und stiften Sinn. Es sind unsere persönlichen Werte, die maßgeblich bestimmen, ob wir auch in schwierigen Situationen unseren Kurs halten können. Unsere Werte sind so individuell und einzigartig wie unsere Fingerabdrücke, die wir bei allem, was wir tun, hinterlassen. Es ist ein entscheidender Vorteil, seine eigenen Ideale zu kennen und nach ihnen zu handeln. Persönlichkeiten, wie Franz Josef Strauß, Joschka Fischer, Hans-Dietrich Genscher und Franz Müntefering waren deshalb so erfolgreich, weil sie für ihre Werte und Überzeugungen mit Leidenschaft eingetreten sind. Wer nicht über diesen inneren Halt verfügt, der kann den eigenen Kurs nicht halten und andere kaum überzeugen. Denn die Wirkungskraft der kommunikativen Interaktion liegt in der Authentizität und Glaubwürdigkeit der eigenen Person begründet. Wenn diese beiden Faktoren nicht erfüllt sind, wird die Vermittlung der eigenen Botschaften sehr schwer.

Noch schwerer ist es, seine eigenen Werte zu ermitteln und nach außen zu vermitteln. Gleichaltrige Menschen mit identischem Einkommen können trotzdem über eine völlig unterschiedliche Einstellung zum Leben verfügen.

Das wohl bekannteste Beispiel hierfür sind Prinz Charles und Ozzy Osbourne. Nach den demografischen Daten gehören beide Personen der gleichen Gruppe an: Der Prince of Wales und der »Prince of Darkness« wurden beide 1948 geboren und stammen aus Großbritannien. Beide sind verheiratet und haben

Hans-Dietrich Genscher

Franz Müntefering

zwei Kinder. Zudem sind sie berühmt und reich. Trotz der demografischen Parameter von Alter, Herkunft, Einkommen und die anderen Informationsdaten passen die demografischen Zwillinge nicht in die gleiche Zielgruppe. Die beiden Männer, soviel wissen wir, haben ganz unterschiedliche Vorlieben, Bedürfnisse, Wünsche und Ängste. Sie haben nicht die gleichen Werte.

Je mehr sich die Lebenswirklichkeiten weltweit ähneln, desto spürbarer ist der Wunsch nach immer mehr Individualisierung. Die meisten Menschen fokussieren ihre Individualisierungsvorstellung anhand ihrer Konsumwünsche. Dann befinden sie sich jedoch bereits in den Fängen der Marketer, die ihnen ihre Konsumwünsche suggeriert haben. Echte Individualisierung beginnt mit der Herausarbeitung der eigenen Werte und Interessen. Diese müssen im Verhalten sichtbar werden. Das macht den Unterschied. Individualität lässt sich nicht kaufen. Die Werte nehmen wesentlichen Einfluss auf unser Verhalten.

Sie lassen sich jedoch bei Befragungen im Rahmen von Markt- und Meinungsstudien nicht direkt messen. Das wurde den Demoskopinnen und Demoskopen schnell deutlich, da Personen bei Befragungen oft nicht ihren eigenen Ansichten, sondern der sozialen Erwünschtheit folgen oder einer Diskrepanz von Selbst- und Fremdeinschätzung unterliegen, was jede Befragung verzerrt.

Um das zu vermeiden, entwickelte die Marktforschung von TNS Infratest die Semiometrie, welche die Grundeinstellungen und Wertvorstellungen von Zielgruppen analysiert. Es wurde ein indirekter Messansatz aus Wörtern gewählt, die eine Wertemessung ermöglichen. Dieser Ansatz wird bereits im Begriff Semiometrie deutlich: »Semio« bedeutet »Wörter« und »metrie« bedeutet »messen«. Somit ist das Ziel dieser Methode eine Abbildung des Wertekosmos der befragten Personen. Mit dem Modell der Semiometrie werden sprachliche Äußerungen mit sogenannten Wertefeldern verknüpft. Damit lassen sich die

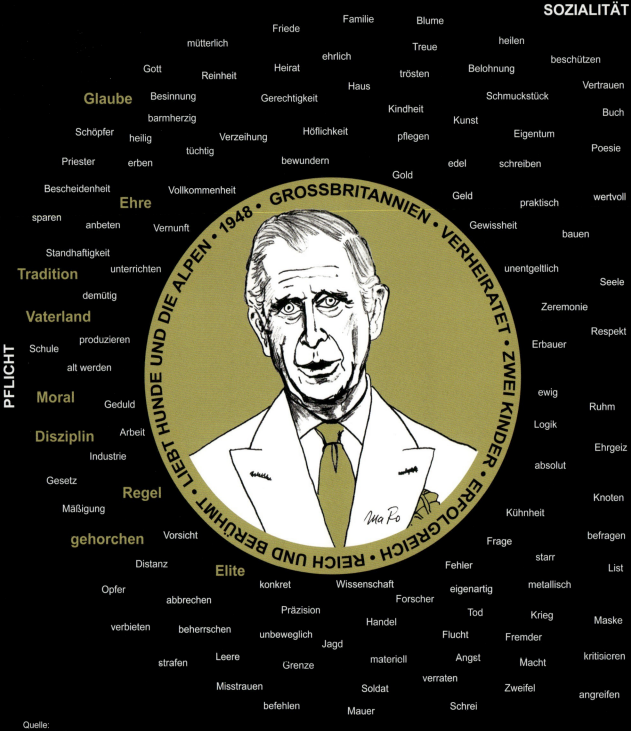

Verbraucher:innen nach ihrer Wertvorstellung und nach ihrem Verhalten in Bezug auf ihre Vorlieben, ihre Mediennutzung und ihr Kaufverhalten segmentieren. In diesem Fall werden die Gegensätze von Prinz Charles und Ozzy Osbourne mit einem Blick sichtbar.

Die Erkenntnisse lassen sich aber auch in eine andere Richtung drehen: Es ist nicht nur interessant, wie das Kaufverhalten aussieht, sondern vielmehr wie man es beeinflussen kann. Auch hier hilft die Semiometrie, denn Menschen lassen sich über bestimmte Begriffe besonders gut ansprechen und steuern. Längst ist es nicht mehr die Ratio, also die Vernunft, mit der die Aufmerksamkeitsökonom:innen die Entscheidungen der Verbraucher:innen beeinflussen. Es sind die Emotionen, die uns steuern. Heute wissen wir, dass es sich um das eigentliche Machtzentrum in unserem Gehirn handelt. Bedenkt man den Einfluss der Emotionen auf unser Verhalten, ist es nicht verwunderlich, dass 95 Prozent unserer Entscheidungen rein emotional ablaufen. Somit werden unsere Kauf-, Wahl- und Zustimmungsentscheidungen zum größten Teil emotional gelenkt: Oder haben Sie schon einmal eine Bewertung des Kronprinzen oder Ihren Musikkonsum vom »Godfather of Metal« rational durchdacht? Im Gegensatz dazu können Sie mir die Frage ganz einfach beantworten: Wem stehen Sie persönlich näher – Prinz Charles oder Ozzy Osbourne? Und was sagt das über Sie aus?

Mit dem Modell der Semiometrie werden auch die Gegensätze von Prinz Charles und Ozzy Osbourne auf einen Blick sichtbar. Schauen Sie selbst und wählen Sie Ihre Worte, die Ihre Werte bestimmen und mit denen Ihre Emotionen angesprochen werden. Finden Sie Ihre Position in der Semiometrie.

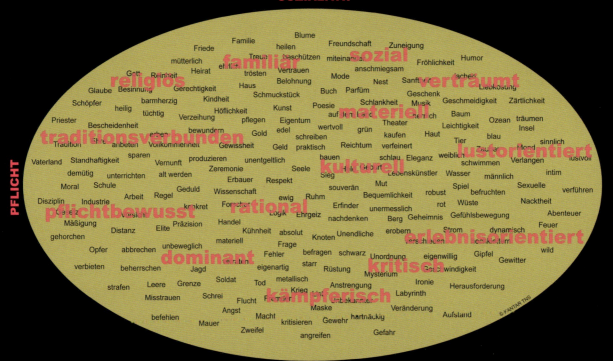

BEKANNTHEITSWÄHRUNG

Ein stimmiges Selbstbild sollte im Einklang mit der eigenen Persönlichkeit stehen. Das Selbstbild bleibt jedoch unvollendet, wenn die Perspektive von außen fehlt. Somit sind nicht nur die Auseinandersetzung mit den eigenen Werten und die Bestimmung des Selbstbildes für eine wirkungsorientierte Interaktion entscheidend, sondern auch die Reflexion mit dem Fremdbild. All unser Handeln, unser Kommunizieren sowie unser gesamter Habitus wird von unseren Mitmenschen interpretiert und beurteilt. Dabei entsteht ein Bild von uns in den Köpfen der anderen, welches wir beeinflussen und verändern können.

Der Wiener Philosophieprofessor Georg Franck hat erkannt, dass das gesellschaftliche Ringen um Anerkennung und Ruhm dem Geld den Rang abgelaufen hat. Heute werden immer mehr Prominente in den Wohlstandsgesellschaften durch die Aufmerksamkeitsökonomie zu Einkommensmillionär:innen. Ein weltweites Treiben um Einschaltquoten, Klickzahlen und den eigenen Marktwert hat begonnen. Aufmerksamkeit ist in der digitalen Medienwelt ebenso wertvoll wie Geld geworden, denn auch die Aufmerksamkeit kann, wie Geld, kapitalisiert werden. Wir leben in einem Zeitalter, in dem Prominenz Zinsen abwirft.

Doch in der Wirtschaftswissenschaft fehlt es noch immer an einer Einkommens- und Verteilungstheorie der Aufmerksamkeit. Es fehlt eine ökonomische Theorie zu Prestige, Reputation und Prominenz. Nach Georg Franck verweigert damit die theoretische Ökonomie den Wandel unserer Alltagskultur: Das Streben nach mehr Aufmerksamkeit ist zum festen Bestandteil unserer Ökonomie geworden. So wie die meisten Menschen nie genug Geld haben können, können viele nicht mehr ohne Aufmerksamkeit leben. Sie ist zur neuen Währung aufgestiegen. Erst mit dem Bekanntheitsgrad kommt der Erfolg. Das Spiel können Sie jeden Tag an der Börse oder im Fernsehen studieren. Das Teuflische an diesem Spiel ist, dass die Aufmerksamkeit ein sehr knappes Gut ist. Keine Ökonomie ist so schnelllebig und flüchtig wie die Aufmerksamkeitsökonomie. Schon jetzt leben wir im Kampf um die Ressource Aufmerksamkeit. Immer lauter, bunter und spektakulärer werden die Informationen auf den unzähligen Marktplätzen der Aufmerksamkeitsökonomie angeboten. Die Lasten des Überflusses nehmen wir dabei billigend in Kauf. Das sind die neuen Spielregeln, die der Markt diktiert – und wir alle spielen mit.

> *Der Königsweg zum Erfolg führt über den Bekanntheitsgrad.*
> Georg Franck

Die Öffentlichkeitsarbeit hat ein neues Handlungsfeld eröffnet: die Personality-Public-Relations (PPR). Die PPR beschäftigt sich mit der personenbezogenen Öffentlichkeitsarbeit: Agent:innen, PR-Berater:innen oder Medienmanager:innen kümmern sich um die Vermarktung ihrer Klientel. Die Wirtschaft hat dasselbe Interesse. Der Börsenwert eines Unternehmens kann durch die Bekanntheit des neuen Vorstands erheblich gesteigert werden; ebenso kann der Wert eines Fußballclubs steigen, wenn das richtige Trainerteam aus erfahrenen Persönlichkeiten verpflichtet wird.

Der Aufbau einer unverwechselbaren Personenmarke mit klaren Werten und Überzeugungen steht im Zentrum der folgenden Grafik Personality-Public-Relations. Schon in der Weimarer Republik hat der Begründer der Markentechnik, Hans Domizlaff, eine neue Ausrichtung für Produktmarken vorgenommen. Er forderte, dass eine Marke ein Gesicht wie ein Mensch haben muss. Der Erfolg gab ihm recht. Heute behängen wir uns mit Marken – von der Turnschuhsohle bis zur Cap. Doch im Werbewahn unserer Zeit ging unter, dass der Mensch selbst die stärkste Marke ist. Pflegen Sie Ihre.

MARKENIDENTITÄT

SELBSTBILD

VISION — Wo will ich hin?

PERSÖNLICHKEIT — Wie trete ich auf?

WERTE — Woran glaube ich?

KOMPETENZEN — Was kann ich?

HERKUNFT — Woher komme ich?

LEISTUNG — Was tue ich?

MARKENNUTZEN

MARKENVERHALTEN

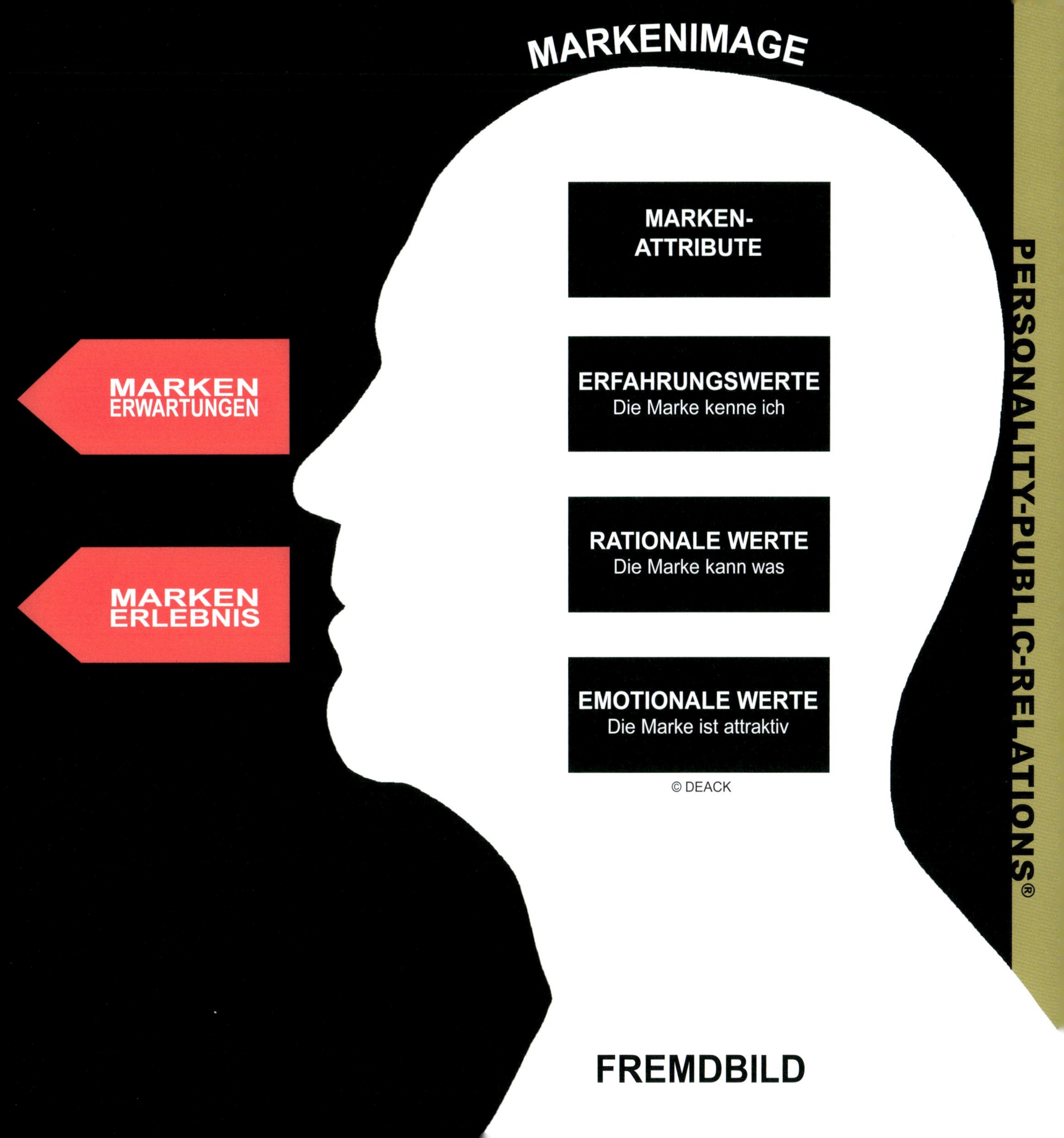

MARKENIMAGE

MARKEN ERWARTUNGEN

MARKEN ERLEBNIS

MARKEN-ATTRIBUTE

ERFAHRUNGSWERTE
Die Marke kenne ich

RATIONALE WERTE
Die Marke kann was

EMOTIONALE WERTE
Die Marke ist attraktiv

© DEACK

PERSONALITY-PUBLIC-RELATIONS®

FREMDBILD

17
BAUE DEINE REPUTATION STABIL AUF, DENN SIE IST DAS FUNDAMENT DEINER MACHT

BAUE DEINE REPUTATION STABIL AUF, DENN SIE IST DAS FUNDAMENT DEINER MACHT

Gefühlt war Franz Beckenbauer dreimal Weltmeister:

1974 führte er als Kapitän die Nationalmannschaft zum Weltmeistertitel im eigenen Land.

1990 coachte er als Teamchef seine Mannschaft zum WM-Sieg in Italien.

2006 holte er die Fußballweltmeisterschaft wieder nach Deutschland.

Das »Sommermärchen« im eigenen Land wurde zum Höhepunkt seiner Karriere und nur einige Jahre später zu seinem persönlichen Tiefpunkt. Wie konnte das passieren? Franz Beckenbauer war nicht nur Deutschlands Ausnahmefußballer, Erfolgscoach, Topmanager und Präsident des FC Bayern München (FCB). Franz Beckenbauer verzauberte 2006 ein ganzes Land. Zudem gelang es Deutschland, im Fußballrausch sein staubiges und lustfeindliches Image vor der ganzen Welt abzulegen. Es wurde auf allen Straßen und Plätzen gefeiert. Die Deutschen präsentierten sich als ein weltoffenes und fröhliches Volk, und Beckenbauer war bei allen wichtigen Spielen und Feiern zugegen. Er repräsentierte das moderne Deutschland. Selbst das Managen des Sonnenscheins wurde ihm in den Sommertagen zugesprochen. Aus einem berühmten Fußballer war eine Lichtgestalt geworden.

Mit seinem fußballerischen Können und seinem guten Namen konnte Beckenbauer ein Vermögen aufbauen, welches ihn auf eine Stufe mit Industriellen stellte. Er wurde stets in der Liste der reichsten Deutschen geführt. Seine Einnahmen aus Marketingmaßnahmen, Werbung und Medienaktivitäten wurden auf vier bis fünf Millionen Euro pro Jahr geschätzt. Doch der Erfolg ist nicht die Geschichte von Franz Beckenbauer allein. Lenken wir den Blick hinter die Kulissen: Im Schatten der Lichtgestalt wirkte sein Berater Robert Schwan.

Robert Schwan war ein Mann mit viel Geschäftssinn, aber wenig Ahnung vom Fußball. Das war auch nicht nötig. Der Geschäftssinn reichte aus. Schwan vereinbarte für die Spieler des FC Bayern München Freundschaftsspiele. Diese brachten zusätzliches Geld. Denken Sie daran, dass wir uns in einer Zeit ohne Fußballmanager, Spielerberater, Werbesponsoren und Millionengehälter bewegen. Was heute selbstverständlich ist, war damals nicht vorstellbar. Durch die Freundschaftsspiele hatten die Spieler erstmals richtig Geld in der Hand. Jetzt wuchsen die Ansprüche: Ein schnelles Auto und ein großes Haus sollten es schon sein.

Doch viele konnten mit dem neuen Reichtum nicht umgehen. Sie verloren alles. Nicht so Franz Beckenbauer. Er hatte Robert Schwan, der nach der Weltmeisterschaft 1966 sein persönlicher Manager wurde. Es wurde ein Vertrag auf Lebenszeit. Beckenbauer eilte auf den Fußballplätzen dieser Welt von Erfolg zu Erfolg. Abseits des Platzes war es Schwan, der die Finanzen, Termine und sogar das private Leben für »seinen Franz« regelte. Die Zusammenarbeit sprach sich schnell herum. In der Presse wurde Schwan fortan nur noch »Mister 20 Prozent« genannt. So hoch soll sein Anteil an Beckenbauers Einnahmen gewesen sein. Vertraute berichten hingegen, dass sein Anteil bis zu 50 Prozent gewesen sei.

Robert Schwan hat die wichtigste und unerlässliche Grundregel für erfolgreiches Coaching eines Weltstars beachtet: Beratende stehen niemals im Rampenlicht. Sie halten sich stets im Hintergrund. Die große Bühne gehört dem Star. Doch im Hintergrund hatte Schwan alle Fäden in der Hand und legte so schon früh den Grundstein für den wirtschaftlichen Erfolg des

Beckenbauer-Imperiums. Die Verbindung zu Robert Schwan war für Franz Beckenbauer ein Glücksfall. Und sie war zu jeder Zeit einzigartig im deutschen Sport. Die Rollenteilung war jedoch keine Erfindung der beiden. Vielmehr handelte es sich um eine klassische Arbeitsteilung, die wir aus allen Institutionen kennen: Kaiser:innen hatten ihren Hofmarschall, Kardinäle haben ihre Generalvikare und Kanzler:innen ihre Minister:innen. Die eine Person steht auf der öffentlichen Bühne, die andere arbeitet im Hintergrund. So auch bei Beckenbauer und Schwan. Während sich das Zugpferd um die gesellschaftlichen Verpflichtungen kümmerte, verrichtete der Berater unsichtbar die Arbeiten: Er schloss Verträge, koordinierte die Medienanfragen und baute für seinen Kaiser die Bühnen.

Schwan machte aus Franz Beckenbauer eine eigene Marke mit einem unvorstellbaren Wert. Als das berühmteste Aushängeschild von Bayern München kam Robert Schwan dem Club mit seinen Strategien oftmals in die Quere. So warb Franz Beckenbauer für Mitsubishi und Mercedes, während Bayern München hoch dotierte Verträge mit Opel und Audi abschloss. Die Spieler des FCB warben für Paulaner Bier. Im Gegensatz dazu gab Beckenbauer das Erdinger-Testimonial. Dem Kaiser gelang es, verschiedene Werbebotschaften für verschiedene Produkte gleichzeitig zu platzieren. Neben Autos und Bier warb er auch für Suppengewürze von Knorr, Sparbücher von der Postbank, billigen Strom von Yello und Mobilfunkverträge von O2. Egal welches Produkt – mit der Marke Franz Beckenbauer ließ sich alles verkaufen.

Mit der Leichtigkeit des Seins begeisterte Beckenbauer nicht nur die Werbe- und Medienwelt, sondern auch seine Fans, um die er sich stets bemühte. Seine präsentierte Lässigkeit verlieh ihm den Nimbus, er könne jederzeit noch mehr leisten. Er war immer mehr als ein Fußballspieler. Er war ein Gentleman – ein Diplomat – auf der Weltbühne der Bolzplätze. All das hatte er von Robert Schwan gelernt. Franz Beckenbauer wusste, was er seinem Manager, Coach und Medienberater zu verdanken hatte. Er sagte über seinen Wegbegleiter: »Ich hatte das Glück, den Robert Schwan gekannt zu haben. Ich bin ihm gefolgt, und er hat mir alles abgenommen, ich habe mich um nichts gekümmert.«

Während Beckenbauer alles gewann, was es im Fußball zu gewinnen gab, machte Robert Schwan aus dem Sportler eine Weltmarke. Er überließ nichts dem Zufall. Bis zu seinem Tod im Jahr 2002 schützte Schwan seinen Schützling vor allen Unannehmlichkeiten. Er musste sich eben um nichts kümmern. Nach 2002 war Franz Beckenbauer auf sich gestellt. Nun begannen die Fehler.

Die Weltmeisterschaft im eigenen Land war für Deutschland ein Gewinn. Franz Beckenbauer ging am Ende des Spiels nicht als Sieger vom Platz. Der Imageschaden für den WM-Chef ist enorm. Der einstige Fußballkaiser konnte als Hauptverantwortlicher des Organisationskomitees die Geldflüsse auf seinem Konto nicht schlüssig erklären. Stattdessen überraschte er mit naiven Geschäftspraktiken, indem er schilderte, »immer alles einfach unterschrieben« zu haben.

Besonders schwer wiegt, dass Beckenbauer für seine Tätigkeit als Cheforganisator der Weltmeisterschaft in Deutschland eine Summe von 5,5 Millionen Euro kassiert hat, obwohl er immer behauptet hatte, dieses ehrenamtlich zu tun. Er wollte beides – das große Geld verdienen und moralische Instanz sein. Das war die alte Rollenteilung: Robert Schwan machte die »Big Deals«, und Beckenbauer erfüllte nur die gesellschaftlichen Aufgaben. Am Ende stehen 5,5 Millionen Euro aus einem Werbevertrag mit der Sportwette Oddset einer würdigen Lebensbilanz im Weg. Ein schlechter Deal.

Reputation ist der Schlüssel zur Macht. Schützen Sie Ihre.

CEO-KOMMUNIKATION

Gute Führung wird erst dann sichtbar, wenn es den CEOs gelingt, ihre Haltung und ihr Handeln in Gleichklang zu bringen und plausibel zu vermitteln. Führungskräfte sind im besten Sinne Wegweiser und Sinnstifter für ihre Mannschaft. Der kanadische Professor für Management Henry Mintzberg hat sich intensiv mit Führung auseinandergesetzt und festgestellt, dass es eine Ironie sei, dass weder Manager:innen noch Wissenschaftler:innen etwas über das Wesen der Führung wüssten. Daher hat er sich auf die Spuren der Führung als mysteriöses Phänomen begeben und in seinen Untersuchungen die zehn Rollen von Manager:innen ausführlich dargelegt.

Wie im Leuchtturm der Führung zu sehen ist, gelang es Henry Mintzberg in seiner Analyse, zehn klassische Rollen von Führungskräften herauszuarbeiten, jedoch in ganz unterschiedlicher Ausprägung. Dies sind drei interpersonelle Rollen als Repräsentant:in (Symbolisierung nach innen und außen), Anführer:in (Motivation und Anleitung von Unterstellten) und Koordinator:in (formeller und informeller Kontakt mit internen und externen Personen). Besonders stark ausgeprägt bei allen Entscheider:innen sind die Rollen als Informationsträger:in und Kommunikator:in. Mintzberg hatte in seiner Untersuchung festgestellt, dass Manager:innen 80 Prozent ihrer Zeit mit verbaler Kommunikation verbringen.

Die Persönlichkeitsmerkmale von Führungskräften wurden bereits häufig untersucht. Dabei kam eindeutig heraus, dass die in den Sozialwissenschaften gelegentlich geäußerte These, dass Persönlichkeitseigenschaften für den Führungserfolg nahezu irrelevant seien, zurückgewiesen werden kann. Jedoch konnte Führungserfolg bis heute nicht entschlüsselt werden. Der Titan der modernen Sozialwissenschaft, Max Weber, beschrieb schon 1921, dass Charisma ein Merkmal einer bestimmten Form erfolgreicher Führung ist, und fasste dies in einer wichtigen Erkenntnis zusammen: »Persönlichkeit hat nur der, der einer Sache dient.«

Das Prinzip des Charismas ist in jüngster Zeit in modifizierter Weise wiederentdeckt worden. Bedenken Sie bitte, dass derartige Ansätze keineswegs einen Rückfall in die simplen monokausalen Erklärungsansätze der klassischen personalistischen Führungstheorie darstellen. Sie rücken zwar die Persönlichkeit des Führenden in das Zentrum ihrer Betrachtung, sehen aber das Charisma nicht als ein überdauerndes und situationsunabhängiges Merkmal, wie zum Beispiel die Intelligenz oder die Glaubwürdigkeit, an.

Charismatische Führungskräfte sind in bestimmten Situationen, wie zum Beispiel in Change- und Krisensituationen, sehr erfolgreich darin, die Mitarbeiter:innen dazu zu bringen, sich mit ihnen zu identifizieren und dadurch mit gesteigerter Motivation zu arbeiten. Doch es geht um mehr: CEOs haben die Aufgabe, das Gemeinwohl der gesamten Firma und den Gemeinschaftssinn ihrer Belegschaft zu fördern. Wenn es den CEOs hierbei gelingt, mit ihrer Haltung und ihrem Handeln auch noch kommunikativ zu überzeugen, zahlt das unmittelbar auf das Unternehmen ein. Aktuelle Studien belegen, dass die Glaubwürdigkeit eines Unternehmens bis zu 60 Prozent von der Reputation der Führungskraft abhängt. Somit ist eine strategische CEO-Kommunikation für jede Organisation sinnvoll.

Das Beispiel von Franz Beckenbauer erfüllt das von Max Weber geforderte Kriterium, sich um die eine Sache zu kümmern. So diente Beckenbauer dem Fußball und gewann mit seiner Empathie und seiner einfachen, ehrlichen und herzlichen Art die Herzen der Fans. Das war einmalig. Doch diese Form der Leichtigkeit des Fußballstars war nicht ohne die harte Arbeit im Hintergrund möglich. Robert Schwan war nicht nur der beste Berater und Manager für die Person und Marke Franz Beckenbauer; er war auch ein perfekter Pressesprecher. Ohne in Erscheinung zu treten, organisierte er Presse-, TV-, Werbe- und Galatermine für seinen Star.

Nach meiner Vorstellung sollten alle Pressesprecher:innen eine so enge und vertrauensvolle Position im Umfeld ihrer Führungskräfte einnehmen. Ganz nach dem Motto: Pressesprecher:innen dürfen nicht alles sagen, müssen aber alles wissen, um die richtige Kommunikationsausrichtung zu wählen. Welche Punkte bei der Strategieentwicklung zwischen den CEOs und ihren Kommunikator:innen zu beachten sind, zeigt Ihnen mein CEO-Masterplan. Bauen Sie das Fundament Ihrer Reputation sicher auf.

> *Manager verbringen 80 Prozent ihrer Zeit mit Kommunikation. Sie sind Kommunikationsarbeiter.*
> Henry Mintzberg

LEUCHTTURM DER FÜHRUNG

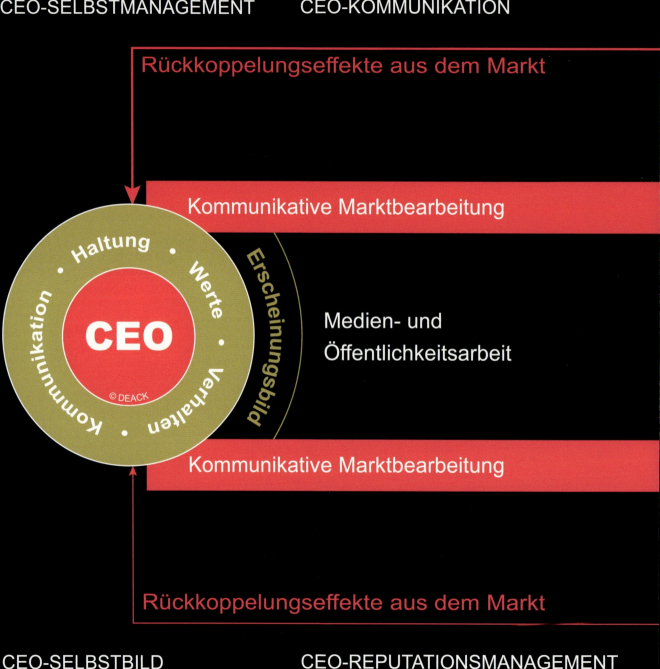

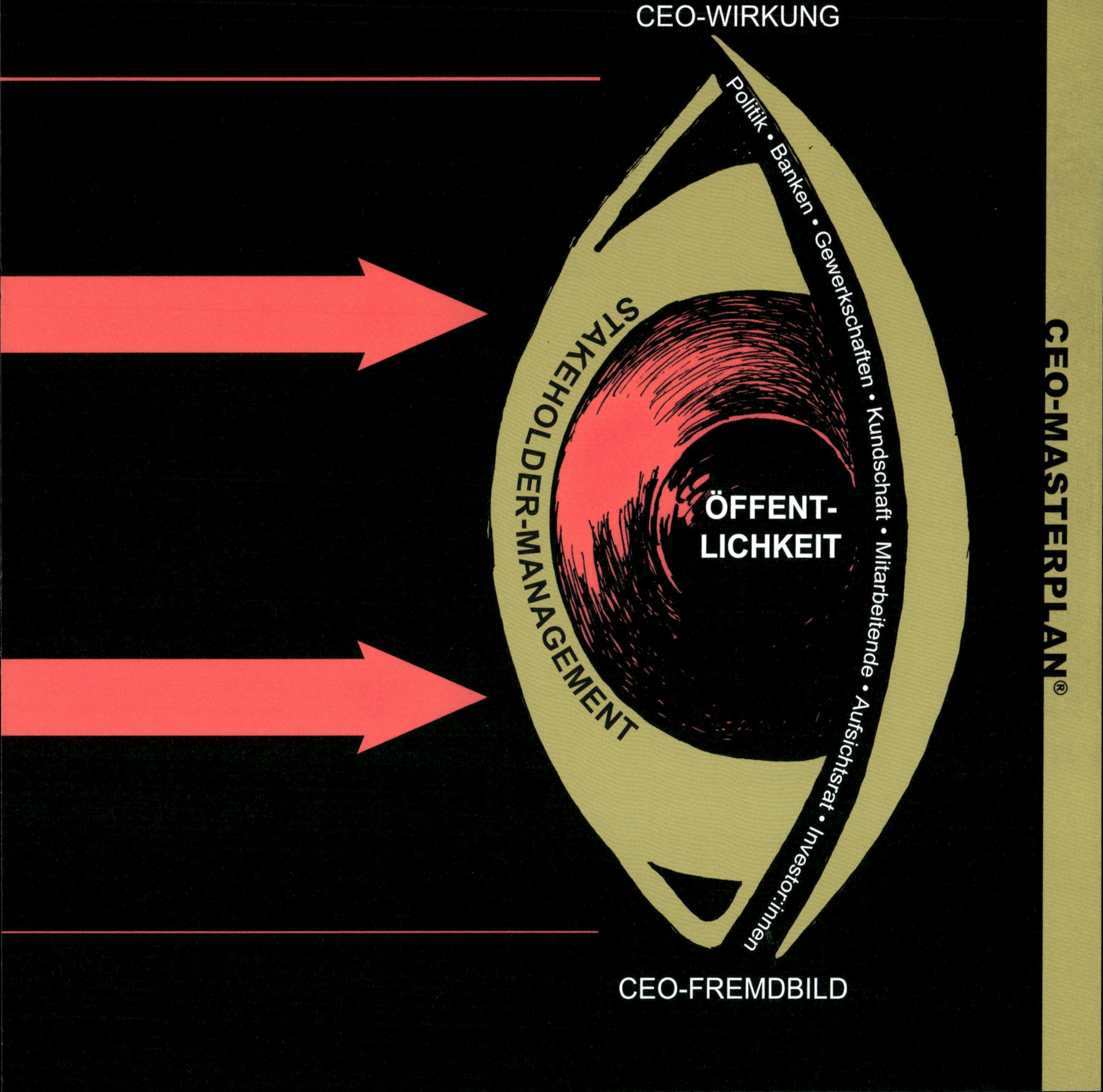

CEO-WIRKUNG

STAKEHOLDER-MANAGEMENT

Politik • Banken • Gewerkschaften • Kundschaft • Mitarbeitende • Aufsichtsrat • Investor:innen

ÖFFENT-LICHKEIT

CEO-FREMDBILD

CEO-MASTERPLAN®

SCHAFFE EIN MONOPOL IN DEN KÖPFEN DER ANDEREN

Wofür steht die Marke mit dem Blitz? In der Firmenzentrale von Opel in Rüsselsheim hat man in den letzten Jahrzehnten keine Antworten auf diese Fragen gefunden. Auch unter der neuen Führung der Automobilholding Stellantis ist man bis heute sprachlos geblieben.

Das Unternehmen hat zu viele Baustellen, daher kann Opel keine positive Ausstrahlung vermitteln. Auch die Stimmung in der Belegschaft ist schlecht. Die Mitarbeiter:innen sind schon lange keine Botschafter:innen mehr für ihre Autos. Die negativen Berichte über den Standort Rüsselsheim, die Werksschließung in Bochum mit dem Verlust von 3.000 Arbeitsplätzen sowie die Einbindung in die Automobilholding haben bei der Belegschaft Spuren hinterlassen. Und den potenziellen Käufer:innen bleiben diese sorgenvollen Bilder in den Nachrichten nicht verborgen. Schlimmer noch: Die ständig negativen Schlagzeilen wirken abschreckend auf die Mitarbeiter:innen, ihre Familien, die Kundschaft und alle potenziellen Käufer:innen. Die Marke Opel ist ein Zerrbild ihrer selbst.

Ganz anders bei BMW. Der Markenkern von BMW lautet »Freude«. Dieser Begriff ist das Ur-Gen der Marke BMW. Das ist Anspruch und Verpflichtung zugleich. Aus dem kleinen bayerischen Werk für Flugzeugmotoren, welches 1916 in München gegründet wurde, ist einer der führenden Automobilhersteller der Welt geworden. Jedes Jahr verkauft die Traditionsmarke mit dem blau-weißen Logo mehr als zwei Millionen Autos. Es handelt sich um die Erfolgsgeschichte eines der deutschen Unternehmen, denen es gelungen ist, aus der Tradition immer wieder neue Innovationen zu erschaffen. Am deutlichsten wird dieses Meisterstück, wenn man rückblickend die Kommunikation von BMW betrachtet. 1965 wurde der Slogan »Aus Freude am Fahren« entwickelt und erstmals für die Autowerbung eingesetzt. Vier Jahre später verkürzte man den Claim. Das »Aus« wurde gestrichen. Seit 1969 kommt nur noch »Freude am Fahren« für die strategische Markenkommunikation zum Einsatz. Und diese Werbebotschaft hat bis heute Bestand. Wie schwierig es ist, eine Marke langfristig zu führen, zeigt der Vergleich zwischen BMW und Opel: Keine Opel-Mitarbeiter:innen werden bei den schwierigen Vorgaben, früher aus Detroit, dann aus Paris und heute aus Amsterdam, Freude verspüren und diese zur Kundschaft tragen.

Slogans und Claims, auch Werbebotschaften genannt, sind die Essenz einer Marke. Sie sind die Präambel einer Firma. Doch nur wenige haben das Zeug zum Klassiker. Die meisten haben eine sehr kurze Halbwertszeit. Ein solches Beispiel ist die einstige deutsche Traditionsmarke Opel. Schon in den 1930er Jahren hieß es auf den Straßen »Opel, der Zuverlässige«. Davon ist nicht viel geblieben. Der Slogan ist weg. Die Zuverlässigkeit und Planungssicherheit sind unter der Führung von General Motors verloren gegangen. Die Hoffnung auf bahnbrechende Innovationen durch den französischen PSA-Konzern haben sich zerschlagen. Eine neue Markenentwicklung für Opel ist auch von Stellantis nicht zu erwarten. In der Öffentlichkeit werden vielmehr die Sorgen der Opelaner wahrgenommen, welche das Image des Unternehmens ungünstig beeinflussen. Immer neue Manager:innen, immer neue Ideen: Kürzungen, Zusammenlegungen, Preisdruck, Modell- und Strategiewechsel. Alles ohne Erfolg. Integrierte Markenführung im 21. Jahrhundert sieht anders aus.

Im Gegensatz dazu sind bei BMW Markenführung und Markenkommunikation eine zentrale Managementaufgabe. Seit 2007 gibt es in München ein Markenlabor. Das war damals kein Selbstzweck und schon gar keine Beschäftigungstherapie für gelangweilte Manager:innen. Hier standen knallharte wirtschaftliche Interessen des Konzerns im Mittelpunkt. Dem BMW-Manager Joachim Blickhäuser ging es immer um die Markenvermittlung von innen und nach außen. Blickhäuser wusste, dass eine starke Marke Wachstum und Wertschöpfung für das ganze Unternehmen bedeutet. Die Systemspitze in München hat frühzeitig erkannt, dass eine Marke sehr viel mehr ist als ein Logo oder ein schöner Schriftzug. Jedes Jahr werden rund 10.000 Mitarbeiter:innen im BMW-Labor zur Marke geschult. Es reicht schon lange nicht mehr, die technischen Daten des Motors zu kennen. Vielmehr geht es um die Vermittlung der gesamten Markenwelt von BMW.

Die Marke muss von den Mitarbeiter:innen verstanden, angenommen und gelebt werden, damit sie ihre Wirkung bei den Kund:innen erzielen kann. In der Marke soll das gesamte Unternehmen mit seinen Qualitäten, Werten und Eigenschaften sichtbar werden. Der Markenkern »Freude« ist Anspruch und Verpflichtung zugleich. All diese Anstrengungen zahlen sich aus. Ein Blick auf das Ranking der Best Global Brands von Interbrand genügt um zu sehen, dass BMW eine der wertvollsten Marken der Welt ist. Das Ergebnis ist auf die klare Markenführung zurückzuführen. Die Markenstrateg:innen von BMW wissen, dass man eine Marke nicht mal hier und mal dort positionieren kann. Gerade in unruhigen Zeiten muss eine Marke ein verlässlicher Partner sein. Die Werbebotschaft »Freude am Fahren« wird noch lange Bestand haben. Sie ist längst ein Monopol in vielen Köpfen.

MARKENFÜHRUNG

Eine Marke erkennt man daran, dass man sie erkennt. Um dieses Ziel zu erreichen, braucht Markenführung eine klare Strategie. Der US-amerikanische Markenexperte Al Ries rät: »Wenn Sie das Potenzial einer Marke voll entwickeln wollen, müssen Sie Ihre Brandingaktivitäten darauf konzentrieren, im Gedächtnis der Käuferschaft ein Schlagwort zu erobern. Ein Wort, das auf Anhieb mit der Marke assoziiert wird.« Diese Markentechnik setzte BMW mit dem Begriff Freude frühzeitig um. Anhand dieses Beispiels lassen sich die Marketingtechniken anschaulich erklären. Überprüfen Sie die Möglichkeiten, das Wirken und die Wirkung am Markt und treffen Sie entsprechende Entscheidungen für Ihr Unternehmen. Seit über 50 Jahren steht der Markenkern Freude im Zentrum von BMW. Diesem Nukleus des Münchner Automobilbauers müssen sich auch die Produkte unterordnen. So wird jedes Produkt aus dem Hause BMW daran gemessen, ob es dazu geeignet ist, bei potenziellen Kundinnen und Kunden Freude auszulösen. Löst das Produkt keine Freude aus, wird nach einer neuen Lösung gesucht, welche die gewünschten Gefühle hervorruft. Schafft es das Produkt nicht, wird es vom Markt genommen. So geschehen beim C1, dem wohl sichersten Motorroller der Welt. Dieser Roller mit Überschlagbügel, Anschnallgurt und Airbag hat alle Sicherheitspreise gewonnen. Nur leider machte es den Kund:innen keine Freude mit ihm zu fahren. Daher beschloss man bei BMW, den C1-Roller wieder vom Markt zu nehmen.

BMW nutzt für die Markenführung seinen Markenkern, um den die Markenwerte kreisen. Diese sind »dynamisch«, »herausfordernd« und »kultiviert«. Der Slogan »Freude am Fahren« schließt den Markenkern mit ein und verstärkt diesen dadurch.

Er steht für die Faszination und Innovation der Marke. Die Münchner möchten ihre Einzigartigkeit in der Verbindung aus Sportlichkeit, anspruchsvollem Design, hoher Qualität und Emotion vermitteln. Um dieses Ziel zu erreichen, werden alle unternehmensweiten Marketingmaßnahmen vor dem Hintergrund einer integrierten Markenkommunikation an dem Markenkern und den Markenwerten ausgerichtet.

Die Werte sind ein wichtiger Bestandteil der Marke. Sie sollen den Menschen bestimmte Eigenschaften und Vorstellungen vermitteln. Es ist kein Zufall, dass wir Bilder und Gefühle zu einer Marke im Kopf gespeichert haben. Diese sind besonders gut verankert, wenn es einer Marke gelingt, uns auf drei Ebenen anzusprechen: Vertrauen, Leistung und Emotionalität.

ERFAHRUNGSWERT. VERTRAUEN. »Die Marke kenne ich.« Im Stammhirn, in dem die menschlichen Instinkte seit Jahrmillionen verankert sind, werden alle erfahrungsbezogenen Informationen verarbeitet. Besondere Reaktionen im Stammhirn erfolgen auf Werte wie Sicherheit oder Vertrauen. Ihre Marke verdichtet die allgemein erwünschten und erhofften Faktoren und strahlt somit Sicherheit aus.

Das Beispiel BMW: Hier wird der Erfahrungswert mit dem Begriff »kultiviert« übersetzt. Die Marke bietet einen Mehrwert in Puncto Exklusivität und einzigartigem Erscheinungsbild. So vermittelt die Marke stilsichere Wertbeständigkeit.

RATIONALER WERT. LEISTUNG. »Die Marke kann was.« Das Großhirn ist im Gegensatz zum Stammhirn für die Rationalität und das vorausschauende Handeln verantwortlich. Somit werden hier die rationalen Werte wie Qualität, Kosten und Leistung geprüft. Ziel ist es, dass die Konsument:innen Ihre Dienstleistungen und Produkte nicht mehr nur schätzen und kaufen, sondern lieben.

Das Beispiel BMW: Der rationale Wert bei BMW wird als »herausfordernd« angeboten. Die Marke BMW ist innovativ, kreativ und zielstrebig. Diese Aspekte sind nicht nur für die Kund:innen überzeugend, sondern auch ein Ansporn für die Belegschaft, konsequent immer wieder neue und einfallsreiche Lösungen für die Zukunft zu suchen.

EMOTIONALER WERT. VERFÜHRUNG. »Die Marke ist attraktiv.« Im Zwischenhirn werden emotionale Empfindungen wie Attraktivität oder Lust verarbeitet. Marken, die keine Emotionen auslösen, sind für das Gehirn de facto tot. Die Verbraucher:innen nehmen diese Marken nicht wahr und können sie demzufolge nicht abspeichern.

Das Beispiel BMW: Der emotionale Wert von BMW liegt in der Dynamik. Die Freude am Fahren wird erst durch die dynamischen Autos erlebbar. Dieser Begriff wird von BMW als sportlich, geistig beweglich und ewiger Jungbrunnen beschrieben. Diese Attribute werden von den meisten Männern als Lustfaktor und von der überwiegenden Anzahl Frauen als attraktiv wahrgenommen.

Das langfristige Ziel einer solchen Markenstrategie ist es, dass die Werte des Unternehmens auf die Käufer:innen übergehen. In diesem Beispiel soll sich die Kundschaft selbst als kultiviert, herausfordernd und dynamisch empfinden und zu Markenbotschafter:innen von BMW werden.

Je tiefer die Werte von BMW verinnerlicht werden, umso besser für die Marke, denn die Fans treten für das Produkt, das längst ein Teil von ihnen geworden ist, ein.

Der Dreiklang dieser Werte macht den Unterschied aus, denn erst die Schnittmenge dieser drei Werte transportiert die Botschaft zu den Verbraucher:innen.

Dieses Beispiel aus der Automobilwirtschaft soll Ihnen verdeutlichen, wie wichtig es ist, sich über die Markenführung des eigenen Unternehmens klar zu sein und die eigene Marke nach außen sichtbar zu machen. Was ist der Markenkern Ihres Unternehmens? Schaffen Sie ein Monopol in den Köpfen der anderen. Das ist die größte Herausforderung im Marketing. Denn bedenken Sie: Eine starke Marke erkennt man daran, dass man sie erkennt.

FUNKTIONALER MARKENNUTZEN
Welchen funktionalen Nutzen verspricht die Marke?

MARKENLEISTUNG
Für welche Leistung steht die Marke?

MARKENKERN
Was ist das Alleinstellungsmerkmal der Marke?

MARKENPERSÖNLICHKEIT
Für welche Werte steht die Marke?

EMOTIONALER MARKENNUTZEN
Welchen emotionalen Nutzen verspricht die Marke?

MARKENKERN®

19
**VERFOLGE IMMER DIE HÖHERE VISION,
UM DAS UNMÖGLICHE ZU ERMÖGLICHEN**

VERFOLGE IMMER DIE HÖHERE VISION, UM DAS UNMÖGLICHE ZU ERMÖGLICHEN

Wir leben längst im Zeitalter der Technikgläubigkeit. In Wittenberg, wo Martin Luther die Reformation entfachte, ragt heute ein großes Wandbild über der Stadt. Die Street-Art-Gruppe Innerfields mit den Künstlern Jakob Tory Bardou, Holger Weißflog und Veit Tempich erschuf ein neues Bildnis von Maria Magdalena: Die Gefährtin von Jesus folgt nicht mehr dem Heiligen, sondern ihrem Smartphone. Nun trägt das Smartphone den Heiligenschein. Das Graffiti bringt den Wandel der Gläubigkeit auf den Punkt: Aus Maria Magdalena wurde Media Magdalena. Heilig sei unser Smartphone!

Erschaffen wurde es von Steve Jobs. Das erste Smartphone der Welt präsentierte er am 9. Januar 2007 auf der Macworld Konferenz in San Francisco: »Heute erfindet Apple das Telefon neu. Wir nennen es iPhone.«

Mit diesen, für heutige Verhältnisse bedeutungslosen, Worten schaffte er eine ungeahnte Aufmerksamkeit, wie einst Luther mit seinen 95 Thesen. Das iPhone löste rund um den Globus einen unvorstellbaren Hype aus. In ganz Amerika kampierten die Jünger des angebissenen Apfels vor den Geschäften, um sich ihr neues Handy zu sichern. In nur 74 Tagen nach dem Verkaufsstart hatte Apple eine Million iPhones verkauft. Das gleiche Bild in Deutschland: Die Menschen, die ein solches Mobiltelefon in Händen hielten, fühlten sich wie Held:innen. Und die Medien feierten sie als solche, obwohl sie Tage und Nächte zuvor auf Isomatten und Schlafsäcken eher ein trauriges Bild aus der Zeit der Mangelwirtschaft abgaben. Doch die Apple-Jünger waren glücklich. Ihr Warten hatte sich für sie gelohnt.

Alle Kommunikationsprozesse sind auf Vertrauen angewiesen. Aber Aufrichtigkeit und Wahrhaftigkeit lassen sich nicht ohne Weiteres nur durch Worte und Werbung vermitteln. Das Narrativ benötigt Beweise. Und Steve Jobs machte keine leeren Versprechungen. Er lieferte ein völlig neues Multifunktionsgerät, welches die Marke Apple in den Olymp erhob. Das iPhone hatte eine bisher nicht bekannte Funktionalität aus Hardware und Software sowie ein extrem schlichtes Design, welches von den Kund:innen als sinnlich empfunden wurde. Statt vieler Tasten, die man drücken musste, wurde das Gerät mit den eigenen Fingern gesteuert. Und diese neue Sinnlichkeit rückte Jobs in den Mittelpunkt: »Wir sind alle mit dem ultimativen Zeigegerät geboren worden – unseren Fingern – und iPhone nutzt sie, um die revolutionärste Benutzeroberfläche seit der Maus zu schaffen.« Eine echte Tech-Revolution, die zur Geburtsstunde eines Verkaufsschlagers wurde. Doch es war viel mehr als ein einmaliger Verkaufsschlager. Es war eine völlig neue Sinneserfahrung. Das iPhone war der erste Mini-PC ohne Tastatur für die Hosentasche. Dieses Gerät veränderte die Kommunikation der gesamten Menschheit. Mit dem iPhone begann das Zeitalter der mobilen, digitalen und ständigen Erreichbarkeit. Die Wirtschafts- und Kommunikationswissenschaft spricht heute vom »iPhone-Moment«. In diesem Moment kam alles zusammen. Die gesamte Telekommunikationsbranche veränderte sich. Der weltgrößte Handyproduzent Nokia verschwand vom Markt und mit ihm auch die Telefonzellen. Das Smartphone wurde zum ständigen Begleiter. Es ist zum Zugang zur Welt geworden. Die meisten Menschen können ohne ihr Smartphone nicht mehr leben. Das ganze Leben auf einem Gerät: persönliche Kontaktdaten, Kalender, E-Mails, Kurznachrichten, Fotos, Videos, Musik, Navigation, Kamera, Uhr, Taschenrechner, Taschenlampe und zahllose Apps sowie der Zugriff auf das weltweite Internet mit den liebsten Social-Media-Kanälen.

Wie gelingt ein solcher Hype? Um einen solchen Moment zu erschaffen, braucht es Weitsicht, viel Mut, klare Managementregeln und eine kluge Kommunikationsstrategie. Steve Jobs hatte sein Unternehmen kompromisslos ausgerichtet: Innovative Technik und unverwechselbares, einfaches Design waren wichtige Erfolgstreiber. Doch wer auf den wahren Grund des Erfolges stoßen will, muss tiefer gehen und nach dem Sinn der Organisation suchen. Denn der Sinn einer sozialen Organisation ist ein omnipräsentes und zugleich sehr potentes Medium, wie es der deutsche Soziologe Niklas Luhmann beschrieb: »Jeder bestimmte Sinn qualifiziert sich dadurch, dass er bestimmte Anschlussmöglichkeiten nahelegt und andere unwahrscheinlich macht.« Zudem kann der Sinn einer potenten Technik im Umgang mit Komplexität liegen. Das Management von Sinn wird in drei verschiedene Dimensionen unterteilt: die sachliche, zeitliche und soziale. Wenn diese drei Sinn-Dimensionen, wie im Fall von Apple, zusammenfallen, kann Großes entstehen.

Jede Organisation ist ein System, das sich selbst als Organisation erzeugt, indem es sich einen Sinn gibt. Dies geschieht nach Luhmann fortwährend und ist zugleich der Beweis für die Lebensfähigkeit einer Organisation. Unternehmer:innen und Manager:innen müssen sich drei grundlegende Fragen stellen: Welche Einflüsse wirken auf das Unternehmen? Welcher Sinn wird gestiftet? Wie wird dieser Sinn kommunikativ vermittelt? Jede Organisation unterliegt verschiedenen systemischen Einflussfaktoren. Der Humanismus von Platon bis Jean-Paul Sartre stellt in der zivilisierten Welt die wichtigste Grundlage für unser Zusammenleben dar. Zehn weitere Theorien, unten dargestellt mit ihren wichtigsten Wissenschaftler:innen, nahmen Einfluss auf Organisationen und ihr Wirken.

STRATEGIELEHRE. Seneca & Carl von Clausewitz

ÖKONOMIE. Peter F. Drucker & Fredmund Malik

SOZIOLOGIE. Niklas Luhmann & Karl E. Weick

KOMMUNIKATIONSTHEORIE. Paul Watzlawick & Marshall McLuhan

INFORMATIONSTHEORIE. Norbert Wiener & Claude Shannon

GRUPPENDYNAMIK. Kurt Lewin & Jacob Levy Moreno

PSYCHOLOGIE. Sigmund Freud & Carl G. Jung

SYSTEMISCHE FAMILIENTHERAPIE. Mara Selvini Palazzoli & Virginia Satir

NATURWISSENSCHAFTLICHE SYSTEMTHEORIE. Ludwig von Bertalanffy & Fritjof Capra

KONSTRUKTIVISMUS. Ernst von Glasersfeld & Heinz von Foerster

Der Ursprung von Führung kommt aus dem militärischen Bereich. Schon vor 2.500 Jahren stellte die fernöstliche Schule erste Grundsätze zur Führungskunst im Krieg auf. Wu Sun-Tsu, Miyamoto Musashi und Tsunetomo Yamamoto sind die Begründer. Die westliche Schule schließt sich mit Seneca, Niccolò Machiavelli und Carl von Clausewitz an. Diese sechs Vordenker gelten als die Begründer von Planung, Strategie und Führung, die bis heute an Gültigkeit nicht verloren haben. So hatte die Ökonomie im 20. Jahrhundert den größten Einfluss auf systemische Organisationen. Durch den Klimawandel werden die naturwissenschaftlichen Systemtheorien ihre Bedeutung erheblich steigern können. Zudem wird der Wirkungsbereich der Kommunikationstheorie durch das enge Zusammenspiel mit der digitalen Vernetzung, dem Data Mining und der Künstlichen Intelligenz (KI) weiter zunehmen. Neben der technologischen Weiterentwicklung wird eine entscheidende Fragestellung immer mehr in den Mittelpunkt der Menschen rücken: die Frage nach dem Sinn. Die Sinnhaftigkeit ist der eigentliche Antrieb einer systemischen Organisation. So kann ein Unternehmen die Aufmerksamkeit erheblich steigern, wenn es die Sinnhaftigkeit von bestehenden Verhältnissen oder Produkten infrage stellt und eine neue Sinngebung erschafft. Steve Jobs tat dies. Radikal hinterfragte er die Technik und die Kommunikationsgewohnheiten seiner Zeit und schuf eine neue.

Die Einstellung von Steve Jobs wurde in einem persönlichen Gespräch mit John Sculley besonders deutlich. Er wollte den damaligen Vizepräsidenten von Pepsi für Apple gewinnen. Doch Jobs hatte nicht mehr als seine Überzeugung zu bieten. Ein schwieriges Unterfangen, da Apple 1983 im Vergleich zu Pepsi ein winziges Unternehmen war und Sculley als amerikanischem Marketinggenie die Türen aller Konzerne offenstanden. Durch seine zwei Werbekampagnen mit den Titeln »The choice of a new generation« und »Pepsi-Challenge« war es ihm gelungen, dem Marktführer Coca-Cola einen signifikanten Marktanteil abzunehmen und Pepsi auf Platz eins der US-Softdrinks zu bringen. So konzipierte er den Cola-Blindtest, der den Amerikaner:innen zeigte, dass sie vom Geschmack her Pepsi lieben. Und genau diesen Werbestrategen wollte Steve Jobs für sein Unternehmen gewinnen. Er hatte für Sculley kein Angebot, sondern nur eine Frage: »Willst du den Rest deines Lebens damit verbringen, Zuckerwasser zu verkaufen, oder willst du eine Chance, die Welt zu verändern?«

EINFLUSSFAKTOREN AUF SYSTEMISCHE ORGANISATIONEN

KOMMUNIKATIONSTHEORIE
Paul Watzlawick — Marshall McLuhan

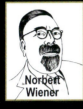 
INFORMATIONSTHEORIE
Norbert Wiener — Claude Shannon

GRUPPENDYNAMIK
Kurt Lewin — Jacob Levy Moreno

PSYCHOLOGIE
Sigmund Freud — Carl G. Jung

SYSTEMISCHE FAMILIENTHERAPIE
Mara Selvini Palazzoli — Virginia Satir

HUMANISMUS
Erasmus von Rotterdam — Jean-Paul Sartre

Mit dieser Frage hatte er Sculley die Sinnfrage gestellt. Jetzt musste er sich mit ihr auseinandersetzen: »Ich habe einfach geschluckt, weil ich wusste, dass ich mich den Rest meines Lebens gefragt hätte, was wäre gewesen, wenn?« Natürlich handelte es sich bei dieser Fragetechnik nicht nur um eine bloße Frage, sondern Jobs hatte in dieser Frage auch seine eigene Haltung vermittelt. Die Botschaft war klar. Steve Jobs ließ keinen Zweifel aufkommen, dass es um sehr viel mehr ging als um einen Job bei Apple. Er machte Mr. Pepsi das Angebot, die Welt zu verändern. Das war mehr als ein Angebot. Und John Sculley folgte dem Ruf von Steve Jobs.

Der Sinn des Lebens ist der größte Antreiber des Menschen. Die moderne Gesellschaft, die durch funktionale Differenzierung gekennzeichnet ist und sich zunehmend in Teilsystemen aus dem gesamtgesellschaftlichen Kontext herauslöst, konnte sich in der Sinngebung der ständigen Erreichbarkeit versammeln. Niklas Luhmann hat bereits 1975 drei Prämissen für die Sinnstiftung eines sozialen Systems identifiziert: »Entscheidungsprogramme; Festlegung von Kommunikationswegen; und Personen, die alledem Körper und Geist verleihen können.« Steve Jobs wusste um diesen Dreiklang und nutzte ihn. Der Organisationswissenschaftler Karl E. Weick beschreibt im Rahmen seiner Forschungsarbeit, wie Wahrnehmungen erst durch das Sensemaking, die sogenannte Sinnerzeugung, relevant werden für das Handeln in alltäglichen Arbeitsprozessen. Demnach erzeugt das Sensemaking eine eigene soziale Realität. Somit bestätigen die Organisationsmitglieder sich selbst und anderen Personen das Ergebnis dieser erzeugten Realität und erzeugen so eine Version von Wahrhaftigkeit, Richtigkeit und dem entsprechenden Verhalten. Langfristig kann aus der Sinnstiftung eine Unternehmenskultur erwachsen.

Karl E. Weick nennt sieben kennzeichnende Merkmale für das Sensemaking in Organisationen:

EINS. Sinnerzeugung basiert auf der Konstruktion des Selbst. Die Selbstwahrnehmung wird immer wieder neu erzeugt.

ZWEI. Sinnerzeugung geht von vertrauten Referenzpunkten aus. Die Kontrolle über diese Referenzpunkte ist eine Machtquelle, weil die Sinnerzeugung anderer von den Referenzpunkten abhängt.

DREI. Sinnerzeugung ist stets retrospektiv. Es handelt sich um einen nie enden wollenden Prozess der Vergangenheitsverarbeitung aus einem kontinuierlichen Fluss von Wahrnehmungen.

VIER. Sinnerzeugung produziert eine rationale Umgebung, weil Menschen den Sinn ihrer eigenen Welt erzeugen. Indem sie das tun, erzeugen sie auch gleichzeitig einen Teil dieser Welt, produzieren also rekursive Realität – bis die Welt für sie einen »Sinn ergibt«.

FÜNF. Sinnerzeugung ist sozial, weil sie aus den Interaktionen der Menschen einer Organisation entsteht.

SECHS. Sinnerzeugung wird mehr von Plausibilität als von Genauigkeit getrieben. Menschen handeln danach, was ihnen plausibel erscheint, nicht, was sie genau ergründen, analysieren oder messen können.

SIEBEN. Sinnerzeugung ist kontinuierlich, da sie sich im Fluss befindet.

Bei Apple wurde das Sensemaking den Managementprozessen vorgeschaltet und durch eine kluge Kommunikationsstrategie verstärkt. Luhmann hielt zu einer strategischen Kommunikationsausrichtung fest, dass sie nur Erfolg hat, wenn sie anschlussfähig ist und von anderen übernommen und fortgesetzt werden kann.

Daran arbeitete Steve Jobs. Ihm gelang es, bei jeder Präsentation das Publikum in seinen Bann zu ziehen. Als er das iPhone präsentierte, sprach er frei, und doch hatte er die wichtigsten Kernbotschaften für seine Zuhörerschaft immer zur Hand. Über eine Stunde lang konnte er über ein Apple-Produkt und dessen Funktionen sprechen, ohne zu langweilen: Denn er sprach nicht über Technik, sondern über die Veränderung von Kommunikation, Vernetzung und der digitalen Arbeitswelt. Die Journalistin Julie Pitta vom Forbes Magazin brachte es auf den Punkt: »Steve stand allein auf der Bühne, und das Silicon Valley war versammelt, um ihm zu huldigen.« Denn er hatte mehr als ein Produkt. Er rückte den Sinn in den Mittelpunkt seines Handelns. Doch das war nicht immer so. Steve Jobs musste sehr hart kämpfen. Als er das Ruder nach seinem Rauswurf bei Apple wieder übernahm, hatte er sich gegen einen Verlust von einer Milliarde Dollar zu stemmen. Doch er hatte aus seinen Fehlern gelernt. Das Scheitern hatte ihn stärker gemacht.

Schon sehr früh orientierte er sich an den großen Vordenker:innen, die der Welt neue Sichtweisen und Gedanken gaben. Mit der Beschäftigung mit den Ikonen des 20. Jahrhunderts und dem ständigen Wiederholen seiner Ziele beeinflusste er sein Unterbewusstsein. Diese Form der Autosuggestion übertrug er auf das Unternehmen. Er wusste, dass der Erfolg der Autosuggestion umso wahrscheinlicher wird, je länger und konsistenter sie angewendet wird. Um seine Sichtweise in das eigene Unternehmen zu tragen, entwickelte er eine Bildreihe, die zur »Think different«-Kampagne wurde.

Die Kampagne ehrte die Visionäre, die das 20. Jahrhundert positiv verändert hatten. So waren Persönlichkeiten wie Albert Einstein, Pablo Picasso, Mahatma Gandhi, Martin Luther King und Martha Graham zu sehen. Menschen, die keinen Respekt vor dem Status Quo hatten und sich mit Kreativität und Engagement für einen Wertewandel eingesetzt haben. Besonders verehrte Steve Jobs den Erfinder von Micky Maus und Donald Duck, Walt Disney, der mit seiner Arbeitstechnik immer neue Maßstäbe setzte. Jobs sagte einmal zu seinen Mitarbeiter:innen, dass »Kunden nicht wissen, was sie wollen, bevor wir es ihnen gezeigt haben.« Und Steve Jobs zeigte den Apple-Kund:innen nicht nur schöne und funktionale Produkte, sondern präsentierte ihnen eine klare und einheitliche Kommunikation seiner Marke. Das war auch das verbindende Element von Steve Jobs und Walt Disney: Für beide war Kommunikation Chefsache.

So kümmerte sich Steve Jobs um den Werbetext zu den Schwarz-Weiß-Portraits von Muhammad Ali über Maria Callas, Thomas Edison und Alfred Hitchcock bis hin zu Frank Lloyd Wright und bemühte sich, dass Persönlichkeiten, wie die US-amerikanische Folk-Sängerin und Bürgerrechtlerin Joan Baez, eine Ex-Freundin von Jobs, oder Yoko Ono, die Witwe von John Lennon und eine ehemalige Nachbarin von Steve Jobs, sich an seiner Kampagne beteiligten. Außerdem verpflichtete er den Schauspieler Richard Dreyfuss, den Text für die Werbespots einzusprechen.

Mit diesem Text der »Think different«-Kampagne ehrte Apple nicht nur die kreativen Genies. Vielmehr war es Steve Jobs' eigener Anspruch, der weder Ingenieur, Techniker noch Computerfreak war, eine neue digitale Gesellschaft zu gestalten. Steve Jobs wies auf die ungeheure Wirkungskraft der abgebildeten Personen hin: »Während der Entwicklung der Werbung wurden sie zu unseren persönlichen Helden und inspirierten uns alle, bei unserer Arbeit und in unserem Leben höher und weiter hinaus zu greifen.« Alle Mitarbeitenden konnten sich nun ihr persönliches Vorbild als Werbeplakat im Büro aufhängen. Damit fand eine unbewusste Fokussierung aus Motivation und Leistung statt, die sich durch die zahlreichen Persönlichkeiten des 20. Jahrhunderts, die überall im Unternehmen und in der Öffentlichkeit zu sehen waren, verstärkte. Das Prinzip, wie man in Menschen ein Feuer entfachen kann, hat schon der Schriftsteller Antoine de Saint-Exupéry vor rund 100 Jahren festgehalten: »Wenn Du ein Schiff bauen willst, dann trommle nicht Männer zusammen um Holz zu beschaffen, Aufgaben zu vergeben und die Arbeit einzuteilen, sondern lehre die Männer die Sehnsucht nach dem weiten, endlosen Meer.« Das Warum ist die Basis der Identifikation.

In Organisationen entsteht Sinn durch narrative Strukturen, die biographische Ereignisse zu einer lebendigen Geschichte verbinden, welche wiederum als sinnvoll und sinnstiftend empfunden werden muss. Hinter einer solchen verbindenden Geschichte sind die Menschen bereit, sich zu versammeln. Das Narrativ rückte bei Apple ins Zentrum des Geschehens. Um ein Narrativ entwickeln zu können, benötigt man ein Problem, den Mut, es zu erkennen, den Willen, es zu lösen, die Kraft, ein klares Ziel zu benennen, und die Verpflichtung, es zu erfüllen.

Bei Apple waren die Narrative der kreativen Köpfe Orientierung und Ansporn zugleich. In der Psychologie wird immer wieder ein Satz benannt, der da lautet: Die Energie folgt der Aufmerksamkeit! Steve Jobs hat dieses Prinzip konsequent angewandt und daraus eine neue Wechselwirkung zwischen der externen Werbung und der internen Kommunikation entwickelt.

Mit der »Think different«-Kampagne formulierte Jobs den Anspruch an seine Mitarbeiter:innen. Die Plakate und Werbespots dokumentierten diesen Anspruch. Es brauchte keine Worte mehr. Die Botschaft war eindeutig. Und doch gab sie der Belegschaft den notwendigen Gestaltungsspielraum für ihr Handeln. Die Psychologen Terrie E. Moffitt und Avshalom Caspi haben eine Faustregel für den Veränderungswillen von

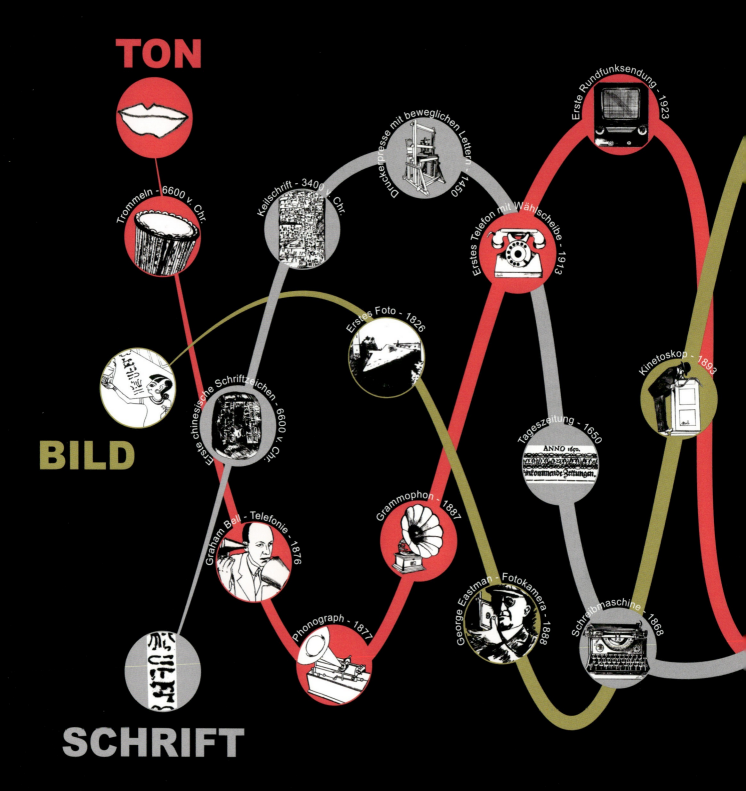

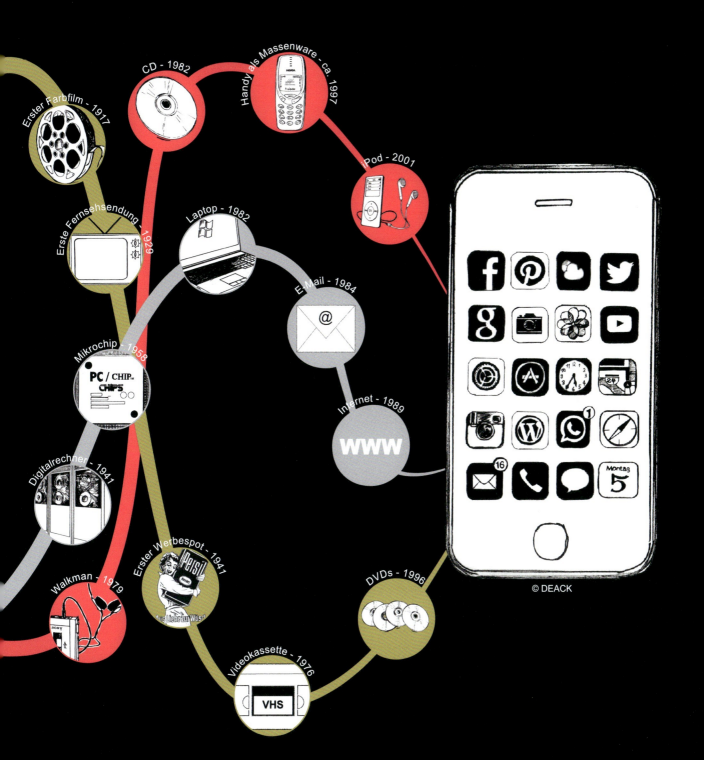

Salvador Dalí

Jimi Hendrix

»An alle, die anders denken:
Die Rebellen,
die Idealisten,
die Visionäre,
die Querdenker,
die, die sich in kein Schema
pressen lassen,
die, die Dinge anders sehen.
Sie beugen sich keinen Regeln,
und sie haben keinen Respekt vor
dem Status Quo.
Wir können sie zitieren,
ihnen widersprechen,
sie bewundern oder ablehnen.
Das einzige, was wir nicht können,
ist sie zu ignorieren,
weil sie Dinge verändern,
weil sie die Menschheit weiterbringen.
Und während einige sie
für verrückt halten,
sehen wir in ihnen Genies.
Denn die, die verrückt genug sind
zu denken,
sie könnten die Welt verändern,
sind die, die es tun.«

Think different

Maria Callas

Elly Beinhorn

Bob Dylan

Pablo Picasso

Menschen aufgestellt. Nach den beiden Forschern lassen sich Persönlichkeiten am leichtesten dort entwickeln, wo Regeln hart und Erwartungen hoch sind. Genau diesen Ansatz vertrat Steve Jobs gegenüber sich selbst und seinem Team. Sein Management setzte einen klaren Rahmen der Konfrontation, indem Ängste überwunden und neue Fertigkeiten erlernt werden sollten. Stück für Stück erhöhte er die Arbeitszeiten, den Druck und die Anforderungen. Jobs' Spielregeln waren knallhart: Die Komfortzone im Unternehmen wurde eliminiert und das Ziel, »eine Delle ins Universum zu schlagen«, ausgegeben. Die Arbeitszeiten und steigenden Anforderungen an jede einzelne Person wurden diesem Ziel untergeordnet. Das Management glich einer Mond-Expedition. Der Fokus war klar und wurde durch die Kommunikation immer wieder verstärkt.

Zugleich erhob Jobs seine Kund:innen zu Visionär:innen, die anders denken und handeln als alle anderen Computernutzer:innen. Die Doppelstrategie ging auf. Durch seine einheitliche Kommunikation in das eigene Unternehmen und die Apple-Gemeinde in der ganzen Welt erzielte er die größtmögliche Wirkung. Steve Jobs legte mit dieser Strategie die interne und externe Kommunikation in einer Kampagne zusammen: Der Anspruch an die eigenen Mitarbeiter:innen sollte die Kund:innen und der Anspruch der Kundschaft sollte wiederum die Mitarbeiter:innen erreichen. Die werbliche Dialektik war erschaffen worden. Mit dieser Strategie entwickelte die Marke einen Kultstatus. Mehr noch: Steve Jobs selbst hat seinen eigenen Anspruch, die Welt durch seine Produkte zu verändern, für sich selbst verinnerlicht und diese Einstellung seinen Mitarbeiter:innen Tag für Tag vorgelebt und anhand von Portraits dargestellt. Zu jener Zeit war noch kein iPod, iPhone oder iPad entwickelt. Steve Jobs hatte nur seine Vision. Und er vertrat sie mit Leidenschaft, Überzeugung und Willenskraft. Der Slogan »Think different«, das wusste Jobs, durfte keine leere Worthülse bleiben. Er und sein Team mussten nun liefern. Und sie lieferten. Anspruch und Wirklichkeit kamen bei Apple zusammen. Das Narrativ erfüllte sich.

Der letzte Satz seiner »Think different«-Kampagne war sein eigener Lebensansporn: »Denn die, die verrückt genug sind zu denken, sie könnten die Welt verändern, sind die, die es tun.« In dieser Zeit hatte Steve Jobs vermutlich die erfolgreichste Marketingabteilung der Welt aufgebaut. Während andere IT-Konzerne Millionen ins Marketing steckten, präsentierte Jobs nur noch eine Person: sich selbst.

Steve Jobs wurde zur Ikone. Nach seinem Tod wurde er ganz natürlich in die Reihe der »Think different«-Persönlichkeiten eingereiht. Das Narrativ war vollendet. Nun setzte die Legendenbildung ein. Klüger kann Marketing nicht sein.

Am Ende seines Lebens gab uns Steve Jobs noch eine wichtige Lebensweisheit mit auf den Weg: »Lass den Lärm anderer Leute Meinungen nicht deine eigene innere Stimme ertränken.« Dieser Satz ist entscheidend für die Entwicklung einer eigenen Kommunikationsstrategie. Auf der ganzen Welt haben viele Unternehmenslenker:innen versucht, den Ansatz von Steve Jobs zu kopieren. Doch Kopieren führt zu keinem Alleinstellungsmerkmal. Vielmehr gilt es, eine sinnstiftende Idee zu entwickeln und diese auch noch vermitteln zu können.

KOMMUNIKATIONSSTRATEGIE

Sinn ist der größte Treiber der Menschheit. Und die Menschen des 21. Jahrhunderts stellen wieder die Sinnfrage. Wir alle dürsten nach sinnstiftenden Antworten auf die Fragen von Klima- und Gesundheitsschutz, Nachhaltigkeit, sozialer Gerechtigkeit, gerechter Arbeitsteilung zwischen Mensch und Maschine sowie einer Wirtschaftsordnung, die sich nicht aus immer mehr Wachstum speisen muss.

Mit diesen Fragen haben sich nicht nur Regierungen, Konzerne und Großorganisationen auseinanderzusetzen, sondern wir alle. Wir müssen Antworten auf die schwierigsten Fragen in einer globalen Welt finden und glaubhafte Informationen liefern. Dafür braucht es klare Werte und kluge Strategien, um Antworten zu bieten, die nicht schon am nächsten Tag ihre Gültigkeit verlieren.

Kommunikation ist eine ganzheitliche Führungsphilosophie, die in einer Konzeption aus strategischen Analysen und Planungen zu unternehmensinternen und -externen Handlungsoptionen führt. Anhand der Kommunikationsausrichtung werden nicht nur die Angebote, sondern auch die Haltung und Werte einer Organisation sichtbar. Zudem bietet ein Kommunikationskonzept die Möglichkeit, die eigenen Strategien zu überprüfen und regelmäßig zu optimieren. Eine solche Konzeptionierung bietet das Kommunikationshaus.

VIER SEITEN DES KOMMUNIKATIONSHAUSES

Wer die vier Seiten des Kommunikationshauses solide baut, erhält eine einheitliche Kommunikationsausrichtung aller Public-Relations-, Public-Affairs-, Marketing-, Werbe-, Event- und Social-Media-Maßnahmen. Das Konzept verfügt, wie der Name schon verrät, über vier tragende Wände, die ein stabiles Kommunikationsgebäude entstehen lassen. Zugleich sollen mit der ganzeitlichen Ausrichtung die Wünsche und Bedürfnisse der ausgewählten Zielgruppen gewinnbringend angesprochen werden. Somit wird die Konzeption auch als eine umfassende Philosophie des unternehmerischen Planens und Handelns angesehen, bei der über ein systematisches Informationsmanagement alle Aktivitäten des Unternehmens an gegenwärtigen und zukünftigen Erfordernissen ausgerichtet werden. Unternehmen, die über keine strategische Kommunikationsausrichtung verfügen, können den Markt nicht mehr bearbeiten. Mit dem Bau des Kommunikationshauses werden die vier Seiten Schritt für Schritt bearbeitet, sodass Sie am Ende ein ganzheitliches Kommunikationskonzept erhalten.

ERSTE SEITE. IDENTITÄT

Mit der ersten Seite des Kommunikationshauses wird die Identität (Corporate Identity) des Unternehmens bestimmt. Es handelt sich um das Selbstbild der Organisation, das ein Alleinstellungsmerkmal an den Märkten sichern soll. Die Unternehmensstrategie sowie die operativen Ziele des Unternehmens bilden die Grundlage der Positionierung. Sie werden in einem Leitbild festgeschrieben. Im Anschluss werden der Markenkern sowie die Markenwerte bestimmt und daraus der Claim abgeleitet. Der Claim soll dabei innen wie außen Wirkung erzielen und das Alleinstellungsmerkmal in der Bevölkerung verankern. Bei der ersten Seite des Kommunikationshauses sind folgende Schritte zu absolvieren:

ORGANISATIONSSTRATEGIE. Was ist die Ausrichtung des Unternehmens? Hier soll die Ausrichtung des Unternehmens sehr verdichtet und präzise – möglichst in einem Satz – zusammengefasst werden. Einigen Unternehmer:innen und Manager:innen fällt diese erste Frage besonders schwer, da hier eine klare Festlegung verlangt wird. Vielen helfen die leicht modifizierten Fragestellungen: Was ist die Aufgabe des Unternehmens? Warum und wofür gibt es das Unternehmen? Je klarer Sie diese Fragen beantworten, umso eindeutiger wird Ihre Unternehmenskommunikation. Wer alles benennen und erreichen will, wird am Ende keine klare Kommunikationsausrichtung erzielen.

OPERATIVE ZIELE. Welche operativen Ziele verfolgt das Unternehmen im kommenden Geschäftsjahr? Das Kommunikationskonzept folgt dem operativen Ziel und wird somit für ein Jahr geplant, umgesetzt und evaluiert. Hierbei sollten die operativen und kommunikativen Ziele deckungsgleich sein, damit eine ganzheitliche Ausrichtung erfolgen kann. An dieser Stelle des Konzeptes sind nur die operativen Unternehmensziele zu benennen.

ORGANISATIONSKULTUR. Über welche Kultur verfügt das Unternehmen? In vielen Unternehmen, Organisationen und Konzernen wird die Kultur bei der (Neu-)Ausrichtung und Zielerreichung wenig bis gar nicht berücksichtigt. Das ist ein schwerer Fehler, denn die Kultur prägt ein Unternehmen – im Guten wie im Schlechten. Nach dem Organisationspsychologen Peter Kruse ist die Kultur ein Stabilisator der offenen und verdeckten Regeln in einem Unternehmen. Sie fungieren wie ein soziales Gedächtnis und erzeugen eine Wirklichkeit, welche die möglichen Veränderungspotenziale des Unternehmens begrenzt. Der Ökonom Peter F. Drucker fasste diese Erkenntnis in einem sehr einprägsamen Satz zusammen: »Die Kultur verspeist die Strategie zum Frühstück.« Darum müssen sich alle Manager:innen und Kommunikationsexpert:innen mit der Unternehmenskultur (Corporate Culture) auseinandersetzen, da die kommunikative Ausrichtung von der Belegschaft mitgetragen werden soll. Denn die Mitarbeiter:innen sind die wichtigsten Multiplikator:innen des Unternehmens: Sie stellen die Kundenorientierung sicher. Diese Aufgabe wird von der internen Kommunikation übernommen. Zudem ist zu analysieren, ob die Unternehmenskultur anschlussfähig an die noch zu bestimmenden Kundengruppen (Zielgruppen) ist: Passt die Kultur der Organisation zu den Menschen, die man erreichen möchte?

LEITBILD. Was ist das Leitbild des Unternehmens? Bringen Sie die ambitionierte Ausrichtung und Zielerwartung Ihrer Organisation in einem Leitbild – oder in einem Leitsatz – auf den Punkt. Bei einem Leitbild handelt es sich nicht mehr um die üblichen Gebote eines Unternehmens, die als vergilbte Liste in der Ecke der Kantine hängen und niemanden mehr interessieren.

Der umstrittene US-amerikanische Manager Jack Welch, der das Performance Management aus Zuckerbrot und Peitsche als CEO bei General Electric perfektionierte, legte für die Entwicklung eines Unternehmensleitbilds einen sehr guten Spannungsbogen fest: »Das Leitbild bringt das Mögliche und das Unmögliche miteinander in Einklang. Es zeigt den Mitarbeitern einen klaren Weg zur Profitabilität auf und gibt ihnen das gute Gefühl, Teil eines großen, wichtigen Ganzen zu sein.« Das ist die Aufgabe eines Unternehmensleitbilds: Sagen Sie es kurz, knapp und knackig. Sagen Sie es so, dass es alle verstehen. Kommunikativ kann das Leitbild auch zum Thema oder Motto des Jahres erhoben werden und sich später in der kreativen Leitidee wiederfinden.

MARKENKERN. Was ist das Alleinstellungsmerkmal des Unternehmens? Im Markenkern wird das Alleinstellungsmerkmal, der Unique Selling Point (USP), einer Organisation zusammengefasst. Berühmte Unternehmensbeispiele aus Deutschland, die ihren Markenkern so verankert haben, sind beislpielsweise BMW mit dem Wort »Freude« und Audi mit dem Wort »Technik«.

Mit einem solchen Markenkern versuchen sich diese Organisationen im Wettbewerb nicht nur abzugrenzen, sondern auch die eigene Glaubwürdigkeit, Qualität und Relevanz unter Beweis zu stellen. Das ist zugleich ein hoher Anspruch an die gesamte Organisation, denn alle Maßnahmen und Produkte von BMW sollen Freude erzeugen und bei den technischen Entwicklungen von Audi soll ein Vorsprung entstehen. Somit stehen alle Organisationen vor der Herausforderung, ihren Markenkern nach innen erkennbar darzustellen und nach außen erlebbar zu machen.

MARKENWERTE. Welche Werte vertritt das Unternehmen? Die Markenwerte sind wie ein innerer Kompass der Organisation. Sie geben Orientierung und stiften Sinn für die Belegschaft. Die Mitarbeiterinnen und Mitarbeiter müssen die Markenwerte als Wegweiser nutzen können, weil sie das »Wie« des Unternehmensauftrags beschreiben. Gerade in schwierigen Situationen oder Krisen bestimmen die Werte den Kurs eines Unternehmens: Werte kann man nicht herbeireden. Entweder sind sie vorhanden oder sie sind es nicht. Hier sollten Sie die drei relevanten Werte Ihrer Organisation benennen. Bedenken Sie, dass man mit nachhaltigen Werten kommunikativ in Führung gehen kann!

CLAIM. Wie wird der USP des Unternehmens vermittelt? Der englische Begriff Claim ist ein zentrales Instrument aus dem Marketing. Dabei kann ein Claim, auch Slogan genannt, mehrere Funktionen haben: Er kann die Positionierung einer Marke, ein zentrales Versprechen, einen Nutzen, eine Mission, eine Vision oder das Alleinstellungsmerkmal des Unternehmens dokumentieren und kommunizieren. Ein erfolgreicher Claim sollte aus dem Markenkern hervorgehen, wie es die Beispiele von BMW »Freude am Fahren.« oder Audi »Vorsprung durch Technik« zeigen. Es gibt aber noch viele andere Beispiele, die Sie alle kennen: »Haribo macht Kinder froh und Erwachsene ebenso« (Haribo), »Just do it« (Nike), »Taste the Feeling« (Coca-Cola), »We kehr for you.« (Berliner Stadtreinigung), »Quadratisch. Praktisch. Gut.« (Ritter Sport), »Wir lieben Lebensmittel« (Edeka), »Wohnst Du noch oder lebst Du schon?« (Ikea).

Mit Sicherheit konnten Sie diese Claims und die dazu passenden Unternehmen benennen. Diese Slogans haben sich fest in unseren Köpfen verankert. Damit haben die Kommunikationsexpertinnen und Kommuikationsexperten ihr Ziel erreicht: Wir können die Claims abrufen und einer bestimmten Marke zuordnen. Erst der Zirkelschluss macht den Erfolg: Eine Marke erkennt man daran, dass man sie erkennt. Das ist die zu erbringende Leistung.

ZWEITE SEITE. STRATEGIE

Der Strategieteil beginnt mit einer Analyse der internen und externen Ausgangslage, der SWOT-Analyse. Daran schließt sich die Bestimmung der Zielgruppen, Bezugsgruppen und Multiplikator:innen sowie das zu erreichende Kommunikationsziel an. Aus dem Markenkern, den Markenwerten und dem Claim müssen nun die Botschaften für die Zielgruppen, Bezugsgruppen sowie die Multiplikatorinnen und Multiplikatoren entwickelt werden. Die Strategie wird mit einer kreativen Leitidee vollendet.

SWOT-ANALYSE. Welche Stärken und Chancen können kommunikativ genutzt werden? Die SWOT-Analyse, ein englisches Akronym für S:trengths (Stärken), W:eaknesses (Schwächen), O:pportunities (Chancen) und T:hreats (Risiken), ist ein Instrument, auf dem die strategische Kommunikationsplanung aufgebaut ist. In die Vier-Feld-Matrix sollen die internen Stärken und Schwächen sowie die externen Chancen und Risiken eingetragen werden. Hierfür gilt: so präzise wie möglich und so vollständig wie nötig. Bei der SWOT-Analyse handelt es sich um eine Systematisierungs- und Selektionsleistung, die mit den Stärken und Chancen für die kommunikative Ausrichtung der Organisation arbeiten will. Alle Fakten, die für die Kommunikationsstrategie keine Bedeutung haben, werden aussortiert. Es zählen nur die Fakten, welche für die Kommunikation eine Vorteilsübersetzung versprechen.

In Krisenfällen wird der umgekehrte Ansatz gewählt: Hier werden die Schwächen und Risiken bewertet, um diese bearbeiten und kommunikativ zu entschärfen zu können.

ZIELGRUPPEN, BEZUGSGRUPPEN & MULTIPLIKATOR:INNEN. Wer soll kommunikativ erreicht werden? Eine gute Kommunikationsstrategie besteht darin zu bestimmen, wen man nicht erreichen will. Viele Manager:innen und Kommunikationsexpert:innen träumen davon, alle zu erreichen. Meistens bleibt das ein frommer Wunsch. Und am Ende erreicht man niemanden, da die Kommunikation nicht auf die Zielgruppen abgestimmt ist. Daher ist es sinnvoll, sich an dieser Stelle festzulegen, welche Personengruppen man erreichen muss und kann. Hierbei sollten Sie in drei Kategorien denken:

Zielgruppen. Auf diese Gruppe von Menschen zielt Ihre Kommunikation ab. Das heißt, dass Ihre Kommunikation für diesen Personenkreis anschlussfähig sein muss. Sprechen Sie die funktionalen und emotionalen Sinne dieser Menschen an. Auch die eigene Belegschaft ist zu berücksichtigen. Sie muss sogar an erster Stelle stehen, da die Belegschaft die Kommunikationsausrichtung mittragen und vermitteln sollte.

Bezugsgruppen. Diese Menschen stehen in Beziehung zu Ihren Maßnahmen und Ihrer Kommunikation. Meist stehen diese Gruppen Ihrer Organisation eher kritisch gegenüber. Diese Kritiker:innen könnten Einfluss auf Ihre Kommunikation nehmen. Seien Sie auf die kritischen Stimmen vorbereitet und bedenken Sie, dass die Andersdenkenden meistens in den eigenen Reihen zu finden sind. Für diese benötigen Sie die besten Argumente, da sie alle Schwachstellen kennen.

Multiplikator:innen. Hierbei handelt es sich um wichtige Vertreter:innen aus der Belegschaft, den Medien oder der Politik, die Ihre Botschaften aufnehmen und verbreiten. Diese sind zu identifizieren und anzusprechen. Multiplikatorinnen und Multiplikatoren sind extrem anspruchsvoll; hier brauchen Sie maßgeschneiderte Kommunikationsangebote.

Benennen Sie die drei Gruppen so genau wie möglich. Für die genaue Bestimmung der Lebenswirklichkeiten Ihrer drei Bezugsgruppen und deren Kommunikationsverhalten kann eine Verortungsanalyse anhand der Sinus-Milieus hilfreich sein.

KOMMUNIKATIONSZIELE. Was sind die Kommunikationsziele des Unternehmens? Die Unternehmenskommunikation hat die Aufgabe, den Aufbau, die Aufrechterhaltung und Verstärkung der Beziehungen zu den Mitarbeitenden, der Kundschaft, den Stakeholder:innen und Mulitplikator:innen sowie zu den gesellschaftlichen Anspruchsgruppen zu gestalten. Für diese Aufgaben braucht es klare Kommunikationsziele, welche nach SMART bestimmt werden müssen. SMART ist ein Akronym für s:pezifisch (Das Ziel muss eindeutig definiert sein.), m:essbar (Das Ziel muss qualitativ (wer und was) und quantitativ (wie oft und wie viel) messbar sein.), a:ngemessen (Das Ziel muss erreichbar sein und darf die zur Verfügung stehenden Ressourcen nicht sprengen.), r:elevant (Das Ziel muss bedeutsam sein und einen Mehrwert für die Organisation liefern. Im besten Fall werden die operativen Ziele unterstützt und erreicht.) und t:erminiert (Das Ziel muss einer klaren Terminvorgabe folgen. Bis wann muss das Ziel erreicht sein? Hierfür sollte ein kommunikativer Jahresplan erstellt werden.)

Das bedeutet, dass alle Einzelmaßnahmen im späteren Zeit- und Maßnahmenplan gebündelt und dem festgelegten Kommunikationsziel untergeordnet werden müssen. Im besten Fall bauen die ausgewählten Kommunikationsmaßnahmen so aufeinander auf, dass sie die zu erreichenden operativen Ziele stützen.

BOTSCHAFTEN. Welche Botschaften sollen an wen gesendet werden? Nach der vorgenommenen Positionierung ist dafür zu sorgen, dass passgenaue Botschaften für die jeweilige Ziel- und Bezugsgruppe sowie für die Multiplikator:innen entwickelt werden. Die Botschaften folgen der Positionierung. Sie übersetzen deren Kernaussage für jede einzelne Zielgruppe und ergänzen sie um relevante Aspekte. Dabei sollten sich die Konzeptionist:innen immer fragen, wie sie die Botschaft für die Zielgruppe glaubwürdig verpacken können. Welche Bilder müssen sie verwenden, welche Sprache sprechen, damit sich die Botschaft in den Köpfen der Zielgruppe einprägen kann? Die entwickelten Botschaften dürfen sich nicht widersprechen und sind so zu gestalten, dass sie das Interesse und die Neugier der Dialogpartner:innen wecken. Bei der Entwicklung der Botschaften gilt das Prinzip des Angelns: Der Köder soll dem Fisch und nicht dem Angler schmecken. Bei den Botschaften dürfen Sie nicht von sich ausgehen, sondern sollten sich in die Wünsche, Träume und Erwartungshaltungen Ihrer Milieus hineinversetzen. Der Botschaftsköder sollte so ausgestaltet sein, dass die jeweilige Gruppe ihm Aufmerksamkeit schenkt und anbeißt.

KREATIVE LEITIDEE. Was ist die leitende Idee, die alle Kommunikationsmaßnahmen kreativ bündeln kann? Der schwierigste, aber zugleich spannendste Teil ist die kreative Leitidee. Aus Ihrer bisherigen Ausarbeitung sollte sich schon ein Motto, ein Bild oder sogar eine ganze Geschichte ergeben haben, die Sie den Menschen vorstellen möchten. Ihre Idee sollte dabei kreativ, überraschend und nutzbringend für Ihre Ziel- und Bezugsgruppen sein. Bei der Umsetzung einer kreativen Leitidee zählt der Grundsatz, dass Menschen keine Fakten, sondern Storys kaufen. Hier dürfen über sprachliche, visuelle und audiovisuelle Bilderwelten Emotionen vermittelt werden. Mit der kreativen Leitidee ist es möglich, alle Kommunikationsmaßnahmen zu bündeln und unter ein gemeinsames Dach zu stellen. Wenn das gelingt, sprechen die Marketingexpert:innen von einer Dachkampagne. Hiermit wird eine hohe Einprägsamkeit bei den Verbraucher:innen sichergestellt. Damit ist die kreative Leitidee das Herzstück bei einer integrierten Kampagne. Sie sorgt für ein konsistentes Erscheinungsbild und eine starke Wiedererkennung auf allen Kommunikationskanälen. Eine geniale Leitidee ist die lila Kuh von Milka. Der erste Werbefilm mit der Milka-Kuh erschien 1973. Seit dieser Zeit sind weit über 100 Werbespots gedreht worden. Die Milka-Kuh hat sich somit fest in unserem Gedächtnis verankert, und die lila Schokolade im Supermarkt fällt uns nicht nur auf, sondern hat auch ihren Platz in unserem Einkaufswagen. Die Idee mit der Kuh ist ebenso einfach wie genial. So sollte eine kreative Leitidee sein.

DRITTE SEITE. UMSETZUNG

Die dritte Seite beinhaltet den Aktionsplan. Hier werden alle Maßnahmen systematisch aufeinander abgestimmt und in einen Jahresplan eingearbeitet. Zudem muss das Budget geplant und verwaltet werden. Abschließend erfolgt die Endkontrolle aller Einzelmaßnahmen und die Erfolgsmessung des gesamten Kommunikationskonzeptes.

CORPORATE DESIGN. Im ersten Haus der Positionierung wurde die Unternehmensidentität (Corporate Identity) ausführlich definiert. Im zweiten Haus stand die Strategie im Mittelpunkt, sodass in der Umsetzung des dritten Hauses das Corporate Design mit der neu entwickelten kreativen Leitidee zu einem stimmigen und umfassenden Erscheinungsbild zusammengeführt werden muss. Ein Corporate-Design-Handbuch, auch als Styleguide bezeichnet, legt die Gestaltungsrichtlinien aus Schriftarten, Farb- und Formgebung sowie einer einheitlichen Grafik-, Bild-, Foto- und Videosprache für alle Kommunikations-, Werbe- und Informationsmittel der Organisation fest. Ziel ist es, ein stimmiges Erscheinungsbild in der Öffentlichkeit zu platzieren, um so den Wiedererkennungswert bei den ausgewählten Zielgruppen zu verankern.

ZEIT- & MASSNAHMENPLAN. Welche kommunikativen Maßnahmen werden wann, wie und wo umgesetzt? An dieser Stelle verlassen wir die Theorie und wenden uns der Praxis zu. Die Kommunikationsarbeit wird nun bunt. Jetzt muss entschieden werden, welche Kommunikationsmaßnahmen zum Einsatz kommen und wer wann, wie und wo über welche Kanäle erreicht werden soll. Die Maßnahmen werden so zusammengestellt, dass aus der Vielzahl eine Kampagne mit einer hohen und lange andauernden Aufmerksamkeitskurve entsteht, die vor allem die Zielgruppe erreicht.

BUDGET. Wieviel Geld steht zur Verfügung, um das Kommunikationsziel zu erreichen? Bei dieser Frage kommt es in jeder Organisation zum Schwur. Alle wünschen sich Kommunikation zum Nulltarif. Es ist bekannt, dass gute Kommunikationsleistungen in einer medialen Welt teuer sind, daher sind für mich die Ergebnisse der Evaluation entscheidend. Wenn man weiß, welche Maßnahmen sich in den letzten Jahren bewährt haben und welche nicht, kann man immer genauer analysieren und sein Geld gezielt einsetzen. Voraussetzung ist, dass man jede einzelne Maßnahme und das gesamte Maßnahmenbündel anhand des Kommunikationsziels bemisst und daraus jedes Jahr neue Erkenntnisse über den Kommunikationsmarkt, die Kommunikationsmittel und -kanäle sowie die Zielgruppen und ihr Kommunikationsverhalten gewinnt. Das führt zu einem gezielteren Mitteleinsatz und zu besseren Ergebnissen.

EVALUATION. Wurden die Kommunikationsziele und damit die operativen Ziele des Unternehmens erreicht? Analysen helfen, die Kommunikationsleistung der eigenen Organisation und den erzielten Diskurs bei den Zielgruppen und im öffentlichen Raum genauer zu verstehen und besser zu steuern. Den Erfolg auch in Zahlen messen zu können, ist ein wichtiges Planungsinstrument für die Auswahl und stetige Verbesserung der Zielgruppenansprache über die passgenauen Botschaften, eine kreative Leitidee sowie einen Maßnahmenmix. Grundsätzlich gilt: Nur was man messen kann, kann man auch steuern. Es ist sinnvoll, Kraft und Zeit in die Evaluation zu investieren. Genaue Analysen können bei Markt- und Medienforschungsinstituten eingekauft werden, sodass Sie Ihr Kommunikationscontrolling per Mausklick auswerten können.

VIERTE SEITE. STRUKTUR

Wer die Kommunikationsleistung überprüft, hat auch die eigene Struktur und den Medienmix seiner Organisation auf den Prüfstand zu stellen. Hier werden die wichtigsten Schnittstellen zwischen der internen und externen Kommunikation sowie den verschiedenen Kommunikationsinstrumenten analysiert. Diese abschließende Seite des Kommunikationshauses ist von entscheidender Bedeutung, denn die kommunikative Leistung kann immer nur so gut sein, wie es die kommunikative Infrastruktur in einem Unternehmen ist.

IT & KOMMUNIKATIONSMANAGEMENT. Wie ist das Zusammenspiel zwischen der IT- und der Kommunikationsabteilung organisiert? Die wichtigste Grundvoraussetzung für eine kommunikative Infrastruktur ist eine funktionierende und leistungsstarke Informationstechnologie (IT). In den nächsten Jahren werden IT- und Kommunikationsabteilungen immer stärker zusammenwachsen, da sie einander bedingen: Die IT stellt die Infrastruktur für die Kommunikationswege sicher und die Kommunikation die Inhalte auf den Kommunikationswegen. Schon heute sind die Kommunikator:innen von dem Data-Mining der IT-Expert:innen und ihren neuesten Erkenntnissen, Querverbindungen und Trends am Markt abhängig. Sie liefern die relevanten Verhaltensmuster der verschiedensten Endverbraucher:innen und werten die notwendigen Kommunikationsstrategien aus. Börsen- und Sportnachrichten werden bereits von Algorithmen erzeugt. Bald werden sie auch die passgenauen Unternehmensnews für die jeweils relevante Zielgruppe produzieren. Die Kommunikationsabteilungen werden immer stärker mit strategischen und kreativen Aufgaben betreut sein; den Rest der Kommunikationsarbeit übernehmen die Quantencomputer. Bis es so weit ist, sollte ein Zusammenspiel zwischen den beiden Abteilungen entwickelt werden.

INTERNE KOMMUNIKATION. Ist der reibungslose Kommunikationsfluss im Unternehmen sichergestellt und fühlen sich alle gut informiert? Die interne Kommunikation ist das Fundament der Unternehmenskommunikation. Die Belegschaft muss aus erster Hand informiert werden und erfahren, was im Unternehmen läuft und langfristig geplant wird. Dabei hat die interne Kommunikation normalerweise das Nachsehen, denn der Flurfunk ist immer schneller. Zudem gibt es viele kritische Stimmen, die mögliche Veränderungen mit Skepsis betrachten. Hier sind transparente Kommunikationsmittel, Dialogangebote und Erhebungen gefragt, um die Zustimmung und Zufriedenheit über die internen Kommunikationsleistungen unter den Mitarbeiter:innen zu ermitteln.

CUSTOMER-RELATIONSHIP-MANAGEMENT. Welche Impulse erhält das Unternehmen von seinen Zielgruppen? Das Customer-Relationship-Management (CRM) ist die konsequente Ausrichtung einer Organisation auf ihre Kund:innen. Die systematische Gestaltung eines Kundenbeziehungsprozesses mit einem integrierten Kundenbeziehungsmarketing ermöglicht jedem Unternehmen, wichtige Impulse durch Fragen, Vorschläge und Kritik aus der eigenen Kundschaft frühzeitig zu erkennen und in die Unternehmenskommunikation einfließen zu lassen. Hierfür muss ein direkter Draht zwischen dem CRM-Team und dem Kommunikationsteam hergestellt werden. Das ist kostengünstigste Marktbeobachtung und zugleich ein wichtiger Baustein für eine innovative Marktbearbeitung.

EMPLOYER BRANDING. Wie wird das Unternehmen auf dem Arbeitsmarkt wahrgenommen? Employer Branding hat das Ziel, die eigene Marke im Arbeitsumfeld zu stärken. Dabei versucht jedes Unternehmen sein Image sowie seine Art und Weise, wie es am Arbeitsmarkt wahrgenommen werden will, zu verbessern. Doch Achtung – im Employer Branding steckt eine Wechselwirkung: Wenn das Unternehmen bei der Anwerbung neuer Mitarbeiter:innen unwahre Behauptungen aufstellt, wird das in der Belegschaft auffallen und zu Kritik führen. Und das nicht nur hinter vorgehaltener Hand. Mitarbeiter:innen tauschen sich mit Kolleg:innen, Freund:innen und der Familie aus. Das Internet ist voll davon. Auf Arbeitgeberbewertungsplattformen kann man Verfehlungen auch noch Jahre später einsehen. Daher sollten die Kommunikations- und die Personalabteilung in diesem Bereich eng zusammenarbeiten. Hilfreich kann es sein, wenn die beiden Abteilungen die eigenen Mitarbeiter:innen in den Employer-Branding-Prozess einbeziehen. Denn zufriedene Mitarbeiter:innen sind die besten Multiplikator:innen. Hinzu kommt, dass die internen Prozesse von der Rekrutierung über die Einstellung und Einarbeitung neuer Mitarbeiter:innen bis zur Kündigung standardisiert sind und Aussagen der Employer-Branding-Kampagne nicht widersprechen.

CHANGEKOMMUNIKATION. Wie werden Veränderungen im Unternehmen kommuniziert und umgesetzt? Veränderungsmaßnahmen lassen sich nicht verschweigen. Jede Form der Veränderung wird von der Belegschaft erkannt und kommentiert. Darum sollte Changekommunikation offen verlaufen und die Mitarbeiterinnen und Mitarbeiter einbeziehen. Die Reibung die hier entsteht, kann sehr groß sein. Eine gute Kommunikationsplanung nach dem Modell des Kommunikationshauses ist daher notwendig. Eine frühzeitige und regelmäßige Abstimmung zwischen der Geschäftsführung, den Change- und Kommunikationsverantwortlichen ist in Veränderungsprozessen angezeigt.

KRISENKOMMUNIKATION. Wie kommuniziert das Unternehmen in der Krise? Strategische Unternehmenskommunikation basiert auf der konstruktiven Herstellung von Vertrauen und nachhaltigen Beziehungen zu den verschiedenen Ziel- und Bezugsgruppen sowie den Multiplikator:innen. Dies gilt insbesondere in Krisenzeiten. Ein wichtiger Erfolgsmotor in der Krise kann ein gut strukturierter, arbeitsfähiger und interdisziplinär aufgebauter Krisenstab sein. Wenn man diesen erst in der

Krise implementiert, ist es meistens schon zu spät. Daher empfehle ich allen Organisationen sich mit dem Krisenmanagement und dessen Kommunikation auseinanderzusetzen. Dazu gehören der Aufbau eines Krisenstabs sowie die Entwicklung eines Krisenhandbuchs und eines Krisenkommunikationsplans. Die Einsatzpläne und Reaktionszeiten lassen sich in einem Krisenplanspiel simulieren, sodass die Abläufe und notwendigen Maßnahmen eingeübt werden können. Orientierung können die Krisentrainings von Krankenhäusern und Flughäfen geben, die diese Übungen regelmäßig durchzuführen haben. Positiv zu bemerken ist, dass Organisationen, die solche Übungen umsetzen, die Mechanismen und Abläufe optimieren konnten. Das Bewusstsein innerhalb der Belegschaft für schwierige Situationen in einer globalen BANI-Welt aus digitalen, gesundheits-, klima- und umweltpolitischen Störfällen wächst. Mit dieser Auseinandersetzung wird allen bewusst, dass die Kommunikationsausrichtung in der Krise schnell und klar sein muss. Nach jeder krisenhaften Situation ist eine gründliche Bestandsaufnahme einzuleiten.

Festzuhalten bleibt, dass nach einer Krise die Veränderungsbereitschaft im Unternehmen sehr hoch ist. Das sollten Sie für eine Neuausrichtung der Kommunikation nutzen.

EXTERNE KOMMUNIKATION. Sind die internen Kommunikationswege so ausgerichtet, dass mit der externen Kommunikation der Markt optimal bearbeitet werden kann? Die beschriebenen vier Säulen aus Customer-Relationship-Management, Employer Branding, Change- und Krisenkommunikation bilden den natürlichen Übergang zwischen der internen und externen Kommunikation, wobei die natürliche Trennlinie langsam verschwindet. Die zahlreichen Social-Media-Kanäle haben dafür gesorgt, dass wir interne Nachrichten von Mitarbeiter:innen, Lieferant:innen und Geschäftspartner:innen im Netz finden. Da jede Person zum Medium geworden ist, lässt sich so manche interne Nachricht nicht mehr intern halten. Onlineportale, die das Unternehmen, die Führungskraft und die Kommunikation bewerten, leisten ihren Anteil an einer neuen Form der Transparenz. Somit muss die interne analog zur externen Kommunikation ausgerichtet werden. Oder es gilt der neue Grundsatz: Alles was intern ist, ist zugleich extern – und alles was extern ist, ist zugleich intern. Somit kann man langfristig die internen mit den externen Kommunikationsmaßnahmen immer stärker koppeln.

ONLINE- & SOCIAL-MEDIA-KOMMUNIKATION. Wird das kommunikative Wertschöpfungspotenzial im Online- und Social-Media-Bereich vollständig ausgeschöpft? Mit der Technologieentwicklung haben sich die individuellen und sozialen Belange immer stärker in den Online- und Social-Media-Bereich verschoben. Nicht zuletzt durch das Corona-Virus haben sich die Onlinemedien weltweit durchgesetzt. Somit ist die Onlinestrategie an die erste Stelle der externen Kommunikationsausrichtung gerückt. Durch Analysen, Testverfahren, eine personalisierte Nutzungsoptimierung der Kundschaft, das sogenannte One-to-One-Marketing, und einer Optimierung der Nachfrage von neuen Zielgruppen als künftiges Wertschöpfungspotenzial sind die elektronischen Multimediakanäle nicht nur zum flächendeckenden Experimentierfeld für psychologische und informationstechnische Kommunikationsstrategien geworden, sondern auch zum entscheidenden Treiber unserer Weltwirtschaft.

MARKETING & EVENTMANAGEMENT. Gelingt es, über das Marketing- und Eventmanagement emotionale Bedürfnisse am Markt zu wecken? Das Marketing kanalisiert Grundemotionen über die Variationen der Produkt- oder Dienstleistungskomponenten im Content Marketing des Unternehmens. Das Eventmanagement hat die Aufgabe, über die Erlebniskultur eine Begeisterungsfähigkeit bei den Kund:innen zu erzeugen. Die beiden interaktiven Kommunikationsformen müssen in unserer vielfältigen Erlebniswelt gut aufeinander abgestimmt sein, damit sie eine relevante Marktdurchdringung erzeugen können. Das verbindende Element wird als Content Marketing bezeichnet. Hier wird die kreative Leitidee aufgegriffen und zu einer ganzheitlichen Geschichte geformt.

PUBLIC RELATIONS & PUBLIC AFFAIRS. Wird der konstruktive Kommunikationsaustausch mit den Instrumenten von Public Relations und Public Affairs erfolgreich umgesetzt? Die Kommunikationsforscher James E. Grunig und Todd Hunt definieren Public Relations aus der Managementperspektive als den wesentlichen Teil der Kommunikationsverwaltung zwischen der Organisation und ihren Öffentlichkeiten. Public Affairs dagegen hat die Aufgabe, das Kommunikationsmanagement zwischen der jeweiligen Organisation und den zahlreichen Entscheidungsträger:innen aus der Politik sicherzustellen. Beide Experten kreierten ein Vier-Phasen-Modell, um die PR genauer zu beschreiben:

Aufmerksamkeit. In dieser Stufe geht es darum, Aufmerksamkeit zu erreichen und damit auf die öffentliche Meinung einzuwirken. Dieses kann durch Marketing- und Werbemaßnahmen erzielt werden.

Information. Mit der Erzeugung von Aufmerksamkeit sollten erste relevante Informationen transportiert werden. Die detaillierte Weitergabe von Informationen ist das Kerngeschäft der Public Relations. Hierbei müssen alle Informationen der Wahrheit entsprechen. Sie sind gut und einprägsam zu vermitteln.

Asymmetrische Kommunikation. Public Relations haben hier den Anspruch, die Aufmerksamkeit und Informationen so zu bündeln, dass beide Seiten einen Nutzen daraus ziehen. Die Kommunikationsexpert:innen versuchen, mit ihren Maßnahmen die ausgewählte Zielgruppe zu informieren und vom Nutzen zu überzeugen.

Symmetrische Kommunikation. Jetzt kommt es zum Dialog zwischen Sender und Empfänger. Hier befinden sich beide Seiten auf Augenhöhe. An dieser Stelle soll ein wechselseitiges Verständnis erreicht werden. Darunter fällt auch die politische Lobbyarbeit, die zum Aufgabengebiet der Public Affairs gehört.

Bei den ersten beiden Phasen handelt es sich um eine Ein-Weg-Kommunikation, bei den beiden letzten um eine Zwei-Wege-Kommunikation, die auf einen dialogischen Austausch angewiesen ist. Der Dialog ist das anzustrebende Ziel, kann aber für sich nicht alleine stehen. Aufmerksamkeitsstarke Informationen sind stets der Schlüssel zum Erfolg, um in den Dialog treten zu können. Aufgabe jeder Organisation ist es, diese Angebote mit den Kommunikationsinstrumenten zu schaffen.

CEO-KOMMUNIKATION. Erzielen CEOs die notwendige Reichweite und Wirkung mit ihren Botschaften? Die Führungspersönlichkeiten innerhalb der Systemspitze eines Unternehmens prägen durch ihre Werte und Haltung sowie ihr Kommunikationsverhalten maßgeblich die Kultur und Ausrichtung ihrer Organisation. Alle Blicke richten sich auf die CEOs. Wie unter einem Brennglas wird jede Botschaft von der Belegschaft, den Stakeholder:innen und der Börse genau beobachtet. Um die Aufgabe der CEO-Kommunikation erfolgreich zu meistern, braucht es ein enges Vertrauensverhältnis zwischen CEO und Pressestab. Zwischen diesen beiden handelnden Personen darf kein Thema tabu sein. Die Grundregel für Pressesprecher:innen lautet: Sie müssen alles wissen, dürfen aber nicht alles sagen. Die Richtlinienkompetenz liegt immer bei den CEOs. Das macht die Aufgabe der Pressesprecher:innen nicht einfacher. So hat diese Funktion gleich drei Rollen zu erfüllen:

Dienstleistung. Pressesprecher:innen haben eine Dienstleistungsfunktion. Sie führen Analysen durch, entwickeln Strategien und halten Kontakt zu den Medien, um ihre CEOs bestmöglich zu platzieren.

Beratung. In vielen Situationen reicht eine einfache Dienstleistung nicht mehr aus. Oftmals sind kritische Anmerkungen und Empfehlungen gegenüber den CEOs geboten. Eine kritische Haltung des Pressestabs muss erlaubt sein, sonst kann es keine Weiterentwicklung der Medien- und Öffentlichkeitsarbeit geben.

Sicherheit. Insbesondere in Krisenzeiten müssen sich die Pressesprecher:innen schützend vor die Organisation, die Mitarbeiter:innen und die CEOs stellen. Somit nehmen sie auch eine Schutzfunktion ein.

Dieser komplexe Dreiklang wird in vielen Organisationen immer noch unterschätzt.

All diese Struktur- und Ablauffragen sind zu klären, um die Kommunikationsausrichtung Ihrer Organisation erfolgreich zu gestalten.

Den Gesamtaufbau der Kommunikationsstrategie können Sie in der folgenden Grafik der »Vier Seiten des Kommunikationshauses« nachvollziehen. Setzen Sie Baustein auf Baustein um ein vollständiges Kommunikationshaus zu errichten.

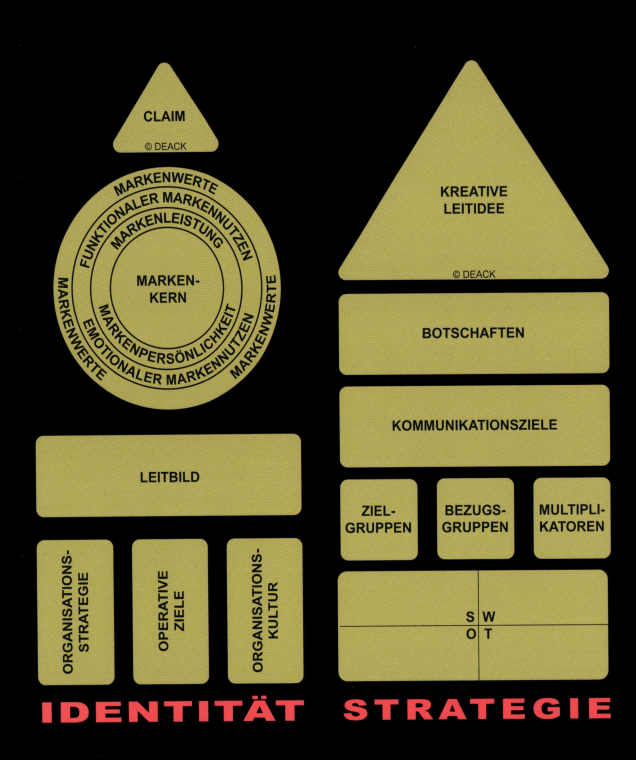

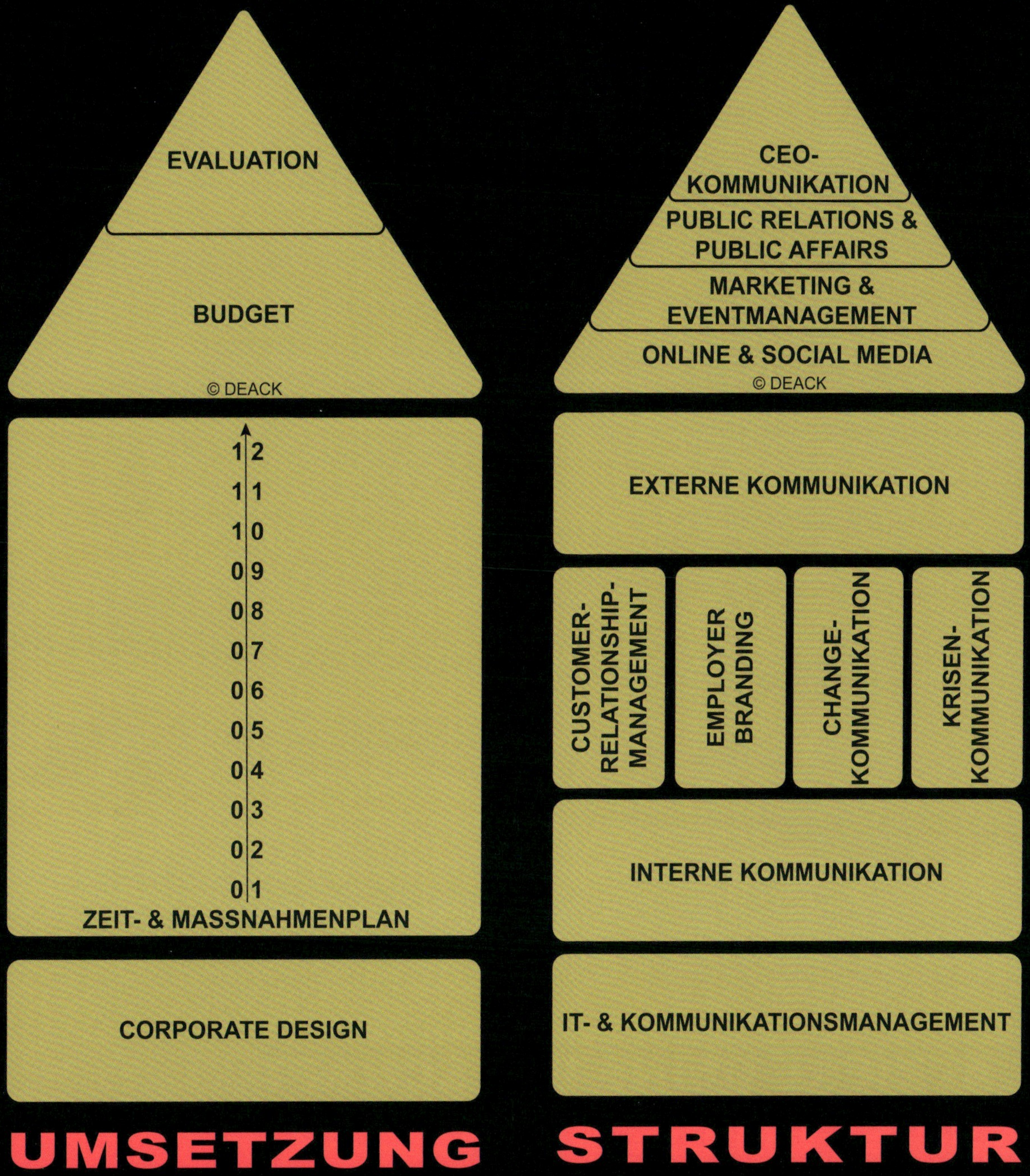

VIER SEITEN DES KOMMUNIKATIONSHAUSES®

UMSETZUNG

- EVALUATION
- BUDGET

© DEACK

12
11
10
09
08
07
06
05
04
03
02
01

ZEIT- & MASSNAHMENPLAN

CORPORATE DESIGN

STRUKTUR

- CEO-KOMMUNIKATION
- PUBLIC RELATIONS & PUBLIC AFFAIRS
- MARKETING & EVENTMANAGEMENT
- ONLINE & SOCIAL MEDIA

© DEACK

EXTERNE KOMMUNIKATION

- CUSTOMER-RELATIONSHIP-MANAGEMENT
- EMPLOYER BRANDING
- CHANGE-KOMMUNIKATION
- KRISEN-KOMMUNIKATION

INTERNE KOMMUNIKATION

IT- & KOMMUNIKATIONSMANAGEMENT

20
PLATZIERE DEINE BOTSCHAFT
IM SPIEL UM DIE MACHT

PLATZIERE DEINE BOTSCHAFT IM SPIEL UM DIE MACHT

Angela Merkel beherrscht das Spiel aus Geduld, Aktion und Reaktion. Diese Fähigkeit hat sie sich von ihrem Ziehvater Helmut Kohl abgeschaut. Sie konnte, wie keine andere Politikerin, die Stimmungen aufnehmen und für ihre Machtpolitik nutzen. Das bewies sie in einem Coup im Bundestagswahlkampf 2017. In einem Interview mit der Frauenzeitschrift Brigitte verkündete Merkel mit nur einem einzigen Satz, dass die Entscheidung für die gleichgeschlechtliche Ehe eine reine Gewissensentscheidung der einzelnen Abgeordneten sei. Damit brach die Kanzlerin mit ihrer klaren Haltung gegen die »Ehe für alle« und ermöglichte so eine Abstimmung ohne Fraktionszwang im Deutschen Bundestag, wo es eine Mehrheit für die gleichgeschlechtliche Ehe gab.

Die anderen demokratischen Parteien SPD, FDP und Bündnis 90 / Die Grünen hatten die »Ehe für alle« als Regierungsbedingung in ihren Parteiprogrammen festgeschrieben. Alle möglichen Koalitionspartner:innen der Bundeskanzlerin hätten ihr somit eine eindeutige Bedingung diktiert. Angela Merkel stand unter Druck. Ihr blieben zwei Möglichkeiten: Sie konnte das Thema schnell vor der Bundestagswahl abräumen oder die »Ehe für alle« durch den Wahlkampf ziehen. Dieses Thema hätte die innerparteilichen Fronten zwischen der CDU und der CSU verhärtet, und am Ende wären beide Parteien nicht mehr regierungsfähig gewesen, da sich zu diesem Punkt kein Koalitionspartner gefunden hätte. Daher forcierte sie ihre Entscheidung. Der Machtmensch Merkel räumte das Thema schnell ab. Eine klare Mehrheit setzte am letzten Sitzungstag der Legislaturperiode das neue Gesetz durch. Die Abgeordneten der Grünen und SPD feierten ihren Erfolg. Doch medial war es nicht ihr Erfolg. Die wahre Gewinnerin dieser Entscheidung war Angela Merkel. Die Homosexuellen sowie die deutschen Medien waren von der Aufhebung des Fraktionszwangs begeistert und feierten ihre Entscheidung. Die konservativen Wähler:innen überzeugte Merkel bei der namentlichen Abstimmung mit ihrem »Nein« zur gleichgeschlechtlichen Ehe.

Und vor lauter Übereifer hatten SPD und Grüne verkannt, dass sie sich selbst ein wichtiges Wahlkampfthema gegen Angela Merkel genommen hatten. Mit ihrer Entscheidung im Deutschen Bundestag gaben sie der Kanzlerin alle Optionen für eine Regierungsbildung und ersparten ihr eine Auseinandersetzung innerhalb der Schwesterparteien CDU und CSU.

Mit nur einer Aussage bei einem öffentlichen Brigitte-Talk bestimmte Angela Merkel nicht nur die gesamte Nachrichtenlage, sondern vollzog ihre Machtpolitik. Ihr SPD-Herausforderer Martin Schulz wirkte wie ein Statist. All seine Aussagen beim Interview mit den Brigitte-Redakteur:innen blieben unbeachtet. Er konnte der Bundeskanzlerin im gesamten Wahlkampf nichts entgegensetzen: Keine Vision. Keine Idee. Und keine klare Kommunikationsstrategie. Die SPD bereitete selbst ihren Absturz vor. Dagegen erhielt Merkel für ihre Aussage viel Zustimmung und gewann am Ende die Wahl.

Seit vielen Jahren ist Angela Merkel schon aus dem Schatten ihres Ziehvaters Kohl hervorgetreten. Längst orientiert sie sich an den politischen Strategien Otto von Bismarcks. Der 1871 in den Fürstenstand erhobene Reichskanzler hatte mit oftmals überraschenden Manövern seine Gegner und Anhänger in die Irre geführt, um am Ende alle Fäden der Macht in seinen Händen zu halten. So auch die Kanzlerin. Ihr Vorstoß der Gewissensentscheidung zur gleichgeschlechtlichen Ehe traf die beiden christlichen Parteien völlig unvorbereitet. Innerhalb

> *Meine Gegner werfen mir vor, ich stelle die Segel nach dem Wind. Man vergisst: Darin besteht ja gerade die Kunst des Segelns.*
>
> Otto von Bismarck

Otto von Bismarck

einer Woche war durch ihr Statement eine neue Gesetzeslage in Deutschland geschaffen worden, die ihr alle Machtoptionen sicherte. Ihre CDU war mit insgesamt vier anderen Parteien koalitionsfähig. Keine andere Partei hatte mehr Optionen. Angela Merkel erhielt, wie einst Otto von Bismarck, viel Zustimmung. Gegenüber den Liberalen war Bismarck ein Liberaler, gegenüber den Konservativen war er ein Konservativer. Stets passte er seine Haltung der Situation an. Bismarck war von keiner politischen Seite zu fassen. Und wer nicht zu fassen ist, der kann auch nicht gestellt werden.

»Politik ist eine Aufgabe«, so hatte Otto von Bismarck zusammengefasst, »mit der eigentlich nur die Schifffahrt in unbekannten Meeren eine Ähnlichkeit hat. Man weiß nicht, wie das Wetter, wie die Strömung sein werden, welche Stürme man erlebt. In der Politik kommt noch dazu, dass man wesentlich von den Entscheidungen anderer mit abhängig ist, auf die man gerechnet hat und die nachher nicht eintreffen, dass man nie vollständig selbst handeln kann. Und wenn die Freunde, auf deren Unterstützung man angewiesen ist, ihre Ansicht ändern, wofür man nicht gutsagen kann, so ist der ganze Plan misslungen.« Seine Kritiker widerlegte der Reichskanzler mit einem stimmigen Bild: »Meine Gegner werfen mir vor, ich stelle die Segel nach dem Wind. Man vergisst: Darin besteht ja gerade die Kunst des Segelns.«

Zu erkennen, woher der Wind weht, bedeutet nicht, ihm zu folgen, sondern ihn für sich zu nutzen. Schon der im Mittelalter lebende Japaner Miyamoto Musashi, der mit seinem Werk »Das Buch der Fünf Ringe« in die Managementlehre einging, wusste: »Man segelt entweder vor dem Wind, oder man lässt sich vom Rückenwind treiben; steht der Wind entgegen, so gilt es – und dazu muss man von Anfang an entschlossen sein – einige Meilen die Ruder zu betätigen, um den auf der anderen Seite liegenden Hafen zu erreichen.« Für den Japaner waren Entschlossenheit und das Nutzen der Winde entscheidend. Dabei sind jedoch die verschiedenen Windströmungen zu erkennen. Wie beim Wind auch, löst eine gesellschaftliche Bewegung meistens eine Gegenbewegung aus. Daher ist es klug, zukünftige Aktionen und deren Reaktion lesen zu können. Die Kanzlerin versteht es, ihre Taktik aus Geduld, Aktion und Reaktion daran anzupassen. Mit ihrem moderativen Regierungsstil besetzte sie viele Jahre die politische Mitte in Deutschland und lenkte ihre Gegnerschaft. Und wieder fühlt man sich an Musashi erinnert: »Das Ziel muss immer und unter allen Umständen sein, den Gegner so zu lenken, wie man selbst es will.«

KOMMUNIKATIVE WIRKPRINZIPIEN

Kommunikation verfügt über nur zwei Wirkprinzipien: Relevanz und Geld. Entweder man hat genug Geld, um einen Werbedruck am Markt zu erzeugen, wie eine Partei im Wahlkampf, oder man verfügt über eine Nachricht, wie Angela Merkel über das gesellschaftliche Zusammenleben, deren Inhalt für die Menschen eine hohe Relevanz hat.

Die richtig abgestimmte Wechselwirkung aus Relevanz und Geld nennen die Kommunikationsexpert:innen Content Marketing. Das heißt, man benötigt relevante Inhalte, die man den Menschen vermitteln kann, und einen angemessenen Geldbetrag, um diese Botschaft an prominenten Plätzen der Aufmerksamkeitsökonomie zu platzieren. Zudem muss der Content stringent aufgebaut sein und über einen Spannungsbogen verfügen.

AIDA-PRINZIP

Beide Wirkprinzipien folgen dem weit über hundert Jahre alten Verkaufsmodell des wohl ersten Werbewirkungsexperten der USA, Elmo Lewis, der 1898 das AIDA-Prinzip erfand. Er entwickelte ein vierstufiges Phasenmodell, welches Entscheider:innen oder Konsument:innen durchlaufen, bevor sie sich für den Kauf eines Produktes oder einer Dienstleistung entscheiden. Das Prinzip AIDA steht dabei als Akronym für die Begriffe A:ttention (Aufmerksamkeit), I:nterest (Interesse), D:esire (Verlangen) und A:ction (Handlung). Das Modell ist längst in die Jahre gekommen, wenn Sie die wissenschaftlichen Erkenntnisse aus dem Neuromarketing beachten. Trotzdem möchte ich Ihnen dieses Urmodell der Werbewirkung an die Hand geben, damit deutlich wird, dass zum Beispiel das Schalten

KOMMUNIKATIVE WIRKPRINZIPIEN®

MASSENKOMMUNIKATION VERFÜGT ÜBER ZWEI WIRKPRINZIPIEN

- **RELEVANZ**
- **GELD**

CONTENT — Hier wird die Botschaft platziert, welche die Kund:innen interessiert

MARKETING — Hier wird die Botschaft platziert, wo sie den Kund:innen auffällt

OPTIMALE WECHSELWIRKUNG

CONTENT MARKETING

© DEACK

AIDA

- **A** — ATTENTION — AUFMERKSAMKEIT ERZEUGEN
- **I** — INTEREST — INTERESSE WECKEN
- **D** — DESIRE — BEGEHRLICHKEIT AUSLÖSEN
- **A** — ACTION — HANDLUNGSAUFRUF STARTEN

CALL TO ACTION

einer Anzeige noch lange keine Kommunikationsstrategie ist, mit der man Wirkung in der Aufmerksamkeitsökonomie erzielen kann. Vielmehr muss man sich mit den einzelnen Schritten intensiv auseinandersetzen, um bei der Zielgruppe einen »Call-to-Action« auszulösen. Kommunikation muss eine Handlung bewirken, die sich im Verhalten niederschlagen muss.

AUFMERKSAMKEIT. Die erste Aufgabe der Kommunikation besteht darin, die Aufmerksamkeit bei der gewünschten Zielgruppe zu gewinnen. In einer reizüberfluten Welt muss es gelingen, aus der Masse der unzähligen Botschaften herauszustechen. Nur wenn das gelingt, existiert ein Werbeeffekt, indem ein Interesse bei der Kundschaft geweckt wurde. Somit wird die nächste Phase des Werbewirkungsmodells erreicht.

INTERESSE. Nun gilt es die gewonnene Aufmerksamkeit zu nutzen, um ein tiefergehendes Interesse bei den Rezipient:innen für das Produkt oder die Dienstleistung zu erwecken. Ziel dieser Phase ist es, in einen Dialog mit den potenziellen Kund:innen einzutreten und den Austausch langfristig aufrechtzuerhalten, um sich nachhaltig im Gedächtnis der Konsument:innen zu verankern.

VERLANGEN. Anschließend soll das geweckte Interesse bei den Konsument:innen in Verlangen gewandelt werden. Hier soll die Hemmschwelle bei den Konsument:innen fallen. Aus potenziell Interessierten sollen Kund:innen werden, die das umworbene Produkt oder die Dienstleistung nun unbedingt besitzen wollen. Um aus interessierten Konsument:innen echte Käufer:innen zu machen, setzen die Werber:innen entweder emotionale oder rationale Botschaften ein. Auf der emotionalen Ebene sprechen sie das Verlangen nach sozialer und gesellschaftlicher Anerkennung an.

Die Werbebotschaften suggerieren, dass die Konsument:innen mit dem Kauf des Produkts oder der Dienstleistung einen sozialen Status oder Freude erwerben können. Mit der kognitiven Ebene stellen die Werbefachleute die rationalen Vorteile beim Erwerb des Produkts oder der Dienstleistung nach vorne. Nun zielen ihre Botschaften auf die Qualität, Langlebigkeit und den Preisvorteil des Angebots ab.

HANDLUNG. Nachdem die Marketerinnen und Marketer die Aufmerksamkeit, das Interesse und Verlangen bei den Zielgruppen wecken konnten, muss ihre Kommunikation eine Handlungsaufforderung, einen sogenannten Call-to-Action vollziehen. Erst mit dem Kauf ist das AIDA-Modell erfolgreich abgeschlossen.

Um die Kunst der kommunikativen Lenkung zu beherrschen, benötigt man nicht nur eine stimmige Taktik, sondern auch eine tiefe Kenntnis der medialen Wirkungsprozesse innerhalb der Aufmerksamkeitsökonomie. Die medialen Gesetzmäßigkeiten bestimmen längst den globalen Politikbetrieb und wirken somit direkt und indirekt auf das Handeln der Politik ein.

Die Medien sind längst zur Bühne der Politik geworden. Nicht die Diskussionen im Deutschen Bundestag oder den Landesparlamenten sind für die Politiker:innen entscheidend, sondern ihre dauerhafte Präsenz in Talkshows, Unterhaltungssendungen oder in den sozialen Netzwerken. Hier werden Stimmungen erzeugt und Meinungen gemacht. Auf den zahlreichen Medienkanälen kämpfen die Kandidat:innen um die Aufmerksamkeit und Gunst der Wähler:innen. Längst hat die Medienrealität die Realität der Parlamente verdrängt: Was in den Medien nicht vorkommt, existiert nicht. Und wer nicht auffällt, fällt weg.

Alle Parteien folgen ausgeklügelten Kommunikationskonzepten, und die einzelnen Politiker:innen achten zusätzlich auf die eigene Selbstvermarktungsstrategie. Verschiedene Studien der letzten Wahlkämpfe belegen, dass die Personalisierung von Politiker:innen immer mehr in den Fokus der Kampagnen rückt. Die Steigerung des eigenen Images liegt im Trend: Authentizität sowie Vertrauens- und Glaubwürdigkeit haben bei Politiker:innen an Bedeutung gewonnen. Somit verlieren oftmals die schwierigen Sachthemen an Aufmerksamkeit, da sie nur schwer zu vermitteln sind. Doch genau dieser Trend schwächt den Politikbetrieb in Deutschland. Die Menschen erwarten keine rhetorischen Parteitagsfloskeln in Talkshows, sondern harte Auseinandersetzungen um Sachthemen, wie die Bekämpfung einer Pandemie, den Klimaschutz, die Ausgestaltung der digitalen Arbeitswelt und die Weiterentwicklung der Sozialen Marktwirtschaft. Voraussetzung für die richtige Platzierung von Sachthemen ist, dass man die Nachrichtenfaktoren, die für die Medienarbeit entscheidend sind, bedienen kann.

ZEHN NACHRICHTENFAKTOREN

Die Nachrichtenfaktoren entscheiden darüber, welche Meldung es in die massenmediale Verbreitung schafft. Das heißt, die Journalist:innen, Blogger:innen und Influencer:innen entscheiden, welche Nachricht berichtenswert ist und in welchem Umfang und mit welchem Aufmacher diese verbreitet wird. Der einflussreiche US-amerikanische Journalist und Medienkritiker Walter Lippmann hatte bereits 1922 die erste Studie zu den entscheidenden Nachrichtenfaktoren vorgelegt. In den folgenden Jahren wurden diese in der Journalistenausbildung verfeinert und sind bis heute tief im Bewusstsein der weltweiten Medienmacher:innen. Diese zehn Faktoren finden Sie in der Grafik.

Doch politische Auseinandersetzungen müssen nicht immer laut; sie können auch leise geführt werden, wenn sie nur den Nachrichtenfaktoren folgen. Erinnern wir uns an die Taktik von Angela Merkel, die mit ihrer Äußerung zur »Ehe für alle« gleich sieben Faktoren bediente: Bei der Nachricht handelte es sich um eine Neuigkeit. Für viele gleichgeschlechtliche Paare hatte die Nachricht eine große Tragweite, da sie nach der Verabschiedung des Gesetzes heiraten konnten. Für eine große Mehrheit im Land handelte es sich um einen gesellschaftlichen Fortschritt. Für die konservativen Kräfte war es ein Konflikt. Und die Vorstellung von gleichgeschlechtlichem Sex berührte ihre moralischen Gefühle. Da die Aussage von Angela Merkel getroffen wurde, hatte sie eine hohe Prominenz, da sie nicht nur als Kanzlerin, sondern auch als damalige Parteivorsitzende die Aufgabe des Fraktionszwangs innerhalb der CDU empfahl.

Mit nur einem Satz hatte die Kanzlerin den öffentlichen Diskurs bestimmt und ihre Partei auf Regierungskurs gehalten. So platziert man eine Botschaft mit hohem Nachrichtenwert und sichert seine Macht.

PR-TOOLBOX

Instrumente der Public Relations (PR) sind kommunikative Werkzeuge, mit denen man ein strategisches Ziel erreichen will. So wie im Fall von Angela Merkel. Um ihre Nachricht zu platzieren, wählte sie ein öffentliches Pressegespräch einer Frauenzeitschrift, an dem zahlreiche Medienvertreter:innen mit großem Interesse an sozial- und familienpolitischen Themen teilnahmen. Damit waren der Anlass und der mediale Rahmen gut gewählt. Die Aussage der Kanzlerin wurde zur Top-Nachricht und hielt sich über mehrere Tage.

Wie in einem Handwerksbetrieb, wo mit der richtigen Maschine ein perfektes Ergebnis erbracht werden kann, muss auch in den Public Relations das geeignete Instrument für eine interessengeleitete Kommunikation gegenüber einer bestimmten Teilöffentlichkeit oder der allgemeinen Öffentlichkeit ausgewählt werden, um das kommunikative Ziel zu erreichen.

Doch gerade die Vielzahl der Instrumente in der Öffentlichkeitsarbeit macht die Arbeit so schwierig. Es braucht Erfahrung und die intensive Auseinandersetzung mit den verschiedenen Instrumenten und ihren Einsatzmöglichkeiten, um einen optimalen Kommunikationsverlauf zu erzeugen. Erst mit der richtigen Auswahl der einzelnen PR-Instrumente kann eine ganzheitliche Kommunikationsstrategie gelingen. Entscheidend hierbei ist der Instrumenten-Mix. Einen ersten Überblick über die wichtigsten Tools der PR bietet Ihnen mein ständiger Wegbegleiter aus der Schweiz. Wählen Sie die richtigen Werkzeuge für Ihre strategische Kommunikationsausrichtung.

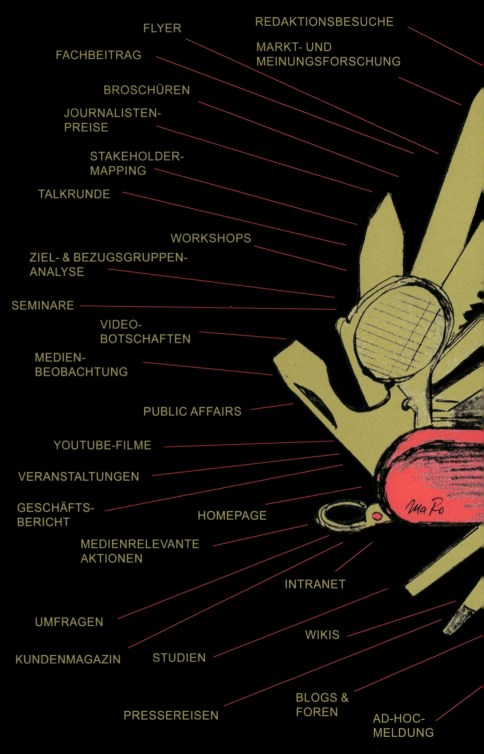

- FLYER
- REDAKTIONSBESUCHE
- FACHBEITRAG
- MARKT- UND MEINUNGSFORSCHUNG
- BROSCHÜREN
- JOURNALISTEN-PREISE
- STAKEHOLDER-MAPPING
- TALKRUNDE
- WORKSHOPS
- ZIEL- & BEZUGSGRUPPEN-ANALYSE
- SEMINARE
- VIDEO-BOTSCHAFTEN
- MEDIEN-BEOBACHTUNG
- PUBLIC AFFAIRS
- YOUTUBE-FILME
- VERANSTALTUNGEN
- GESCHÄFTS-BERICHT
- HOMEPAGE
- MEDIENRELEVANTE AKTIONEN
- INTRANET
- UMFRAGEN
- WIKIS
- KUNDENMAGAZIN
- STUDIEN
- BLOGS & FOREN
- PRESSEREISEN
- AD-HOC-MELDUNG

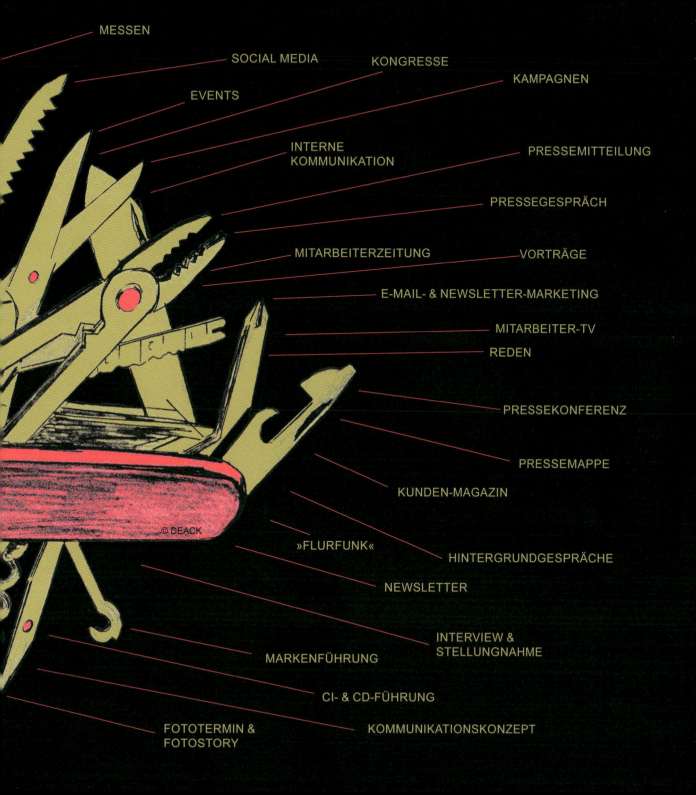

21
ERSCHAFFE EINE SCHLAGZEILE FÜR DIE EWIGKEIT

ERSCHAFFE EINE SCHLAGZEILE FÜR DIE EWIGKEIT

In einem meiner Seminare berichtete ich über die Bedeutung der Headline in der Medienarbeit und wie sehr wir von kurzen Schlagzeilen umgeben sind. Täglich lenken sie unsere Aufmerksamkeit. Ich begann meinen Impulsvortrag wie immer mit einer Geschichte:

An einem schönen lauen Sommerabend in den Zwanzigerjahren des letzten Jahrhunderts saßen einige Schriftsteller in einem Restaurant zusammen. Sie führten angeregte Gespräche. Je später der Abend, umso lauter diskutierten sie. Plötzlich wurde es leise, als die Runde ihren berühmtesten Freund herausforderte. Sie wetteten gegen Ernest Hemingway, dass er es nicht schaffen würde, eine komplette Kurzgeschichte mit nur sechs Worten zu schreiben. Er nahm die Wette an. Jeder der Freunde warf zehn Dollar auf den Tisch. Hemingway griff zu einer Serviette und schrieb sechs Wörter: »For sale: Baby shoes. Never worn.«

Den Seminarteilnehmer:innen erklärte ich, dass dieses Kunststück von Journalist:innen, Blogger:innen und Influencer:innen jeden Tag erbracht wird. Sie müssen mit ihren Schlagzeilen die Menschen erreichen und sie dazu bringen, sich für die Geschichte zu interessieren. Denn die Aufmerksamkeit lenkt unsere Energie, und die Headline soll den menschlichen Impuls zum Kaufen, Einschalten oder Anklicken steuern.

Medienwissenschaftliche Studien belegen, dass doppelt so viele Leser:innen die Überschrift eines Artikels lesen wie den eigentlichen Artikel. Das mediale Überangebot und der Zeitmangel führen zu einer extremen Selektion. Wenn die Schlagzeile schon das Interesse nicht wecken kann, dann lesen die Menschen auch nicht weiter. In Bruchteilen von Sekunden treffen die Leser:innen, User:innen, Zuschauer:innen und Zuhörer:innen ihre Entscheidung. Die Aufmerksamkeitsökonomie ist ein knallhartes Geschäft. Der Medienmarkt arbeitet immer stärker mit Übertreibungen. Der Mediengrundsatz »Nur eine schlechte Nachricht ist eine gute Nachricht« gilt schon lange nicht mehr, es braucht schon eine Sensation, Krise oder Katastrophe, um eine massenmediale Aufmerksamkeit zu erzeugen. Darum arbeiten alle Medienvertreter:innen an der Zuspitzung ihrer Headlines. Dazu muss die Schlagzeile aus ihrem medialen Umfeld herausragen und zugleich prägnant, verständlich und einprägsam sein. Um die Aufmerksamkeit zu erhöhen, wird mit einer sprachlichen Zuspitzung gearbeitet. Es handelt sich um eine Verdichtung, um die Aufmerksamkeit auf die Nachricht zu lenken. Eine solche Verdichtung gelang der Bild-Zeitung am 20. April 2005. An diesem Tag verkaufte das Massenblatt eine Top-Nachricht mit extremer emotionaler Nähe und historischer Tragweite. Sie titelte: »Wir sind Papst!«

Unerwartet und überraschend war am Vortag die Wahl zum neuen Papst auf Kardinal Joseph Ratzinger gefallen. Und die Bild-Zeitung spielte mit ihrer Schlagzeile die Emotionen aus. Dafür verwendete sie eine rhetorische Doppelung aus den Stilmitteln »totum pro parte« und »pars pro toto« – Das Ganze für einen Teil – und ein Teil für das Ganze. »Wir sind Papst!« – und der Papst, das sind wir. Damit unterstellte die Bild-Zeitung eine besondere Identifikation der deutschen Bevölkerung mit Papst Benedikt XVI.

Die Headline wurde vom Ressortleiter für Politik, Georg Streiter, entwickelt. Der Journalist unterbot damit sogar die Leistung von Ernest Hemingway. Mit nur drei Worten erzählte er eine Kurzgeschichte über Deutschland: Nach 482 Jahren bestieg wieder ein Deutscher den Heiligen Stuhl in Rom und übernahm die Leitung der Katholischen Kirche. Deutschland war nach den Verbrechen des Ersten und dem Massenmord des Zweiten Weltkriegs aus seinen Ruinen auferstanden. Das

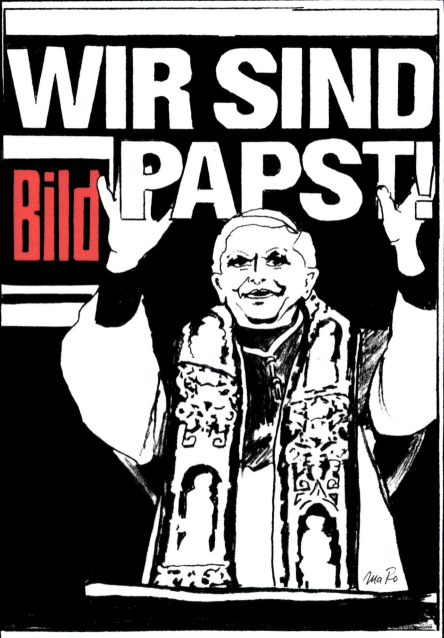

Land hat danach die SED-Diktatur und seine Teilung friedlich überwunden. Nun entsandte man den Vertreter Gottes.

Die Überschrift verfehlte ihre Wirkung nicht. Deutschland war von seinem neuen Papst angetan. Und die Katholische Kirche wandelte die Schlagzeile der Bild-Zeitung zu ihrem Slogan.

Die Bild-Zeitung wurde zum Medienpartner des Weltjugendtages 2005 in Köln. Über eine halbe Million Anstecker und Postkarten mit der Aufschrift »Wir sind Papst!« wurden an die Teilnehmer:innen verschenkt. Die Schlagzeile wurde Kult. Beim Deutschlandbesuch von Papst Benedikt 2011 hüllte der Axel Springer Verlag sein Berliner Hochhaus in ein 2.880 Quadratmeter-Banner der Bild-Titelseite von 2005 ein. Da war die Schlagzeile schon zum geflügelten Wort geworden. Für die Bild-Zeitung und ihren Chefredakteur Kai Diekmann war die Headline ein Glücksfall: »Dass diese Freudenbotschaft solchen Anklang gefunden hat und auf dem Weltjugendtag überall präsent ist, macht uns stolz.«

Der Stolz schwand. Die Freudenbotschaft wandelte sich in eine schwere Krise. Die gesamte Kirche wurde von einem unvorstellbaren Missbrauchsskandal erschüttert. Der Missbrauch an Kindern und Schutzbefohlenen überschattete das Pontifikat. Konsequente Maßnahmen blieben aus. Eine Aufarbeitung vollzog Papst Benedikt XVI. nicht. Er zog sich 2013 zurück. Zwei Jahre später titelte die Bild-Zeitung über sich selbst: »Bild feiert 10 Jahre: Wir sind Papst!« und würdigte den obersten Gläubigen, der freiwillig den Stuhl Petri räumte, mit der weiterentwickelten Headline »Wir sind Rente!« Die Schlagzeilen der Bild-Zeitung waren nicht nur eng verbunden mit dem deutschen Papst, sondern auch mit den vielen Opfern, die schlimmstes Leid erfahren haben. Die Aufarbeitung zeigte das erschreckende Ausmaß in Kirchen, Internaten, Sportvereinen, Ferienlagern, Familien und im Internet. Um eine gesellschaftspolitische Diskussion zu ermöglichen, hätte die Schlagzeile eigentlich lauten müssen: »Wir sind Missbrauch!« Erst Jahre später, am 26. Februar 2019, nahm die Bild-Zeitung das Thema auf. Sie titelte: »Schluss mit Missbrauch und Vertuschung! Bild hämmert dem Papst 12 Thesen an seine Kirche.« Viel zu spät wurde der Missbrauchsskandal aufgearbeitet.

Die Seminarteilnehmenden forderten mich nach einem medientheoretischen Diskurs zu einer Wette auf. Die Gruppe gab mir die Aufgabe, den Missbrauchsskandal in einer Kurzgeschichte mit nur drei Worten zu beschreiben. Im ersten Moment war ich über die Aufgabe erschrocken. Einen Missbrauchsskandal mit schwersten Lebensschicksalen in nur drei Worten wiedergeben, darf das sein? Doch ich hatte es anhand der Bild-Zeitung gerade getan. Es war klar, dass ich diese Aufgabe nicht ablehnen konnte. Ich nahm die Herausforderung an, drehte mich zur Tafel um und schrieb: »Unschuld. Verloren. Mit 11.« Es waren drei Worte und eine Zahl. Ich gestand ein, dass ich die Aufgabe nicht bestanden hatte. Und gab mir und den Teilnehmer:innen zu bedenken, dass es Sachverhalte gibt, die erklärungsbedürftig sind und es auch bleiben. Entscheidend ist, dass bei allen lauten und stark verkürzten Schlagzeilen die Auseinandersetzung mit dem Thema nicht auf der Strecke bleibt, sondern gefordert wird. Eine konsequente Aufarbeitung dieser Verbrechen in unserer Gesellschaft ist immer noch nicht vollzogen. Weltweite Präventionsmaßnahmen und Schutzeinrichtungen für Kinder und Jugendliche sind nicht umgesetzt. Schlagzeilen müssen den Handlungsbedarf immer wieder neu einfordern.

PRESSEARBEIT

Eine Pressemitteilung zu schreiben und zu verbreiten ist immer noch eine der klassischen Formen der Medienarbeit. So erhalten Redakteur:innen von tagesaktuellen Medien zwischen 50 und 200 Presseinformationen am Tag. Viele Eingänge passen nicht zum Medium oder zum Ressort der Journalist:innen. Sie wecken kein Interesse, verfügen über keinen Nachrichtenwert und erfüllen die Standards nicht. Pressemitteilungen sind zu einem inflationären Mediengut geworden. Keine Journalistin und kein Journalist kann und will sie alle lesen. Daher landen 90 Prozent aller Presseinformationen in den elektronischen Papierkörben der Redaktionen. Damit das nicht passiert, sollte Ihre Pressemitteilung über alle notwendigen Eigenschaften verfügen.

AUFBAU EINER PRESSEMITTEILUNG. Die wichtigsten Fakten kommen immer zuerst. In der Headline und im Lead werden die aufmerksamkeitsstärksten Inhalte verarbeitet. Im Body finden sich die Einzelheiten, Details und Quellen. Die richtigen Links sorgen für die crossmediale Vernetzung der Unternehmensinformationen. Alle Hintergründe zum Unternehmen finden sich im Footer. Die Kontaktdaten dienen der optimalen Vernetzung zwischen den Journalist:innen und der Pressestelle. Hochwertige Anhänge von Fotografien bis zu Studien werten eine Pressemitteilung auf. Der Stil einer Pressemitteilung ist stets sachlich aufgebaut und verfügt über eine aktive, direkte Ansprache der Leserschaft. Jegliche Form von werblicher Sprache, Übertreibungen oder gar Superlativen sind, ebenso wie Fremdwörter, Substantivierungen, passive Formulierungen und Schachtelsätze, zu vermeiden. Jede Presseinformation ist so aufgebaut, dass das Interesse von oben nach unten abnimmt und somit eine redaktionelle Kürzung immer vom Textende vorgenommen wird. Diesen Grundaufbau sollten Sie bei Ihrer Textarbeit berücksichtigen.

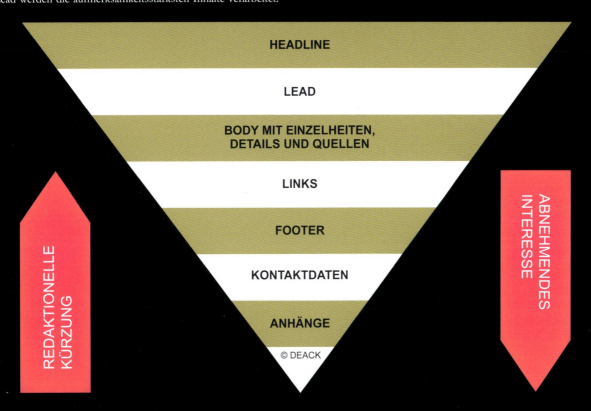

STRUKTUR EINER PRESSEMITTEILUNG

- HEADLINE
- LEAD
- BODY MIT EINZELHEITEN, DETAILS UND QUELLEN
- LINKS
- FOOTER
- KONTAKTDATEN
- ANHÄNGE

REDAKTIONELLE KÜRZUNG — ABNEHMENDES INTERESSE

© DEACK

Musterfirma GmbH

HEADLINE. Ihrer Überschrift sollten Sie, wie im Beispiel »Wir sind Papst!«, die größte Bedeutung zukommen lassen. Sie muss eingängig, griffig und schnell verständlich für die Leserschaft getextet sein. Einerseits muss sie das Interesse wecken und einen Impuls zum Weiterlesen liefern. Zur optimalen Darstellung bei E-Mails und Suchmaschinen sollte Ihre Überschrift zwischen 50 und 57 Zeichen umfassen.

LEAD. Sparen Sie sich jeden Einstieg. Legen Sie sofort los. Die ersten beiden Leadsätze bringen das Wesentliche auf den Punkt. Sie können hier auch mit einem Zitat arbeiten, wenn Sie die Neuigkeit (eines Ereignisses, Beschlusses oder Ergebnisses) mit einer Person koppeln wollen. Dieser einführende Absatz wird als Lead bezeichnet. Hinter der Headline ist der Lead das zweite Werkzeug, um aus der Informationsflut herauszustechen. Der Lead soll aus einfachen Hauptsätzen ohne Komma bestehen und wichtige Schlüsselworte beinhalten. Die Suchmaschinen können bis zu 147 Zeichen optimal darstellen. Der Lead bildet den Übergang zu den weiteren Informationen. Bitte beachten Sie, dass Journalist:innen schnell die Qualität einer Pressemitteilung erkennen können. Mit dieser ersten kleinen Checkliste können Fehler vermieden werden.

BODY. Der Hauptteil Ihrer Pressemitteilung umfasst drei bis maximal fünf Absätze. Diese sind durch Zwischenüberschriften getrennt, um die Lesefreundlichkeit zu erhöhen und weitere Keywords zu platzieren. Im Body sollten die entscheidenden W-Fragen beantwortet werden. So erhält die Leserschaft über die Wer-, Was-, Wann-, Wo-, Wie- und Warum-Fragen alle neuen relevanten Informationen. Auch beim Body gilt: In der Kürze liegt die Würze. Der Pulitzer- und Nobelpreisträger Ernest Hemingway hatte für seine Kollegen der schreibenden Zunft einen simplen Tipp parat: »Autoren sollten stehend an einem Pult schreiben. Dann würden ihnen ganz von selbst kurze Sätze einfallen.« Rechts finden Sie die Satzlängen, die im Journalismus gelten.

LINKS. Durch die Einbindung von Links lassen sich direkte Verbindungen zu Filmen, Erklärvideos, E-Learning-Plattformen oder der Unternehmenshomepage herstellen. Optimal sind drei Links, die weiterführende Informationen oder Service anbieten.

FOOTER. Der Footer einer Pressemitteilung befindet sich unterhalb der eigentlichen Meldung und umfasst maximal drei Sätze, die das Unternehmen sowie die angebotenen Produkte und Dienstleistungen darstellt.

KONTAKTDATEN. Zum Abschluss werden die vollständigen Kontaktdaten mit den medienrelevanten Ansprechpartner:innen Ihres Unternehmens aufgeführt.

ANHÄNGE. Der hohe Konkurrenzdruck macht viele Pressestellen erfinderisch. Sie versenden zu ihrer Pressemitteilung Anhänge von hochwertigen Fotografien, Infografiken, Meinungsumfragen, Studien oder Einladungen zu Werksführungen, Events, Podiumsdiskussionen und Ausstellungen. Grundsätzlich gilt, dass ein gutes Foto als Eyecatcher die Aufmerksamkeit steigern kann. In der Bildunterschrift sollten die Keywords des Pressetextes wiederverwendet werden, um für eine bessere Indexierung im Netz zu sorgen.

Musterfirma GmbH
Max Mustermann
Musterstraße 12
12345 Musterstadt
T +49 12 34 56 78
www.musterfirma.de
iinfo@musterfirma.de

AUFBAU EINER PRESSEMITTEILUNG®

LOGO

HEADLINE

- Griffig texten
- Leseinteresse wecken
- Leadsatz nicht vorweg nehmen
- Leadsatz nicht wiederholen
- Verständlichkeit überprüfen
- Länge und Spaltenbreite beachten

LEAD

LAIE	PROFI
1 - 12	Eins bis zwölf
Dreizehn	13
%	Prozent
DEACK	Deutsche Akademie für Change und Kommunikation
Dipl.Ing.	Max Mustermann
Frau	Anna Musterfrau
Herr	Max Mustermann
Prof. Dr.	Professor
Euro 25,-	25 Euro
Mio.	Millionen
Mrd.	Milliarden
heute	am Freitag
Etc.	Bitte nicht!
Sie - wir	Nur im Liebesbrief!

© DEACK

BODY

- **4** Wörter haben 47 Prozent der Sätze in der Bild-Zeitung
- **9** Wörter sind laut dpa die Obergrenze der optimalen Verständlichkeit
- **14** Wörter im Durchschnitt benötigen die ZDF-heute-Nachrichten
- **17** Wörter pro Satz ist der Durchschnitt des Johannes-Evangeliums
- **20** Wörter ist bei der dpa die Obergrenze des Erwünschten

Quelle: PwC-Studie

ANHÄNGE

Durch einen Anhang kann die Medienarbeit verlängert werden. In diesem Beispiel ist Georg Ratzinger mit der Bild-Zeitung zur Papstwahl seines Bruders zu sehen. Dieses Foto verbreitete sich ebenso wie die Hauptnachricht.

KONTAKTDATEN

22
BEFÄHIGE DIE MANNSCHAFT, DIE DU FÜHRST

BEFÄHIGE DIE MANNSCHAFT, DIE DU FÜHRST

Mario Götze schoss Deutschland mit seinem Tor gegen Argentinien zum vierten Weltmeistertitel und sich selbst in die Geschichtsbücher. Die deutsche Nationalmannschaft war bei der Fußballweltmeisterschaft 2014 über sich hinausgewachsen. In einer fast aussichtslosen Mission auf südamerikanischem Boden feierte das Team seinen größten Erfolg: Es bezwang Brasilien 7:1, und im Finale folgte Mario Götze den Worten seines Trainers: »Zeig der ganzen Welt, dass du besser bist als Messi.« Diese setzten Kräfte frei. Es war eine Leistung für die Ewigkeit, an die weder Götze noch die Nationalmannschaft anschließen konnten. Schon bei der WM 2018 folgte der Tiefpunkt: Aus in der Vorrunde! Letzter Platz in der Gruppenphase in Russland. Schlechter war es für ein deutsches Team noch nie gelaufen.

Erfolg und Misserfolg liegen im Sport dicht beieinander. Häufig entscheidet nicht allein die Fitness, sondern die mentale Stärke einer Mannschaft. Die beiden Weltmeisterschaften sind die besten Lehrstücke für interne Kommunikationsstrategien: Die Turniere von 2014 und 2018 zeigen, wie man mit einer klugen Kommunikation ein Team motivieren und schon vier Jahre später völlig demotivieren kann. Wer an Wirksamkeit interessiert ist, sollte die Kommunikationsleistungen des Deutschen Fußball-Bundes (DFB) genauer betrachten. Die wichtigsten Regeln der internen Kommunikation habe ich für Sie zusammengestellt.

VERMITTLE EIN EINDEUTIGES ZIEL UND ARBEITE AN DER WILLENS- UND GLAUBENSKRAFT IN DEINEM TEAM. Oliver Bierhoff hat 2014 nicht nur die Rolle des DFB-Managers, sondern auch die Kommunikationsarbeit neu definiert. Die Erwartung der Mannschaft vor der Weltmeisterschaft fasste er in einem Satz zusammen: »Wir wollen Weltmeister werden und wir glauben daran.« Damit vollzog Bierhoff eine psychologische Doppelungsstrategie aus Willens- und Glaubenskraft, die er der Mannschaft immer wieder suggerierte: Das Team will den Titel, und jeder einzelne Spieler muss und wird seinen Beitrag zur Zielerreichung erbringen. Das Team glaubt an seine Fähigkeiten und an die unendliche Stärke des Kollektivs.

Vor der Fußballweltmeisterschaft in Russland beerdigten Oliver Bierhoff und DFB-Präsident Reinhard Grindel die kluge Kommunikationsstrategie von 2014. Sie fanden keinen Umgang mit den international veröffentlichten Fotos der Nationalspieler Mesut Özil und İlkay Gündoğan mit dem türkischen Autokraten Recep Tayyip Erdoğan, den die Fußballer als »ihren Präsidenten« bezeichneten. Beide Spieler hatten sich für die deutsche Nationalität und die deutsche Nationalmannschaft entschieden und waren somit dem DFB und den Fans verpflichtet. Die Fotos waren nicht nur takt- und würdelos, sie wurden auch als Nichtbekenntnis zu Deutschland gewertet. Die Fans haben ihre Reaktion gezeigt: Beide Spieler wurden gnadenlos ausgepfiffen. Der DFB wollte dem Problem aus dem Weg gehen. So versuchte der Präsident zu beschwichtigen: »Wir haben darüber gesprochen, es war ein Fehler, das haben die beiden eingesehen.« Das Ziel von Grindel und seinem Pressestab war es, die Diskussion zu beenden: »Jetzt sollte der Fußball im Mittelpunkt stehen.« Doch das Thema verschwand nicht – weder aus der Öffentlichkeit noch aus der Nationalmannschaft. Dafür sorgten die zahlreichen Kommentare auf den unterschiedlichen Social-Media-Kanälen und die Medienvertreter:innen rund um die Mannschaft. Eine öffentliche Diskussion kann man nicht einseitig beenden. Eine kapitale Fehleinschätzung.

> *Zeig der ganzen Welt, dass du besser bist als Messi.*
>
> Joachim »Jogi« Löw zu Mario Götze

Joachim »Jogi« Löw

STELLE KLARE ANFORDERUNGEN UND HALTE DICH DARAN. Um ein Projekt wie eine Weltmeisterschaft erfolgreich zu gestalten, benötigt man einen Masterplan. Immerhin arbeiten, trainieren und leben 60 Personen acht Wochen lang 24 Stunden am Tag auf engstem Raum zusammen. Das kann sehr schnell zu erheblichem Stress in der Gruppe führen. Daher muss die Führung gut organisiert sein. Optimal ist eine Zweiteilung: Der Bundestrainer ist mit seinem Stab für die sportliche Leitung verantwortlich. Er trainiert und führt die 23 Nationalspieler. Der Manager trägt mit seinem Team die Verantwortung für Logistik, Unterbringung, Sicherheit, Trainingsbedingungen und die gesamte Medienarbeit. Gleiches gilt in jedem Unternehmen: Der eine kümmert sich um die Rahmenbedingungen, die Struktur, der andere ist für die Leistung, den Inhalt, verantwortlich. Die verschiedenen Teammitglieder sind unterschiedlich zu führen, und doch muss jeder Einzelne genau seine Aufgabe kennen. Denn nur wenn das Team ein vernetztes Denken und Handeln entwickelt, können die einzelnen Projektschritte ineinandergreifen. Die Herausforderung ist es, zum richtigen Zeitpunkt die benötigte Leistung abrufen zu können. Hierfür braucht es den internen Wettbewerb. Jeder Einzelne muss seine Leistung erbringen und sich immer wieder neu beweisen. Es zählt ausschließlich das für alle Beteiligten nachvollziehbare Leistungsprinzip.

Dieses hat Jogi Löw 2014 zur Maxime seines Handelns erhoben, um es 2018 über Bord zu werfen. Junge Spieler wie Leroy Sané unterstrichen ihre Leistungen und kamen trotzdem nicht zum Zug. Stattdessen setzte der Trainer auf bekanntes Personal, das vor und während der WM seine Leistungen nicht erbrachte. Zudem nominierte er den Langzeitverletzten Manuel Neuer und machte ihn zu seiner gesetzten Nummer 1 im Tor, obwohl er keine Spielpraxis vorweisen konnte. Die Maxime des Bundestrainers war nichts mehr wert. Der interne Wettbewerb nach dem Leistungsprinzip hatte in der Nationalmannschaft keine Gültigkeit. Wer Regeln aufstellt, muss sie selbst einhalten.

STÄRKE DIE STÄRKEN UND HINTERFRAGE STETS DEINE SCHWÄCHEN. Für die Erreichung eines Projektziels ist jede einzelne Person wichtig. Das ist die Grundvoraussetzung für eine erfolgreiche Sportmannschaft. Und genau hier können Wirtschaft und Politik noch eine Menge vom Sport lernen. Vorstände in Wirtschaft und Politik kommunizieren häufig nur mit ihren engsten Vertrauten. Entscheidungen werden im kleinen Kreis beschlossen und nach unten delegiert. Befehlsketten werden eingehalten, anstatt dass ein grundsätzliches Verständnis entwickelt wird. Ein Teamgedanke kann so nicht entstehen. Und es kommt meistens noch viel schlimmer. Die Untergebenen wissen oft nicht, warum sie etwas tun sollen. Sie arbeiten einfach ab, verfolgen aber kein klares Ziel.

Der Schlüssel zum Erfolg liegt in der Kommunikation mit jeder einzelnen Person. Der Trainer muss seine Spieler beobachten, ihnen seine Vorstellungen vermitteln und sie individuell coachen. Nur wer die Stärken seiner Mitmenschen kennt, kann auch mit ihnen arbeiten und sie gezielt einsetzen. Wir alle sind seit unserer Schulzeit auf die Ausbesserung von Schwächen trainiert. Doch was sich in der Schule als richtig erwiesen hat, ist in der Berufswelt verkehrt. Wir müssen unseren gesamten Fokus bei uns und bei anderen auf die Stärken legen. Zudem unterscheidet sich eine gute Führungskraft von einer gewöhnlichen dadurch, dass sie zuhören kann. Genauer gesagt: Eine exzellente Führungskraft hört, was nicht gesagt worden ist. Erst dann ist sie ganz dicht an der eigenen Mannschaft und kann diese befähigen. 2014 hat Jogi Löw das Wissen seiner Mannschaft genutzt, um von Spiel zu Spiel besser zu werden. In Russland überhörte der gesamte Trainerstab die Spannungen innerhalb der Mannschaft. Die erfahrenen Leistungsträger Toni Kroos, Sami Khedira und Mats Hummels waren sich über die Ausrichtung der Mannschaft nicht einig, und die jungen Wilden wollten mehr Verantwortung übernehmen. Eine gemeinsame Linie war weder auf dem Platz noch in der Kabine zu finden. In Russland ging nichts zusammen, weil die internen Konflikte unterdrückt, aber nicht gelöst wurden.

DISZIPLIN IST DER MOTOR FÜR DIE ERFOLGE VON MORGEN. Hochleistungssport ist wie harte Arbeit, und harte Arbeit ist wie Hochleistungssport. In beiden Segmenten werden Erfolge nur durch klare Fokussierung und dauerhafte Disziplin erzielt. Es braucht die richtige Anspannung, um das Team vollständig auf die gegnerische Mannschaft einzustellen. Taktik und Disziplin müssen sitzen. Zugleich sind Entspannungsphasen notwendig, um die Lust am kreativen Spiel immer wieder neu zu wecken. Wer nur noch Druck von allen Seiten verspürt, kann keine Leistung mehr erbringen. Daher müssen Leistungs- und Spaßfaktoren immer gleichberechtigt nebeneinanderstehen. Einer der entscheidenden Faktoren bei der WM in Brasilien war Lukas Podolski. Er war zu dieser Zeit nicht mehr der beste Spieler im DFB-Trikot, aber er war der entscheidende Faktor für den sozialen Zusammenhalt in der Mannschaft. Überall wo er auftauchte, regierte der Spaß. Er nahm mit seiner Leichtigkeit und seinem Witz den Druck aus der Mannschaft. 2018 fehlte ein solcher Joker für das soziale Gefüge. Denn nur mit Entspannung kann auch Anspannung erzeugt werden. Dem Team fehlte die Leichtigkeit.

Noch schlimmer ist es, wenn Druck von innen entsteht und sich hochschaukelt. Die beiden türkischstämmigen Nationalspieler hatten mit ihren »Präsidentenfotos« provoziert, und der DFB fand damit keinen Umgang. Vielmehr hätte man klare Regeln benennen müssen. Denn Reinhard Grindel bestätigte: »Aus der DFB-Satzung geht klar hervor, wofür der DFB steht und wofür ein Nationalspieler stehen muss.« Im DFB, wie in jedem Unternehmen, gibt es klare Complianceregeln, an die sich jeder zu halten hat. Doch Grindel fand in der angespannten Situation als jahrzehntelanger Bundestagsabgeordneter nur unklare Worte: »Wir müssen nach der WM vielleicht noch deutlicher machen, dass solche sportpolitischen Fragen für uns eine überragende Bedeutung haben. Ich kann mir vorstellen, dass das DFB-Präsidium darüber mit der sportlichen Leitung in eine Diskussion eintritt.« Eine klare Haltung sieht anders aus. Und das, obwohl beim DFB alles vorgegeben ist: Der DFB ist Vertragspartner von Adidas. Somit kann kein Nationalspieler mit einem Trikot von Puma oder Nike für die Nationalmannschaft auflaufen. All das ist geregelt und würde auch sofort geahndet werden. Doch Wahlkampfwerbung von Nationalspielern für einen ausländischen Autokraten verstößt anscheinend nicht gegen die Interessen des Deutschen Fußball-Bundes. Vor der WM und der Wahl in der Türkei erfolgte keine Klärung. Stattdessen wollte man eine »solche sportpolitische Frage« erst nach beiden Ereignissen diskutieren. Konsequenzen gab es nicht. Und so zog sich die Affäre durch die Vorbereitung und den sehr kurzen Verlauf der WM. Keiner konnte diesem Thema entkommen. Es war eine Belastung für die Fans, für die Mannschaft und für die beiden Spieler. Eine positive Reaktion von Özil und Gündogan auf und neben dem Rasen blieb aus. Das Drama, welches weder der DFB noch der Bundestrainer stoppen wollten, nahm seinen Lauf. Und es kam noch schlimmer.

ERFOLGE ZU FEIERN IST WICHTIG. NOCH WICHTIGER IST ES, IN DER NIEDERLAGE ZUSAMMENZUSTEHEN. DAS IST WAHRE GRÖSSE. Jedes Team braucht positive Erlebnisse, um an die Gemeinschaft und deren Mehrwert zu glauben. Bei der WM 2014 hat jedes Spiel die Mannschaft beflügelt. Auch bei Spielen, die nicht so schön anzuschauen waren, fand die Mannschaft die richtige Reaktion.

Kurz nach dem Achtelfinalspiel gegen Algerien, das Deutschland nur mit Mühe gewann, fragte der ZDF-Reporter Boris Büchler den deutschen Spieler: »Per Mertesacker, Glückwunsch zum Einzug in die nächste Runde, ins Viertelfinale. Was hat das deutsche Spiel so schwerfällig und anfällig gemacht?« Per Mertesacker, der völlig platt vom Spiel war, zeigte eine klare Reaktion, die erfrischend weit weg von eintrainierten Sprachregelungen war: »Es ist mir völlig wurscht, wir sind jetzt unter den letzten Acht, und das zählt. ... Was wollen Sie jetzt von mir?« Und dann kam der Satz, der in kürzester Zeit Kultstatus erlangen sollte: »Ich leg mich erst mal drei Tage in die Eistonne, dann analysieren wir das Spiel und dann sehen wir weiter.« Aus diesem Satz entstanden Songs und Videos, die in Deutschland Hit-Status erlangten. Und noch viel besser: Per Mertesacker legte sich wirklich in die Eistonne. Die Bilder gingen um die Welt. All das sind schöne Geschichten der WM 2014. Doch das Interview verkörperte die Haltung der Mannschaft. Der entscheidende Satz von Mertesacker lautete: »Glauben Sie, dass unter den letzten sechzehn Mannschaften eine Karnevalstruppe ist – oder was? Die haben uns das richtig schwer gemacht – über 120 Minuten. Und wir haben gekämpft bis zum Ende!« Was zählt, ist der Kampfgeist der Mannschaft. Und wer immer alles gibt, der hat sich auch nichts vorzuwerfen. Doch der Standfußball in Russland ließ diese Qualität bei der deutschen Mannschaft vollständig vermissen. Somit wurde kurz nach dem Ausscheiden keine Fehleranalyse vorgenommen, sondern, und das ist der größte Fehler in allen Organisationen, die Schuldfrage gestellt. Ein bis dahin unbekanntes Führungsproblem innerhalb des DFB wurde sichtbar: Bierhoff und Grindel trugen nun den letzten Rest der Gemeinschaft der Nationalmannschaft zu Grabe. Sie stellten fest, dass es möglicherweise ein Fehler gewesen sei, Özil in den Kader zu berufen, da er weder sportlich noch durch sein Verhalten überzeugen konnte. Plötzlich stand der Sündenbock fest.

Grindel und Bierhoff vollzogen einen kommunikativen Tiefschlag gegen ihren eigenen Spieler, den sie zuvor noch nominiert und geschützt hatten. Es war ein Tiefschlag, der am Ende sie selbst traf. Löw und Bierhoff hätten Özil aus dem Kader streichen können, und Grindel hatte die Möglichkeit gehabt, die Vorgänge durch Özil selbst aufklären zu lassen. Im Vorfeld hatte niemand gehandelt. Erst als alles verloren war, kam die Abrechnung. Doch in der Krise muss sich jede Führungskraft schützend vor die eigene Mannschaft stellen und die Verantwortung übernehmen. All das geschah nicht. Nun teilten Grindel und sein Manager aus. Und der Bundestrainer ließ sie gewähren und schwieg.

Schuldzuweisungen in der Niederlage zeigen die eigenen Schwächen auf. Erfolge zu feiern ist schön und wichtig, aber auch leicht. Doch in der Niederlage zusammenzustehen, das ist wahre Größe. Auch Mesut Özil hatte diese Größe nicht.

Es folgte sein letzter Akt in drei Twitter-Nachrichten. Erster Tweet: Er steht zu seinen Fotos mit Erdoğan und würde diese wieder machen. Zweiter Tweet: Er sieht sich einer Kampagne der deutschen Medien ausgesetzt. Dritter Tweet: Er steht für die deutsche Nationalmannschaft nicht mehr zur Verfügung. Diese Erklärung kam eineinhalb Monate zu spät, und es gibt bis heute keinen Einblick, wie der Ex-Nationalspieler über die Menschenrechtsverletzungen in der Türkei und den autokratischen Führungsanspruch seines Präsidenten Erdoğan denkt. Die Tweets, die auch noch in englischer und nicht in deutscher Sprache verfasst waren, lösten unzählige Diskussionen bei den deutschen Fans aus. Es wurde viel übereinander gesprochen, aber nie miteinander.

In dieser Zeit verlor der ausgebildete ZDF-Journalist Reinhard Grindel die Deutungshoheit über die Kommunikation. Und nur wenig später stellte sich heraus, dass der erste Wächter über die DFB-Compliance-Regeln, die eigenen Vorschriften nicht kannte: So gab es fragwürdige Nebeneinkommen bei einer DFB-Tochtergesellschaft in Höhe von 78.000 Euro, kostspielige Funktionärsausflüge, welche die Verbandskasse Hunderttausende Euro kosteten, und ein teures Uhrengeschenk im Wert von über 10.000 Euro, das Grindel von einem zwielichtigen ukrainischen Oligarchen annahm. Nach nur 1083 Tagen räumte Reinhard Grindel seinen Posten als DFB-Präsident. Eine Zeit, in der es nur Verlierer gab.

INTERNE KOMMUNIKATION

Die interne Kommunikation ist der betriebliche Schmierstoff für jede Organisation, die ihre Zweckbestimmung am Markt und im sozialen Umfeld beweisen muss, wie zum Beispiel in Krankenhäusern oder bei der Feuerwehr und Polizei, wo die Klarheit der Sprache entscheidend ist. Um ein Optimum in der internen Kommunikation zu erreichen, haben sich die Kommunikationsprofis längst von dem romantischen Wir-Gefühl einer Großgemeinschaft verabschiedet. Ein Wir-Gefühl kann man nicht verordnen, sondern nur leben. Vielmehr wird an den verbindenden Gemeinschaftssinn appelliert, mit dem eine bestimmte Zielerreichung verbunden ist. Um das angestrebte Ziel zu erreichen, hat die interne Unternehmenskommunikation für die Mitarbeiter:innen folgende Aufgaben zu leisten:

- Vermittlung der Unternehmenswerte
- Erklärung der Unternehmensziele
- Darlegung der Struktur und der Abläufe
- Darstellung der Regeln
- Erläuterung von Aufgaben
- Stiftung von Identität
- Stärkung von Individualität
- Unterstützung von Kreativität

- Fordern von Leistung
- Förderung von Motivation und Mitarbeiterzufriedenheit

Um all diese Aufgaben erfolgreich umsetzen zu können, muss man Kommunikation als moderne Managementaufgabe verstehen. Die Führung hat sich mit den Werten und der Kultur ihres Unternehmens auseinanderzusetzen, denn nur mit den richtigen Werten und dem wahrhaftigen Umgang damit, kann eine zeitgemäße Kommunikation erfolgen. Hinzu kommt, dass die Werte und die Kommunikation zu der bestehenden Kultur der Organisation passen sollten. Ist das nicht der Fall, folgt meistens eine sehr schnelle Abstoßungsreaktion aus der Belegschaft.

Denn die eigenen Mitarbeiter:innen sind für Unternehmen im schlechtesten Fall die größten Kritiker:innen oder im besten Fall die wichtigsten Multiplikator:innen. Beide Extreme haben wir bei der deutschen Nationalmannschaft in einem Abstand von nur vier Jahren erleben können. Jedes Unternehmen hat die zentrale Aufgabe, seine Kommunikation zu steuern und zu managen, um erfolgreich am Markt operieren zu können. Beachten Sie daher folgende Schritte beim Stufenplan der internen Kommunikation.

VERMITTLUNG. Setzen Sie ein eindeutiges Ziel, das die Mannschaft und jede einzelne Person anspornt und beflügelt, aber nicht überfordert. Das Ziel muss erreichbar sein. Wichtig ist, dass Sie das richtige Augenmaß zwischen einem anspruchsvollen und angemessenen Ziel für Ihre Kommunikationsstrategie herausarbeiten. Danach müssen Sie das Ziel vermitteln.

DIALOG. Nur mit einer dialogischen Kommunikation können Sie Ihr Ziel erfolgreich vermitteln. Ansagen der Führungskraft, ohne dass diese erklärt oder hinterfragt werden dürfen, gehören längst der Vergangenheit an. Die Social-Media-Generation will mitreden und mitgestalten, ansonsten verlässt sie das Unternehmen sehr schnell. Und durch die Jobportale mit Arbeitgeberbewertungen wird es für Unternehmen mit einer solchen Firmenpolitik immer schwieriger, qualifizierte Mitarbeiter:innen zu finden. Der Austausch muss von allen Seiten im Unternehmen als Gewinn betrachtet werden. Denn nur mit anderen Sichtweisen können zukünftige Probleme gelöst werden. Geben Sie den Vordenker:innen eine Chance!

INDIVIDUALISIERUNG. Nehmen Sie Ihre Mitarbeiter:innen als Individuen mit ihren besonderen Stärken wahr und setzen Sie sie entsprechend ein. Agiles Management ist hierfür eine gute Methode. Stellen Sie interdisziplinäre Teams zusammen, die neue Ansätze finden, ihr Wissen dokumentieren und anderen Mitarbeiter:innen zur Verfügung stellen. So entsteht eine vernetzte und lernende Organisation.

EINÜBEN. Erfolge lassen sich nur mit höchster Disziplin erzielen. Das ist keine neue Erkenntnis. Bereits vor Christus entwickelte der Philosoph Seneca einen Dreiklang für die Zielerreichung: »Wollen: Das Ziel muss angestrebt werden. Können: Das Ziel muss erreichbar sein. Wagen: Das Ziel muss verfolgt werden.« Nach dem »Wollen« und »Können« muss die interne Kommunikationsstrategie die Mitarbeiter:innen befähigen, zu »wagen«. Die Belegschaft muss durch gute Geschichten, einprägsame Beispiele, Veranstaltungen und Workshops der Kommunikationsabteilung den Mut entwickeln können, das »Wagen« zu wagen. In dieser Stufe ist es besonders wichtig, dass die Führungsebene mit gutem Beispiel vorangeht und auch Mut zu Fehlern beweist. Dies sind die besten Geschichten für die interne Kommunikation. Entscheidend ist: Fehler müssen erlaubt sein! Wer wagt, muss auch die Sicherheit haben, scheitern zu dürfen. Und Scheitern ist nicht das Gegenteil von Erfolg – es ist ein wichtiger Teil davon. Denn nur wer scheitern kann, kann auch erfolgreich sein. Noch viel besser ist es, wenn Fach- und Führungskräfte in der Einübungsphase scheitern, ihren Fehlschlag öffentlich machen und diesen mit ihrer Mannschaft analysieren. Durch die gemeinsame Aufarbeitung entstehen meistens neue Lösungsansätze. Zudem schaffen Vorgesetzte, indem sie eigene Fehler öffentlich machen, Nähe zu ihrem Team. So können Ängste abgebaut werden. Die eigenen Reihen schließen sich.

UMSETZUNG. Nach der Einübungs- kommt die Umsetzungsphase. Die interne Nabelschau sollte beendet werden, der gesamte Fokus liegt nun auf der Marktbearbeitung. In der fünften Stufe sollten erste Erfolge schnell sichtbar gemacht werden, denn positive Erlebnisse bestärken die Menschen, den eingeschlagenen Weg weiter zu beschreiten. Zudem sind Erfolge, auch wenn es sich nur um ganz kleine handelt, wertvoll für die Stimmung im Team. Würdigen Sie daher kleine Schritte und feiern Sie größere Erfolge.

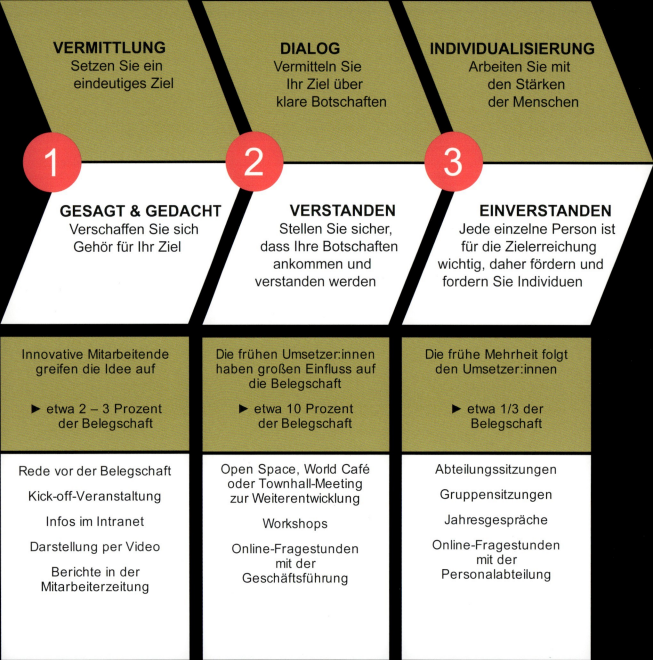

STUFENPLAN DER INTERNEN KOMMUNIKATION®

4 EINÜBUNG
Fordern Sie höchste Disziplin

ANGENOMMEN
Anspannung schafft Motivation

Die späte Mehrheit beteiligt sich, wenn Ergebnisse sichtbar werden

▶ etwa 1/3 der Belegschaft

- Dokumentation der Umsetzung im Intranet
- Wiki mit Erfolgsberichten
- Darstellung der Umsetzung in der Mitarbeiterzeitung

5 UMSETZUNG
Machen Sie Erfolge sichtbar und feiern Sie diese

© DEACK

BEIBEHALTEN
Positive Erlebnisse fördern die Gemeinschaft

Die Nachzügler:innen stehen jeder Veränderung eher kritisch gegenüber

▶ etwa 15 Prozent der Belegschaft

- Erfolgsstorys intern veröffentlichen
- Erfolgspartys feiern
- Erfolge mittels Fotos und Videos festhalten
- Erfolge sichtbar machen

23
MACHE MITARBEITENDE ZU FANS, DENN SIE HABEN DIE BESTEN BOTSCHAFTEN

MACHE MITARBEITENDE ZU FANS, DENN SIE HABEN DIE BESTEN BOTSCHAFTEN

»Berlin ist arm, aber sexy!«, diesen Spruch prägte Klaus Wowereit in seiner Amtszeit von 2001 bis 2014 als Regierender Bürgermeister von Berlin. Mit den zahlreichen Fehlentscheidungen am Berliner Flughafen und der daraus resultierenden Pleite von Air Berlin hat er selbst zur Armut der Stadt beigetragen. Auch die Verkäufe der stadteigenen Betriebe und Wohnungen haben sich als Bumerang für den Berliner Senat erwiesen. So mussten Teile der Betriebe für teures Geld zurückgekauft werden und die steigenden Mietpreise und der erhebliche Wohnungsmangel führten zu Spannungen in der Hauptstadt. Am Ende seiner Amtszeit waren die Meinungsumfragen des einst so beliebten »Wowi« im freien Fall. Doch der Sexappeal der Stadt ist geblieben. Berlin ist zu einer der beliebtesten Metropolen aufgestiegen. Hier treffen sich die unterschiedlichsten Menschen aus den verschiedensten Kulturen. In Berlin kommt die Welt zusammen.

So auch im stadteigenen Betrieb, den Wowereit nicht verkauft hat. Die Berliner Stadtreinigung (BSR) ist nicht nur ein landeseigener Betrieb, in dem zahlreiche Nationalitäten zusammenarbeiten, sondern mit rund 5.600 Beschäftigten, die in 68 verschiedenen Berufen von Müllwerkerinnen und Müllwerkern bis zu IT-Profis arbeiten, auch einer der größten Arbeitgeber Berlins. In dieser Zeit ist die BSR auch in die erste Liga der Berliner Kommunikatoren aufgestiegen. Die neue Kommunikationsausrichtung, die intern wie extern eine neue Einstellung bei der Belegschaft erzeugte und diese fest im Stadtbild etablierte, hat die BSR ihrer Kommunikationschefin Sabine Thümler zu verdanken. Der gesamte Fuhrpark mit rund 1.700 orangen Fahrzeugen, bestehend aus Müllautos, Kehrmaschinen und Räumfahrzeugen für den Winterdienst, sowie die 24.000 öffentlichen Straßenmülleimer wurden zu Kommunikationsflächen erhoben.

Damit schuf die BSR neue Begrifflichkeiten für die Hauptstadt: Aus einer Kehrmaschine wurde ein »Kehrrari«, aus einem Räumfahrzeug wurde ein »Räumschiff«, aus einem Müllauto wurde ein »Leer Force One«, und die Mülleimer appellierten mit »Fütter mich«, »Kippendiener« oder »Häufchenhalter« an die Bürger:innen und Gäste der Stadt, ihren Müll nicht einfach fallenzulassen. Die Tonnen gaben ihren Nutzer:innen ein gutes Gefühl. Und auf manchen war einfach »Mülle Grazie« zu lesen. Was für eine nette Geste! Die Bevölkerung staunte über die pfiffigen »Eyecatcher«. Nun hielten alle die Augen offen und suchten nach dem nächsten Wortspiel der BSR.

Aber nicht nur die Fahrzeuge und Müllbehälter wurden in den Fokus gerückt, sondern auch die Belegschaft. Am Anfang taten sich die Mitarbeiter:innen schwer, ein Fotoshooting zu absolvieren. Die meisten konnten sich ihr überlebensgroßes Konterfei auf einer Plakatwand nicht vorstellen. Doch der erste Eisbrecher schaffte die Wende. Das orangefarbene Plakat zeigte zwei Männer in ihren Overalls, auf dem sich der kleinere Mann, der übrigens kein Model, sondern Grafiker aus der Werbeagentur war, an die Schulter des Größeren anlehnte. Über ihnen stand in weißer Schrift: »We kehr for you«.

Der große Zuspruch aus der Bevölkerung beflügelte die Mannschaft. Schnell entstanden Flyer, Broschüren und Videos, bei denen die Mitarbeiter:innen im Mittelpunkt standen. Auf ihren T-Shirts sind Sprüche wie »Wir sind ALLE sauberhaft« oder »Wenn es einfach wäre, könnte es jeder« zu finden. Und auch zu Großereignissen wie dem Christopher Street Day sind die Straßenfeger mit Aufschriften wie »Mehr Glanz für Toleranz« oder »Hardcore fegen« im Einsatz. All das führte dazu, dass die Berliner:innen ihre Müllabfuhr einfach sexy finden. Heute sind die Sprüche so bekannt wie der Fernsehturm am Alexanderplatz.

Die Wirkung, die von innen nach außen erzeugt wurde, kam in Form von Wertschätzung wieder zurück. Eine Wertschätzung, die zur Folge hatte, so erzählte es mir Sabine Thümler in Vorbereitung auf eine gemeinsame Veranstaltung bei einem Mittagessen in der BSR-Kantine, dass die Kolleg:innen nun sehr viel mehr Wert auf ihr äußeres Erscheinungsbild legten und auf ihre Kleidung achteten. Plötzlich stieg die Waschrate der orangenen Overalls und T-Shirts signifikant an. Die gesamte Belegschaft wollte ein positives Bild abgeben. Die

Kommunikationsarbeit ohne Belehrung und erhobenen Zeigefinger hatte sich gelohnt: Die Berliner Bevölkerung schaute bei der Mülltrennung genauer hin, und die Achtung vor der harte Knochenarbeit beflügelte das Team. Eine Kampagne hatte beiden Seiten die Augen geöffnet. Die Menschen haben verstanden, dass an der Sauberkeit der Stadt alle mitwirken müssen. Doch die kommunikative Ausrichtung hat noch mehr bewirkt: Die BSR ist zu einem der beliebtesten Unternehmen in Berlin aufgestiegen, und die Mitarbeiter:innen sind zu den wichtigsten Botschafter:innen geworden. Alle neuen Jobs, welche die BSR zu besetzen hat, werden über die Mund-zu-Mund-Propaganda der Belegschaft beworben. Alle, die bei dem Dienstleistungsunternehmen der Stadt arbeiten und sich wohlfühlen, wollen nicht mehr weg. Sie empfehlen die BSR weiter. Bessere Multiplikatorinnen und Multiplikatoren gibt es nicht.

EMPLOYER BRANDING

Wer durch die großen Online-Stellenmärkte klickt, wird schnell erkennen, dass viele Unternehmen bei der Suche nach neuen Talenten ohne ein klares Alleinstellungsmerkmal auftreten. Die meisten Anzeigen der unterschiedlichen Arbeitgeber:innen sehen nicht nur gleich aus, auch der Inhalt ist austauschbar. Warum sollten sich Bewerber:innen für Ihr Unternehmen entscheiden? Was ist das Alleinstellungsmerkmal Ihrer Arbeitgebermarke? Welchen Nutzen bringt strategisches Employer Branding?

Für Recruiting, Absolventenkongresse, Personalmessen, Assessment Center, Talentmanagement und interne Summer Schools investieren deutsche Unternehmen sehr viel Zeit und noch mehr Geld. Mit dem demografischen Wandel ist ein Kampf um die klügsten Köpfe entbrannt. Nicht mehr die Bewerber:innen müssen sich um Stellen bemühen, sondern die Unternehmen um die Kandidat:innen.

Für diesen Konkurrenzkampf der Unternehmen prägte die internationale Unternehmensberatung McKinsey die martialische Bezeichnung vom »War for Talents« für den Konkurrenzkampf von Unternehmen um »Talents« bzw. »High Potentials«. Im Zeitalter der globalen und digitalisierten Arbeitswelt steht die knappe Ressource Mensch wieder im Mittelpunkt. Doch bevor sich ein Unternehmen in den Wettbewerb um die talentierten und qualifizierten Fach- und Führungskräfte begibt, muss die Positionierung der Arbeitgebermarke klar sein. Schaut man genauer hin, entdeckt man, dass sich in manchen Organisationen die Unternehmens-, Produkt- und Arbeitgebermarke unversöhnlich gegenüberstehen. Oftmals widersprechen sie sich. Hinter diesem Übel steht immer noch eine unterschiedliche Zuständigkeit in den verschiedenen Bereichen einer Firma: Die Unternehmenskommunikation kümmert sich um die Unternehmensmarke, das Marketing positioniert die Produktmarke, und die Personalabteilung richtet die Arbeitgebermarke aus. Dieser Ansatz gehört der Vergangenheit an.

Integrierte Kommunikation sieht anders aus. Die Kommunikations-, Marketing- und Personalabteilung haben die Aufgabe, gemeinsam eine Markenarchitektur aufzubauen und eine ganzheitliche Kommunikationsausrichtung vorzunehmen. Employer Branding ist das strategische Instrument, das Image des Unternehmens am Arbeitsmarkt zu positionieren.

Ziel eines erfolgreichen Employer Brandings ist es, dass die Arbeitgebermarke erlebbar und von der Belegschaft getragen wird. Wenn sich die Mitarbeiter:innen selbst zu Botschafterinnen und Botschaftern des Unternehmens machen und dieses auch in schwierigen Zeiten öffentlich stärken, dann wurde alles richtig gemacht. Doch wie erzielt man eine solche Identifikation?

Employer Branding baut auf den Werten und der Kultur eines Unternehmens auf, bündelt dessen unterschiedliche Leistungen und verdeutlicht die Vorteile für die Belegschaft. Hierbei handelt es sich nicht um einfache Werbeversprechen, denn die Glaubwürdigkeit kann von allen Mitarbeiter:innen jederzeit überprüft werden. Die eigenen Kolleginnen und Kollegen sind immer auch die größten Kritiker:innen, weil es um ihren Berufsalltag geht. Was extern kommuniziert wird, muss intern

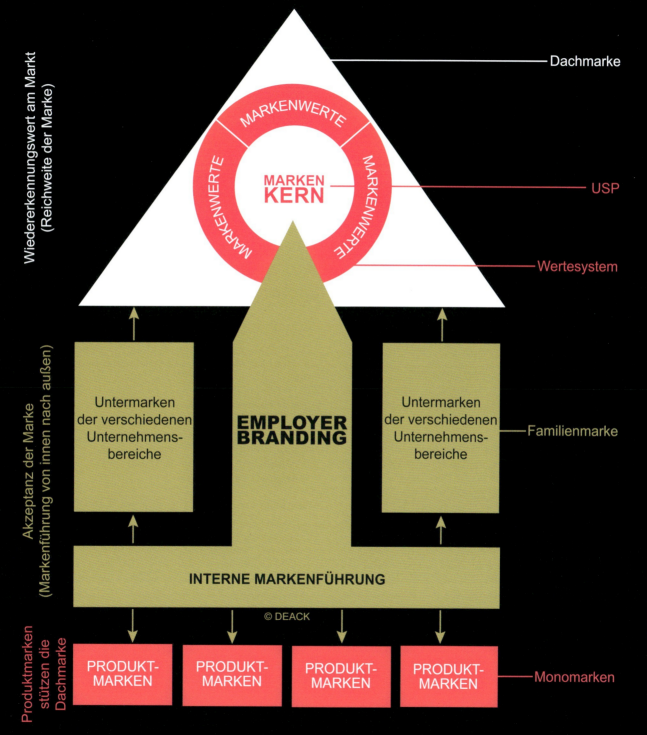

gelebt und erlebt werden. Glaubwürdigkeit ist auf Taten und Tatsachen aufgebaut, nicht auf leeren Versprechen. Der wichtigste Grundsatz in der Markenführung lautet daher: Das kommunizierte Markenversprechen muss immer glaubwürdig sein, damit es nachhaltig wirken kann.

Am Ende ist der Dreh- und Angelpunkt eines strategischen Employer-Branding-Konzeptes die unverwechselbare Positionierung der eigenen Marke am Arbeitsmarkt. Die Employer Value Proposition (EVP), drückt das Versprechen des Unternehmens gegenüber dem Markt aus und vereint die emotionalen Werte mit den rationalen Leistungen. Die EVP ist als Alleinstellungsmerkmal der Organisation zu verstehen und bildet den Markenkern.

Dieses Nutzungsversprechen bestimmt die Positionierung und damit die strategische Ausrichtung aller Aktivitäten auf dem Personalmarkt. Mit dieser klaren Differenzierung soll es gelingen, sich von der Konkurrenz abzusetzen, um so die passenden Kandidat:innen für das Unternehmen zu gewinnen und zugleich die falschen Bewerber:innen vom Betrieb fernzuhalten. Die Arbeitgebermarke macht den Unterschied: Das Unternehmen wird durch seine Kultur, Führung, Werte, Leistungen und Erfolge am Arbeitsmarkt eindeutig wahrgenommen. Der Unterschied zur Konkurrenz wird durch das eigene Personal erlebbar.

Die Menschen sind das wichtigste Kapital einer Firma. Verschiedene Studien belegen, dass die Mitarbeiter:innen einen entscheidenden Einfluss auf ihre Familie und Freund:innen und deren Bekanntenkreise bei der Wahl des zukünftigen Arbeitsplatzes haben. Wer gerne in seinem Unternehmen arbeitet und mit dessen Leistungen zufrieden ist, gibt diese Meinung auch weiter.

Eine nicht zu unterschätzende Rolle spielen hierbei die sozialen Netzwerke wie Facebook oder Xing. Hier werden persönliche Erfahrungen ausgetauscht und Einblicke in die verschiedenen Arbeitswelten gegeben. Positive Aussagen von Mitarbeiter:innen haben Überzeugungskraft. Sie wirken indirekt als Markenbotschafter:innen für das Unternehmen. Dagegen werden schöngefärbte Werbebotschaften auf Broschüren, Plakaten, Homepages oder Dienst- und Lieferwagen immer kritischer hinterfragt. Vollständige Transparenz am Arbeitsmarkt bietet den User:innen die Plattform Kununu. Auf dieser Internetseite werden Unternehmen von Bewerber:innen sowie aktuellen und ehemaligen Angestellten bewertet, und alle User:innen können sich die Darstellungen und Ergebnisse anschauen. Längst gehören Interna einer Firma zum Diskurs im Internet. Oftmals sind die eigenen Mitarbeiter:innen der Auslöser. Und schlechte Nachrichten verbreiten sich schnell. Daher sollte der Personalbereich mit einem Dreiklang aus einer gut funktionierenden Personalpolitik, einer klaren Personalkommunikation und einer starken Arbeitgebermarke geführt werden.

EMPLOYER-BRANDING-ELEMENTE

IDENTIFIKATION DER MITARBEITER:INNEN. Die Arbeitgebermarke soll Identifikation stiften – nach innen und außen. Studien aus den USA und Großbritannien belegen eine Senkung des Krankenstandes, eine signifikante Steigerung der Leistungsbereitschaft und die Abnahme von innerbetrieblichen Diebstählen, wenn die Belegschaft ihrem Unternehmen nicht nur vertraut, sondern auch die Unternehmenswerte und -ziele teilt.

Diese hohe Identifikation der Mitarbeiter:innen wird auch im Umfeld des Unternehmens positiv wahrgenommen. Denn außenstehende Personen bemerken sehr schnell, ob jemand seinen Job mag und sich mit dem Unternehmen identifiziert. Das wirft ein gutes Bild auf die Organisation und ist besser als jede teuer bezahlte Werbung.

WERTE UND KULTUR LEBEN. Eine starke Marke vermittelt Werte und steuert die kulturelle Ausrichtung einer Organisation. Ein gut geführtes Employer Branding hat somit eine starke Wirkung in das Unternehmen und über die Mitarbeiter:innen nach außen. Die Belegschaft verkörpert die Werte und Kultur, womit das Unternehmen für das Marktumfeld erlebbar wird.

DIFFERENZIERUNG. Das Employer Branding muss unverwechselbar sein, damit es zu einer klaren Differenzierung zu den Mitbewerber:innen am Markt kommt. Austauschbarkeit ist kein Alleinstellungsmerkmal. Der Unterschied zu den anderen Unternehmen hat eindeutig zu sein.

IMAGE POSITIONIEREN. Eine authentische und einzigartige Arbeitgebermarke hat demnach positive Auswirkungen hinsichtlich der Reputation sämtlicher Anspruchsgruppen und beeinflusst das Image des Unternehmens vorteilhaft, wodurch der Unternehmenswert nachhaltig gesteigert wird.

DIE RICHTIGEN ANSPRECHEN. Mit einem schönen Image ist noch nichts gewonnen, es muss auch die richtigen Personen ansprechen. Für eine erfolgreiche Employer-Branding-Strategie ist entscheidend, dass das Unternehmen weiß, welche Personen mit welcher Qualifikation es benötigt und wie es diese ansprechen und für die Firma gewinnen kann.

MITARBEITER:INNEN GEWINNEN. Die erarbeitete Employer Brand hat die Intention, auf dem Arbeitsmarkt die geeigneten Kandidat:innen zu erreichen und für das Unternehmen zu gewinnen. Dieser Gewinnungsprozess basiert auf der Identifikation der richtigen Bewerber:innen hinsichtlich ihrer Qualifikationen, Leistungen und Wertvorstellungen im Identitätsabgleich der suchenden Organisation.

MITARBEITER:INNEN BINDEN. Die Bindung von Mitarbeiterinnen und Mitarbeitern ist in unruhigen Zeiten ein hohes Gut. Eine kluge Employer-Branding-Strategie versucht stets, Verlust von Know-how, Erfahrung und Innovationen durch Abwanderung von Spitzenkräften an die Konkurrenz zu verhindern. Denn eine geringe Fluktuation entlastet nicht nur die Personalabteilung, sondern schafft eine klare Fokussierung auf das Wesentliche. Die Arbeitgebermarke muss immer das richtige Gleichgewicht zwischen Bindung und Gewinnung von Mitarbeitenden herstellen.

ZIELE ERREICHEN. Die Identifikation der Belegschaft mit ihrem Unternehmen geht immer einher mit einer hohen Leistungsbereitschaft. Employer Branding hat eine motivierende Wirkung und fördert die Loyalität. Gleichzeitig kann dadurch der Führungsaufwand gesenkt werden. Eine Employer-Branding-Strategie geht auf, wenn ohne größere Personalfluktuation mit den bestehenden und neu gewonnenen Mitarbeiter:innen die Unternehmensziele erreicht werden. Dann hat die Arbeitgebermarke ihren Mehrwert erbracht.

EMPLOYER-BRANDING-DNA

Für eine erfolgreiche Employer-Branding-DNA muss ein Fundament aus einer gründlichen Analyse gelegt werden. Der Prozess beginnt mit einem kritischen Blick auf das eigene Unternehmen. Im ersten Schritt erfolgt die Schlüssel- und Engpassanalyse.

SCHLÜSSEL- UND ENGPASSANALYSE. Durch die Zielgruppenanalyse sollen zukünftige Schlüssel- und Engpasspositionen im Unternehmen schnellstmöglich besetzt werden. Voraussetzung für diese Analyse ist jedoch, dass das Unternehmen Kenntnis über die dringend zu besetzenden Schlüssel- und Engpasspositionen hat. Schlüsselfunktionen sind strategisch äußerst relevante Funktionen, welche einen erheblichen Mehrwert für das Unternehmen erbringen. In solchen Positionen sollte das Unternehmen möglichst bessere Mitarbeiter:innen als die Konkurrenz haben. Engpasspositionen sind Funktionen, für die es schon heute oder zukünftig einen hohen quantitativen Personalbedarf gibt, der aber in Zukunft nur noch sehr schwer zu decken sein wird. Diese Personen müssen jedoch nicht notwendigerweise von strategischer Bedeutung für die Organisation sein.

Hieraus erwächst die Aufgabe, bestimmte Zielpersonen oder Zielgruppen unterschiedlich anzusprechen und für die Arbeitsangebote des Unternehmens zu interessieren. Diese Erkenntnisse gewinnt man durch interne und externe Befragungen, Studien und durch moderierte Fokusgruppen. An dieser Stelle sollten Sie bestimmte Fragen beantworten können: Welche Zielgruppen beziehungsweise welche Zielpersonen sollten oder müssen von uns angesprochen werden? Wie und wo erreichen wir diese? Welche Erwartungen, Vorstellungen und Wünsche haben diese Personen? Und wie können wir diese Vorstellungen erfüllen?

UNTERNEHMENSANALYSE. Die Analyse bildet die Grundlage für eine eigenständige Employer-Branding-DNA Ihres Unternehmens. Hierzu ist es notwendig, den Blick auf das eigene Unternehmen zu richten. Die nachfolgende Grafik soll Ihnen helfen, die wesentlichen Punkte in Ihrem Unternehmen zu untersuchen und mit den Stärken Ihrer Firma zu arbeiten. Stellen Sie sich und Ihrem Team folgende Fragen: Wo sind wir besonders attraktiv? Warum arbeiten die Menschen bei uns?

Was können wir ihnen bieten? Welche Stärken und Erfolge können wir glaubwürdig darstellen?

WETTBEWERBSANALYSE. Wer am Arbeitsmarkt punkten will, muss seine Mitbewerber:innen genau kennen. Daher sind im nächsten Analyseschritt nicht nur die authentischen Eigenschaften des Unternehmens und die Präferenzen der Zielgruppen zu bewerten, sondern auch die besonderen Stärken des Wettbewerbs. Die Erkenntnisse aus den drei Analysen sind besonders wichtig, um das Selbst- und Fremdbild zu überprüfen: Stimmt die Selbstwahrnehmung mit der gelebten Realität überein? Dem hohen Aufwand dieser drei Analysen stehen wertvolle Erkenntnisse für die Ausrichtung einer ganzheitlichen Employer-Branding-DNA gegenüber.

EMPLOYER-BRANDING-DNA. Auf die Analyse folgt die Strategie. Um eine ganzheitliche Employer-Branding-DNA aufzubauen, sind alle relevanten Ressorts des Unternehmens wie Geschäftsführung, Personalabteilung, Unternehmenskommunikation und Marketing zu beteiligen.

Mit der Entwicklung und Implementierung einer lebendigen Employer-Branding-DNA werden die isolierten Kompetenzsilos in einem Unternehmen vernetzt und eine ganzheitliche Markenführung entsteht. Hierbei werden die eigenen Ziele sowie die Kultur und Werte des Unternehmens genauer betrachtet und möglicherweise neu justiert. Alle erhobenen Daten fließen nun zusammen und ermöglichen die Bildung des eigenen Versprechens, die Employer-Value-Proposition. Dieses Alleinstellungsmerkmal ist der Dreh und Angelpunkt im Employer Branding.

EMPLOYER-VALUE-PROPOSITION. Unter EVP versteht man die Bündelung des emotionalen Nutzens und der rationalen Leistungen, die das Unternehmen den potenziellen Arbeitnehmer:innen bietet. Ziel ist es, den Kandidat:innen glaubhaft zu vermitteln, dass sie sich auf eine Stelle in einem einzigartigen Unternehmen bewerben. Dafür wird die Identität in einem klaren Positionierungsstatement formuliert und in einen Claim übersetzt. Mit diesem Alleinstellungsmerkmal setzt man sich von seinen Mitbewerber:innen ab und richtet damit seine Kommunikation am Arbeitsmarkt aus.

EMPLOYER-BRANDING-STORY. Mittels der Kommunikationsbotschaft werden die zentralen Inhalte und Angebote in einer oder mehreren Botschaften festgelegt. Dabei ergibt sich die Kernbotschaft aus der entwickelten Employer-Value-Proposition. Die weiterführende Aufgabe für die Kommunikation besteht darin, die EVP in einen einzigartigen Kommunikationsvorteil durch die Geschichte und Erfolgsgeschichten des Unternehmens umzusetzen.

Aus den Unternehmenserfolgen, Geschichten von Mitarbeitenden und Botschaften zu den Zahlen, Fakten und Daten der Firma wird am Ende eine Employer-Branding-Story. Je stärker die Beweise für die angebotenen Leistungen sind, umso stärker wirken die Botschaften im Employer Branding. Für die Gestaltung der Botschaften sollten die intendierten Kommunikationsziele sowie die unternehmensspezifische Tonalität der Unternehmensmarke herangezogen werden. Am Ende sollten nicht zwei unterschiedliche Marken am Markt präsent sein. Vielmehr sollten Unternehmensmarke und Arbeitgebermarke eine starke Einheit bilden.

INTERNE IMPLEMENTIERUNG. Um die Arbeitgebermarke gegenüber den Fach- und Führungskräften sowie den Mitarbeiter:innen erlebbar zu machen, müssen Führungsstil und -kultur, Organisations- und Personalstrukturen sowie die Personalkommunikation nach der festgelegten Employer-Branding-Strategie umgesetzt werden. Dieser ganzheitliche Ansatz führt nicht nur zu einem konsistenten Erleben der Arbeitgebermarke, sondern verbessert nachhaltig die Arbeitswelt im Unternehmen.

EXTERNE AUSRICHTUNG. Ausgestattet mit einem klaren und unverwechselbaren Employer Branding können nun die verschiedenen Unternehmensvertreter:innen alle Maßnahmen für das Personalmarketing, die Recruiting-Prozesse und die Zielgruppenansprache an allen unternehmensrelevanten Touchpoints vollziehen.

AUSWAHL VON SCHLÜSSEL- & ENGPASSFUNKTIONEN

POTENZIELLE ELEMENTE

ANGEBOTE
Entlohnung
Zusatzleistungen
Karrieremöglichkeiten
Work-Life-Balance

AUFGABEN
Interessante Aufgaben & Projekte
Internationaler Einsatz
Innovation
Einfluss

UNTERNEHMEN
Produkte & Leistungen
Technologie- & Marktführerschaft
Unternehmenserfolg
Standort & Image
Sicherheit & Kundschaft

WERTE
Unternehmenswerte & -kultur
Führungsqualität
Vertrauen & Respekt
Flexibilität der Arbeit

SINN
Umwelt & Klima
Soziale Verantwortung
Gesundheit anderer
Lebensqualität

MITARBEITENDE
Persönlichkeit
Qualifikationsniveau
Zusammenarbeit
Diversity

POSITIONIERUNG

AUTHENTISCHE EIGENSCHAFTEN
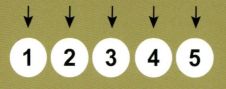

RELEVANTE PRÄFERENZEN DER ZIELGRUPPEN

STÄRKE DER WETTBEWERBE

ALLEINSTELLUNGSMERKMAL

LASS ANDERE FÜR DICH WERBEN, DIE DEN AUTOPILOTEN AKTIVIEREN

»Alle Jahre wieder kommt das Christuskind auf die Erde nieder« ist eines der bekanntesten deutschen Weihnachtslieder. Unsere Gebräuche wie Weihnachten, Karneval, Ostern oder auch das Oktoberfest geben unserem Leben eine Struktur. Ebenso verhält es sich mit unserer Kommunikation. Jahr für Jahr wiederholen wir die gleichen Muster. Wir lieben diese Riten. So folgt auch die Werbung den bekannten Terminen.

Jedes Jahr in der Vorweihnachtszeit steigt der Weihnachtsmann auf seinen Truck und fährt durch ganz Deutschland. Auf seiner Roadshow präsentiert Santa Claus die Erlebniswelt von Coca-Cola: Unzählige Lichterketten lassen seinen Lastwagen zu einer Lightshow werden, Weihnachtssongs werden abgespielt, Livemusik präsentiert, Gewinnspiele und personalisierte Coca-Cola-Flaschen als passendes Weihnachtsgeschenk für die treuen Kundinnen und Kunden geboten. Ganz nach dem Motto: »Schaut euch den bunten Zauber an. Ich bringe euch den amerikanischen Weihnachtstraum in eure Stadt.« Und die Menschenmassen stehen staunend vor einem blinkenden Truck.

Doch diese Werbemaßnahme ist keine Erfindung unserer Tage. Die Coca-Cola-Company setzte 1920 den Weihnachtsmann zum ersten Mal für ihre Werbung ein. Santa Claus war damals noch ein streng aussehender Zeitgenosse, was ihn nicht so beliebt machte. Daraufhin erteilte die Coca-Cola-Company 1931 dem Grafiker Haddon Sundblom den Auftrag, dem Weihnachtsmann ein unverwechselbares Aussehen zu verleihen. Es gelang ihm. Der Cartoonist Sundblom verwandelte den strengen Herrn in einen freundlichen und liebenswerten älteren Mann mit Rauschebart, der einen markanten Umhang in den rot-weißen Farben von Coca-Cola trug. Schnell wurde dieser Weihnachtsmann zur eigenen Marke innerhalb der Coca-Cola-Welt. Santa Claus brachte den Durchbruch für die Coke-Werbung in der Weihnachtszeit. Bis heute funktioniert sie noch genauso.

Marketing ist kein Selbstzweck. Vielmehr musste der Erfrischungsgetränkehersteller notwendige Maßnahmen ergreifen, um auch im Winter seine Verkaufszahlen zu erreichen. So setzte das Management aus Atlanta schon früh auf die Idee mit Santa Claus. Mit dieser Entscheidung und dem großen Werbedruck gab es einen klaren Gewinner: Santa Claus rückte nun in den Mittelpunkt des öffentlichen Interesses. Dagegen geriet der christliche Nikolaus mit seinem blauen Umhang schnell in Vergessenheit, und die Geschichte der Geburt Christi kam unter die Räder eines Trucks. Nur noch wenige Kinder können heute die Weihnachtsgeschichte wiedergeben. Dafür schreiben sie unendlich viele Wunschzettel an den Weihnachtsmann. Und neben Santa Claus gibt es noch einen eindeutigen Sieger: Coca-Cola.

Coke gelang es mit Santa Claus, die eigenen rot-weißen Unternehmensfarben im allgemeinen Unterbewusstsein zu verankern. In der Öffentlichkeit fand somit eine unterschwellige Verknüpfung zwischen dem Weihnachtsmann, dem Heiligen Fest und Coca-Cola statt. Zugleich ging die positive Bewertung des Weihnachtsmanns auf die Marke über.

Der US-amerikanische Soziologe Talcott Parsons entwickelte in der ersten Hälfte des 20. Jahrhunderts eine soziologische Systemtheorie, wonach das Individuum in die bestehenden gesellschaftlichen Wert- und Rollensysteme seine Einpassung findet. Nach Parsons strukturiert die Vergesellschaftung mit ihren vorgegebenen Normen und Werten, an denen sich alle Menschen bewusst oder unbewusst ausrichten, die individuellen Handlungsziele oder schränkt diese sogar ein. Laut dem Soziologen sind diese Normen und Werte immun gegen jegliche Nutzenkalkulationen. Sie sind einfach vorhanden. So haben die Menschen bestimmte soziale Normen verinnerlicht: Niemand raucht in der Kirche. Und niemand opponiert gegen den Weihnachtsmann. Schließlich bringt er uns die Geschenke. Diese soziale Norm übertrug Coca-Cola auf seine Werbung: Niemand kann sich der positiven Norm des Weihnachtsmanns entziehen. Der Getränkeriese aus Atlanta hat als erster Konzern eine soziale Norm in seine Werbung eingebaut. Ein autonomes und normabweichendes Rollenverhalten gegenüber dieser Werbung ist nur sehr schwer möglich, denn in Amerika und Europa ist der gesellschaftliche Anpassungsdruck zu

Weihnachten besonders groß. Denken Sie nur an die unzähligen familiären Verpflichtungen, die Sie in der Weihnachtszeit zu erfüllen haben. Und Ihre Kinder wollen wahrscheinlich auch noch Santa Claus treffen und ein Selfie mit ihm machen.

Dafür plant Coca-Cola jedes Jahr eine Roadshow ein. Diese stellt für den Konzern ein wichtiges Kommunikationsmittel zur Brand-Experience dar und ist wichtig, um die Konsument:innen mit der Marke in eine Interaktion treten zu lassen. Denn das eigene Erleben mit der Marke wird am besten abgespeichert. Psychologische Markenführung zielt immer auf das Unterbewusstsein der Konsument:innen, was mit dem Weihnachtsmann gut gelingt. Mit dem erheblichen Werbedruck ist Coca-Cola zu einer globalen Love Brand geworden, welche die Weltbevölkerung abrufen kann. Und genau darum geht es: Nur wenn eine Marke abgerufen werden kann, kann sie auch gekauft werden. Darum unternimmt der US-Konzern alles, damit die Marke im Bewusstsein der Kund:innen dauerhaft verankert bleibt. Besser als in diesem Fall kann ein emotionaler Kontaktpunkt zwischen einer Marke und den Konsument:innen nicht sein. In den Köpfen der Verbraucher:innen wird das wichtigste Fest im Jahr mit einer aktiven Handlung der Love Brand verknüpft, und so übernimmt der Autopilot in den Köpfen der Massen die Steuerung: Es kommt zu einer positiven Bewertung der Marke, denn die Menschen lieben Santa Claus. Und das Beste an der Aktion ist, dass man unzählige Weihnachtsmänner zeitgleich an verschiedenen Orten zum Einsatz bringen kann, und all diese verkleideten Männer mit ihren aufgeklebten Bärten kosten nur einen Bruchteil dessen, was ein Megastar aus dem Pop- oder Sportbusiness kosten würde. Weihnachten ist zum heiligen Fest der braunen Brause geworden.

NEUROMARKETING

Eine Marke ist ein Image. Ein Image kann so stark sein, dass es bei uns bestimmte Emotionen und Bilder im Kopf auslöst. So übernehmen zum Beispiel erwachsene Personen oftmals blind bestimmte Marken, die sie schon durch die Sozialisation ihrer Eltern kennengelernt und mit denen sie gute Erfahrungen gemacht haben. Denken Sie nur an Ihr Waschpulver zu Hause: Sind Sie ein Ariel-, Persil- oder Spee-Haushalt? Und warum? Was haben Ihre Eltern verwendet? Eine spannende Frage, der Sie gelegentlich auf den Grund gehen sollten. »Blind« heißt in diesem Zusammenhang, dass wir bestimmten Marken ein hohes Maß an Vertrauen entgegenbringen und diese regelmäßig konsumieren, ohne dieses Vertrauen jemals zu hinterfragen oder zu überprüfen. Aber auch wenn wir das »Blindsein« für ein Markenprodukt an uns selbst testen, kommen erstaunliche Ergebnisse zum Vorschein. So auch 1992, als die Wissenschaftler Chernatony und McDonald ein Experiment mit den beiden Getränkesorten von Coca-Cola und Pepsi vornahmen. In dem zweistufigen Testverfahren aus einer Blinddarbietung und einer offenen Verkostung der Markenprodukte stimmten die Ergebnisse nicht überein. Mit verbundenen Augen bevorzugten die Proband:innen die Sorte Pepsi. Sie schmeckte ihnen besser. Doch beim Experiment mit offenen Augen fiel das Ergebnis anders aus: Die Marke hatte nun einen erheblichen Einfluss auf die Entscheidung der Proband:innen. Die Mehrheit der Personen entschied sich für Coca-Cola. Coke war im offenen Testverfahren der klare Sieger.

Zehn Jahre nach dem ersten Pepsi-Coke-Experiment schlug die Geburtsstunde des Neuromarketings. 2003 überschlugen sich die US-Medien. Denn es war den Hirnforschern Samuel M. McClure, P. Read Montague, Damon Tomlin, Kim S. Cypert und Latané M. Montague mithilfe der Magnetresonanztomografie gelungen, unterschiedliche Gehirnaktivitäten bei den Proband:innen festzustellen. Es handelte sich somit um den ersten direkten Blick ins Hirn der Konsument:innen. Sie übernahmen den Aufbau des alten Pepsi-Coke-Experiments. Im ersten Testlauf, in dem die Getränke blind verkostet wurden, hat der der Genuss von Pepsi für eine stärkere Gehirnaktivität im »Belohnungszentrum« gesorgt. Auch auf die Frage hin, welches Getränk ihnen besser geschmeckt hat, entschieden sich die Proband:innen für Pepsi. Damit waren die Ergebnisse mit dem ersten Testverfahren deckungsgleich. In der zweiten Versuchsanordnung mit der offenen Verkostung wurde eine höhere Aktivität beim Trinken von Coca-Cola verzeichnet.

Geschmackstest für Softdrinks

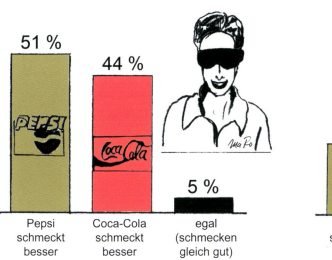
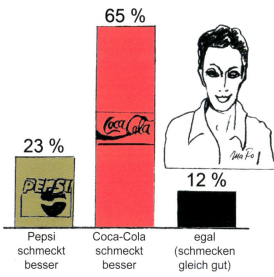

Überraschend war jedoch, dass bei der Marke Coca-Cola zusätzliche Hirnareale aufleuchteten. Es wurde deutlich, dass durch das Hinzufügen der Markeninformationen des jeweiligen Getränks andere Regionen im Gehirn der Proband:innen aktiviert wurden. Pepsi gelang es nicht, zusätzliche Hirnbereiche zu aktivieren. Der Versuch zeigt, dass Erinnerungen und Eindrücke, welche die Testpersonen mit der Marke Coca-Cola verbinden, mit eingeflossen sind. Die positiven Erinnerungen und das Selbstwertgefühl wirken somit stärker als der Geschmack. Besonders interessant ist die Erkenntnis, dass die beliebte Coke den Bereich des menschlichen Gehirns, der für das Selbstbild des Menschen steht, zu aktivieren versteht. Im Neuromarketing geht man davon aus, dass das Image einer Marke mit der Selbstwahrnehmung des Menschen zusammenhängt. Nicht unser Geschmackssinn, sondern unsere Assoziationen um die Marke entscheiden über unsere Bewertung. Wenn wir eine Marke als Mehrwert für unsere eigene Person abgespeichert haben, hinterfragen wir diese nicht mehr.

Grundsätzlich verfügen wir über zwei unterschiedliche Herangehensweisen in unserem Gehirn. Das erste System wird als Autopilot bezeichnet, das zweite als Pilot. Der Autopilot arbeitet in unserem Kopf mit hoher Effizienz: Er ist spontan, intuitiv und trifft sehr schnelle Entscheidungen. Hierbei arbeitet der Autopilot in unserem Unterbewusstsein und lässt sich stark von Emotionen, Motiven und kognitiven Prozessen beeinflussen. Diese kognitiven Prozesse werden auch als subtile Codes bezeichnet, da zu ihnen Automatismen, Assoziationen und Erlerntes sowie Erinnertes zählen, welche abgerufen werden. Hierzu zählen auch Werbe- und Markenbotschaften, die wir verinnerlicht haben. Der Autopilot greift auf diese automatisierten Programme zurück, die unser Handeln unbewusst beeinflussen. Innerhalb von Bruchteilen von Sekunden trifft er Entscheidungen für uns. Damit werden wir entlastet. Unsere Wahrnehmungskanäle werden mit über 11 Millionen Bits pro Sekunde an Informationen bombardiert, von denen wir aber nur 20 bis 40 Bits bewusst verarbeiten können. Mit all den anderen Bits an Informationen ist unser Bewusstsein schlichtweg überfordert. Das heißt, dass fast 100 Prozent der Daten, die unser Gehirn aufnimmt, unbewusst verarbeitet werden. Somit werden wir mehr von unseren impliziten Codes als von einer gründlichen Kosten-Nutzen-Abwägung gesteuert.

Trotz der unbewusst ablaufenden Prozesse unseres Autopiloten haben wir das Gefühl, dass wir die Alternativen bewerten und bewusste Entscheidungen treffen. Dabei hat längst unser Autopilot die Steuerung übernommen. Der renommierte Harvard-Professor Gerald Zaltman fand in diesem Zusammenhang heraus, dass bis zu 95 Prozent unseres Erkenntnisvermögens – alle Gedanken, die unsere Entscheidungen und unser Verhalten steuern – unbewusst verlaufen. Dazu zählt insbesondere unser Konsumverhalten. Wenn wir als Konsument:innen also etwas gekauft haben, unterliegen wir dem Gefühl, eine bewusste Entscheidung getroffen zu haben. Laut Hirnforschung handelt es sich um eine Illusion: Der Mensch trifft seine Entscheidungen emotional und rechtfertigt sie dann mit dem Verstand. Der australische Hirnforscher Allan Snyder fasste dies in einen Satz zusammen: »Bewusstsein ist eine PR-Aktion unseres Gehirns, damit wir glauben, wir hätten auch noch etwas zu sagen.« Das Bewusstsein – der Pilot – schaltet sich ein, wenn das menschliche Gehirn mit Neuem und Unbekanntem konfrontiert ist. In diesem Fall kann der Autopilot auf nicht gespeicherte Informationen im limbischen System zurückgreifen, da dort keine Erfahrungswerte vorhanden sind. Nun schaltet sich der Pilot ein. Im Gegensatz zum Autopiloten fällt der Pilot seine Entscheidungen analytisch, reflektiert und bewusst. Allerdings ist er dabei zögerlicher und langsamer als der Autopilot. In unbekannten Situationen ist er jedoch deutlich flexibler und kontrollierter. Der Pilot ist stets bemüht, umfassend und vollständig informiert zu sein.

Das Neuromarketing hat es sich zur Aufgabe gemacht, diese unbewussten und emotional gesteuerten Prozesse im Gehirn zu erforschen und herauszufinden, wie man Werbe- und Markenbotschaften für uns optimieren kann. Als Grundsatz bleibt hierzu festzuhalten: Je emotionaler die Werbebotschaft ausfällt, umso besser wird diese im Gedächtnis der Kund:innen verinnerlicht.

> *Bewusstsein ist eine PR-Aktion unseres Gehirn, damit wir glauben, wir hätten auch noch etwas zu sagen.*
>
> Allan Snyder

Wie stark die Werbung auf uns einwirkt, wird an dem ausgewählten Beispiel der Konsumikone Coca-Cola besonders deutlich. 13 Jahre war der Softdrink die wertvollste Marke der Welt, bevor er von Apple verdrängt wurde. Kaum eine Konsumgütermarke hat auf Facebook mehr Fans als Coca-Cola. Und das Verrückte ist, dass die Menschen eine virtuelle Freundschaft zu einer braunen Brause suchen. Weil die Marke so attraktiv ist, erhoffen sich die Fans, dass deren Glanz auf sie überspringt. Im Gegensatz zu Pepsi verfügt Coca-Cola über eine dominierende und tief verinnerlichte Markenbekanntheit bei den weltweiten Konsument:innen. Die Marke hat es geschafft, die emotional gebildeten Bedürfnisse und Interessen ihrer Kundschaft in einer zielgerichteten Kommunikation zu bündeln. Das rotweiße Logo ist aus der Unterhaltungsindustrie von Sport, Show, Musik, Kunst und Kultur nicht mehr wegzudenken. Und selbst der Weihnachtsmann bringt uns zum wichtigsten Familienfest des Jahres eine Coke. Emotionaler geht es nicht. Mit einer klugen Kommunikationsstrategie ist Coca-Cola zu einem globalen Kulturgut geworden.

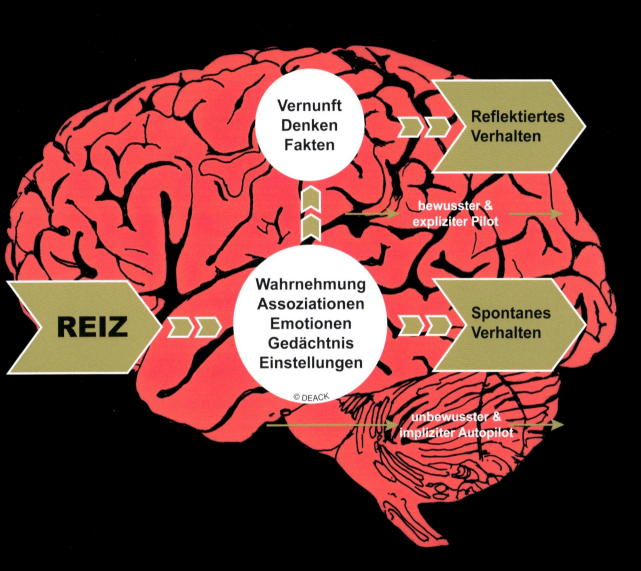

25
LOCKE DIE MENSCHEN
MIT GESCHICHTEN, DENN SIE
KAUFEN KEINE FAKTEN

LOCKE DIE MENSCHEN MIT GESCHICHTEN, DENN SIE KAUFEN KEINE FAKTEN

Der Baumarktkette Hornbach ist 2013 ein Meisterstück der Kommunikation geglückt. Sie warb für einem Hammer, um den sich die Kunden gerissen haben. Jetzt werden Sie mich sofort fragen: Was kann dieser Hammer, was andere nicht können? Meine schlichte Antwort: Nichts. Und Sie werden weiter fragen: Wie kann es gelingen, einen Hammer zu verkaufen, den jeder deutsche Haushalt bereits in seiner Werkzeugkiste hat? Meine noch schlichtere Antwort lautet: Man kann. Entscheidend ist, dass man den Menschen eine interessante Geschichte vom knappen Gut erzählt und sie verbreitet.

Hornbach tat genau das. Die Baumarktkette kaufte einen tschechischen Schützenpanzer. Sie fertigte aus dem 13,5 Tonnen schweren und sieben Meter langen Ungetüm 7.000 streng limitierte Hämmer und investierte viel Geld in eine Kampagne, die zum nationalen Gesprächsthema wurde.

Die beauftragte Berliner Werbeagentur Heimat dokumentierte in ihrem Werbefilm, wie der Panzer abtransportiert und 52 Stunden lang demontiert wurde. Danach zeigte der Film, wie 65 Männer aus sechs Nationen an der Zerlegung des gewonnenen Panzerstahls und der Produktion der Hämmer beteiligt waren. Zwischen diesen Szenen wurde ein ehemaliger Panzerfahrer eingeblendet, der die Verschrottung seines Schützenpanzers BMP-1 mit Kopfschütteln und fassungslosen Kommentaren begleitete.

Der Film verfehlte seine Wirkung nicht. Die heimwerkenden Männer und Profis vom Bau waren in ihrem Element. Männlicher ging es kaum: Es sollte ein aus Panzerstahl gefertigter 500-Gramm-Schlosserhammer im Baumarkt zu kaufen sein, so versprach es die Werbung. Doch nicht nur die Männerwelt fühlte sich angesprochen. Auch die Vertreter:innen der Friedensbewegung und Kirchen waren von dem Spot begeistert. Das biblische Leitmotiv »Schwerter zu Pflugscharen«, welches als Symbol der Abrüstungsbewegung steht, wurde von der Baumarktkette neu belebt. Denn jede Geschichte erzählt eine bereits erzählte Geschichte. Damit wird die Anschlussfähigkeit für die Rezipient:innen sichergestellt. So wurde das Hornbach-Video massenhaft gelikt, geteilt und in der Presse besprochen. Es war kein glatter und damit unglaubwürdiger Film; vielmehr zeigte er die mühsamen Produktionsschritte der Arbeiter, die mit ihrer ganzen Authentizität aus dem Werbefilm eine Art Kurzdokumentation machten. Sie waren die Helden des Films, die das Ungetüm zerlegten. Und das kam bei den Zuschauer:innen gut an.

Die streng limitierten Hämmer wurden den Hornbach-Mitarbeiter:innen am 6. Juli 2013 aus den Händen gerissen. Innerhalb von wenigen Minuten waren die ersten Chargen im Onlineshop und in allen Läden ausverkauft. Doch die Baumarktkette machte es weiterhin spannend: Tagesaktuell informierte Hornbach auf seiner Website über die letzten geheimen Verkaufsstellen, die an ungewöhnlichen Orten in ganz Deutschland lagen. Die Jagd auf die letzten 700 Hämmer war eröffnet. Und die Baumarktfans nahmen die Spur auf, obwohl der Verkaufspreis von 25 Euro extrem teuer erschien. Doch die unzähligen Handwerker:innen, Hobbybastler:innen, »Hammerliebhaber:innen« und Friedensaktivist:innen, die sich in den Baumärkten und auf der Schnitzeljagd um das Werkzeug aus osteuropäischem Panzerstahl und nordamerikanischem Hickory-Holz gerissen hatten, sollten am Ende Recht behalten. Noch am Verkaufstag schnellte der Preis bei Ebay auf 80 Euro hoch. Zwischenzeitlich erreichte der Hammer einen Spitzenwert von über 650 Euro.

Der Marktwert des Hammers auf den Online-Marktplätzen verdeutlicht, dass die Geschichte heute noch lebt. Hornbach hatte für seine Zielgruppe ein Kultprodukt geschaffen und für sich eine erfolgreiche und nachhaltige Kampagne umgesetzt. Auf Facebook hatte der Baumarkt 15 Prozent mehr Fans erreicht. Über 15 Millionen Mal wurde bei den Suchmaschinen wie Google, Bing oder Safari nach dem Hornbach-Hammer gesucht, und zusätzlich erzielte man mit dieser Aktion einen Mediawert von einer Million Euro. Eine Hammergeschichte für einen Baumarkt.

STORYTELLING

Unternehmen müssen den Weg vom klassischen Marketing hin zu einem ganzheitlichen Content Marketing schaffen, wenn sie Wirkung in der Aufmerksamkeitsökonomie erzielen wollen. Hierfür braucht es eine geniale und aufsehenerregende Geschichte, die nicht nur in der Werbung funktioniert, sondern auch in den klassischen Medien sowie im Social Web für Gesprächsstoff sorgt. Der Trendforscher Matthias Horx empfiehlt: »Marketing morgen heißt: Eine Geschichte von Menschen erzählen, die sich vorgenommen haben, etwas herzustellen, was Menschen wirklich lieben und brauchen. Weil es ungewöhnlich schön ist. Oder echte Probleme löst. Weil es die Welt rettet. Oder Spaß in einer Weise macht, für die der Mensch geschaffen ist.« Storytelling heißt, eine neue Sichtweise zu erschaffen, die die Menschen emotional berührt und die sie für eine Sache begeistert. Wenn sich diese Geschichte durch alle Kommunikationsmittel des Unternehmens zieht, sprechen die Expert:innen von einer gelungenen Content-Marketing-Strategie. Diese kommunikative Ausrichtung ist wichtig, da durch die Neurowissenschaft belegt ist, dass unser Gehirn mit seinen über 100 Milliarden Nervenzellen besonders erfolgreich Muster verknüpfen kann, wenn es Informationen über eine emotionale Geschichte erhält. Zudem sollte die Story die sechs Prinzipien des Überzeugens, die der renommierte Psychologe und Marketingexperte Robert B. Cialdini aufstellt hat, beinhalten. Die Geschichte von Hornbach hat das geschafft.

PSYCHOLOGIE DES ÜBERZEUGENS

REZIPROZITÄT. Robert Cialdini fand heraus, dass Menschen andere so behandeln, wie sie sich von anderen behandelt fühlen. Das bedeutet, dass wir gegenüber Menschen, die uns freundlich begegnen, ebenfalls freundlich eingestellt sind. Die Werbung wendet dieses Prinzip sehr häufig an. Der Grund, warum Handelsunternehmen ihre Produkte manchmal kostenlos versenden, beruht auf dem Reziprozitätsprinzip. Sie wissen, dass die Verbraucher:innen die kleinen Gesten schätzen und ihnen so Zuneigung schenken. Die friedliche Umnutzung eines Panzers ist die Geschichte eines humanistischen Wertes, dem die Kund:innen gerne folgen. Diese Bemühung der Hornbach-Kette wurde von den Verbraucher:innen positiv bewertet.

SOZIALE BEWÄHRTHEIT. Dieses Prinzip belegt, dass Menschen dazu neigen, in einer Gruppe zu agieren. Sie unterstützen die Meinung, von der sie annehmen, dass sie von der Mehrheit ihrer Gruppe ebenfalls geteilt wird. Wenn viele Menschen annehmen, dass etwas richtig sei, werden andere das wahrscheinlich auch tun. Dieses Prinzip ist besonders gefährlich, da ein sozialer Druck auf die einzelne Person ausgeübt werden kann. Nicht nur Wirtschaftsunternehmen, sondern auch Parteien sind daran interessiert, dass ihre Botschaften von bestimmten Gruppen aufgenommen und weitergetragen werden. Ist eine Botschaften-Welle in Gang gesetzt worden, verbreitet diese sich sehr schnell über die sozialen Netzwerke. Doch die schnelle und massenhafte Verbreitung einer Meinung sagt nichts über ihre Richtigkeit aus. In dem Fallbeispiel zeigte sich, dass besondere Zielgruppen auf die Kommunikation von Hornbach ansprangen: Handwerker:innen und Friedensaktivist:innen diskutierten nun über den Hammer.

AUTORITÄT. Dieser Grundsatz von Robert Cialdini besagt, dass Menschen, die eine besondere Position innehaben, in den Augen der anderen mehr Glaubwürdigkeit besitzen. Dadurch neigen wir dazu, ihnen eher zu glauben. Bei der Zahnpastawerbung werden oftmals Zahnärzte oder sogar »Zahnarztfrauen« eingesetzt, da wir ihnen eine hohe Kompetenz zuschreiben. Doch die Autoritäten haben sich verschoben: Heute haben Schüler:innen in Umweltfragen eine höhere Autorität als die meisten Politiker:innen. So auch im Hornbach-Film: Die Autorität liegt bei den Arbeitern, die sich täglich um die Verschrottung von altem Militärgerät kümmern. Sie wissen, was sie tun. Die Zuschauer:innen sprechen ihnen eine hohe Autorität zu. Daher kommt die Führungskraft im Anzug in diesem Film nicht vor.

KNAPPHEIT. Grundsätzlich verlangen die Verbraucher:innen nach Werten, die sie als begrenzt oder besonders exklusiv einschätzen. Dabei spielt es keine Rolle, ob das wirklich so ist. Vielmehr wird durch die Werbung vermittelt, dass die Ware nur einer kleinen Gruppe zu einem ganz bestimmten Zeitpunkt an einem ganz bestimmten Ort zugänglich ist. Die Verknappung der Ware steigert das Verlangen der Verbraucher:innen. Der Sonderverkauf des Hornbach-Hammers nutzte diesen Effekt und erzielte so eine hohe und bleibende Aufmerksamkeit bei seiner Kundschaft.

KONSISTENZ. Menschen sind an Beständigkeit interessiert. Das heißt, sie wollen in Übereinstimmung mit ihren eigenen Verhaltensmustern handeln. Es spielt hierbei keine Rolle, ob sie auf rationale Weise agieren oder nicht. Menschen suchen nach Produkten und Dienstleistungen, die ihrer eigenen Lebensweise entsprechen oder diese sogar bekräftigen. Das erklärt, warum so viele Menschen bei dem bleiben, was ihnen schon bekannt ist. In diesem Punkt hatte Hornbach ein leichtes Spiel. Alle wissen, wofür ein Hammer gut ist – und mit einem Hammer im Werkzeugkasten macht man(n) nichts falsch. Zudem können alle Hammer-Käufer:innen behaupten, sie hätten einen Hammer aus Panzerstahl in ihrem Besitz. Fraglich bleibt, wie viele Hämmer bereits im Besitz sind und ob der Kauf eines weiteren Hammers im Wert von 25 Euro wirklich sinnvoll war.

Robert Cialdini führt dazu aus: »Einmal getroffene Entscheidungen (auch falsche) tendieren dazu, sich selbst aufrechtzuerhalten, da sie in der Lage sind, ›Wurzeln zu schlagen‹. Damit ist gemeint, dass Leute oft neue Gründe und Rechtfertigungen für ihre getroffenen Entscheidungen, ihre commitments, suchen – und finden. Dies hat zur Folge, dass diese commitments manchmal fortbestehen, auch wenn die Bedingung, die sie herbeigeführt hatte, längst nicht mehr gegeben ist.«

SYMPATHIE. Dieses Prinzip beinhaltet den »Halo-Effekt«, eine aus der Sozialpsychologie bekannte kognitive Verzerrung. Sie besteht darin, dass wir bei einer Person von bekannten Eigenschaften auf unbekannte schließen. So nehmen wir als Zuschauer:innen die Arbeiter in dem Werbefilm als besonders glaubwürdig und sympathisch wahr. Weil die Männer einen Panzer zerlegen, nehmen wir an, dass sie für die weltweite Abrüstung eintreten. Dies ist eine Annahme, die die meisten Zuschauer:innen treffen, ohne dafür irgendeinen Hinweis zu haben. Bei einer solchen positiven Verzerrung spricht man vom Heiligenschein-Effekt, dem sogenannten Halo-Effekt. Die Werbung setzt fast immer Stereotype ein, die dafür sorgen, dass uns das zu verkaufende Produkt sympathisch erscheint und wir es erwerben möchten.

Diese sechs Prinzipien des Überzeugens wurden in der Hornbachstory untergebracht. Doch wie erzählt man eigentlich eine gute Geschichte? Geschichten erzählen ist eine der ältesten Kommunikationsformen der Menschheit. Schon früh machten sich Erzähler auf den Weg, um ihre Weisheiten und Gedichte oder die aktuellen Geschehnisse von Ort zu Ort zu tragen. Mit ihrer Vortragstätigkeit erfüllten sie viele Aufgaben in der Gesellschaft: Sie vermittelten Wissen, gaben Erfahrungen und Informationen weiter oder stifteten in schwierigen Zeiten sogar Hoffnung. Und wir? Wir lieben Geschichten! Wir sind als Kinder mit Geschichten aufgewachsen – und in diesem Punkt sind wir Kinder geblieben. Der argentinische Schriftsteller und Psychiater Jorge Bucay fand dafür die richtigen Worte:»Kindern erzählt man Geschichten, damit sie einschlafen – Erwachsenen, damit sie aufwachen.«

STORYTELLING-GEN

Storytelling ist deshalb nicht nur die entscheidende Profession der Film-, Fernseh- und Unterhaltungsbranche, sondern auch fester Bestandteil in den Bereichen Marketing, Werbung und Public Relations geworden. Aber auch im Wissensmanagement und E-Learning von Unternehmen oder bei Seminaren, Diskussionen und Reden sowie in der digitalen Welt wird diese Methode eingesetzt. Denn nur mit einer guten Geschichte gelingt es, die Aufmerksamkeit zu erlangen und die Konzentration der Zuhörer:innen hochzuhalten. Erzählungen können ein wahres Kopfkino in Gang setzen. Das macht sie so erfolgreich.

Daher halte ich Storytelling für ein zentrales Leadership-Thema, welches von deutschen Führungskräften häufig unterschätzt wird. Ganz anders in den USA. Denken Sie nur an Steve Jobs oder Barack Obama. Der ehemalige CEO von Apple und der ehemalige US-Präsident mussten von ihrer Idee erzählen können, damit sie ihr eigenes Team und die Kund:innen oder Wähler:innen erreichten und mobilisierten. Sie hatten das Storytelling-Gen und setzten es gezielt für ihre strategische Ausrichtung ein. Mit der Werbekampagne »Think different« begann der Aufstieg von Apple, und mit »Yes, we can« zog der Außenseiter ins Weiße Haus. Beide erzielten mit ihren Geschichten eine hohe Aufmerksamkeit, doch das Rad des Geschichtenerzählens haben sie nicht erfunden.

Schon Aristoteles nannte die acht wichtigen Zutaten, die eine gute Geschichte benötigt: Handlung, Charaktere, Dialog,

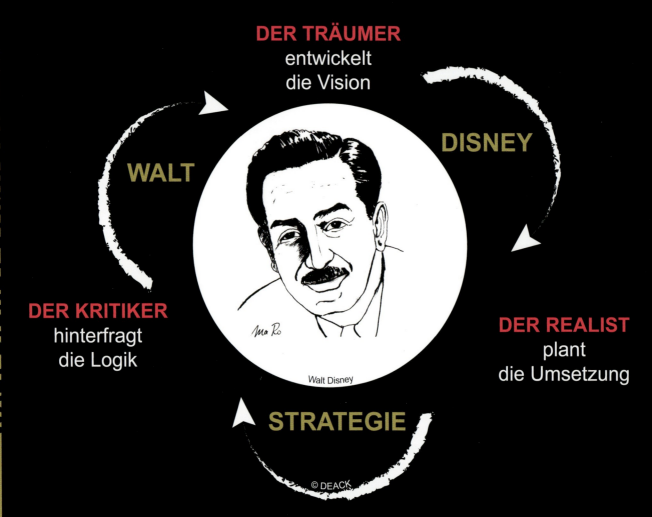

Absicht, Szenerie und Spektakel. Ferner empfiehlt der Philosoph den Verzicht auf Nebenhandlungen und die zeitliche Beschränkung. Nichts ist schlimmer als eine Geschichte, die kein Ende findet oder sich in Kleinigkeiten verliert. Gute Geschichten zu erzählen ist harte Arbeit. Das würde sich insbesondere im Management lohnen, denn für grundlegende Veränderungsprozesse muss man die Mitarbeiter:innen gewinnen. Doch dieses Soft-Skills-Tool wird sträflich vernachlässigt.

Das Massachusetts Institute of Technology (MIT) schloss diese Lücke und machte den Unternehmen ein Angebot. Das MIT entwickelte in den 1990er Jahren die wohl bekannteste Storytelling-Methode, den sogenannten Learning-History-Ansatz. Mit diesem Ansatz wird das Erfahrungswissen der Mitarbeiter:innen über bestimmte Unternehmensereignisse wie einen einschneidenden Change- oder Krisenprozess aus den unterschiedlichsten Perspektiven mittels Interviews erfasst. Nach der Aufzeichnung erfolgt die Auswertung, in der die gemeinsame Erfahrungsgeschichte aufbereitet wird. Ziel dieser Methode ist es, die verschiedenen Erfahrungen, Tipps und Tricks zu dokumentieren und damit für das gesamte Unternehmen übertragbar und nutzbar zu machen. Dieser Ansatz kommt in deutschen Unternehmen häufig zu kurz, obwohl er erstaunliche Erkenntnisse und Weiterentwicklungsmöglichkeiten für die gesamte Organisation bietet.

Auch in der narrativen Psychologie wird Storytelling als therapeutische Technik angewendet. Der amerikanische Psychiater Milton H. Erickson, der großen Einfluss auf Paul Watzlawick, Virginia Satir und die NLP-Begründer Richard Bandler und John Grinder hatte, vermittelte seine therapeutischen Inhalte mithilfe von Anekdoten. Mit dieser Methode versuchte er, Botschaften bei seinen Klient:innen am bewussten Denken vorbei an das Unbewusstsein zu richten. Er setzte Metaphern und Parabeln ein, um therapeutische Veränderungen zu initiieren.

Der Erfolg all dieser Methoden ist eindeutig: Die Menschen können Geschichten besser abspeichern und verarbeiten als jede Form von Fakten. Dieses wurde bei Experimenten an der Stanford Universität belegt. In dem Versuch hatten Student:innen eine Minute Zeit, um eine Idee zu präsentieren. Die meisten nutzen Fakten. Nur wenige trugen ihre Idee als Geschichte vor. Doch genau diese Geschichten blieben in Erinnerung. Die Forscher:innen fanden heraus, dass die Storys 22-mal besser behalten wurden. Und der US-amerikanische Storytelling-Guru Robert McKee behauptet sogar, dass seine Kunden fünfmal besser verkaufen, wenn sie Geschichten im Marketing und Vertrieb einsetzen. Übertragen auf Ihre Kommunikationsarbeit bedeutet das zusammengefasst: Die Menschen kaufen keine Fakten, sondern Geschichten. Doch wie entwickelt man ein schlüssiges Storyboard?

STORYBOARD

Das Storyboard ist die visuelle Umsetzung eines Drehbuchs. Ebenso gut können damit Ideen, Konzepte und Projekte ausgearbeitet werden. Ein Storyboard ist eine Sammlung kleiner Skizzen, welche die Geschichte in Bildern oder Fotos zusammenfassen. Die Schlüsselszenen werden dargestellt, sodass die Geschichte zum Leben erweckt wird und andere Personen sich den Handlungsstrang vorstellen können.

Lange vor der Entstehung von Fernsehen, Video und YouTube wollte Disney seine Comicfiguren auf Zelluloid bannen. Walt Disney war zu diesem Zeitpunkt bereits ein großer Name. Er hatte in den 1920er Jahren Micky Maus und Donald Duck erfunden und wollte nun ins Filmgeschäft einsteigen. Dafür brauchte er unzählige Zeichnungen, um aus den einzelnen Bildern einen Film entstehen zu lassen, sowie sehr viele Zeichner:innen, die aus seinen Ideen und in seinem Stil Filme erschufen. Anfangs war es fraglich, ob man einen solch komplexen Prozess überhaupt steuern kann. Doch Walt Disney konnte. Denn er hatte eine unstillbare Kreativität in sich.

Das Geheimnis seiner Kreativität lag in seiner Technik: Am Anfang war er immer der Träumer. Er entwickelte die verrücktesten Visionen und ließ seinen Gedanken alle Freiheiten, die sie für die Entfaltung großer Ideen benötigten. Walt Disney achtete sehr darauf, dass es am Anfang keine Verbote gab. Erst als er seine Vision zu Ende gesponnen hatte, wurde er vom Träumer zum Realisten. Hier überprüfte er die praktische Umsetzbarkeit seiner neuen Idee. Diese musste der Realität standhalten. Am Ende seines Kreativitätsprozesses wurde er selbst zum größten Kritiker seiner Idee. Er hinterfragte sie und überprüfte ihre Umsetzbarkeit. Seine Kreativitätstechnik beschrieb er in nur einem Satz: »Wenn du es träumen kannst, kannst du es auch tun.«

So wurde auch der Schlüssel für reibungslose Filmproduktion aus unendlich vielen Zeichnungen gefunden: Die Disney-Studios koordinierten ihre Arbeit anhand eines Storyboards. Hier wurden der Verlauf des Films und die wichtigsten Szenen festgehalten. Damit hatten alle Mitarbeiter:innen den fertigen Film vor Augen und wussten, welche Arbeitsschritte nötig waren. Mit dieser Erfindung wurden die ersten Kurzfilme und alle weiteren Disney-Klassiker produziert. Das Storyboard ist aus dem Filmgeschäft nicht mehr wegzudenken. Und das gilt nicht nur für die Walt Disney Company, die mit ihren Filmen zu einem der mächtigsten Medienkonzerne der Welt aufgestiegen ist. Gute Geschichten folgen immer dem Verlauf einer Heldenreise. Ob Sie Peter Pan, Herr der Ringe, Harry Potter oder Star Wars als Vorlage nehmen, ist egal. Die Inhalte jeder Geschichte sind unterschiedlich, die Grundform des Storyboards bleibt immer gleich. Der Erzählstrang verfolgt die Reise einer heldenhaften Person. Der Spannungsbogen ist wie eine Achterbahn aufgebaut: Am Anfang steht eine ungewisse und oftmals schwierige Ausgangslange. Die Heldin oder der Held muss auf der Reise Hindernisse und Blockaden überwinden. Ebenso hat sie oder er Täuschungsmanöver von Feinden sowie Irrungen und Wirrungen seiner Freund:innen zu überstehen. Vor dem Absturz gelangt die Heldenreise doch noch zum glorreichen Sieg. Das Grundmodell der typischen Heldenreise hat der amerikanische Mythenforscher Joseph Campbell in 12 Etappen unterteilt. Mittels der 12 Schritte in drei Akten lassen sich Geschichten nicht nur gut strukturieren, sondern auch glaubwürdig erzählen. So werden neue Perspektive beim Publikum geschaffen.

ERSTER AKT: THESE
01 Einblicke in die Welt des Helden
02 Wir erleben den Helden in seiner gewohnten Umgebung
03 Dem Publikum wird ein Held angeboten, mit dem es sich identifizieren kann
04 Seine Situation ist suboptimal, und er weiß, dass es da draussen etwas Besseres gibt
05 Der Hüter tritt in Erscheinung
06 Der Schwellenhüter versucht, den Aufbruch des Helden zu verhindern, und der Held zweifelt an seinem Mut
07 Der Mentor tritt in Erscheinung und weist dem Helden den Weg
08 Der Mentor gibt dem verunsicherten Helden Kraft
09 Eine erste Bewährungsprobe ergibt sich
10 Feinde und Verbündete tauchen auf
11 Der Held muss sich seiner ersten Bewährungsprobe stellen
12 Nun gibt es für ihn kein Zurück mehr

ZWEITER AKT: ANTITHESE
01 Der Entscheidungskampf beginnt
02 Der harte und unerbittliche Entscheidungskampf findet statt
03 Der Abgrund wird sichtbar
04 Dem Helden schwinden die Kräfte
05 Feinde und Verbündete tauchen auf
06 Dem Helden droht die vollständige Niederlage
07 Nun gibt es für ihn kein Zurück mehr
08 Die Gegenspieler werden mächtiger
09 Die Feinde formieren sich
10 Verbündete tauchen auf und stehen dem Helden bei
11 Der Showdown beginnt
12 Der Tag der Entscheidung rückt näher

DRITTER AKT: SYNTHESE
01 Der Entscheidungskampf ist da
02 Der harte und unerbittliche Entscheidungskampf findet statt
03 Der Held steht am Abgrund
04 Dem Helden schwinden die Kräfte
05 Gegen den übermächtigen Gegner hat er keine Chance
06 Ihm droht die vollständige Niederlage
07 Der Held mobilisiert seine letzten Kräfte
08 In letzter Minute kann der Held das Blatt wenden
09 Er gewinnt mit letzter Not und kann den Sieg für sich erringen
10 Der Held tritt den Rückweg an
11 Die Strapazen haben sich gelohnt
12 Der Wandel zum Guten wird sichtbar

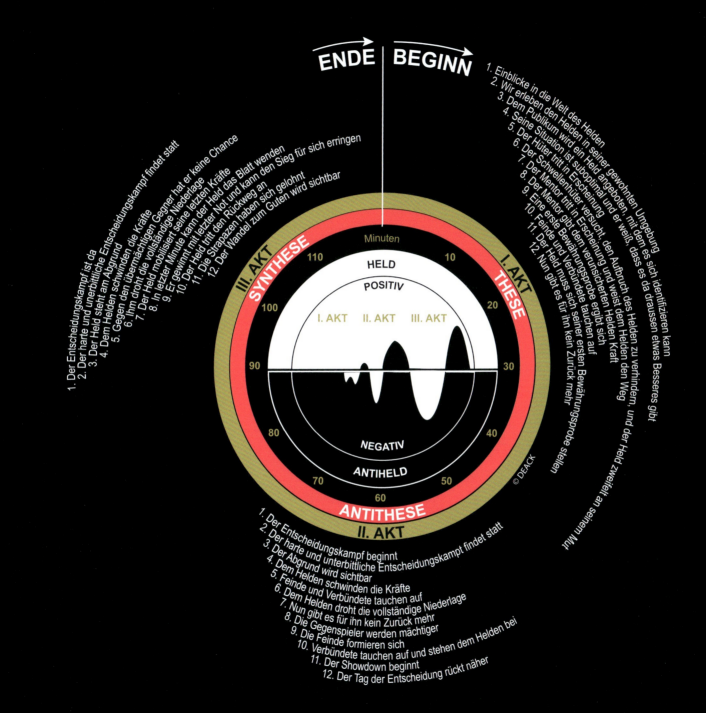

26
ÜBERZEUGE NICHT MIT ARGUMENTEN, SONDERN MIT TATEN

ÜBERZEUGE NICHT MIT ARGUMENTEN, SONDERN MIT TATEN

Im 19. Jahrhundert hatten viele deutsche Produkte einen schlechten Ruf. So fällte der deutsche Preisrichter Franz Reuleaux auf der Weltausstellung 1876 in Philadelphia ein vernichtendes Urteil über die Beiträge aus seinem eigenen Land: »Deutsche Waren sind billig und schlecht.« Dieser Ausspruch sorgte weltweit für Schlagzeilen und löste ein Beben in der deutschen Wirtschaft aus. Einige Industrielle warfen dem Maschinenbauprofessor Reuleaux vaterländischen Verrat vor. Doch als das britische Parlament am 23. August 1887 den Merchandise Marks Act verabschiedete, wurde auch den letzten deutschen Unternehmern die Tragweite ihres Handelns bewusst. Das neue Gesetz verpflichtete die deutsche Wirtschaft, ihre Waren mit einem Aufdruck zu kennzeichnen. Jedes deutsche Produkt musste nach dem Willen der britischen Abgeordneten nun die Aufschrift »Made in Germany« tragen. Mit dieser Kennzeichnung sollte die Bevölkerung vor minderwertigen Nachahmerprodukten aus Deutschland gewarnt werden.

Die Zeiten, in denen deutsche Unternehmen hemmungslos britische Produkte kopierten und ihre Minderware zu Dumpingpreisen auf den Markt werfen konnten, waren vorbei. So hatten es die deutschen Messer- und Scherenhersteller aus Solingen übertrieben. Sie bewarben ihre Produkte mit dem britischen Qualitätssiegel »Sheffield made«. Zu dieser Zeit war Sheffield die Hochburg der Eisenverarbeitung in Großbritannien. Sheffielder Scheren und Messer verfügten über eine besonders hohe Qualität. Mit dieser Kopieraktion verletzten die Deutschen den Stolz des Empires. Die Arbeiter aus Sheffield liefen Sturm gegen diese Dreistigkeit. Um auf dem Weltmarkt bestehen zu können, mussten die Deutschen nun qualitativ hochwertige Produkte liefern. Die deutsche Wirtschaft rang nach Lösungen. Franz Reuleaux fasste für das Reichskanzleramt elf wichtige Handlungsfelder für die wirtschaftliche Weiterentwicklung Deutschlands zusammen. Ich habe sie in unsere Zeit übertragen, da sie aktueller denn je sind.

EINS. Stärkung von Patentanmeldungen.

ZWEI. Klare Verfahrensvorgaben für öffentliche Aufträge.

DREI. Erleichterungen im kaufmännischen Kreditwesen.

VIER. Subventionen und Entwicklungsstrategien für zukunftsrelevante Industriezweige.

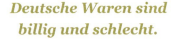

Deutsche Waren sind billig und schlecht.

Franz Reuleaux

FÜNF. Vereinfachung von Lagerung und Transport.

SECHS. Schärfere Bestimmungen gegen Plagiate und Produktpiraterie. Schutz vor feindlichen Übernahmen bei Schlüsseltechnologien.

SIEBEN. Stärkung der Innungen als freie Qualitäts- und Aufsichtsbehörden.

ACHT. Forcierung der Bildungsoffensive.

NEUN. Stärkung der Wettbewerbsoffensive.

ZEHN. Stützung eines ökologischen und nachhaltigen Marktangebotes.

ELF. Abkehr von der Wegwerfgesellschaft.

Mit diesen elf auf die heutige Zeit abgestimmten Thesen waren die Handlungsbedarfe, damals wie heute, nicht nur erkannt, sondern in konkrete Maßnahmen gefasst worden. Investitionen und Umsetzungen folgten. Die elf Punkte wirkten wie ein

MADE IN GERMANY

erster Masterplan für die deutsche Wirtschaft. Deutschland startete eine gigantische Qualitätsoffensive. Sie wurde zur ersten großen Wende in der deutschen Wirtschaftsgeschichte: Aus dem verachteten Ramschwarenhersteller wurde der beachtete Exportweltmeister.

Da alle deutschen Waren seit 1887 auffällig gekennzeichnet waren, konnten die Briten Tag für Tag die gute und günstige Qualität aus Deutschland ausprobieren. Bei allen Vergleichen konnten die inländischen Produkte nicht mehr mithalten. Der Plan der britischen Regierung ging nun nicht mehr auf: Man hatte die einheimischen Produkte stärken und vor den ausländischen Konkurrenzprodukten schützen wollen. Diese politischen Maßnahmen aus dem 19. Jahrhundert erinnern an die neu aufgebrochenen Handelskonflikte unserer Tage und zeigen, dass die menschlichen Mechanismen immer gleich verlaufen: sichern, bewahren, abschotten. Doch Protektionismus bringt keinen Gewinn. Isolation ist immer eine Gefahr. Der britische Warnhinweis wurde zum ultimativen Gütesiegel für Deutschland. Die Kennzeichnung machte die deutschen Marken wie 4711, Aspirin, Odol, Steiff-Bären, Märklin, Faber-Castell oder Beck's Bier schon damals weltberühmt. Die Markenkennzeichnung »Made in Germany« war über ein Jahrhundert der entscheidende Verkaufsmotor für die deutsche Wirtschaft. »Made in Germany« war das erste kostenlose Empfehlungsmarketing für Deutschland. Wenn aus einem staatlich verordneten Warnhinweis für die Bevölkerung ein Gütesiegel wird, dann haben allein die Produkte ihre vollständige Marktwirkung entfalten können. In diesem Fall handelt es sich um die reinste Form von Empfehlungsmarketing: Hier spricht allein das Preis-Leistungs-Verhältnis für die Produkte. Dieses verbreitet sich im Markt besonders gut, denn die Menschen sind auf der Suche nach der besten Qualität. Somit handelt es sich bei Empfehlungen um das schnellste, aber auch das unkontrollierbarste Instrument im Marketing. Deutschland sollte sich nach dem Dieselskandal, der Bankenkrise und den unzähligen Fehlschlägen am Berliner Flughafen auf seine Stärken besinnen: Eine Qualitätsoffensive im Bereich der Nachhaltigkeit wäre die beste Marketingstrategie für unser Land. Die neuen Produkte müssen für sich selbst sprechen.

EMPFEHLUNGSMARKETING

Eine der wichtigsten Zielgrößen eines Unternehmens ist die Kundenzufriedenheit. Doch die wenigsten Manager:innen haben diesen Punkt täglich im Blick. Der ehemalige Präsident des Bundesverbands der Deutschen Industrie (BDI), Hans-Olaf Henkel, benannte die Schwäche innerhalb der deutschen Wirtschaft: »Zu oft beschäftigen sich die großen Chefs mit ihren eigenen Visionen anstatt mit denen ihrer Kunden.«

Ein Fehler, der Marktanteile kosten kann. Dabei ist das Instrument zur Gewinnung neuer Zielgruppen, welches aus dem sogenannten WOM, dem »Word-of-Mouth« besteht, bekannt. In Deutschland sprechen wir von der Mund-zu-Mund-Empfehlung. Bei diesem Marketinginstrument ist die wichtigste Voraussetzung, dass die Kund:innen mit der Qualität sowie dem Preis und Service des Produkts und der Dienstleistung nicht nur zufrieden, sondern davon begeistert sind. Ihre positiven Bewertungen, die sie gegenüber Freund:innen und Bekannten abgeben, sind für jedes Unternehmen bares Geld wert. Die wesentlichen Erfolgsfaktoren für eine Organisation sind die intensive Bestandskundenpflege und ein Loyalitätsmarketing, welches die Kundschaft langfristig an das Unternehmen bindet. Je überzeugter die einzelnen Kund:innen von einem Produkt oder einer Dienstleistung sind, umso stärker steigt die Empfehlungsquote. Die Wirksamkeit des Empfehlungsmarketings ist darin begründet, dass die Aussagen von Bestandskund:innen bei potenziellen Neukund:innen als besonders glaubwürdig eingeschätzt werden. Denn zufriedene Kund:innen sind die besten Werbeträger:innen.

Die Erfolgsformel des Empfehlungsmarketings ist einfach: Je klarer, schlichter, sachlicher und einfacher die Vorteile dargelegt werden können, umso überzeugender kommt die Empfehlung an. Die wichtigste Voraussetzung für diese Marketingstrategie ist, dass die empfehlende Person in ihrem Freundes- und Bekanntenkreis eine hohe Glaubwürdigkeit genießt. Wenn das der Fall ist, dann ist eine begeisterte Kundschaft die beste Marketingabteilung. Authentizität kann keine Werbung ersetzen. Daher sollten die Werber:innen nicht kontinuierlich ihre Werbebotschaften steigern, die immer weniger Aufmerksamkeit erzielen, sondern sich gezielt um die Wünsche der Konsument:innen kümmern.

Marktforschungsstudien haben herausgefunden, dass die Menschen immer stärker von direkter oder indirekter Werbung genervt sind. So vertrauen 80 Prozent der Menschen den Empfehlungen ihrer Freund:innen, aber nur noch 20 Prozent schenken der Werbung Vertrauen. Daher setzen immer mehr Unternehmen gezieltes Empfehlungsmarketing für sich ein. Denken Sie nur an all die Vorteilsversprechen, die sich in Ihrem Portemonnaie befinden: Bonushefte, Treuepunkte-, Vorteils-, Club- und Meilenkarten. Wenn Sie diese regelmäßig nutzen, hat es das Unternehmen geschafft: Sie sind zur treuen Kundschaft geworden und werden die Angebote weiterempfehlen. Doch bis diese Marketingmaßnahme greift, ist es ein langer Weg. Der Empfehlungsmarketing-Ablaufplan schafft eine erste Übersicht:

EINS. Das Unternehmen muss ein Kreislaufverfahren aus den Bereichen Management, Produktentwicklung, Vertrieb und Marketing herstellen, um dauerhaft sicherzustellen, dass alle vier P (Price, Product, Place, Promotion) bei den Kund:innen erfüllt sind.

ZWEI. Für das Off- und Onlinegeschäft müssen Kommunikationsstrategien entwickelt werden. Zudem sind regelmäßig die Kundenzufriedenheit und das Kaufverhalten zu analysieren.

DREI. Bei positiven Kundenreaktionen hat die Unternehmenskommunikation die entscheidenden Multiplikator:innen für die jeweilige Zielgruppe zu identifizieren und als Botschafter:innen für das Unternehmen zu gewinnen. Hieraus werden Maßnahmen abgeleitet.

VIER. Die kostenlosen Botschafter:innen für das Unternehmen sind in die Content-Strategie der Online-, Social-Media- und Verkaufsplattformen einzubinden.

FÜNF. Das aktive Empfehlungsmarketing wird evaluiert. Das heißt, dass alle Maßnahmen überwacht und die Erfolge überprüft werden.

SECHS. Bei negativen Kundenstimmen hat der Vertrieb die Aufgabe, Reklamationen schnellstmöglich zu bearbeiten und gegebenfalls nachzubessern. Ein möglicher Imageschaden ist von der Kommunikationsabteilung abzuwenden.

Der Ablaufplan zeigt, dass gesteuertes Empfehlungsmarketing sich immer mehr ins Internet verlagert hat. Das Offlinegeschäft ist zum Onlinegeschäft geworden. Daher sprechen wir weniger von einer Mund-zu-Mund-Empfehlung als vielmehr von einer Maus-zu-Maus-Empfehlung. Die Rückmeldungen der Generation Z erfolgen heute sofort und direkt. Die Ansprüche haben sich verändert. Die jungen Konsument:innen wollen direkt mit der Fertigung kommunizieren.

Alle Konzerne müssen über ihr soziales Engagement und ihre Nachhaltigkeit Rede und Antwort stehen. Das Prinzip »Geiz ist geil« gilt schon lange nicht mehr. Nicht die schönste Werbebotschaft, sondern das überzeugendste Angebot für Mensch, Gesellschaft und Natur gewinnt. Wer in Zukunft diesen Dreiklang nicht beherrscht, kann kommunikativ nicht mehr punkten. Nachhaltigkeit ist geil. Die Greta-Thunberg-Generation wird den Prozess nicht nur kritisch begleiten, sondern die Menschen, die zwischen 1995 und 2010 geboren wurden, haben die Spielregeln grundlegend verändert: Frühere Generationen haben sich an den Werbebotschaften der Wirtschaft orientiert – heute muss sich die Wirtschaft an die Botschaften der Generation Z anpassen.

> *Zu oft beschäftigen sich die großen Chefs mit ihren eigenen Visionen anstatt mit denen ihrer Kunden.*
>
> Hans-Olaf Henkel

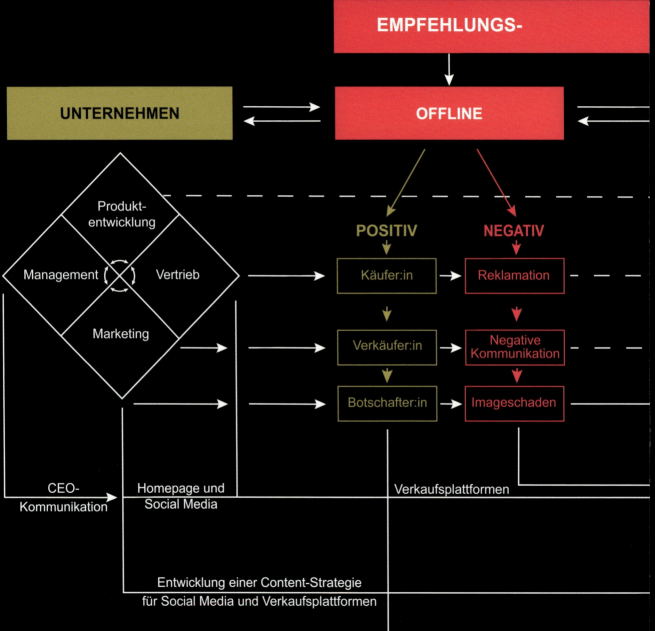

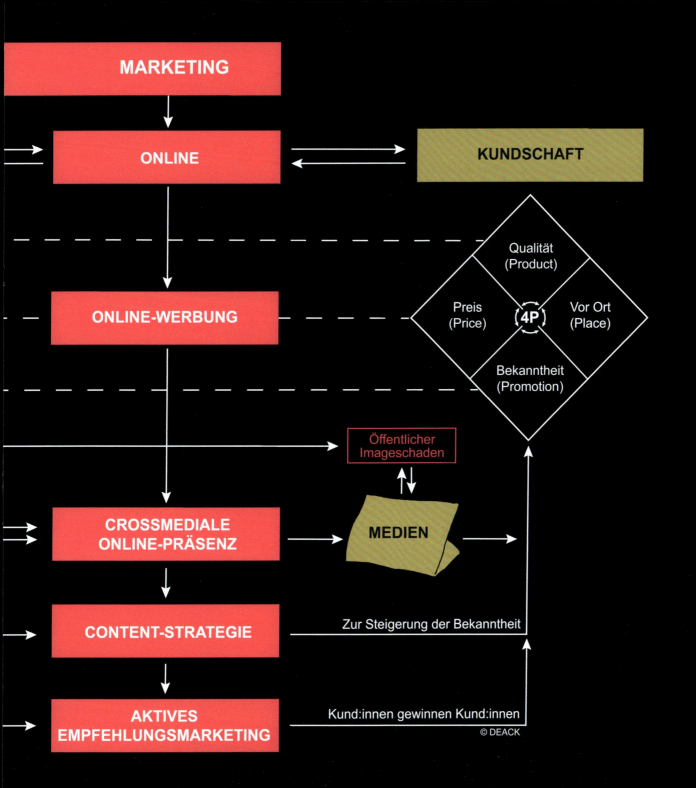

27
NUTZE DIE VIRALITÄT, UM DEINEN INHALT ZU VERBREITEN

NUTZE DIE VIRALITÄT, UM DEINEN INHALT ZU VERBREITEN

In Deutschland ist der Lebensmittelhandel hart umkämpft. Immerhin wird hier ein Umsatz von über 150 Milliarden Euro erwirtschaftet. Die Edeka-Gruppe ist gemessen am Bruttoumsatz der größte Lebensmittelhändler Deutschlands. Edeka verfügt über sieben Regionalgesellschaften mit etwa 4.500 selbstständigen Einzelhändler:innen sowie der eigenen Discounterkette Netto. Doch die Konkurrenten mit Rewe, Aldi, Lidl und Metro sind Edeka auf den Fersen. Allein die Discounter in Deutschland investieren pro Jahr zwischen 600 und 800 Millionen Euro in Werbung.

Kein Wunder, dass man sich in diesem Marktsegment etwas einfallen lassen muss, um die Kund:innen in seinen Laden zu locken. Bei Edeka kommt erschwerend hinzu, dass sich nachweislich die ältere Zielgruppe von dem Sortiment angesprochen fühlt. Mehr als 60 Prozent der Kundschaft beim Marktführer sind über 40 Jahre alt. Ein Ergebnis, mit dem der Vorstand nicht zufrieden war. Die Lösung lag auf der Hand: Die junge Zielgruppe zwischen 20 und 39 Jahren sollte nicht weiter bei der Konkurrenz einkaufen, sondern bei Edeka. Man wollte diese Kund:innen gewinnen.

Hierfür brauchte man eine gute Idee: Eine eigene Produktlinie wurde entwickelt, um den Billig-Angeboten von Aldi und Lidl etwas entgegenzusetzen. Die Supermärkte wurden den Einkaufsbedürfnissen der verschiedenen Zielgruppen angepasst und die neuen Edeka-Produkte sichtbar in den Regalen platziert. Denn Edeka-Chef Markus Mosa liebte nicht nur Lebensmittel, sondern auch die strategische Weiterentwicklung seiner Handelskette: »Wenn die Markenhersteller nicht schnell genug sind, nehmen wir unser Schicksal selbst in die Hand und entwickeln Produkte.« Gesagt, getan.

Jetzt fehlte nur noch eine Marketingstrategie, die der jungen Zielgruppe die Vorteile der eigenen Produktlinie nahebringt. Doch wie erzählt man jungen Menschen, dass es nun günstige und qualitative hochwertige Produkte beim Supermarkt um die Ecke gibt? Welches Medium sollte über die neuen Produkte berichten? Und wen interessierte diese Nachricht? Leider niemanden.

Es brauchte also eine Content-Marketing-Strategie, um einerseits die neue Produktwelt vorzustellen und andererseits in einer Metaebene eine ganz andere Geschichte mit Nachrichtenwert zu erzählen. Sehr schnell trat die Kreativagentur Jung von Matt mit einer solchen Idee auf den Plan. Die Hamburger Werbeagentur drehte mit dem Performancekünstler Friedrich Liechtenstein ein Video, in dem zahlreiche Artikel aus dem Sortiment des Einzelhändlers in Alltagsszenen präsentiert und von Friedrich Liechtenstein als »Supergeil« besungen wurden. Dazu tänzelte der Sänger mit seinem markanten Sprechgesang durch die Supermarktregale, gab Einblicke in die Lebenswirklichkeit der Kunden, badete selbst in Milch von Edeka und pries am Ende des Clips das weiche Klopapier am Fließband der Kasse an.

Schon in der ersten Woche wurde das Onlinevideo mehr als vier Millionen Mal aufgerufen. Es war ein viraler Hit. In kürzester Zeit wurde der Film zum beliebtesten und meist gelikten Werbefilm Deutschlands. Selbst die US-amerikanischen Werbeexperten und Onlinemagazine wie BuzzFeed und Slate fanden den neuen deutschen Humor einer konservativ und verstaubt wirkenden Supermarktkette mehr als bemerkenswert, denn die »supergeile« Viralogie setzte sich auch in der Musikszene und den klassischen Medien fort. Friedrich Liechtenstein stürmte 2014 mit seinem Song »Supergeil« die deutschen Charts und war in allen Talkshows zu Gast. Selbst in den Feuilletons der bekanntesten deutschen und internationalen Zeitungen und Magazine wurde der Künstler, der den Song für den Werbespot geschrieben und gesungen hat, besprochen.

Edeka erreichte so nicht nur die junge Zielgruppe, sondern auch einen unglaublichen Nachrichtenwert. Alle Geschichten rund um »Supergeil« zahlen bis heute auf die Marke Edeka ein. Eine gigantische Reichweite wurde so erzielt. Bleibt die Frage zu klären: Wie viral ist Ihre Kommunikation? Und wie erreicht man Viralität?

CONTENT MARKETING

Auch bei Deutschlands größtem Lebensmittelhändler wurde lange um die Kommunikationsstrategie gerungen: Sollte man sich und seine Produkte wirklich als »supergeil« darstellen? Was würde man machen, wenn ganz Deutschland nicht über die Werbung, sondern über das Unternehmen lacht? Würde man sich der vollständigen Lächerlichkeit preisgeben? Was sollte man tun, wenn das passiert?

Kommunikation ist immer eine Gratwanderung zwischen großem Erfolg und bitterer Niederlage. Das wissen wir aus persönlichen Gesprächen oder schwierigen Verhandlungen. Gleiches gilt für die Unternehmenskommunikation und erst recht für eine Content-Marketing-Strategie. Der deutsche Industrielle Philip Rosenthal vertrat hierzu eine These, die zu seinem Führungsstil wurde: »Wer zu spät an die Kosten denkt, ruiniert sein Unternehmen. Wer zu früh an die Kosten denkt, tötet die Kreativität.« Genau dieses Gleichgewicht versucht man mit dem Content Marketing zu erzielen. Das Wissen um die richtige Botschaft in den richtigen Formaten und auf den richtigen Kanälen für die richtige Zielgruppe ist nicht neu, es muss nur angewendet werden. Die Entwicklung einer ganzheitlichen Content-Marketing-Strategie bleibt eine gemeinschaftliche Aufgabe für Management, Marketing und den Vertrieb, um gemeinsam die operativen Ziele für das Unternehmen zu erreichen.

Content Marketing ist eine Kommunikationstechnik, welche die Kund:innen mit informierenden und unterhaltenden Inhalten ansprechen soll, um diese vom Unternehmen, seinen Produkten oder Dienstleistungen zu überzeugen und langfristig zu binden. Hierfür braucht es eine ganzheitliche Strategie aus nützlichen Informationen, fachkundiger Beratung oder emotionaler Unterhaltung, die das Interesse der Zielgruppe weckt. Die Schaffung eines Mehrwertes erfolgt über den Inhalt. Für die Verbreitung der Informationen stehen zahlreiche Formate wie zum Beispiel Pressegespräche, Texte, Bilder, Videos, Infografiken, Podcasts, Studien oder Umfragen zur Verfügung. Diese Inhalte können dann auf unzähligen Medienkanälen distribuiert werden. Oftmals stehen hierbei die unternehmenseigene Website, der Newsletter, Blog und die mobile App sowie die eigenen Social-Media-Plattformen im Fokus. Zusätzlich wird eine Public-Relations-Strategie entwickelt, um das Thema in den klassischen Medien zu platzieren. Beim Content Marketing bildet die vorher entwickelte Strategie die Grundlage für alle Maßnahmen und Kanäle. Das Modell Content-Marketing-Prozess verdeutlicht Ihnen den Aufbau einer solchen Strategie von innen nach außen:

STRATEGIE. Im Zentrum steht Ihre Content-Marketing-Strategie. Hier legen Sie die Ausrichtung fest. Fragen Sie sich, was Sie erreichen wollen.

ZIELGRUPPEN. In diesem Schritt legen Sie Ihre Zielgruppen fest, daher sollten Sie sich folgende Frage stellen: Wen wollen Sie erreichen?

GESCHICHTE. Im Zentrum des Content Marketings stehen die eigenständig entwickelte Geschichte und die Frage: Was ist die ganzheitliche Story, die Ihr Unternehmen glaubwürdig erzählen kann?

INHALTE. In der Geschichte werden die inhaltlichen Themen des Unternehmens dargestellt. In diesem Schritt dreht sich alles um folgende Fragestellung: Welche Themen müssen sich in der Story wiederfinden und wie werden diese platziert?

BOTSCHAFTER:INNEN. Die Inhalte werden wiederum über bestimmte Botschafter:innen an die jeweilige Zielgruppe herangetragen. Wer sind die Multiplikator:innen für Ihr Unternehmen?

FORMATE. Für die verschiedenen Zielgruppen werden bestimmte Formate entwickelt, die deren Nutzungsgewohnheiten entsprechen. Wie informativ und dialogisch müssen die Informationen für die bestimmten Zielgruppen aufbereitet werden?

KANÄLE. Die entwickelten Formate werden auf den passenden Kanälen präsentiert, wo sich die jeweilige Zielgruppe aufhält und die Geschichte wahrgenommen wird. Hier ist die Frage zu klären: Wo erreichen Sie Ihre Zielgruppe?

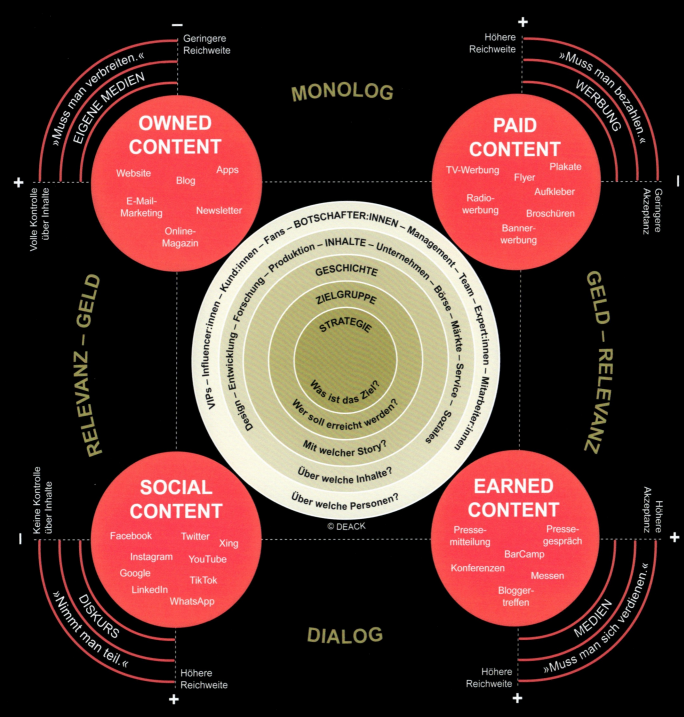

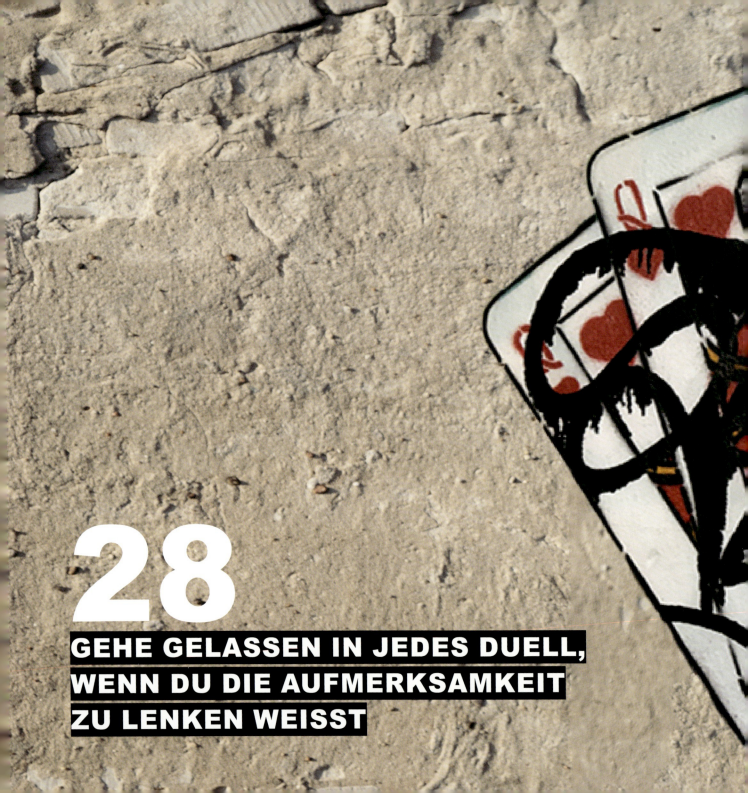

28
GEHE GELASSEN IN JEDES DUELL, WENN DU DIE AUFMERKSAMKEIT ZU LENKEN WEISST

GEHE GELASSEN IN JEDES DUELL, WENN DU DIE AUFMERKSAMKEIT ZU LENKEN WEISST

TV-Duelle der politischen Spitzenkandidat:innen gelten als wahlentscheidend. Die Bevölkerung sitzt vor den Bildschirmen und schaut zu, wie sich die Politiker:innen in der Medienarena verbal auseinandersetzen. Dabei wird jede kleinste Aktion und Reaktion von der Nation bewertet. So auch bei der Bundestagswahl 2013. Der damalige Herausforderer von Bundeskanzlerin Angela Merkel hieß Peer Steinbrück. Er war Finanzminister im Kabinett von Merkel und hatte Deutschland sicher durch die Banken-, Euro- und Griechenlandkrise geführt. Doch die Wähler:innen sprachen der Kanzlerin und nicht dem Finanzminister das Krisenmanagement zu. Zudem verfing der Gerechtigkeitswahlkampf der Sozialdemokraten bei der Wählerschaft nicht. Daher forderte Steinbrück mehr »Beinfreiheit« von seiner Partei und setzte nun seine eigenen Themen um. Er wollte sich im Endspurt von seiner Regierungschefin absetzen und am Ende ins Bundeskanzleramt ziehen.

So griff er in einem Interview das Kanzlergehalt auf und forderte mehr Geld für diese Tätigkeit, die im Vergleich zu wichtigen Wirtschaftsposten unterbezahlt sei. Als Vergleich brachte er die Direktor:innen der Sparkassen ins Spiel. Jeder Einzelne von ihnen, so Peer Steinbrück, würde mehr als das Bundeskanzlergehalt beziehen: Die einen leiten eine Sparkasse – die anderen ein ganzes Land. Die Analyse von Peer Steinbrück war richtig, und doch ging der Schuss nach hinten los. Erstens zeigte es der Bevölkerung, dass sich der Kandidat mit Spitzengehältern auseinandersetzt und nicht um den Mindestlohn kümmert. Zweitens war er zu diesem Zeitpunkt der aktuelle Bewerber auf diesen Posten, damit stand die Frage im Raum, ob der mögliche Kanzler sich sein Gehalt erhöhen wollte? Die Medien nahmen das Thema dankend auf und recherchierten die Einnahmen von Peer Steinbrück als Buchautor und Redner sowie seine Fehltage im Deutschen Bundestag, die er für seine eigenen Interessen nutze. Die veröffentlichten Bilanzen förderten ein Bild von einem raffgierigen Politiker, und die Umfragewerte sanken. Auch seine Aussage, dass er keinen billigen Wein unter fünf Euro trinke, brachte ihm keine neuen Fans an der sozialdemokratischen Basis ein, die mutig für ihn in den Wahlkampf ziehen wollten.

> *Sie kennen mich.*
> Angela Merkel

Diese Eigentore des Herausforderers nutzte die Kanzlerin für sich. Sie präsentierte sich beim Mindestlohn wie bei den Gehältern im Management als die bessere Sozialdemokratin. Sie gab zu Protokoll, dass sie mit ihrem Gehalt sehr zufrieden sei und daran nichts ändern wolle. Der Kandidat Steinbrück nahm jedes Fettnäpfchen, das ihm geboten wurde, mit. Als Minister war er stets zielstrebig, doch im Wahlkampf agierte er glück- und hilflos, und die Partei und seine Berater:innen rieben sich verwundert die Augen. Schnell hatten die Medien einen neuen Begriff für ihn parat: »Pannen-Peer« war nun in aller Munde.

Unabhängig vom Geist der Zeit können die Kandidat:innen wohl kaum die Rolle wählen, die sie gerne als Politiker:innen spielen möchten. Sie unterliegen den gesellschaftlichen Entwicklungen, Trends und Spannungen. Schon Machiavelli wies darauf hin, dass die Politik einem Dreiklang aus »Necessita«, »Virtù« und »Fortuna« unterliegt. Dabei ist Necessita das unveränderliche Tatsachengerüst jeder Politik, das vorausgesetzt werden muss. Die eigentliche politische Leistung besteht darin, das richtige Zusammenspiel von Virtù und Fortuna zu finden. Unter Virtù versteht Machiavelli die politische Energie eines Politikers.

Angela Merkel

Fortuna ist eine Art Naturgewalt, die er mit einem reißenden Strom vergleicht, gegen den die Politikerin oder der Politiker nur in ruhigen Zeiten Dämme und Deiche bauen kann, um die Flut zu bändigen. Die Lehre des Italieners ist bei jeder Personalisierung der Politik zu beherzigen: »Dass Fortuna wohl zur Hälfte Herr über unsere Taten ist, aber die andere Hälfte oder fast so viel unserer Leistung überlässt.« Das Handeln der Politiker:innen muss also dem Geist ihrer Zeit entsprechen. Personalisierung in Wahlkämpfen muss den Zeitcharakter einbeziehen, wenn die Kampagne der Politiker:innen erfolgreich sein soll. Allen Herausforderern von Angela Merkel ist es nicht gelungen, dem Zeitgeist zu entsprechen. Sie konnten keine neuen Akzente und Sichtweisen präsentieren. Der letzte Sozialdemokrat, dem das gelang, war Gerhard Schröder. Bei Peer Steinbrück war es noch viel schlimmer. Durch seine eigenen Aussagen, die nie falsch waren, schaffte er es, zum Anti-Zeitgeist zu werden.

Seine letzte Chance war das TV-Duell. Es wurde zeitgleich auf fünf Fernsehsendern übertragen, und der SPD-Politiker konnte mit einer Sendung fast 18 Millionen Menschen erreichen. Hier musste er punkten.

An diesem Abend zogen die beiden Kontrahenten wie Gladiatoren umringt und bejubelt von ihren Parteianhänger:innen ins Fernsehstudio. Doch bereits bei den ersten Nahaufnahmen stahl Merkel ihrem Herausforderer die Show. Für diese Fernsehsendung trug sie eine eigens gefertigte Halskette in den deutschen Nationalfarben – Schwarz, Rot, Gold. Während Steinbrück den Schlagabtausch im Studio eröffnete, diskutierten die Deutschen im Internet über die Kette der Bundeskanzlerin. Die verschiedensten Fragen wurden aufgeworfen: Was ist das für eine Kette? Woher kommt diese Kette? Wer hat die Kette entworfen? Wo kann man diese Kette kaufen? Im Internet wurde nicht mehr über politische Fragestellungen diskutiert, sondern das beherrschende Thema war das Schmuckstück. Mit einem einzigen Accessoire hatte die Kanzlerin ihrem Kontrahenten die Aufmerksamkeit entzogen und auf sich gelenkt. Noch Tage nach dem Duell wurde ihr Schmuckstück als »Deutschlandkette« in allen Medien behandelt. In Anlehnung an ein berühmt gewordenes Zitat ihres Gegenkandidaten »Hätte, hätte, Fahrradkette« titelten nun die deutschen und ausländischen Medien über die Lage in den sozialen Netzwerken »Hätte, hätte, Deutschlandkette«. Somit hatte Merkel ohne eine einzige Äußerung für ein mediales Thema gesorgt und zugleich ein Zeichen an ihre Wähler gesendet: Ich repräsentiere Deutschland!

Findige Juweliere boten schon eine Woche nach dem TV-Auftritt eine Kopie der Kette, die von den Schmuckdesignern Ulrike und Hans-Peter Weyrich gefertigt wurde, unter dem Namen Deutschlandkette in ihren Läden an. Damit war die Verbreitung der Geschichte sichergestellt. Merkel eröffnete mit einer klugen PR-Strategie das TV-Duell und schloss die Wahlsendung mit einer solchen.

Peer Steinbrück hatte das Rededuell eröffnet. Die Regeln sahen somit vor, dass Angela Merkel an diesem Abend die letzten Worte an die Zuschauer:innen richten durfte. Auch diesen Vorteil wusste die Kanzlerin für sich zu nutzen. Mit ihrer Deutschlandkette ging sie ins Duell, und sie beendete es mit den Worten: »Sie kennen mich.«

Auch hierbei handelte es sich um eine eingesetzte PR-Strategie. Zum ersten Mal orientierte sich die Kanzlerin an einer sehr konservativen Werbung, die Deutschland geprägt hatte. Es handelte sich um den Persil-Mann, der Abend für Abend vor der Tagesschau in Anzug und Krawatte die Vorzüge des Waschmittels erläuterte und seinen Werbespot mit dem Worten schloss: »Persil, da weiß man, was man hat. Guten Abend.« Diesen Slogan der Waschmittelwerbung übersetzte Angela Merkel für ihren Wahlkampf. Mit ihren drei Schlussworten gab sie den Deutschen mit auf den Weg, dass man mit ihr Stabilität wählen würde. Das geflügelte Wort vom »regieren mit ruhiger Hand« wurde nochmals verstärkt. Und zugleich war in den drei Worten eine Botschaft, wie in der Waschmittelwerbung, enthalten: »Sie kennen mich.« Damit stellte sie indirekt die Frage: Aber kennen Sie meinen Herausforderer? Ohne den Kandidaten Steinbrück schlecht zu machen oder ihn gar anzugreifen, gab sie den Wähler:innen mit auf den Weg, dass man sich bei ihrem Herausforderer nicht sicher sein könne.

Mit dieser Aussage schloss sie sogar den großen Bogen zu den ersten Jahren der Bundesrepublik Deutschland und dem ersten CDU-Vorsitzenden Konrad Adenauer, der das Wahlkampfmotto »Keine Experimente« ausgab. Mit dem schlichten Satz hatte Merkel einen neuen Maßstab in der politischen Kommunikation gesetzt und die Wählerinnen und Wähler für sich gewonnen.

SAMSTAG, 14. SEPTEMBER 2013

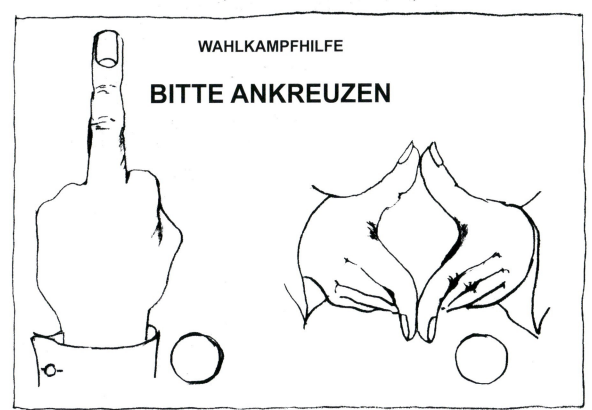

Die Kanzlerin erreichte bei allen wichtigen Kategorien, wie zum Beispiel Fairness, sympathisches Auftreten, Glaubwürdigkeit und Kompetenz, bessere Werte als ihr Herausforderer. Somit war bereits kurz nach Sendeschluss klar, dass Peer Steinbrück auch seine letzte Chance nicht nutzen konnte. Denn Vertrauen und Vertrautheit sind die wichtigsten Güter in der Politik. Sie sind aufeinander angewiesen, da Vertrauen nicht gegeben wird, wenn die Vorerfahrung, die das Vertrauen rechtfertigt, fehlt. Zudem stellte der deutsche Soziologe Niklas Luhmann fest, dass Vertrauen in die Zukunft gerichtet ist: »Vertrauen ist keine Folgerung aus der Vergangenheit, sondern es überzieht die Informationen, die es aus der Vergangenheit besitzt und riskiert eine Bestimmung der Zukunft. Im Akt des Vertrauens wird die Komplexität der zukünftigen Welt reduziert.« Merkel spielte den Vertrauensbonus aus. Somit entzog sie den politischen Entscheidungsprozessen die Komplexität und das Vertrauen der Bevölkerung, dass die Welt so bleiben wird, wie sie ist, steigerte die Bindekraft in ihre Person. Dieser Bindekraft hatte Peer Steinbrück nichts entgegenzusetzen.

Bei keinem anderen TV-Duell gab es eine stärkere Reduzierung in der sachlichen Auseinandersetzung. So empfanden die Zuschauer:innen die Debatte als langweilig. Umso mehr blieben die PR-Instrumente der Kanzlerin aus Deutschlandkette und dem »Sie kennen mich«-Satz in Erinnerung.

Dabei ist die Aussage »Sie kennen mich« auch noch falsch. Wer von 80 Millionen Deutschen kann schon behaupten, Angela Merkel zu kennen. Die Kanzlerin wendet hier einen allgemeingültigen Trick an: Wir alle unterliegen einer Verschiebung von der medialen zur persönlichen Wirklichkeit. Ein Beispiel: Wenn ich mit meinen Studierenden oder Seminarteilnehmenden die Bundespressekonferenz in Berlin besuche und wir im Anschluss ein Gespräch mit dem Sprecher der Bundesregierung, Steffen Seibert, haben, kommt es häufig vor, dass bei der Verabschiedung ein oder sogar mehrere Personen dem Regierungssprecher mit auf den Weg geben, die Kanzlerin »schön zu grüßen«. Steffen Seibert kennt dieses Spiel schon und nickt meist freundlich. Doch bei meiner direkten Nachfrage, woher die Bekanntschaft stamme, offenbart sich die Verschiebung der Wirklichkeit: »Aus dem Fernsehen.«

Wir glauben, Angela Merkel, Jogi Löw oder auch Günther Jauch zu kennen, da sie regelmäßig in unseren Wohnzimmern erscheinen. Daher verfehlte der Satz »Sie kennen mich« seine Wirkung nicht. Wer würde im ersten Moment der Kanzlerin widersprechen und sagen: »Nein, Frau Merkel kenne ich nicht.« Wir sind den Menschen, die im Fernsehen auftreten, nah, obwohl wir ihnen nie persönlich begegnet sind. Wir urteilen über ihr Wirken aus der Glotze. Es handelt sich also um die neue Medienwirklichkeit, die in unser Leben getreten ist. Unsere gesamte politische Öffentlichkeit ist nach Struktur, Inhalt und in ihren Prozessen medial beeinflusst. Auf die Bedingungen der Mediengesellschaft müssen sich alle einstellen, die öffentlich agieren wollen.

So diskutierte Deutschland im Wahlkampf 2013 nicht mehr über politische Inhalte. Der Wahlkampf reduzierte sich in der letzten heißen Phase auf zwei Symbole: Mittelfinger versus Raute. In der Rubrik »Sagen Sie jetzt nichts« des Magazins der Süddeutschen Zeitung sollen die Interviewten nur mit einer Geste antworten, die in einem Foto festgehalten wird. Bei der Frage des SZ-Journalisten: »Pannen-Peer, Problem-Peer, Peerlusconi – um nette Spitznamen müssen Sie sich keine Sorgen machen, oder?« reagierte der SPD-Mann sehr spontan und zeigte der Leserschaft den »Stinkefinger«. Das Foto wurde zum Aufmacher. Peer Steinbrück hatte einen Tabubruch begangen und die gesamte Aufmerksamkeit auf sich gelenkt. Doch es war ein zu plumpes Manöver. Die Angriffslust des Kandidaten hätte sich auf ein Themenfeld oder gegen die Wettbewerberin richten sollen, aber nie gegen die Wählerschaft.

Und so folgte die Quittung: Die meisten Deutschen zeigten sich empört. Sie waren der Auffassung, dass eine solche Geste einem Repräsentanten des Staats nicht zustehe. Und tatsächlich fielen die Zustimmungswerte. Die Wahl ging mit 41,5 Prozent für die CDU und 25,7 Prozent für die SPD aus. Die politische Karriere von Peer Steinbrück fand ein schnelles Ende. Später gestand er sich selbst ein, dass die Kanzlerkandidatur ein Fehler und er »fast blind« in den Wahlkampf gestartet war. Zwischen der Realpolitik und dem medialen Brennglas eines Wahlkampfs liegen Welten. Das bewies schon das erste Duell in der Fernsehgeschichte.

Am 26. September 1960 trafen die beiden Kandidaten um das höchste Amt in den USA in den TV-Studios in Chicago aufeinander. Bei dem ersten Fernsehduell in der US-amerikanischen Geschichte machte der Favorit der Republikaner, Richard Nixon,

John F. Kennedy und Richard Nixon

gegen den noch unerfahrenen Kandidaten der Demokraten, John F. Kennedy, keine gute Figur. Die wichtigsten TV-Sender von CBS, NBC und ABC übertrugen die Debatte, die bis zu 80 Millionen Menschen an den Bildschirmen zu Hause verfolgten. Trotz aller Vorsichtsmaßnahmen und Medienerfahrung war das Duell am 26. September 1960 in Chicago zu einem medialen Tiefpunkt für Richard Nixon geworden. Der Herausforderer ließ den amtierenden Vizepräsidenten alt aussehen.

Richard Nixon war nach einem längeren Krankenhausaufenthalt gerade rechtzeitig für das TV-Duell wieder genesen. Beobachter:innen berichteten, dass Nixon noch angeschlagen war und ausgemergelte Gesichtszüge aufwies. Er hatte während der Krankheit 14 kg abgenommen. Daher entschlossen sich die Wahlkampfmanager der Republikaner, zwei winzige Projektoren von 500 Watt im TV-Studio zu installieren, um die Augenhöhlen des Vizepräsidenten auszuleuchten und die Augenringe verschwinden zu lassen. Der Medienberater von Nixon, Ted Rogers, erklärte die Maßnahme wie folgt: »Er kommt im Fernsehen nicht gut heraus. Zwischen seiner sehr blassen, weißen und transparenten Haut und seinen pechschwarzen Haaren besteht ein enormer Kontrast.« Die eingesetzten Projektoren sollten diesen Kontrast abmildern. Jedoch vor Sendebeginn verschoben die versammelten Pressefotograf:innen die Projektoren. Der gewünschte positive Lichteffekt kehrte sich zum Nachteil des Republikaners. Weil der sonnengebräunte Kennedy nicht geschminkt werden wollte, verweigerte auch Nixon die »Maske« für die Fernsehübertragung. Der amtierende Vizepräsident wollte sich keine Blöße vor seinem Kontrahenten geben, den er als Playboy und politisches Leitgewicht ansah. Stattdessen vertraute Nixon auf den Puder seiner Assistentin, die ihn notdürftig schminkte und seine Bartstoppeln abdeckte.

Hinzu kam, dass der Hintergrund des Studios für das Kandidaten-Duell mit einem dunklen Grau neu gestrichen worden war. Beide Anwärter auf das höchste Amt im Staat wussten um die Graufarbe Nummer fünf im Studio und wählten danach ihre Kleidung aus. Nixon wählte einen hellgrauen Anzug, um sich von der dunkelgrauen Studiowand abzuheben. Was er nicht wusste, war, dass die Farbe beim Trockenvorgang sehr viel heller geworden war. In der Fernsehsendung kamen alle Pleiten, Pech und Pannen von Nixon zum Vorschein.

Die verschobenen Lichtprojektoren ließen ihn kraftlos und kränklich erscheinen. Zudem erzeugten sie und die neuen Studiolampen eine intensive Wärme. Nixon fing an zu schwitzen, sodass die teigige Kosmetik seiner Assistentin verlief und seine Bartstoppeln offenlegte. Er wurde sichtlich unruhiger, ließ den Blick schweifen und war nicht mehr fokussiert. Für das damalige Fernsehpublikum wurde das Bild von Nixon noch unklarer, denn sein heller Anzug, der ihm viel zu groß war, zerfloss vor dem hellen Studio-Hintergrund. Es waren für die Zuschauer:innen keine klaren Umrisse seines Oberkörpers mehr zu erkennen. Und im Gegenzug kamen den Millionen vor den TV-Geräten sein dunkler Bartwuchs, seine schwarzen Haare und sein müde wirkender Gesichtsausdruck immer näher.

So lautete die Schlagzeile der Chicago Daily News am nächsten Tag: »Wurde Nixon vom Fernsehschminker sabotiert?« Das war nicht der Fall, aber die Wirkung der schlechten Bilder war für Nixon verheerend. Er erholte sich auch in den drei folgenden TV-Duellen nicht mehr von seiner ersten missglücken Konfrontation. Der unerfahrene, aber telegene John F. Kennedy trug 1960 den Sieg mit einer schwachen Majorität von nur 113.238 Stimmen davon. Ohne das Fernsehen wäre Kennedy gegen den Favoriten Nixon wahrscheinlich nicht zum Präsidenten der Vereinigten Staaten von Amerika gewählt worden. Er hatte seine Chance im Zeitalter des neuen Massenmediums genutzt.

Bei der politischen Elite des Landes löste der Einfluss des TV-Duells einen Schock aus. Die Wirkung der »Vierten Gewalt« auf die Wählerschaft und die Auswirkung auf die Demokratie werden bis heute diskutiert. Zahlreiche »Spin-Doctors« in Washington D.C., Brüssel, aber auch in Berlin kümmern sich seit dieser Zeit um die mediale Inszenierung der Politik.

KAMPAGNE

Die Professionalisierung der amerikanischen Wahlkampfführung im Duell zwischen John F. Kennedy und Richard Nixon fand weltweite Aufmerksamkeit. Mit dem Wahlkampf im Jahr 1960 begann die Entwicklung der modernen Wahlkampfkampagnen. Neue Standards für die politische Kommunikation wurden entwickelt, die man in den USA als »New Politics« bezeichnete. Diese »neue« Politik des Wahlkampfes wurde nicht mehr von Parteifunktionär:innen, sondern von Kommunikationsspezialist:innen umgesetzt. Sie setzten nun auf eine integrierte Kommunikation, welche alle Aspekte des Marketings, wie Werbung, Verkaufsförderung, Public Relations und Direktmarketing bündelte.

Einer der Begründer dieses neuen Ansatzes war Joseph Napolitan, der als »Spin-Doctor« von John F. Kennedy den »richtigen Dreh« für das junge Polittalent fand. Joseph Napolitan gelang es, mit seiner unterschwellig manipulierten Darstellung von der neuen Leichtigkeit der Politik einen modernen Mythos in der Verkörperung des jungen Kennedy zu schaffen. Einen Mythos, der bis heute seine Anziehungskraft nicht verloren hat. Joseph Napolitan fasste die drei wichtigsten Kriterien für den Wahlkampf zusammen: »Wenn der Kandidat gewinnt, dann wegen seines Charmes, seiner Intelligenz und seiner Beliebtheit beim Wähler.« Und auch für seinen eigenen Berufszweig als Spin-Doctor hatte er eine Regel zur Hand: »Wenn er verliert, war es dein Fehler.«

Doch wer Wahlkampf als ganzheitliches politisches Geschehen betrachtet, wird die Funktion der Wahlkampfmanager:innen richtig einschätzen: Sie entscheiden nicht über Sieg oder Niederlage. Durch ihre Wahlkampfplanung und -führung können sie positive Trends verstärken und negative Entwicklungen gegen eine Partei und ihr Spitzenpersonal abschwächen. Und sie können entscheidende Akzente, wie im Fallbeispiel von Angela Merkel, setzen, um die Aufmerksamkeit der Wählerschaft in eine bestimmte Richtung zu lenken.

Die Wahlkampfberater:innen müssen sich mit den Regeln der Politik auskennen, die Kommunikation beherrschen und tiefe Kenntnisse über die unterschiedlichsten analogen und digitalen Kommunikationswege haben, die zur Bevölkerung führen. Darüber hinaus sollten sie in der Lage sein, die

Ideen- und Strategieentwicklung zur Wahlkampfführung in Zusammenarbeit mit den kreativen Spezialist:innen aus Markt- und Meinungsforscher:innen, Journalist:innen, Texter:innen, Grafiker:innen, Werbe-, Marketing-, Direktmarketing-, Online-, Social-Media- und Event-Fachleuten sowie Expert:innen für Kamera- und Rhetoriktraining herbeizuführen. Notwendig ist eine Kommunikationsstrategie, die sich in der ganzheitlichen Kampagne darstellt. Ein in sich stimmiges Kommunikationskonzept ist die Grundlage für eine Kampagne. In ihm wird ein Set aus unterschiedlichen Maßnahmen, Instrumenten und Techniken gebündelt, die einer Dramaturgie folgen, um das angestrebte Ziel zu erreichen: Die Kampagne soll die Menschen zu einer bestimmten Entscheidung motivieren, sodass sie eine angestrebte Handlung vollziehen. Berücksichtigen Sie für Ihre Kampagnenplanung die folgenden zehn Kernelemente:

AUFMERKSAMKEITSSTARK. Die Kampagne muss so angelegt sein, dass sie von der zu erreichenden Zielgruppe auch wahrgenommen werden kann. Hierfür muss sie mit einer markanten Botschaft ausgestattet sein, sodass sie Sichtbarkeit am Markt erlangt. Ihre Platzierung in den richtigen Medien und an den richtigen Plätzen ist entscheidend.

TABUBRUCH. Je größer die Provokation, umso mehr Aufmerksamkeit. Erst durch den Tabubruch wird die Unterscheidung im Wettbewerb erlebbar.

BOTSCHAFT. Die Kampagne ist auf einem dominanten Thema aufgebaut. Die Botschaft ist einfach, klar und verständlich. Es handelt sich um eine einheitliche Botschaft, die sich nicht widerspricht und in allen Mediengattungen aus Wort, Bild und Ton auf die Marke einzahlt. Besonders starke Bilder sind heute notwendig, um die Botschaft bildreich zu untermauern. Die ausgewählte Botschaft sollte zudem durch Studien, Umfragen und die Wissenschaft abgesichert sein.

PERSONALISIERUNG. Menschen können sich nur mit Menschen identifizieren. Sie begeistern sich nicht für Parteiprogramme, Thesenpapiere oder Konzepte, daher stellt man die entscheidende Person in den Mittelpunkt einer Kampagne. Politik ist zu einem Rennen zwischen Personen geworden. Ganz treffend wird dieses politische Wettrennen in Amerika »horse race« genannt.

EMOTIONALISIERUNG. Die in den Mittelpunkt gerückte Persönlichkeit muss emotionalisieren können: Menschen kaufen keine Fakten, sondern Geschichten.

WIEDERHOLUNG. Eine Kampagne rückt in das Bewusstsein der Menschen vor, wenn sie penetriert wird. Es ist wie beim Lernen: Wenn etwas ständig wiederholt wird, bleibt es im Gedächtnis.

BEOBACHTUNG. Eine Kampagne steht nicht für sich. Sie steht im Austausch mit dem Zeitgeist und den aktuellen Themen oder sie richtet sich gegen die Konkurrenz. Daher ist eine dauerhafte Medien- und Marktbeobachtung unerlässlich.

SCHNELLIGKEIT. Die beste Medien- und Marktbeobachtung bringt nichts, wenn man sie nicht zu nutzen weiß. Aktuelle Entwicklungen sind in die Kampagne einzubinden, um auf der Höhe der Zeit zu sein und den eigenen Handlungswillen unter Beweis zu stellen.

ANGRIFF. Der Angriff ist ein politisches Stilmittel, welches in seiner Wirkung nicht unterschätzt werden darf. Zahlreiche Herausforder:innen haben eine negative Kampagnenstrategie verfolgt und waren damit sehr erfolgreich. Ein kluger Angriff dient der Positionierung, Inszenierung und Emotionalisierung. Zudem wird die Konkurrenz aus der Deckung gelockt.

MOBILISIERUNG. Am Ende jeder Kampagne steht die schwierigste Aufgabe: die Mobilisierung. Die Menschen müssen nicht nur zu einer bestimmten Entscheidung, sondern auch zu einer aktiven Handlung motiviert werden. Im wirtschaftlichen Kontext müssen sie die Ware kaufen. Im politischen Kontext zur Urne gehen.

Für den Berater von John F. Kennedy war die Kampagnenplanung noch viel einfacher. Joseph Napolitan fasste das Fundament einer Kampagne so zusammen: »Es gibt drei einfache Schritte, um jede Kampagne zu gewinnen. 1. Man entscheidet, was man sagen will. 2. Man entscheidet, wem und mit welchen Instrumenten man es sagen will. 3. Man sagt, was man sagen will.« Dieser Dreiklang ist die klarste Form einer Kampagne. Im Zeitalter der digitalen Kommunikation muss eine Kampagne über Tempo, Bilder, Emotionen und Botschaften verfügen, die möglichst lange viele Menschen in den Bann ziehen.

KAMPAGNEN-BRIEFING VOM:

01 AUFGABE
Was ist die Aufgabe?

02 HINTERGRÜNDE
Was ist bekannt?

03 KENNZAHLEN / RECHT
Welche Vorgaben sind zu beachten?

07 KERNBOTSCHAFTEN
Was sind die Kernaussagen?

09 USP
Was ist das Alleinstellungsmerkmal?

11 ZEITPLAN
Welcher Zeitplan ist gewünscht?

KUNDE: **TITEL:**

KAMPAGNENZIEL 04
Was ist das Ziel?

ZIELGRUPPEN 05
Wer soll erreicht werden?

SOLL-REAKTION 06
Welche Reaktion ist erwünscht?

BEWEISE 08
Was sind die Beweise für diese Aussagen?

STIL 10
Welcher Stil in Darstellung und Tonalität wird verfolgt?

KOSTEN 12
Welche Kosten werden eingeplant?

© DEACK

KAMPAGNEN-BRIEFING®

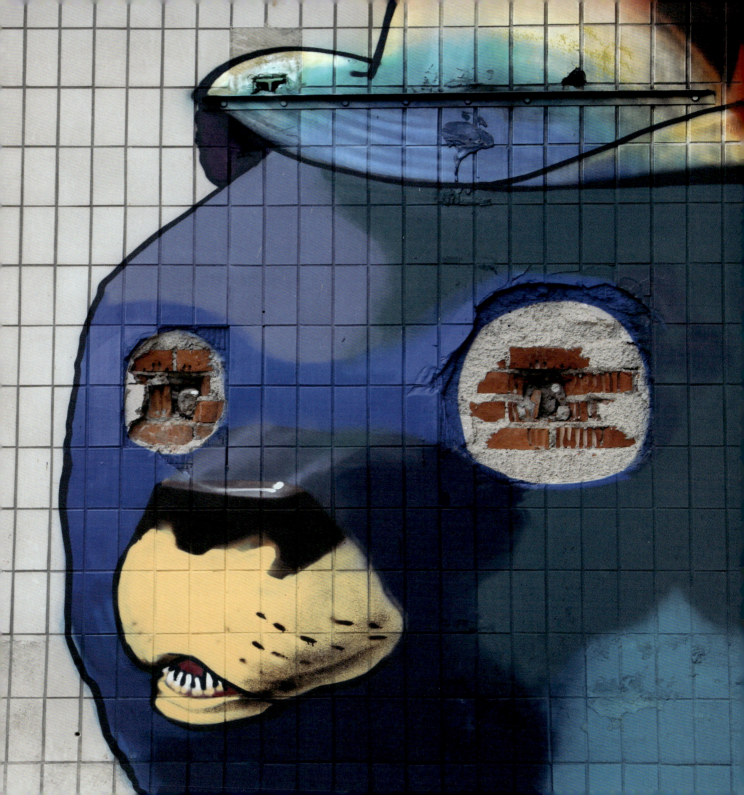

SEI DEMÜTIG IM SIEG,
DENN DAS IST DER WAHRE GEWINN

Anton Schlecker war Deutschlands Drogeriemarktkönig. Heute ist sein Imperium zerschlagen. Es ist die Geschichte vom Aufstieg und Fall eines Selfmademans.

1975 gründete Schlecker seine gleichnamige Drogeriemarktkette mit Sitz in Ehingen an der Donau. 2008 war es soweit: Schlecker erzielte mit seinen über 14.000 europaweiten Filialen, in denen über 50.000 Mitarbeiter:innen arbeiteten, einen Jahresumsatz von mehr als sieben Milliarden Euro. Es war eine einmalige Erfolgsgeschichte im europäischen Einzelhandel. Statt das Erreichte zu würdigen und zu pflegen, wollte Anton Schlecker mehr. Und wie immer – mit der Größe kamen die Probleme. Dem Unternehmen fehlte es an Investitionen und Innovationen. Die Schleckerfilialen waren eng und veraltet. Tausende von ihnen rechneten sich nicht. Der Umsatz je Quadratmeter war, auf die gesamte Drogeriemarktkette gesehen, im Vergleich zur Konkurrenz viel zu gering. Die Ware stand lieblos im Regal. Die Managementmethoden waren fragwürdig. Die Arbeitnehmerrechte wurden missachtet. Bei Schlecker galt das Billigprinzip: Die Ware, die Ladenausstattung und die Mitarbeiter:innen mussten billig zu haben sein.

In den 1990er Jahren schlug das Billigprinzip zum ersten Mal zurück: Anton Schlecker und seine Frau wurden zu zehn Monaten Haft auf Bewährung und einer Geldstrafe von einer Million Euro verurteilt, weil sie Hunderte ihrer Angestellten jahrelang unter Tarif bezahlt hatten. Schon lange konnten die Mitarbeiter:innen das schlechte Arbeitsklima und den ewigen Druck der Geschäftsleitung vor den Kund:innen nicht mehr verbergen, doch nun stand es in allen Gazetten. Bei Schlecker lästerte man über Schlecker. Die Angestellten versuchten all diese Aspekte der Unternehmensführung zu verstehen. Sie suchten, wie alle Menschen, nach einem Sinn. Denn sie mussten die Informationen aus den Medien, die immer neuen Maßnahmen aus Sparzwängen, Arbeitsbelastung und Investitionsstau sowie die Abkehr der Verbraucher:innen verarbeiten.

Und das ohne eine funktionierende interne Kommunikation vonseiten der Unternehmensführung. Die gab es nämlich nicht.

Für den führenden Organisationsforscher Karl E. Weick ist Sensemaking der entscheidende Aspekte zur Herausbildung einer Organisation. Entgegen der Annahme vieler Managementtheorien, dass die Genauigkeit von Vorhersagen und Erklärungen die Effektivität der Organisation erhöht, erklärt Karl E. Weick, dass vielmehr die situative Plausibilität von Interpretationen und die dadurch erhöhte Anschlussfähigkeit relevant sei. Interpretationen, die von größeren Teilen der Organisation geteilt werden, erhöhen das koordinierte und gemeinsame Handeln in einem Unternehmen. Dass dabei Genauigkeit verloren geht und Komplexität reduziert wird, verhindert nicht, sondern erhöht die Wahrscheinlichkeit, dass dadurch die Mitarbeiter:innen anschlussfähig werden.

Nur durch eine starke Identifikation mit dem Unternehmen und einer hohen intrinsischen Motivation innerhalb der Belegschaft können besondere Leistungen erzielt werden. Doch den Prozess des Sensemaking, der kommunikativ in Sprache und Interaktion begründet ist, gab es bei Schlecker nie. Die meisten der rund 50.000 Angestellten kannten ihren Chef nur von veralteten Fotos aus den Medien. Der Dialog mit den wichtigsten Multiplikator:innen zu den Kund:innen wurde konsequent gemieden. Anton Schlecker kapselte sich in der siebten Etage seiner voll verspiegelten Konzernzentrale in Ehingen ab. Die Angestellten verschafften sich in Relation zu ihrer Umwelt ein eigenes Bild. Durch den Diskurs unter den Kolleg:innen, mit der Kundschaft und in der öffentlichen Meinung trat vielerorts eine neue Sinnstiftung ein: Die innere Kündigung wurde vollzogen.

Das Image war kaputt. Einkaufen bei Schlecker war zu einem Erlebnis der anderen Art geworden: Die Öffentlichkeit hatte geurteilt, und die letzten Kund:innen wandten sich ab. Die Umsätze sollten durch die wachsende Konkurrenz aus anderen Drogerien, Discountern und Supermärkten noch schneller sinken. Auch die direkten Mitbewerber:innen rümpften die Nase: »Schlecker«, so teilte dm-Chef Götz Werner aus, »ist das unproduktivste Unternehmen der Branche!« Und plötzlich ging alles ganz schnell. Das Nachrichtenmagazin Der

Anton Schlecker

Spiegel berichtete erstmals im Dezember 2011 über massive Liquiditätsprobleme bei Schlecker. Nach Unternehmensverlusten in den vorangegangenen drei Jahren soll Anton Schlecker einen hohen zweistelligen Millionenbetrag seines Privatvermögens in das Unternehmen investiert haben. Er versuchte, mit seinen Kindern Lars und Meike Schlecker die längst überfälligen Veränderungen einzuleiten. Doch keine der hektisch entwickelten Maßnahmen griff mehr. Es war zu spät. Am 23. Januar 2012 musste Anton Schlecker wegen Zahlungsunfähigkeit den Insolvenzantrag stellen. Anfang Juni begann der Ausverkauf. Am 27. Juni 2012 wurden sämtliche Schlecker-Filialen in Deutschland für immer geschlossen. Das Schlecker-Imperium war Geschichte und mit ihm die Jobs von 22.959 Mitarbeiter:innen. Ganz Deutschland sprach über die Pleite und das Schicksal der Schlecker-Frauen. Heute wissen wir, dass die Umsatzzahlen von Schlecker immer unter Plan lagen. Krisensitzungen in der Firmenzentrale verfehlten ihre Wirkung. Anton Schlecker war immer noch so von seinen Anfangserfolgen und der Größe seines Imperiums berauscht, dass er die Warnungen nicht ernst nahm. Für den Selfmademan war es schlicht nicht vorstellbar, dass sein Unternehmen am Abgrund stand und es dieses bald nicht mehr geben könnte: »Für mich gab es kein unternehmerisches Scheitern. Ich war sehr erfolgsverwöhnt.«

Der alte ABBA-Hit »The Winner Takes It All« kann im wirtschaftlichen Kontext gefährlich sein: Im Erfolg sind wir berauscht. Wir überschätzen uns und unsere eigene Leistung. Häufig folgt der tiefe Fall. Wir alle neigen dazu, Erfolg als Selbstverständlichkeit anzunehmen. Schließlich steht er uns ja zu – so denken wir. Oftmals kommen aber auch hilfreiche Umstände hinzu: der richtige Zeitpunkt, die Unterstützung von anderen Personen oder einfach nur ein glücklicher Moment. All das blenden wir aus. Große Erfolge sind der größte Feind des Unternehmers. Demut im Sieg ist der wahre Gewinn.

INVESTOR RELATIONS

Sieben Jahre dauerte die Aufarbeitung der Schlecker-Pleite, bis das letzte strafrechtliche Urteil gesprochen wurde. Meike und Lars Schlecker wurden wegen Untreue, Insolvenzverschleppung, Bankrott und Beihilfe zum Bankrott ihres Vaters zu Haftstrafen von zwei Jahren und sieben Monaten verurteilt. Der Patriarch erhielt lediglich zwei Jahre auf Bewährung und eine Geldstrafe von 54.000 Euro. Am Tag der Urteilsverkündung, dem 27. November 2017, ging ein lautes Raunen durch den Gerichtssaal, welches in ganz Deutschland ein Echo fand. Die Prozesstage in Stuttgart hatten tiefe Einblicke in den Fall Schlecker gegeben. Der Insolvenzverwalter Arndt Geiwitz bestätigte den Starrsinn des gefallenen Drogeriemarktkönigs: »Schlecker war – wie viele andere Patriarchen in der deutschen Wirtschaft – sicherlich beratungsresistent und hat zu spät auf die Krise seines Unternehmens reagiert.« Viele Firmengründer:innen ruhen sich zu lange auf ihren Lorbeeren vergangener Zeiten aus oder überschätzen sich und ihr Unternehmen durch den Glanz des Erreichten. Paradoxerweise wächst die innere Bedrohung, je älter und mächtiger ein Unternehmen wird. Nach einer Studie des Ökonomen Wolter Classen erreichen nur 20 Prozent der rund drei Millionen deutschen Familienunternehmen die zweite Generation und lediglich sieben Prozent die dritte Generation. Im Schnitt werden Familienfirmen in Deutschland nur 24 Jahre alt. Wer erfolgreich bleiben will, darf sich nie mit dem Erreichten zufriedengeben und muss trotzdem das richtige Maß für die Dinge finden. In diesem Punkt können Manager:innen viel aus dem Hochleistungssport lernen. Der spanische Fußballtrainer Pep Guardiola brachte es in seiner Zeit beim deutschen Rekordmeister FC Bayern München auf den Punkt: »Vergesst eure Erfolge. Denn nichts ist so alt wie der Status quo. Lasst euch von Visionen antreiben – nicht von euren Taten. Rückschläge machen euch nur stärker. Denkt weiter, immer weiter. So weit, dass euch keiner einholen kann. Der größte Erfolg ist nur der Beginn von etwas noch Größerem. Denn nur wenn wir das tun, haben wir Vorsprung.« Das ist nicht nur die Kunst, aus egozentrischen Superstars eine erfolgreiche Mannschaft zu formen und diese immer wieder zu neuen Höchstleistungen zu führen – genau das ist die Kunst des Unternehmertums. Unternehmer:innen investieren immer in eine Zukunft, die sie noch nicht kennen. Darin liegt der

Mehrwert des Unternehmertums. Der emeritierte Professor für Betriebswirtschaftslehre und Marketing Hermann Simon stellte übergeordnete Ziele für das langfristige Überleben eines Unternehmens auf:

EINS. Gewinn ist nicht das Hauptziel, sondern Mittel zur Sicherung des Unternehmens.

ZWEI. Nicht in kürzeren Zeiträumen, sondern in Generationen denken.

DREI. Kontinuität an der Unternehmensspitze sicherstellen.

VIER. Schlanke Strukturen und einfache Prozesse für das Unternehmen wählen.

FÜNF. Auf konservative Finanzierungsmodelle setzen und alle kurzfristige Gewinnmaximierung meiden.

SECHS. Zurückhaltung gegenüber Managementmoden, stattdessen die Orientierung auf langfristig gültigen Maximen ausrichten.

SIEBEN. Durchhaltevermögen in schwierigen Situationen beweisen.

ACHT. Hohe Verantwortung seitens der Unternehmensleitung und Dialogbereitschaft gegenüber den Angestellten.

NEUN. Hohe Loyalität seitens der Belegschaft.

ZEHN. Vermeidung von Risiko- und Fehlentscheidungen einzelner Personen, Kontrollgremien schaffen.

Diese allgemein bekannten Punkte helfen bei der langfristigen Sicherung einer Unternehmung. Doch wenn der gesunde Menschenverstand aussetzt, sind sie nichts wert. Meine Krisenberatungen haben mir gezeigt, dass nur klare Regeln eine grundsätzliche Sicherung darstellen. Schaut man sich den Fall von Schlecker genauer an, so stellt man fest, dass Anton Schlecker seinen Starrsinn in eine Rechtsform gegossen hat.

Erfolgserfahrung ist der größte Feind des Wandels.

Hermann Simon

Am Ende hat ihm diese das Genick gebrochen. Er führte sein Imperium als eingetragener Kaufmann. Eigentlich wird diese Rechtsform von Kleinsthändler:innen genutzt und nicht von milliardenschweren Unternehmer:innen. Anton Schlecker wählte diese Rechtsform ganz bewusst: Er wollte in seinem Unternehmen schalten und walten, wie es ihm gefiel. Als eingetragener Kaufmann war er niemandem Rechenschaft schuldig. Auch die Offenlegung seiner Geschäftszahlen entfiel. Die großen Geldmengen flossen zwischen den Firmenkonten und seinen privaten Konten munter hin und her. Ganz nach dem Motto »linke Tasche – rechte Tasche«. Anton Schlecker war das Regelwerk für Anton Schlecker. Die Kehrseite dieser Rechtsform bekam als Erstes das Management zu spüren und sehr viel später dann auch die Belegschaft: Der Patriarch hatte seine Hand auf allen Informationen. Zahlen, Daten und Fakten gab es nur, wenn er es wollte. Eine Form von Transparenz gab es nicht. Am Ende richtete sich die Rechtsform gegen ihn. Schlecker haftete mit seinem gesamten Privatvermögen.

Unternehmen dieser Größe werden meist als Aktiengesellschaften (AG) geführt, die dem Aktienrecht unterliegen. Das Aktiengesetz regelt nicht nur die Struktur der Gesellschaft, sondern befasst sich mit der Rechnungslegung und Gewinnverwendung und definiert die Befugnisse der Gesellschaftsorgane aus Vorstand, Aufsichtsrat und Hauptversammlung. So sind die Einladungsmodalitäten und Beschlussvorschriften einer Hauptversammlung genau festgeschrieben. Ebenso muss die Kontaktpflege zu den Investor:innen, Aktionär:innen, Analyst:innen sowie den Finanzmedien sichergestellt sein. Damit kommt der Finanzkommunikation, die auch als Investor Relations (IR) bezeichnet wird, eine zentrale Rolle in Großorganisationen und Konzernen zu. Investor Relations haben die Aufgabe, die Finanzdaten, aber auch alle relevanten Informationen, welche die Finanzsituation eines Unternehmens mittelbar oder unmittelbar beeinflussen können, für die unterschiedlichen Anspruchsgruppen der Financial Community aufzubereiten. Die Kommunikation folgt zunehmend juristischen Vorgaben. Neben den gesetzlichen Pflichtveröffentlichungen hat die IR für Transparenz zu sorgen. Wichtige Richtlinien sind hierbei: Kapitalmarktorientierung, Wesentlichkeit, Nachvollziehbarkeit, Aktualität, Kontinuität und die Gleichbehandlung aller Marktteilnehmer:innen. Dazu gehören auch Informationen über Unternehmensentwicklung und die daraus resultierenden Perspektiven. Mit all diesen Aufgaben kommt der IR-Abteilung eine bedeutende Aufgabe in Großorganisationen zu. Ihr Ziel ist es, eine Wertsteigerung für das Unternehmen zu erreichen. Da in dieser Abteilung alle Informationen zusammenlaufen, ist sie sehr eng an die CEOs oder die CFOs angebunden. Voraussetzung für das wirtschaftliche Handeln im 21. Jahrhundert sind der schnelle Informationsaustausch sowie die passgenaue Platzierung von relevanten Informationen. Investor Relations dienen somit der Kommunikationskoordination im eigenen Unternehmen und an den globalen Finanzmärkten. Das heißt, dass die IR-Manager:innen im monatlichen Austausch mit allen relevanten Unternehmensabteilungen aus Rechnungswesen, Planung und Strategie stehen müssen, um die notwendigen Daten zu erheben. Zudem sind sie verpflichtet, den gesetzlichen Kapitalmarktregularien nach dem Aufgabenspektrum eines Kommunikationskalenders aus Quartals-, Halbjahres- und Jahresberichten nachzukommen. Daraus ergeben sich sehr konkrete Aufgaben für die IR-Abteilung:

EINS. Monatlicher Dialog mit den zentralen Abteilungen im Unternehmen.

ZWEI. Abstimmung mit dem Rechnungswesen zu den wichtigen Inhalten im Berichtswesen.

DREI. Austausch mit der Planungsabteilung über die Prognosen zur zukünftigen Entwicklung des Geschäftsjahres. In der Prognose werden relevante Größen aus Umsatz, EBIT (englische Abkürzung für »earnings before interest and taxes«, zu Deutsch: »Gewinn vor Zinsen und Steuern«) und EBITD (englisches Akronym für »earnings before interest, taxes, depreciation and amortization«, zu Deutsch: »Gewinn vor Zinsen, Steuern, Abschreibungen auf Sachanlagen und Abschreibungen auf immaterielle Vermögensgegenstände«) dargestellt.

VIER. Diskurs mit der Strategieabteilung über die Entwicklung der Unternehmensstrategie, die Positionierung im Wettbewerb und mögliche Mergers & Acquisitions-Optionen. Der englische Begriff Mergers & Acquisitions (M&A) umschließt sowohl Verschmelzungen und Fusionen (mergers) als auch Übernahmen (acquisitions). Diese Optionen ermöglichen vielen Unternehmen in bereits gesättigten Märkten eine schnelle Expansion.

FÜNF. Einschätzung der zu erwartenden Risiken mit dem Compliance-Management.

SECHS. Vorbereitung der jährlichen Hauptversammlung mit der Rechtsabteilung sowie Klärung aller rechtsrelevanten Fragestellungen.

SIEBEN. Koordination mit dem PR- und Marketing-Bereich über die kontinuierlichen Medienaktivitäten. Insbesondere Investor:innen erwarten eine ganzjährige Kommunikation vonseiten des Unternehmens.

ACHT. Informationsaustausch über neue Produkte und Dienstleistungen mit der Entwicklungsabteilung, der Produktion oder dem Vertrieb.

NEUN. Kenntnisgewinn über Mitarbeiterbeteiligungsprogramme, neue Arbeitszeitmodelle oder Fort- und Weiterbildungsprogramme aus der Personalabteilung.

ZEHN. Gemäß den Bestimmungen zur Ad-hoc-Publizität muss die IR-Abteilung den Kapitalmarkt über potenziell kursbeeinflussende Sachverhalte unverzüglich informieren. Mit der Ad-hoc-Meldung soll sichergestellt werden, dass eine breite Öffentlichkeit zu den Informationen, die relevant für die Einschätzung des Unternehmens und den Kursverlauf des Finanzinstruments sind, Zugang hat. Eine Ad-hoc-Mitteilung hat umgehend zu erfolgen. Mit all diesen internen und externen Maßgaben der Finanzkommunikation hätte die Pleite der Drogeriemarktkette frühzeitig erkannt und gemeistert werden können. Anton Schlecker wäre zum Handeln gezwungen gewesen. Alle Unternehmer:innen, auch wenn sie nicht als CEOs von Aktiengesellschaften handeln müssen, können sich die relevanten Regelwerke einer Aktiengesellschaft für ihre eigenen Management- und Kommunikationsinstrumente zu eigen machen. Klare Regeln sind die beste Krisenprävention.

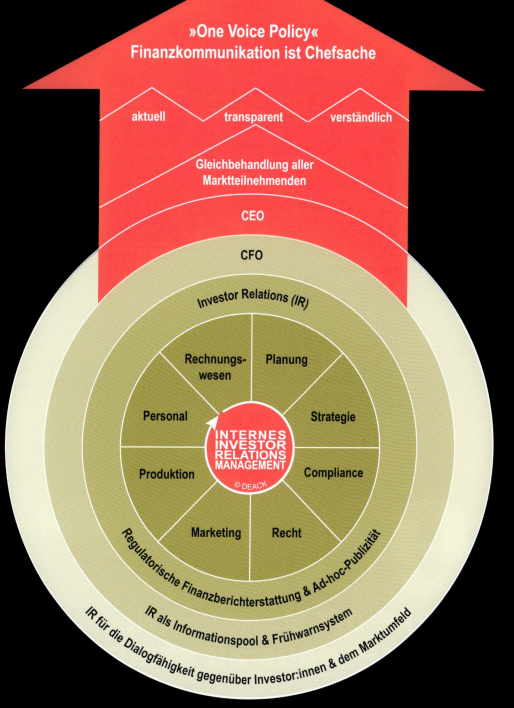

30
**INVOLVIERE DIE MENSCHEN,
UM DIE NACHFRAGE ZU STEIGERN**

INVOLVIERE DIE MENSCHEN, UM DIE NACHFRAGE ZU STEIGERN

Eine erhöhte Temperatur erfasste 1996 die Nation. In Deutschland, dem Land der klassischen Sparbuchbesitzer und vorsichtigen Bausparer, war plötzlich das Börsenfieber ausgebrochen. Ein ehemaliger Staatskonzern, der nun an der Börse durchstarten wollte, tat alles, damit sich diese Infektion bis in den letzten Winkel der Republik verbreitete. Die Kommunikations- und Marketingexpert:innen der Telekom setzten eine Kampagne um, die über Monate die T-Aktie zur bundesweit wichtigsten Schlagzeile machten. Vor der Tagesschau verkündete der beliebte Schauspieler Manfred Krug, der sein Verkaufstalent bereits für Jacobs Kaffee, Aquavit und Waschmittel unter Beweis gestellt hatte, im Werbefernsehen: »Die Telekom geht an die Börse und ich gehe mit. Und Sie?« In der Tagesschau wurden wichtige Nachrichten zum Börsengang ausgestrahlt, und der Chef der Telekom, Ron Sommer, pries seine Aktie als sichere Geldanlage und wichtige Altersvorsorge für alle Deutschen. Immer und immer wieder predigte er bei jedem öffentlichen Auftritt den einen Satz »Wer die T-Aktie kauft, kauft auch ein Stück Zukunft«, womit alle zu Zukunftsgestalter:innen werden konnten. Und nach der Tagesschau ging Manfred Krug mit seiner ehrlichen und biederen Art entweder als Tatort-Kommissar auf Verbrecherjagd oder kämpfte als Anwalt in der TV-Serie »Liebling Kreuzberg« für die Interessen der kleinen Leute. Die Marketingstrateg:innen hatten mit den beiden Charakteren eine ideale Mischung für ihre Kampagne gefunden: Sie setzten Manfred Krug nach der Psychoanalyse von Sigmund Freud für das ÜBER-ICH, die moralische Instanz, und Ron Sommer für das ES, die Triebe des Menschen, ein. In dieser Strategie verkörperte Krug die sogenannte »Street Credibility«. Als Kommissar oder Anwalt trat er für die Rechte der Schwachen ein. Er war eine moralische Instanz: Viele Verbraucher:innen in Deutschland hielten Manfred Krug damals sogar für den Chef des Unternehmens. Er wirkte sympathisch und gab ihnen Sicherheit. Darum zeigten die Telekom-Werbetrailer Manfred Krug stets in einem ausgewählten Wohnumfeld der »Bürgerlichen Mitte«, die mit der modernsten Computertechnik ausgestattet war. Mit der Bildsprache wurden den Zuschauer:innen vier Botschaften suggeriert:

EINS. Der berühmte Schauspieler Manfred Krug lebt und denkt wie ich.

ZWEI. Er ist einer von uns: Ihm kann ich vertrauen.

DREI. Er verschließt sich der modernen Welt aus Technologie und Börse nicht und kommentiert das im Werbespot mit den Worten: »Das ist der helle Wahnsinn, was die Telekom alles drauf hat.«

VIER. Obwohl er in einem Werbeblock zu mir spricht, verkauft er mir nichts. Er erzählt mir, dass er an die Börse geht und stellt mir eine persönliche Frage: »Und Sie?« Und ich frage mich: Was werde ich tun?

In Millionen von Deutschen arbeitete Abend für Abend diese Frage. Die Fragestellung am Ende des Werbespots war der Schlüssel zum Erfolg. Werbung kann schlichte Angebote platzieren, die den Kund:innen einen Vorteil versprechen. Werbung kann aber auch eine Fragestellung aufwerfen, die Anlass zu einer Auseinandersetzung gibt. Nichts ist zentraler als gute Fragen: Wie werde ich mich jetzt entscheiden? Dafür oder dagegen? Verpasse ich eine einmalige Chance? Nicht mit Behauptungen, sondern mit einfachen Fragen führt man Menschen.

Die Werbung stieß einen Denkprozess an, die Öffentlichkeitsarbeit vollendete ihn. Für die Beantwortung der offenen Fragen wurde der Telekom-Chef in den Medien platziert. Er erläuterte die Telekommunikationsbranche, stellte den Börsengang dar und zeigte die neue Unternehmensstrategie auf. Die Kommunikationsexpert:innen der Telekom leisteten ganze Arbeit: Ron Sommer war zum Zukunftsmacher Deutschlands aufgestiegen. Nach dem österreichischen Neurologen und Tiefenpsychologen Sigmund Freud bearbeitete der Vorstandsvorsitzende das ES, die Triebe, der Menschen. Hier konnten sie ihre Gier nach Anerkennung, Macht und Geld befriedigen. Längst war die T-Aktie keine einfache Aktie mehr. Sie wurde zum nationalen Interesse erhoben. Politik und Medien machten sie zur Volksaktie. In den meisten Familien ging es nun nicht

Manfred Krug

mehr darum, ob, sondern nur noch wie viele Aktien man für 28,50 DM zeichnen sollte.

Ron Sommer musste tief in die Konzernkasse greifen, um in der gesamten Bevölkerung das Gefühl auszulösen, mit der T-Aktie ohne Risiko Geld zu verdienen und die Zukunft mitgestalten zu können. Er gab rund 900 Millionen DM, umgerechnet rund 460 Millionen Euro, für die Platzierung der T-Aktie aus. Das extrem hohe Marketingbudget war für die Telekom gut angelegtes Geld. Die Kampagne, die federführend von der Londoner Beratungsfirma für Finanzkommunikation Dewe Rogerson umgesetzt wurde, ging auf. Der Werbedruck löste eine gigantische Nachfrage aus. Und so platzierte die Deutsche Telekom anstelle der geplanten 100 Millionen T-Aktien sogar 600 Millionen Stück.

Die meisten Deutschen wurden zum ersten Mal zu Aktionär:innen. Die T-Aktie legte mit ihrem Börsenstart am 18. November 1996 um 12.27 Uhr einen Bilderbuchstart hin. Der erste amtliche Kurs zeigte auf der Anzeigetafel der Frankfurter Börse einen Wert von 33,20 DM. Die Aktie lag damit deutlich über dem Emissionspreis von 28,50 DM. Bis zum Mittag wurden mehr als 49 Millionen Aktien gehandelt. In Deutschland herrschte Champagnerlaune. Der Clou von Ron Sommer war geglückt. Auf einen Schlag war die hoch verschuldete Telekom um 10 Milliarden Euro reicher. Das Geld konnte das Unternehmen, welches 1995 zur Aktiengesellschaft geworden war, für den Schuldenabbau und künftige Expansionsschritte gut gebrauchen.

International sollte der Konzern nun werden. Darum saß der Telekom-Chef zur gleichen Zeit bereits im Flieger nach New York. Die wichtigen Bilder von Ron Sommer an der Wall Street wurden eingefangen und von den Medien verbreitet: Kleinanleger:innen freuten sich, dass ihr Papier international gehandelt wurde, und anderen Telekommunikationsunternehmen wollte man die Stärke der Telekom präsentieren. Denn daran bestand kein Zweifel, der CEO wollte nun auf Einkaufstour gehen. Die Bilder verfehlten ihre Wirkung nicht. Ganz mutige Analyst:innen prognostizierten nun ein Kursziel von bis zu 200 Euro für die T-Aktie. Der Traum vom schnellen Geld war entfesselt. Immer mehr Kleinaktionär:innen strömten an die Börse. Das Interesse an Telekommunikations-, Medien- und Technologieunternehmen war gigantisch groß.

Die meisten Anleger:innen verstanden weder die Branchen noch deren Strategien und Märkte, aber alle wollten deren Aktien zeichnen. Das Interesse der Anleger:innen wurde befriedigt. Nur vier Monate später startete der Neue Markt mit den Unternehmen Mobilcom und Bertrandt AG an der Deutschen Börse. Auch hier konnten mutige Anleger:innen einen schnellen Zeichnungsgewinn einfahren. Ende 1997 waren 13 weitere Aktiengesellschaften wie zum Beispiel Kabel New Media, Quiagen, SCM Microsystems oder EM-TV am Neuen Markt gelistet. Die Vorstände dieser Unternehmen waren brillante Selbstdarsteller. Sie verstanden es, sich und ihr Unternehmen dem breiten Publikum bestens zu verkaufen. Wie Ron Sommer versprachen sie den Kleinanleger:innen eine goldene Zukunft mit exponentiellen Wachstumsaussichten.

Die Telekommunikations-, Technologie- und Multimedienunternehmen befeuerten nun selbst ihr neues Geschäftsmodell. Börsenhotlines mit kostenpflichtigen 0190-Nummern schossen wie Pilze aus dem Boden, und die Fernsehsender mit ihren Telebörsen und Börsenmagazinen hatten hohe Einschaltquoten, was die Werbeeinnahmen sprudeln und die passenden Aktienpakte im Programm prächtig platzieren ließ. Die Medienberichterstattung war zu einem sich selbstaufschaukelnden System geworden, bei dem die Gewinner schon lange vorher feststanden. Daher hatten die Medien in ihrer Berichterstattung vergessen, den Zuschauer:innen zu sagen, dass es sich bei einer Aktie immer um ein Risikopapier handelt. Den einfachen Grundsatz des US-amerikanischen Finanzexperten André Kostolany erwähnte in dieser Zeit niemand: »Die ganze Börse hängt nur davon ab, ob es mehr Aktien gibt als Idioten oder mehr Idioten als Aktien.« Diese These konnte nicht ins Spiel gebracht werden, da selbst der New Yorker Börsenguru von der T-Aktie angetan war. Er empfahl unserem Finanzminister Theo Waigel und allen Anleger:innen, sich schlafen zu legen und die Papiere in den nächsten 20 Jahren nicht mehr anzufassen. Damit waren die letzten kritischen Stimmen verstummt. Die Euphorie spülte alle Risiken hinweg.

Die mediale Verführung war so gut inszeniert, dass die Zuschauer:innen des Börsenspektakels ohne Bedenken kauften. Und so griffen sie auch 1999 wieder kräftig zu. Der zweite Börsengang spülte dem Riesen mit dem magentafarbenen T und dem Bund als Großaktionär 11 Milliarden Euro in die Kassen. Schon ein Jahr später strich der Bundesfinanzminister beim

Kurs der T-Aktie seit dem Börsengang 1996 in Euro

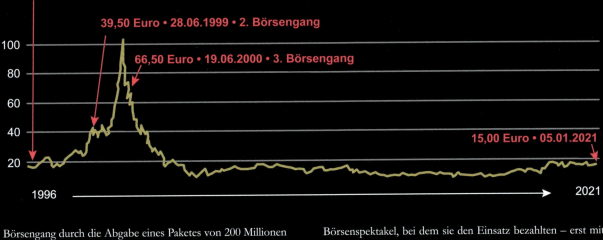

Börsengang durch die Abgabe eines Paketes von 200 Millionen Aktien zum Preis von 66,50 Euro je Aktie insgesamt 13 Milliarden Euro ein. Am 6. März 2000 erreichte die T-Aktie ihren Höchststand mit 103,50 Euro. Viele Expert:innen strichen hohe Mitnahmeeffekte ein. Doch wer zu spät kommt, den bestraft die Börse. Zahlreiche Kleinanleger:innen sahen in der T-Aktie ein langfristiges Investment – ein teurer Irrglaube. Der Absturz kam schneller als gedacht. Im Mai 2002 rutschte die T-Aktie unter ihren Ausgabekurs, und bereits einen Monat später war sie weniger als 10 Euro wert. Der einst gefeierte Vorstandschef Ron Sommer wurde in die Wüste geschickt, und auch die Reputation des beliebten Schauspielers Manfred Krug hatte schweren Schaden genommen. Er hatte seine moralische Instanz verloren, denn auch er war mit Geld zu kaufen. Die markigen Worte, die er für die Werbespots der T-Aktie eingesprochen hatte, bezeichnete er als seinen größten beruflichen Fehler: »Ich entschuldige mich aus tiefstem Herzen bei allen Mitmenschen, die eine von mir empfohlene Aktie gekauft haben und enttäuscht worden sind.« Für die Telekom war Manfred Krug zum Bumerang geworden: Erst flog die Aktie mit ihm weit nach oben, und dann kam das Ding zurück – auch medial. Für das Unternehmen war der Schauspieler nun ein rotes Tuch. Und für die Entschuldigung konnten sich die Kleinanleger:innen nichts kaufen. Auch vor Gericht gingen sie leer aus. Ihre Schadensersatzansprüche wurden 2012 abgelehnt. Sie blieben stets die Zuschauer:innen in einem gut inszenierten Börsenspektakel, bei dem sie den Einsatz bezahlten – erst mit ihrer Zeit, dann mit ihrem Geld.

Wir alle unterliegen den bunten Bildern, den schönen Versprechungen und unseren eigenen Trieben. Wenn wir unseren gesunden Menschenverstand ausschalten, kann es passieren, dass wir einen prominenten Fernsehstar zu unserem Anlageberater machen. Manfred Krug konnte die Massen bewegen. Nach dem gleichen Muster schickten Kommunikationsexpert:innen die Brüder Thomas und Christoph Gottschalk für die Post und Johannes B. Kerner für Air Berlin ins Rennen. Immer die gleiche Masche, immer die gleichen Verluste. So sah es auch am Neuen Markt aus. Von den einst über 330 gelisteten Unternehmen hat nur ein knappes Drittel überlebt. Pleiten, Skandale und Gerichtsverfahren überzogen das Land. Ernüchterung machte sich breit.

Die Telekom hatte mit ihrer groß angelegten Kampagne die Deutschen kurzfristig zu einem Volk der Aktionär:innen gemacht. Nach den Verlusterfahrungen ihrer Investmentrisiken sind sie zu dauerhaften Aktienmuffeln geworden. Die Lernkurve war steil und kurz. Bei vielen ist die Angst geblieben, wieder Geld zu verbrennen. Nach dem kurzen Besuch an der Börse wurde Betongold wieder zur beliebtesten Anlageform. Für die Werbung und die spätere Entschuldigung verehrt die Immobilienbranche Manfred Krug bis heute.

INVOLVEMENT

Volkswirtschaftliche Daten zur Zins-, Währungs- und Konjunkturentwicklung eines Landes sind ebenso wie die Umsatz- und Gewinnschätzungen eines Unternehmens jederzeit im Internet abrufbar. Mit nur einem Klick kann jede Person die Bilanzentwicklung einer Aktiengesellschaft einsehen und die Veränderungen von Eigenkapitalquote oder Verschuldungsgrad analysieren. Die Finanzmärkte sind dank der globalen Vernetzung transparent geworden. So transparent, dass die Financial Community bereits unter zu vielen Informationen leidet.

Wissenschaftler:innen kommen zu der Einschätzung, dass die weltweiten Börsen nur 15 Handelsminuten benötigen, um den Einfluss einer Schlagzeile aus der New York Times auf die Aktienpreise zu bestimmen.

Informationen sind zum wichtigsten Wirtschaftsfaktor aufgestiegen. Ohne sie kann kein Rohstoff, kein Kapital und keine neue Idee in den Medien präsentiert und am Markt platziert werden. Immer entscheidender sind der richtige Zeitpunkt, die Verpackung und die Platzierung der Information.

Während die Finanz- und Kommunikationsexpert:innen noch über die kurzfristige Stimulierung des Aktienkurses durch Investor-Relations-Abteilungen einzelner Konzerne streiten, werden Zahlen, Daten und Fakten sowie marketingbasierte Geschichten längst zu einer börsenrelevanten Information erhoben. Die Telekom hat in kürzester Zeit eine risikoarme Nation aufs Börsenparkett geführt. Wer die Interpretationshoheit über die Nachrichtenlage hat, kann die Kurse beeinflussen. Und große Teile der Bevölkerung verführen.

Doch so einfach ist es nicht: Die eben erzeugten Informationen werden von dem nicht enden wollenden Datenstrom selbst wieder gefressen, indem er immer neue Informationen auf den Nachrichtenmarkt spuckt. Wirtschaft, Politik und der Medienmarkt kämpfen längst mit einer Inflation der Information. Der Nachrichtenmarkt ist zum härtesten Verdrängungswettbewerb aufgestiegen. Deshalb haben die globalen Konzerne in den letzten Jahren massiv in ihre Kommunikationsperformance investiert. Wie die großen Fernsehsender und Medienhäuser leisten sie sich hochmoderne »Newsrooms«, um im 24/7-Modus die Nachrichtenlage zu analysieren und zu steuern. Für Katastrophen- und Krisenfälle wurden sogenannte »War Rooms« eingerichtet, um auch in Ausnahmesituationen alle Kommunikationskanäle bedienen zu können. Die Global Player wissen um die Volatilität der Aufmerksamkeitsökonomie. Und an der Volatilität der Aufmerksamkeitsökonomie hängen ihre Börsenkurse.

Bei der Volatilität der Börse handelt es sich also um ein Risikomaß. So werden Preisschwankungen eines Basiswertes innerhalb eines bestimmten Zeitraums angezeigt. Je höher die Volatilität, umso stärker schlägt der Kurs nach oben oder nach unten aus. Damit kann die Investition chancen-, aber auch risikoreicher werden. Grundsätzlich unterscheidet man zwischen historischer und impliziter Volatilität.

Als historische Volatilität wird diejenige bezeichnet, die sich aus Zeitreihen historischer Wertänderungen ableiten lässt. Im Gegensatz dazu beruht die implizite Volatilität nicht auf historischen Zeitreihen, sondern ist vielmehr ein Ausdruck der Marktmeinung. Die implizite Volatilität ist zum Inbegriff einer nie gekannten kurzfristigen Schwankungsbreite der Kurse geworden. Somit können eine gezielte Kommunikationskampagne eines Unternehmens sowie eine feindliche Meinungsmache, die sich gegen das Unternehmen richtet, für zukünftige Marktpreisschwankungen – also einen steigenden oder

Die Mehrheit der gewöhnlichen Bevölkerung versteht nicht, was wirklich geschieht. Und sie versteht noch nicht einmal, dass sie es nicht versteht!

Noam Chomsky

fallenden Aktienkurs – verantwortlich sein. Der Neue Markt funktionierte genauso: Ad-hoc-Meldungen wurden missbraucht, um über geplante Projekte zu berichten, die nie umgesetzt wurden. So lieferten die gelisteten Börsenunternehmen dem Meinungsmarkt immer neue Impulse mit dem Ziel, den eigenen Aktienkurs zu befeuern. Die Geschichten ohne Substanz verkauften sich gut. Die Volatilität am Medien- und Börsenmarkt schlug aus. Mit der Informationsinflation sind Medien und Märkte nicht mehr zu trennen. Der Devisenhandel ist zum globalen Medium geworden.

Kommunikation ist der Motor der Marktmeinung. Daher werden große Kampagnen in der Finanzkommunikation gefahren, um eine Aktie prominent zu platzieren. Der bekannteste Linguist der Gegenwart am Massachusetts Institute of Technology (MIT), Noam Chomsky, stellt fest, dass unsere Gesellschaft im Informationszeitalter lebt, wir in einer vernetzten Informationswirtschaft arbeiten und von einer leistungsstarken Informationstechnologie umgeben sind und trotzdem die entscheidende Frage nicht beantworten können: »Wie kann es sein, dass wir so viele Informationen haben und so wenig wissen?« Die wenigsten Anleger:innen, die ihr Geld an der Börse verzockt haben, werden sich diese Frage gestellt haben. Hier greift das Ego-Prinzip, da die Kund:innen ihre eigene Kaufentscheidung in der Regel als richtig ansehen. Die Schuld für eine Fehlentscheidung sucht kaum jemand bei sich selbst. Eine Reflexion des eigenen Handelns erfolgt nur sehr selten.

Vordenker Noam Chomsky geht in seiner Analyse noch einen entscheidenden Schritt weiter: »Die Mehrheit der gewöhnlichen Bevölkerung versteht nicht, was wirklich geschieht. Und sie versteht noch nicht einmal, dass sie es nicht versteht!« Die Massen werden mit Informationen überschüttet, aus denen sie kein Kapital schlagen können. Denn viele der angebotenen Informationen sind nutzlos. Im Mediengeschäft gibt es eine einfache Grundregel, die in allen anderen ökonomischen Prozessen ebenfalls Gültigkeit hat: Gut recherchierte Informationen, die einen Mehrwert erbringen, kosten Geld. Wer kein Geld für Informationen ausgeben will, bekommt Werbung. Und Werbung hat die Aufgabe, Stimmungen zu erzeugen und Meinungen zu lenken. Man sollte die Werbetechniken kennen.

Die Werbeindustrie bedient sich bei großangelegten Kampagnen des Involvement-Konzepts. Der Fachbegriff Involvement stammt von dem türkischen Sozialpsychologen Muzafer Sherif. Er prägte den Begriff in Zusammenhang mit seiner Forschung zur Einstellung der Menschen. In den 1940er Jahren beschrieb er, inwieweit eine Person in einem Wahrnehmungsprozess innerlich beteiligt ist. In der Psychologie wird dies als kognitive und affektive Beteiligung von Personen an einer mentalen Verarbeitung von Informationen in Bezug auf einen Inhalt beschrieben. So können Menschen ein persönliches Involvement haben, indem sie ein besonders ausgeprägtes Interesse an einer Sache oder Tätigkeit zeigen. Im Gegensatz zu einem persönlichen Involvement gibt es auch ein situatives Involvement, welches durch eine konkrete Situation ausgelöst werden kann. Das situative Involvement ist für die Werbepsychologie von besonderer Bedeutung, da die Involviertheit der Beworbenen einen Einfluss darauf hat, wie tief die Information von den Konsument:innen verarbeitet wird. Die erste Auseinandersetzung mit der Konsumentenforschung vollzog Herbert E. Krugman, um 1967 die Wirkung von Fernsehwerbung zu erklären. Demnach müssen die Werbeinhalte so angelegt sein, dass sich die Verbraucher:innen dem Angebot zuwenden und sich eingebunden fühlen. Entscheidend im Involvement-Konzept ist die Aktivierung der inneren Bedürfnisse und Wünsche der Konsument:innen. Erst mit der Einbindung und dem eigenständigen Engagement, der Aktivierungsphase der Verbraucher:innen, sprechen wir von einem hohen Involvement. Somit kann das »High Involvement«, im Gegensatz zum »Low Involvement«, als tieferes Kundeninteresse an einer Sache, wie zum Beispiel den Kauf einer Aktie, verstanden werden.

Involvement beschreibt die Empfänglichkeit von Konsument:innen für Werbe- und Kommunikationsangebote, ausgehend von deren persönlicher Relevanz, von dem Ausmaß der Erregung, dem Interesse oder Aktivierungsniveau gegenüber dem Angebot. Das Involvement hat somit nicht nur Einfluss auf die Tiefe der Informationsverarbeitung, sondern auch auf die Treue zu Produkt und Marke. Hier setzt das Involvement-Konzept der Werbeunternehmen an, um eine hohe Einbindung möglichst vieler Menschen zu erzielen. Je häufiger und flächendeckender eine Kampagne ausgespielt wird, umso mehr Kontaktpunkte mit den Verbraucher:innen entstehen. Doch nicht nur die Kommunikationsintensität ist entscheidend für die Erlangung eines »High Involvement«, verschiedene stimulus-spezifische Einflussfaktoren sind zu berücksichtigen.

STIMULUS-SPEZIFISCHE EINFLUSSFAKTOREN IM INVOLVEMENT-KONZEPT

DIE PERSON. Bekannte Persönlichkeiten können ein Involvement auslösen. Vor allem, wenn die Person in den Augen der Betrachter:innen besonders erfolgreich, beliebt oder attraktiv erscheint. Entscheidend ist, dass der Werbefigur eine hohe Glaubwürdigkeit in der Bevölkerung zugesprochen wird. Manfred Krug konnte dies durch seine Vita und als Volksschauspieler belegen. In seinen Rollen als Kommissar und Anwalt vertrat er stets die Interessen des »kleinen Mannes«. Diesen Aspekt konnte er für die Telekom besonders gut verkörpern, da er als bieder gekleideter Mann der Mittelschicht als vorgegebene Zielgruppe mit den Worten »Die Telekom geht an die Börse und ich gehe mit« erläuterte, dass er Aktien kaufen würde. In den Werbespots gelang ihm zudem eine direkte Ansprache der Zuschauer:innen, die er mit seiner Fragestellung »Und Sie?« aktiv einband.

DAS PRODUKT. Das beworbene Produkt muss über ein Alleinstellungsmerkmal verfügen oder ein besonderes Angebot enthalten. Viele Rabattaktionen und Sonderangebote werden von der Werbung genutzt, um das Involvement bei den Konsument:innen zu steigern. Die T-Aktie bot nach den Ausführungen von Ron Sommer, der Politik und den Medien die einmalige Chance, sicher in die Zukunft zu investieren. Die vom CEO in Aussicht gestellten Gewinne der T-Aktie bildeten das Produkt-Involvement.

DAS MEDIUM. Der eingesetzte Kommunikationsmix aus Werbung und Öffentlichkeitsarbeit leistet einen sehr hohen Beitrag, um ein Involvement zu erzielen. Wenn alle Medien über einen längeren Zeitraum über ein Ereignis wie den Börsengang der Telekom berichten, können sich die Konsument:innen dieser Information nicht entziehen. Die immer wiederholte Botschaft wird verinnerlicht.

DIE BOTSCHAFT. Die ganzheitlich vorgetragene »Story« des Börsengangs hat die deutsche Bevölkerung involviert, denn die einheitliche Botschaft aus der Öffentlichkeitsarbeit und Werbung des Unternehmens sowie aus der Politik war eindeutig: »Wer jetzt nicht zugreift, ist selber schuld.« Alle, die keine T-Aktie zeichnen, werden in Zukunft das Nachsehen haben. Wer möchte schon die Chance auf einen sicheren Gewinn verstreichen lassen?

DIE SITUATION. Die Situation für die Telekom war besonders günstig. Die neuesten Telekommunikations-, Medien- und Internettechnologien eroberten die Märkte, die Menschen wollten an der modernen Kommunikationsausrichtung beteiligt sein. Es handelte sich um eine mediale Revolution, wie zur Zeit der Buchdruckerfindung. Alle wollten dabei sein. Die Werbung nahm diese Situation auf: Sie zeigte die neuen Möglichkeiten auf und beteiligte die Menschen, indem sie ihnen ihre Angebote unterbreitete.

Diese Einflussfaktoren müssen bedient werden, um eine starke Einbindung der Verbraucher:innen zu erzielen. Hierbei ist stets darauf zu achten, dass die Lebenswirklichkeit der Menschen berücksichtigt wird, denn niemand kann sich räumlich und zeitlich von seiner Umgebung und sich selbst distanzieren. Die Werbebotschaft muss im sozialen Kontext anschlussfähig sein. Die Telekom hat den Zeitgeist aufgenommen und ihn mit den Wünschen und Hoffnungen der Menschen gekoppelt. Am Ende der Kampagne glaubten zahlreiche Deutsche, dass Manfred Krug der Chef der Telekom sei. Die Kommunikation hatte ein hohes Involvement in der Bevölkerung geschaffen. Viele Menschen unterlagen dieser kommunikativen Umklammerung.

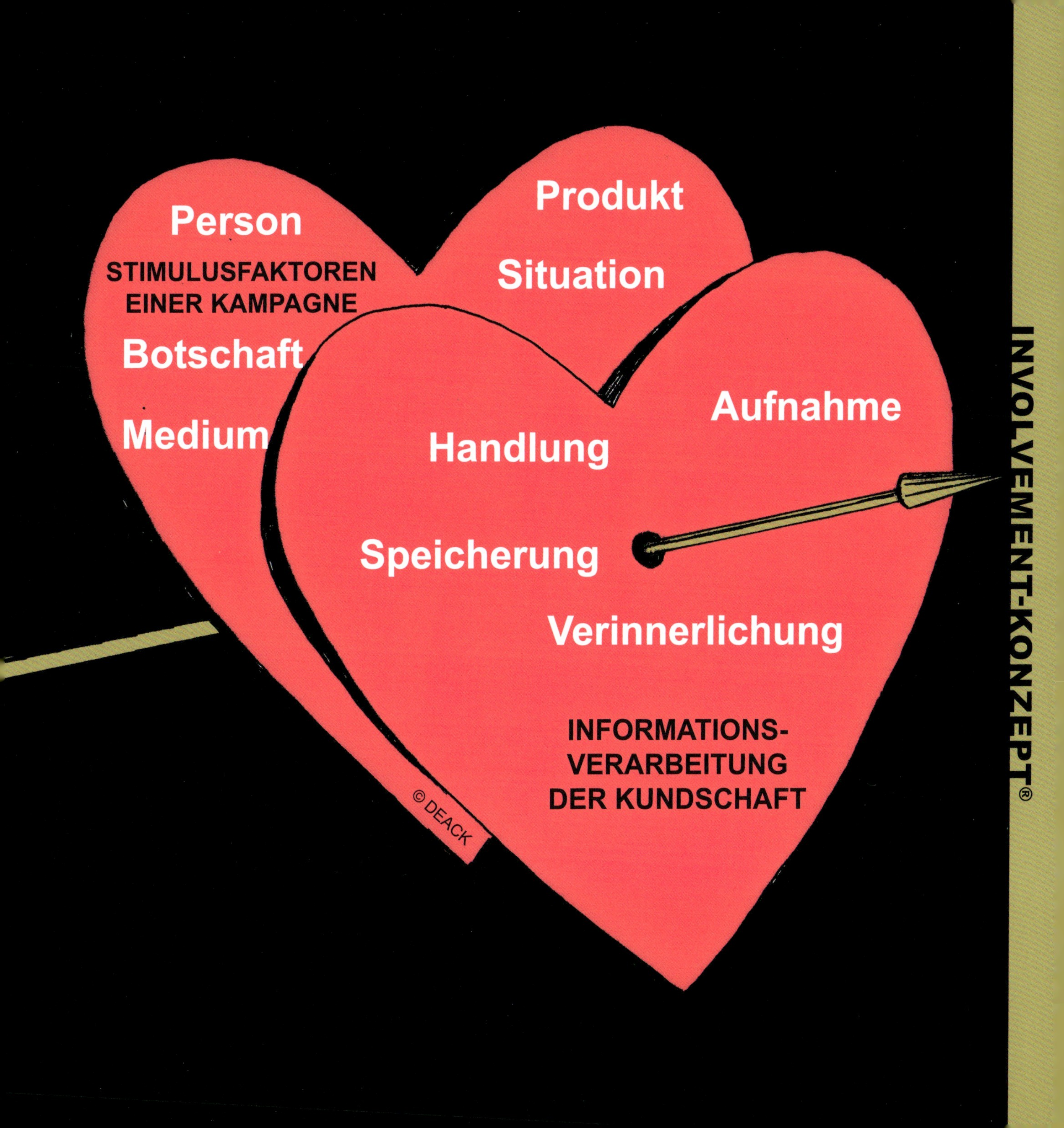

STIMULUSFAKTOREN EINER KAMPAGNE

- Person
- Botschaft
- Medium
- Produkt
- Situation

INFORMATIONSVERARBEITUNG DER KUNDSCHAFT

- Aufnahme
- Handlung
- Speicherung
- Verinnerlichung

INVOLVEMENT-KONZEPT®

© DEACK

KENNE DIE BEDÜRFNISSE DER ANDEREN, DANN KANNST DU EINFLUSS NEHMEN

Unternehmen, Organisationen und Parteien müssen mit ihrer Kommunikation eine massenmediale Wirkung erzielen. So müssen Unternehmen ihre Dienstleistungen und Produkte in der Bevölkerung verkaufen. Organisationen wollen ihre Interessen in der breiten Öffentlichkeit platzieren, und Parteien streben politische Mehrheiten an. Sie alle sind darauf angewiesen, breite gesellschaftliche Gruppen zu erreichen und in ihrem Sinne zu aktivieren. Doch nur ganz wenigen Kampagnen gelingt es, die verschiedenen Zielgruppen anzusprechen. Oftmals bleiben die millionenschweren PR-, Werbe- und Marketingmaßnahmen hinter den Erwartungen zurück, da die Ansprache der verschiedenen Milieus scheitert. Das kann viele Gründe haben: ein falsches Wording, eine unpassende Bildsprache oder eine schlechte Platzierung. In diesen Fällen geht die Kommunikation ins Leere. Die Folgen sind bekannt: Die Produkte verkaufen sich schlecht und werden wieder aus den Regalen geräumt, die Handzettel von der Müllabfuhr eingesammelt und die Plakate wieder abgehängt. Und wir? Wir haben davon nicht einmal etwas mitbekommen, weil die Informationen uns einfach nicht erreicht haben. Alles lief unterhalb unserer Wahrnehmung ab. Die meisten Kommunikator:innen und Marketer:innen setzen sich zu wenig mit einer intensiven Zielgruppenanalyse auseinander. Gute Kommunikator:innen haben die Fähigkeit, sich in die Lebens- und Bedürfniswelten der anderen Menschen hineinzuversetzen.

Ein Meister der medialen Inszenierung war der ehemalige Wirtschafts- und Verteidigungsminister Karl-Theodor zu Guttenberg. Er beherrschte die strategische und zielgruppengenaue Kommunikation wie kaum ein anderer – bis zum 16. Februar 2011, als die Süddeutsche Zeitung seine Plagiatsaffäre veröffentlichte und er an seiner eigenen Kommunikation scheiterte. Vor dieser Zeit hatte Karl-Theodor zu Guttenberg die folgenden fünf Erfolgsfaktoren der Public Relations für sich wirkungsvoll genutzt: Werte und gesellschaftliches Engagement, zielgerichtete Kommunikation, klare Botschaften, starke Bilder und strategische Medienzugänge.

WERTE UND GESELLSCHAFTLICHES ENGAGEMENT

Über den ersten Erfolgsfaktor, das gesellschaftliche Engagement von Karl-Theodor zu Guttenberg, müssen hier nicht viele Worte verloren werden. Der Franke spielte von Geburt an in einer anderen Liga als viele andere Politiker:innen: Er ist als Baron zur Welt gekommen. Er wuchs auf einem Schloss auf, und der Geburtsort trägt den Namen seiner Familie.

Sein Vater war ein bedeutender und einflussreicher Dirigent. Das Manager Magazin schätzte 2010 das Vermögen von Enoch zu Guttenberg auf 400 Millionen Euro. Ursprung des Vermögens war neben Großgrund- und Waldbesitz das Rhön-Klinikum in Bad Neustadt an der Saale. Im März 2002 verkaufte die Familie ihre Unternehmensanteile für 260 Millionen Euro an die bayerische HypoVereinsbank. 2012 wurde das Vermögen bereits auf 450 Millionen Euro beziffert und Enoch zu Guttenberg auf Platz 261 der 500 reichsten Deutschen geführt. Und die Frau von Karl-Theodor zu Guttenberg, Stephanie, brachte einen noch bedeutenderen Namen mit in die Ehe: Sie ist eine von Bismarck. Die Familie zu Guttenberg vertritt die christlichen Werte, setzt sich für die Natur und den Umweltschutz ein und ist um die Kultur, insbesondere die Musik, sehr bemüht. Beruf und Berufung liegen in dieser Familie dicht beieinander: Es handelt sich um die eigenen Interessen.

ZIELGERICHTETE KOMMUNIKATION

Die zehn verschiedenen Milieus in Deutschland sind für unterschiedliche Themenfelder empfänglich. Auf diesen Sachverhalt hat Karl-Theodor zu Guttenberg seine politische Kommunikation aufgebaut und gezielt Themen für die jeweiligen Gesellschaftsgruppen abgesetzt.

KONSERVATIV-ETABLIERTES MILIEU. Themenfeld **Klassische Musik.** Diesen Themenkomplex hat er über seinen Vater, einen bedeutenden Dirigenten, darstellen können. Die Anerkennung des Vaters übertrug das konservativ-etablierte Milieu sehr schnell auf den Sohn. Somit war dem Jungpolitiker schon zu Beginn seiner Karriere eine hohe Zustimmung aus diesem Milieu sicher.

TRADITIONELLES MILIEU. Themenfeld **Adel.** Mehr hatte Deutschland nicht zu bieten: Karl-Theodor zu Guttenberg ist ein Baron und seine Frau eine von Bismarck. Dieses Thema wurde gezielt in der Yellow Press verbreitet und besonders stark von dem traditionellen Milieu aufgenommen.

LIBERAL-INTELLEKTUELLES MILIEU. Themenfeld **Wirtschaft.** Seine wirtschaftliche Kompetenz hatte zu Guttenberg in der Krise des Autobauers Opel beweisen können. Mit seinem Einsatz gegen Subventionen für Opel erzielte er hohe Zustimmungswerte.

SOZIALÖKOLOGISCHES MILIEU. Themenfeld **Umwelt.** Auch das sozialökologische Milieu stand der Familie zu Guttenberg nicht ablehnend gegenüber. Die Familie ist einer der der größten Waldbesitzer in Deutschland und setzt sich, schon aus eigenem Interesse, für den Umwelt- und Waldschutz ein.

BÜRGERLICHE MITTE. Themenfeld **Familie.** Stephanie und Karl-Theodor zu Guttenberg waren aus der Perspektive der bürgerlichen Mitte nicht nur ein Vorzeigepaar, sondern auch Vorbild für ein harmonisches Familienleben. Somit erhielt die Familie zu Guttenberg hohe Zustimmungswerte auch in diesem Milieu.

PREKÄRES MILIEU. Themenfeld **Sex und TV.** Der Baron hatte erkennbare Schwierigkeiten, das prekäre Milieu anzusprechen. Dies gelang ihm durch den gezielten Einsatz seiner Frau in dem Fernsehformat »Stephanie zu Guttenberg jagt Kinderschänder« auf RTL II. Stephanie zu Guttenberg gelang es, die Themen Sex und TV-Konsum zu einer moralischen TV-Instanz im Bereich der Aufklärung zu erheben. Das gesellschaftliche Engagement der Familie wurde so im prekären Milieu erlebbar.

MODERNE PERFORMER. Themenfeld **Politik.** Zu Guttenberg punktete in der deutschen Gesellschaft und ganz besonders bei dem Milieu der Performer, als der ehemalige Verteidigungsminister, im Gegensatz zu seinen Vorgängern, die Wahrheit über den Einsatz der Bundeswehr in der Provinz Kunduz aussprach: »Ja, es ist Krieg in Afghanistan.«

EXPEDITIVES MILIEU. Themenfeld **Pop- und Rockmusik.** Auch als DJ für Pop- und Rockmusik war zu Guttenberg im Einsatz. Die Fotos von ihm als »Mann hinter den Plattentellern« verfehlten ihre Wirkung bei der jüngeren Zielgruppe des expeditiven Milieus nicht. Einen Bundesminister als DJ gab es vor zu Guttenberg nicht.

ADAPTIV-PRAGMATISCHES MILIEU. Themenfeld **Lifestyle.** Karl-Theodor zu Guttenberg gelang es, durch seine Auswahl von Anzügen und seine Freizeitmode ein neues Lifestyle-Gefühl in die Politik zu tragen. Eine Selbstdarstellung, die besonders beim adaptiv-pragmatischen Milieu ihre Wirkung nicht verfehlte.

HEDONISTISCHES MILIEU. Themenfeld **Party.** Das hedonistische Milieu sprach er an, indem er verkündete, dass er seine Frau Stephanie auf der Love-Parade in Berlin kennengelernt hatte. Mit dieser Aussage baute er eine gewisse Nähe zur Techno-Szene auf.

UMWELT. Familie Guttenberg besitzt und schützt deutschen Wald

KLASSISCHE MUSIK. Der Vater war Dirigent

Konservativ-Etablierte
10 %

Soz

ADEL. Karl-Theodor ist Baron, Stephanie eine »von Bismarck«

Traditionelle
11 %

Bürger Mit
13

Prekä
9 %

FAMILIE. Karl-Theodor und Stephanie setzen sich für die Werte der Familie ein

SEX. Stephanie kämpft bei RTLII gegen Kinderschänder

Bilderwelten (weißer Rahmen), strategische Medienzugänge (pinker Rahmen) und klare Botschaften (goldener Rahmen), mit denen Karl-Theodor zu Guttenberg die verschiedenen Milieus ansprach.
Quelle: Gestaltung © DEACK mit Sinus-Milieus® des SINUS-Instituts

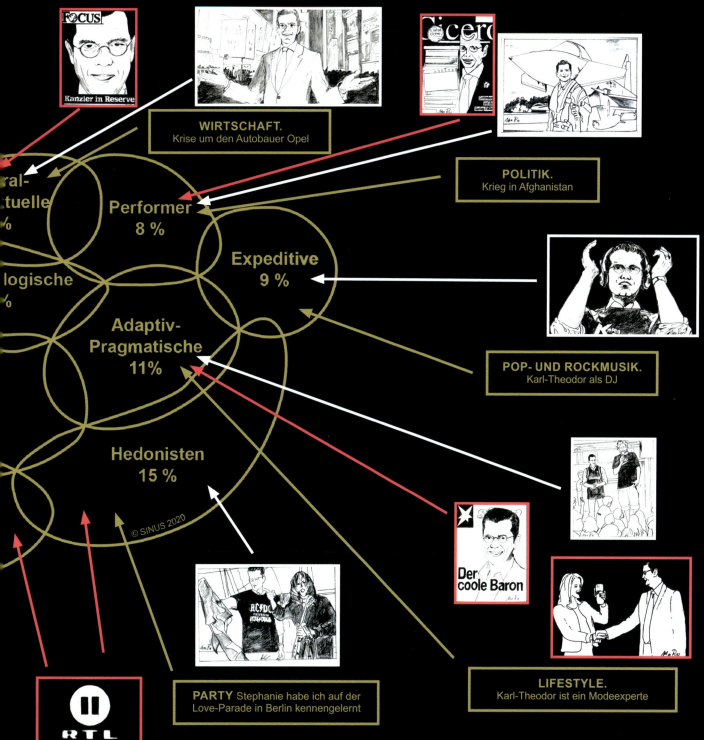

KLARE BOTSCHAFTEN

Es waren die einfachen Schlagworte, wie zum Beispiel »Agenda 2010« von Bundeskanzler Gerhard Schröder oder auch die befreiende Analyse von zu Guttenberg »Ja, es ist Krieg in Afghanistan«, die eine gewisse emotionale Bilderwelt bei den Zuhörer:innen auslösten. Die deutsche Bevölkerung war über die Reformbemühungen und Sozialeinschnitte am Arbeitsmarkt durch den Sozialdemokraten Schröder tief verunsichert. Mit der Agenda 2010 und Hartz IV wurde die Massenarbeitslosigkeit überwunden und das Wirtschaftswachstum kam zurück. Nur für die SPD wurde die Reform zu einem schweren Erbe. Es gelang der Partei nicht, die Agenda 2010 entweder vollständig anzunehmen oder zu überwinden. Diese Unentschlossenheit wirkt bis heute nach und zerreißt die Sozialdemokratie. Im Gegensatz dazu waren die Worte des Verteidigungsministers zu Guttenberg zum Afghanistan-Einsatz eine richtige Analyse zu den Kriegsbildern, die Abend für Abend durch die deutschen Wohnzimmer flimmerten. Die Bevölkerung war dankbar für sein klares Statement, denn seine Vorgänger sprachen immer von »kriegsähnlichen Zuständen«. Mit dieser Wortwahl beraubten sie sich selbst des Vertrauens innerhalb der deutschen Bevölkerung. Wer Aufmerksamkeit erzielen will, muss Klarheit erzeugen oder Reize setzen. Auf den großen Reiz war auch das Fernsehformat von Stephanie zu Guttenberg angelegt: Sie kämpfte auf RTL II gegen Kinderschänder und erreichte damit nicht nur die unteren Milieus, sondern platzierte das Thema in der ganzen Gesellschaft. Auch die Bild-Zeitung griff dieses Thema auf und stieß eine Debatte zum Kinderschutz an. Hierbei handelte es sich jedoch mehr um eine Kampagne im Boulevardjournalismus. Es ging nie um eine wissenschaftliche Betrachtung dieses schwerwiegenden und komplexen Sachverhaltes. Seichte News verkaufen sich einfach leichter. Zuschauer:innen setzen sich kaum mit der therapeutischen Hilfe für Missbrauchsopfer und der juristischen Aufarbeitung und Resozialisierung der Täter:innen auseinander, wenn auf dem nächsten Kanal ein Kinderschänder gejagt wird.

Die Komplexität politischer oder wirtschaftlicher Themen schreckt ab. Nicht jeder möchte in seiner Freizeit Politik-, Sozial- oder Wirtschaftswissenschaften studieren. Schlagworte und Bilder leiten unser Denken. Nicht die komplexen Inhalte. Ganz gezielt setzte Karl-Theodor zu Guttenberg seine Frau ein, auch politikferne Milieus für sich zu gewinnen. So entstand eine Omnipräsenz des Paares in den Medien.

STARKE BILDER

Die Themen- und Bilderwelt von zu Guttenberg beweist das große Verständnis des Barons für die Rolle des Politikers in der Mediengesellschaft. Er inszenierte sich als der Adlige fürs Volk. Er verstand es, auf dem roten Teppich der Wagner-Festspiele in Bayreuth ebenso wie auf dem Times Square in New York City, auf dem Volksfest in Franken bis hin zum medialen Kurzeinsatz als Disco-DJ, für jede Zielgruppe eine gute Figur zu machen. Er hatte das politische Maskenspiel perfektioniert: Jeder Situation konnte er sich anpassen und ein Teil des jeweiligen Milieus werden.

> *Guttenberg nivellierte das politische System zur Pop- und Medienkultur, und dadurch wurde es für viele begreifbar.*
>
> Oliver Lepsius

STRATEGISCHE MEDIENZUGÄNGE

Der große Erfolgsmotor, den Guttenberg zu jeder Zeit zu bedienen verstand, war die formvollendete Welt des schönen Scheins von den Fürstenhöfen Europas bis zur Fernsehfamilienshow von Thomas Gottschalk. Er nutzte jede Medienbühne für sich. Guttenberg hatte seine eigene Agenda. Seine Themen waren immer eng verbunden mit den gesellschaftlichen Ansprüchen und Wünschen aus Werten, Verantwortung, Stil und Etikette. Diese Themen sind für Politiker:innen sicheres Terrain, denn niemand in der Bevölkerung wird sich von diesen Eigenschaften abgestoßen fühlen. Die Menschen in ganz Deutschland brachten ihm Vertrauen entgegen, und Vertrauen ist die Währung der Politik. Vergleicht man den Politikstil von Karl-Theodor zu Guttenberg mit dem des ermordeten US-Präsidenten John F. Kennedy, können wir festhalten, dass uns der Baron aus Franken die Kennedy-Story noch einmal erzählt hat. Längst gehören die immer jungen Bilder von Jack und Jackie zur Pop- und Medienkultur der Vereinigten Staaten von Amerika. Wie kein anderer Politiker diente John F. Kennedy als Projektionsfläche für Amerikas Wunsch nach Größe, die sich aus Moral speisen sollte. Guttenberg wusste, dass sich Geschichten gut erzählen lassen. Und er erzählte sie uns. Der Rechtswissenschaftler Oliver Lepsius brachte es auf den Punkt: »Guttenberg nivellierte das politische System zur Pop- und Medienkultur, und dadurch wurde es für viele begreifbar. Das Volk liebte Guttenberg nicht als Fachmann, sondern als jemanden, der der Politik Stil verlieh.« Das war seine eigentliche Stärke.

ZIELGRUPPENKOMMUNIKATION

Unsere Kommunikation ist stark geprägt von unseren sozialen Beziehungen. Das klingt im ersten Moment langweilig; ist es aber nicht. Oder können Sie die folgenden Fragen beantworten: Welchem Milieu gehören Sie an? Welche Medien nutzen Sie? Welche Werbung erreicht Sie? Warum nutzen Sie gerade diese Medien? Warum schenken Sie gerade dieser Werbung Ihre Aufmerksamkeit? Eine kurze Analyse über den eigenen Standpunkt ist notwendig, da wir nur so erkennen können, an welche gleichgesinnten Personengruppen wir anschlussfähig sind. Gleichgesinnte Gruppen werden in der Fachsprache als Milieus bezeichnet. Jeder von uns gehört einem solchen Milieu an. Wenn wir wissen, wo wir stehen und wen wir ansprechen möchten, sind Kenntnisse der Milieuforschung unabdingbar. Sehr hilfreich sind hier die Milieustudien des Sinus-Instituts, welche ich Ihnen in einer Kurzform vorstelle, um Ihnen zu zeigen, welche Möglichkeiten es in der zielgerichteten Kommunikation gibt.

MILIEUFORSCHUNG

Die sozialwissenschaftliche Forschung des Sinus-Instituts unterteilt seit mehr als 30 Jahren Deutschland in zehn unterschiedliche Milieus. Dort werden Menschen zusammengefasst, die sich in ihrer Lebensorientierung und Lebensweise ähneln. Das heißt, die Menschen in einem Milieu verfügen über ähnliche Wertprioritäten, soziale Lagen und annähernde Lebensstile. Die Ermittlung der verschiedenen Lebensstile hilft uns, bestimmte Kombinationen typischer Verhaltens-, Kommunikations- und Konsummuster der verschiedenen Milieus zu ermitteln. Die Lebenswelten der Milieuuntersuchungen setzen sich aus folgenden Bausteinen zusammen: Lebensstil, Familie und Partnerschaft, Rollenbilder, Umwelt und Technik, Geld und Konsum, Medien, Politik, Werte, soziale Lage, Leitbilder, Gesellschaft, Freizeitinteressen, Arbeit und Beruf, Alltagsästhetik, Gesundheit und Ernährung. Aus diesem Forschungsansatz ergibt sich die »Kartoffelgrafik der Milieus«, welche die deutsche Gesellschaft nicht nur in eine vertikale Ebene nach der sozialen Lage in Unterschicht, Mittelschicht und Oberschicht unterteilt, wie wir uns an den Pyramidenaufbau der Gesellschaft aus dem Geschichtsunterricht der Schule noch erinnern. Dieser Ansatz der klassischen Gesellschaftspyramide würde heute zu kurz greifen. Die moderne Gesellschaft wird immer dynamischer, komplexer und segmentierter, daher verfügen die Sinus-Milieus auch über eine horizontale Ebene. Die horizontale Ausrichtung beschreibt die Grundorientierung der jeweiligen Milieus nach Tradition, Modernisierung und Individualisierung sowie Neuorientierung. Die Position der Milieus in der Gesellschaft nach sozialer Lage und Grundorientierung veranschaulicht sich in der nachfolgenden Grafik: Je höher ein Milieu angesiedelt ist, desto gehobener sind Bildung, Einkommen und Berufsgruppe. Je weiter rechts ein Milieu positioniert ist, desto moderner sind seine Lebensauffassung und Lebensweise. Die Sinus-Milieus vermitteln den Betrachter:innen einen Überblick über die Zusammensetzung der deutschen Gesellschaft. Quasi einen Blick durchs Schlüsselloch in die Lebenswelten der Deutschen. Wir können zum Beispiel ihren Werten, ihrem Konsumverhalten, ihrem Berufsalltag, ihrem Medienverhalten und sogar ihrer Wohnungseinrichtung und ihren Freizeitaktivitäten näherkommen. Im Folgenden finden Sie die vorhin erwähnte Kartoffelgrafik. Sie stellt eine Art strategische Landkarte der Gesellschaft Deutschlands dar. Man kann erkennen, wo bestimmte Marken, Medien, Produkte und Dienstleistungen positioniert werden können. Und auch, wo Sie selbst sich positionieren können. Große Unternehmen nutzen diese Marktforschung, um ihre jeweiligen Zielgruppen zu analysieren. Sie interessieren sich für deren Wünsche, Werte, Haltung und ästhetischen sowie kommunikativen Ansprüche, um ihnen passgenaue Nutzenversprechen und Angebote unterbreiten zu können. Die folgenden Kurzbeschreibungen der Sinus-Milieus geben Ihnen einen besseren Einblick in die unterschiedlichen Lebenswelten in Deutschland. Die Prozentzahl hinter jedem Milieu beschreibt, wie stark dieses in Deutschland vertreten ist.

SOZIAL GEHOBENE MILIEUS.

KONSERVATIV-ETABLIERTES MILIEU. 10 Prozent. Das klassische Establishment: Verantwortungs- und Erfolgsethik; Exklusivitäts- und Führungsansprüche, Standesbewusstsein; zunehmender Wunsch nach Ordnung und Balance

LIBERAL-INTELLEKTUELLES MILIEU. 7 Prozent. Die aufgeklärte Bildungselite: kritische Weltsicht, liberale Grundhaltung und postmaterielle Wurzeln; Wunsch nach Selbstbestimmung und Selbstentfaltung

MILIEU DER PERFORMER. 8 Prozent. Die multi-optionale, effizienz-orientierte Leistungselite: global-ökonomisches Denken, Selbstbild als Konsum- und Stil-Avantgarde; hohe Technik und IT-Affinität; Etablierungstendenz, Erosion des visionären Elans

EXPEDITIVES MILIEU. 9 Prozent. Die ambitionierte kreative Avantgarde: transnationale Trendsetter – mental, kulturell und geografisch mobil; online und offline vernetzt; nonkonformistisch, auf der Suche nach neuen Grenzen und neuen Lösungen

MILIEUS DER MITTE.

BÜRGERLICHE MITTE. 13 Prozent. Der leistungs- und anpassungsbereite bürgerliche Mainstream: generelle Bejahung der gesellschaftlichen Ordnung; Wunsch nach beruflicher und sozialer Etablierung, nach gesicherten und harmonischen Verhältnissen; wachsende Überforderung und Abstiegsängste

ADAPTIV-PRAGMATISCHES MILIEU. 11 Prozent. Die moderne junge Mitte mit ausgeprägtem Lebenspragmatismus und Nützlichkeitsdenken: leistungs- und anpassungsbereit, aber auch Wunsch nach Spaß und Unterhaltung; zielstrebig, flexibel, weltoffen – gleichzeitig starkes Bedürfnis nach Verankerung und Zugehörigkeit

SOZIALÖKOLOGISCHES MILIEU. 7 Prozent. Engagiert gesellschaftskritisches Milieu mit normativen Vorstellungen vom »richtigen« Leben: ausgeprägtes ökologisches und soziales Gewissen; Globalisierungs-Skeptiker, Vorkämpfer für diskriminierungsfreie Verhältnisse und Diversität

MILIEUS DER UNTEREN MITTE UND DER UNTERSCHICHT.

TRADITIONELLES MILIEU. 11 Prozent. Die Sicherheit und Ordnung liebende ältere Generation: verhaftet in der kleinbürgerlichen Welt bzw. in der traditionellen Arbeiterkultur; Sparsamkeit und Anpassung an die Notwendigkeiten; zunehmende Resignation und Gefühl des Abgehängtseins

PREKÄRES MILIEU. 9 Prozent. Die um Orientierung und Teilhabe (»dazu gehören«) bemühte Unterschicht: Wunsch, Anschluss zu halten an die Konsumstandards der breiten Mitte – aber Häufung sozialer Benachteiligungen, Ausgrenzungserfahrungen, Verbitterung und Ressentiments

HEDONISTISCHES MILIEU. 15 Prozent. Die spaß- und erlebnisorientierte moderne Unterschicht / untere Mitte: Leben im Hier und Jetzt, unbekümmert und spontan; häufig angepasst im Beruf, aber Ausbrechen aus den Zwängen des Alltags in der Freizeit

Das ist, sehr kurz und vereinfacht dargestellt, die Zusammensetzung der deutschen Gesellschaft. Nun sollten Sie einschätzen können, welchem Milieu Sie angehören. Danach ist es die entscheidende Aufgabe, welche Zielgruppen Sie erreichen wollen. Je nachdem, an wen sich Ihre Botschaft oder Ihr Angebot richtet, sollte Ihre Kommunikation an der jeweiligen Zielgruppe ausgerichtet sein. Sie sollten sich daher in die Wünsche und Bedürfnisse Ihrer Kund:innen, Mitglieder oder Wähler:innen hineinversetzen.

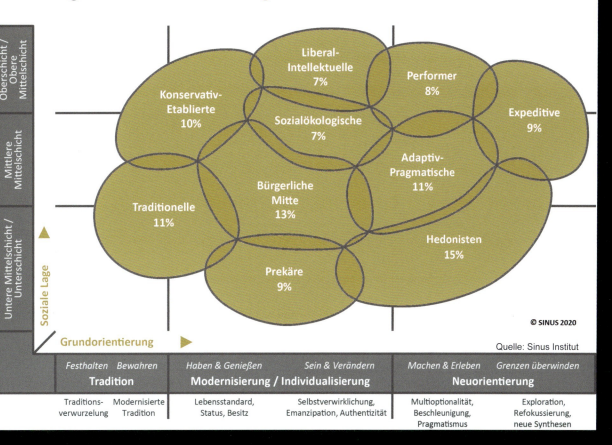

VERRATE NIE DEINE PRINZIPIEN, DENN DU VERRÄTST DICH SELBST

Er war der Superstar der deutschen Politik. Eine Lichtgestalt. Er hatte alles: Eine adlige Herkunft, eine Ehefrau aus dem Hause Bismarck, zwei Töchter, ein eigenes Schloss und positive Zustimmungswerte in der Bevölkerung. Die Massen liebten ihn. Karl-Theodor zu Guttenberg wurde bereits als Nachfolger im Bundeskanzleramt gehandelt. Sein Aufstieg war kometenhaft. Doch in nur zwei Wochen verglühte der helle Komet über Berlin. Am 16. Februar 2011 veröffentlichte die Süddeutsche Zeitung einen Artikel, in dem der Jura-Professor Andreas Fischer-Lescano von der Universität Bremen die Doktorarbeit Guttenbergs als dreistes Plagiat und Täuschung bezeichnete. Guttenberg betonte, dass die Anfertigung der Arbeit seine Leistung war. Auch sein Doktorvater Peter Häberle wies diese Vorwürfe als »absurd« zurück. Bereits einen Tag nach der ersten und einzigen Presseveröffentlichung der Süddeutschen Zeitung formulierte Bild-Zeitungs-Autor Franz Josef Wagner in seinem Kommentar folgende Einschätzung: »Ich flog durchs Abitur und habe keine Universität von innen gesehen. Also, ich kann von außen sagen: Macht keinen guten Mann kaputt. Scheiß auf den Doktor.« Zu diesem Zeitpunkt lagen noch keine Untersuchungen und Erkenntnisse zur Dissertation des Barons auf dem Tisch. Trotzdem bezog Wagner klar Stellung: Der Doktortitel war seiner Auffassung nach nicht so wichtig wie die Person. Damit bezog Wagner nicht nur gegen alle Akademiker:innen, sondern auch gegen den Wissenschaftsstandort Deutschland Position.

Im Fall Guttenberg kam es zu einem Medienbruch innerhalb des Axel-Springer-Konzerns. Die blaue Zeitungsgruppe aus Welt, Welt Online, Welt Kompakt und Welt am Sonntag sowie der roten Zeitungsgruppe aus Bild, Bild Online, Bild am Sonntag, Bild der Frau, Sport Bild, Auto Bild und Computer Bild unter der Leitung von Kai Diekmann waren im Fall Guttenberg nicht mehr einer Meinung. Die Chefredaktion der Welt vertrat die Auffassung, dass eine Dissertation, besonders für ihre konservative Leserschaft, ein wissenschaftlicher Wert sei, der nicht in Frage zu stellen und somit nicht zu verhandeln sei. Ganz anders die Einstellung der Bild-Zeitung. Diekmann hatte sich ohne Einschränkung hinter »seinen« Minister gestellt. Ein tiefer Riss ging durch den Axel-Springer-Konzern. Genauso wie durch Deutschland. Während sich der Verteidigungsminister durch die große Unterstützung seines Freundes Diekmann in Sicherheit wog, arbeiteten unzählige Onliner:innen völlig unabhängig von Zeit und Raum an der Überprüfung von Guttenbergs Doktorarbeit. Sie schlossen sich am 17. Februar 2011 auf der Internetplattform GuttenPlag zusammen. Am nächsten Tag kam es in der Bundespressekonferenz zu einem Eklat. Guttenberg stellte sich nicht den kritischen Fragen der akkreditierten Hauptstadtjournalist:innen, sondern gab parallel zu der laufenden Bundespressekonferenz eine Erklärung vor einigen ausgewählten Medienvertreter:innen ab, die vor dem Ministerium gewartet hatten. In dürren Worten betonte der Minister, dass er seinen Doktortitel bis zur Aufklärung durch die Universität Bayreuth nicht mehr führen werde und dass seine Arbeit kein Plagiat sei. Mit seinem Nichterscheinen auf der Bundespressekonferenz hatte er alle Hauptstadt-Korrespondent:innen gegen sich aufgebracht. Es herrschte Fassungslosigkeit über das Verhalten des Ministers. Den Berliner Journalist:innen zeigte sich ein neues Bild von zu Guttenberg: Er wurde nun als feige eingeschätzt. All seine Wertvorstellungen schienen in der Krise für ihn nicht zu gelten. Auch sein Pressesprecher Steffen Moritz war völlig handlungsunfähig und konnte in der Bundespressekonferenz keine Erklärung abgeben. Der Wind hatte sich gedreht. Aus dem politischen Überflieger war in nur wenigen Tagen ein genialer Blender geworden. Noch während der laufenden Terminankündigungen der Bundeskanzlerin durch Regierungssprecher Steffen Seibert verließen die Journalist:innen aus Protest gegen das Verhalten des Ministers geschlossen den Saal. Ein einmaliger Vorgang in der Geschichte der Bundespressekonferenz.

Nur vier Tage nach der Veröffentlichung des schwerwiegenden Vorwurfs war eine erdrückende Beweislage im Internet abrufbar: Die User hatten schon fast 70 Prozent der Dissertation als Plagiat entlarvt. Stündlich nahmen die schwarzen und roten Balken in der grafischen Darstellung auf GuttenPlag zu. Nur wenige weiße Seiten blieben als geistiges Eigentum von Karl-Theodor zu Guttenberg übrig.

Heute stimmt Deutschland ab ☒
Der Guttenberg-Entscheid!

Bild

● **Bleiben Sie Minister!**
01371/10 00 01

● **Treten Sie zurück!**
01371/10 00 02

Am 3. April 2011 stand dann das Ergebnis auf GuttenPlag fest: Auf 371 Seiten wurden Plagiatsfragmente in der Doktorarbeit von zu Guttenberg gefunden. Die Arbeit verfügte über insgesamt 393 Seiten. Somit kam das GuttenPlag Wiki zu dem Ergebnis, dass 94 Prozent der Dissertation ein Plagiat waren. Die Arbeit der Netzaktivist:innen führte zur Nominierung für den Grimme Online Award.

Das Ergebnis der Plagiatsarbeit von zu Guttenberg war für alle Bürgerinnen und Bürger im Internet einzusehen. Die Intelligenz des Internetschwarms war zu jedem Zeitpunkt schneller als das verheerende Krisenmanagement des Ministers. In diesen Tagen trat die Bundeskanzlerin auf den Plan. Angela Merkel trug auf einer Pressekonferenz in der CDU-Zentrale vor, dass sie einen fähigen Minister und keinen wissenschaftlichen Assistenten bestellt habe. Ein bemerkenswerter Satz der Kanzlerin. Sie unterteilte ihren Minister in zwei Körper. Christian Geyer-Hindemith, Redakteur der Frankfurter Allgemeinen Zeitung, untersuchte diesen Satz genauer. Er schrieb: »Die Zwei-Körper-Theorie der Bundesregierung, wonach Guttenberg als Promovend nicht gewusst habe, was er tue, als Verteidigungsminister aber selbstverständlich Herr der Lage sei, ist zu abgehoben, als dass sie der Normalbürger à la longue nachvollzöge.« Die Kanzlerin wusste sehr genau, dass man einen Menschen nicht in zwei Körper teilen kann. Es war ein geschickter Schachzug von Angela Merkel, die schon so manchen mächtigen Mann aus den CDU/CSU-Reihen, wie Friedrich Merz, Norbert Röttgen oder Hans-Peter Friedrich, mit scharfer Klinge seziert hatte. Sie hatte ihrem Verteidigungsminister eine Falle gestellt, aus der er sich nicht mehr befreien konnte.

Es formierte sich Protest im Deutschen Hochschulverband sowie bei den Doktorand:innen und Wissenschaftler:innen an den verschiedenen deutschen Universitäten. Hätte der Satz von Angela Merkel Gültigkeit, wäre die gesamte deutsche Wissenschaft und mit ihr auch ihre eigenen wissenschaftlichen Leistungen sowie die ihres Ehemannes, Universitätsprofessor Sauer, nichts mehr wert gewesen. Der Satz der Bundeskanzlerin verfehlte seine Wirkung nicht. Die klugen Köpfe der Berliner Republik erkannten die neue Einordnung der Kanzlerin.

In der Causa Guttenberg stand die Bild-Zeitung zu ihrem eingeschlagenen Kurs. Kai Diekmann stützte seinen Freund im Verteidigungsministerium. Höhepunkt der medialen Auseinandersetzung war der »Guttenberg-Entscheid« in der Bild-Zeitung. Am Mittwoch, den 23. Februar 2011, rief die Bild-Zeitung ihre Leser:innen zur Umfrage über den Minister per Telefon oder Fax auf. Die kostenpflichtige Bild-Umfrage, an der sich 261.323 Leserinnen und Leser beteiligten, konnte keine Wende mehr einleiten. Auch wenn die Schlagzeile »87 Prozent Ja-Stimmen – Ja, wir stehen zu Guttenberg!« der letzte Triumph für den Minister sein sollte, so war diese Schlagzeile nur noch der letzte mediale Höhepunkt eines selbstinszenierten Untergangs. 87 Prozent von 261.323 Bild-Zeitungsleser:innen standen hinter dem Minister. Ein Ergebnis, das keine Schlagzeile wert war. Vielmehr war es eine Offenbarung für die Bild-Zeitung. Die Redakteur:innen im Berliner Axel-Springer-Hochhaus, welche die Volksstimme in der Bild-Überschrift oftmals so treffend auf den Punkt brachten, waren nun keine unabhängigen Journalist:innen, sondern eine verlängerte und kostenfreie PR-Abteilung des Barons aus Kulmbach.

Die Salamitaktik von Minister zu Guttenberg ging aber nicht auf. Auch die Universität Bayreuth ließ ihn fallen. Der Jura-Professor Oliver Lepsius formuliert es am 25. Februar 2011 in der Frankfurter Allgemeinen Zeitung besonders scharf: »Wir sind einem Betrüger aufgesessen.« Auch Doktorvater Peter Häberle musste auf Distanz zu seinem Schützling gehen und stand vor einem Scherbenhaufen seiner wissenschaftlichen Laufbahn. Zeitgleich verschwand das Werbevideo von zu Guttenberg von der Homepage der Universität Bayreuth.

Am 1. März 2011 trat Karl-Theodor zu Guttenberg im Verteidigungsministerium vor die Presse. In den sieben Minuten seiner Erklärung sprach er immer noch von Fehlern und nicht von einer dreisten Täuschung. Obwohl diese bereits bewiesen war. Absurderweise beklagte sich Guttenberg nun über die Medien. Dabei suchte er früher doch stets den Kontakt und gierte geradezu nach Schlagzeilen. Guttenberg zog schließlich die Konsequenzen aus einem Skandal, den er von Beginn an nicht bewältigen konnte, und gab seine politischen Ämter auf. Die alte Medienlogik des ehemaligen Bundeskanzlers Gerhard Schröder, »Zum Regieren brauche ich nur Bild, BamS und Glotze«, galt nicht mehr. Trotz Unterstützung von Bild war der Medienstar der CSU nun Geschichte. Karl-Theodor zu Guttenberg ließ sich von der Macht der Bild-Zeitung blenden. Den Rücktritt meldete Spiegel Online dementsprechend folgerichtig mit dem Aufmacher: »Netz besiegt Minister.« Tatsächlich markiert die

BILD

87% Ja-Stimmen beim BILD-Entscheid

„Ja, wir stehen zu Guttenberg!"

VERTRAUENSPYRAMIDE®

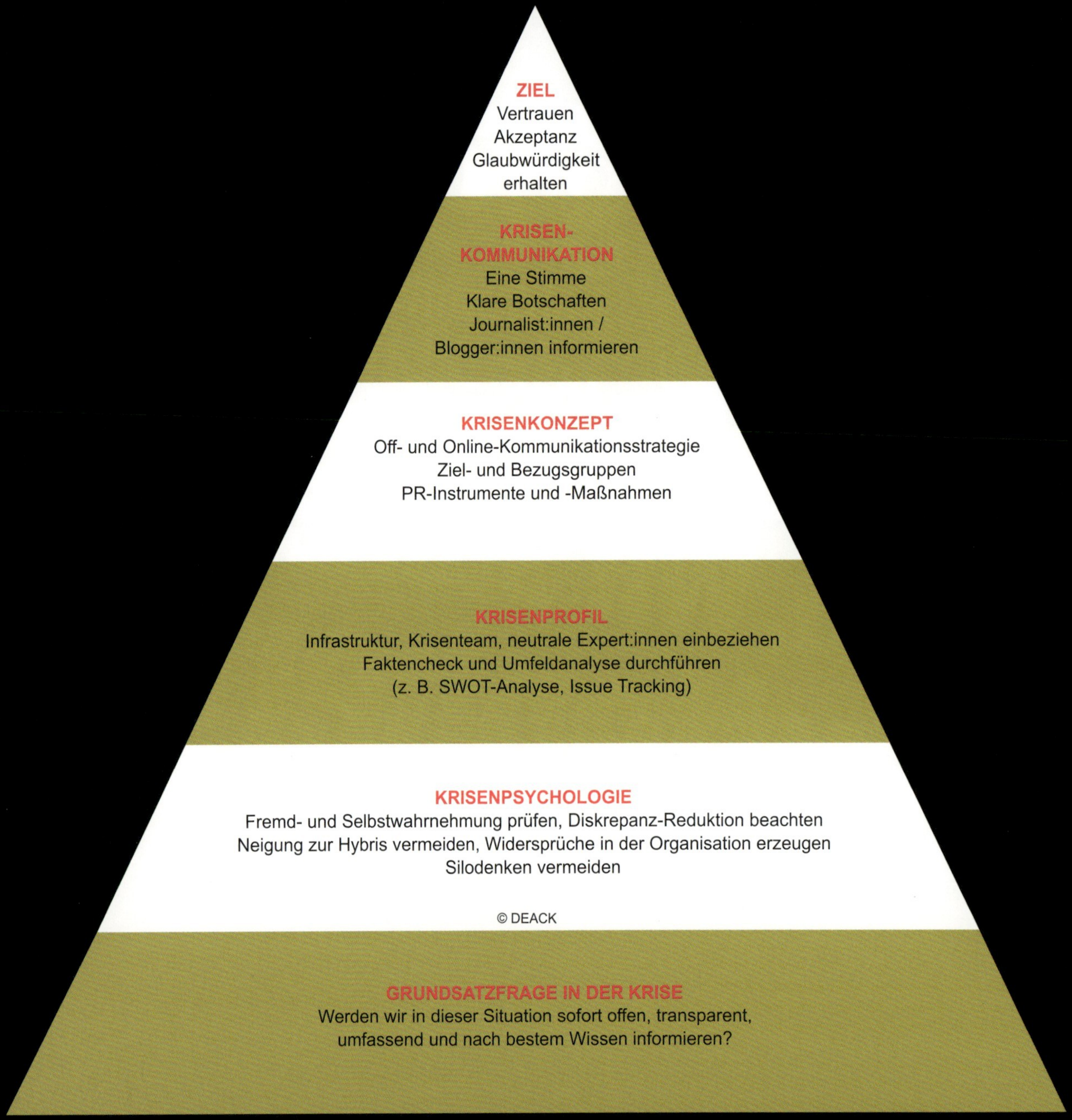

ZIEL
Vertrauen
Akzeptanz
Glaubwürdigkeit
erhalten

KRISEN-KOMMUNIKATION
Eine Stimme
Klare Botschaften
Journalist:innen / Blogger:innen informieren

KRISENKONZEPT
Off- und Online-Kommunikationsstrategie
Ziel- und Bezugsgruppen
PR-Instrumente und -Maßnahmen

KRISENPROFIL
Infrastruktur, Krisenteam, neutrale Expert:innen einbeziehen
Faktencheck und Umfeldanalyse durchführen
(z. B. SWOT-Analyse, Issue Tracking)

KRISENPSYCHOLOGIE
Fremd- und Selbstwahrnehmung prüfen, Diskrepanz-Reduktion beachten
Neigung zur Hybris vermeiden, Widersprüche in der Organisation erzeugen
Silodenken vermeiden

© DEACK

GRUNDSATZFRAGE IN DER KRISE
Werden wir in dieser Situation sofort offen, transparent,
umfassend und nach bestem Wissen informieren?

Causa Guttenberg einen neuen Meilenstein im Umgang mit medialen Krisen. Der Minister wurde von Netzaktivist:innen entblößt und seines Amtes enthoben. Der Medienmarkt hat sich verändert. Die neue Macht der Bürgerinnen und Bürger liegt im Internet. Zu Guttenberg hatte von Anfang an den Kampf um die Deutungshoheit der Nachrichten verloren. Es handelte sich um eine Krise, die sich nur auf seine Person bezog. Er konnte sich der Verantwortung nicht entziehen und sie nicht auf andere abwälzen. Der Minister war in die Defensive geraten, und damit war die Krise für ihn nicht mehr steuerbar. Kai Diekmann nahm das Scheitern des Verteidigungsministers, welches auch einen Machtverlust der Bild-Zeitung implizierte, selbstironisch hin: »Ich habe den Rücktritt von Karl-Theodor zu Guttenberg angenommen und werde in den nächsten Tagen über die Frage der Nachfolge entscheiden.« Weniger ironisch, sondern sehr selbstkritisch, reflektierte der Chefredakteur der Wochenzeitung Die Zeit, Giovanni di Lorenzo, sein eigenes Verhalten. Er bezeichnete seinen Aufmacher mit Guttenbergs Worten »Mein ungeheuerlicher Fehler« in der Zeit und sein gemeinsames Buch mit Karl-Theodor zu Guttenberg mit dem Titel »Vorerst gescheitert« später selbst als schweren Fehler. Di Lorenzo musste sich von seiner eigenen Leserschaft sowie von den Kolleg:innen Kritik gefallen lassen, seine journalistische Distanz zur Person Guttenberg, so der Vorwurf, sei nicht gewährleistet gewesen.

Neun Monate nach seinem Rücktritt betrat Karl-Theodor zu Guttenberg völlig verändert wieder die Bühne: Kein Gel mehr in den Haaren. Keine Brille mehr auf der Nase. Ein ganz neuer Look. Doch ein neuer Look allein bringt noch keine neue Haltung und Sichtweise. Vielmehr hielt der Baron an seiner alten Verteidigungslinie fest. Ein schwerer Fehler blieb es, dass zu Guttenberg sich während der Krise im Frühjahr und bei seinem Comeback-Versuch im Herbst des Jahres 2011 nie in die Sichtweise seiner Kritiker:innen versetzen konnte. Seine Welt drehte sich nur um ihn. Am deutlichsten wurde dies, als er seine familiäre und politische Belastung in einem Interview für Die Zeit ins Feld führte: »Ich habe im Jahr 1999 mit meiner Doktorarbeit begonnen, und schon damals war eine Doppelbelastung absehbar: Ich bin bereits während des Studiums von der Familie erheblich mit in die Pflicht genommen worden, in unserem Unternehmen.« Hier wird deutlich, dass er seinen einstigen klaren Blick für die Bevölkerung verloren hatte. Die von ihm angeführte Doppelbelastung ist nichts Besonderes: Die meisten Student:innen und Doktorand:innen in diesem Land müssen neben ihrer wissenschaftlichen Arbeit zusätzlich jobben, Kinder erziehen, in der Familie helfen, Angehörige pflegen und gleichzeitig einen Weg ins Berufsleben finden. Die Mehrzahl hat aber nicht die Möglichkeit, im eigenen Unternehmen zu arbeiten. Die meisten leben auch nicht auf einem Schloss und können auch nicht auf Geld, Assistent:innen und den Wissenschaftlichen Dienst von Bundestag und Partei hoffen. Der Mehrheit der Gesellschaft war nach der Veröffentlichung des Interviews und seinem Buch bewusst geworden, dass Guttenberg die Realität ausgeblendet hatte. Wörtlich gab er zu: »Mir hat komplett die notwendige Selbstreflexion gefehlt.« Weiter bekannte er: »Das hat sicherlich auch mit Hochmut zu tun und mit einem gerüttelten Maß an Eitelkeit. All das ergibt eine ziemlich verheerende Kombination.« Durch das Interview war das letzte Vertrauen zerbrochen. Wer wollte einen Politiker ohne Selbstreflexion, dafür aber mit Hochmut und Eitelkeit an die Spitze des Staates wählen?

KRISENKOMMUNIKATION

Die Krise des ehemaligen Bundesverteidigungsministers hätte vermieden werden können. Wie komme ich zu dieser verwegenen Ansicht? Vor, während und nach einer Krise gilt es, das Vertrauen und die Glaubwürdigkeit zu erhalten. Um dieses Ziel zu erreichen, habe ich fünf Grundvoraussetzungen in der Vertrauenspyramide für Sie zusammengefasst. Für den Fall, dass Sie selbst in eine Krisensituation kommen, helfen Ihnen die fünf Punkte. Der Aufbau einer Vertrauenspyramide in der Causa Guttenberg war nicht gegeben. Im Gegenteil; es wurde gegen alle Grundregeln des Vertrauensaufbaus verstoßen. Der größte Fehler von zu Guttenberg und seinem Stab lag in der Nichtbeantwortung der Grundsatzfragen in der Krise. Schon zu Beginn des Skandals nahm er eine schnelle und eindeutige Bewertung vor, ohne sich selbst zu hinterfragen.

Er behauptete, dass seine Arbeit kein Plagiat sei. Alles andere wäre absurd. Damit hatte er selbst seine Fallhöhe festgelegt. Und sie war, wie sich wenige Tage später zeigte, zu hoch. Seine Aussage entsprach zu keinem Zeitpunkt der Wahrheit, daher musste er auf immer neue Vorwürfe reagieren. Er hatte sich in die Rolle des »Selbstverteidigungsministers« begeben, aus der er sich aus eigener Kraft nicht mehr befreien konnte. In dieser Rückenlage konnte keine glaubwürdige Handlungsaktion mehr erwachsen. Am Anfang einer Krise muss immer die Selbstreflexion stehen. Hochmut und Eitelkeit, die Guttenberg selbst als seine Antriebsfedern bezeichnete, sind die wohl schlechtesten Berater. Die erste Maßnahme in einer Krise ist der Rückgriff auf Sigmund Freuds Psychoanalyse. Halten Sie sich folgende Erkenntnis des Wiener Psychiaters vor Augen: »Eine Handlung des ICHs ist dann korrekt, wenn sie gleichzeitig den Anforderungen des ES, des ÜBER-ICHs und der Realität genügt, also deren Ansprüche miteinander zu versöhnen weiß.« Somit ist die erste und entscheidende Weichenstellung in einer Krise die Überprüfung und Harmonisierung von ES und ÜBER-ICH zu einer ganzheitlichen Erkenntnis im ICH. Besonders bedrohlich in Krisensituationen ist unser eigenes ES. Die rücksichtslose Triebbefriedigung des ES kann zu gefährlichen Konfliktsituationen mit der Außenwelt führen. Das ICH sollte durch das Gewissen und die Moral des ÜBER-ICHs die Oberhand in der Krise behalten. Zu Guttenberg hatte sich am Krisenanfang gegen eine Selbstreflexion entschieden. Das führte in der Folge zum direkten Vertrauensverlust. Seine Wertbekenntnisse, die damals alle auf seiner Homepage nachzulesen waren – »Politik braucht klare Werte«, »Verantwortung bedeutet vor allem Verpflichtung, Vertrauen und Gewissen«, »Ich will auch unbequemen Fragen nicht aus dem Weg gehen« – waren nun, gerade als es auf sie angekommen wäre, für ihn nichts mehr wert. Noch viel schwerwiegender in einer solchen Situation ist die Neigung zur Hybris, also zu Selbstüberschätzung und Hochmut. Versuchen Sie, sich selbst einmal in die Situation von zu Guttenberg zu versetzen: Sie sind ein Politik- und Medienstar und werden bereits als Kanzler:in in Reserve gefeiert. Überall, wo Sie auftreten, schwarze Staatskarossen, roter Teppich, große Bühne, Bodyguards, viele Kamerateams und noch mehr Fotograf:innen sowie unzählige Fans am Straßenrand. Würde dieser große Bahnhof Sie als Mensch kalt lassen? Hätten Sie zu jeder Zeit einen sachlichen Blick auf die Dinge? Wahrscheinlich nicht. Umso wichtiger ist es, dass Sie sich in solchen Situationen bewusst machen, was es bedeutet, einen klaren Blick zu behalten. 2009 hatte zu Guttenberg diesen noch. In einem Interview mit dem Magazin Bunte wurde er gefragt: »Herr Minister, die Deutschen scheinen zu glauben, dass Sie über Wasser laufen können.« Er antwortete damals auf diese Frage sehr reflektiert: »Ich würde mit dem ersten Schritt erbärmlich baden gehen. Dessen sollte man sich schon sehr bewusst sein.« Von 2009 bis zu seinem Rücktritt 2011 erhielt er die Rückmeldung von der gesamten Außenwelt, dass er »übers Wasser laufen« könne. Damit verschob sich allmählich die eigene Perspektive. »Die Macht des ES drückt«, nach Sigmund Freud, »die eigentliche Lebensabsicht des Einzelnen aus. Sie besteht darin, seine mitgebrachten Bedürfnisse zu befriedigen.« Schon bei der Krise um seine Doktorarbeit konnte zu Guttenberg wohl die Realität nicht mehr annehmen. Zu sehr stand seine Macht in Abrede. Vielmehr fühlte er sich als Opfer einer Medienkampagne. Dabei hatte er die Medien selbst immer für sich gesucht. Zu Beginn der Krise waren noch alle Chancen auf seiner Seite. Eine schonungslose Analyse seiner Dissertation und ein sofortiger Rücktritt von allen politischen Ämtern hätten ganz andere Perspektiven eröffnet. Ein Blick über den eigenen Tellerrand kann dabei helfen, da wir lediglich 40 der möglichen 360 Grad unserer Wirklichkeit wahrnehmen können.

Verrate nie Deine Prinzipien, denn Du verrätst Dich selbst – diesen wichtigen Grundsatz in der Krise missachtete der Minister vollständig. Eine klare Haltung, vollständige Aufklärung und das Übernehmen von Verantwortung wäre der richtige Weg gewesen. Wahrscheinlich hätte die Bevölkerung ihm für ein solches Verhalten sogar noch Bewunderung gezollt. Bei einem klugen und entschlossenen Krisenmanagement wäre es sogar vorstellbar gewesen, dass ihm seine Wähler:innen noch mehr Zuspruch erteilt hätten. Denn die Menschen erwarten von ihren Politiker:innen keine Vollkommenheit, sondern Ehrlichkeit. Karl-Theodor zu Guttenberg blendete die Tragweite seines Plagiates aus, obwohl er als Verteidigungsminister nicht nur einer Armee, sondern auch zwei Universitäten vorstand. Der Minister repräsentierte das Wissenschaftssystem der Bundeswehr mit seinen zahlreichen Doktorand:innen. Ein Plagiat war mit dem Amt nicht vereinbar. Damit war seine Salamitaktik von Anfang an zum Scheitern verurteilt.

Für die Früherkennung kann der Krisen-Tacho hilfreiche Erkenntnisse liefern, um die Schwere eines Vorfalls einzuschätzen und die verschiedenen Handlungsoptionen zu prüfen.

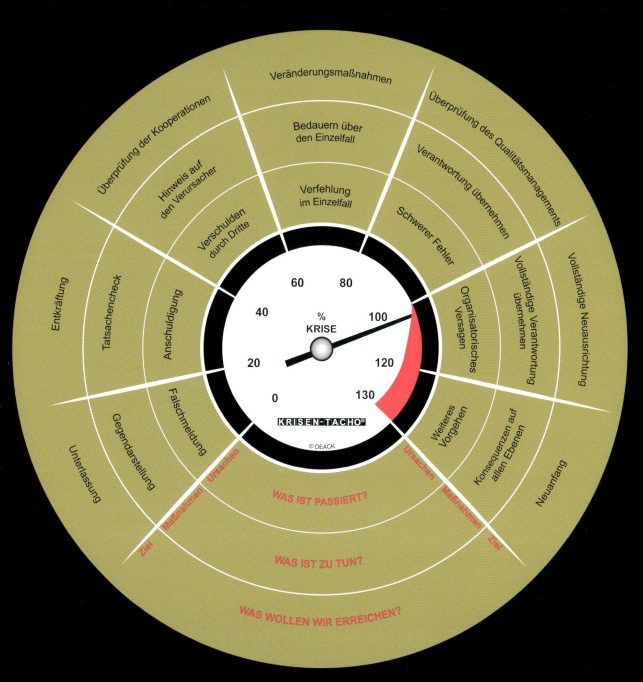

33
ENTWAFFNE DEINE GEGNER MIT EHRLICHKEIT

ENTWAFFNE DEINE GEGNER MIT EHRLICHKEIT

Eine rote Ampel wurde Margot Käßmann zum Verhängnis. Die damalige Bischöfin war am 20. Februar 2010 bei einer Autofahrt unter Alkoholeinfluss von 1,54 Promille über eine rote Kreuzung gefahren. Ihr Fehlvergehen wurde von der Polizei geahndet und war drei Tage später das Topthema in allen deutschen Medien. Die ganze Republik diskutierte über den Straftatbestand und die moralische Verfehlung der Bischöfin, die selbst immer höchste Maßstäbe an alles angelegt und Verfehlungen öffentlich angeprangert hatte. So auch wenige Tage zuvor.

Am Abend des 1. Januar 2010 hielt die damalige Ratsvorsitzende der Evangelischen Kirche in Deutschland einen Festgottesdienst im Berliner Dom. In ihrer Neujahrspredigt sprach sie folgende Worte vor der Gemeinde: »Nichts ist gut in Sachen Klima, wenn weiter die Gesinnung vorherrscht: Nach uns die Sintflut! Da ist Erschrecken angesagt und Mut zum Handeln, gerade nach dem Klimagipfel in Kopenhagen. – Nichts ist gut in Afghanistan. All diese Strategien, sie haben uns lange darüber hinweggetäuscht, dass Soldaten nun einmal Waffen benutzen und eben auch Zivilisten getötet werden. … Ich bin nicht naiv. Aber Waffen schaffen offensichtlich auch keinen Frieden in Afghanistan. Wir brauchen mehr Fantasie für den Frieden, für ganz andere Formen, Konflikte zu bewältigen.« Mit ihren Ausführungen löste sie eine bundesweite Diskussion aus. Politiker:innen, Wirtschaftsverbände und Verteidigungsexpert:innen gingen sie scharf an. Viele Kritiker:innen sprachen ihr die Reife und Weitsicht für das höchste Kirchenamt ab. Standhaft stellte sie sich ihren Kritiker:innen und nahm kein Wort zurück.

Doch mit ihrer Alkoholfahrt war sie in die Defensive geraten. Noch am Tag der Veröffentlichung in den Medien bezeichnete sie diese als einen schlimmen Fehler, den sie für gefährlich und unverantwortlich hielt. Und schon am 24. Februar 2010 zog Margot Käßmann die Konsequenzen. Das Fehlverhalten habe, so ihre Begründung, ihre Autorität erheblich beschädigt. Wörtlich führte sie aus: »Einer meiner Ratgeber hat mir gestern ein Wort von Jesus Sirach mit auf den Weg gegeben: ›Bleibe bei dem, was dir dein Herz rät‹ (37,17). Und mein Herz sagt mir ganz klar: Ich kann nicht mit der notwendigen Autorität im Amt bleiben. So manches, was ich lese, ist mit der Würde dieses Amtes nicht vereinbar. Aber mir geht es neben dem Amt auch um Respekt und Achtung vor mir selbst und um meine Gradlinigkeit, die mir viel bedeutet.«

> *Mir geht es neben dem Amt auch um Respekt und Achtung vor mir selbst und um meine Gradlinigkeit, die mir viel bedeutet.*
>
> Margot Käßmann

Die klare Linie brachte ihr viel Respekt und Bewunderung ein. Aus der anfänglichen Ächtung der Medien über ihr Fehlverhalten wurde eine tiefe Achtung für ihre Haltung. Nach der Bewältigung der Krise verordnete sich die Pastorin eine mediale Auszeit. Damit verknappte sie die mediale Wahrnehmung ihrer eigenen Person. Sie brachte Ruhe in die Angelegenheit und konnte sich und ihre nächsten Schritte neu sondieren.

Durch ihre Abwesenheit steigerte Margot Käßmann den Wert ihrer Person unaufhörlich. Als einfache Pastorin der Hannoverschen Landeskirche konnte sie sich vor Medienanfragen und Angeboten kaum retten. Nach ihrem Amtsverzicht als Vorsitzende der Evangelischen Kirche wurde sie Herausgeberin des evangelischen Magazins Chrismon, erhielt eine Gastprofessur an der Ruhr-Universität Bochum und wurde zur Botschafterin des Reformationsjubiläums 2017 berufen.

Doch all das sind Nebenerscheinungen. Wenn wir uns an ihren Neujahrsgottesdienst 2010 erinnern, müssen auch ihre schärfsten Kritiker:innen einräumen, dass sie die richtigen Themen angesprochen hat. Mit dem Wissen um den Klimawandel und die Erfahrungen aus dem Afghanistankrieg würde diese Thesen heute niemand bestreiten. Sie war ihrer Zeit voraus.

Margot Käßmann

Und die Kirchen in Deutschland haben nicht nur wegen der zutiefst menschenverachtenden Missbrauchsskandale massiv an Autorität eingebüßt, sondern auch, weil sie die wichtigen Schöpfungsthemen aus Natur-, Klima- und weltweitem Friedensschutz vernachlässigt haben. Die Kirchen stehen bei diesen Themen nicht an der Spitze der Bewegungen. Margot Käßmann besetzte diese. Doch ihre Thesen waren für die damalige Zeit zu unbequem.

In der Retrospektive haben auch die Medien ihre Leistung erkannt und in ihr eine neue Dreifaltigkeit für das 21. Jahrhundert aus »Popstar, Übermutter und Mängelexemplar« entdeckt. Der Erfolg sollte immer in der eigenen Persönlichkeit begründet sein und nicht im verliehenen Amt. Viele Personen aus Kirche und Management, aber vor allem aus der Politik hielten viel zu lange an ihrem Amt fest. Dabei ist jedes Amt nur auf Zeit vergeben und muss für die nächste Generation bereitet werden. Eine große Persönlichkeit kann auch ohne Amt tiefgreifende Wirkung erzielen. Margot Käßmann bewies dies; in all ihren späteren Auftritten agierte sie viel freier, als mit der Bürde die gesamte evangelische Kirche zu repräsentieren.

PERSÖNLICHE KRISEN-PR

Der verstorbene Altkanzler Helmut Schmidt ist ein solches leuchtendes Bespiel. Seine Wirkung als Kanzler, gerade in der Auseinandersetzung mit der Roten Armee Fraktion (RAF), darf nicht unterschätzt werden – und doch war er das wichtigste Korrektiv der deutschen Politik, als er kein politisches Amt mehr innehatte.

Die nachfolgenden Altkanzler haben sich dieser Aufgabe selbst beraubt: Helmut Kohl hat seine Autorität durch die schwarzen Kassen verloren und Gerhard Schröder hat seine Glaubwürdigkeit an Wladimir Putin verkauft. Über Jahrzehnte blieb Helmut Schmidt eine moralische Instanz, der seine Erkenntnisse in den öffentlichen Diskurs stellte und Widerhall fand. Einen wichtigen Satz des Hamburger Ehrenbürgers trage ich in jeder Krisenberatung bei mir: »In der Krise beweist sich der Charakter.« Und meine Mandant:innen müssen am Anfang meines Krisenmanagements entscheiden, wie sie sich positionieren wollen. Nicht meinetwegen, sondern ihretwegen. Denn die Medienvertreter:innen und die Bevölkerung haben ganz sensible Antennen, um zu spüren, welcher Charakter sich zeigt. Margot Käßmann bewies Charakter. Sie handelte schnell und konsequent. In der Krise folgte die Pastorin einem fernöstlichem Strategem.

In der Krise beweist sich der Charakter.
Helmut Schmidt

STRATEGEM AUS DEM REICH DER MITTE

Die Chinesen verwenden in der Krisenbewältigung folgenden Grundsatz: »Das Brennholz ist die Kraftquelle, die das Wasser im Kessel zum Sieden bringt. Das Wasser erkaltet, sobald man das Brennholz entfernt.«

Dem Schweizer Sinologen Harro von Senger haben wir die Deutung der Strategemkunde aus dem Reich der Mitte zu verdanken. Er legt dieses Strategem wie folgt aus:

WURZELBESEITIGUNG. Man packt etwas von Grund auf an. Es handelt sich um das Wurzelbeseitigungs-Strategem. Wird diese Regel konsequent angewendet, stellt man sicher, dass keine Kritik »nachwachsen« kann.

KRAFTENTZIEHUNG. Man nimmt den anderen den

Wind aus den Segeln, gräbt ihnen das Wasser ab oder entzieht ihnen den Nährboden für weitere Angriffe. Es handelt sich um das Kraftentziehungs-Strategem, sodass kein weiteres Öl ins Feuer gegossen werden kann.

KONFLIKTDÄMPFUNG. Man entschärft einen Konflikt, weil dessen Anheizen dem eigenen Vorteil zuwiderläuft. Es handelt sich um das Konfliktdämpfungs-Strategem, sodass der schnelle Rückzug sich in einen Gewinn wandeln lässt.

Margot Käßmann hatte ein kluges und konsequentes Krisenmanagement nach ihrem eigenen Fehlverhalten an den Tag gelegt, wie es Harro von Senger fordert: »Nur wer Tugendhaftigkeit mit Strategemkundigkeit paart, wird Schadenslist durchschauen und durchkreuzen und Tugendhaftigkeit wirklich durchsetzen können. Bloße Tugend allein ist infolge ihrer Strategemblindheit der List gegenüber wehrlos und diskreditiert letztlich sich selbst.« Die Kirchenfrau reflektierte ihr Handeln, überprüfte ihre Werte und entwaffnete dann ihre Gegner:innen mit Selbstkritik.

In Stresssituationen verfallen die meisten Menschen in gängige Kommunikationsmuster, die aus Ablenkungs-, Beschwichtigungs-, Anklage- oder einem Rationalisierungsmanöver bestehen. Das Ablenken, Beschwichtigen oder Anklagen in Stresssituationen führt meistens zu einer Krisenverschärfung. Die Nachfragen werden schärfer. Das Unverständnis wächst. Die Kritik wird laut. Im Stress wählen viele Personen auch die vierte Variante: das Rationalisieren. Die Rationalisierung wird

Helmut Schmidt

im Sinne der kognitiven Psychologie als »innere Ausrede« beschrieben. Sie dient dazu, die getroffene Entscheidung nachträglich zu rechtfertigen, um ein stringentes Selbstbild aufrechterhalten zu können. Meistens handelt es sich um eine Selbsttäuschung, die am Ende zu einem Selbstbetrug wird. In Stress- und Krisensituationen wird die Selbstkritik oftmals übersehen, da ein Reflex aus Verteidigungs- oder Angriffsverhalten offengelegt wird. Dabei erkennen wir Spitzenkräfte in Politik, Wirtschaft und Gesellschaft gerade anhand ihrer Selbstkritik. Denn nur mit einer hohen Reflexion über die eigenen Fehler, lassen sich Veränderungen zügig umsetzen. Im Alltag hilft uns die umsichtige Selbstkritik, unsere Ziele schneller zu erreichen. In Krisen kann eine glaubwürdige Selbstkritik Brücken bauen und die eigene Position sogar stärken.

In den Augen der chinesischen Bevölkerung sind jene Menschen besonders klug, die ihre Unzulänglichkeiten und Fehler offen zugeben. Dagegen werden in Asien die »Besserwisser«, die behaupten, alles richtig zu machen, von der Gesellschaft missachtet. Daher riet Harro von Senger, dass man seine Versäumnisse und Fehler mutig benennen soll, da es keinen Menschen ohne ein Aber gibt. Und so kam es auch im Fall Käßmann: Die Kritik verstummte, denn alle kennen ihre kleinen und größeren Sünden des Alltags.

Doch das Strategem hat eine weitere Komponente, die viele nicht sehen. Die alten Chinesen nannten diese schlicht: »Geben, bevor man nimmt.« Die Gabe am Anfang macht es den anderen schwer, das spätere Nehmen zu erkennen. So gab Käßmann der Öffentlichkeit recht, dass sie einen schweren Fehler begangen hatte, der nicht zu leugnen war. Im zweiten Schritt gab sie ihren repräsentativen Spitzenposten auf und trat als einfache Pastorin zurück ins Glied, was auch ihre Kritiker:innen als einen sehr mutigen Schritt empfunden hatten. An diesem Punkt mussten selbst ihre Gegner:innen, die ebenfalls wichtige Positionen bekleideten, innehalten und sich fragen, ob sie ebenfalls ihr Amt geräumt hätten. Während die einen gedanklich noch an dieser Frage hingen, hatte Käßmann diese bereits mutig beantwortet. Hinzu kam, dass sie in der größten medialen Aufmerksamkeit der Krise ihren eigenen Wertekodex aus Ehrlichkeit in den Mittelpunkt ihrer Kommunikation rückte. Die Ehrlichkeit, nicht die Alkoholfahrt, hat sich ins Bewusstsein eingeprägt. Diese Ehrlichkeit gab die Christin und nahm dafür hohe Zustimmungswerte für sich entgegen. Ihre Bücher verkaufen sich gut, und ihre Argumente sind auf Kirchentagen, Kongressen und Talkshows gefragt. Die Menschen wollen in der Krise von Führungspersönlichkeiten eine klare Haltung sehen.

Die Salami-Taktik, die Verteidigungsminister Karl-Theodor zu Guttenberg, Bundespräsident Christian Wulff und die DFB-Präsidenten Wolfgang Niersbach und Reinhard Grindel für sich wählten, machten die jeweiligen Krisen nur noch schlimmer: Die Männer verloren nicht nur ihre Ämter, sondern auch ihre Reputation. Krisenmanagement ist immer ein ganz schmaler Grat. Und doch ist es die erste Pflicht, in der Krise Charakter zu beweisen. Margot Käßmann tat dies.

Max Frisch

Wenn Sie in der Krise einige Grundregeln beachten, wird es Ihnen leichter fallen, sich selbst und die Krise zu managen. Mit nur zehn Regeln nehmen Sie der Krise den ersten Schrecken. Das Beispiel der Pastorin zeigt auf, wie man aus einem Fehlverhalten gestärkt hervorgehen kann. Der Schriftsteller Max Frisch fasst diese Erkenntnis in nur zwei Sätzen zusammen: »Krise kann ein produktiver Zustand sein. Man muss ihr nur den Beigeschmack der Katastrophe nehmen.« Entscheidend in der Krisenbewältigung ist die Führung Ihrer eigenen Person. Hierfür habe ich Ihnen die wichtigsten zehn Regeln zusammengestellt.

EINS	Bewahren Sie Ruhe und handeln Sie stets überlegt.
ZWEI	Eine Krise ist immer Chefsache. Sie können sich nicht aus der Verantwortung stehlen.
DREI	Ihr Mut zur Selbstkritik ist in der Krise gefragt. Das Eingeständnis von Fehlern wirkt oftmals vertrauensbildend.
VIER	Wer vertuscht, betrügt sich selbst.
FÜNF	Je früher Sie die Karten auf den Tisch legen, umso besser.
SECHS	Der frühe Zeitpunkt ist entscheidend für die Deutungshoheit. Eigene Aktionen verschaffen einen Vorsprung in der Meinungsbildung.
SIEBEN	Was Sie verlautbaren, muss zu 100 Prozent wasserdicht sein. Beziehen Sie sich auf aktuelle, verlässliche und unabhängige Quellen.
ACHT	Sachlichkeit und Anteilnahme sind die obersten Gebote in der Krise.
NEUN	Holen Sie sich Unterstützung von außen. Unbeteiligte Personen können andere Sichtweisen einnehmen und Handlungsempfehlungen aufzeigen.
ZEHN	Gutes Krisenmanagement ist das beste Reputationsmanagement.

ZEHN REGELN IN DER KRISE®

34
IN DER KRISE MUSST DU DER CHRONOLOGIE FOLGEN, NICHT DER KAUSALITÄT

IN DER KRISE MUSS DU DER CHRONOLOGIE FOLGEN, NICHT DER KAUSALITÄT

Nach nur 598 Tagen trat Christian Wulff infolge einer medialen Affäre und dem darauffolgenden Aufhebungsantrag seiner Immunität durch die Ermittlung der Staatsanwaltschaft Hannover wegen des Verdachts auf Vorteilsannahme von seinem Amt als Bundespräsident zurück. Es handelte sich um einen noch nie dagewesen Vorgang in der Geschichte der Bundesrepublik Deutschland. Mit Christian Wulff stand erstmals ein ehemaliger Bundespräsident in einem Strafprozess vor Gericht. Die Zweite Große Strafkammer des Landgerichts Hannover unter der Leitung des Vorsitzenden Richters Frank Rosenow konnte in dem dreimonatigen Verfahren keine schlagkräftigen Beweise feststellen. Und so endete der Korruptionsprozess mit einem Freispruch für Christian Wulff. Der Verdacht auf Vorteilsannahme war widerlegt. Er hatte sich nichts zuschulden kommen lassen. Juristisch war er rehabilitiert. Und doch war sein politisches Wirken zerstört, denn er verlor seine Integrität. Jahre nach dem Prozess zog er eine vernichtende Bilanz: »Ich habe alles verloren. Amt weg, Frau weg, alles weg.«

Wulff verlor alles, nicht weil er strafrechtliche Verfehlungen beging, wie es uns die deutschen Medien suggerieren wollten, sondern weil er den knallharten Spielregeln der Aufmerksamkeitsökonomie unterlag. Er hatte keinen richtigen Umgang mit den Medien gefunden und konnte die Vorgänge nicht schlüssig und nachvollziehbar in der Öffentlichkeit darlegen. Und am Ende stolperte er über sich selbst: Er hatte immer das Gefühl, im Recht zu sein; doch Recht zu haben oder im Recht zu sein sind zwei sehr unterschiedliche Dinge. Alles begann mit einer Recherche zu der Finanzierung seines Einfamilienhauses in Großburgwedel durch die beiden Bild-Journalisten Martin Heidemanns und Nikolaus Harbusch. Sie fanden heraus, dass Wulff für den Hauskauf 2008 einen zinsgünstigen 500.000-Euro-Kredit von Edith Geerkens, der Ehefrau von Egon Geerkens, erhalten hatte. Doch 2010 hatte Wulff als damaliger Ministerpräsident auf eine Kleine Anfrage der Opposition im niedersächsischen Landtag dieses nicht erwähnt, als er geschäftliche Beziehungen zu Egon Geerkens verneinte. Später kam heraus, dass Egon Geerkens Wulff bei offiziellen Delegationsreisen nach China und Indien begleitet hatte. Nach diesen Reisen gewährte Edith Geerkens dem Ehepaar Wulff den Kredit. Aufgrund der Vorwürfe teilte Egon Geerkens dem Nachrichtenmagazin Der Spiegel mit, dass er die Verhandlungen über den Kredit geführt und an dessen Abwicklung beteiligt gewesen sei.

> *Ich habe alles verloren.*
> *Amt weg, Frau weg, alles weg.*
> Christian Wulff

Diese Vorgänge wurden von Teilen der Politik, Medien und Rechtswissenschaft als Verstoß gegen das niedersächsische Ministergesetz angesehen. Mit diesen Vorwürfen konfrontiert, hätte sich Christian Wulff erklären müssen. Doch er tat es nicht. Damit verstieß der Bundespräsident gegen die wichtigste und weltweit bekannteste Grundregel innerhalb der Kommunikation, die der österreichisch-amerikanische Psychotherapeut und Philosoph Paul Watzlawick aufstellte: »Man kann nicht nicht kommunizieren.«

Dieses erste Axiom von Watzlawick sagt aus, dass man, auch wenn man nicht spricht, kommuniziert. Mit Gestik oder Mimik verwendet man eine nonverbale Kommunikation, aber auch das Schweigen ist eine Form der Kommunikation. Mit dem Schweigen tätigen wir eine Aussage, die von anderen bewertet wird. Somit ist eine Kommunikationsverweigerung nicht möglich. Und in der Krise ist die Wahl der Kommunikationsform des Schweigens besonders gefährlich, da das Informationsbedürfnis der Öffentlichkeit missachtet und von den Medien bewertet

Christian Wulff

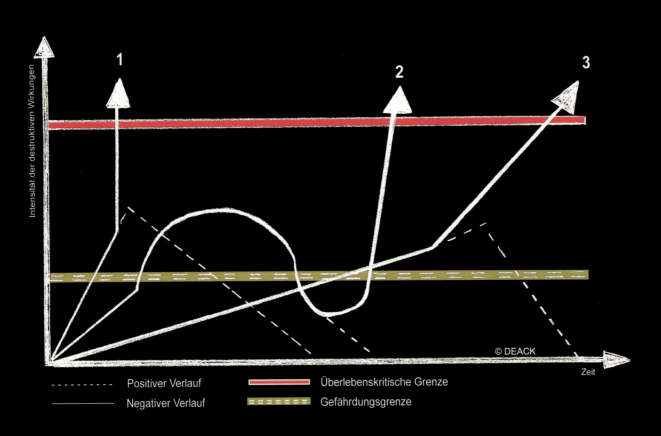

wird und zugleich das Schweigen Raum für Interpretationsmöglichkeiten eröffnet, die den eigenen Interessen entgegenstehen können. Trotz dieser Kenntnis schwieg der Bundespräsident.

Eine Krise durchläuft mehrere Phasen. Im ersten Schritt ist es wichtig, den Stand der Krise richtig einzuschätzen. Krisen die rasant ansteigen und sehr schnell die Gefährdungsgrenze überschreiten, wie in der ersten Krisenverlaufskurve der Grafik zu sehen, sind einfach zu erkennen, aber nur sehr schwer zu steuern. Hier bedarf es eines Frühwarnsystems und eines gut abgestimmten Krisenmanagementsystems über die alle Sicherheitseinrichtungen, wie Flughäfen, Forschungseinrichtungen oder Krankenhäuser, verfügen.

Viel schwieriger sind die beiden folgenden Krisenverläufe zu erkennen. Beachten Sie hierzu den zweiten und dritten Krisenverlauf in der Grafik. Bei der zweiten Krisenkurve kann man sich nach einem sogenannten Bogenverlauf in einer trügerischen Sicherheit wiegen. Die Berichterstattung ebbt ab und das Risiko fällt unter die Gefährdungsgrenze. In dieser Situation glauben viele, die Krise gemeistert zu haben. Doch die Einschätzung trügt oft. Eine neue Enthüllung kann schnell zum Desaster führen. Noch schwieriger ist der dritte Krisenverlauf. Hier handelt es sich um einen schleichenden Prozess, der oft zu spät erkannt oder von den handelnden Personen vollständig ausgeblendet wird.

Im Fall von Christian Wulff nahm die Krise einen leichten und stetigen Verlauf, wie es die dritte Verlaufskurve in der Grafik darstellt. Schnell schließt sich die zweite Verlaufskurve an, die mit dem Weihnachtsfest 2011 abfällt, da niemand zum Heiligen Fest die mediale Auseinandersetzung sucht. In dieser Zeit plante Wulff, die Krise endgültig zu beenden. Sein Versuch scheiterte. Erst verlor er seine Kommunikationshoheit, dann sein Amt. Doch der eigentliche Kommunikationsfehler geschah am Anfang der Krise. Anstatt die Öffentlichkeit über die Vorgänge schnell und sachgemäß zu informieren, versuchte Wulff durch einen Telefonanruf bei der Bild-Zeitung die Berichterstattung durch Androhung einer Strafanzeige zu verzögern und sprach über eine Art Kriegsführung zwischen ihm und der Redaktion. Damit goss der Bundespräsident Öl ins Feuer. Die Nachricht von Wulffs Anruf verbreitete sich von Redaktion zu Redaktion. Berlins Gerüchteküche brodelte. Der Feuilleton-Chef der Frankfurter Allgemeinen Zeitung (FAZ), Nils Minkmar, stach die Meldung durch. Gut versteckt in einer Fernsehkritik zu Günther Jauchs Politik-Talkshow formulierte Minkmar nur einen Satz zu dem Vorgang: »In Journalistenkreisen erzählt man sich von umständlichen, gewundenen Mailboxansagen bei Medienchefs, in denen der Bundespräsident bald drohend, bald bittend noch vor Veröffentlichung interveniert.« Nun war es kein Gerücht mehr, sondern Gewissheit.

Jetzt fühlten sich die Journalist:innen herausgefordert. Die meisten von ihnen bewerteten das Vorgehen Wulffs als einen Eingriff in das verfassungsmäßig geschützte Grundrecht der Meinungs- und Pressefreiheit. Für sie hatte dieser Bundespräsident seine Unschuld verloren.

Neben der Kreditaffäre hatte Wulff nun eine Medienaffäre entfacht. Aus dem Feuer war ein Brand geworden, den er nicht mehr kontrollieren konnte. Wulff stand unter medialer Beobachtung. Neue Recherchen begannen. Seine Urlaubsreisen zu dem Unternehmer Carsten Maschmeyer, seine vielfältigen Verflechtungen mit dem Filmproduzenten David Groenewold und deren Treffen auf Sylt und dem Oktoberfest sowie die Finanzierung seiner Feier nach dessen Wahl zum Bundespräsidenten durch den Partyveranstalter Manfred Schmidt und dessen »Nord-Süd-Dialog« zwischen Niedersachsen und Baden-Württemberg wurden nun von den zahlreichen Journalist:innen kritisch hinterfragt. Es verging kein Tag ohne eine neue Meldung aus dem Leben von Bettina und Christian Wulff.

Damit setzte das zweite Axiom von Watzlawick ein: »Jede Kommunikation hat einen Inhalts- und einen Beziehungsaspekt, wobei Letzterer den Ersteren bestimmt.« Es handelt sich um das bekannte Eisbergprinzip innerhalb der Kommunikationswissenschaft.

Nach Watzlawicks Theorie entspricht der sichtbare Bereich der rationalen Sachebene rund 20 Prozent. Der unsichtbare Bereich der emotionalen Beziehungsebene hat hingegen rund 80 Prozent. Ist die Beziehungsebene gestört, so hat das nach Watzlawick unweigerlich Auswirkungen auf die Inhaltsebene. Dabei ist die Beziehungsebene für uns unsichtbar, weil sie nach dem Eisbergprinzip unterhalb des Wassers liegt, aber umso gefährlicher, weil sie der entscheidende Treiber in der

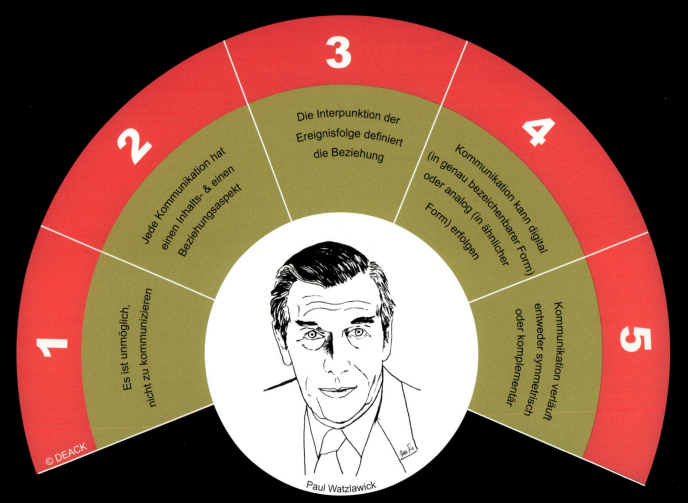

menschlichen Kommunikation ist. Nach Watzlawick sind wir alle in eine Kommunikation eingesponnen, die es uns fast unmöglich macht, über die bestehende Kommunikation zu kommunizieren oder diese analytisch zu reflektieren. Im Fall Wulff kommt erschwerend hinzu, dass es sich um mediale Kommunikationsangebote handelt. Die Bevölkerung kann auf der Sachebene die Vorgänge des Bundespräsidenten nicht vollständig beurteilen, weil sie bei den Absprachen, Vertragsabschlüssen, Treffen und Urlaubsreisen nicht zugegen war. Wie in vielen schwierigen Entscheidungen gehen die meisten Menschen von der Sachebene auf die Beziehungsebene über. Daher befragten die Menschen ihr Gefühl: Wie bewerte ich diesen Fall? Ist Christian Wulff ein guter Bundespräsident? Vertritt er die richtigen Werte, um unser Land zu repräsentieren? Ist er den Aufgaben des Amtes gewachsen?

Und auf der Beziehungsebene entstand in der Öffentlichkeit das Gefühl, dass der Bundespräsident stets zu seinem eigenen Wohle entschieden hatte. Das Misstrauen wuchs. Daher drängte sich in der öffentlichen Wahrnehmung die Vorteilsnahme im Amt immer mehr auf. Durch die mediale Berichterstattung verlor Wulff das Vertrauen in der Bevölkerung.

Mit den zahlreichen und unübersichtlichen Vorwürfen wurden die Rücktrittsforderungen gegenüber Christian Wulff immer lauter. Die Glaubwürdigkeit des Bundespräsidenten stand in Frage. Er verlor die Zustimmung in der Bevölkerung. Zum ersten Mal in der Geschichte der Bundesrepublik Deutschland gab es Demonstrationen mit dem Ziel, den Bundespräsidenten zum Rücktritt zu bewegen.

Watzlawick formulierte eine dritte Regel: »Die Natur einer Beziehung ist durch die Interpunktion der Kommunikationsabläufe seitens der Partner bedingt.« Als Interpunktion versteht Watzlawick, dass jede beteiligte Person einen Gesprächsablauf aus ihrer Sicht strukturiert und somit den Anfang und das Ende sowie die Ursache und Wirkung unterschiedlich setzt. Demnach

> *Man kann nicht nicht kommunizieren.*
> Paul Watzlawick

verläuft menschliche Kommunikation immer kreisförmig. Auch im vorliegenden Fall bewegte man sich in einem Teufelskreis. Christian Wulff erwartete von den Medien, dass sie ihre Perspektive veränderten, ohne die eigene zu verändern. Zu spät – viel zu spät – versuchte er, diesen medialen Teufelskreis zu durchbrechen, und entschied sich für einen Befreiungsschlag. Dieser sollte in Form eines Interviews erfolgen.

Der Bundespräsident nutzte die Weihnachtszeit, um sich auf das Interview vorzubereiten: Studium aller Unterlagen, Check von Zahlen, Daten und Fakten, Überprüfung und Widerlegung von Vorwürfen, Vorbereitung auf alle möglichen Fragen, Studium der Fragetechniken, Informationen zu den Journalist:innen, Ausarbeitung der Statements sowie ein Training vor Kamera und Mikrofon.

Im vierten Axiom wählte Watzlawick folgende Aussage: »Menschliche Kommunikation bedient sich digitaler und analoger Modalitäten.« Mit den digitalen und analogen Modalitäten sind die verbalen und nonverbalen Kommunikationsarten gemeint. Erst wenn die verbalen und nonverbalen Kommunikationsarten im Gleichklang sind und als glaubwürdig wahrgenommen werden, kann die Kommunikation überzeugend sein. So kann ein Lächeln sympathisch oder verachtend sein. All das wird in aufwendigen Trainings vor Kamera und Mikrofon geübt und analysiert, damit im Fernsehstudio die gewünschte Wirkung erzielt wird.

Für das Interview wählte er ein Fernsehformat in der Primetime von ARD und ZDF. Der Bundespräsident nutzte die vertraute und symmetrische Kommunikation bei den öffentlich-rechtlichen Fernsehsendern. »Kommunikation ist symmetrisch oder komplementär.« Mit dieser fünften Regel brachte Watzlawick zum Ausdruck, dass die symmetrische Kommunikation auf Augenhöhe stattfindet, während es bei der komplementären Kommunikation immer eine überlegene und eine unterlegene Person gibt. Eine Auseinandersetzung wollte der Bundespräsident in seiner angeschlagenen Situation vermeiden. Doch seine einfache Rechnung ging nicht auf. Die anderen Medienvertreter:innen waren aufgebracht. Alle großen deutschen Tageszeitungen hatten unzählige Interviewanfragen gestellt, insbesondere die Bild-Zeitung. Das Privatfernsehen kritisierte die Entscheidung und veröffentlichte einen offenen Brief:

»Sehr geehrter Herr Bundespräsident,
mit großer Verwunderung haben wir vernommen, dass Sie heute Nachmittag ausschließlich den Fernsehsendern ARD und ZDF ein persönliches Interview zu den aktuellen Vorwürfen gegen Ihre Person geben möchten. Gegen diese Ungleichbehandlung legen wir, die ProSiebenSat1 TV Deutschland, die Mediengruppe RTL Deutschland mit RTL und n-tv sowie N24 offiziell Proteste ein. Die Grundlagen des dualen Fernsehsystems verpflichten auch private Rundfunkstationen zu einer umfassenden politischen Berichterstattung. Diesem Informationsauftrag können wir durch Ihre heutige Entscheidung nicht gerecht werden. Ihr Interview wird von der Bevölkerung sicher mit größtem Interesse verfolgt werden. Die Hälfte der Zuschauer dabei nicht zu berücksichtigen, ist nicht nachvollziehbar. Es führt im Übrigen auch zu einer nicht hinzunehmenden Wettbewerbsbenachteiligung, wenn in einer so wichtigen Angelegenheit das private Fernsehen völlig außen vor bleibt. Wir appellieren an Sie, Ihre Entscheidung zu korrigieren und auch uns als private TV-Sender angemessen zu beteiligen.
Mit freundlichen Grüßen

Peter Limbourg (Informationsdirektor ProSiebenSat1)
Peter Kloeppel (Chefredakteur RTL Television)
Volker Wasmuth (Chefredakteur n-tv)
Ronald Warin (Chefredakteur N24)«

Noch eindeutiger war die Forderung des Vorsitzenden des Deutschen Journalisten-Verbandes (DJV) Michael Konken. Er verlangte: »Der Präsident sollte sich den Fragen aller Journalistinnen und Journalisten der Hauptstadtmedien stellen.« Damit forderte der DJV-Vorsitzende den Bundespräsidenten auf, die Bundespressekonferenz (BPK) aufzusuchen, um allen akkreditierten Hauptstadtjournalist:innen Rede und Antwort zu stehen. Die BPK ist eine einmalige Organisation, welche die Meinungs- und Pressefreiheit sichert. In keinem anderen Land der Welt organisieren die Journalist:innen ihre Pressekonferenzen selbst. In dem eingetragenen Verein sind rund 900 Parlamentskorrespondent:innen, die hauptberuflich für deutsche Medien aus Berlin oder Bonn über Bundespolitik berichten, Mitglied. Die Politiker:innen und Sprecher:innen der Regierung kommen als Gäste in die Bundespressekonferenz und unterliegen dem Hausrecht und der Satzung des Vereins. Im vorliegenden Fall hätte sich der Bundespräsident den Fragen von bis zu 900 Journalistinnen und Journalisten stellen müssen. Er tat dies nicht. Seine Hoffnung lag in dem Fernsehstudio von ARD und ZDF, aus dem er gestärkt herausgehen wollte, um unbelastet ins neue Jahr zu starten. Es kam anders.

KRISENINTERVIEW

VORBEREITUNG

In der Vorbereitungsphase klären die beteiligten Interviewpartner:innen, wann, wo und in welchem Rahmen das Interview stattfinden soll. So auch im Fall Wulff. Die Sondersendung »Bundespräsident Wulff stellt sich« wurde für den Nachmittag des 4. Januar vereinbart und an diesem Tag in Berlin aufgezeichnet. Die Ausstrahlung erfolgte noch am selben Tag um 20.15 Uhr in den Fernsehprogrammen von ARD und ZDF. Zudem musste im Vorfeld geklärt werden, wer vonseiten der TV-Sender die Fragen stellt. Die Sender beriefen Bettina Schausten und Ulrich Deppendorf. Somit waren die wichtigsten Formalien geklärt. In einem Vorgespräch können zusätzlich noch die Dauer des Interviews oder die Sitzordnung im Studio besprochen werden. Neben der Klärung der formellen Punkte ist die inhaltliche Vorbereitung auf ein solches Kriseninterview jedoch viel entscheidender. So nutzte Christian Wulff die Zeit über die Weihnachtstage für die Reflexion der Vorgänge und die Vorbereitung auf das Fernsehinterview.

STUDIUM ALLER UNTERLAGEN. In erster Linie ist ein umfassendes Studium aller Unterlagen notwendig, um die

MEDIEN-TRAININGS-SYSTEM®

1 VORBEREITUNG
Studium der Unterlagen, Check von Zahlen, Daten und Fakten, Vorbereitung auf mögliche Fragen, Informationen zu den Journalist:innen, Ausarbeitung von Statements und Kernbotschaften

2 KAMERATRAINING
Sicheres Auftreten, Rhetorik, Gestik, Mimik, Körpersprache und Schlagfertigkeitstraining sowie individuelle Absprachen der wichtigsten Verhaltensregeln im Studio

3 INTERVIEW
Begrüßung, Maske, Verkabelung des Mikrofons, Sitz- oder Stehordnung im Studio, Überprüfung von Lichtverhältnissen und Perspektiven der verschiedenen Kameras, Einlassung auf das Gespräch

4 NACHBEREITUNG
Analyse des Interviews – Was lief gut? Was lief weniger gut? Konnten die Kernbotschaften platziert werden? Waren die Antworten schlüssig formuliert? Welche Wirkung wurde erzielt? Welche Bewertungen von neutralen Zuschauer:innen liegen vor?

© DEACK

Vorgänge plausibel darlegen zu können. Im vorliegenden Fall von Christian Wulff sollten Unterlagen studiert werden, die eine wesentliche Rolle in seinem Leben spielten; ebenso wie scheinbar unwichtige Dinge, die im Alltag oftmals vernachlässigt werden. Bei Christian Wulff zählten hierzu die Unterlagen und Absprachen der Hausfinanzierung, die Termine und Quittungen von Urlaubsreisen, Hotelübernachtungen, Restaurant- und Veranstaltungsbesuchen sowie die Darlegung von Geschenken, deren Preise und Verwendung. Entscheidend ist es, die möglichen Schwachstellen innerhalb der eigenen Argumentation zu erkennen und zu bearbeiten.

CHECK VON ZAHLEN, DATEN UND FAKTEN. Die Zahlen, Daten und Fakten sollten nochmals gecheckt und auf mögliche Widersprüche überprüft werden. Zudem sollten die Informationen in einem Kriseninterview sitzen. Bei großer Anspannung und Nervosität müssen die wichtigsten Zahlen, Daten und Fakten eingeübt werden, sodass keine Fehler oder gar Falschaussagen vor laufenden Kameras passieren.

ÜBERPRÜFUNG UND WIDERLEGUNG VON VORWÜRFEN. Dieser Punkt ist wesentlich komplexer. Nun müssen alle Vorwürfe aus den verschiedenen Quellen zusammengetragen, überprüft und entkräftet werden. Zusätzlich muss überlegt werden, welche neuen Vorwürfe vorgebracht werden könnten. Ziel ist es, auf neue und unvorstellbare Vorwürfe jeweils eine überzeugende Antwort zu haben und dabei nicht die Kontrolle über das Gespräch sowie die eigene Gestik, Mimik und Körpersprache zu verlieren.

VORBEREITUNG AUF MÖGLICHE FRAGEN. In der Öffentlichkeit gibt es ein hohes Informationsinteresse, ansonsten würde es kein Kriseninterview oder, wie in dem vorliegenden Fall, keine Sondersendung im Fernsehen geben. Das heißt, die interviewte Person muss auf alle gestellten Fragen eingehen, da eine Beantwortung und tiefergehende Erläuterung erwartet werden. Somit sollte eine Vorbereitung auf alle möglichen Fragen der Journalist:innen erfolgen.

STUDIUM DER FRAGETECHNIKEN. Alle Journalist:innen kennen die verschiedenen Fragetechniken, die sie sehr gezielt zum Einsatz bringen können. Daher wäre es erstrebenswert, sich mit den unterschiedlichen Fragetechniken auseinanderzusetzen und eine Videoanalyse über die beteiligten Journalist:innen durchzuführen, um deren Techniken zu kennen und zu kontern.

INFORMATIONEN ZU DEN JOURNALIST:INNEN. Zu einer guten Vorbereitung gehört es, Informationen über die beteiligten Journalist:innen einzuholen. Von Interesse sind der berufliche Lebensweg, die journalistischen Stationen, das Ressort und die Themenschwerpunkte sowie die Beiträge, Kommentare und Verlautbarungen zu dem aktuellen Fall.

STATEMENT-ENTWICKLUNG. Zu jeder Frage kann ein Statement entwickelt werden. Jedes gut ausgearbeitete Statement erhöht die Reaktionsgeschwindigkeit gegenüber den Journalist:innen und wird in vielen Fällen von den Zuschauer:innen als besondere Schlagfertigkeit und somit als überzeugend wahrgenommen.

Ulrich Deppendorf

KAMERATRAINING

Das Kameratraining ist das A und O der Vorbereitung. Hier werden alle Interviewfragen im Live-Betrieb simuliert, aufgezeichnet und anschließend per Videoanalyse ausgewertet. Es lohnt sich, besonders schwierige Fragen zu konstruieren und die Antworten vor laufenden Kameras zu trainieren. Zugleich sollten das sichere Auftreten, die Rhetorik, Gestik, Mimik und Körpersprache wie die Schlagfertigkeit eingeübt werden, damit es zu keinen bösen Überraschungen im TV-Studio kommt. Anhand eines solchen Trainings kann die interviewte Person ihr Verhalten und ihre Aussagen am besten selbst überprüfen und korrigieren. Zudem kann sie ihre mediale Wirkung analysieren.

INTERVIEW

Für jedes Interview, insbesondere in Krisenfällen, werden spezielle Regeln vereinbart. Vor dem Interview sollte man sich die sechs wichtigsten Verhaltensregeln noch einmal vor Augen führen, um sein eigenes Handeln daraufhin abzustimmen.

EINS. Vermeiden Sie Fachjargon und Fremdwörter. Ihre Aussagen müssen in einer einfachen Sprache gehalten sein, sodass 10- bis 12-jährige Schüler:innen diese verstehen und nachvollziehen können.

ZWEI. Konzentrieren Sie sich auf drei bis maximal fünf Kernbotschaften. Wählen Sie Kernaussagen, die thematisch Ihre Kompetenz, Verantwortung und Offenheit vermitteln. Zeigen Sie Verständnis und Mitgefühl auf der persönlichen Ebene.

DREI. Bleiben Sie bei Ihren Kernaussagen. Nutzen Sie jede Frage, um Ihre Kernaussagen zu kommunizieren. Gleiten Sie nicht auf Nebenthemen ab. Verlieren Sie nicht die Kontrolle über das Gespräch.

VIER. Achten Sie auf Ihre Wahrhaftigkeit. Ihre Antworten müssen stimmen, um Vertrauen und Akzeptanz zu erlangen. Verstricken Sie sich nicht in Widersprüche.

FÜNF. Unterlassen Sie Reizwörter und Schuldzuweisungen. Aussagen, wie »Nein, es ist kein Skandal!« wirken eher negativ. Ebenso verschärfen Reizwörter und Schuldzuweisungen die Krise.

SECHS. Geben Sie ein gutes Bild ab. Das betrifft Ihr persönliches Auftreten aus Gestik und Mimik, Ihre gepflegte und gedeckte Kleidung sowie Ihren offenen und verbindlichen Umgang mit den Medienvertreter:innen.

Im Fall von Wulff wurde das Interview von Ulrich Deppendorf vor einem Millionenpublikum mit folgenden Worten eröffnet: »Bettina Schausten und ich begrüßen Sie zu einem Gespräch aus gegebenem Anlass mit dem Bundespräsidenten Christian Wulff, der ganz besonders in den letzten Tagen sehr heftig in die Kritik geraten ist.«

BETTINA SCHAUSTEN: »So ist es. Und es gibt viele Fragen. Herr Bundespräsident, Schön, dass Sie hier ins Studio gekommen sind. Beginnen wir doch vielleicht einfach mal. Sie sind heute am ersten Tag wieder im Schloss Bellevue am Arbeitsplatz. Der Jahreswechsel liegt hinter Ihnen. Haben Sie in den letzten Tagen auch mal ernsthaft an Rücktritt gedacht?«

CHRISTIAN WULFF: »Nein, denn ich hatte die ganzen Wochen über große Unterstützung von vielen Bürgerinnen und Bürgern, meiner Freunde, auch der Mitarbeiter. Ich nehme meine Verantwortung gerne wahr, ich habe sie für fünf Jahre übernommen. Und ich möchte nach fünf Jahren eine Bilanz vorlegen, dass ich ein guter, erfolgreicher Bundespräsident war; und ich mache das mit Freude und aus Überzeugung und weiß, dass ich nichts Unrechtes getan habe, aber nicht alles richtig war, was ich getan habe.«

BETTINA SCHAUSTEN: »Waren Sie es bisher nicht, ein guter Bundespräsident?«

CHRISTIAN WULFF: »Doch, aber es wird ja im Moment gerade über die letzten Wochen gesprochen, und da steht es in Abrede und man muss am Ende nach fünf Jahren bewerten und beurteilen. Und ich glaube auch, vor drei Wochen wäre über die ersten anderthalb Jahre ein gutes Urteil ausgefallen.«

ULRICH DEPPENDORF: »Jetzt kommen wir mal zu den Kritikpunkten, die Ihnen vorgeworfen werden. Sie sind in den letzten Tagen besonders in die Kritik geraten wegen der Anrufe bei dem Chefredakteur der Bild-Zeitung, Kai Diekmann, und bei dem Vorstandsvorsitzenden des Springer-Konzerns, Herrn Döpfner. Ihnen wird Verletzung des Grundrechts der

Pressefreiheit vorgeworfen. Sie sollen auf dem Band beide Herren bedroht haben. Sie sprechen von Krieg führen, vom endgültigen Bruch. Ist so etwas nicht unwürdig für einen Präsidenten, der eine kritische Berichterstattung auf diese Art und Weise verhindern will?«

CHRISTIAN WULFF: »Der Anruf bei dem Chefredakteur der Bild-Zeitung war ein schwerer Fehler, der mir leidtut, für den ich mich entschuldige. Ich habe das auch sogleich nach der Rückkehr aus dem Ausland persönlich getan, es ist auch akzeptiert worden. Ich habe mich in der Erklärung vor Weihnachten ausdrücklich zum Recht der Presse- und Meinungsfreiheit bekannt, und halte das für mein eigenes Amtsverständnis nicht vereinbar. Denn ich will natürlich besonnen, objektiv neutral mit Distanz als Bundespräsident agieren. Und ich möchte vor allem Respekt vor den Grundrechten, auch dem der Presse- und Meinungsfreiheit haben, und habe mich offenkundig in dem Moment eher als Opfer gesehen, als denjenigen, der eine Bringschuld hat gegenüber der Öffentlichkeit, Transparenz herzustellen und auch berechtigte Fragen zu beantworten.«

ULRICH DEPPENDORF: »Aber besonnen – haben Sie gerade genannt – wollen Sie agieren. Das ist aber kein Zeichen von Besonnenheit, wenn dann ein Präsident zu einem Telefonhörer greift und einen Chefredakteur mehr oder weniger auf der Mailbox beschimpft.«

CHRISTIAN WULFF: »Nein. Ich muss mein Verhältnis zu den Medien herstellen, neu ordnen, anders mit den Medien umgehen, sie als Mittler stärker einbinden und anerkennen. Sie haben eine wichtige Aufgabe in der Demokratie. Die Medien haben auch ihre Verantwortung, aber die müssen sie selber unter sich ausmachen. Vielleicht muss man die Situation auch menschlich verstehen. Wenn man im Ausland ist, in vier Ländern in fünf Tagen, zehn Termine am Tag hat und erfährt, dass Dinge während dieser Zeit in Deutschland veröffentlicht werden sollen, wo man mit Unwahrheit in Verbindung, wo man also Vertrauensverlust erleidet, dann muss sich auch vor seine Familie stellen.

Wenn das Innerste nach außen gekehrt wird, private Dinge, eine Familienhaus-Finanzierung, wenn Freunde den Kredit gegeben haben, in die Öffentlichkeit gezogen werden, dann hat man (eine) Schutzfunktion und man fühlt sich hilflos. Und ich habe dann gebeten, um einen Tag die Veröffentlichung zu verschieben, damit man darüber reden kann, damit sie sachgemäß ausfallen kann. Und ich hatte vor meiner Auslandsreise, nachdem in meinem Umfeld, im Dorf, recherchiert worden war von den Redakteuren, es ging um Korruption, das hat das ganze Dorf aufgeschreckt, den Vertrag offen gelegt, die Bedingungen gezeigt und die private Kreditgeberin genannt, und war dann doch erstaunt, dass während meines Auslandsaufenthaltes diese Veröffentlichung erfolgen sollte.

Trotzdem, das ist keine Entschuldigung, das ist auch keine ausreichende Erklärung, aber vielleicht der Impuls, der dazu geführt hat. Das wiederum ist menschlich, aber man muss eben als Bundespräsident die Dinge so im Griff haben, dass einem das eben nicht passiert. Und trotzdem ist man Mensch und man macht Fehler.«

Bereits nach der zweiten Frage von Ulrich Deppendorf war der Bundespräsident erledigt. Er tätigte eine Aussage, deren Tragweite er nicht überblickte. Er ahnte nicht einmal die Gefahr, die von seinem Satz ausging.

NACHBEREITUNG

Nach dem Interview kommt die Nachbereitung. Diese erfolgt im engsten Kreis und hinter verschlossenen Türen. Es wird analysiert, was gut und was weniger gut lief. Ob alle Fragen glaubwürdig beantwortet werden konnten. Ob die Kernbotschaften gesetzt werden konnten. Und ob man die richtige Wirkung bei den Zuschauer:innen erzielt hat. Zudem wird die Medienstrategie nach dem Interview angepasst.

Im Fall von Christian Wulff übernahm das der Deutschlandfunk. Während die über elf Millionen Zuschauerinnen und Zuschauer vor den Fernsehgeräten sitzen blieben, analysierten Rechts- und Medienexpert:innen den Auftritt von Christian Wulff. Sie diskutierten im Radiosender die Aussage des Bundespräsidenten, dass er die Veröffentlichung mit seinem Anruf bei der Bild nur um einen Tag verschieben wollte. Darauf ergriff der stellvertretende Chefredakteur der Bild-Zeitung, Nikolaus Blome, das Wort und gab dem Fall nur wenige Minuten nach der TV-Sendung eine neue Wendung. Er widersprach im Deutschlandfunk dem Bundespräsidenten und gab zu Protokoll: »Es war ein Anruf,

Kai Diekmann
Chefredakteur

An den Bundespräsidenten
der Bundesrepublik Deutschland
Herrn Christian Wulff
Schloss Bellevue
Spreeweg 1
11010 Berlin

per Fax: ▇▇▇▇▇▇▇▇

Berlin, den 5. Januar 2012

Sehr geehrter Herr Bundespräsident,

mit Verwunderung haben wir gestern Ihre Aussage im Fernsehen zur Kenntnis genommen, bei Ihrem Anruf auf meiner Mail-Box sei es nicht darum gegangen, Berichterstattung zu Ihrem Hauskredit zu verhindern, sondern diese lediglich um einen Tag zu verschieben.

Um Missverständnisse auszuräumen, was tatsächlich Motiv und Inhalt Ihres Anrufes angeht, halten wir es deshalb für notwendig, den Wortlaut Ihrer Nachricht zu veröffentlichen. Wir möchten dies nicht ohne Ihre Zustimmung tun und bitten Sie deshalb im Sinne der von Ihnen angesprochenen Transparenz um Ihr Einverständnis zur Veröffentlichung.

Was die Frage des Aufschubs angeht, möchten wir Folgendes klarstellen: Einer solchen Bitte hatten wir bereits einmal entsprochen, nachdem wir Ihnen unseren Fragenkatalog bezüglich des Haus-Kredites am 11. Dezember 2011 übermittelt hatten (siehe Anlage). Nach der Einigung auf diesen von Ihrem Hause gewünschten Aufschub übermittelte uns Herr Glaeseker am Montag, 12. Dezember 2011 um 16:06 Uhr, schriftlich die Antworten auf die von uns gestellten Fragen.

Zu unserer Überraschung wurden die Antworten kurz vor Redaktionsschluss von Ihrer Seite zurückgezogen. Dann erfolgte Ihr Anruf auf meiner Mail-Box.

Ebenfalls im Sinne dieser von Ihnen gewünschten Transparenz werden wir diese Anfrage öffentlich machen.

Mit freundlichen Grüßen

Kai Diekmann

Anlage:
Fragenkatalog
Zusage für einen Tag Aufschub der Berichterstattung

Kopie:
Herrn Staatssekretär Dr. Lothar Hagebölling
Leiter des Bundespräsidialamtes
Per Fax: ▇▇▇▇▇▇▇▇

Berlin, den 5. Januar 2012

Herrn Chefredakteur
Kai Diekmann
BILD
Axel-Springer-Str. 65
10888 Berlin

Fax:

Sehr geehrter Herr Diekmann,

für Ihr heutiges Schreiben danke ich Ihnen. Meine Nachricht vom 12. Dezember 2011 auf Ihrer Telefon-Mailbox war ein schwerer Fehler und mit meinem Amtsverständnis nicht zu vereinbaren. Das habe ich gestern auch öffentlich klargestellt. Die in einer außergewöhnlich emotionalen Situation gesprochenen Worte waren ausschließlich für Sie und für sonst niemanden bestimmt. Ich habe mich Ihnen gegenüber kurz darauf persönlich entschuldigt. Sie haben diese Entschuldigung dankenswerterweise angenommen. Damit war die Sache zwischen uns erledigt. Dabei sollte es aus meiner Sicht bleiben. Es erstaunt mich, dass Teile meiner Nachricht auf Ihrer Mailbox nach unserem klärenden Telefongespräch über andere Presseorgane den Weg in die Öffentlichkeit gefunden haben. Es stellen sich grundsätzliche Fragen zur Vertraulichkeit von Telefonaten und Gesprächen. Hier haben die Medien ihre eigene Verantwortung wahrzunehmen.

Wie ich gestern auf Nachfrage im Fernsehinterview sagte, ging es mir darum, der Bild-Zeitung meine Sicht darzulegen, bevor sie über eine Veröffentlichung entscheidet. Da ich mich auf Auslandsreise in der Golfregion mit engem Programm befand, konnte ich das aber erst nach meiner Rückkehr nach Deutschland am Abend des Dienstag, 13. Dezember, tun. Wie sich aus der Ihrem Schreiben beigefügten Mail ergibt, hatte deshalb mein Sprecher den recherchierenden Redakteur der Bild-Zeitung um Verschiebung der Frist zur Beantwortung des differenzierten Fragenkatalogs zu meinem Eigenheimkredit gebeten. Der Redakteur hatte aber nur Verlängerung bis zum Nachmittag des Montag, 12. Dezember, zugesagt. Es gab für mich keinen ersichtlichen Grund, warum die Bild-Zeitung nicht noch einen Tag warten konnte, wo die erfragten Vorgänge schon Jahre, zum Teil Jahrzehnte zurückliegen.

Das habe ich nach meiner Erinnerung auf der Mailbox-Nachricht trotz meiner emotionalen Erregung auch zum Ausdruck gebracht.

Angesichts der Veröffentlichung Ihres Schreibens an mich mache ich auch meine Antwort öffentlich.

Mit freundlichem Gruß

Christian Wulff

der ganz klar das Ziel hatte, diese Berichterstattung zu unterbinden.« Der erhoffte Befreiungsschlag von Christian Wulff hatte sich mit dieser Aussage von Nikolaus Blome zerschlagen. Schon am nächsten Morgen folgte die Reaktion der Bild-Zeitung. In einem offenen Brief wandte sich Kai Diekmann an den Bundespräsidenten. Der Chefredakteur forderte Wulff auf, die Mailbox-Aufzeichnung, die sich als Dokument im Besitz der Bild-Zeitung befand, freizugeben. Nun war der Showdown perfekt. Wulff war von seinem Rechtsverständnis ausgegangen, dass es sich um ein privates Telefongespräch gehandelt hatte, welches nicht in die Öffentlichkeit gelangen würde. Er hatte die Schwachstelle in seiner Strategie nicht ernst genommen, diese nicht analysiert und daraus auch nicht die richtigen Schlüsse gezogen. Sein zu einfach gewählter Umgang mit der Mailbox-Nachricht und die daraus folgende Falschaussage, dass er die Veröffentlichung nur verschieben wollte, brachen ihm am Ende das Genick.

Nikolaus Blome

Er war von seiner Kausalität ausgegangen, doch in der Krise muss man der Chronologie folgen, denn eine Krise lässt sich nicht immer kausal erklären.

In dieser Nacht veränderte sich die Medienpraxis in Deutschland grundlegend: Privates war nun nicht mehr privat. Da Christian Wulff in dem TV-Interview eine einmalige Transparenzoffensive in seinem Fall ankündigte und nun alle Dokumente, Fragen der Journalist:innen und die Antworten seiner Anwälte im Internet veröffentlichen wollte, ging Diekmann noch einen entscheidenden Schritt weiter. Er forderte die vollständige Offenlegung der Chronologie in der Causa Wulff. Daher verlangte er die Zustimmung des Bundespräsidenten zur Veröffentlichung des Tonbandmitschnitts.

Wulff war in seiner eigenen Strategie gefangen: Würde er der Forderung der Bild-Zeitung zustimmen, käme er seiner Transparenzankündigung nach und hätte zugleich die Kontrolle über sein eigenes Tondokument, in dem er von Kriegsführung spricht, verloren. Würde er im Gegensatz dazu der Forderung der Bild-Zeitung nicht zustimmen, behielte er die Kontrolle über seine Mailboxansage und verlöre zugleich seine Glaubwürdigkeit, da seine Transparenzankündigung in sich zusammenfiele, weil er ein wichtiges Dokument zur Offenlegung verweigerte. Wulff konnte sich zwischen Pest und Cholera entscheiden. Diekmann hatte den Bundespräsidenten in eine Falle getrieben.

Wulff war in dieser Falle gefangen, und es blieb ihm keine Wahl: Er musste Diekmann antworten. Ebenfalls in einem offenen Brief lehnte er die Veröffentlichung ab. Bei einer Zustimmung wäre das Tondokument im Internet veröffentlicht worden und für alle Zeiten abrufbar gewesen. Zudem hätte seine aufgebrachte und erregte Stimmlage sein Image als ausgleichender Politiker ruiniert. Der Plan von Diekmann ging auf. Die Transparenzstrategie von Christian Wulff fiel in sich zusammen.

Christian Wulff scheiterte nicht an politischen Verfehlungen oder gar rechtlichen Verstößen. Er scheiterte an der unangemessenen Berichterstattung über sein Privatleben, die zu einer Treibjagd der deutschen Medien wurde. Hierbei verlor er die Nerven und dokumentierte sein Scheitern als Bundespräsident auf einer Mailbox.

Guten Abend, Herr Diekmann,

ich rufe Sie an aus Kuwait. Bin grad auf dem Weg zum Emir und deswegen hier sehr eingespannt, weil ich von morgens acht bis abends elf Termine habe. Ich bin in vier Golfstaaten unterwegs und parallel plant einer Ihrer Journalisten seit Monaten eine unglaubliche Geschichte, die morgen veröffentlicht werden soll und die zum endgültigen Bruch mit dem Springer-Verlag führen würde.

Weil es einfach Methoden gab, mit Dingen im Nachbarschaftsumfeld, die über das Erlaubte hinausgehen und die Methoden auch öffentlich gemacht werden von mir.

Ich habe alles offengelegt, Informationen gegeben, gegen die Zusicherung, dass die nicht verwandt werden. Die werden jetzt indirekt verwandt, das heißt, ich werde auch Strafantrag stellen gegenüber Journalisten morgen und die Anwälte sind beauftragt.

Und die Frage ist einfach, ob nicht die Bild-Zeitung akzeptieren kann, wenn das Staatsoberhaupt im Ausland ist, zu warten, bis ich Dienstagabend wiederkomme, also morgen, und dann Mittwoch eine Besprechung zu machen, wo ich mit Herrn…, den Redakteuren und Ihnen, wenn Sie möchten, die Dinge erörtere und dann können wir entscheiden, wie wir die Dinge sehen und dann können wir entscheiden, wie wir den Krieg führen.

Aber so, wie das gelaufen ist in den letzten Monaten, ist das inakzeptabel und meine Frau und ich werden Mittwochmorgen eine Pressekonferenz machen zwischen dem japanischen Ministerpräsidenten und den weiteren Terminen und werden dann entsprechend auch öffentlich werden, weil diese Methoden Ihrer Journalisten, des investigativen Journalismus nicht mehr akzeptabel sind.

Und Sie werden ja voll umfassend im Bilde sein. Ich vermute, nicht voll richtig objektiv informiert sein – aber im Bilde sein. Und ich wollte einfach, dass wir darüber sprechen, denn wenn das Kind im Brunnen liegt, ist das Ding nicht mehr hochzuholen – das ist eindeutig, nach den Erfahrungen, die wir die letzten Wochen gemacht haben. Es gab immer dieses jahrelange Gerücht, Maschmeyer hätte was damit zu tun. Wir haben dargelegt, dass das alles Unsinn ist.

Und jetzt werden andere Geschichten behauptet, die Unsinn sind. Und da ist jetzt bei meiner Frau und mir einfach der Rubikon in dem Verhalten überschritten.

Und ich erreiche Sie leider nicht. Ich höre, Sie sind in New York – insofern ist es da jetzt ja Mittag und hier ist natürlich schon Abend. In Berlin ist es jetzt 18 Uhr. Es wäre nett, wenn ihr Büro versuchen kann, Herrn Glaeseker oder Herrn Hagebölling, den Chef des Bundespräsidialamtes, oder mich zu erreichen.

Ich bin nur jetzt im Gespräch und dann hab ich hier eine Rede zu halten und ich bin also erst wieder etwa in eineinhalb Stunden in der Lage, dort in der deutschen Botschaft zu sprechen. Ich würde aber dann natürlich gern mit Ihnen sprechen.

Denn dass man nicht bis Mittwoch wartet, die Dinge bespricht und dann sagt: Okay, wir wollen den Krieg und führen ihn, das finde ich sehr unverantwortlich von Ihrer Mannschaft und da muss ich den Chefredakteur schon jetzt fragen, ob er das so will, was ich eigentlich mir nicht vorstellen kann.

Vielen Dank … und … bis … dann … wo wir uns dann sprechen. Ich hoffe, dass Sie die Nachricht abhören können, und bitte um Vergebung, aber hier ist jetzt für mich ein Punkt erreicht, der mich zu einer Handlung zwingt, die ich bisher niemals in meinem Leben präsentiert habe. Die hatte ich auch nie nötig.

Die Dinge waren immer ordentlich sauber bei allen Vorbehalten und Gerüchten, die es immer verbreitet gab, die alle falsch waren. Und jetzt würde ich diese Dinge dieser investigativen Journalisten dieses Netzwerkes offenlegen. Und… Insofern – ja… denke ich mal, es gibt jetzt noch 'ne Chance, und die sollten wir nutzen.

Dankeschön! Wiederhören, Herr Diekmann.

Mit dieser Mailbox-Nachricht nahm sich Christian Wulff selbst aus dem Amt. Der Fall belegt, dass die Spielregeln der Aufmerksamkeitsökonomie für alle Akteur:innen immer härter werden und dass das Prinzip der Bild-Zeitung, welches der Vorstandsvorsitzende des Axel-Springer-Konzerns, Mathias Döpfner, einst formulierte, mit der Causa Wulff zur Tugend des Journalismus wurde: »Wer mit Bild im Aufzug nach oben fährt, der fährt auch mit ihr im Aufzug nach unten.« Für die Bild-Zeitung war Christian Wulff in guten wie in schlechten Zeiten ein verlässlicher Partner: Er brachte Auflage. Mit dem medialen Höhepunkt und seinem persönlichen Scheitern hatte Wulff seinen Dienst nach nur 598 Tagen für die Bild getan.

35
KENNE DEINE ANSPRUCHSGRUPPEN ODER DEIN HANDELN GEHT INS LEERE

KENNE DEINE ANSPRUCHSGRUPPEN ODER DEIN HANDELN GEHT INS LEERE

Südlich von Berlin liegt Rangsdorf; ein beschaulicher Ort in Brandenburg. Doch so beschaulich war es hier nicht immer. Der Flughafen Rangsdorf hat Geschichte geschrieben. Eröffnet wurde er im Juli 1936 als Reichssportflughafen, um kurz darauf zum Werksflughafen für die Brücker-Flugzeugbaugesellschaft ausgebaut zu werden. Erste Bekanntheit erlangte er 1939 als Austragungsort für Flugwettbewerbe. Flugstars wie Elly Beinhorn oder Beate Uhse sind von hier aus abgehoben und haben ihre Künste in der Luft gezeigt.

All dies machte den Flughafen jedoch nicht wirklich berühmt. Es war ein einziger Tag, der in die deutsche Geschichte einging: Am 20. Juli 1944 um sieben Uhr morgens startete das Flugzeug mit Oberst Claus Schenk Graf von Stauffenberg und seinem Adjutanten, Oberleutnant Werner von Haeften. Ihr Ziel war das Führerhauptquartier an der Ostfront, die Wolfsschanze. Im Gepäck hatte Graf von Stauffenberg die Bombe, die Hitler umbringen sollte.

Es war die letzte Gelegenheit, denn die militärische Lage Deutschlands war hoffnungslos. Wenige Tage zuvor war die deutsche Ostfront zusammengebrochen, und die russische Armee befand sich nur noch 100 Kilometer vor Hitlers Hauptquartier in Ostpreußen. Auch in Frankreich war die Invasion der westlichen Alliierten erfolgreich verlaufen. Sie hatten Deutschland eingekesselt und waren mit ihrer großen Überlegenheit entschlossen, bis zur bedingungslosen Kapitulation des Deutschen Reiches weiterzukämpfen. Wer das eigene Volk vor dem sicheren Tod retten wollte, musste handeln.

Trotz der erheblichen Zweifel innerhalb der Verschwörer, ob das Böse sich nicht selbst widerlegen muss, anstatt gewaltsam beseitigt zu werden, war Graf von Stauffenberg fest entschlossen.

> *Es ist Zeit, dass jetzt etwas getan wird.*
>
> Claus Schenk Graf von Stauffenberg

Im Kreis seiner Kameraden hatte er seine Beweggründe dargelegt: »Es ist Zeit, dass jetzt etwas getan wird. Derjenige allerdings, der etwas zu tun wagt, muss sich bewusst sein, dass er wohl als Verräter in die deutsche Geschichte eingehen wird. Unterlässt er jedoch die Tat, dann wäre er ein Verräter vor seinem eigenen Gewissen. … Ich könnte den Frauen und Kindern der Gefallenen nicht in die Augen sehen, wenn ich nicht alles täte, dieses sinnlose Menschenopfer zu verhindern.«

Vor dem vollständigen Zusammenbruch Deutschlands wollte der Soldat das sinnlose Morden durch einen Mord stoppen. Sein Wille war stark, doch bei der Ausführung unterliefen ihm schwere Fehler: Zum einen stellte er von den zwei Sprengsätzen in seiner Aktentasche nur eine Bombe scharf, sodass die Sprengkraft zu gering war. Zum anderen positionierte der Oberst die Tasche so ungünstig am massiven Holzbein des mächtigen Tisches im Lagezentrum, dass die Explosion nicht ihre volle Wirkung entfalten konnte. Hinzu kam, dass die Lagebesprechung an diesem Tag nicht im Bunker, sondern in einer Holzbaracke stattfand, wo die Wirkung der Sprengkraft verpuffte.

Während der Explosion der Baracke, die mit einem Donnerknall in die Luft flog, gelang es von Stauffenberg und von Haeften aus den verschiedenen Sicherheits- und Absperrbereichen der Wolfsschanze zu entkommen und ihr Flugzeug nach Berlin zu erreichen. Ihr Plan sah nun vor, in der Reichshauptstadt einen vollständigen Umsturz zu erlangen und das sinnlose Sterben des längst verlorenen Krieges so schnell wie möglich zu beenden.

Um 13.15 Uhr hob das Flugzeug in Richtung Berlin ab. Der starke Gegenwind an diesem Tag verhinderte einen schnellen Flug. Erst gegen 15.45 Uhr landeten sie in Berlin und eilten mit

Claus Schenk Graf von Stauffenberg

der festen Überzeugung, dass ihr Anschlag gelungen sei, mit dem Wagen in den Bendlerblock am Berliner Tiergarten, wo das Oberkommando des Heeres untergebracht war. Ihnen war nicht klar, dass das Attentat gescheitert war. Jetzt zählte jede Minute. Aber allein der Flug und die anschließende Autofahrt ins Stadtzentrum kosteten wertvolle Stunden.

Zu spät – viel zu spät, erreichte Stauffenberg den Bendlerblock. Noch verheerender wirkte sich die Tatsache aus, dass der Putsch mit dem Codenamen Walküre in Berlin nicht gestartet worden war. General Friedrich Olbricht und die anderen Mitstreiter warteten auf die persönliche Bestätigung durch Stauffenberg, dass das Attentat auch wirklich geglückt sei. Erst nach seinem Eintreffen und dem wahrheitswidrigen Bericht des Grafen wurden alle Maßnahmen zum Umsturz eingeleitet.

Diese stundenlange Verzögerung war bereits der Anfang vom Ende. General Erich Fellgiebel musste die Nachrichtensperre im Führerhauptquartier wieder aufheben, wenn er nicht verdächtigt werden wollte. Die vier Stunden der absoluten Isolation der Wolfsschanze hätten ausgereicht, aber in dieser entscheidenden Zeitspanne wurde nichts von den Verschwörern unternommen.

Schon wenig später erreichte alle wichtigen politischen und militärischen Stellen in Berlin die Nachricht, dass Adolf Hitler das Attentat überlebt hatte. Es zeigten sich schwere Mängel in der Vorbereitung und Durchführung des Umsturzversuches. So zog sich die Aussendung des Fernschreibens aus dem Bendlerblock in die Wehrkreise über Stunden hin und kreuzte sich mit den Fernschreiben aus der Wolfsschanze. Wegen der völlig widersprüchlichen Lage verhielten sich die meisten Offiziere abwartend. Nach und nach zerbrach der Widerstand an der übermächtigen Staatsgewalt des Diktators. Stauffenberg wurde von Minute zu Minute hilfloser, da die Walküre-Befehle nicht befolgt wurden. Für dieses Szenario gab es keinen Alternativplan. Alle Maßnahmen und Anweisungen scheiterten. Dem Diktator Hitler spielte auch die Psyche der Mitstreiter in die Hände. Diese wurden immer unruhiger und nervöser. Am Ende verließ sie der Mut.

Die Widerstandsgruppe hatte es, trotz eines entsprechenden Planes, unterlassen, die wichtigen Nachrichten- und Rundfunkstationen des Landes zu besetzen. Ein weiterer verhängnisvoller Fehler. Das endgültige Aus der Operation kam am späten Nachmittag. Der Rundfunk verbreitete, dass Hitler das schwere Attentat überlebt hatte. Vergeltung wurde angekündigt.

Der Aufstand des Gewissens war gescheitert. Am selben Abend brach die Widerstandsaktion Walküre in sich zusammen. Die angekündigte Vergeltung wurde sofort vollzogen. Graf von Stauffenberg und seine Mitstreiter wurden noch in der Nacht standrechtlich erschossen.

Heute ist der Flughafen von Rangsdorf verlassen, verdrängt und wird auch von der Öffentlichkeit ignoriert. Hätte Graf von Stauffenberg mit seinem mutigen Plan Erfolg gehabt, so sähe der Flughafen vor den Toren Berlins heute wahrscheinlich anders aus. Trotzdem bleibt der Rangsdorfer Flughafen ein Ort des deutschen Widerstands gegen den NS-Terror.

Napoleon Bonaparte

STAKEHOLDER-MANAGEMENT

Aus der Luftfahrt können wir viel für das Management von Projekten und Krisen lernen. Im Flugverkehr gibt es zahlreiche Verfahren, Checklisten und das notwendige Standard Operating Procedure (SOP), die genau zu überprüfen und einzuhalten sind. Will man komplexe Abläufe auf ein Minimum reduzieren, bleiben nur drei Schlüsselfaktoren übrig: Vorbereitung, Kommunikation und Kooperation.

STANDARD OPERATING PROCEDURES

VORBEREITUNG. An erster Stelle steht die Vorbereitung auf alle möglichen und unmöglichen Situationen. Projektpläne, Checklisten sowie Notfallpläne oder Krisenübungen geben Sicherheit in der Struktur und schaffen Übersicht im Chaos.

KOMMUNIKATION. Eine direkte und schnelle Kommunikation ist ebenso entscheidend wie die Fokussierung auf die wesentliche Kommunikation. Panik, Schuldzuweisungen oder Untergangsbotschaften, die nicht zu einer neuen Handlungsoption führen, sollten sofort unterbunden werden.

In unserem historischen Beispiel fehlte es nach dem Attentat auf Hitler an einer schnellen Kommunikation, welche die Operation Walküre ausgelöst hätte. Stauffenberg hatte keinen Beleg für den Tod von Hitler, den alle von ihm verlangten. Doch mit der Bombenexplosion im Führerhauptquartier gab es auch ohne Beweise kein Zurück mehr. Einige Mitstreiter des Grafen entzogen sich der Verantwortung: Ihr Nichthandeln und die viele Zeit, die sie verstreichen ließen, führten zum Scheitern der Operation, obwohl ihnen der militärische Leitsatz von Napoleon Bonaparte bekannt war: »Beim Überlegen muss man langsam sein, bei der Durchführung aber schnell.«

> *Beim Überlegen muss man langsam sein, bei der Durchführung aber schnell.*
>
> Napoleon Bonaparte

KOOPERATION. Teamarbeit ist der Schlüssel zum Erfolg. Jeder hat seinen Beitrag zur Problemlösung zu leisten. Relevant in einer solchen Situation ist nicht die Hierarchie, sondern die Erfahrung, das Können und die Entscheidungskompetenz. Das Vertrauen in jeden Einzelnen und in das Team sind die Grundlage zur Bewältigung der Extremsituation. Bei der Operation Walküre ging es um Leben und Tod – für jeden Einzelnen, aber auch für Millionen von Menschen, die den Bomben des Zweiten Weltkriegs ausgesetzt waren. Nicht jeder kann so entschieden und entschlossen handeln wie Graf von Stauffenberg. Jedoch sollte man genau das vor einer solchen Operation wissen.

STAKEHOLDER-MANAGEMENT

Die erste Theoretikerin der Managementlehre, die Unternehmen als soziale Systeme verstand und ihren Blick auf die verschiedenen Teilnehmer:innen und ihre Interessen richtete, war Mary Parker Follet. Bereits 1918 entwickelte sie in ihrem Werk »The New State« ein Stakeholder-Konzept, welches die Beziehungsgeflechte in sozialen Systemen erstmals betrachtete. Von ihr stammte auch die Definition: »Management ist die Kunst, mit anderen Leuten zusammen Dinge zu erledigen.« Diese Worte beschreiben nicht nur das System der Wirksamkeit, sondern auch das Werkzeug des Stakeholder-Mappings sehr treffend.

Den heutigen Erkenntnisstand zur Stakeholder-Theorie haben wir dem US-amerikanischen Philosophen und Professor für Unternehmensführung R. Edward Freeman zu verdanken. Nach seiner Auffassung müssen Unternehmen unabhängig von ihren eigenen Zielen auch das Handeln und Wirken der anderen besser verstehen, um eine beste Strategie entwickeln zu können. Die anderen, das sind im Wesentlichen Mitarbeiter:innen, Manager:innen, Eigentümer:innen, Kund:innen, Lieferant:innen und Konkurrent:innen, aber auch Politiker:innen sowie bestimmte Anspruchsgruppen aus Vereinen, Verbänden oder Initiativen, die einen Einfluss ausüben können. Um herauszufinden, wie diese Stakeholder:innen reagieren, muss man sie verstehen und wissen, welche Interessen sie vertreten.

STAKEHOLDER-MAPPING. Regierungen auf Landes- und Bundesebene, Parteien, Unternehmen sowie andere Organisationen stehen heute einer Vielzahl an Einflüssen und Forderungen von ganz unterschiedlichen Anspruchsgruppen und Medien gegenüber. Diese zu kennen und sich mit deren verschiedenen Meinungen auseinanderzusetzen ist für die strategische Kommunikation von Vorteil. Mit der Analyse sollen die einzelnen Stakeholder:innen genau ermittelt und deren Interessen und Vorhaben besser verstanden werden. Danach sollen diese mit einer abgestimmten Kommunikationsstrategie passgenau angesprochen werden. So kann dieses Werkzeug einerseits für das detaillierte Verstehen von Vorgängen und andererseits für die bewusste Beeinflussung durch eine gezielte Informationsweitergabe eingesetzt werden.

In dem Tool werden die Anspruchsgruppen anhand der Vier-Feld-Matrix einer Einteilung unterzogen. So wird auf einen Blick deutlich, welche ablehnende oder zustimmende Einstellung beziehungsweise welchen niedrigen oder hohen Machteinfluss die Stakeholder:innen ausüben.

ANALYSE. Mit der Analyse soll herausgefunden werden, welche Position die einzelnen Anspruchsgruppen einnehmen. Hierbei werden ihre Interessen und Einflussmöglichkeiten im Hinblick auf die Vergangenheit berücksichtigt, um Ableitungen für ihre zukünftige Entscheidungen zu treffen. Die Analyse bietet somit immer nur eine Momentaufnahme und muss regelmäßig aktualisiert werden.

STRATEGIE. Aus der Analyse kann eine individuelle Kommunikationsstrategie für die jeweiligen Anspruchsgruppen entwickelt werden. Anhand dieser Strategie werden die einzelnen Personen oder Gruppen kommunikativ beeinflusst. Das geschieht durch den direkten Kontaktaufbau oder scheinbar zufällige Begegnungen auf Veranstaltungen. Eine weitere Möglichkeit zur direkten und indirekten Interaktion mit den verschiedenen Anspruchsgruppen bieten die sozialen Netzwerke. So werden Kampagnen auf Facebook, Twitter, Instagram und Co. für einzelne Personen oder Gruppen umgesetzt, die gezielt mit Informationen oder Desinformationen versorgt werden. Diese Arbeitstechnik ist fester Bestandteil von Public-Relations- und Public-Affairs-Agenturen, die bei wichtigen Börsengängen oder Wahlen zurate gezogen werden. Meist verfügen sie über erhebliche Informations- und Datensätze von verschiedenen Entscheider:innen, die zum Einsatz gebracht werden.

In dem historischen Beispiel fehlte es nach dem Attentat auf Hitler an einer schnellen Kommunikation und einem kooperativen Handeln, welche die Operation Walküre zum Erfolg hätten führen können. Graf von Stauffenberg und seine Getreuen haben zu viel Zeit verstreichen lassen. Die verlorene Zeit hat das Scheitern bestimmt, denn: Der wichtigste Faktor in Ausnahmesituationen ist die Zeit. Schnelles und konsequentes Handeln sind gefragt.

Der Widerstand des 20. Juli 1944 ist in die deutsche Geschichte eingegangen und hat eine viel größere Dimension als notwendige Regeln im Krisenfall. Graf von Stauffenberg und seine Kameraden haben bewiesen, was der US-amerikanische Psychologe William James bereits im 19. Jahrhundert festhielt: »Große Notfälle und Krisen zeigen uns, um wie viel größer unsere vitalen Ressourcen sind, als wir selbst annehmen.«

Der ehemalige Bundespräsident Richard von Weizsäcker, der sich intensiv mit dem NS-Terror und der eigenen Familiengeschichte auseinandergesetzt hatte, kommt zu der bemerkenswerten Feststellung: »Der 20. Juli ist Mahnung und Hilfe, die man fürs Leben empfängt, wenn man sich mit den Gedanken und Handlungen dieser Menschen befasst, die so aufs Wesentliche bezogen lebten. Wir sind dankbar für Zeugnisse, die wir aus solchen Entscheidungssituationen ihres Lebens besitzen.« Am Anfang steht immer die innere Haltung, die das eigene Handeln und das Handeln einer Gruppe bestimmt. Doch kennen wir unsere innere Haltung und die der anderen Beteiligten?

STAKEHOLDER-MAPPING®

HOHER EINFLUSS

ÜBERZEUGEN

Der hier zu findende Personenkreis hat eine negative Einstellung zu dem Projekt, aber eine hohe Einflussmöglichkeit. Daher sind diese Stakeholder:innen zu überzeugen. Es sollte auf ihre Interessen Rücksicht genommen werden. In Teilen muss man ihre Interessen sogar zufriedenstellen, um nicht das ganze Projekt zu gefährden. Es lohnt sich, mit dieser Zielgruppe in Verhandlungen einzutreten und ihnen Statusmeetings zum Projekt anzubieten, sodass sie in Teilen ihren eigenen Einfluss darstellen und auf andere ausüben können.

KOALITION SCHMIEDEN

Diese Personen haben eine positive Einstellung zu dem Projekt und verfügen über hohe Macht, sodass sie entsprechenden Einfluss ausüben können. Diese Stakeholder:innen haben die Möglichkeiten, das Projekt zum Erfolg zu führen. Dieser Personenkreis ist eng zu managen und mit exklusiven Informationen zu versorgen.

ABLEHNUNG ←——————→ **ZUSTIMMUNG**

BEOBACHTEN

Hier ist der Personenkreis zusammengefasst, der mit einer geringen Macht ausgestattet ist, aber eine negative Einstellung vertritt. Diese Stakeholder:innen sind für eine aktive Mitarbeit nicht zu gewinnen, daher sollten sie informiert und zum Dialog eingeladen werden. Kritische Stimmen ermöglichen meist eine Weiterentwicklung des Projekts. Allerdings kommt auch eine Beobachtung infrage, sodass man von Vorgängen und Aktionen nicht überrascht wird.

GEWINNEN

Stakeholder:innen in diesem Bereich haben eine positive Einstellung, aber nur eine geringe Macht. Sie können nur sehr begrenzt Einfluss nehmen. Dieser Personenkreis bekommt niederschwellige Informationen in Form von Newslettern oder aktuelle Berichte zum Projekt. Wichtig ist, dass diese Stakeholder:innen regelmäßig informiert werden, um als Multiplikator:innen wirken zu können.

NIEDRIGER EINFLUSS

© DEACK

36
ÜBERPRÜFE DEINE STANDFESTIGKEIT, DAMIT DU NICHT IM GRASSROOTS-LOBBYING STOLPERST

ÜBERPRÜFE DEINE STANDFESTIGKEIT, DAMIT DU NICHT IM GRASSROOTS-LOBBYING STOLPERST

Gesundheitsreformen waren, sind und werden immer hart umkämpft sein. Jede Veränderung lässt die verschiedenen Interessenvertreter:innen von Ärzt:innen, Psycholog:innen, Hebammen, Pflegekräften, Gesundheitszentren, Krankenhäusern, Krankenkassen sowie die medizintechnischen Unternehmen und die Pharmaindustrie auf den Plan treten. So auch im Jahr 2006. Der Verband der Privaten Krankenversicherungen (PKV), ein Zusammenschluss von damals 48 privaten Kranken- und Pflegeversicherungsunternehmen, hatte im Oktober mithilfe einer Grassroots-Lobbying-Kampagne versucht, durch seine Mitgliedsunternehmen Einfluss auf die geplante Gesundheitsreform zu nehmen.

Mit zahlreichen Protestbriefen von Privatversicherten an Bundestagsabgeordnete der CDU/CSU und SPD sollte Druck auf die Bundesregierung aufgebaut werden. Ziel der PKV-Aktion war es, dass die geplanten Änderungen für die privaten Krankenversicherungen zurückgenommen wurden. Um dieses zu erreichen, hatte die PKV sieben Briefvorlagen mit verschiedenen thematischen Aspekten formuliert und im Internet bereitgestellt. Nun sollten diese von den Mitarbeiter:innen der PKV-Unternehmen im eigenen Namen als Versicherte an die Politiker:innen versandt werden.

Das interne Kampagnenziel, welches durch eine breit angelegte Medienarbeit des PKV begleitet wurde, lag bei 50.000 Protestbriefen, die im Deutschen Bundestag eingehen sollten. Am Ende trafen nur einige tausend Briefe ein. Das hohe Kampagnenziel wurde nicht erreicht. Auf Rückfrage von Parlamentarier:innen stellte sich heraus, dass einige PKV-Mitglieder überhaupt keine Protestschreiben versandt hatten. Damit wurde die Kritik noch lauter.

> *Wenn man für seine Interessen kämpft, ist das in Ordnung.*
>
> Klaus Theo Schröder

Dem Hamburger Nachrichtenmagazin Der Spiegel wurde ein interner PKV-Vermerk zugespielt, aus dem hervorging, dass die Kampagne darauf ausgerichtet war, Unruhe in die Regierungsfraktionen zu bringen und die geplante Gesundheitsreform zu stoppen. Dem PKV wurde daraufhin von verschiedenen Medien und Anti-Lobbying-Aktivist:innen gezielte Desinformation und Manipulation vorgeworfen. Auch der damals zuständige Staatssekretär im Bundesministerium für Gesundheit, Klaus Theo Schröder, äußerte sich kritisch: »Also, wenn man für seine Interessen kämpft, ist das in Ordnung. Aber die Art und Weise, wie der PKV-Verband es offensichtlich in diesem Fall gemacht hat, ist schlicht unanständig.«

Der PKV betonte daraufhin, dass es sich bei den gefälschten Unterschriften um Einzelfälle handele, was die Authentizität der Kampagne nicht beschädige. Auch der Deutsche Rat für Public Relations (DRPR) nahm sich des Falles an und stellte fest, dass die Massenbriefaktion legitim war. Nur bei einem massenhaften Missbrauch würde dieses weit verbreitete Public-Affairs-Instrument diskreditieren. Würden bei einer solchen Aktion einzelne Unterschriften gefälscht, so sei das Fehlverhalten auch im Einzelfall zu ahnden.

Festzuhalten bleibt, dass im Rahmen einer politischen Kampagne jede gefälschte Unterschrift eine zu viel ist und die Glaubwürdigkeit infrage stellt. Dieser Fall wurde überprüft und aufgearbeitet. Es blieb nichts nach. Und so wechselte der größte Kritiker dieser Public-Affairs-Aktion, Klaus Theo Schröder, am Ende seiner Laufbahn sogar die Seiten und wurde Ombudsmann für den PKV. Im Grassroots-Lobbying kann man schnell stolpern, darum überprüfen Sie die Standfestigkeit Ihrer Argumente und Methoden.

PUBLIC AFFAIRS

Public Affairs beschreibt jenen Ausschnitt der professionellen Beratung und Kommunikation von Unternehmen, Verbänden, Vereinen und Stiftungen, der die Beziehung zu Gruppen in Politik, Verwaltung und zu gesellschaftlichen Einflussgruppen sowie zu Einzelpersonen analysiert und planvoll managt.

Public Affairs organisiert die externen Beziehungen einer Organisation, vor allem zu Regierungen, Parlamenten, Parteien, Behörden, Gemeinden sowie Verbänden, Institutionen und zur Gesellschaft selbst. Public Affairs meint Interessenvertretung im politischen Kontext und im politischen Raum.

WERKZEUGE DER PUBLIC AFFAIRS

Die klassischen Werkzeuge der Public Affairs, die in Berlin und Brüssel zum Einsatz kommen, sind das Hintergrundgespräch, das Positionspapier, der Parlamentarische Abend und die Parlamentarische Initiative. Diese stelle ich Ihnen hier vor.

HINTERGRUNDGESPRÄCH. Im Vorfeld des Hintergrundgesprächs sollten die Positionen der politischen Entscheidungsträger:innen zu dem behandelten Themenkomplex in ihren Reden, Statements oder Interviews herausgearbeitet werden. Die Unterlagen für das Gespräch aus Faktenpapier, Positionspapier, aktuellen Studien oder neuen Erkenntnissen und Umfragen sind aufzubereiten. Für das Gespräch sollte ein Zeitfenster von 45 bis 60 Minuten anberaumt werden. Inhalt, Unterlagen und Atmosphäre müssen bei einem solchen Gespräch stimmen. Das Minimalziel eines Hintergrundgesprächs ist der Vertrauensaufbau zwischen den Gesprächspartnern und Gesprächspartnerinnen Es sollten nicht mehr als zwei Personen eine Entscheidungsträgerin oder einen Entscheidungsträger aufsuchen, denn der Gedankenaustausch zwischen den Entscheider:innen steht im Vordergrund.

Klaus-Theo Schröder

In einem Hintergrundgespräch sind die Positionen zu vermitteln und auszutauschen. Platzieren Sie hier Ihre wichtigen Kernbotschaften. Zudem sollten Anknüpfungspunkte für ein weiteres Gespräch herausgearbeitet werden.

Nach dem Austausch sind die Unterlagen in elektronischer Form zur Verfügung zu stellen und mit der Büroleitung ein neues Treffen zu vereinbaren. Die Ergebnisse des Hintergrundgespräches sollten dokumentiert werden. Bei vielen Public-Affairs-Agenturen und Sozietäten fließen die gewonnenen Erkenntnisse in Dossiers über die politischen Entscheidungsträger:innen ein. Hierbei ist stets auf die Datenschutzverordnung zu achten. In der Vergangenheit wurden solche Dossiers über Politiker:innen von verschiedenen Agenturen in Berlin und Brüssel verkauft.

POSITIONSPAPIER. Ein gut geschriebenes Positionspapier hebt sich durch seine Kürze und Prägnanz ab. Es hat ein bis maximal zwei Seiten und ist stets sachlich zu verfassen. Emotionen spielen hier keine Rolle. Sie sollten das Papier so aufbauen, dass Sie als Interessenvertreter:in Ihrer Organisation, aber auch als zuverlässige Ansprechpartnerin oder zuverlässiger Ansprechpartner aus der Praxis angesehen werden.

Für die Übersichtlichkeit und Lesefreudigkeit arbeiten Sie mit Zwischenüberschriften. Diese unterteilen das Positionspapier in drei Abschnitte:

Am Anfang des Positionspapiers steht die Einführung in den Themenkomplex, um den es sich handelt. Im Mittelteil wird kurz das Problem oder der aktuelle Diskussionsstand dargestellt. Und am Endes Ihres Positionspapiers findet sich der Lösungsvorschlag oder die Forderung aus Sicht Ihrer Organisation. Untermauern können Sie Ihre Lösung oder Forderung durch Beispiele aus dem Alltag betroffener Personengruppen, neuesten Erkenntnissen aus anderen Ländern oder Studien aus der Wissenschaft. Sie müssen jedes Ihrer Argumente belegen und dokumentieren können.

Eine echte Win-win-Situation für beide Seiten erlangen Sie nur, wenn Sie eine überzeugende Schnittmenge aus Ihren Unternehmenszielen und dem Allgemeinwohl oder den politischen Interessen bilden können.

PARLAMENTARISCHER ABEND. In Berlin gibt es kaum noch einen Abend ohne einen Parlamentarischen Abend. Hier werden Minister:innen, Staatssekretär:innen, Mitglieder des Landtags (MdL), Mitglieder des Bundestags (MdB), Referent:innen der Ministerien, des Bundestags und der Landtage sowie die Büroleiter:innen zu Veranstaltungen der verschiedenen Organisationen zum Gedankenaustausch eingeladen.

Beste Tage für einen Parlamentarischen Abend sind während der Woche von Dienstag bis Donnerstag. Die Voraussetzung, dass ein Mitglied des Bundestags zum Parlamentarischen Abend auch kommt, ist, dass Sitzungswoche des Deutschen Bundestags ist. Denn die Abgeordneten weilen nicht immer in Berlin, sondern müssen auch ihren Verpflichtungen in ihrem Wahlkreis oder ihrer Partei nachkommen. Bei den Referent:innen oder Büroleiter:innen sieht das anders aus, sie haben meistens keine Termine im Wahlkreis der Abgeordneten und können auch zu anderen Zeitpunkten Termine wahrnehmen.

Grundsätzlich gilt, dass Parlamentarische Abende der Kontaktanbahnung oder der Kontaktpflege dienen. Konkrete Themen werden oftmals schon zum Frühstück in den einschlägigen Berliner Cafés oder beim Lunch in der Mittagspause besprochen. Diese Gespräche verlaufen in der Regel themen- und sachorientierter als auf den Network-Veranstaltungen am Abend. Der Klassiker unter den Networking-Veranstaltungen in Berlin bleibt wie in der gesamten Republik der Neujahrsempfang. Immer mehr stellen sich allerdings Arbeitstreffen nur mit Fachreferent:innen als lohnenswerte Alternative heraus. Auf diesen Veranstaltungen können sogar Themenschwerpunkte parteiübergreifend neu diskutiert werden.

Für alle Veranstaltungen Ihrer Organisation gilt, dass generell alle Parteien, die im Deutschen Bundestag vertreten sind, eingeladen werden und alle demokratisch zugelassenen Parteien eingeladen werden können.

PARLAMENTARISCHE INITIATIVE. Als Türöffner für eine Parlamentarische Initiative kommen Politiker:innen mit einem besonderen Interesse an dem Thema aus Ihrem Wahlkreis oder Vertreter:innen der Opposition infrage. Diese müssen für das Anliegen Ihrer Organisation alle Initiativen ins Parlament einbringen. So braucht es im Deutschen Bundestag für die Große Anfrage mindestens fünf Prozent der Abgeordneten oder eine Fraktion. Die Kleine Anfrage im Deutschen Bundestag oder Einzelfragen können auch von einzelnen Parlamentarier:innen gestellt werden. Anders formuliert bedeutet es, dass Sie ein Mitglied des Bundestags benötigen, das Ihre Frage im hohen Haus platziert. Das Maximalziel, das Sie mit dieser Public-Affairs-Maßnahme erreichen könnten, wäre, dass die Regierung Stellung beziehen und politisch »Farbe bekennen« würde. Mit einer solchen Stellungnahme der Bundesregierung könnten Sie Agenda-Setting in eigener Sache betreiben und dies intern wie extern kommentieren.

FORMEN DER POLITISCHEN EINFLUSSNAHME

Meinungsbildner:innen von Unternehmen, Public-Relations- und Public-Affairs-Agenturen sowie Rechtsanwaltskanzleien bedienen sich dabei sowohl der klassischen Methoden als auch der spezifischen Instrumente mit und ohne Rechtsberatung, um relevante Entscheidungsträger:innen im politischen Raum zu beeinflussen. Hierzu gibt es die direkte oder indirekte Einflussnahme über Multiplikator:innen aus Wirtschaft und Gesellschaft oder Blogger:innen und YouTuber:innen. Ebenso können Corporate-Social-Responsibility-Projekte (CSR-Projekte), Studien, Forschungsergebnisse und neue Kooperationen die eigenen politischen Interessen stärken. Folgende Formen der politischen Einflussnahme werden unterschieden:

PUBLIC RELATIONS. Public Relations (PR) umfasst die klassische Medien- und Öffentlichkeitsarbeit. Die PR-Instrumente werden von Konzernen, Verbänden und Interessensgruppen sowie von der Regierung, die um Zustimmung für ihre Politik wirbt, eingesetzt.

PUBLIC AFFAIRS. Zu den Instrumenten der PR gehören auch die Public Affairs, welche sich auf die politische Einflussnahme spezialisiert hat. So wird Public Affairs unterschieden in die direkte und indirekte Beeinflussung von politischen Entscheidungsträger:innen.

GOVERNMENTAL RELATIONS. Bei den Governmental Relations handelt es sich um die gezielte Einflussnahme auf die Gesetzesverfahren der jeweiligen Landesregierungen, der Bundesregierung oder der EU-Kommission und des EU-Parlaments.

LOBBYING. Beim Lobbying handelt es sich um eine Methode zur Einwirkung auf Entscheidungsträger:innen und deren Entscheidungsprozesse. Alle Merkmale des Lobbyismus sind auf Informationsbeschaffung, Informationsaustausch, Einflussnahme und strategisches Handeln ausgerichtet.

GRASSROOTS-LOBBYING. Mit dem Grassroots-Lobbying wird die großflächige Mobilisierung von Mitarbeiter:innen, Interessengruppen oder sogar die Aktivierung von großen Teilen der Bevölkerung bezeichnet. Dazu gehören Unterschriftensammlungen, massenmediale Postkarten-, Telefon-, E-Mail- und Social-Media-Aktionen sowie spektakuläre Maßnahmen, wie zum Beispiel Menschenketten vor den Parlamenten.

DEEP LOBBYING. Mit dem immer noch wenig untersuchten Deep Lobbying wird kein schneller Erfolg gesucht, vielmehr versucht man durch eine langfristige Strategie die Einstellung und Stimmung in der politischen Elite oder in großen Teilen der Bevölkerung in eine bestimmte Richtung zu lenken.

Strategien und Kampagnen der politischen Beeinflussung können auch verdeckt vorgenommen werden, sodass die angewendeten Praktiken der Public-Affairs-Manager:innen und ihrer Agenturen für Außenstehende, aber auch für Politiker:innen und Medienvertreter:innen nur sehr schwer zu durchschauen sind. Die Strippenzieher:innen und ihre Allianzen bleiben für die breite Öffentlichkeit im Verborgenen. Daher werden die Public-Affairs-Berater:innen auch kritisch als »Fünfte Gewalt« im Staat bezeichnet. Wird jedoch auf die Transparenz bei der Planung und Umsetzung von Public-Affairs-Maßnahmen geachtet, so sind sie ein fester und wichtiger Bestandteil im politischen Diskurs einer Demokratie. Wie immer kommt es auf die eigene Haltung und die ethischen Grundwerte und deren Überprüfung von neutralen Instanzen an. Das Lobbyregister des Deutschen Bundestages kann einen wesentlichen Beitrag zu mehr Transparenz leisten.

PUBLIC RELATIONS

Bereitstellung von Informationen und Statements über die klassischen Wege der Medien- und Öffentlichkeitsarbeit und einer gezielten Verbreitung im politischen Raum

PUBLIC AFFAIRS

DIREKTE EINFLUSSNAHME. Gekennzeichnet durch persönliche Kommunikation mit formellem und informellem Charakter. Es werden meistens neue Erkenntnisse, Studien, Gutachten, Analysen und Forschungsergebnisse präsentiert oder in Positionspapieren schriftlich festgehalten. INDIREKTE EINFLUSSNAHME. Es wird der Aufbau von öffentlich agierenden Unterstützergruppen und die Bildung von politischen Aktions- und Projektbündnissen forciert. Ebenso können CSR-Projekte und die finanzielle Unterstützung von politischen Parteien zum Einsatz kommen

GOVERNMENTAL RELATIONS

Bei Governmental Relations handelt es sich um die gezielte Einflussnahme auf die Gesetzesverfahren der jeweiligen Landesregierungen oder der Bundesregierung. In Europa werden international tätige Rechtsanwaltskanzleien beauftragt, um Gesetzesverfahren des EU-Parlaments zu beeinflussen

FORMEN DER POLITISCHEN EINFLUSSNAHME®

DEEP LOBBYING

GRASSROOTS LOBBYING

LOBBYING

© DEACK

Lobbying ist gekennzeichnet durch die Pflege von persönlichen Beziehungen zu Vertreter:innen der Exekutive, Legislative und anderen offiziellen Stelleninhaber:innen im öffentlichen Sektor. Daher spricht man auch vom »Lobby«ismus, also der Interessenvertretung in der »Vorhalle« des Parlaments

Beim Grassroots Lobbying ist die großflächige Mobilisierung von Mitarbeitenden, Interessengruppen oder sogar die Aktivierung von Teilen der Bevölkerung gemeint. Hierzu gehören Unterschriftensammlungen, massenmediale Postkarten-, Telefon-, E-Mail- und Social-Media-Aktionen sowie spektakuläre Aktionen wie zum Beispiel Menschenketten vor den Parlamenten

Deep Lobbying hat die Veränderung der Einstellung in der Politik oder den Vollzug eines gewünschten Stimmungswandels in der Bevölkerung zum Ziel

37
UNTERLIEGE NIE DEINER EIGENEN INSZENIERUNG

UNTERLIEGE NIE DEINER EIGENEN INSZENIERUNG

Rudolf Scharping wollte sein berufliches Glück erzwingen. Trotz seiner steilen Karriere vom Ministerpräsidenten zum Parteivorsitzenden und Kanzlerkandidaten der SPD konnte er sein Image als »Sandmännchen« mit Bart, Brille und Behäbigkeit nie ablegen. Auf dem Mannheimer Parteitag 1995 erfuhr er die Ablehnung seiner Partei. Mit 321 zu 190 Stimmen jagten die Sozialdemokraten ihn in einer Kampfabstimmung gegen Oskar Lafontaine aus dem Amt. Sein Sturz als Parteivorsitzender war das Ergebnis seiner Langsamkeit, seines unbeholfenen Umgangs mit den Medien und seiner einschläfernden Reden, die niemanden begeisterten. Für Scharping war die öffentliche Demontage, die die SPD beherrscht wie keine andere Partei, ein Schock.

Er überwand den Schock. Nur einige Jahre später war aus dem Sandmännchen in der deutschen Presselandschaft der erste sozialdemokratische »Feldherr« geworden. Als Verteidigungsminister im Kabinett von Gerhard Schröder befahl er den deutschen Soldaten den Einsatz von Waffen. Das war im März 1999; damals griff die NATO in den Kosovo-Konflikt ein. Scharpings Zeit war gekommen, und sein Image hatte sich in der öffentlichen Wahrnehmung verbessert. Doch er wollte mehr.

Er wurde von dem PR-Berater Moritz Hunzinger unterstützt. Zu jener Zeit war dieser der bekannteste »Strippenzieher« der deutschen Politik. Er brachte Wirtschaftsvertreter:innen mit Abgeordneten und Minister:innen zusammen, veranstaltete Parlamentarische Abende und trat für die Interessen seiner Mandant:innen bei Regierungsvertreter:innen ein. Sein Job war der Kontakthandel für die Erreichung und Umsetzung von bestimmten Interessen. Hunzinger baute in zwei Jahrzehnten die damals zweitgrößte PR-Beratungsgesellschaft Deutschlands auf. Über 100 Mitarbeiter:innen pflegten seine mehr als 60.000 wertvollen Adressen von Prominenten aus Politik, Wirtschaft und Gesellschaft. Mit seinen Netzwerkgeschäften erzielte er Anfang dieses Jahrtausends fast fünf Millionen Euro Umsatz. Um die Belange von Rudolf Scharping kümmerte er sich persönlich. Hunzinger entwickelte die PR, um den kommunikativen Auftritt des steif wirkenden Ministers zu optimieren. So ging er mit Scharping einkaufen, um dessen Image mit edlen Anzügen aufzupolieren. Doch im feinen Zwirn ließ sich die soziale Gerechtigkeit nicht besser verkaufen, stattdessen berichteten die Gazetten über die teure Shopping-Tour der beiden Herren. Die eigene Partei war fassungslos. Die Beratung führte nicht zum Reputationsgewinn des Ministers, sondern zum öffentlichen Absturz. Aus dem Sandmännchen war erst ein Feldherr und dann eine »Modepuppe« geworden. Und es kam noch schlimmer.

Rudolf Scharping hatte Gefallen an der Selbstinszenierung gefunden, und so ließ er sich mit seiner neuen Lebensgefährtin, die er bei Hunzingers Politischem Salon kennengelernt hatte, in einem Swimmingpool auf Mallorca für die Titelseite der Zeitschrift Bunte ablichten. Der Aufmacher lautete: »Total verliebt auf Mallorca.« Eine Fotostrecke im Heft dokumentierte auf neun Seiten das Liebesnest: Einmal sah man ihn mit seiner neuen Freundin Kristina Gräfin Pilati-Borggreve in einem Meer aus Blumen. Das andere Mal sah man das Paar zusammen auf einem Fahrrad: Er, fest im Sattel, gab die Richtung vor. Sie, auf dem Rahmen sitzend, suchte seine Nähe. Mehr romantische Bildsprache geht nicht.

Von so einem Urlaub träumten auch zahlreiche Bundeswehrsoldat:innen. Doch die standen zur gleichen Zeit vor dem gefährlichen Einsatz in Mazedonien. Die Soldat:innen mussten ihren Kopf hinhalten, während der Minister im Pool plantschte. Diese Ereignisse passten nicht zusammen: In dem Augenblick, als Scharping seine Soldat:innen in den dritten Balkan-Einsatz schickte, präsentierte er sein Liebesleben. Und weil der Minister nicht bei seiner Truppe weilte, wurde sein Verhalten ein unhaltbares Fehlverhalten. Das Nachrichtenmagazin Der Spiegel machte daraus eine Titelstory. Die Überschrift lautete: »Rudolf, der Eroberer. Verteidigungsminister Scharping: Bedingt abwehrbereit.« Mit seiner Fotoaktion war der SPD-Politiker zum »liebestollen Bademeister der Nation« geworden. Eine kluge PR-Strategie sieht anders aus.

Verteidigungsminister
Rudolf Scharping und Gräfin Pilati
Total verliebt auf Mallorca

Der Pressestab im Verteidigungsministerium wusste von nichts. Mit Ratlosigkeit und Kopfschütteln wurde die Bunte im Ministerium von Büro zu Büro und in den Kasernen von Spind zu Spind gereicht. Es war Scharpings Wille, ansonsten hätte es diese Liebesstory im mallorquinischen Luxushotel nie gegeben. Vor der Inszenierung der Poolbilder hätte er sich an die Skandal-Fotografie des Badebildes seines Parteigenossen Friedrich Ebert aus der Weimarer Republik erinnern und die Wirkung sowie die möglichen Konsequenzen durchdenken sollen. Scharping tat dies nicht. Doch was wollte Scharping mit dieser Form der Selbstdarstellung erreichen? Was wollte er mit diesen Fotos der Öffentlichkeit mitteilen? Wen, außer sich selbst, wollte er beeindrucken?

IMPRESSION-MANAGEMENT

Der kanadische Soziologe Erving Goffman setzte die Selbstdarstellung einem Theaterstück gleich: »Die soziale Welt ist eine Bühne, eine komplizierte Bühne sogar, mit Publikum, Darstellern und Außenseitern, mit Zuschauerraum und Kulissen, und mit manchen Eigentümlichkeiten, die das Schauspiel dann doch nicht kennt.« So versuchen wir in unserem Alltagsschauspiel, in dem alle zugleich Darsteller:innen und Publikum sind, die Kontrolle über unsere eigene Erscheinung zu erlangen. Goffman sprach in diesem Zusammenhang vom Impression Management. Der Wissenschaftler zählte hierzu besondere Zeichen mit entsprechenden Konnotationen, die wir im Alltag einsetzen und mit deren Hilfe wir versuchen unsere eigene Person zu formen und im entsprechenden Kontext positiv erscheinen zu lassen. Um soziale Situationen so schnell wie möglich orientierungsgebend zu erfassen und zu gestalten, sind wir ständig damit beschäftigt, durch Sprache, Gestik und Mimik, aber auch durch Körperhaltung und Kleidung unser Eindrucksmanagement zu betreiben.

Für Erving Goffman gab es zwei verschiedene Möglichkeiten, sich auszudrücken: Zum einen der Ausdruck über die eigene Kommunikation, mit der man Botschaften übermittelt, und zum anderen die Ausdrucksmöglichkeit des Handelns, mit der man Botschaften ausstrahlt. Diese Handlungen werden von den anderen als aufschlussreich gedeutet. Besonders interessant für Goffman war die Asymmetrie des Kommunikationsprozesses, die durch die Fähigkeit des Publikums erzeugt wird, den Aspekt der Selbstdarstellung kritisch zu reflektieren und damit die Möglichkeit, kontrollierte Äußerungen der Darsteller:innen anhand der unkontrollierbaren Eindrücke zu überprüfen. Die Fotos waren eine Selbstoffenbarung. Nach dem Schweizer Begründer der analytischen Psychologie Carl Gustav Jung ist die Persona, lateinisch für Maske, ein repräsentativer, nach außen gerichteter Aspekt des Ich-Bewusstseins. Durch unsere Persona versuchen wir im sozialen Raum ein mit unseren Ich-Idealen übereinstimmendes Bild unserer Persönlichkeit zu zeigen. »Das Individuum steht«, laut C. G. Jung, »gewissermaßen in der Mitte zwischen dem bewussten und dem unbewussten Teil der Kollektivpsyche.« Die Maske dient der Anpassung an die soziale Umwelt und die dort geltenden Werte und Normen. Die Kunst der Inszenierung besteht laut C. G. Jung nicht in der Ergriffenheit der eigenen Person, sondern in der Fähigkeit, eine emotionale Ergriffenheit bei anderen Menschen auszulösen: »Die Leute lieben deswegen Theaterstücke, Filme oder Prediger, die sie zu Tränen rühren, weil sie dann ihre eigene Rührung genießen.« Doch Scharping nahm die öffentliche Situation und die Erwartungshaltungen an seine Person falsch wahr.

Unsere Kommunikation und unser Handeln sind immer in einen Kontext eingebunden. Nach der Kommunikationstheorie von Gregory Bateson ist der Kontext sogar der zentrale Ausgangspunkt der menschlichen Kommunikation. Die Fotos auf dem Bunte-Cover widersprachen dem politischen Kontext in Europa und lösten somit erhebliche Irritationen aus. Mit der Veröffentlichung war für alle ersichtlich geworden, dass die Fremdwahrnehmung und Selbstwahrnehmung des Politikers auseinanderlagen. Niemand wollte in Kriegszeiten einen liebestollen Verteidigungsminister im Pool sehen. Auch das geneigte Publikum wandte sich ab.

Zudem musste Scharping nach Recherchen der Bild-Zeitung einräumen, dass er insgesamt 140.000 Mark von Hunzinger

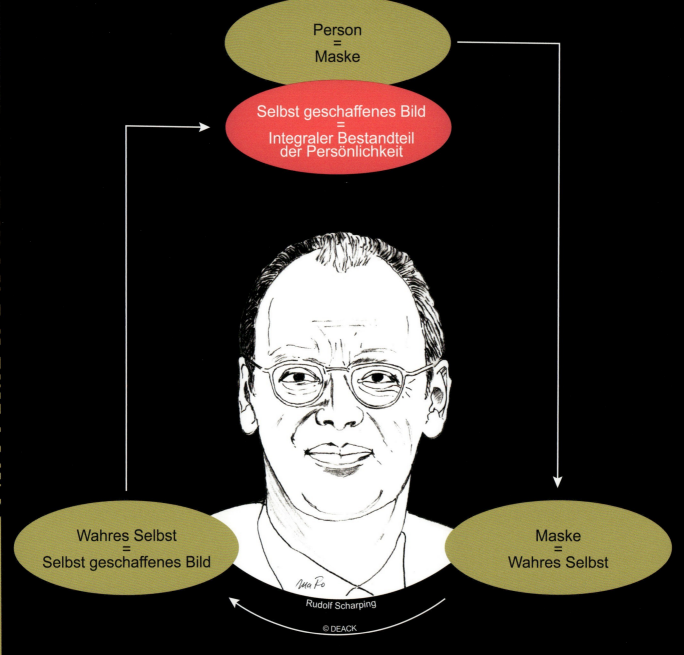

erhalten hatte. Dabei wies er Verdächtigungen zurück, gegen das Ministergesetz verstoßen zu haben, welches ihm andere Einnahmen als das Ministergehalt untersagt. Scharping gab an, dass es sich um ein 1998 gezahltes Lizenzgeld in Höhe von 80.000 Mark im Vorgriff auf das Honorar für seine Lebenserinnerungen sowie um Vortragshonorare von 60.000 Mark aus dem Jahr 1999 handele. Die Ansprüche darauf habe er vor seiner Zeit als Bundesminister erworben, und die Gelder seien ordentlich versteuert worden. Die Aussagen beruhigten den Bundeskanzler und die Parteispitze nicht. Sie waren außer sich.

Hunzingers umstrittene Beratungstätigkeit für Scharping und die Vergabe eines günstigen Privatkredits an den Grünen-Bundestagsabgeordneten Cem Özdemir schlugen hohe Wellen im politischen Berlin. Aber auch die Kommunikationsbranche beschäftigte sich mit den ungewöhnlichen Vorgängen. Nach eingehenden Beratungen sprach der Deutsche Rat für Public Relations einstimmig eine öffentliche Rüge gegen Moritz Hunzinger aus, da er durch sein Verhalten nach dem Artikel 18 des für alle europäischen PR-Fachleute gültigen »Code de Lisbonne« dem Ansehen des Berufsstands geschadet hatte. Der Skandal ging als »Hunzinger-Affäre« in die deutsche Mediengeschichte ein – und doch blieb vieles im Dunklen: Bis heute ist fraglich, warum der SPD-Minister den Spindoktor mit CDU-Parteibuch, der von 1999 bis 2003 Bundesschatzmeister der Christlich-Demokratischen Arbeitnehmerschaft war und heute Kontakte zur Spitze der AfD hält, für sein Reputations- und Kommunikationsmanagement beauftragte? Und warum Hunzinger Scharping von diesen Fotografien nicht abriet oder nicht abraten wollte? Bis heute ist ungeklärt, welche Rolle Hunzinger einerseits als Imageberater des Verteidigungsministers und andererseits als Lobbyist der Rüstungsindustrie spielte.

Und auf dem Höhepunkt des Skandals bot die Bildagentur Action Press von Moritz Hunzinger, wie es Der Spiegel berichtete, ungeniert auf der Internetseite der Hunzinger AG unter der Rubrik »Bild des Tages« ein Foto des Frankfurter Herrenausstatters Möller und Schaar an, bei dem Hunzinger für »Bundesverteidigungsminister Rudolf Scharping für rund 50.000 Mark eingekauft haben« soll, wie die Bildbeschreibung vermerkt, den Medien zum Kauf an. In dieser Krise gab es nur einen Gewinner.

Auch der Verlierer stand fest: Rudolf Scharping war durch sein Verhalten und die Herrenausstatter- und Poolbilder zur Belastung für die Regierung geworden. Gerhard Schröder entzog ihm das Vertrauen. Der Bundeskanzler brauchte für den Rauswurf genau 50 Sekunden. Mit so wenigen Worten war bis dato keine Bundesminister entlassen worden. Rudolf Scharping suchte die Inszenierung und ging mit ihr baden.

Public Relations und Public Affairs verfügen über einen erheblichen Anteil, wenn es um die Erzeugung, Deutung und Verbreitung medialer Meinungsbilder geht – gerade im politischen Raum. Diese Machtfülle ist bei den zahlreichen PR-Instrumenten und Eingriffsmöglichkeiten in den öffentlichen Diskus nicht zu unterschätzen.

Zur Politik gehört die mediale Inszenierung. Sie war und ist fester Bestandteil von ihr. Ohne die Beachtung der Medienregeln lässt sich kaum noch Politik machen: So müssen die schwierigsten Informationen in ein Statement von 30 Sekunden oder ein Interview von 60 Sekunden gepresst werden, ansonsten sind die Beiträge von Politiker:innen nicht sendefähig, da sie nicht in die TV-Formate passen. Zudem müssen immer neue Bilder von Verhandlungen oder Gipfeltreffen erzeugt werden, welche die Situation medial einfangen und den Neuigkeitswert verkaufen lassen. Alles wird von den Kameras eingefangen und den Journalist:innen kommentiert. Und die Politiker:innen müssen ihre Botschaften präzise zuspitzen, um in der Aufmerksamkeitsökonomie Gehör zu finden. Die mediale Inszenierung ist die treibende Kraft. Unsere Demokratie fordert den offenen Wettbewerb von allen politischen Akteur:innen, die um die Gunst des Massenpublikums und somit um Mehrheiten in den Parlamenten ringen müssen. Dieser Wettbewerb führt zu einem Druck der ständigen Selbstpräsentation im medialen Raum. Wahlen lassen sich nur noch medial gewinnen. Die politische Realität ist längst eine Medienrealität. Und unsere Demokratie eine Mediendemokratie.

Zu diesem Spiel gehört auch die Netzwerkarbeit aus »Sehen und gesehen werden«. An den öffentlichen und geheimen Orten der Hauptstadt finden die mal mehr oder weniger vertraulichen Gespräche zwischen den Entscheider:innen aus Politik und Medien statt. Wie eng das Zusammenspiel ist, zeigt ein Lageplan der Berliner Republik.

BERLINER REPUBLIK

KARTE DER MACHT®

REGIERUNGSGEBÄUDE
1. Bundeskanzleramt
2. Bundespräsidialamt
3. Bundesrat
4. Bundestag
5. Presse- und Informationsamt
6. Rotes Rathaus von Berlin

MINISTERIEN
7. Arbeit
8. Auswärtiges Amt
9. Bildung
10. Entwicklung
11. Ernährung
12. Familie
13. Finanzen
14. Gesundheit
15. Inneres
16. Justiz
17. Umwelt
18. Verkehr
19. Verteidigung
20. Wirtschaft

HOTELS
1. Adlon Kempinski, Unter den Linden 77
2. Grand Hyatt Berlin, Marlene-Dietrich-Platz 2
3. Hilton Berlin, Mohrenstraße 30
4. Hotel de Rome, Behrensstraße 37
5. Regent Berlin, Charlottenstraße 49
6. Schlosshotel Berlin by Patrick Hellmann, Brahmsstraße 10 (Grunewald)
7. SO/ Berlin Das Stue, Drakestrasse 1
8. The Weinmeister, Weinmeisterstraße 2
9. The Ritz-Carlton Berlin, Potsdamer Platz 3
10. The Mandala Hotel, Potsdamer Straße 3

MEDIEN
1. ARD
2. Axel Springer Verlag
3. Bertelsmann
4. Burda Medien
5. dpa Deutsche Presse-Agentur
6. epd Evangelischer Pressedienst
7. Frankfurter Allgemeine Zeitung
8. Gruner+Jahr
9. KNA Katholische Nachrichten-Agentur
10. ntv
11. Reuters
12. RedaktionsNetzwerk Deutschland (RND)
13. RTL Television
14. SAT.1 Satellitenfernsehen
15. Spiegel-Verlag
16. Bundespressekonferenz
17. Süddeutscher Verlag
18. taz Verlag
19. Welt Nachrichtensender
20. ZDF

RESTAURANTS
1. Al Contadino Sotto Le Stelle, Auguststraße 36
2. Bandol sur mer, Torstraße 167
3. Bar Tausend, Schiffbauerdamm 11
4. Bocca di Bacco, Friedrichstraße 167/168
5. Borchardt, Französische Straße 47
6. Café am Neuen See, Lichtensteinallee 2
7. Berliner Republik, Schiffbauerdamm 8
8. Einstein, Unter den Linden 42
9. einsunternull, Hannoversche Straße 1
10. Entrecôte, Schützenstr. 5
11. Grill Royal, Friedrichstraße 105b
12. Il Punto, Neustädtische Kirchstraße 6
13. Pauly Saal, Auguststraße 11 – 13
14. Restaurant PARIS-MOSKAU, Alt-Moabit 141
15. Restaurant Tim Raue, Rudi-Dutschke-Straße 26
16. Ristorante Bonfini, Chausseestraße 15
17. Rutz Restaurant, Chausseestraße 8
18. Sale e Tabacci, Rudi-Dutschke-Straße 25
19. Soho House Berlin, Torstraße 1
20. StäV® – Ständige Vertretung, Schiffbauerdamm 8

Die Hunzinger-Affäre war hilfreich für die Kommunikationsbranche, denn sie löste eine Debatte über Ethik und Moral der Public Relations aus. Das Berufsfeld hat sich über die juristischen Vorgaben hinaus auf eine freiwillige Selbstverpflichtung von ethischen Normen verständigt, die den Handlungsrahmen für die Öffentlichkeitsarbeit absteckt. Der Deutsche Rat für Public Relations hielt dazu fest, dass die Vertreter:innen der Public Relations bei ihrer Arbeit auf das Vertrauen der Öffentlichkeit angewiesen sind. Dabei dürfen sie für ihre Auftraggeber:innen konsequent Partei ergreifen, wenn sie deren Glaubwürdigkeit und Reputation sowie die Glaubwürdigkeit des gesamten Berufsfelds nicht untergraben.

Die allgemeinen Voraussetzungen für die Arbeit von Kommunikationsfachleuten sind Transparenz, Integrität, Fairness, Wahrhaftigkeit, Loyalität und Professionalität. Die 15 Kodizes des Deutschen Rates für Public Relations geben den Rahmen für eine ethische Kommunikationsarbeit vor.

Sie stellen eine erste Leitlinie für Agenturen und Pressestellen in Unternehmen, Organisationen und Parteien dar und sollen den Berufs- und Quereinsteiger:innen in Aus- und Fortbildungsprogrammen vermittelt werden, sodass ein grundsätzliches Werteverständnis vorherrscht.

Doch die Wirklichkeit in unserer vernetzten Mediengesellschaft sieht leider anders aus. Hier verschwimmen die klaren Linien immer mehr: So gibt es zahlreiche Journalistinnen und Journalisten, die nebenberuflich als PR-Fachleute ihre Dienste anbieten. Das Gleiche gilt natürlich auch umgekehrt. Zudem gibt es viele Blogger:innen und YouTuber:innen, die längst zu Empfehlungs-Influencer:innen der Industrie geworden sind. Das Nachsehen haben die Verbraucher:innen. Sie können all die Abhängigkeits- und Beziehungsgeflechte hinter den Kulissen der bunten Medienwelt gar nicht mehr nachvollziehen, geschweige denn durchschauen. Hier sollte der Gesetzgeber klare Regeln einführen und sich nicht mehr auf Selbstverpflichtungen stützen, die im Alltag der Social-Media-Wirklichkeit kaum zu überprüfen sind.

In der schnelllebigen Kommunikationsbranche gilt oftmals der vereinfachte Lehrsatz »Der Zweck heiligt die Mittel«. Ein Satz, den der italienische Staatsphilosophen Niccolò Machiavelli prägte. Und der im Übrigen falsch ist: Denn der Zweck heiligt eben nicht alle Mittel. Das Beispiel von Rudolf Scharping belegt, dass die eingesetzten Mittel nicht den Zweck der Reputationssteigerung erfüllten. Ganz im Gegenteil, es war ein PR-Desaster, das jeden ethischen Anspruchs entbehrte. Grundsätzlich gilt, dass man nur mit Ethik, Moral und Werten in Führung gehen kann. Dafür braucht es eine kluge Strategie und den richtigen Einsatz der verschiedenen Instrumente.

Niccolò Machiavelli

(1) PR- und Kommunikationsfachleute sorgen dafür, dass der Absender ihrer Botschaften klar erkennbar ist. Sie machen ihre Arbeit offen und transparent, soweit dies die rechtlichen Bestimmungen und die Verschwiegenheitsverpflichtungen gegenüber den jeweiligen Arbeits- oder Auftraggebern zulassen.

(2) PR- und Kommunikationsfachleute respektieren die Trennung redaktioneller und werblicher Inhalte und betreiben keine Schleichwerbung.

(3) Zuverlässigkeit, Konsistenz und Berechenbarkeit sind Bestandteil integren PR-Handelns.

(4) PR- und Kommunikationsfachleute übernehmen konkurrierende oder einander widersprechende Mandate nur nach Absprache mit den jeweiligen Arbeit- oder Auftraggebern.

(5) PR- und Kommunikationsfachleute trennen Amt und Mandat. Einzelpersonen dürfen in derselben Angelegenheit nicht gleichzeitig im Arbeitsfeld Public Relations und als Journalist oder politischer Mandatsträger tätig werden. PR-Aufträge und journalistische Aufträge sind strikt getrennt zu halten.

(6) PR- und Kommunikationsfachleute respektieren die von der Verfassung garantierten Grundrechte sowie insbesondere die Freiheit und Unabhängigkeit der Medien und beeinträchtigen diese nicht durch unlautere Mittel.

(7) PR- und Kommunikationsfachleute setzen ihre Kommunikationspartner nicht durch die Androhung von Nachteilen unter Druck und beeinflussen sie nicht durch die Gewährung von Vorteilen.

(8) PR- und Kommunikationsfachleute schließen in ihrer Arbeit rassistische, sexistische, religiöse Diskriminierung oder andere menschenverachtende Praktiken aus.

(9) PR- und Kommunikationsfachleute sind der Wahrhaftigkeit verpflichtet, verbreiten wissentlich keine falschen oder irreführenden Informationen oder ungeprüften Gerüchte.

(10) PR- und Kommunikationsfachleute konzentrieren im Bereich der Kapitalmarktkommunikation Ad hoc-Mitteilungen auf erheblich kursrelevante, nicht öffentlich bekannte Umstände, beachten deren Neuigkeitswert und führen nicht durch unwahre oder verschleiernde Angaben in die Irre.

(11) PR- und Kommunikationsfachleute verhalten sich loyal gegenüber ihren Arbeit- oder Auftraggebern, soweit dies keine rechtlichen Bestimmungen und keine ethischen Normen verletzt. Sie vertreten die Interessen ihrer Auftraggeber, bewahren sie vor Schaden und wehren illegitime Ansprüche ab.

(12) PR- und Kommunikationsfachleute verhalten sich gleichermaßen loyal gegenüber ihrem Berufsstand. Sie sind sich dessen bewusst, dass Verstöße gegen rechtliche oder ethische Normen die Arbeitsgrundlagen ihres Berufsfelds untergraben und seinem Ansehen schaden.

(13) PR- und Kommunikationsfachleute respektieren die notwendige Vertraulichkeit von Informationen in Arbeits- oder Kundenbeziehungen, die Voraussetzung für die Bildung von Vertrauen in diesen Beziehungen ist.

(14) PR- und Kommunikationsfachleute beherrschen die Instrumente und Methoden ihres Berufsfelds, sind bereit zu Selbstreflexion und verhalten sich in ihrem Geschäftsgebaren integer.

(15) Die Kenntnis und Beachtung der Kodizes und Richtlinien sind Bestandteil beruflicher Qualifikation und professionellen beruflichen Verhaltens. Sie sind in der Aus- und Fortbildung zu vermitteln.

38
WER DIE REIZ-REAKTIONS-MASCHINE BEHERRSCHT, BESTIMMT DIE AUFMERKSAMKEITSKURVE

WER DIE REIZ-REAKTIONS-MASCHINE BEHERRSCHT, BESTIMMT DIE AUFMERKSAMKEITSKURVE

Überraschungseffekt – Anfallen von mehreren Seiten – Inszenierung eines Theaters – Einbeziehung des Volkes – Nutzung der großen Moral. Nach diesem Muster agieren die Populist:innen und Nationalist:innen in der medialen Öffentlichkeit. Sie bedienen sich der Instrumente, die der preußische General Carl von Clausewitz 1832 für die Kriegsführung entwickelt hat. Der Militärtheoretiker wusste auch um die Gefühlswelten der Menschen: »Den stärksten Anlass zum Handeln bekommt der Mensch immer durch Gefühle.« Dieses Wissen machte sein Werk »Vom Kriege« aus dem Jahr 1832 bis heute zu einem der bekanntesten Bücher für Führungsstrategien. So steht es bei allen Militärakademien, aber auch an der Harvard-Universität, auf dem Lehrplan. Das ist allgemein bekannt. Neu hingegen ist, dass die Strategeme von Clausewitz ihre Anwendung in der politischen Kommunikation finden. Die Populist:innen nutzen dieses militärische Schema für sich.

ÜBERRASCHUNGSEFFEKT. Mit ihren extremen und radikalen Äußerungen und Meldungen versuchen sie, einen Überraschungseffekt zu erzielen. Je größer die Provokation, umso höher die Wahrscheinlichkeit, dass sich die Meldung viral verbreitet. Behauptungen, Täuschungen oder Falschaussagen steigern die Aufmerksamkeit. All das nehmen die Populist:innen in Kauf. Sie wollen nicht die Wahrheit sprechen, sondern eine Empörungswelle im Volk auslösen.

ANFALLEN VON MEHREREN SEITEN. Durch die digitalisierte Gesellschaft mit ihren Social-Media-Kanälen verfügen wir heute über eine noch nie dagewesene Interaktion und Viralität. Eine einzige Botschaft kann in kürzester Zeit eine extreme Reichweite erlangen. Durch den Share-Button ist die Weitergabe einer Nachricht nur noch ein einfacher Mausklick.

Je aktueller, interessanter und provokanter die Nachricht ist, desto mehr Klicks generiert sie. Die Follower und Fans der Populist:innen nehmen jede Nachricht auf und tragen sie bis zur Empörungswelle durchs Netz. Die Nachricht ist plötzlich überall, ohne dass ihre Wahrheit überprüft oder eingeordnet worden ist.

INSZENIERUNG EINES THEATERS. Die klassischen Medien berichten über die Empörungswelle aus dem Internet. Sie greifen das Thema auf und versuchen, die Meldung für ein Massenpublikum einzuordnen. Dabei unterwerfen sie sich der Reiz-Reaktions-Maschine und werden zugleich Teil von ihr.

Eine Untersuchung des ARD-Magazins »Monitor« belegt, dass ARD und ZDF den politischen Scharfmacher:innen die Bühne bereitet haben. 2016 wurden insgesamt 54 Prozent der 141 ausgestrahlten Talkshows im öffentlich-rechtlichen Fernsehen von den Themen Flüchtlingspolitik, Terror und Populismus dominiert. Die entscheidenden Zukunftsthemen, wie Bildung, Forschung, Digitalisierung oder die Neuordnung der digitalen Arbeitswelt, wurden nicht diskutiert, weil diese in den Sendungen überhaupt nicht vorkamen.

Auch die öffentlich-rechtlichen Fernsehsender, die der Informationsgrundversorgung nachkommen sollten, sind von der Aufmerksamkeitskurve getrieben. Erregung statt vertiefter Informationen. Hauptsache, die Einschaltquote stimmt. Und die Populist:innen liefern diese. Sie sind selbst zum Medienereignis geworden. Alle Pressevertreter:innen berichten über ihre Provokationen. Die mediale Theaterinszenierung geht für die Populist:innen auf.

> *Den stärksten Anlass zum Handeln bekommt der Mensch immer durch Gefühle.*
> Carl von Clausewitz

Carl von Clausewitz

EINBEZIEHUNG DES VOLKES. In den Massenmedien verweisen die Demagog:innen auf die Stimmung im Volk, die sie selbst erzeugt haben. Und die Medien verstärken die Inszenierung der Legitimation, da sie dem Volk über die erzeugte Stimmung berichten.

NUTZUNG DER GROSSEN MORAL. Am Ende beanspruchen die Populist:innen die Moral für sich und gebärden sich vor einem Millionenpublikum als Retter:innen des Vaterlandes. Der Kreis schließt sich.

AUFMERKSAMKEITSSTEUERUNG

Die Menschheit des 21. Jahrhunderts befindet sich, ganz nach dem berühmten Pawlowschen Experiment, wo die Glocke und nicht mehr das Futter den Speichelfluss beim Hund auslöst, ebenfalls in einer Konditionierungsfalle. Wir sehnen uns nach der schnellen Nachricht per E-Mail, SMS, MMS, Tweet, Link, Chat, WhatsApp oder über die Social-Media-Kanäle. Und jede Nachricht muss so zugespitzt sein, dass wir ihr Beachtung schenken. Der Physiologe Iwan Petrowitsch Pawlow fand heraus, dass die Reaktion des Speichelflusses beim Hund mit der Zeit zurückging, wenn der Glockenton nicht durch andere Assoziationen an Futter verstärkt wurde. So ist es auch in unserer digitalen Informationsspirale. Die Nachrichten müssen durch eine extreme Zuspitzung aufgewertet werden. Gerüchte, Emotionalisierungen und starke Bilder sind die neuen Wirkungstreiber. In der virtuellen Welt zählen nicht mehr die stichhaltigsten Argumente, sondern die lautesten. Die Populist:innen nutzen diese Medienlogik à la Pawlow für sich. Donald Trump war ihr Meister.

Fake News sind zu einem probaten Mittel der Auseinandersetzung geworden, ob bei den neu entbrannten Glaubenskriegen, an der Wall Street oder in der Politik. Gezielte Falschmeldungen wurden massenhaft im US-Wahlkampf zwischen Hillary Clinton und Donald Trump eingesetzt. In Bruchteilen von Sekunden fanden sie im crossmedialen Massenmarkt ihre Verbreitung. Das Wahlkampfteam von Donald Trump setzte Hunderttausende von Bots in den sozialen Netzwerken ein, um die Agenda und die Stimmung im Wahlkampf für den Republikaner zu beeinflussen. Rund 20 Prozent aller Twitter-Meldungen während des Fernsehduells wurden von automatischen Bot-Systemen, sogenannten Meinungsrobotern, erzeugt. Damit haben Maschinen die politische Stimmungslage der größten Demokratie bearbeitet, und nicht mehr Menschen. Erstmals hat die Künstliche Intelligenz (KI) Einfluss auf die Wähler:innen ausgeübt. Gesteuerte und massenhaft verbreitete Fake News ringen mit belegbaren Argumenten um die Vorherrschaft in den sozialen Netzwerken. Entscheidender Faktor bei der massenhaften Verbreitung ist die Penetranz. Durch ständige Wiederholung werden aus Fake News schnell Fakten. Quelle und Autorenschaft werden von den Rezipient:innen weder hinterfragt noch überprüft. Und je mehr Menschen die Falschmeldung liken, teilen und kommentieren, umso mehr wird sie als wahr angenommen. Immer häufiger bestimmen Emotionen und Stimmungen die Deutungshoheit in einer Gesellschaft. In postfaktischen Zeiten ist den User:innen der Wahrheitsgehalt von News oft egal. Sie liken alles, was ihnen gefällt. Es geht um die Bestätigung der eigenen Meinung. Die neue Währung in der Aufmerksamkeitsspirale des Netzes ist die Erregungswelle. Wer sie erzeugen kann, der hat die Möglichkeit, auf der Stimmung der Massen zu surfen.

Schon Anfang der 1980er Jahre sorgte der US-Ingenieur Robert E. Kahn, der die technologischen Grundlagen für das Internet konzipierte, dafür, dass das amerikanische Verteidigungsministerium rund eine Milliarde Dollar in ein zehnjähriges Forschungsprogramm zur Entwicklung der KI investierte. Er hielt damals fest, dass »die Nation, die das Feld der Informationsverarbeitung dominiert, den Schlüssel zur Weltherrschaft im 21. Jahrhundert« besitzen wird. Die Auseinandersetzungen zwischen Amerika und Russland um die Cyberattacken im US-Wahlkampf belegen diesen Kampf. Die Technik wird immer perfider. Die Tonlage immer schärfer. Donald Trump erklärte in seiner Amtszeit, dass er »sich im laufenden Krieg mit den Medien« befände, obwohl jeder demokratisch gewählte Präsident die Meinungen der anderen zu achten hat. Damit stellte er sich über die Verfassung. Die

Donald Trump

Auseinandersetzung um die Hoheit von Information und Desinformation hatte einen neuen Hohepunkt erreicht.

Die mediale Aufmerksamkeit ist zur wichtigsten Währung im 21. Jahrhundert geworden. Dabei bleibt der Wahrheitsgehalt häufig auf der Strecke. Woran erkennen wir überhaupt noch Qualitätsnachrichten? Durch die Informationsflut bleiben Überprüfungen und Quelleneinordnungen aus. Hinzu kommt, dass auf Facebook, Twitter und Co. alle Nachrichten gleich aussehen: Neben Meldungen aus dem Qualitätsjournalismus stehen die Fake News. Wer soll diesen Unterschied noch erkennen?

Der Kampf um »Alternative Fakten« ist längst nicht mehr nur ein Problem der USA. Auch bei uns werden immer mehr Lügen in den medialen Umlauf gebracht: Anfang 2017 wurde auf Facebook der Mord an einer jungen Frau in Freiburg genutzt, um die Bundestagsabgeordnete Renate Künast mit einem frei erfundenen Zitat zu verunglimpfen. Das gefälschte Zitat »Der traumatisierte junge Flüchtling hat zwar getötet, man muss ihm aber jetzt trotzdem helfen« machte im Netz die Runde und löste eine neue Diskussion um die richtige Flüchtlingspolitik mit Schmähungen und Hasskommentaren aus. Schnell bildete sich eine Nachrichtenwelle, da als Quelle des Zitates die Süddeutsche Zeitung benannt wurde. Die Grünen-Politikerin reagierte schnell. Sie widerrief das Zitat als »frei erfunden« und erstattete Anzeige wegen übler Nachrede gegen die Macher des Widerstandes Deutscher Patrioten sowie gegen Unbekannt.

Verleumdung und üble Nachrede sind von der Meinungsfreiheit des Artikels 5 unseres Grundgesetzes nicht geschützt. Schmähungen haben weder in unserer Gesellschaft noch im Netz etwas zu suchen. Das Darknet ist längst zu einem rechtsfreien Raum geworden. Aber auch geschlossene Gruppen oder Foren im Internet sind zu Radikalisierungsmaschinen verkommen. Die radikalen Kräfte haben Echokammern der Desinformation errichtet, die transnational vernetzt sind und ihre rassistischen Weltanschauungen ungehindert verbreiten. Es braucht eine international gültige Internet-Verfassung, da alle nationalen Gesetze zu kurz greifen. Doch dieses Ziel liegt in weiter Ferne. Bis dahin dürfen Hasskommentare nicht unkommentiert bleiben. Klarheit und Wahrheit alleine reichen nicht mehr; es braucht auch Schnelligkeit und Entschlossenheit, um Falschmeldungen als solche zu entlarven. Das höchste Gebot im Social Web lautet daher, entstehende Informationslücken schnell mit Faktenchecks zu schließen, um möglichen Interpretationsspielräumen entgegenzutreten. Zudem muss der Diskurs mit radikalen Kräften intensiver geführt werden. Die digitalen Echokammern, in denen sich Parallelgesellschaften radikalisieren, müssen aufgebrochen werden.

Doch die Verfolgung von Fake News im Netz ist besonders schwer. Die von Renate Künast erstattete Strafanzeige führte 2019 zu einem Teilerfolg. Ein Schweizer Rechtsextremist wurde vom Berliner Amtsgericht Tiergarten wegen »übler Nachrede und Verleumdung« schuldig gesprochen. Die Grünen-Politikerin kam zu folgender Erkenntnis: »Es ist wichtig, rote Linien zu ziehen und öffentlich zu machen, dass üble Nachrede und Beleidigung Straftatbestände sind.« Auch der öffentliche Diskurs nach dem Vorfall beweist, dass unser duales Mediensystem aus öffentlich-rechtlichen Rundfunkanstalten und privatwirtschaftlichen Medienunternehmen seinen Auftrag der journalistischen Einordnung und Richtigstellung erfüllt. Doch was tun wir mit den Menschen, die an diesem öffentlichen Diskurs nicht mehr teilnehmen, sondern nur noch in ihrer Echokammer verweilen?

Falschaussagen hat es in der Vergangenheit immer schon gegeben und wird es auch in der Zukunft immer geben. Eine Einschränkung der Meinungsfreiheit kann das Problem nicht lösen. Zudem würde die demokratische Staatsform ihre größte Errungenschaft opfern. Unser Grundgesetz schützt die Meinungsfreiheit und untersagt die Zensur. Eine Überreaktion

Renate Künast

bei diesem Grundrecht wäre unverhältnismäßig. Wer kann schon von sich behaupten, die vollständige Wahrheit zu kennen? Ansonsten wären wir sehr schnell bei der Umsetzung eines »Wahrheitsministeriums« wie im Roman »1984« von George Orwell. Vielmehr müssen sich die demokratischen Kräfte dem kritischen Diskurs auf den vielen unterschiedlichen Kanälen der Informationsgesellschaft stellen. Sie sollten ihren Blick nicht ausschließlich auf die Oberfläche der Internetseiten werfen, sondern die dahinterliegenden IT-Programme und deren Vernetzung betrachten.

Der Fall von Renate Künast hat eine viel größere Dimension. Die Meinungsvielfalt aller Menschen zu ermöglichen, ist die Errungenschaft des Internets. Doch die größte Schwäche des World Wide Web ist ein fehlendes Regelwerk – insbesondere für die Internetgiganten. Die Betreiber von Social-Media-Plattformen diktieren den Meinungsmarkt, tragen aber keine Sorgfaltspflicht für die Wahrhaftigkeit der Informationen und sind im Notfall, wie im Fall Künast, nicht zu erreichen und juristisch nicht zu belangen. Wir können die Tech-Konzerne, auf deren Plattformen die Hasskommentare und Verleumdungen stattfinden, nicht aus der Verantwortung lassen. Denn bei den US-Firmen fallen auch solche Aussagen unter die Meinungsfreiheit. Ein schwerer Konstruktionsfehler des Internets. Die mächtigsten Technologiefirmen und wertvollsten börsennotierten Unternehmen der Welt, die sogenannten Big Five, Google, Facebook, Microsoft, Amazon und Apple glauben ausschließlich an die Macht der Algorithmen. Sie gehen davon aus, dass das permanente Sammeln aller Datenflüsse automatisch zu einer Art Wahrheitsauslese führt.

So sammelt und analysiert Facebook pro Nutzer:in rund 7.000 verschiedene Verhaltensmuster und erstellt von seinen Milliarden Aktiven ein umfassendes »algorithmisches Imperium«, erklärt Vladan Joler, Leiter des Share Lab der Universität Novi Sad. Mit diesen Datenmengen und ihren hinterlegten Algorithmen versuchen die beiden Onlinegiganten Facebook und Google eine Objektivität der Neuzeit zu erzeugen. Bei den User:innen haben sie dies schon erreicht. Wenn es um die Informationsgewinnung geht, lassen sich die meisten Nutzer:innen bereits von den Vernetzungs- und Suchvorschlägen der beiden Monopolisten führen. In den Newsfeeds finden die User:innen die Informationen, die der Algorithmus von Facebook für sie ausgewählt hat. So wählen die künstlichen neuronalen Netze aus, was für die einzelne Person interessant ist und relevant werden könnte. Einträge, die besonders hoch gelistet sind, erzeugen bei den Nutzer:innen fälschlicherweise einen hohen Qualitätszuspruch – nur die ersten zehn Ergebnisse bei einer Suchanfrage sind entscheidend. Alle weiteren Einträge finden wenig bis keine Beachtung und gelangen daher nicht ins Bewusstsein der Menschen. Die Suchmaschine ist zu einem Engpass geworden.

Erstens ist es fraglich, welche Geldmittel eingesetzt werden müssen, um immer ganz oben gelistet zu sein. Zweitens bleibt entscheidend, welche Auswahl der Algorithmus trifft und wie dieser programmiert wurde. Doch genau darüber schweigen sich die Internetgiganten aus.

Die enorme Datensammelwut stellt schließlich deren Grundlage dar. Mittels einer mathematischen Funktion können die Systeme von Facebook und Google einschätzen, auf welche Inhalte ihre Nutzer:innen anspringen. So bestehen alle User:innen aus einer Zahlenreihe, die ihr Kommunikationsverhalten und ihre Vorlieben erfasst, um künftige Handlungsmuster errechnen zu können. Bei den beiden Konzernen handelt es sich längst nicht mehr nur um Anbieter von Internetplattformen. Google und Facebook sind die wichtigsten und größten Forschungseinrichtungen der KI geworden. Schon heute wissen die sozialen Netzwerke mehr über uns als wir über sie.

Und wir alle nutzen die kostenlosen Plattformen und bezahlen mit unseren Daten schon heute einen sehr hohen Preis,

> *Es ist wichtig, rote Linien zu ziehen und öffentlich zu machen, dass üble Nachrede und Beleidigung Straftatbestände sind.*
>
> Renate Künast

ohne dass uns die langfristigen Konsequenzen bekannt sind. Die Algorithmen der beiden Internetgiganten sind zum Nadelöhr der Meinungsvielfalt geworden. Wir überlassen der Künstlichen Intelligenz von zwei Konzernen die Steuerung unserer Kommunikation. Viele Jahre vor der Gründung von Google und Facebook formulierte 1963 der Medienphilosoph Marshall McLuhan: »Nicht der übertragene Inhalt, sondern die Charakteristiken eines Mediums bestimmen die gesellschaftliche Wirkung.« Google wird vertraut. Die privatwirtschaftliche Suchmaschine ist mit Sätzen wie »Das muss ich googeln« in unseren Sprachgebrauch übergegangen und steht für viele Menschen für ein neutrales Internet. Ein fataler Irrglaube. Dagegen hat Facebook den Nimbus der Unschuld längst verloren. Mit dem Vorfall von Cambridge Analytica, die rund 50 Millionen Facebook-Profile für den US-Wahlkampf von Donald Trump eingesetzt hatten, wurde das ganze Ausmaß des Datenmissbrauchs sichtbar. Die Datenmengen sind zum entscheidenden Rohstoff des 21. Jahrhunderts aufgestiegen. So flossen nach offiziellen Berichten von Juli bis Dezember 2016 insgesamt 5,9 Millionen Dollar von dem Trump-Team an Cambridge Analytica. Der ehemalige US-Präsident hat das Zeitalter des Datenkapitalismus eröffnet. Wer die Daten besitzt, kann nicht nur die Massenkommunikation steuern, sondern auch die Politik. Schon heute belegen Studien diese Machtverschiebung. Eine Untersuchung konnte darstellen, dass der Algorithmus von Facebook die Persönlichkeiten und Dispositionen von Menschen besser einschätzen kann als deren Arbeitskolleg:innen, Freund:innen, Eltern und Lebenspartner:innen. Insgesamt nahmen 86.220 Freiwillige, die alle über einen Facebook-Account verfügten, an der Studie teil. Das Ergebnis war eindeutig: Je öfter eine Testperson den Like-Button bei Facebook geklickt hatte, umso genauer wurde die Prognose des Algorithmus über die Person. So benötigte Facebook nur zehn Likes der Zielperson, um die Vorhersagen der Arbeitskolleg:innen zu übertreffen. Um besser abzuschneiden als die Freund:innen waren 70 Likes nötig. Bei 150 stellte die Maschine die eigenen Eltern der Testperson in den Schatten. Und bei 300 Likes weiß der Internetgigant mehr über Sie als Ihre Partnerin oder Ihr Partner.

Der größte Veränderungs- und Anpassungsdruck für alle Organisationen liegt in der permanenten digitalen Datenverarbeitung und deren Folgen. Die Grundvoraussetzung des Dataismus ist der ständige Datenfluss, den wir in unserer digitalen Netzwerkgesellschaft sicherstellen. Damit hat der Dataismus die bestehenden Spielregeln des Humanismus auf den Kopf gestellt. Yuval Noah Harari, Professor für Weltgeschichte an der Hebrew University, verweist auf die aktuelle und schleichende Machtverschiebung von den Menschen auf die Algorithmen, die von den neuen Möglichkeiten der Technologie befeuert wird. Nach seiner Vorstellung sitzt nach dem Kommunismus und dem Liberalismus nur noch ein ernst zu nehmender Kandidat im Wartezimmer der Geschichte: der Dataismus. Eine Hightech-Religion, die weder Heilige noch Menschen verehrt, sondern nur den unendlichen Datenströmen huldigt. Die Tech-Gemeinde hat die menschliche Erkenntnispyramide auf den Kopf gestellt. »Bislang galten Daten«, so Harari, »lediglich als der erste Schritt in einer langen Kette geistiger Aktivität. Man ging davon aus, dass Menschen aus Daten Informationen gewannen, Informationen in Wissen verwandelten und Wissen in Klugheit. Dataisten dagegen glauben, dass Menschen die ungeheuren Datenströme nicht mehr bewältigen können und deshalb Daten nicht mehr zu Informationen und schon gar nicht mehr zu Wissen oder Klugheit destillieren können. Die Arbeit der Datenverarbeitung sollte man deshalb elektronischen Algorithmen anvertrauen, deren Kapazitäten die des menschlichen Gehirns weit übertreffen. Dataisten sind also, was menschliches Wissen und menschliche Klugheit angeht, skeptisch und vertrauen lieber auf Big Data und Computeralgorithmen.« Da den meisten Menschen die Umkehrungstheorie der Dataisten und der Quantensprung durch die KI verborgen bleibt, gibt es keinen Austausch zwischen den Dataisten und den Nicht-Dataisten. Es handelt sich um zwei Röhren, die nicht miteinander kommunizieren

> *Wir müssen die Prinzipien verteidigen, die das Netz erfolgreich gemacht haben.*
>
> Tim Berners-Lee

können. Daher bleibt bei den Nicht-Dataisten nur ein Gefühl des Unverständnisses. Was uns fehlt, ist eine Transferleistung zwischen diesen beiden Röhren. Denn der Dataismus hat kein geheimes Machtzentrum, sondern speist sich aus der Flut unserer profanen Entscheidungen aus Neugier, Bequemlichkeit und Vorteilsuche, die sich manifestieren, indem wir über unsere WhatsApp-Gruppe mitteilen, dass wir wieder Single sind, auf Parship die Liebe unseres Lebens suchen, auf Facebook unsere Freund:innen zur Hochzeit einladen, auf Instagram unsere Hochzeitsbilder hochladen, bei YouTube ein Video von der Geburt unseres ersten Kindes einstellen, bei Google den besten Kindergarten vor Ort suchen, danach bei Amazon den ersten Schulranzen bestellen und am Ende unsere eigene Beerdigung buchen. Viele Menschen haben ihre Privatheit aufgegeben und führen ein Onlineleben. Alles wird in einem nicht enden wollenden Datenfluss übergeben. Und diese Daten, die zur wertvollsten Ressource geworden sind, geben wir Tag für Tag, kostenlos und ohne Einfluss zu nehmen, an die Big-Data-Konzerne im Silicon Valley ab. Der größte Teil der Menschheit ist zum Datenlieferdienst für die Big Five geworden.

Im 20. Jahrhundert stand die menschliche Überlegung am Anfang, heute stehen die Daten am Anfang. Sie sind die Grundlage jeder Recheneinheit. Und zugleich sind die Daten zur verbindenden Klammer von Wirtschaft, Wissenschaft und Gesellschaft geworden. Jetzt führen uns die Quantencomputer in eine neue Epoche.

Die Qubits der Quantencomputer haben sich von den binären Codes aus »0« und »1« befreit und sind nun für alle vorstellbaren Überlagerungszustände offen. Dadurch wird eine Verarbeitung von gigantischen Datenmengen möglich. Dieser Paradigmenwechsel wird unendliche Zwischenstufen des Wissens eröffnen, die sich schneller vernetzen, überlagern und immer wieder neu verschränken lassen als je zuvor. Schon in wenigen Jahren wird sich die Menschheit in der Quantenwelt bewegen. Auf diesen neuen entscheidenden Einflussfaktor müssen Organisationen sich vorbereiten. Doch hinter dem Dataismus wird ein schwarzer Schatten immer deutlicher, der die Menschheit bereits im 20. Jahrhundert in ihre schwerste Krise stürzte: der Propagandismus. Die Diktatoren dieser Zeit nutzten die Propaganda, um die Massen in ihrem Sinne zu beeinflussen und zu steuern. Heute bedarf es keiner Massenpropaganda mehr, sondern einer gezielten Mikropropaganda, die bestimmte Personenkreise mit Falschinformationen und Verleumdungen infiltriert, um die gewünschten Effekte zu erzielen. Die Gesellschaft ist gezwungen, sich mit den Techniken der digitalen Mikropropaganda aus Falschaussagen, Fake News, Bild- und Videomanipulationen sowie Verleumdungskampagnen auseinanderzusetzen. Der Einfluss von Dataismus und Mikropropaganda nimmt weiter zu. Wie zwei Kraken umschließen der Dataismus und die Mikropropaganda alle Bereiche unseres Lebens. Besonders problematisch ist, dass die Mikropropaganda im Internet gezielt ausgespielt wird, sodass sie für die Bevölkerung nicht ersichtlich ist. Zudem können die Algorithmen die User:innen genauer ansteuern und deren Aktionen immer besser berechnen. So lassen sich Erregungswellen im Netz erzeugen.

Für den Begründer des World Wide Webs, Tim Berners-Lee, steht das Internet längst am Scheideweg. Das Netz, welches er für den Wissensaustausch aufgebaut hat, dient schon lange nicht mehr als Plattform für die Völkerverständigung, sondern wird immer häufiger für Hass, Verleumdung und Falschinformationen missbraucht. Der Wissenschaftler hat die Machtkonzentration im Internet früh erkannt. Seit 2009 tritt er mit seiner World Wide Web Foundation für ein freies, offenes und allgemein zugängliches Internet ein. Seine Forderung ist eindeutig: »Wir müssen die Prinzipien verteidigen, die das Netz erfolgreich gemacht haben.« Daher arbeitet er seit 2018 an einer Magna Carta für das Internet. Bislang mit wenig Resonanz. Doch genau dieses Regelwerk wäre die einmalige Chance für Europa. Amerika hat seine Internetgiganten im Silicon Valley aufgebaut, die ausschließlich dem freien Wettbewerb unterliegen, der schon lange nicht mehr frei ist, weil sie ihn beherrschen. China

Tim Berners-Lee

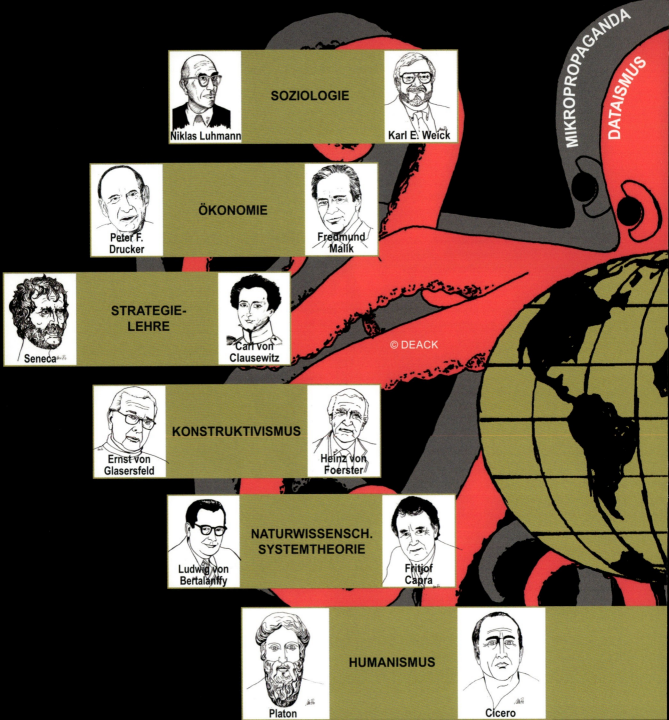

hat ebenfalls seine Internetgiganten aufgebaut, die jedoch alle unter der Kontrolle der Regierung stehen. Datenkapitalismus auf der einen Seite – Datenüberwachung auf der anderen Seite. Diese beiden Ansätze schließen ein globales Regelwerk aus. Wenn die Bevölkerung Europas nicht nur der Datenlieferant für die US-Internetgiganten sein will, muss die EU ihren eigenen Weg gehen und den Vorstellungen von Berners-Lee folgen. Europa sollte eine Magna Carta für ein freies und offenes Netz schaffen, in dem die Privatsphäre und die persönlichen Daten, ebenso wie der gleichberechtigte Austausch und die Urheberrechte, geschützt sind, und das auch zügig umsetzen. Ein gleichberechtigtes Internet hätte die Chance, die klügsten Köpfe aus Forschung, Wissenschaft, Kultur und Kunst für Europa zu gewinnen und zugleich eine neue Form der Zusammenarbeit und gleichberechtigten Kommunikation zu schaffen. Einen humanistischen Wettbewerb im digitalen Datenraum zu fördern, wäre ein kluger Ansatz, um den US-amerikanischen und chinesischen Allmachtsphantasien offensiv entgegenzutreten. Damit würde Europa die demokratischen Grundwerte im virtuellen Raum sichern und Deutschland im Plattformkapitalismus einen sichtbaren Beitrag für die soziale Datenwirtschaft im Netz leisten. Die Internetgemeinschaft könnte dadurch von der Nutzung ihrer Daten profitieren.

VIRALE NARRATIVE

Kommunikation ist zu dem entscheidenden Schmierstoff unserer digitalen Gesellschaft geworden. Politik und Wirtschaft bedienen sich der Narrative, um Gesellschaft und Märkte zu beeinflussen. Bei einer genauen Betrachtung der Weltwirtschaftskonjunktur fällt auf, dass sie die gleichen Phasen durchläuft wie die Aufmerksamkeitsökonomie: Aufschwung, Boom, Abschwung und Niedergang. Der Ökonomie-Nobelpreisträger Robert J. Shiller zeigte auf, dass die Kommunikation ein entscheidender Treiber für Rezessionen wie für wirtschaftliche und politische Umbrüche ist. Die Weltwirtschaftskrise von 1929 hat sich als ein moralisches Versagen der Gesellschaft durch die damaligen wilden Partys, die neuen Musik- und Tanzstile sowie den Konsum von Drogen ins Bewusstsein eingebrannt. All diese Erscheinungen haben mit wirtschaftlichen Indikatoren nichts zu tun. Vielmehr haben Moralist:innen, Prediger:innen und reaktionäre Politiker:innen den großen Börsencrash als Folge des Sittenverfalls in der Gesellschaft gegeißelt. Die mediale Verbreitung der kollektiven Schuld der Bevölkerung beeinflusste die Ökonomie nachhaltig: Nach dem Crash folgte eine lange und tiefe Depression, da die Menschen zehn Jahre nach dem Trauma des Ersten Weltkriegs ihren Mut endgültig verloren hatten. Die Legendenbildung der Sittenwächter:innen verschärfte den wirtschaftlichen Niedergang mit dem Scheitern der Weimarer Republik und beförderte zugleich den Aufstieg der Nationalsozialist:innen. Das radikale Gedankengut der Nazis, bestehend aus Zucht, Ordnung, Rasse und Uniform, war salonfähig geworden. Die Massen werden gelenkt. Mit der Steuerung der Deutungshoheit werden heute nicht nur Wahlen, sondern auch Börsenkurse bestimmt.

> *Neue ansteckende Narrative verursachen ökonomische Ereignisse und ökonomische Ereignisse verändern Narrative.*
> Robert J. Shiller

Es sind die Narrative, welche die Wirtschaft am stärksten beeinflussen. »Neue ansteckende Narrative verursachen ökonomische Ereignisse und ökonomische Ereignisse verändern Narrative.« Mit den Narrativen meint der Wirtschaftsprofessor von der Universität Yale, Robert J. Shiller, nicht die klassischen Erzählformen, sondern die Interpretationen und Einordnungen, welche die Menschen aus den Medien oder den sozialen Netzwerken entnehmen, um die Ereignisse aus Politik und Wirtschaft besser einordnen zu können. Dabei haben alle Geschichten, die eine moralische Botschaft beinhalten, wie der instrumentalisierte Sittenverfall der 1920er Jahre, eine besonders starke Wirkung auf die Gesellschaft. Shiller hielt dazu fest: »Ich habe immer das Gefühl, dass Ökonomen etwas in ihren Berechnungen vergessen, nämlich: dass die Menschen Vorfälle nie einfach nur hinnehmen, sondern auch interpretieren, und das ist eine essentielle Tatsache. Die Leute wollen eine Geschichte, ein Narrativ.« Bei seinen Untersuchungen beruft sich Shiller auf den britischen Ökonomen John Maynard Keynes, der schon 1936 festhielt, dass wirtschaftliche Entscheidungen zum größten Teil aus emotionalen Gefühlen und weniger aus rationalen Überlegungen getroffen werden. Aus diesem Grund sollten sich die Wirtschaftswissenschaftler:innen stärker an den Geisteswissenschaftler:innen orientieren, so Shiller. Die Psychologie des Einzelnen und des Marktes sowie deren Kommunikationsmechanismen werden entscheidend für neue Erklärungsmuster sein: Denn die Ökonomie der Zukunft besteht aus einem Backend der Datenströme und einem Frontend der bunten Geschichten. Am Ende wird der Datenkapitalismus unsere kommunikative Infrastruktur steuern.

Donald Trump hat dieses System nicht nur verstanden – er lebt es. Für seinen ersten Wahlkampf hat er die notwendigen Daten gekauft. Daten, welche die Ansichten von Abermillionen Amerikaner:innen kennen und wissen, welche Wechselwähler:innen gelenkt werden müssen. Trump ließ ihre Internetseiten mit seinen Inhalten fluten. Es waren die Daten, die ihm die Türen zu den Wechselwähler:innen öffneten, und es waren seine Inhalte, die ihm Einlass gaben. Erst war er auf ihren Social-Media-Kanälen, dann im Weißen Haus. Und Donald Trump hatte schon lange vor der Präsidentschaftskandidatur sein eigenes Narrativ geschaffen. Mit seiner Reality-Castingshow »The Apprentice« wurde Trump zum Fernsehstar in Amerika. Später trat er beim World Wrestling Entertainment in der Show »Battle of the Billionaires« gegen dessen Besitzer Vince McMahon an und besiegte ihn. Doch nicht der Sieg, sondern die Demütigung, die Trump seinem Gegner beibrachte, blieb der amerikanischen Bevölkerung im Gedächtnis: Er rasierte den Verlierer und ließ ihn mit einem kahlen Kopf zurück. Seth Grossmann, Reality-TV-Produzent, erklärte 2015 der New York Times, warum Donald Trump als Präsidentschaftskandidat alle Träume eines Produzenten erfüllen würde: »Fernsehbosse suchen nach überdimensionierten Persönlichkeiten, die offen ihre Meinung sagen und keinerlei Angst vor Konflikten haben.

Robert J. Shiller

Selbstreflexion stört nur. Diese Leute zeigen Charakter durch Konflikte, und je größer das Ego, desto tiefer der Konflikt, desto besser die Show.« Diese Lektion hat Trump verinnerlicht. Er zeigte seine Show, die nicht nur an der Wall Street, sondern auch in der Politik funktionierte. Robert J. Shiller fasste die Politik von Trump in einem Satz zusammen: »Donald Trump weckt die animalischen Instinkte, die die Wirtschaft antreiben.«

Der 45. US-Präsident, der Zeit seines Lebens sein ganz eigenes Ego-Spiel vorantreibt, schaffte es Tag für Tag, über seinen Twitter-Kanal eine Erregungswelle für sich zu erzeugen. Je radikaler sein Tweet, desto größer die Aufmerksamkeit. Seine Kurznachrichten wurden weltweit von den Medien verbreitet. Er setzte einen Tweet ab, die Zeitungen druckten ihn auf die Titelseiten und TV-Sender zeigten ihn in der Prime Time. Mit der Vernetzungsdichte der analogen und digitalen Kommunikationsmedien ist ein sich selbst aufschaukelndes System entstanden. Selbst zahlreiche Medienvertreter:innen unterliegen dem neuen Regelwerk der digitalen Aufmerksamkeitsökonomie: Sie schauen in Foren und Blogs und folgen bestimmten Twitter-Kanälen, um die Nachricht als erste weiterzuleiten. Eine grundlegende Einordnung oder Kommentierung bleibt aus. Auch ihnen reicht es, die Empörungswelle zu reiten. Donald Trump beansprucht für sich, täglich an der Spitze der viralen Aufmerksamkeitsökonomie zu stehen.

Sein Narrativ funktionierte, weil es großen emotionalen Widerhall in der Bevölkerung fand. Der Plan ging auf, weil einflussreiche Social-Media-Plattformen wie Facebook und Twitter, ultrakonservative Radiosender im ganzen Land und Medien der extremen Rechten wie Breitbart, One America News, The Gateway Pundit sowie der meistgesehene Kabel-Nachrichtensender der USA, Fox News, die unzähligen Geschichten von Trump auf ihren Kanälen immer und immer wieder ausstrahlten. Aus der Werbewirkung wissen wir, dass häufige Wiederholungen zu einer Verinnerlichung beim Publikum führen, die ihrerseits den Bekanntheitsgrad und den Nachrichtenwert steigern. Mit der

Platon

gezielten Penetrationsstrategie wurden die Lügen für Millionen wahr. Für die Nachrichtenunternehmen lohnten sich die Geschichten von und über Donald Trump: Die Quoten stiegen, die Werbegelder sprudelten und der politische Einfluss wurde immer größer. Trump beeinflusste seine getreuen Medien und diese beeinflussten seine Politik.

Der US-amerikanische Journalismus-Professor Jeff Jarvis von der City University of New York brachte es auf den Punkt: »Donald Trump ist ein Produkt der US-Medien.« Mit dieser Projektion aus Bekanntheit, Reichtum und Machtbesessenheit wurde ein Millionenpublikum, ohne es zu bemerken, immer tiefer in Platons Höhle geführt. Die 88,7 Millionen Twitter-Follower von Trump fungierten als Quotentreiber für den TV-Sender Fox News des Medienmoguls Rupert Murdoch. Ein Paralleluniversum zur Wirklichkeit entstand.

Der Faktencheck ergab, dass Donald Trump in seiner Amtszeit über 20.000 Mal gelogen hat und diese Lügen flächendeckend über Twitter, Facebook, Instagram und Snapchat verbreitete. Studien belegen, dass falsche Storys auf Twitter im Vergleich zu wahren Geschichten sechs Mal häufiger retweetet werden. Dabei müssen die Tweets über neue Informationen verfügen und von einer bekannten Persönlichkeit stammen.

Wenn die Kurznachricht noch zugespitzt oder gar aggressiv formuliert ist, dann hat die Meldung eine hohe Ansteckungsrate. Der Ex-Präsident hatte sein virales Werkzeug gefunden. Das Höhlengleichnis des griechischen Philosophen ist in Trumps Amtszeit zur Wirklichkeit geworden. Platons Höhlengleichnis ist die Darstellung eines Lernvorgangs: Gefangene, die sich in einer Höhle befinden, erblicken von Dingen, die hinter ihrem Rücken gezeigt werden, nur die Schatten an der Wand. Diese Schatten werden durch ein Feuer an der Höhlenwand abgebildet und von den Gefangenen als real empfunden. Erst mit der Befreiung einer einzelnen Person kann diese die Wahrheit erkennen. Bei ihrer Rückkehr kann sie die anderen nicht von ihren neu gewonnenen Erkenntnissen überzeugen. Die Realität außerhalb ihrer Höhle bleibt ihnen verschlossen. Platon fasst sein Gleichnis in einem zentralen Satz zusammen: »Die Augen an sich sehen nicht; es verhält sich so, dass wir durch unsere Augen sehen.« Nur wenn wir uns bemühen, die Welt mit den Augen der anderen zu sehen, können wir wirklich Neues erblicken. Vielen bleibt dieser Perspektivwechsel verschlossen. Die Anhänger von Trump hatten sich in ihrer Höhle häuslich eingerichtet. Hier fanden sie ihre verlorene Wirklichkeit wieder. Und Trump führte sie immer tiefer in die Höhle. Der Wahlkampf zwischen Joe Biden und Donald Trump hat das Land tief gespalten. Mit Trumps Angriffen auf die Verfassung ging die letzte gemeinsame Verständigung verloren. Der Dialog riss ab. Mit der Abwahl von Donald Trump veränderte sich allmählich die Berichterstattung. Erst verlor er die politische Macht, dann seine Medienmacht. Fox News ging auf Distanz, Twitter kennzeichnete Falschaussagen von Trump mit Warnhinweisen. In dieser Zeit wurde aus dem Kurznachrichtendienst ein Medium. Nun ordnete der Messengerdienst wie alle objektiven Nachrichtenunternehmen Trumps Meldungen ein und kommentierte diese. Die Trump-Show schien zu Ende. Doch der scheidende Präsident hielt an seiner Mär vom Wahlbetrug fest und griff zu seinem letzten Mittel: Er peitschte seine Anhänger auf. Der Protest wurde über die zahlreichen Social-Media-Plattformen organisiert. Verblendet und voller Hass stürmten die Trumpisten das Kapitol. Als ihr Marsch auf den Stufen des Kongresses scheiterte, gingen sie auf die anwesenden Journalist:innen los. Mit ihrem Angriff auf die Medienvertreter:innen folgten sie ihrem Einpeitscher, der die »Journalisten als Feinde des Volkes« denunziert hatte. Viel zu spät reagierten die sozialen Medien. Erst mit dem Sturm auf die Demokratie sperrten Twitter und Facebook die Accounts von Donald Trump.

Für das Fehlverhalten der sozialen Kanäle fand der weit über die USA hinaus bekannte Risikoinvestor Chris Sacca, der in einer Frühphase in Twitter, Uber oder Instagram investiert hatte,

Die Augen an sich sehen nicht; es verhält sich so, dass wir durch unsere Augen sehen.

Platon

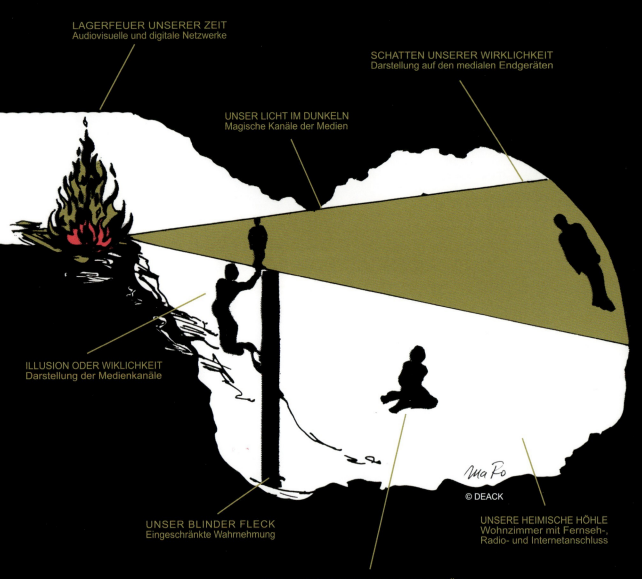

eindeutige Worte. An die Adresse der Chefs von Twitter und Facebook, Jack Dorsey und Mark Zuckerberg, schrieb er: »An euren Händen klebt Blut. Vier Jahre lang habt ihr diesen Terror rationalisiert. Anstiftung zum gewaltsamen Verrat ist keine freie Meinungsäußerung.« Die Welt hat viel zu lange die Untätigkeit der sozialen Netzwerke zugelassen: Über ihre Plattformen wurden die Lügen veröffentlicht. Über ihre Plattformen wurden die Hasstiraden verbreitet. Über ihre Plattformen wurde der Angriff organisiert.

Mit dem Sturm auf das Kapitol ist die televisuelle Welt erwacht. Ab nun sind die sozialen Medien als klassische Medienunternehmen einzustufen. Sie müssen die vollständige Verantwortung für die Meldungen auf ihren Kanälen übernehmen. Die strategische Verantwortungslosigkeit muss ein Ende haben.

Während über ein neues Regelwerk gestritten wird, geht die Arbeit in den Maschinenräumen der Aufmerksamkeitsökonomie weiter. Bei den lautstarken und tendenziösen Kommunikationskonzernen ist man längst auf der Suche nach einem neuen Narrativ. Ihr Suchprofil steht schon fest: eine überdimensionierte Persönlichkeit, die den Konflikt entfachen kann. Ihr Programm bleibt einfach: »Je größer das Ego, desto tiefer der Konflikt, desto besser die Show.« Die Gesellschaft sollte bei dieser Show wachsam bleiben.

AGENDA-SETTING-PROZESS IN DEN VIER PHASEN DER AUFMERKSAMKEITSÖKONOMIE

Wer Zuspruch für seine Überzeugung bekommen will, muss diese auf den zahlreichen Marktplätzen der Aufmerksamkeitsökonomie sichtbar machen. Platzieren Sie Ihre Überzeugung, Ihr Produkt oder Ihre Dienstleistung im Freundeskreis, in der Nachbarschaft, auf Veranstaltungen, in Vorträgen oder in der breiten Öffentlichkeit durch Presseartikel, Beiträge im Radio, Fernsehen und Blogs oder in den sozialen Netzwerken.

Kommunikation ist ein mühsames Geschäft: Information für Information, Nachricht für Nachricht, Botschaft für Botschaft muss sie ihren Weg in die verschiedenen Medien finden. Nur langsam werden sich Ihre Meldungen dort verbreiten. Beachten Sie die Vier Phasen der Aufmerksamkeitsökonomie. Erst wenn ein Thema eine bestimmte Relevanz erreicht hat, wird es von den Medien aufgenommen und verbreitet. Meistens fängt man ganz klein an. Nichts kommt von alleine. Beobachten Sie den Medienmarkt. Welche Themen werden wie und in welcher Form veröffentlicht? Besteht die Möglichkeit, dass Sie Ihr Thema an ein medienrelevantes Thema koppeln? Die PR-Expert:innen sprechen hier vom Agenda Surfing, das heißt, dass Sie die Aufmerksamkeitskurve nicht aus eigener Kraft bearbeiten, sondern sich an bestehende Themen anhängen. Beim Agenda Setting versuchen Sie, selbst die Aufmerksamkeitskurve für Ihr Thema zu erzeugen. In diesem Fall brauchen Sie einen aufmerksamkeitsstarken Aufhänger. Das Thema muss relevant sein, damit die Menschen darüber sprechen. Bekannte Persönlichkeiten haben es leichter ein Thema in den Medien zu platzieren, da die bloße Bekanntheit ihnen Aufmerksamkeit verleiht. Auch die Zuspitzung der Aussage kann helfen einen Themenschwerpunkt im öffentlichen Diskurs zu setzen.

Meistens benötigen Sie zahlreiche Maßnahmen, Aktionen und Kanäle, die dem Thema Aufschwung verleihen. Daher sollten Sie ein Kommunikationskonzept entwickeln, welches Sie in die Lage versetzt, einen solchen Kurvenverlauf zu entfalten. Bedenken Sie dabei auf jeden Fall, dass eine Aufmerksamkeitskurve nicht nur ansteigt, sondern auch sehr schnell wieder abfällt. Überlegen Sie genau, welches Thema für welche Medien relevant ist und welche Zielgruppe Interesse zeigen könnte. Daher ist es ratsam, eine ganze Kette von Kommunikationsmaßnahmen zu planen, umzusetzen und crossmedial auszuspielen.

Die Aufmerksamkeitskurve unterliegt großen Schwankungen. Eine einzige Eilmeldung kann in Bruchteilen von Sekunden die Nachrichtenlage und damit die Märkte verändern. Ein Thema steigt auf – ein anderes fällt ab. So wie eine Aktie an der Börse, die sich ebenfalls an der Nachrichtenlage orientiert. Die Bearbeitung der Aufmerksamkeitskurve ist zu einer kontinuierlichen Marktbearbeitung geworden. In unserer globalen Welt ist die Aufmerksamkeitsökonomie zu der treibenden Kraft aufgestiegen.

AGENDA-SETTING-PROZESS IN DEN

AGENDAHÖHEPUNKT
Maximale Aufmerksamkeit in der Publikums- & Medienagenda

KUMMULATIONS-MODELL
Eine erhöhte Berichterstattung führt zu einer höheren Platzierung des Themas in der Publikumsagenda

2 BOOM

1 AUFSCHWUNG

BECHLEUNIGUNGS-MODELL
Die Öffentlichkeit reagiert besonders stark auf ein Thema und trägt es weiter

SCHWELLEN-MODELL
Ein Mindestmaß an Berichterstattung ist notwendig, um auf die Publikumsagenda zu gelangen

EINS. AUFSCHWUNG.

Ein Thema wird als interessant wahrgenommen. Die Relevanz steigt. Die Massenmedien greifen das Thema auf.

Wenn es Ihnen gelingt, Ihr Thema aus eigener Kraft zu setzen und Diskussionen in der Öffentlichkeit anzustoßen, spricht man von Agenda Setting. Es sollte Ihnen gelingen, Ihr Thema in der für Sie wichtigen Zielgruppe zu platzieren. Die angesprochene Zielgruppe nimmt das Thema auf und trägt es weiter.

ZWEI. BOOM.

Das Thema ist nun in aller Munde. Die maximale Aufmerksamkeit ist erreicht. In dieser Phase sollten Sie aktiv werden und Ihre Aspekte zu dem Thema platzieren. Hier spricht die Public Relations (PR) vom Agenda Surfing. Es gelingt Ihnen, auf die aufsteigende Welle der Aufmerksamkeitskurve zu springen und mit Ihrem Thema auf der Nachrichtenwelle zu surfen. Hierzu sollten Sie die verschiedenen Mediengattungen nutzen und passgenaue Meldungen platzieren.

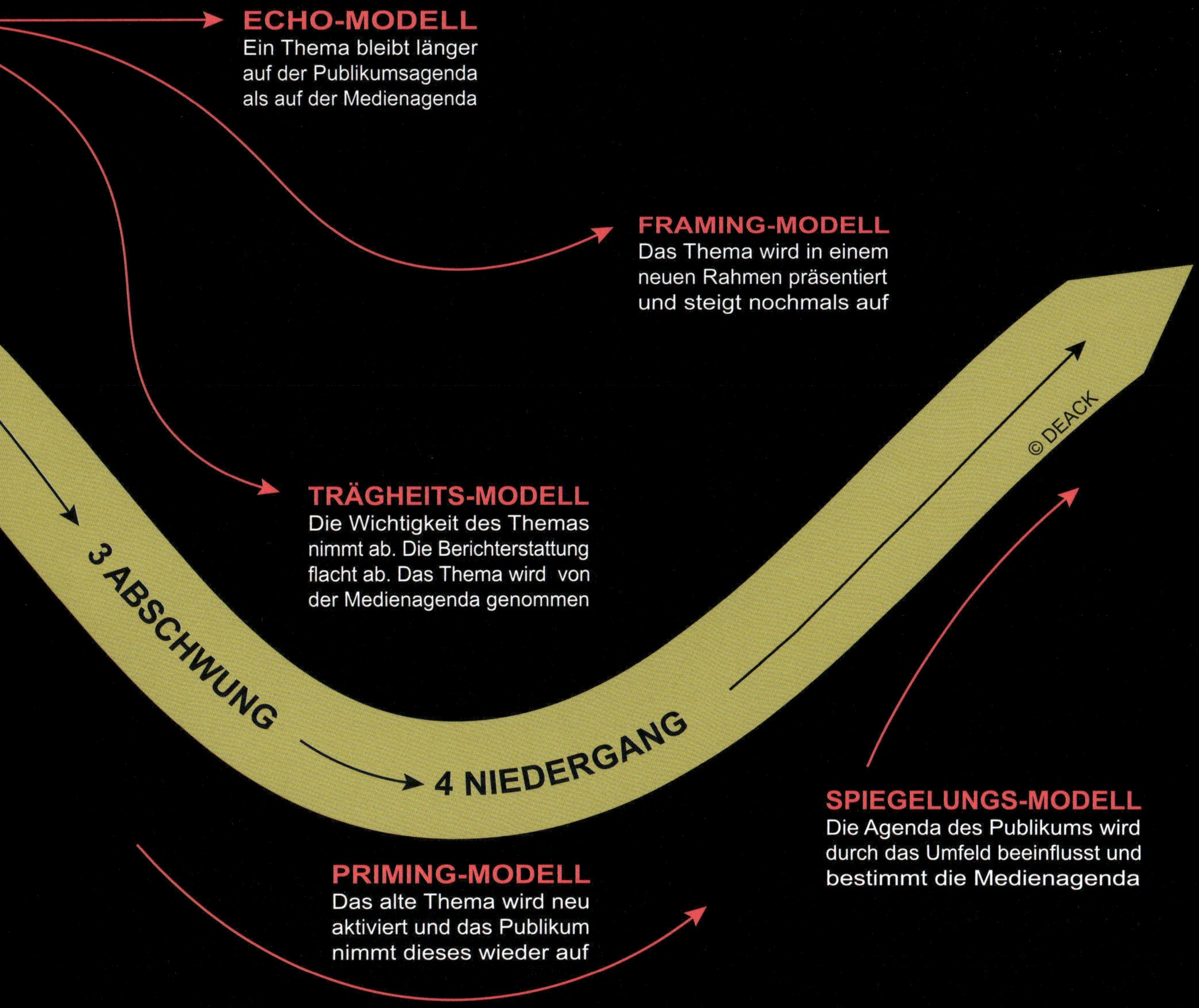

ECHO-MODELL
Ein Thema bleibt länger auf der Publikumsagenda als auf der Medienagenda

FRAMING-MODELL
Das Thema wird in einem neuen Rahmen präsentiert und steigt nochmals auf

TRÄGHEITS-MODELL
Die Wichtigkeit des Themas nimmt ab. Die Berichterstattung flacht ab. Das Thema wird von der Medienagenda genommen

3 ABSCHWUNG

4 NIEDERGANG

SPIEGELUNGS-MODELL
Die Agenda des Publikums wird durch das Umfeld beeinflusst und bestimmt die Medienagenda

PRIMING-MODELL
Das alte Thema wird neu aktiviert und das Publikum nimmt dieses wieder auf

© DEACK

VIER PHASEN DER AUFMERKSAMKEITSÖKONOMIE®

DREI. ABSCHWUNG.
Das Interesse an dem Thema nimmt immer weiter ab. Die Relevanz ist nicht mehr gegeben. Alle Aspekte wurden beleuchtet.

In dieser Phase können Sie letzte Informationen streuen oder sich um eine Verlängerung des Themas mit einem neuen Ansatz bemühen.

VIER. NIEDERGANG.
Die Geschichte ist auserzählt. Das Thema ist uninteressant. Sie müssen einen neuen Themenkomplex finden und diesen erneut am Medienmarkt platzieren. In Krisensituationen ist der Niedergang von Vorteil: Eine Krise kann einen Aufmerksamkeitsverlauf von bis zu drei Wochen haben. Danach können die Medien und die Öffentlichkeit dem Thema nichts Neues mehr abgewinnen. Ausgenommen sind schwere Katastrophen, verheerende Kriege oder eine globale Pandemie.

39
TÖTE DEN STILLSTAND, UM VERÄNDERUNGEN ZU ERZIELEN

TÖTE DEN STILLSTAND, UM VERÄNDERUNGEN ZU ERZIELEN

Das Jahr 1952 ist lange vorbei. Und die Errungenschaften aus dieser Zeit sind ebenfalls verblasst: Wählscheibentelefone und schwarz-weiße Röhrenfernseher gibt es nicht mehr. Auch der VW Käfer läuft schon lange nicht mehr vom Band. Doch die Bild-Zeitung hat als auflagenstärkste Boulevardzeitung aus diesem Jahr überlebt. Tag für Tag prägt und polarisiert sie mit ihrer Millionenauflage das Meinungsbild in Deutschland. Axel Springer konzipierte nach dem Vorbild der britischen Presse sein Blatt mit einer einfachen Sprache und meinungsstarken Fotos für die Massen. Die provokanten Headlines auf der Titelseite ließen Springer schnell zum einflussreichsten und umstrittensten Verleger Deutschlands aufsteigen. Mit der Bild-Zeitung hatte er die Lizenz zum Gelddrucken erfunden. Die Auflage stieg von Jahr zu Jahr. Und mit der Auflagenzahl kletterten die Anzeigenpreise ins Unermessliche. Doch mit der massenhaften Verbreitung des Internets brach dieser Wachstumsmarkt zusammen. Jahr für Jahr sinkt nun die Auflage.

Die Digitalisierung treibt nicht nur die Gesellschaft, Politik und Wirtschaft zu radikalen Veränderungen, sondern in erster Linie waren die Verlagshäuser mit ihren Printprodukten betroffen. Ihr altes Geschäftsmodell wurde von der Digitalisierung untergraben. Wer die Zeichen der Zeit frühzeitig erkannt und gehandelt hat, steht heute erfolgreich da. Doch wer am Ende den Sieg einfahren will, muss am Anfang in den schmerzhaften Prozess des Übergangs investieren. Friede Springer tat dies.

Nach dem Tod ihres Mannes Axel Springer holte sie den jungen Mathias Döpfner an die Spitze des Konzerns. Dieser hatte zahlreiche Aufgaben zu meistern: Strukturen ordnen, Prozesse optimieren und ein Bewusstsein für die digitale Transformation schaffen. Mit Besessenheit und Leidenschaft kämpfte Mathias Döpfner gegen die Beharrungskräfte im veralteten und erfolgsverwöhnten Verlagshaus für ein zukunftsfähiges Medienunternehmen. Seine gesamte Kraft steckte er in die Dringlichkeit einer Digitalisierungsstrategie. Dafür war es notwendig, diese im ganzen Unternehmen zu platzieren. Als CEO musste er sich an die Spitze des Veränderungsprozesses stellen und diesen vorantreiben. Denn so viel ist klar: Changeprojekte lassen sich nicht delegieren. Change ist Chefsache.

Die Systemspitze hat die Aufgabe, die Vision der digitalen Transformation zu leben und zu vermitteln, damit sie ihr Team in das Risiko des schmerzhaften Übergangs führen kann, um am Ende die Marktfähigkeit des Unternehmens erheblich zu verbessern. So hat Döpfner auf die Kraft seiner kommunikativen Wirksamkeit gesetzt.

Trotz der allgemeinen Erkenntnis, dass die Kommunikation Veränderungsprozesse entscheidend antreibt, bleibt sie oftmals unberücksichtigt. Gerade die strategische Changekommunikation wird bei deutschen Unternehmen unterschätzt und somit sträflich vernachlässigt. Dabei belegen Studien, dass mehr als 50 Prozent der Changeprojekte an schlecht gemanagter Kommunikation scheitern. Es liegt an dem Unvermögen, für Klarheit und Wahrheit zu sorgen und das notwendige Engagement in der Belegschaft für den Wandel einzufordern. Dabei gelingen Transformationsprozesse, wenn der Dialog hochgefahren wird: Projekte mit effektiver Kommunikation erreichen ihre Ziele zu mehr als 80 Prozent. Mathias Döpfner hat alle möglichen Kommunikationsformen genutzt, um den Konzernumbau voranzutreiben.

So nahm er auch den größten Festakt des Unternehmens zum Anlass, seine Zukunftsvision zu verkünden. Er hielt zum 100sten Geburtstag von Axel Springer eine bemerkenswerte Rede: Es handelte sich einerseits um eine würdige Laudatio, die in einem virtuellen Zwiegespräch zwischen ihm und dem bereits verstorbenen Verlagsgründer aufgebaut war, und andererseits war es eine Changerede, wie sie in Deutschland noch nie gehalten wurde. Schonungslos offen führte er die Belegschaft und die internationalen geladenen Gäste in eine neue Zeit, ohne dabei die Werte und DNA des Axel-Springer-Konzerns über Bord zu werfen.

Als Mathias Döpfner die Bühne betrat, fiel zuerst sein Kleidungsstil auf: Der Mann, der bei solchen Anlässen stets in maßgeschneiderten Anzügen in Erscheinung trat, trug nun

Sneakers, Jeans und T-Shirt und hatte einen Hoodie übergeworfen. Seine nonverbale Kommunikation sagte mehr als 1.000 Worte. Und so gab es bei dieser Laudatio kein Rednerpult, keine Blumendekoration und auch kein übergroßes Portrait von Axel Springer, welches die Bühne überragte. Nur ein einfacher Stuhl und eine lieblos hingestellte PET-Wasserflasche auf dem schlichten Küchentisch waren zu sehen. Nicht die Deko, allein der Inhalt stand im Zentrum. Ganz nach dem verlagseigenen Werbe-Motto: »Content is king and the medium is a fucking message.« So klappte Mathias Döpfner auf dieser nüchternen Bühne sein Laptop auf und begann mit seiner sehr persönlichen Aussprache mit dem Verlagsgründer. Und alle durften an diesem Tag dem Zwiegespräch beiwohnen:

»Sehr geehrter Herr Springer, ne, zu förmlich. Kann ich ja gleich ›Sehr geehrte Damen und Herren‹ schreiben, ne, verehrter Gründer unseres Verlages, ja, ne, das geht überhaupt nicht. Steif und anbiedernd.

Verehrter, sehr geehrter, hochmögender vielleicht noch, lieber. Lieber. Lieber Axel, ja, Axel, aber per Sie. Das ist es. Das hat Ernst Kramer immer so angelsächsisch gesagt. Aber irgendwie hat's auch einen falschen Ton. Ich meine, wir kannten uns gar nicht. Ich glaub' auch bei diesem hanseatischen Siez-Du muss eigentlich immer der Ältere anfangen. Und er ist jetzt auch noch tot. Oh Gott, ne, also ich glaub, ne. Ich mach die Anrede zum Schluss. Komm. Fang' einfach mal an jetzt.

Heute wären Sie 100 Jahre alt geworden. Aus diesem Anlass möchte ich mich zum ersten Mal schriftlich an Sie wenden. Ich weiß nicht, wo und wie Sie diesen Brief zur Kenntnis nehmen, aber ich bin sicher, dass er Sie erreicht. Zunächst möchte ich mich vorstellen. Mein Name ist Mathias Döpfner. Seit zehn Jahren bin ich jetzt, wie Sie vielleicht wissen, Vorstandsvorsitzender Ihres Unternehmens. Ganz oft in diesen zehn Jahren habe ich Sie angesprochen, in Gedanken, versucht zu ergründen, wie Sie wohl gedacht, wie Sie wohl an meiner Stelle entschieden hätten. Und überhaupt versucht rauszufinden, wie Sie so gewesen sind ... gewesen sind, Mensch, sind, nich snid. Ach, diese scheiß Tastatur. Pfff. Ich glaube, ich nehme jetzt mein iPhone, diktiere das Ganze Siri, die macht bestimmt weniger Fehler, als wenn ich selber hier tippe.

Verehrter Herr Springer, leider haben wir uns ja nie persönlich kennengelernt. Als Sie starben, im Herbst 1985, war ich Anfang 20, schrieb über ein Shirley-Bassey-Konzert und Mozart-Schallplatten im Feuilleton der FAZ und, ehrlich gesagt, für Springer habe ich mich damals überhaupt nicht interessiert. Bild kannte ich nur aus dem Schulunterricht. Zur Vorbereitung aufs Hessen-Abitur gab's von unseren Lehrern, die wir duzen mussten, Französische Revolution und Sexualkunde satt. Und zwischendurch die Erkenntnis: Bild lügt. Also, Herr Springer, ich gehörte damals nicht zu den ganz vielen, die Sie bekämpft haben, sondern, viel schlimmer, ich gehörte zu den ganz wenigen, denen Springer einfach egal war. Ich wusste nix.

Verehrter Herr Springer, leider haben wir uns ja nie persönlich kennengelernt. Leider – wirklich? Vielleicht ja auch ›Gott sei Dank.‹ Ich meine, vielleicht hätten wir uns ja überhaupt nicht verstanden? Vielleicht hätten Sie mich längst rausgeschmissen? Ich mein', nach zehn Jahren kann man einander leicht überdrüssig werden und ich glaub' zehn Jahre haben Sie es doch so gut wie niemandem, mit niemandem Ihrer Angestellten ausgehalten, oder? Das Gute aber ist, weil wir uns niemals persönlich kennengelernt haben, konnten wir auch nie voneinander enttäuscht sein. Unsere Beziehung war eine theoretische, virtuelle, ideelle und sofern, insofern, auch ideale Beziehung. Ich meine, ich hab' in Ihnen das gesehen, was ich über Sie gehört, von Ihnen gelesen oder an Spuren von Ihnen bei uns im Unternehmen entdeckt habe und vor allen Dingen habe ich in Ihnen das gesehen, was ich in Ihnen sehen wollte. Ich meine, unverbrüchlicher kann Wertschätzung nie sein, weil sie ja nie durch die Konfrontation mit der Realität enttäuscht werden kann. Ich bin damals naiv, geschichtslos, fast geschichtsblind in Ihr Unternehmen gekommen. Jeder Bürobote wusste mehr über Sie, Ihr Wesen, Ihre Überzeugungen, Ihr Lebenswerk. Ich meine, Ihre Blätter hatten damals das Image vom Zentralorgan für pensionierte Ritterkreuzträger und Oberförster. Aber ich dachte mir, wenn einer diesen Verlag gründen konnte, der Richard-Tauber-Fan war und der eigentlich Operettensänger werden wollte, dann kann ihn ja auch vielleicht einer führen, der ursprünglich davon träumte, Karriere als Jazzbassist zu machen. Es ist immer ganz gut, unterschätzt zu werden. Leider wurde ich damals von der deutschen Presse in einer Sache überschätzt: Meine Karriere als Vorstandsvorsitzender von Axel Springer, so hieß es damals, verdankte ich allein der Tatsache, dass ich Ihre Frau, Friede Springer, mit meinen strahlend blauen Augen beim virtuosen Chopin-Klavierspiel bezirzt habe. Also, erstens,

Friede Springer bezirzen, das konnten nur Sie, und zweitens, ich spiele genauso Chopin auf dem Klavier, wie meine Augen blau sind – nämlich gar nicht.

Aber, Herr Springer, ich wäre Ihnen dankbar, wenn die Sache mit Chopin unter uns bleiben würde. Die Falschmeldung hat mir schon manches Mal sehr geholfen. Aber warum Friede Springer mich dann damals tatsächlich eingestellt hat, das weiß ich immer noch nicht so genau. Ich meine, es muss 'ne Verzweiflungstat gewesen sein, zumal Sie, Herr Springer, und das darf ich heute mal so deutlich sagen, Ihrer Frau ja nun alles andere als ein geordnetes Haus hinterlassen haben. Ich meine, wissen Sie, was damals für Witze über Ihren Verlag erzählt worden sind? Ich mein', einen der härtesten habe ich neulich bei der Verabschiedung eines langjährigen Vorstandskollegen zum Entsetzen der Gäste erzählt. Ich erzähle ihn jetzt nochmal. Herr Springer, treffen sich drei Haifische und unterhalten sich über die liebsten Jagdreviere. Sagt der eine: Also ich jage am liebsten vor den Stränden von Hawaii. Da gehen diese hawaiianischen Mädchen ins Wasser. Das ist das zarteste Fleisch, das ich je gegessen habe. Sagt der Zweite: Also ich bevorzuge Australien. Barrier Reef. Ja, da sind diese jungen Surfer. Das ist so ein knackiges Muskelfleisch. Mhm. Und dazu noch diese Surfbretter. So schön crunchy. Ooohh. Sagt der Dritte: Also ich muss sagen, ich jage am liebsten vor den Küsten von Sylt. Sylt? Wie bitte? Aber da ist es doch ganz kalt! Ja, sagt er, aber dafür gehen da die Führungskräfte von Springer ins Wasser und das ist das köstlichste, was ihr je gegessen habt. So 'ne riesige Fettleber und absolut kein Rückgrat.

Axel, die gut..., ääh, Herr Springer, die gute Nachricht ist, dass, äh, in den letzten Jahren die Witze über Ihren Verlag deutlich schlechter geworden sind. Aber die beste Nachricht ist, dass Friede Springer damals das testosterongesättigte Redaktions-Rodeo beendet hat. Die ihr nach dem Tod übertragene Minderheit von 25 Prozent der Aktien durch geschickte Zukäufe wieder zu einer soliden Mehrheit ausgebaut hat, dass sie die zerstrittenen und zerklüfteten Gesellschafterstrukturen wieder neu geordnet hat und vor allen Dingen, dass sie aus diesem Intrigantenstadl wieder einen erfolgreichen Verlag gemacht hat. Das, was damals viele als ›wirre Entscheidung eines Greises auf dem Totenbett‹ kritisiert haben, erweist sich heute als ziemlich weise. Übrigens auch im Sinne des Shareholder Value. Aber woher wussten Sie, dass ausgerechnet diese, anfangs von so vielen machohaft und herablassend belächelte Friede Springer die Kraft dazu haben würde? Es muss diese Mischung aus Intuition und Intellekt gewesen sein. Diese von so vielen Zeitgenossen beschriebene Gabe, dem eigenen Gefühl zu folgen. Überhaupt, Gefühl, Intuition, Intellekt über alles zu stellen. Ja. Also, Ihre Feinde haben Sie dafür gehasst. Aber Ihre Leser und Mitarbeiter haben Sie dafür geliebt. Je mehr ich im Laufe meiner Verlagszugehörigkeit über Sie erfahren habe, desto widersprüchlicher, aber in gewisser Weise auch desto stimmiger, wurde das Bild, das ich von Ihnen gewonnen habe. In vielem habe ich Sie bewundert, in manchem blieben Sie mir auch fremd. Etwa in der fast feudalistischen Selbstherrlichkeit Ihres Hofes samt Hofstaat. Oder in der Autorität Ihrer sprunghaften Entscheidungen. Und in der Eitelkeit des vom eigenen Sendungsbewusstsein ergriffenen jungen Helden. Ja, aber wirklich bewundert habe ich Sie vor allem für die Kraft, mit der Sie die Anfeindungen Ihrer Zeit ertragen haben. Ein Hass, wie ihn wohl kein anderer Deutscher nach dem Zweiten Weltkrieg je wieder erlebt hat. Ich meine, in den sechziger und siebziger Jahren waren Sie doch der Antizeitgeist schlechthin. Antikommunismus, deutsche Wiedervereinigung, Marktwirtschaft und dann auch noch Ihr Einsatz für Amerika und vor allem Israel. Ich meine, schlimmer ging's nimmer. Aber woher, woher hatten Sie die Kraft, mit diesen Anfeindungen zu leben, ohne einzuknicken. Ohne daran zu zerbrechen, obwohl Sie doch eigentlich ein zutiefst verletzlicher, weicher, anerkennungssüchtiger Mensch sind? Oder waren? Ich meine, Sie wollten doch, dass alle nett zueinander sind. Und Sie wollten doch vor allem selbst geliebt werden, oder? Wie haben Sie diesen Hass, diese negative Energie ertragen? Also, bestimmt nicht durch asketische Lebensentsagung. Ich meine, also, ein Heiliger waren Sie ja wohl nie. Eher Hedonist. Ganz nach Oscar Wilde: ›Ich habe einen ganz einfachen Geschmack: Ich bin immer mit dem Besten zufrieden.‹ Champagner hier, Kaviar dort, feinstes englisches Tuch, französische Fayencen, Traumhäuser auf der ganzen Welt und alle tanzten nach Ihrer Pfeife und die abgelegten Ehefrauen wurden auch noch vom Generalbevollmächtigten entsorgt. O Gott, das kann ich jetzt nicht bringen. Nee, das geht nicht. Das geht zu weit. Nee. Auf der anderen Seite – liest ja keiner, bleibt ja unter uns.

Lieber Axel Springer, Sie sind nicht ein Held der übermenschlichen Stärke. Sie sind mein Held der menschlichen Schwäche. Einer, der seine Schwächen, Zweifel und Ängste hatte und hasste, aber immer dann überwand, wenn es wirklich darauf ankommt und, lieber Axel, Sie haben's wenigstens krachen lassen. Sie haben Ihr Leben gelebt, aus vollen Zügen genossen. Anders als die Vorsichtigen, die Moderaten, die Taktierer. Die Vorsichtigen haben doch gelebt wie Kunstblumen. Das ist praktisch, aber langweilig. Plastikblumen blühen immer, aber nie richtig. Und sie duften nicht. Die wirken verblüht, ohne je geblüht zu haben. Axel, du warst ein Immerblüher, der nach Leben roch. Und dass du dabei nicht nur Spaß hattest, sondern auch noch Erfolg, das werden Sie dir nie verzeihen, äh, ich meine, Ihnen nie verzeihen. Ach, immer alles nehmen. Aber auch immer alles geben. Sie waren maßlos. Maßlos leidenschaftlich, und dafür liebe ich Sie.

Lieber Axel, ja, ich bleibe jetzt bei dieser Anrede. Lieber Axel, ich muss leider zum Schluss kommen. Ich muss mich umziehen. Da draußen warten ungefähr 1.000 Menschen die gekommen sind, um Ihren 100sten Geburtstag zu feiern. Mitarbeiter, Weggefährten, Freunde und Feinde und viele, die Sie, so wie ich, nie persönlich kennengelernt haben. Die meisten erwarten jetzt einen ehrwürdigen Festakt mit feierlichen Reden von Merkel, Obama und dem Papst. Ja, die hätten es schon mindestens sein müssen zu diesem Anlass. Aber wir wollten es anders machen. Als Revue. Ich mein, Ihr Leben war doch kein Festakt. Eher 30 Hollywoodfilme. Larger than life. Aufregend. Bewegend. Manchmal komisch, manchmal tragisch, manchmal großspurig, aber niemals kleinkariert. Leidenschaftlich. Bunt. Klug. Unterhaltsam. Leise und laut. Wie Ihre Blätter. Wahrhaftig und widersprüchlich. Das Leben als Revue. Passt besser zu Ihnen, fanden wir.

Ihr

Mathias Döpfner«

Mit dieser Rede führte er seinen Konzern in die digitale Transformation – subversiv, kreativ und kompromisslos. Er verkaufte die Regionalzeitungen, investierte in Onlineangebote, gründete digitale Start-up-Firmen und machte auch vor dem Personal keinen Halt. Die »Digital Ignorants« wurden durch »Digital Natives« ersetzt. Die Einschnitte waren klar, eindeutig und manchmal für die Betroffenen sehr hart. Aber genau diese Entscheidungen führten zu dem Ergebnis, dass der Axel Springer-Konzern heute über ein digitales Content-Geschäftsmodell verfügt. Die Erlösmodelle des Zeitungsgeschäfts wurden auf das Internet übertragen: Monetarisierung der gesamten Inhalte sowie Rubriken- und Werbeerlöse auf allen digitalen Plattformen.

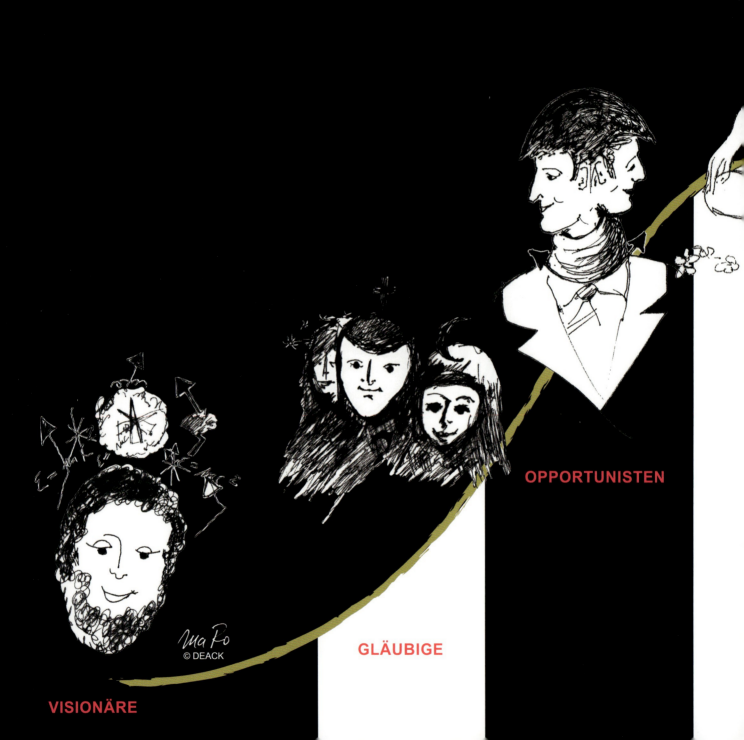

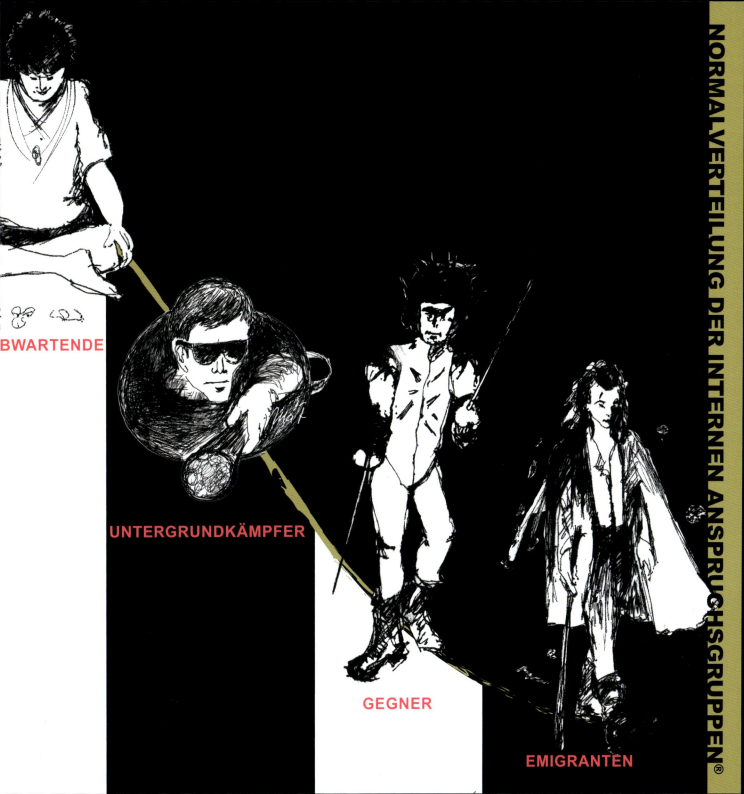

Die neuen Angebote wurden anhand von Methoden wie Product Discovery oder Design Thinking entlang der Lean-Start-up-Philosophie entwickelt und mit agilen Arbeitsweisen nach Scrum umgesetzt, dann mit den Kund:innen in iterativen Schleifen verbessert und am Ende durch schnelle Netzwerke implementiert. So gelang es, innerhalb von sieben Jahren den dominanten Geschäftsanteil von Print auf Digital zu verschieben. Heute gehört der Axel Springer-Konzern zu den Digitalisierungsvorreitern in Deutschland. Die zielstrebige Changekommunikation von Mathias Döpfner machte, im Gegensatz zu der vieler anderer CEOs, den Unterschied aus: Als Vorbild hat er ein klares Ziel benannt und zugleich den Sinn für die Neuausrichtung gestiftet.

CHANGEKOMMUNIKATION

Die digitale Transformation, welche Gesellschaften, Unternehmen und Individuen zu bewältigen haben, wird immer schneller und komplexer. Um diesen Anforderungen gerecht zu werden, sind Changeprozesse zur Normalität geworden: Veränderung gehören zu unserem Alltag. Sie kommen in allen Unternehmen der verschiedensten Größen und Branchen vor. Veränderungsprozesse haben die Aufgabe, Lösungen von gravierenden Problemen zu generieren oder die systematische Weiterentwicklung einer Organisation voranzutreiben. Häufig steht die zukünftige Marktfähigkeit im Zentrum des Change. Das ist absolut richtig. Doch leider ist es nur die halbe Wahrheit. Das notwendige Gegenstück, die interne Unternehmensbetrachtung, wird meistens sträflich vernachlässigt. Jede Organisation stellt ein soziales System dar. Die meisten Manager:innen scheitern nicht an ihrer strategischen Ausrichtung, sondern an dem sozialen System. Denn menschliches Verhalten ist ungleich komplexer als die Entwicklung einer abstrakten Strategie. Erfolgreiche Changeprojekte und deren Kommunikationsausrichtung lassen sich nicht einfach übertragen. Jeder Veränderungsprozess muss individuell gestaltet und auf das soziale System und dessen Individuen abgestimmt werden. Hierbei ist auf die kulturellen und sozialen Faktoren, wie auf die Unternehmenswerte und betriebswirtschaftlichen Rahmenbedingungen, zu achten. Im Mittelpunkt aller Überlegungen müssen die Mitarbeiter:innen stehen, die den Wandel mitgestalten sollen. Hierbei sollte jedoch mit einer weit verbreiteten Fehleinschätzung aufgeräumt werden: Die Belegschaft ist keine homogene und auch keine pflegeleichte Zielgruppe, welche die von ihr erwarteten Verhaltensänderungen einfach so umsetzt. Sobald ein Veränderungsprozess ausgerufen wird, werden ganz verschiedene Gruppen auf den Plan treten. Es handelt sich um sehr individuelle Anspruchsgruppen. Von den Visionären, Gläubigen, Opportunisten, Abwartenden und Untergrundkämpfern über die Gegner bis hin zu den Emigranten treten unterschiedliche Charaktere hervor. Die

Chef:in

Veränderungen sind positiv, da sie die Anpassung im Markt und an die Gesellschaft ermöglichen

Sparen ermöglicht höhere Gewinne

Rationalisierungen sichern auf lange Sicht die Arbeitsplätze

Stillstand bedroht das Unternehmen

Grafik verdeutlicht Ihnen einen groben Querschnitt durch die internen Anspruchsgruppen eines Unternehmens. Für all diese Gruppen sind Kommunikations- und Beteiligtenstrategien zu entwickeln. So sollten zum Beispiel die Gegner stärker eingebunden werden, da diese die Schwachstellen des Unternehmens sehr genau kennen. Das Ziel muss es sein, mit ihnen gemeinsam an deren Beseitigung zu arbeiten. Allerdings ist auch noch ein anderer Punkt zu beachten: Die Geschäftsführung muss sich

> **Mitarbeiter:in**
>
> **Veränderungen sind negativ, da sie Unruhe bringen und Halt und Orientierung verloren gehen**
>
> **Sparen reduziert die Einkommen der einzelnen Mitarbeiter:innen**
>
> **Rationalisierungen vernichten schnell Arbeitsplätze**
>
> **Stillstand wird als Sicherheit empfunden**

mit der Sichtweise der Belegschaft auseinandersetzen. Denn von vielen Mitarbeiter:innen wird ein Veränderungsprozess als hoher emotionaler Spannungszustand empfunden, da mit ihm neue Anforderungen und Leistungsansprüche verbunden sind. Das löst bei vielen Beschäftigten Stress aus. Je nach Erfahrungshintergrund kann das bis zu Existenzängsten führen. Insbesondere die Kommunikationsabteilung muss die unterschiedlichen Sichtweisen innerhalb der Organisation klar machen und eine Brückenbaufunktion einnehmen. Hier ist ein hoher Vermittlungsaufwand notwendig. Die Tabelle verdeutlicht die unterschiedlichen Perspektiven, die in einem dialogischen Prozess zusammengeführt werden müssen. Die richtige Gestaltung des Kommunikationsmanagements zwischen allen Beteiligten ist der zentrale Schlüssel zum Erfolg des Veränderungsprozesses. Und hierbei ist nicht der Monolog des Visionärs, sondern der Dialog zwischen den verschiedenen Anspruchsgruppen und Wissensträger:innen im Unternehmen gemeint. Schon der chinesische Philosoph Laotse hat zwischen dem 3. und 4. Jahrhundert vor Christus eine sehr einfache, aber bis heutige gültige Grundformel für die notwendige Verinnerlichung durch Beteiligung verfasst: »Sage es mir – und ich werde es vergessen. Zeige es mir – und ich werde mich daran erinnern. Beteilige mich – und ich werde es verstehen.« Doch genau dieser Beteiligungsprozess ist sehr aufwendig: Er kostet viel Zeit, Geld und Kraft. Darum scheuen zahlreiche Manager:innen vor dem Aufwand zurück. Sie brauchen meist schnelle Erfolge für sich und ihre Aktionär:innen. Ein schwerer Fehler. Denn gute Changemanager:innen planen einen soliden Beteiligungsprozess und wissen, dass dieser mit einem Produktivitätseinbruch einhergeht, um ein höheres Ziel zu erreichen.

Durch eine glaubwürdige Kommunikationsstrategie kann der Leistungsabfall erheblich abgemildert und die Veränderungstiefe schneller erreicht werden. Hierbei kommt der Systemspitze eine zentrale Rolle zu: Sie muss für eindeutige Ziele sorgen, in den Dialog treten, die Sorgen und Ängste der Belegschaft ernst nehmen, und das Wissen für neue Handlungsoptionen bei den Mitarbeiter:innen fördern und selbst mit gutem Beispiel vorangehen. Wichtig ist der Hinweis, dass alle sozialen Systeme beim Wandel eine Eigendynamik entwickeln, die den ursprünglichen Plan jederzeit verändern können; darauf muss das Changemanagement schnell und flexibel reagieren. Die Changekurve verdeutlicht die einzelnen Schritte, die individuell an die Organisation angepasst werden müssen. Eine glaubwürdige Kommunikationsstrategie kann die Produktivitätslücke im Changeprojekt erheblich schließen und den Veränderungsprozess beschleunigen.

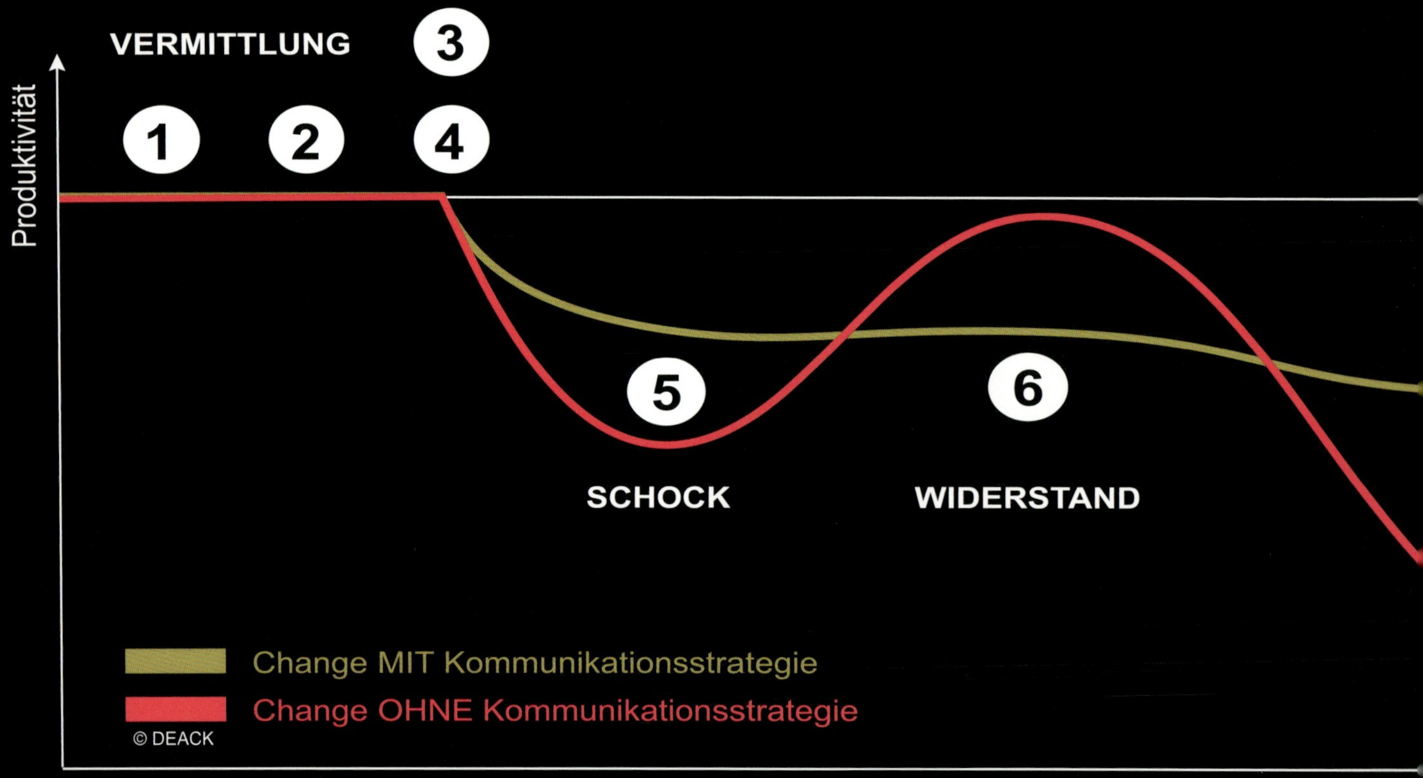

VERMITTLUNG ③

① ② ④

Produktivität

⑤ SCHOCK

⑥ WIDERSTAND

— Change MIT Kommunikationsstrategie
— Change OHNE Kommunikationsstrategie
© DEACK

EINS. Eine Vision für den Wandel ist zu entwerfen. Zudem müssen die übergreifenden Rollen im interdisziplinären Changeteam klar sein. Denn Veränderungsprozesse folgen keiner Ressortlogik. Es sind verschiedene Disziplinen im Changemanagement gefragt: Führung, Projektmanagement, Personalarbeit, Kommunikation, Wissensmanagement und Moderation müssen zusammenwachsen. Damit hat das Changeteam die Möglichkeit, neue agile Arbeitsformen auszuprobieren und diese in der Organisation zu implementieren.

ZWEI. CEOs sollten in einem Changeprozess sinnstiftend agieren. Sie sollten als Changeleader in Erscheinung treten und ihr gesamtes Handeln in den Dienst des Wandels stellen.

DREI. Das Ziel des Wandels muss für alle Stakeholder:innen glaubwürdig und nachvollziehbar vermittelt werden. Es sollte ein prominenter Anlass gewählt werden, um die Notwendigkeit und Dringlichkeit des Wandels zu untermauern.

VIER. Die Veränderungsstrategie ist eng mit einer Kommunikationsausrichtung zu koppeln. Ein Kommunikationskonzept für den Changeprozess sollte vorliegen.

FÜNF. Gravierende Veränderungen lösen in der Belegschaft keine Begeisterung aus. Vielmehr herrschen Sorgen und Ängste vor, denen es zu begegnen gilt.

SECHS. Der Verneinung sollte mit einer offenen und individuellen Kommunikation begegnet werden.

SIEBEN. Der Widerstand innerhalb der Organisation wird durch eine Einbeziehungsstrategie überwunden. Durch echte Dialogangebote kann diese sichergestellt und die gemeinsame Arbeitsfähigkeit aufrechterhalten werden. Jedoch ist das keine

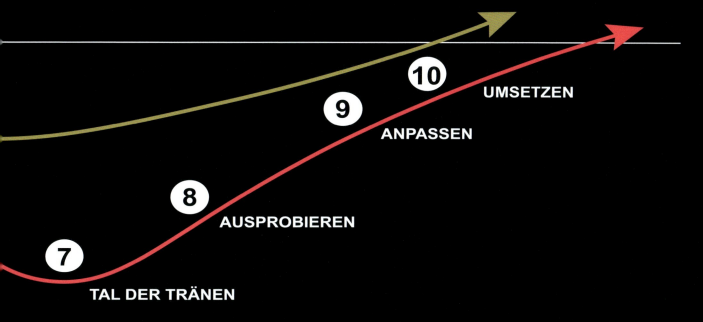

einfache Sache: Sie werden durch kleine Workshopgruppen oder in sehr großen Arbeitsgruppen in Formen wie zum Beispiel einem World Café oder Open Space umgesetzt. Hierbei stehen nicht nur der Austausch, sondern auch die Entwicklung neuer Ideen im Zentrum. Die Beteiligung der Vielen ist entscheidend. Mit einem Bündel von Veranstaltungen und Maßnahmen, die den Wandel unterstützen, kann die Produktivitätslücke signifikant geschlossen werden. Ganz nach dem Motto: Nicht jammern, sondern eigene Verbesserungsvorschläge einbringen, kann das Tal der Tränen schnell überwunden werden.

ACHT. In der Phase des Ausprobierens sollte das Unternehmen das Wissensmanagement hochfahren. Hier können wichtige Impulse und Schulungen von außen eingekauft werden. Noch besser ist es, wenn die eigenen Mitarbeiter:innen für den Wissenstransfer innerhalb der Organisation sorgen können. So wird einerseits das Wissen vermittelt und andererseits vertieft. Zusätzlich können neue Aufgaben und Zuständigkeitsbereiche entwickelt werden.

NEUN. In der Anpassungsphase muss der Übergang in die alltäglichen Prozesse gelingen. Hier sollten auch kleine interne Erfolge immer wieder sichtbar gemacht werden. Die Kommunikationsverantwortlichen haben die Aufgabe, alle Schritte zu dokumentieren und als eine sich weiterentwickelnde Geschichte zu präsentieren. Alle Erkenntnisse fließen zusätzlich ins Wissensmanagement der Firma.

ZEHN. Wenn sich die ersten Erfolge am Markt einstellen, darf ein Changeprozess auch gefeiert und die Wandlungstreiber gewürdigt werden. Denn Wertschätzung ist die beste Motivation.

BEWEISE CHARAKTER, UM GESTÄRKT AUS DER KRISE HERVORZUGEHEN

SHUTDOWN. Die Menschheit hielt inne.
LOCKDOWN. Die Weltwirtschaft stand still.

In China brach eine unbekannte Krankheit aus, die einen Wendepunkt in der Menschheitsgeschichte markierte. Am 30. Dezember 2019 postete der Arzt Li Wenliang in einer WeChat-Gruppe, dass in seinem Krankenhaus immer mehr Patient:innen unter Quarantäne stünden. Er ging von einem neuen Ausbruch der Lungenkrankheit SARS aus und warnte seine Kolleg:innen. Ein Screenshot dieser Unterhaltung fand seinen Weg ins Internet. Es folgte der Versuch einer Zensur. Die Staatsmacht griff gegen Li mit der Androhung von harter Strafe durch. Trotzdem ging der Hashtag #WuhanSars auf der größten chinesischen Mikroblogging-Plattform Sina Weibo viral. Weder die Verbreitung der Nachricht, noch des Virus konnte gestoppt werden. Man verlor wertvolle Zeit. Die Chinesen missachteten ihre Informationspflicht gegenüber der Weltgesundheitsorganisation (WHO) und der Weltgemeinschaft. Das neuartige Coronavirus SARS-CoV-2 verbreitete sich immer schneller. Die Krankheitswelle ließ sich nicht verbergen. So hatten US-Forscher:innen Satellitenbilder ausgewertet, wonach bereits im Herbst 2019 ein Ansturm auf Wuhans Krankenhäuser erfolgt war. Im Vergleich zum Vorjahr verzeichneten die Krankenhäuser 67 Prozent mehr parkende Autos vor ihren Gebäuden. Eine Infektionswelle ging durch Wuhan. Es folgte eine Erregungswelle durchs Internet. Das Virus wurde zur Top-Nachricht auf allen weltweiten Nachrichtenkanälen.

Die Meldungen verbreiteten sich schneller, als die Strategien zur Eindämmung ausgerollt werden konnten. Dabei haben sich fünf Strategien gegen eine Pandemie bewährt. Sie müssen nur schnell und konsequent ergriffen werden:

ERSTENS. Prävention
ZWEITENS. Kontaktbeschränkung
DRITTENS. Kontaktverfolgung
VIERTENS. Aufklärung
FÜNFTENS. Impfung

Dieser Rückblick deckt die Schwachstellen auf und gibt Handlungsempfehlungen für den Aufbau eines Think Tanks für Politik, Behörden und Unternehmen, um Krisen frühzeitig zu erkennen und zu meistern.

ERSTENS. PRÄVENTION

Eine Krise wird immer am Anfang gewonnen oder verloren. Wer zu spät reagiert oder sogar die falschen Maßnahmen ergreift, hat kaum noch eine Chance. Doch es bleibt fraglich, ob wir unsere Handlungsmöglichkeiten überhaupt noch erkennen. Jeden Abend schalteten die Massen ihre Endgeräte an und betrachteten die Horrormeldungen aus China. Für die meisten Amerikaner:innen und Europäer:innen ist China weit weg. Und so schaute die Welt zu und tat nichts. Auch Europa. Unser Kontinent wurde über Jahrzehnte nicht mehr von Hungersnöten, Völkerkriegen und Pandemien heimgesucht. Wir lebten im Zeitalter der vermeintlichen Sicherheit. Mit unserem selbst geschaffenen Technik-Hype haben wir uns über die Natur gestellt. Immer tiefer und tiefer greifen wir in Flora und Fauna ein. Homo sapiens hat sich die Welt zum Untertan gemacht. Und die Gurus der großen Tech-Konzerne prophezeiten uns sogar die Entschlüsselung des ewigen Lebens durch ihre Megadaten und Algorithmen. Unser Blick auf das Wesentliche ging verloren. Die Sicherheit war trügerisch. So trügerisch, dass wir handlungsunfähig wurden.

Obwohl uns alle Informationen vorlagen, erkannten wir die Gefahr nicht. Der US-amerikanische Wirtschaftswissenschaftler Warren Bennis stellte schon vor Jahren fest, dass es einen großen Unterschied zwischen der Information und ihrer Bedeutung gibt. Täglich stehen uns Unmengen von Informationen zur Verfügung, doch die schiere Menge verbessert unsere Entscheidungsprozesse nicht, wenn wir ihre Bedeutung nicht erkennen. Immer stärker wird das Gegenteil sichtbar: Die Informationsflut verstopft unsere Kanäle. Alles ist gleich wichtig. Zu jeder These gibt es eine Antithese. Zu jeder Empfehlung gibt es eine Gegenempfehlung. Unsere Aufmerksamkeit ist in einer

Dauererregung gefangen. Die Zusammenhänge verschwimmen vor unseren Augen. Die komplexen Zusammenhänge zu durchdringen wird immer schwieriger. Anfangs war das Virus weit weg, und so nahm die Pandemie ihren dramatischen Verlauf. Zum ersten Mal musste die Menschheit erkennen, dass die Welt zu einem globalen Dorf geworden ist. Informationen gehen in Bruchteilen von Sekunden um die Welt. Die verheerenden Auswirkungen folgen unmittelbar. Beim Virus versagten alle Frühwarnsysteme. Vorkehrungen blieben aus. Dabei ist eine gründliche und schnelle Prävention der beste Schutz.

Stattdessen gingen die globalen Reisetätigkeiten weiter, als sei nichts geschehen. Niemand bedachte, dass die weltweite Mobilität dem Virus in die Hände spielt. Mit den Flugpassagieren aus Wuhan verbreitete sich Corona in Windeseile über den Globus. In Europa wurden Städte wie Paris, London, Madrid, Frankfurt und München über ihre Flughäfen zum Hotspot. Zum internationalen Drehkreuz des Virus wurden Mailand und New York. Konsequente Testverfahren an sämtlichen europäischen Flug- und Seehäfen für alle aus China einreisenden Personen hätten uns einen wertvollen Vorsprung verschafft. Doch flächendeckende Testkapazitäten fehlten. Als härtere Maßnahme wären Quarantänen oder sogar Einreiseverbote für Menschen aus Wuhan und China denkbar gewesen. Diese Beschränkungen wurden nicht umgesetzt. Die Pandemie hätte einen anderen Verlauf genommen. Doch selbst als sich Covid-19 in Norditalien schnell ausbreitete, wurden die Skireisen nach Italien, Österreich und in die Schweiz nicht untersagt. Der nächste Hotspot entwickelte sich in Tirol. Mit der Freigabe von Ski-Tourismus und Großveranstaltungen schwappten die Verbreitungswellen über Europa.

Früherkennung und Prävention sind die Schlüssel zum Erfolg. Dieses Prinzip gilt in der Medizin und ist zugleich das oberste Gebot in einer Pandemie. Doch die Europäische Union war nicht in der Lage, einen gemeinsamen Aktions- und Pandemieplan vorzulegen, da es nicht in ihrem Zuständigkeitsbereich liegt. Ein schwerer Konstruktionsfehler der EU. Die Hoheit des Gesundheitsschutzes liegt bei den Mitgliedsländern. Und so zerfiel Europa in der Pandemie in seine Nationalstaaten. Hektisch schlossen die einzelnen Länder ihre Grenzen. Die zahlreichen Schlagbäume in Europa trennten die Menschen und der Warenverkehr kam zum Erliegen. In größter Zeitnot übernahmen die europäischen Länder die getroffenen Maßnahmen aus China. Die Staatsmacht in Peking hatte ihre Strategie geändert: Aus dem Vertuschungsversuch wurde eine humanitäre Hilfsaktion. Die Bilder von den Ausgangssperren und den Überwachungsmaßnahmen verfehlten ihre Wirkung nicht. Doch im Gegensatz zu dem totalitären System eines Xi Jinping mussten die demokratischen Staatschefs ihre Maßnahmen begründen, denn es handelte sich um erhebliche und noch nie dagewesene Eingriffe in die Grundrechte der Menschen. In Europa wurde der Schutz des Menschenlebens zur obersten Leitlinie allen Handelns.

ZWEITENS. KONTAKTBESCHRÄNKUNG

Mit den ergriffenen Maßnahmen waren wir plötzlich und unerwartet im Zeitalter des neuen Humanismus angekommen. Der humanistische Gedanke war nun keine abstrakte Theorie mehr, sondern das höchste Handlungsprinzip der Politik. Niemals in der Menschheitsgeschichte zuvor hatte ein Menschenleben mehr gezählt als in der Corona-Krise. Über Jahrhunderte schlachteten sich die Menschen gegenseitig in brutalen Kriegen ab. Hungersnöte und Seuchen rafften Millionen dahin. Für den Einzelnen interessierte sich niemand. Weder Könige noch Kaiser. Noch am Anfang des 20. Jahrhunderts lebten Diktatoren ihre menschenverachtenden Allmachtsphantasien aus. Erst als sich die Menschen den Staub der Apokalypse des Zweiten Weltkriegs aus den Augen gerieben hatten, trat die Moral auf die Weltbühne. Mit den Nürnberger Prozessen begann eine neue juristische und moralische Weltordnung, die 1948 in der »Allgemeinen Erklärung der Menschenrechte« der Vereinten Nationen festgeschrieben wurde. Auch die modernen Staatenlenker richteten ihre klassische Machtpolitik nicht am umfassenden Humanismus, sondern an Recht und Gesetz aus.

Die Pandemie des Jahres 2019 führte uns in ein neues Zeitalter des Humanismus. Absurderweise war der Auslöser dieser neuen Epoche das Land der Mitte. Das totalitäre Regime in Peking stellte vor der Weltöffentlichkeit sein menschliches Antlitz zur Schau. Die Bevölkerung wurde unter Quarantäne gestellt, Krankenhäuser aus dem Boden gestampft und Testverfahren an allen neuralgischen Punkten durchgeführt. Ein vorbildliches Vorgehen gegen die Pandemie, welches von der gesamten Welt kopiert wurde.

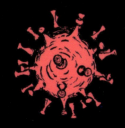

NEUER EINFLUSS DES HUMANISMUS®

HUMANISMUS — Erasmus von Rotterdam, Jean-Paul Sartre

KOMMUNIKATIONS-THEORIE — Paul Watzlawick, Marshall McLuhan

INFORMATIONS-THEORIE — Norbert Wiener, Claude Shannon

GRUPPEN-DYNAMIK — Kurt Lewin, Jacob Levy Moreno

PSYCHOLOGIE — Sigmund Freud, Carl G. Jung

SYSTEMISCHE FAMILIENTHERAPIE — Mara Selvini Palazzoli, Virginia Satir

DATAISMUS · MIKROPROPAGANDA

DRITTENS. KONTAKTVERFOLGUNG

Die demokratischen Staaten übersahen bei der Kontaktbeschränkung die eigentliche Entwicklung in China, die sich hinter dem humanistischen Ansatz verbarg. Nicht das Wohl des einzelnen Menschen, sondern der Aufbau eines allumfassenden Überwachungsstaates stand im Fokus der Kommunistischen Partei (KP). Unter dem Deckmantel der Pandemie konnte Staatspräsident Xi Jinping sein Werk vollenden. Jetzt wird alles überwacht: Jede Bewegung. Jede Begegnung. Jedes Gespräch. Jedes Wort. Und der Gesundheitszustand jeder Person.

Unter dem humanistischen Deckmantel liegt der digitale Totalitarismus. George Orwell erdachte in seiner Zukunftsvision den Aufbau eines totalitären Überwachungsstaates. Das war 1949. 70 Jahre später wurde er erschaffen. Schon 2008 führte Xi Jinping bei den Olympischen Spielen in Peking die flächendeckende Gesichtserkennung ein. Schnell erkannte er den Wert der biometrischen Datenerfassung für die zentrale Steuerung des riesigen Landes und den Machterhalt. Im Schatten der Pandemie des Jahres 2019 konnte er seine digitale Diktatur vollenden. Die Künstliche Intelligenz (KI) verleiht der Partei ein digitales Auge, das alles sieht. Mit der Datenerfassung der Internetgiganten Alibaba, Huawei, Hikvision, Baidu und Tencent, den privaten Mobilfunkgeräten, den staatlich verpflichtenden QR-Codes und Apps sowie den über 600 Millionen Kameras im ganzen Land lassen sich über 1,4 Milliarden Menschen überwachen. Eine Kamera erfasst zwei Personen. Und die KI benötigt nicht einmal mehr deren Gesichter. Sie werden bereits am Gang und an ihrer Körperhaltung erkannt und ihre täglichen Wege, sozialen Kontakte und Vorlieben sind alle bekannt.

Doch das bloße Erkennen ist nicht das Ziel der Regierung. So führte Xi Jinping ein Sozialkreditsystem ein, in dem die Bürger:innen für regelgerechtes Verhalten belohnt und für Regelverstöße bestraft werden. So erhielten jede Chinesin und jeder Chinese zum Start 1.000 Punkte. Je nach finanziellem und politischem, aber auch sozialem Verhalten können nun Punkte hinzugewonnen werden oder verloren gehen. Wer wohltätige Arbeit leistet, Geld spendet, sich um ältere oder arme Menschen kümmert oder seine Schulden pünktlich zurückzahlt, bekommt Zusatzpunkte. Das gilt auch für positive politische Einträge in den sozialen Medien. Personen, die über einen hohen Punktestand verfügen, erhalten eine bevorzugte Behandlung bei Behörden, eine schnellere Bearbeitung von Anträgen oder eine Erleichterung bei der Aufnahme von Krediten. Bürger:innen, die sich regierungskritisch äußern, an illegalen Demonstrationen teilnehmen oder bei Rot über die Ampel gehen, müssen mit dem Abzug von Sozialpunkten rechnen. Das kann einen erheblichen Einfluss auf deren Leben haben. Ein niedriger Punktestand kann den Besuch einer Universität oder den Eintritt in den öffentlichen Dienst und das Militär verhindern. Auch der Kauf eines Flug- oder Zugtickets kann verweigert werden. Die Freiheitsrechte der Bürgerinnen und Bürger werden somit erheblich eingeschränkt. Mit der Überwachung und Bewertung des Sozialverhaltens jeder einzelnen Person lässt sich ein Milliardenvolk erziehen. Mit einem solchen Punktesystem lassen sich alle Regeln schnell durchsetzen. Gesteuert wird es über die Angst: Angst vor der Ahndung von Regelverstößen. Angst vor sozialer Ausgrenzung und seit 2019 mit der Angst vor dem qualvollen Erstickungstod.

In einer Pandemie ist eine umfassende digitale Überwachung hoch effizient: In China ist die Datenerfassung schneller als das Virus. Kleinste Hotspots werden erkannt, bevor sie entstehen. Die vollständige Überwachung mit High-Tech-Methoden ist ein probates Mittel in der Pandemiebekämpfung. Doch der Preis, den man zahlen muss, ist hoch. Extrem hoch. China hat in der Pandemie die freie Entfaltung des Menschen eliminiert. Damit nicht genug. Die Bestrebungen der KP gehen noch viel weiter. In Peking will man Fehlverhalten entschlüsseln, bevor sie passieren. Hier wird die Realität angezapft. Wenn bei Data Mining die Echtzeitkomponente hinzukommt, spricht man vom sogenannten Reality Mining. Bei solchen Projekten geht es darum, die Erkenntnisse aus der Sammlung von Umweltdaten via Smartphone und Kameras in Beziehung zum menschlichen Verhalten zu setzen mit dem Ziel, die sozialen Verhaltensweisen zu entschlüsseln, zu modellieren und am Ende zu verändern. Der Dataismus hat die vollständige Kontrolle übernommen. Orwells Albtraum ist in China wahr geworden. Und das ganz unbemerkt von der Weltgemeinschaft. Jedes Land war mit der Eindämmung der Pandemie beschäftigt.

So auch in Europa. Die führenden Politiker:innen wiederholen mantrahaft die Unversehrtheit des Individuums: »Wir tun alles für die Menschen!«, »Unser besonderer Schutz gilt den Alten, Kranken und Schwachen!« und die Bundeskanzlerin Angela Merkel wählte folgende Worte: »Wir sind gewillt, alles zu tun, was notwendig ist!« Doch das Notwendige war am Anfang der Pandemie schwer zu haben: Masken, Massentests und Apps. Zudem fiel die Risikoanalyse unseres Landes sehr negativ aus. Sie besagte, dass die enorme Anzahl Infizierter die vorhandenen Kapazitäten um ein Vielfaches übersteigen würde. »Als Konsequenz«, so wurde es vorausgesagt, »werden viele der Personen, die nicht behandelt werden können, versterben.« Die Kommunikation wurde immer dramatischer und Armin Laschet machte eine ganz einfache Gleichung auf: »Es geht um Leben und Tod.« Damit legte sich Unsicherheit über unser Land. Die Angst war omnipräsent.

VIERTENS. AUFKLÄRUNG

Angst ist das stärkste Kommunikationsmittel. Sie lässt sich schnell erzeugen und verbreiten. Die Politik war sich einig, dass Angstzustände notwendig sind, um die Bevölkerung für die unsichtbare Gefahr zu sensibilisieren. Ein internes Papier des Bundesinnenministeriums empfahl ganz offen, den Deutschen Angst zu machen. Die Verfasser:innen dokumentierten, dass das qualvolle Ersticken bei jedem Menschen eine Urangst auslöst und es noch schlimmer sei, wenn man seinen engsten Angehörigen nicht helfen könne und diese vor den überfüllten Krankenhäusern abgewiesen werden. Noch belastender für Kinder und Enkelkinder wäre es, wenn Sie selbst der Ansteckungsherd waren. Bei allen schlimmen Nachrichten wurde zusätzlich noch auf Langzeitschäden hingewiesen.

Das 17-seitige Papier des Innenministeriums schlägt auch eine ausgeklügelte Kommunikationsstrategie mit der einfachen Formel 1919 + 1929 = 2019 vor. Die Autoren boten eine Argumentationskette aus der Geschichte an: Im Jahr 1919 verbreitete sich die Spanische Grippe aus den USA in die ganze Welt und tötete, je nach Zählung, zwischen 25 und 50 Millionen Menschen. Das Jahr 1929 ist wiederum das Jahr der berühmten Weltwirtschaftskrise, die unter anderem zum Aufstieg des Faschismus in Deutschland beigetragen hatte. Die Botschaft der Autor:innen: Die Corona-Pandemie wird so schlimm wie die Spanische Grippe und die Weltwirtschaftskrise zusammen, wenn es nicht gelingt, sie einzudämmen. Diese Formel werde »jedem einleuchten«, schrieben die Verfasser:innen. Genau diese Bilder haben wir täglich über alle Medienkanäle und unzählige Sondersendungen zu Gesicht bekommen. Die Angst verbreitete sich schnell. Sie verfehlte ihre Wirkung nicht, denn Angstzustände können den Unterschied zwischen der Information und ihrer Bedeutung sichtbar machen. Die unendliche Menge an Informationen, die uns täglich zur Verfügung steht, muss einen Entscheidungsprozess nicht erleichtern. Ganz im Gegenteil: Die Masse an Information kann dieses geradezu behindern. Aktuelle Studien belegen, dass 30 Prozent der Patient:innen, die auf eine Krebsdiagnose warten, sich über einen positiven Befund freuen, da sie davon ausgehen, dass sie diese schwere Krankheit nicht haben. Das heißt, sie verfügen zwar über die Information, haben aber deren Bedeutung nicht verstanden. Eine solche Missachtung wäre in der Corona-Pandemie verheerend. Noch schlimmer sind die Ergebnisse einer Studie der WHO. Diese stellt fest, dass nur 50 Prozent aller Patientinnen und Patienten in den Industrieländern und noch weniger Personen in den Schwellenländern den Anweisungen ihrer Ärztinnen und Ärzte zur Behandlung chronischer Krankheiten folgen. Die WHO kommt zu dem Schluss: »Ein ungenügendes Befolgen von Therapien chronischer Krankheiten ist ein weltweites Problem von enormen Ausmaßen.« Jedoch rechtfertigt diese Erkenntnisse noch nicht die Verbreitung von Angstzuständen in der Bevölkerung, denn Ängste fressen Seelen. Die historischen Ereignisse der Spanischen Grippe und der Weltwirtschaftskrise entbehren jedes Vergleichs, denn Geschichte lässt sich nicht übertragen. Jede Situation ist einmalig. Geschichte wiederholt sich nicht. Jede Situation basiert auf anderen Grundlagen. Zwischen den Geschehnissen liegen 100 Jahre. Die Rahmenbedingungen von 1919 sind nicht mit denen von 2019 vergleichbar: Die heutigen Hygiene- und Medizinstandards sowie unsere Forschung, Wissenschaft und Informationstechnik sind auf einem ganz anderen Niveau. Niemand würde die heutigen Probleme mit den Methoden von damals lösen. Doch die historischen Vergleiche wurden verbreitet. Die Schwarz-Weiß-Bilder des letzten Jahrhunderts boten keine Lösungen, sondern ein Brennglas des Schreckens an. Es wurden Bilder in die Köpfe der Massen projiziert, die nicht so schnell verschwinden werden, wie sie gekommen sind.

Einzelne Politiker:innen gingen noch weiter. Sie ergriffen die Kriegsrhetorik. Emmanuel Macron nutzte drastische Worte: »Wir sind im Krieg!« Der französische Präsident rief seinem Volk zu: »Wenn man in den Krieg zieht, dann tut man das geschlossen, man kämpft gemeinsam.« Aus dem Feingeist

Macron war plötzlich ein Feldherr geworden. Es wurden die falschen Vergleiche gewählt: Niemand musste in eine Schlacht ziehen; die Menschen sollten nur auf ihrem heimischen Sofa Platz nehmen. Statt Kriegsrhetorik und Schreckensbildern waren ausschließlich Distanz und Disziplin gefragt. Vielmehr handelte es sich um die Lösung eines intellektuellen Problems, in dem extreme Gegensätze miteinander versöhnt werden mussten: einerseits die zivilisatorischen Aktivitäten der Menschen herunterzufahren und andererseits die wirtschaftlichen Kreisläufe am Laufen zu halten. Hier brauchte es keine Kampfbegriffe, sondern sorgsam abgestimmte Konzepte, die nicht vorlagen. Statt emotional aufgeladener Wörter, die einen journalistischen Hype auslösen, wäre eine positive Aktivierung der Bevölkerung die sinnvollere Alternative gewesen. Menschen sind über Aktivierungsmaßnahmen viel besser einzubeziehen und deutlich produktiver.

Die erste nationale Anstrengung in der Pandemie wäre die kollektive Produktion von Millionen von Masken. Alle Textilfirmen, Schneiderbetriebe und jeder Privathaushalt hätte nach einem Schnittmuster in der Tagesschau Masken genäht. Im gleichen Moment wären die älteren und alten Menschen sowie die chronisch Kranken und Schwachen in einen freiwilligen Lockdown gegangen. Die jüngere Generation hätte in einer Art Patenschaftsmodell für die ältere Generation Pflichten wie Einkaufs-, Post- und Botendienste übernommen. Die Jugendherbergen wären für Obdachlose hergerichtet worden und die Bundeswehrkasernen wären zu medizinischen Notfallzentren umgebaut worden. Unterstützungsarbeit hätte in den Krankenhäusern sowie Pflege- und Altenheimen von Biologie-, Chemie- und Medizin-Student:innen geleistet werden können. Die Studierenden der anderen Fachrichtungen hätten, wie die Soldat:innen der Bundeswehr, bei den Gesundheitszentren ihren Dienst geleistet. Die Aktivierung hätte den Menschen die Notwendigkeit zum Handeln aufgezeigt. Mit der extremen Krise hätte man die langfristige Solidarität in unserer Bevölkerung steigern können. Grundsätzlich gilt, dass man Menschen nicht in der Passivität verharren lassen kann. Sorgen, Ängste und Wut bahnen sich ihren Weg. Diese muss man von Anfang an kanalisieren. Das wurde unterlassen. Statt der Krise gemeinsam zu begegnen, wurden die Vorwürfe in alle Richtungen immer größer. Mit dauerhaft negativen Botschaften kann eine Pandemie, die alle Bereiche des Lebens betrifft, nicht begleitet werden.

Der Philosoph Peter Sloterdijk entdeckte in der Corona-Krise ein großes medientheoretisches Seminar. Man erkennt, im Ausnahmezustand entsteht Monothematismus. Dann sieht man erst richtig, wie moderne Gesellschaften in ihren Stimmungen von Tag zu Tag gewoben sind. Dank der Medien leben wir in Erregungsräumen, die durch wechselnde Themen gesteuert werden. Themen sind Erregungsvorschläge, die von der Öffentlichkeit angenommen werden oder nicht. Dabei schießen die Medienmacher:innen immer etwas Übertreibung zu. Die massenmediale Verbreitung des Virus flutete alle Kanäle. »Aus Sicht der Medien ist etwas, das passiert, nie schlimm genug«, so Peter Sloterdijk. »Man weiß ja nie, was wie schlimm ist. Das entspricht im Übrigen der klassischen Rhetoriklehre. Quintilian sagte: »Bei Gegenständen, deren Bedeutung und Dimension nicht sicher bestimmt werden können, ist es besser zu weit zu gehen als nicht weit genug.« Diese klassische Rhetoriklehre verfolgte auch das Bundesinnenministerium mit der Veröffentlichung seines Papiers. Die Medien sollten ihre Aufgabe erfüllen. Die Angst ging auf Sendung.

RIEMANN-THOMANN-MODELL. Wenn Wissenschaftler:innen nach den Gründen für Haltungen und Handlungen von Menschen forschen, so gelangen sie schnell in den Bereich der Triebe, Affekte, Emotionen und Gefühle. Unser Gehirn hat im Verlauf der Evolution zwei Organe ausgebildet, die zentral am Erleben der beiden lebenswichtigen Gefühle aus Begehren und Angst beteiligt sind: Das Begehren befindet sich im »Belohnungsausweisungszentrum« des mesolimbischen Systems, das »Angstzentrum« ist im limbischen System

> *Dank der Medien leben wir in Erregungesräumen, die durch wechselnde Themen gesteuert werden.*
>
> Peter Sloterdijk

angesiedelt. Angst gehört zu unserem Leben. Sie ist eine treibende Kraft – in jedem von uns und in jeder Gesellschaft. Die Persönlichkeitstypisierung des deutschen Psychoanalytikers Fritz Riemann wurde von dem Schweizer Psychologen Christoph Thomann aufgegriffen. Sie stellten fest, dass das Bedürfnis nach

NÄHE. Angst vor Selbstwerdung
DISTANZ. Angst vor (Selbst-)Hingabe
DAUER. Angst vor Wandlung
WECHSEL. Angst vor Festlegung

bei jedem Menschen unterschiedlich ausgeprägt ist. Wir kennen alle Seiten von uns selbst, aber im zwischenmenschlichen Geschehen werden oft nur ein oder zwei aktiviert, die dann sichtbar und als Unterschied zwischen Menschen spürbar werden. In Konfliktsituationen treten die vier Grundausrichtungen besonders deutlich hervor.

Im Riemann-Thomann-Modell lassen sich die Integrations- und die Transformationsachse genau bestimmen. Auf der Integrationsachse geht es im Wesentlichen darum, wer die bestimmende Kraft in einer Beziehung ist. Daher kann man verallgemeinert auch von der Bestimmungsachse sprechen. Hier stehen sich der Depressive, der Angst vor der Selbstwerdung hat, und der Schizoide, der Angst vor (Selbst-)Hingabe hat, gegenüber. Demnach hat der Depressive Angst, über sich selbst zu bestimmen, also Angst vor Autonomie, und wird alles tun, um eine Situation herbeizuführen, in der das eigene Selbst überwiegend durch andere bestimmt wird. Hingegen hat der Schizoide Angst vor Heteronomie. Somit wird der Schizoide folglich eine Lebenssituation anstreben, in der er über andere bestimmen kann.

Im Gegensatz dazu geht es auf der Transformationsachse um die Veränderungen. Sie wird daher auch als Werteachse bezeichnet. Ein Mensch richtet sein Handeln nach äußeren und inneren Werten, Regeln, Geboten und Gesetzen aus. Wertkonservative Menschen erzwingen in ihrem Handeln das Festhalten an diesen Werten und vermeiden es, sie zu hinterfragen. Die zwanghaften Persönlichkeiten fügen sich ihren Werten, selbst wenn sie dabei starke Emotionen aushalten müssen. Dagegen hinterfragen wertliberale Menschen die bestehenden Werte und Regeln. Die hysterischen Persönlichkeiten wiederum geben sich stärker ihren Emotionen hin.

Alle möglichen Ängste des Menschen finden sich letztlich in den vier Varianten der Grundängste wieder, die sich nach Fritz Riemann paarweise ergänzen und widersprechen: »Als Streben nach Selbstbewahrung und Absonderung, mit dem Gegenstreben nach Selbsthingabe und Zugehörigkeit; und andererseits als Streben nach Dauer und Sicherheit, mit dem Gegenstreben nach Wandlung und Risiko. Zu jeder Strebung gehört die Angst vor der Gegenstrebung.«

Die Corona-Krise legte das Koordinatensystem des Riemann-Thomann-Modells offen zutage: Jedes Individuum war zwischen dem Streben nach Absonderung und dem Gegenstreben nach Zugehörigkeit sowie dem Streben nach Sicherheit und dem Gegenstreben nach Wandel zerrissen. Alle Talkshows kreisten um dieses Modell, das weder erläutert noch angewendet wurde. Es wurde über alles gesprochen, aber es gab nie eine Auseinandersetzung über die Ängste und den Tod. Genau diese Diskussion über den Umgang mit Existenz-, Einsamkeits-, Krankheits- und Todesängsten wäre zwingend notwendig gewesen. Der Psychoanalytiker Fritz Riemann stellte dazu fest: »Wo wir eine der großen Ängste erleben, stehen wir immer in einer der großen Forderungen des Lebens; im Annehmen der Angst und im Versuch, sie zu überwinden, wächst uns ein neues Können zu – jede Angstbewältigung ist ein Sieg, der uns stärker macht; jedes Ausweichen vor ihr ist eine Niederlage, die uns schwächt.« Die Auseinandersetzung mit unseren Ängsten entscheidet über die Krisenbewältigung und den Neustart nach der Pandemie.

Peter Sloterdijk

ANGSTDILEMMATA. In der Angst wohnt ein Dilemma: Einerseits kann uns die Angst lähmen, andererseits kann die Angst uns aktivieren. Flucht und Angriff sind die Urtriebe des Menschen. Sie haben uns das Überleben gesichert. Bei Covid-19 haben wir beide Extreme erlebt. Die einen folgten den Vorgaben, die anderen wählten den Angriff gegen die staatlichen Maßnahmen. Viele Länder, wie die USA, zerfielen in diese zwei Lager.

Mit den Nachrichtenbildern aus Wuhan, Bergamo, Heinsberg, Madrid und New York City war das Sterben, welches wir zuvor in Hospizen und Altenheimen sicher vor der Öffentlichkeit verwahrt hatten, nun in jedem Wohnzimmer. Die Berichte über den Mangel an Intensivbetten und Beatmungsgeräten verschärften die Lage. Und mit den Bildern von den Kühlhäusern und Massengräbern für die Leichen war die mediale Zuspitzung längst von der Realität eingeholt. Die Politik war mit ihren Kommunikationsexpert:innen in einem Dilemma gefangen. Sie standen vor der Abwägung: Wieviel Angst ist nötig, um die Krise zu bewältigen? Wieviel Zuversicht braucht es, um die Wirtschaft nicht abzuwürgen und der Bevölkerung eine Perspektive zu geben?

Für die Zuversicht war, wie in der Finanzkrise, der Bundesfinanzminister zuständig. 2008 versicherte Peer Steinbrück den Deutschen, dass ihre Sparguthaben sicher seien. Mit diesem Versprechen wendete er einen Ansturm auf die Banken ab. Die Gelder blieben auf den Konten. Ein Kollaps konnte vermieden werden. Die Bundesregierung führte den deutschen Finanzmarkt sicher durch die schwere Krise nach der Lehman-Brothers-Pleite. Die Kommunikationsstrategie ging auf. 2020 wurde sie wiederholt. Olaf Scholz gab vor laufenden Kameras ein universelles Versprechen der Bundesregierung ab: »Wir haben genug Geld, wir können allen helfen.« Um den Motor bei Stillstand weiter laufen lassen zu können, holte er die rhetorische »Bazooka« raus und plötzlich war alles möglich: Kurzarbeitergeld, Hilfszusagen, Prämien, Milliardenprogramme und Staatskredite. Olaf Scholz ging einen entscheidenden Schritt weiter als Peer Steinbrück. Mit seinem Satz war der Humanismus keine bloße Theorie mehr, sondern der neue Handlungsleitfaden der Politik: Allen wird geholfen.

Der Humanismus, so die Aussage, wird nicht am Geld scheitern. 2020 trat der Mensch in den Mittelpunkt aller Bemühungen. Die weitreichenden Folgen hat niemand bedacht: Welche Auswirkungen hat die neue Würde des Menschen? Welche Antworten finden wir auf Insolvenzen? Wie werden wir Arbeitslosigkeit und weltweite Armut, die aus der Pandemie resultieren, bekämpfen? Werden wir jetzt alle Flüchtlinge retten? Sind Kriege mit einem Shutdown zu stoppen? Setzen wir einen weltweiten Lockdown ein, um unser Klima zu schützen?

Der neu gewonnene Humanismus wird uns auf eine harte Probe stellen, denn nach der Corona-Pandemie gibt es keine Ausreden mehr. Wir können nicht die Welt anhalten, um eine Pandemie zu stoppen und danach Kriege anfangen, Flüchtlinge sterben lassen und die Klimaerwärmung vorantreiben. Über 30 Jahre hat die Weltbevölkerung miterlebt, dass die gleichen Regierungen alles unterlassen haben, um unsere Erde zu schützen. Jetzt hat die Politik bewiesen, dass sie sofort und entschlossen handeln kann. Keine Regierung, die das menschliche Leben in den Mittelpunkt ihrer Politik gestellt hat, kann nun die Menschenrechte und den Klimaschutz ignorieren. Fraglich bleibt, ob wir unserem neuen humanistischen Weltbild auch nach der Corona-Krise treu bleiben. Oder machen wir einfach weiter wie zuvor?

DOPPELMORAL. Mit der Ausrufung des uneingeschränkten Humanismus sind wir in eine Falle getappt. Die Falle, in die wir uns begeben haben, heißt Doppelmoral. Und die Doppelmoral begann schon in der Krise. Ein Wettstreit um Eigeninteressen, Einfluss und Macht hat schon in der Pandemie begonnen. Die Flüchtlinge starben weiterhin im Mittelmeer. Hilfslieferungen kamen zum Erliegen und die Armut verschärfte sich durch die Pandemie. Die Internationale Arbeitsorganisation, eine Sonderorganisation der Vereinten Nationen, die sich um die soziale Gerechtigkeit sowie die Menschen- und Arbeitsrechte kümmert, geht davon aus, dass weltweit 25 Millionen Arbeitsplätze durch Covid-19 bedroht sind. Somit ist die Gefahr auch nach der Pandemie noch nicht gebannt. Der soziale und ökologische Ausgleich bleibt eine Herausforderung. Insbesondere, weil die Kommunikation der Populist:innen immer schlichter wird: Sie geben einfache Antworten auf komplexe Probleme und haben in der Pandemie die Gesellschaft unterteilt. Nach ihrer Überzeugung überleben nur die Stärksten. Sie befördern den Darwinismus und wollen neue Mauern in den Köpfen hochziehen. Wo einst Freiheiten waren, sollen Feindbilder entstehen. Ganz nach dem schlichten Motto: »Wir

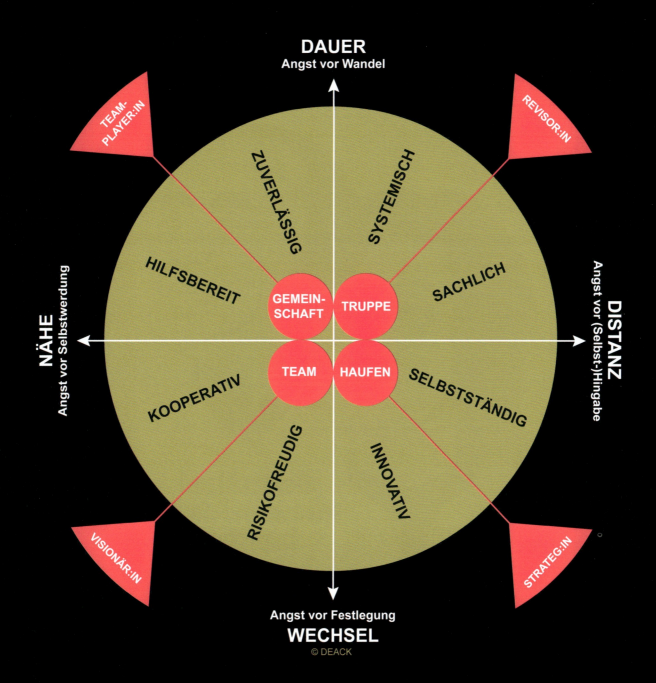

gegen die! – Die gegen uns.« Immer stärker bestimmen persönliche und nationale Interessen das politische Handeln. Dabei müssen wir einen Einstieg ins planetare Denken finden und unsere Perspektive von der Natur als äußeres Objekt überwinden, wie es der französische Soziologe Bruno Latour fordert. Unser Blick sollte die Erde als ganzheitliches Ökosystem betrachten, in dem die Menschen keine freie Welt geschaffen haben. Betrachtet man den Globus, so wird das Ausmaß der Unfreiheit, in der die meisten Menschen leben, deutlich. Meinungs- und Pressefreiheit sind keine Selbstverständlichkeit auf unserer Welt. In vielen Staaten wird die Nachrichtenlage kontrolliert und von den Machthabern bestimmt. Die meisten Menschen erfahren das, was sie erfahren sollen. Die folgende Karte zur Lage der weltweiten Pressefreiheit offenbart dieses mit einem Blick.

Mit der Pandemie verschärfte sich die Propaganda in den totalitären Staaten. Und sie dehnten ihre Propaganda aus. China und Russland schickten mit großem medialen Aufwand Hilfslieferungen nach Italien. Die Lesart der Propagandisten war eindeutig: Wenn Europa es nicht schafft, einem Nachbarland zu helfen, so reisen wir aus China und Russland an, um unsere Solidarität und Leistungsstärke zu demonstrieren. So fuhren die Russen mit einem Lastwagenkonvoi durch halb Europa, um emotionale Bilder zu produzieren und unbrauchbare Schutzkleidung zu liefern. Mitten in der Krise wurde ein Keil in die EU getrieben. Und Brüssel schaute zu. Ein Krisenmanagement der EU war nicht vorhanden. Eine gemeinsame Strategie gab es nicht. Der europäische Gedanke fiel am Anfang der Pandemie auseinander und die demokratischen Prinzipien verschwammen immer mehr.

Der Gewinner dieser weltweiten Krise ist China. Die Chinesen sind zur treibenden Kraft des 21. Jahrhunderts aufgestiegen. Die USA sind in der Pandemie zu einem tief zerrissenen Land geworden und Europas Kräfte sind seit Jahren in den Auseinandersetzungen um die Flüchtlingspolitik und den Visegrád-Staaten gebunden. Während die wichtigsten Demokratien um ihre politische Ausrichtung ringen, hat das Land der Mitte mitten in der Pandemie das weltgrößte Freihandelsabkommen mit 14 Ländern in Asien und im Pazifik geschmiedet. Europa und die USA fallen weiter zurück, weil sich die chinesischen Machthaber nicht um demokratische Prozesse kümmern müssen. Ihre IT- und Internet-Giganten haben den gläsernen Menschen geschaffen. In China hat die Künstliche Intelligenz die Kontrolle übernommen. Und die Chinesen unterwerfen sich der Kontrolle für Wohlstand und Sicherheit. Die Freihandelszone garantiert genau das. Mit dem Asien-Pazifik-Abkommen, in dessen Geltungsbereich mehr als zwei Milliarden Menschen leben, hat die kommunistische Führung in Peking einen großen Clou gelandet: Weitere Datensätze und Milliardengewinne werden in die chinesischen Tech-Konzerne gespült. Die neue Datenhoheit der Welt liegt bei den Chinesen.

Das sind die Fakten. Doch all diese Fakten widersprechen dem Grundsatz des Menschseins. Ein totalitärer Staat kann den Versuch unternehmen die Bevölkerung zu überwachen und ihr seine Verhaltensmuster aufzuzwängen. Doch dem Menschen sein Menschsein auszutreiben, kann nicht gelingen. Der Mensch als soziales Wesen zeichnet sich durch Eigeninitiative, Individualität, Kreativität, Kooperationsfähigkeit und hohe Interaktion aus. Das sind neben den gigantischen Datenmengen die entscheidenden Voraussetzungen für die Problembewältigung der Zukunft.

FÜNFTENS. IMPFUNG

Die Gründerin und der Gründer des Unternehmens Biontech, Özlem Türeci und Uğur Şahin, beschritten genau diesen Weg aus Eigeninitiative, Individualität, Kreativität, Kooperationsfähigkeit und hoher Interaktion. Als Corona ausbrach, besorgte sich das Medizinerehepaar alle verfügbaren Erkenntnisse über das Virus. Schon im Januar 2020, als noch niemand über eine weltweite Pandemie sprach, nahmen sie sich des lebensbedrohlichen Virus an und investierten in dessen Erforschung. Dabei ging das kleine Biotechnologie-Unternehmen aus Mainz ein hohes Risiko ein, denn Özlem Türeci und Uğur Şahin setzten wertvolle Personalressourcen ein, um mit ihrem Team einen Impfstoff zu entwickeln. Das Wagnis zahlte sich aus. Im November 2020 konnte Biontech zusammen mit dem US-amerikanischen Pharmakonzern Pfizer, mit dem die Mainzer eine strategische Kooperation eingegangen waren, die Entwicklung des ersten mRNA-basierten Corona-Impfstoffs verkünden. Dieser bietet einen Schutz von über 90 Prozent. Die Sensation war perfekt. Das »Projekt Lightspeed« aus Mainz konnte in einer Rekordzeit umgesetzt werden. Stolz verkündete der CEO von Pfizer: »Heute ist ein großer Tag

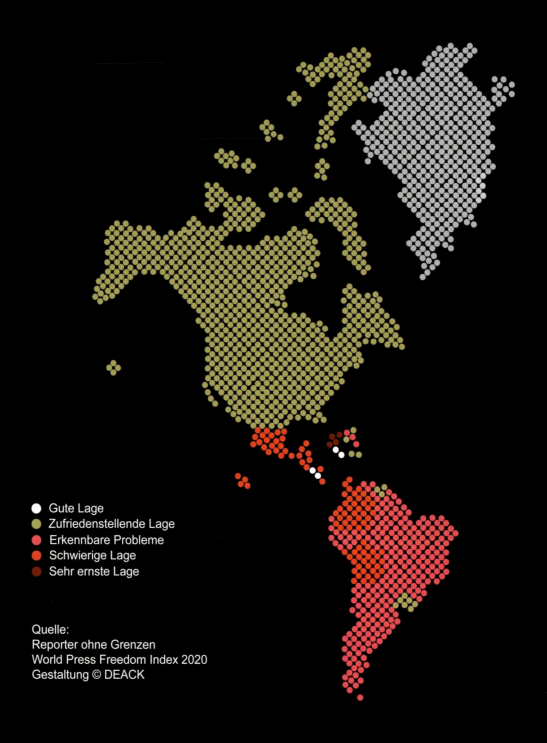

ZUSTAND DER WELTWEITEN PRESSEFREIHEIT

für die Wissenschaft und die Menschheit.« Und weiter sprach Albert Bourla: »Wir erreichen diesen wichtigen Meilenstein in unserem Impfstoffprogramm zu einer Zeit, in der die Welt ihn am meisten braucht.« Innerhalb von elf Monaten wurde ein Impfstoff entwickelt. Mit dieser Leistung und Geschwindigkeit hat die moderne Forschung die Angstszenarien aus der dunklen Vergangenheit ad absurdum geführt. Die RNA-basierten Impfstoffe werden in den nächsten zehn Jahren die gesamte Medizin revolutionieren. Grundlage dieser Revolution sind die Freiheit von Wissenschaft und Forschung sowie die Meinungsfreiheit. Diese Grundrechte sind nicht nur die tragenden Säulen für unsere gesellschaftliche Weiterentwicklung, sondern auch der Motor für die Innovationsfähigkeit der Menschheit.

Die Covid-Krise bietet uns die Möglichkeit, unser Zusammenleben neu auszurichten. Dafür braucht es eine Gesellschaft, die aus ihren Ängsten erwacht und neue Ansätze aus Eigeninitiative, Individualität, Kreativität, Kooperationsfähigkeit und hoher Interaktion für eine umfassende ökologische und digitale Transformation entwickelt. Daher ist die Einbindung aller gesellschaftlichen Kräfte eine der wichtigsten Voraussetzungen dafür, dass ein sozialer Dataismus erwächst, der den Menschen dient. Und nicht umgekehrt. Die freie Welt kann gestärkt aus dieser schweren Krise hervorgehen, wenn die Menschen die dringendsten Zukunftsprobleme angehen und nicht in einer posttraumatischen Bedürfnisbefriedigung hängen bleiben.

THINK-TANK-MANAGEMENT

In der Corona-Krise sind die entscheidenden Schwachstellen offen zutage getreten. Vorbei ist die Zeit, in der eine Geschichte vom einsamen Helden, der die Welt rettete, erzählt werden kann. Die Allmachtsphantasien von Trump und Putin, das Virus zu beherrschen, waren keine Hilfe. Die mediale Inszenierung als starker Mann von der Insel endete für Boris Johnson auf der Intensivstation. Zudem war ihre Kommunikation in der Pandemie oftmals toxisch. Horrormeldungen wie verharmlosender Protest erzeugen Stress, schüren Ängste und verunsichern die Bevölkerung. Und die Überwachungsdoktrin von Xi Jinping ist ebenfalls kein Lösungsansatz für demokratische Staaten. Mit diesen Ansätzen kann man die globalen Zukunftsprobleme nicht lösen. Aber auch die einzelnen Expert:innen aus Virologie, Epidemiologie oder Wirtschaftswissenschaft könnten die zahlreichen Fragen und komplexen Zusammenhänge nicht alleine beantworten. Gerade die interdependenten Wechselwirkungen vieler Faktoren erschweren die Vorhersagemöglichkeit komplexer Systeme. Das ist von einem Individuum nicht zu schaffen.

Das Virus hat die Welt grundlegend verändert. Mit der Pandemie sind wir schlagartig von der VUCA-Welt in das Zeitalter von BANI vorgestoßen. Die Linearität ging verloren. Die Welt ist brüchiger, ängstlicher und an vielen Stellen unbegreiflicher geworden. An diese veränderten Rahmenbedingungen passt sich das neue BANI-Modell an. BANI steht für das Management von Komplexität aus B:rittleness (Brüchigkeit), A:nxiety (Ängstlichkeit), N:on-linearity (Nicht-Linearität) und I:ncomprehensibility (Unbegreiflichkeit). Die weltweite Pandemie hat offengelegt, dass man komplexe Fragestellungen nur mit einer Gegengleiche von Komplexität beantworten kann. Der Systemtheoretiker William Ross Ashby hatte bereits in den 1950er Jahren die Gleichung aufgestellt, dass die Varietät eines Steuerungssystems mindestens ebenso groß sein muss wie die Varietät der auftretenden Störungen, damit eine erfolgreiche Steuerung durchgeführt werden kann. Diese zentrale Erkenntnis der Kybernetik, die als Ashby's Law in die Wissenschaft einging, wird im 21. Jahrhundert immer mehr ignoriert. Die Digitalgesellschaft bevorzugt schnelle und einfache Lösungen und nicht die Auseinandersetzung mit komplexen Zusammenhängen. Dabei hat uns Covid-19 die vernetzten Abhängigkeiten der globalen Welt offengelegt. Viele Wissenschaftler, wie Warren Thorngate, Karl E. Weick, James T. Reason, Peter Kruse und andere Risikoforscher:innen, haben die Politik, Wirtschaft und Gesellschaft schon lange vor dieser Pandemie vor einer Trivialisierung komplexer Fragestellungen gewarnt. Der US-amerikanische Psychologe Kenneth J. Gergen fasste diese Erkenntnis so zusammen: »Je genereller eine einfache Theorie ist, um so unzuverlässiger wird sie in der Vorhersage von Spezifika sein.« Nur die verschiedenen Perspektiven von Expert:innen der unterschiedlichen Fachrichtungen bieten einen diskursiven Prozess mit dem neue Lösungsmuster erzeugt werden können. Das heißt, dass unsere global vernetzte Gesellschaft nur über interdisziplinäre Netzwerke, die Intelligenz des Schwarms und die Zusammenführung der verschiedenen Datensätze der Künstlichen Intelligenz zu neuen Erkenntnissen gelangen wird. Die unterschiedlichen Kräfte und Erkenntnisse sind zu bündeln und auszuwerten.

In der Pandemie hat Deutschland seine größte Stärke nicht genutzt: Zu jedem Problem bilden wir einen Arbeitskreis, zur Schlichtung von Auseinandersetzungen richten wir Runde Tische ein und bei harten Konfrontationen bekommen die Runden Tische dann Ecken, damit sich die Kontrahenten abgrenzen können. Doch das Prinzip ist bei allen Modellen das gleiche: Wir suchen das Gespräch, um neue Lösungsansätze zu finden. Das ist unsere große Stärke. Doch in der schwersten Krise nach dem Zweiten Weltkrieg haben wir unsere größte Tugend aufgegeben. Niemand hat die verschiedenen Disziplinen in einem interdisziplinären Krisen- und Change-Stab per Video- und Telefonkonferenzen zusammengeholt. Stattdessen wurden Talkshows und Sondersendungen im Fernsehen zum Forum der Expert:innen. Ganz nach dem Motto: Wer die lauteste und provokanteste These aufstellt, bekommt die meiste Sendezeit. Wir waren nicht mehr an verschiedenen Lösungsmodellen, sondern nur noch an Schlagzeilen interessiert. Solche TV-Formate können keine komplexen Probleme lösen.

Zudem muss ein solcher Stab schon vor der Krise existieren, denn sonst kann keine Früherkennung und keine Prävention erfolgen. Der größte Fehler liegt darin begründet, dass die wichtigsten Forschungseinrichtungen Deutschlands (Deutsche Akademie der Naturforscher Leopoldina, Helmholtz Gemeinschaft, Max-Planck-Gesellschaft, Leibniz-Gemeinschaft, Fraunhofer-Gesellschaft) sowie die Universitäten, Bundesforschungseinrichtungen und die fünf bedeutendsten Wirtschaftsinstitute (Deutsches Institut für Wirtschaftsforschung, ifo Institut für Wirtschaftsforschung, Institut für Weltwirtschaft, Leibniz-Institut für Wirtschaftsforschung Halle, Rheinisch-Westfälisches Institut für Wirtschaftsforschung) über keinen gemeinsamen Think Tank verfügen, der den Deutschen Bundestag in schweren nationalen und internationalen Krisen und Veränderungsprozessen unabhängig und neutral berät.

In einem solchen Think Tank sollten jedoch nicht nur Forscher:innen und Wissenschaftler:innen der verschiedenen Fachrichtungen vertreten sein, sondern auch die verschiedenen Sichtweisen und Lebenswirklichkeiten abgebildet werden. Es braucht die Beteiligung der unterschiedlichen Interessengruppen. Eine inter-, trans-, multi- und crossdisziplinäre Denkfabrik kann nur entstehen, wenn auch betroffene Bürger:innen und Kritiker:innen einbezogen werden. Zudem braucht es IT- und Kommunikationsexpert:innen, welche die Strukturen aus Abläufen, Technik und Moderation sicherstellen. Ein Think-Tank-Verfahren muss offen, frei und gleichberechtigt organisiert sein. Die entscheidenden Fragestellungen zur Katastrophenbewältigung sollten diskutiert, simuliert und beurteilt werden, um die Ergebnisse zusammenzufassen und den gewählten Parlamentsvertreter:innen zur Verfügung zu stellen. Danach erfolgt der öffentliche Diskurs.

Krisenbegleitung und -bewältigung sollten jedoch nicht die einzigen Ziele sein. Vielmehr ist immer die Neuausrichtung in den Blick zu nehmen. Viele Stäbe werden nur für die Zeit der Krisenbewältigung einberufen. Die wichtigen Impulse aus der Krise werden nicht in einen Veränderungsprozess überführt. Ein schwerer Fehler. Auch Deutschland hat hier eine wichtige Chance in der Pandemie verpasst. Als im ersten Lockdown des Frühjahrs 2020 das öffentliche Leben angehalten wurde, kamen die Menschen zur Besinnung. Sie dachten über die Hektik des Alltags, die digitale Arbeitswelt und ihr Leben nach. Es entstand ein Gefühl von neuer Achtsamkeit innerhalb der Gesellschaft, welche die Krise gemeinsam bewältigen wollte. Die Bevölkerung nahm zu ersten Mal die täglichen Leistungen von den Menschen, die in Krankenhäusern, Supermärkten und in der Logistik arbeiten, wahr. Medien und Politik würdigten diese Berufsgruppen. Jeden Abend zeigte die Bevölkerung ihre Wertschätzung. Doch der Applaus verhallte schnell. Großunternehmen nutzten die Krise um ihre Mietverträge zu kündigen. Ministerpräsidenten kämpften um ihre persönliche Vormachtstellung. Konzerne forderten staatliche Hilfen und schütteten gleichzeitig gigantische Dividenden aus oder entließen Teile der Belegschaft. Das Gemeinwohl spielte schon im zweiten Lockdown keine Rolle mehr. Stattdessen setzte das Präventionsparadoxon ein. Der britische Epidemiologe Geoffrey Rose hat in den 1980er Jahren diesen Begriff geprägt. Das Paradoxon entsteht so: Es werden präventive Maßnahmen ergriffen, die für die Bevölkerung einen hohen Nutzen bringen. Doch die Menschen erkennen

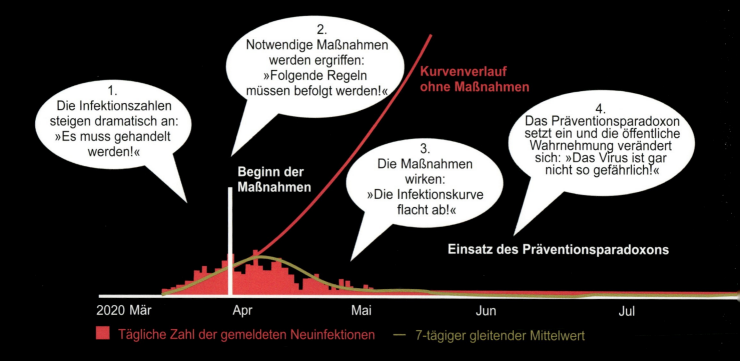

die Wirksamkeit nicht, weil die Schäden, die man durch die Maßnahmen vermeiden wollte, ausbleiben. Der Erfolg verkehrt sich in einen Misserfolg. Weil die Schäden ausbleiben, hält die Bevölkerung die ergriffenen Maßnahmen für überzogen. Sie befolgt die Regeln nicht mehr. So schnellten die Infektionszahlen im Winter 2020/21 wieder nach oben. Das Präventionsparadoxon ist somit ein Verhaltensparadoxon, welches tief im Menschen verankert ist. Die vermeintliche Sicherheit ist die größte Gefahr in der Krise. Daher hätte die Politik durch gezielte Kommunikationsmaßnahmen dieser Entwicklung entschieden entgegentreten müssen. Im Sommer 2020 unterlag auch die Bundesregierung dem selben Phänomen und versäumte es, die notwendigen Präventionsmaßnahmen für den Winter zu ergreifen. Deutschland erlebte in der Pandemie den sehr schmalen Grat zwischen der Alarmierung auf der einen und der Verharmlosung auf der anderen Seite. Oftmals geben die extremen Ränder den Ton an. Eine klare Kommunikationsstrategie, die den Weg der rationalen Vernunft halten kann und nicht dem Präventionsparadoxon unterliegt, ist entscheidend. Sie muss die Beteiligung und Aktivierung der Bevölkerung langfristig sicherstellen, um die Krise als gemeinsame Aufgabe annehmen zu können.

Die bekannte Aussage von John F. Kennedy »Frage nicht, was dein Land für dich tun kann, sondern was du für dein Land tun kannst« wäre 2020 als kommunikatives Leitmotiv neu zu interpretieren gewesen. Diese einfache Losung wurde von einzelnen Volksvertretern mit Füßen getreten. So ließen sich einige Politiker früher impfen, als es ihnen zustand. Andere suchten ihren monetären Vorteil. Deutschlands Bevölkerung wurde von einem Korruptionsskandal bei der Schutzmaskenbeschaffung innerhalb der Unionsfraktion erschüttert. Mitten in der größten Krise musste die CDU/CSU-Fraktion von ihren Parlamentarier:innen einen Verhaltenskodex einfordern. Der Vertrauensverlust hätte nicht größer sein können. Aus dem Präventionsparadoxon war eine Doppelmoral geworden, die im Deutschen Bundestag saß. Die Moral der Politik lag in Trümmern.

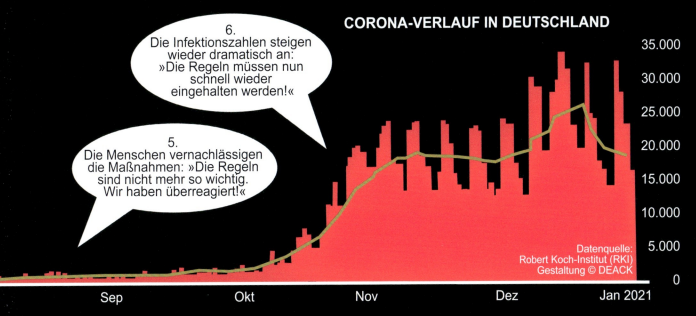

Überdies hat die Regierung ihre Unfähigkeit, das Unerwartete zu managen, bewiesen: Versagen bei der Beschaffung von Schutzmasken; Versagen bei der Corona-Warn-App; Versagen bei der Auszahlung der Corona-Hilfsgelder; Versagen beim Aufbau einer Teststrategie; Versagen bei der Beschaffung von Impfstoffen und deren Verteilung. Dafür zahlreiche Ankündigungen und Versprechen, die nicht eingehalten wurden. Die »Bazooka« ist zur Steinschleuder ohne Stein geworden. All das Versagen wurde sichtbar, weil die Bundesregierung eine konsequente Prävention auf die zweite und dritte Welle unterließ. Der Organisationsforscher Karl E. Weick und die Professorin für Medizin und Wirtschaft Kathleen Sutcliffe von der Business School der University of Michigan haben die fünf wesentlichen Risikomanagement-Tools zusammengestellt, die es zu beachten gilt, wenn man das Unerwartete richtig managen will:

ERSTENS. Orte des jeweils größten Sachverstands nutzen – Think Tank implementieren

ZWEITENS. Flexibel reagieren – Maßnahmen schnell an das jeweilige Infektionsgeschehen anpassen

DRITTENS. Kleinere Fehler und Störungen aufspüren – Notwendige Regeln einhalten und ggf. einfordern

VIERTENS. Groben Vereinfachungen widerstehen – Populistische Thesen widerlegen und dem Präventionsparadoxon entgegenwirken

FÜNFTENS. Sensibel für betriebliche Abläufe sein – Krankenhauskapazitäten beachten und Impfverfahren sicherstellen

Somit wird der Aufbau eines interdisziplinären Krisen- und Change-Stabs die zentrale Aufgabe bleiben, um auf die gewaltigen Folgen der Pandemie aus politischen Verwerfungen, Schuldenberg, Insolvenzen und Arbeitslosigkeit Antworten zu finden und die globalen Themen aus Klimawandel,

Erderwärmung und den daraus resultierenden Fluchtursachen und Verteilungskämpfen bewältigen zu können. Die Pandemie hat uns gelehrt, dass wir die bevorstehenden Herausforderungen nur gemeinsam lösen können. Mitbestimmung statt Beeinflussung ist das kommunikative Gebot der Stunde. Das gilt nicht nur für die großen globalen Themen, sondern auch für bevorstehenden Herausforderungen der ökologischen und digitalen Transformation in Unternehmen, Behörden, Verbänden, Vereinen, Stiftungen und Kirchen, um auch in der BANI-Welt handlungsfähig zu bleiben.

Eine interdisziplinäre Denkfabrik ist das Herzstück des Krisen- und Changemanagements. Alle strategischen und überlebenswichtigen Entscheidungen für eine Organisation werden in einem solchen Think Tank erarbeitet und mit der Geschäftsführung beraten. Das Zusammenfassen von krisenrelevanten Informationen, die zentralen Organisationsaufgaben, die Erstellung von Handlungsleitlinien und die Ausrichtung der Organisation sowie deren Kommunikation werden hier beschlossen.

Damit wird die Handlungsfähigkeit eines Unternehmens in Hochrisikosituationen sichergestellt. Entscheidend ist, dass die Funktionen, Arbeitsweisen und Abläufe klar definiert sind. Und dass jede Person ihre Aufgaben kennt. Auf den Kommunikationsfluss in den Off- und Online-Kanälen ist ein besonderes Augenmerk zu legen.

Eine der wichtigsten Aufgaben des Stabs ist die Informationsverarbeitung. Es ist zwischen den validen Informationen und zahlreichen Falschinformationen zu unterscheiden. Aufgrund der bewerteten Datenlage sind zeitnah weitreichende Entscheidungen zu treffen. Im Think-Tank-Aufbau wird dieses wie folgt abgebildet: Im sogenannten Input-Stab werden die eingehenden internen Meldungen, Nachrichten und Analysen aufgenommen und aufbereitet. Zudem soll der Input-Stab die Mitarbeiter:innen über die laufenden Entwicklungen informieren oder sie sogar mit

Um ein Scheitern zu vermeiden, muss man es zuerst annehmen.

Karl. E. Weick

einbeziehen. Die internen und externen Informationen fließen in dem Managementstab zusammen. Hier werden die neuesten Erkenntnisse diskutiert und ausgewertet. Hier erfolgen auch die Abstimmungen für Kommunikation. CEOs verantworten die Unternehmenskommunikation gegenüber der Öffentlichkeit und repräsentieren die Organisation auch in Zeiten der Veränderung. Die Stellungnahmen des Unternehmens werden vom Output-Stab entwickelt. Die Pressestelle beobachtet nicht nur die Entwicklung am Medienmarkt, sondern verantwortet in enger Abstimmung mit der Unternehmensleitung auch die Kommunikationsausrichtung gegenüber der Bevölkerung. Mit der Außendarstellung in den Print- und audiovisuellen Medien sowie den zahlreichen Social-Media-Kanälen kommt der Kommunikationsabteilung eine entscheidende Rolle zu.

Die Grundsätze zur Informations- und Kommunikationspolitik sollten in einem Handbuch festgeschrieben sein. Abweichungen werden vom Stab definiert. Ziel ist es, den Informationsbedürfnissen der Börse, Stakeholder:innen, Medien und der breiten Öffentlichkeit gerecht zu werden. Glaubwürdigkeit und Vertrauen sind dabei die höchsten Güter. Jede Organisation sollte sich die Zeit nehmen, einen dauerhaften interdisziplinären Krisen- und Change-Stab einzurichten. Denn die schweren Folgen der Pandemie können nur bewältigt werden, wenn einerseits präventive Maßnahmen für die Vermeidung von neuen Risiken jederzeit ergriffen werden können und andererseits eine ökonomische, ökologische, humanistische und digitale Neuausrichtung des Unternehmens gelingt. An ein umfassendes Krisenmanagement schließt sich immer ein vorausschauendes Changemanagement an. Denn nur wenn die Veränderungen am Markt ganzheitlich erfasst und in der Organisation implementiert werden, kann daraus eine zukunftsgerichtete Marktbearbeitung erfolgen. Aus einer tiefgreifenden Krise entstehen immer wieder neue Impulse. Das ist das beste Versprechen, welches wir der nächsten Generation geben können.

Karl E. Weick

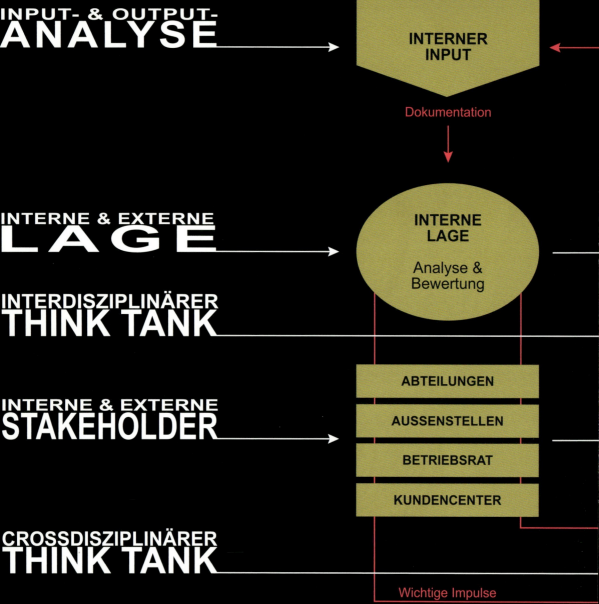

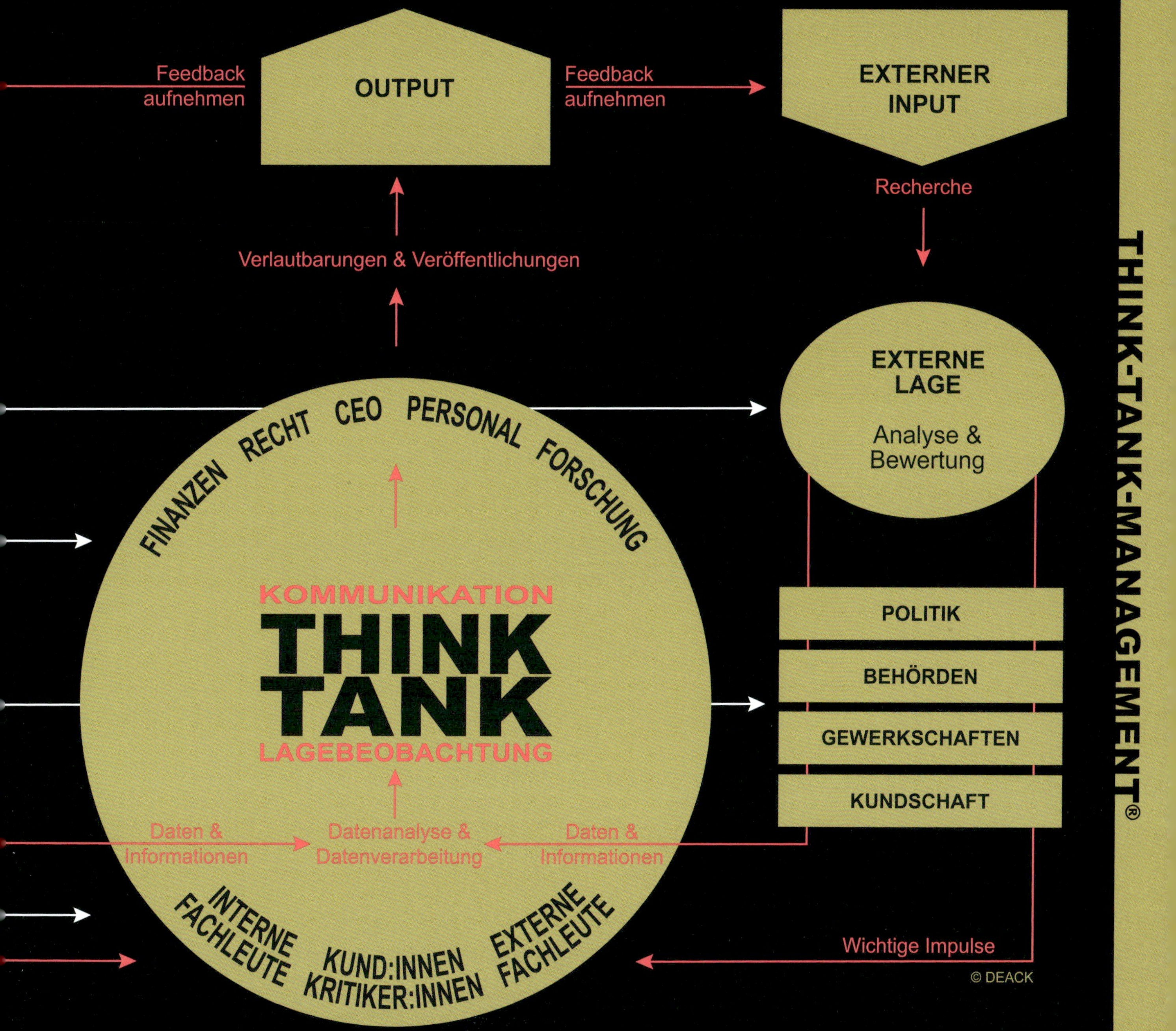

THINK-TANK-MANAGEMENT®

OUTPUT ← Feedback aufnehmen — Feedback aufnehmen → **EXTERNER INPUT**

Verlautbarungen & Veröffentlichungen ↑

Recherche ↓

EXTERNE LAGE
Analyse & Bewertung

FINANZEN · RECHT · CEO · PERSONAL · FORSCHUNG

KOMMUNIKATION
THINK TANK
LAGEBEOBACHTUNG

INTERNE FACHLEUTE · KUND:INNEN · KRITIKER:INNEN · EXTERNE FACHLEUTE

Daten & Informationen → Datenanalyse & Datenverarbeitung ← Daten & Informationen

- POLITIK
- BEHÖRDEN
- GEWERKSCHAFTEN
- KUNDSCHAFT

Wichtige Impulse

© DEACK

EP IL OG

KOMMUNIKATION IST EINE WAFFE, WÄHLE SIE MIT BEDACHT

KOMMUNIKATION IST EINE WAFFE, WÄHLE SIE MIT BEDACHT

SCHMIERSTOFF UNSERER GESELLSCHAFT. Kommunikation ist die Grundlage unseres Handelns und der Schmierstoff unserer Gesellschaft. Ohne eine klare, strukturierte und verlässliche Kommunikation werden wir die bevorstehenden Quantensprünge nur bedingt managen und meistern können. Kommunikation und deren Glaubwürdigkeit sind die Erfolgsgaranten der digitalen Transformation unserer Gesellschaft. Ohne eine glaubwürdige Kommunikation wird das Vertrauen in unser gesellschaftliches Zusammenleben zerbrechen. Die weltweiten Proteste in der Corona-Pandemie, die internationalen Black-Lives-Matter- und Fridays-for-Future-Bewegungen, die Gelbwesten-Aktionen in Frankreich, die sozialen Unruhen in Lateinamerika und der Freiheitskampf in Hongkong sowie die feindliche Lager-bildung in den USA sind Symbole für gescheiterte Verständigungsprozesse. Nicht der blinde Kampf, sondern das Zuhören, der Dialog, die Reflexion und die Verständigung erhoben die Menschheit vom Primaten zum Homo sapiens – einem verstehenden und verständigen Wesen. Nicht umgekehrt. All das können uns die Algorithmen der Dataisten nicht abnehmen.

SCHMIERSTOFF FÜR VERÄNDERUNGEN. Und doch reden wir alle von der Macht des Internets. Und das zu Recht. Das Internet ist zum entscheidenden Machtzentrum geworden. In ihm leben die Menschen in ihren neuen Kommunikationsblasen oder versammeln sich, um ihren Protest zu formulieren. Und dabei fällt auf, dass die Machtausübung, wie in allen Jahrzehnten zuvor, auf der Straße stattfindet. Die oben genannten Proteste und Bewegungen sind der beste Beweis. Und wer noch genauer hinschaut, findet auf den Mauern und Wänden der Weltmetropolen den Schmierstoff des Veränderungswillens: Graffitis sind zum gängigen Erscheinungsbild auf allen Kontinenten geworden. Dabei ist Street-Art längst keine Subkultur mehr.

Kurt Tucholsky

Sie ist in den internationalen Galerien und Museen angekommen. Die Stars der Szene entwickeln nicht nur die neuesten Ideen für die Design- und Modeindustrie, sondern auch ganz neue Gesellschaftsbilder. Der Kunsthandel erzielt mit den Graffitiwerken Höchstpreise. Und die Massen huldigen den Ausstellungen des weltbekannten Graffiti-Aktivisten Banksy. Doch die wirkliche Konfrontation mit den Werken findet nicht in Museen statt. Diese Kunst provoziert an unseren Hauswänden. Um Ihnen diese Bilderwelten der Straßenkommunikation näher zu bringen, habe ich auf meinen zahlreichen Geschäfts- und Vortragsreisen in Metropolen, deutschen Städten, urbanen Plätzen und verlassenen Orten mit meiner Fotokamera verschiedene Graffitis eingefangen. Sie müssen Ihnen nicht gefallen; doch sind sie auch ein Beleg, dass die kommunikative Auseinandersetzung wieder auf den Straßen dieser Welt stattfindet. Die Graffitis ziehen sich durch das Buch und geben einen Einblick in die aktuelle Street-Art-Szene. Längst arbeiten diese Künstler:innen nicht mehr nur mit ihren Spraydosen, sondern haben eine ganz eigene PR-Strategie. Die bemerkenswerteste Kommunikationsausrichtung hat Banksy für sich entwickelt. Oftmals ist die Geschichte um ein Objekt wichtiger als der Gegenstand selbst. Banksy, der selbst nie in Erscheinung tritt und in der bilderüberfluteten Medienwelt den Nimbus des Unbekannten pflegt, weiß um die Wirkung seiner Bilder und deren Geschichten. Im Oktober 2018 gelang ihm ein Clou. Nachdem sein Graffiti-Bild »Girl with Balloon« bei einer Sotheby's-Auktion für knapp 1,2 Millionen Euro ersteigert wurde, begann sich das Bild plötzlich selbst zu zerstören. Vor der versammelten Weltpresse und der staunenden Bietergesellschaft lief das Bild kurz nach dem Hammerschlag des Auktionators durch einen Schredder, der im Rahmen verborgen war. Übrig blieb nur die obere Hälfte des Bildes, der Rest hing in Streifen unterhalb des Rahmens heraus. Die Inszenierung war perfekt. In der ganzen Welt wurde über die Versteigerung und den Protest des Künstlers gegen den Kunstmarkt berichtet. Mit dem Ergebnis, dass das Bild eine unendliche Wertsteigerung erfuhr. Das geschredderte Graffiti war nun weltbekannt und wurde zum Kultobjekt der Kunstszene erhoben. Der Kommunikationsexperte der Hauswände, der mit seinen Schablonengraffiti anfangs in Bristol und London arbeitete, ist heute einer der bekanntesten Street-Art-Künstler der Welt, der immer wieder neue Medienereignisse erschaffen kann. Banksy stellt dabei die Medienlogik auf den Kopf: Nicht er folgt der Aufmerksamkeitsökonomie, sondern die Aufmerksamkeitsökonomie folgt ihm.

MACHT DER KOMMUNIKATION. Wer sich für die Kommunikationswerkzeuge zu interessieren beginnt, wird schnell feststellen können, wie viel Macht sie in sich vereinen. Die Strategien der Aufmerksamkeitsökonomie zu beherrschen, bedeutet auch Einfluss auf andere Menschen zu nehmen. Somit ist Kommunikation auch immer mit der eigenen ethischen und moralischen Haltung gekoppelt. Der bedeutende Schriftsteller und Journalist der Weimarer Republik, Kurt Tucholsky, der mit seiner Schreibmaschine die Katastrophe von 1933 aufzuhalten versuchte, hielt die Bedeutung der menschlichen Kommunikation und ihre oftmals menschenverachtende und vernichtende Rhetorik der 1930er Jahre in vier Worten fest: »Sprache ist eine Waffe.« Wählen Sie daher Ihre Worte stets mit Bedacht, denn Sie können sie nicht mehr zurückholen. Die Palette der Kommunikationstechniken reicht von den unterschiedlichen Gesprächsstrategien über die gezielte Manipulation bis zu Kampagnenführung und deren Abwehr. Diese Instrumente sollten Sie nicht nur kennen, sondern im Alltag auch erkennen.

Schauen Sie hin.
Hören Sie genau zu.
Formulieren Sie eindeutig.

Ihr
Niels H. M. Albrecht

> *Sprache ist eine Waffe.*
> Kurt Tucholsky

GRAFIKEN

Symbole

55-38-7-Regel	53

A

Acht-Satz-Methode®	75
Agenda-Setting-Prozess in den vier Phasen der Aufmerksamkeitsökonomie®	399
Anti-Fake-News-Strategien	139
Aufbau einer Pressemitteilung®	219

B

C

CEO-Masterplan®	171
Changekurve®	411
Content-Marketing-Prozess®	275

D

Drei-Akt-Storyboard®	259
Drei-Instanzen-Modell	37

E

Einflussfaktoren auf systemische Organisationen®	183
Einfluss von Dataismus und Mikropropaganda®	391
Empfehlungsmarketing-Ablaufplan®	269
Employer-Branding-DNA®	241
Employer-Branding-Elemente®	237

F

Fake oder Fakt	137
Finanzkommunikation®	295
Formen der politischen Einflussnahme®	367
Fragetechniken®	83
Fünf Axiome der Kommunikation	340

G

Ganzheitliche Marken-Architektur®	235
Geschmackstest für Softdrinks	247
Gesprächsführung durch Fragen	80
Gewaltfreie Kommunikation	123
Glaube an die eigene Rolle	374

H

I

Involvement-Konzept®	305

J

K

Kampagnen-Briefing®	287
Karte der Macht®	377
Kommunikationskodizes	379
Kommunikationsquadrat	61
Kommunikative Fokussierung®	45
Kommunikatives Handeln®	29
Kommunikative Wirkprinzipien®	207
Krisen-Tacho®	325
Krisenverläufe	338

L

Leuchtturm der Führung	169

M

Magische Kommunikationskanäle®	17
Markenkern®	177
Medien-Trainings-System®	343
Milieu-Verortung im Fall Guttenberg	311
Moderationszyklus®	93

N

Nachrichtenfaktoren	209
Neuer Einfluss des Humanismus®	417
Neun Stufen der Konflikteskalation	121
NLP-Bauplan®	151
Normalverteilung der internen Anspruchsgruppen®	407

O

P

Personality-Public-Relations®	163
Platons Höhlengleichnis des 21. Jahrhunderts®	396
Präsentations-Treatment®	100
Präsentations-Zündstufen®	103
Präventionsparadoxon®	431
PR-Toolbox®	211

Q

R

Riemann-Thomann-Modell	423

S

Sechs Säulen der Rhetorik®	67
Semiometrie	160
Semiometrie-Verortung	159
Sinus-Milieus®	315
Smartphone-Symbiose®	187
Stakeholder-Mapping®	359
Steuerungsprozesse des Autopiloten®	249
Struktur einer Pressemitteilung	217
Stufenplan der internen Kommunikation®	229

T

Themenzentrierte Interaktion®	89
Think-Tank-Management®	435

U

Unbewusste Kommunikation	51

V

Vertrauenspyramide®	322
Vier Phasen einer Verhandlung®	115
Vier Seiten des Kommunikationshauses®	201

W

Walt-Disney-Strategie	256

X

Y

Z

Zehn Regeln der Intrigenabwehr®	129
Zehn Regeln in der Krise®	333
Zustand der weltweiten Pressefreiheit	427

REGISTER

Symbole

5-x-Warum-Fragetechnik 138
55-38-7-Regel (Albert Mehrabian) 52
55-38-7-Regel (Grafik) 53
4711 (Produkt) 264, 266
#WuhanSars 414

A

Abba (Musikgruppe) 292
Abschlussfrage (Fragetechnik) 80, 83
Acht-Satz-Methode (Grafik) 73, 75
Adam, Konrad 78
Adaptiv-Pragmatisches Milieu (Sinus-Milieus) 309, 311, 314, 315
Adenauer, Konrad 70, 117, 280
Ad-hoc-Meldung 210, 294
Ad-hoc-Publizität 294, 295
Adidas (Unternehmen) 225
Adlon Kempinski (Hotel) 377
Agenda 91, 92, 109, 312, 365, 384, 397, 398
Agendahöhepunkt 398
Agenda-Setting-Prozess 397
Agenda-Setting-Prozess in den vier Phasen der Aufmerksamkeitsökonomie (Grafik) 398
Agentur für Arbeit (Sozialbehörde) 154
AIDA-Prinzip 206, 207, 208
Air Berlin (Fluggesellschaft) 232
Al Contadino Sotto Le Stelle (Restaurant) 377
Aldi (Unternehmen) 272
Algorithmus 15, 22, 23, 27, 197, 387, 388, 389, 414, 438
Alibaba (Chinesischer Internetgigant) 418
Alleinstellungsmerkmal - Unique Selling Point - USP 65, 177, 191, 192, 234, 236, 239, 240, 286, 287, 304
Allgemeine Erklärung der Menschenrechte 415
Alternative Fakten 136, 386
Alternative für Deutschland - AfD (Partei) 78, 79, 81, 111, 112, 113, 155, 375
Alternativfrage (Fragetechnik) 80
Alternativlösung 75
Althusmann, Bernd 127, 128
Amazon (Online-Unternehmen) 17, 57, 387, 389
America Broadcasting Company - abc (US-amerikanischer Fernsehsender) 283
Analyse 73, 110, 111, 114, 168, 191, 193, 196, 198, 199, 238, 239, 278, 303, 312, 313, 322, 324, 343, 358, 432, 434, 435

Angst 21, 27, 50, 51, 78, 109, 128, 144, 147, 149, 157, 190, 227, 301, 393, 404, 409, 410, 418, 419, 420, 421, 422, 428
Anti-Fake-News-Strategien (Grafik) 139
Antiheld 259
Antikgesellschaft 14, 16
Antithese 27, 259, 414
AOL (Unternehmen) 40
Appell 58, 60, 61, 72
Apple (Unternehmen) 21, 57, 73, 96, 180, 181, 184, 185, 190, 248, 255, 387
Arbeitgebermarke 234, 236, 238, 239
Arbeitsgemeinschaft der öffentlich-rechlichen Rundfunkanstalten der Bundesrepublik Deutschland - ARD 41, 48, 72, 341, 342, 377, 382
Arbeitsklima 92, 128, 290
Arbeitslosigkeit 73, 422, 431
Arbeitsmarkt 197, 234, 236, 238, 239, 312
Arbeitswelt, digitale 429
Arbuthnot Latham & Co. (Privatbank) 41
Argument 59, 66, 78, 129, 193, 260, 262, 332, 362, 364, 384
Argumentation 22, 29, 344
Argumentationsqualität 22
Ariel (Produkt) 246
Aristoteles 16, 66, 73, 255
Army War College 22
Artikel 5 386
Ashby, William Ross 428
Ash, Victor (Graffitikünstler) 95
Asien-Pazifik-Abkommen 425
Aspirin (Produkt) 264, 266
Assoziation 147, 247, 249, 384
Audi (Unternehmen) 167, 192
Aufbau einer Pressemitteilung (Grafik) 219
Aufmerksamkeit 27, 41, 52, 58, 65, 90, 101, 109, 135, 142, 147, 161, 180, 181, 185, 194, 199, 206, 207, 208, 214, 219, 255, 267, 276, 278, 280, 282, 284, 285, 312, 313, 332, 382, 386, 393, 397, 398, 414
Aufmerksamkeitskurve 196, 380, 382, 397, 398
Aufmerksamkeitsökonomie 13, 14, 15, 22, 23, 27, 137, 142, 161, 206, 208, 214, 254, 302, 351, 375, 392, 393, 397, 439
Aufmerksamkeitsspirale 384
Aufmerksamkeitssteuerung 384
Aufsichtsrat 32, 171, 293
Auftreten 282, 343, 344, 345
Ausdruck 50, 53, 135, 302, 341, 373
Ausdruckspsychologie 50
Auseinandersetzung 33, 64, 70, 78, 109, 120, 126, 134, 138, 161, 198, 204, 210, 216, 282, 298, 303, 320, 330, 339, 341, 384, 386, 421, 428

Auswahlfrage (Fragetechnik) 83
Auswärtiges Amt 377
Authentizität 66, 67, 156, 208, 252, 267, 362
Auto Bild (Magazin) 318
Autopilot 243, 244, 246, 247, 248, 249
Autostadt Wolfsburg 147
Axel-Springer-Verlag (Medienunternehmen) 216, 318, 345, 377, 402, 405

B

Baez, Joan 185
Bahr, Egon 118
Baidu (Chinesischer Internetgigant) 418
Bandler, Richard 146, 147, 257
BANI 24, 27, 29, 198, 428, 432
Bankenkrise 266
Banken- und Versicherungswirtschaft 36
Banksy (Graffitikünstler) 437, 439
Bank (Unternehmen) 32, 171, 278, 422
Bannerwerbung 275
BarCamp 275
Bardou, Jakob Tory (Graffitikünstler der Gruppe Innerfields) 179, 180
Bar Tausend (Restaurant) 377
Bassey, Shirley 403
Bateson, Gregory 142, 150, 373
Baum, Gerhard 155
Bayerische Motoren Werke - BMW (Unternehmen) 147, 174, 175, 176, 192
Beckenbauer, Franz 32, 166, 167, 169
Becker, Boris 40, 41, 42
Beck's Bier (Produkt) 266
Bedürfnis 32, 33, 36, 83, 87, 88, 119, 122, 123, 135, 157, 191, 198, 248, 303, 307, 308, 314, 324, 421
Behauptung 197, 298, 382
Behörde 363, 414, 418, 432, 435
Beinhorn, Elly 189, 354
Bekanntheitswährung 161
Belegschaft 169, 174, 176, 185, 191, 192, 193, 194, 197, 198, 199, 227, 228, 232, 234, 236, 238, 290, 293, 402, 408, 409, 410, 429
Bell, Alexander Graham 16, 186
Bendlerblock 356
Benedikt XVI. (Pabst) 214, 215, 216
Benjamin, Walter 15
Bennis, Warren Gameliel 414
Beobachtung 82, 111, 123, 146, 147, 285, 339, 359, 397
Berichterstattung 81, 134, 300, 339, 341, 342, 346, 347, 349, 395, 398
Berliner Flughafen - BER 232, 266

Berliner Illustrirte Zeitung - BIZ (Zeitung) 132, 133
Berliner Republik (Restaurant) 377
Berliner Stadtreinigung - BSR (Unternehmen) 192, 232, 233, 234
Berners-Lee, Tim 17, 389, 392
Bertalanffy, Ludwig von 181, 182, 390, 416
Bertelsmann 377
Bertrandt AG (Unternehmen) 300
Beschleunigungs-Modell 398
Besprechung 83, 86, 87, 90, 91, 350
Beteiligungsprozess 409
Betriebswirtschaftslehre (BWL) 293
Bewertende Frage (Fragetechnik) 82
Bewertung 150, 160, 244, 246, 247, 266, 323, 418, 434, 435
Beziehungsebene 58, 59, 60, 61, 87, 88, 120, 339, 341
Bezos, Jeff 17
Bezugsgruppe 193, 194, 197, 200, 322
Biden, Joe 395
Bierhoff, Oliver 222, 226
Big Data 15, 23, 388
Bilanzentwicklung 302
Bild am Sonntag - BamS (Sonntagszeitung) 48, 318
Bild der Frau (Magazin) 318
Bilderwelt 14, 96, 103, 194, 310, 312, 439
Bild Online (Onlineporteil der Bild-Zeitung) 318
Bildsprache 96, 298, 308, 370
Bild- und Videomanipulationen 389
Bild-Zeitung (Zeitung) 48, 49, 214, 215, 216, 219, 310, 312, 318, 319, 320, 321, 323, 339, 342, 346, 348, 349, 350, 351, 373, 402
Billigprinzip 290
Bing (Internet-Suchmaschine) 252
Biontech (Unternehmen) 425
Bismarck, Otto von 204, 206
Blair, Tony 136
Blickhäuser, Joachim 175
Blindtest 181, 247
Blog 59, 210, 228, 274, 275, 393, 397
Blogger:in 209, 214, 275, 365, 378
Bloggertreffen 275
Blome, Nikolaus 346, 349
BMW-Welt 147
Bocca di Bacco (Restaurant) 377
Bonaparte, Napoleon 356, 357
Boom 392, 398
Borchardt (Restaurant) 377
Börse 161, 199, 275, 298, 300, 301, 302, 303, 304, 397, 432
Börsengang 298, 300, 301, 304
Börsenguru 300
Börsenmagazin 300
Borussia Dortmund - BVB (Fußballverein) 86

Botschaft 48, 56, 59, 60, 73, 98, 139, 144, 150, 156, 176, 184, 185, 193, 194, 196, 199, 200, 206, 207, 208, 209, 228, 230, 239, 241, 254, 257, 267, 274, 280, 285, 298, 304, 305, 308, 310, 312, 314, 322, 351, 373, 375, 379, 382, 392, 397, 419, 420
Botschafter:in 267, 268, 274, 275
Boulevardjournalismus 312
Bourla, Albert 428
Brand, Stewart 98
Brandt, Willy 14, 70, 72, 117, 118, 119
Brender, Nikolaus 48
Breschnew, Leonid Iljitsch 19
Brigitte (Frauenzeitschrift) 204
Brinkmann, Peter 72
Brin, Sergey 17
British Broadcasting Corporation - BBC (Britischer Fernsehsender) 17
Broschüre 210, 232, 236, 275
Bucay, Jorge 255
Buchdruck 14, 15, 17
Buchdruckgesellschaft 14, 16
Büchler, Boris 225
Budget 196, 201
Bundesfinanzminister 300, 422
Bundeskanzleramt 278, 318, 377
Bundesministerium der Finanzen 377
Bundesministerium der Justiz und für Verbraucherschutz 377
Bundesministerium der Verteidigung 320, 377
Bundesministerium des Innern, für Bau und Heimat 377, 419, 420
Bundesministerium für Arbeit und Soziales 377
Bundesministerium für Bildung und Forschung 377
Bundesministerium für Ernährung und Landwirtschaft 377
Bundesministerium für Familie, Senioren, Frauen und Jugend 377
Bundesministerium für Gesundheit 362, 377
Bundesministerium für Umwelt, Naturschutz und nukleare Sicherheit 377
Bundesministerium für Verkehr und digitale Infrastruktur 377
Bundesministerium für wirtschaftliche Zusammenarbeit und Entwicklung 377
Bundesministerium für Wirtschaft und Energie 377
Bundesnachrichtendienst - BND 58
Bundespräsident 154, 332, 336, 339, 341, 342, 345, 346, 347, 348, 349, 358
Bundespräsidialamt 155, 347, 351, 377
Bundespressekonferenz - BPK 282, 318, 342, 377
Bundesrat 377
Bundesregierung 154, 282, 320, 365, 366, 422
Bundestag 24, 112, 154, 155, 204, 208, 278, 323, 362, 364, 365, 377, 429
Bundesverband der Deutschen Industrie - BDI (Verband) 266
Bündnis 90/Die Grünen (Partei) 126, 204, 386
Bunte (Magazin) 310, 324, 370, 371, 373

Burda Medien (Unternehmen) 377
Bürgerliche Mitte (Sinus-Milieus) 309, 310, 314, 315
Bush, George W. 73, 136
Business School der University of Michigan 431
Business-to-Consumer-Kommunikation - B2C 23
BuzzFeed (Online-Magazin) 272

C

Caesar, Gaius Iulius 66
Café am Neuen See (Restaurant) 377
Callas, Maria 185, 189
Call-to-Action 207, 208
Cambridge Analytica (Unternehmen) 388
Campbell, Joseph 258
Camus, Albert 81
Capra, Fritjof 181, 182, 390, 416
Carrell, Rudi 98, 99, 101
Caspi, Avshalom 185
Central Intelligence Agency - CIA 56
CEO-Fremdbild 171
CEO-Kommunikation 168, 169, 170, 199, 201, 268
CEO-Masterplan (Grafik) 171
CEO-Reputationsmanagement 170
CEO-Selbstbild 170
CEO-Selbstmanagement 170
CEO-Wirkung 171
Cerf, Vinton Gray 17
Change 169, 197, 402, 408, 410
Changekommunikation 197, 201, 408
Changekurve 409
Changekurve (Grafik) 411
Changemanagement 409, 410, 432
Changeprojekt 402, 408, 409
Changeprozess 257, 410, 411
Changerede 402
Charisma 98, 169
Charles, Prince of Wales 156, 158, 160
Chat 59, 384
Chefredakteur:in 132, 216, 323, 342, 346, 347, 348, 349, 351
Chefredaktion 318
Chernatony, Leslie De 246
Chicago Daily News (US-amerikanische Zeitung) 284
Chief Executive Officer - CEO 96, 168, 169, 170, 171, 192, 199, 201, 255, 294, 295, 300, 304, 402, 408, 410, 425, 432, 435
Chomsky, Noam 302, 303
Chopin, Frédéric 403, 404
Chrismon (Magazin) 328
Christlich Demokratische Union - CDU (Partei) 48, 106, 108, 111, 126, 127, 128, 204, 206, 209, 280, 282, 320, 362, 375

Christlich Soziale Union - CSU (Partei) 48, 106, 204, 320, 362
Christopher Street Day 232
Chruschtschow, Nikita 70
Cialdini, Robert B. 254, 255
Cicero 182, 390, 416
Cicero (Magazin) 182, 311, 390, 416
City University of New York 395
Claim 174, 191, 192, 193, 200, 239
Classen, Wolter 292
Clausewitz, Carl von 181, 182, 382, 383, 390, 416
Clinton, Hillary 384
Clooney, George 36
Cloud 23, 90
Coca-Cola (Produkt und Unternehmen) 181, 192, 206, 244, 245, 246, 247, 248
Cohn, Ruth C. 87, 88, 90
Columbia Broadcasting System - CBS (US-amerikanischer Fernsehsender) 283
Compliance 226, 295
Compliance-Management 294
Computer 17, 96, 318
Computer Bild (Magazin) 318
Computerforschung 24
Content Marketing 23, 198, 206, 207, 254, 274
Content-Marketing-Prozess 274
Content-Marketing-Prozess (Grafik) 275
Content-Marketing-Strategie 254, 272, 274
Content-Strategie 267, 268, 269
Cook, John 139
Cooper, Martin 17
Corona-Pandemie 24, 27, 29, 198, 414, 415, 419, 422, 425, 428, 431, 438
Corporate Culture 191
Corporate Design 196, 201
Corporate-Design-Handbuch 196
Corporate Identity 103, 191, 196
Corporate-Social-Responsibility-Projekte - CSR-Projekte 365
Customer-Relationship-Management - CRM 197, 198, 201
Cyberattacke 384
Cybergesellschaft 14, 15, 17
Cycle (Graffitikünstler) 77
Cypert, Kim S. 246

D

Dachkampagne 194
Dachmarke 235
Dadey (Graffitikünstler) 203
Dalí, Salvador 188
Data Analytics 23

Dataismus 388, 389, 391, 418, 428
Dataisten 15, 388, 438
Data Mining 56, 181, 418
Datenfluss 388, 389
Datenkapitalismus 388, 392, 393
Datenverarbeitung 15, 21, 388
Dauer 91, 126, 342, 421, 423
Dean, James 142
Debatte 65, 78, 80, 108, 121, 282, 283, 312, 378
Deep Lobbying 365, 367
Deeskalationsstrategie 122
Demokraten (US-amerikanische Partei) 132, 134, 283
Demokratie 21, 24, 66, 112, 132, 134, 135, 284, 365, 375, 384, 395
Denkfabrik 429, 432
Denkprozess 151, 298
Deppendorf, Ulrich 342, 344, 345, 346
Der Spiegel (Nachrichtenmagazin) 57, 118, 137, 290, 336, 362, 370, 375
Descartes, Renè 33
Design 142, 143, 176, 180, 275, 408, 439
Design Thinking 408
Desinformation 15, 29, 362, 386
Deskriptive Frage (Fragetechnik) 83
Deutsche Akademie der Naturforscher Leopoldina (Gelehrtengesellschaft) 429
Deutsche Bank (Unternehmen) 128
Deutsche Börse 300
Deutsche Demokratische Republik - DDR 20, 21, 56, 57, 70, 72, 118, 126
Deutsche Presse-Agentur - dpa (Unternehmen) 377
Deutscher Fußball-Bund e.V. - DFB 222, 225, 226, 332
Deutscher Journalisten-Verband - DJV 342
Deutscher Rat für Public Relations - DRPR 362, 375, 378
Deutsches Institut für Wirtschaftsforschung - DIW 429
Deutsches Patentamt 142
Deutsche Sporthilfe 41
Deutsche Tageszeitung (Zeitung) 132
Deutschlandfunk (Radiosender) 346
Deutschlandkette 280, 282
Deutungshoheit 135, 226, 323, 333, 384, 392
Dewe Rogerson (Unternehmen) 300
D*FACE (Pseudonym des Graffitikünstlers Dean Stockton) 13
Dialektik 17, 190
Dialog 22, 147, 148, 199, 208, 227, 228, 255, 275, 290, 294, 339, 395, 402, 409, 438
Dialogfähigkeit 295
Die Aktuelle (Magazin) 310
Diekmann, Kai 216, 318, 320, 323, 345, 347, 348, 349, 350, 351
Dieselskandal 266
Die Welt (Zeitung) 281, 318

Die Zeit (Zeitung) 32, 323
Digitale Transformation 402, 405, 408, 428
Digitalgesellschaft 14, 15, 17, 428
Digitalisierung 382, 402
Digitalisierungsstrategie 402
Diskurs 14, 17, 18, 20, 21, 22, 27, 29, 33, 66, 134, 196, 209, 216, 236, 275, 290, 294, 365, 386, 387, 397, 429
Diskussion 24, 75, 78, 80, 91, 109, 208, 216, 222, 225, 226, 255, 328, 386, 398, 421
Disney, Walt 185, 256, 257
dm-drogerie markt (Unternehmen) 290
Dokumentation 14, 118, 434
Domizlaff, Hans 161
Donald Duck (Comicfigur) 185, 257
Döpfner, Mathias 345, 351, 402, 403, 405, 408
Doppelmoral 33, 422
Dorsey, Jack 17, 397
Downing Street No. 10 (Britischer Regierungssitz) 64
Dramatik 100, 209
Dramaturgie 98, 100, 285
Drei-Akt-Storyboard (Grafik) 259
Drei-Instanzen-Modell (Grafik) 37
Dreyfuss, Richard 185
Dringlichkeit 44, 45, 402, 410
Drucker, Peter F. 42, 181, 182, 191, 390, 416
Druckerpresse 186
Dylan, Bob 189
Dytham, Mark 99

E

Earned Content 275
Eastman, George 16, 186
eBay (Online-Unternehmen) 111
Ebel (Produkt und Unternehmen) 40
Ebert, Friedrich 132, 133, 134, 135, 373
Echokammer 24, 386
Echo-Modell 399
Edeka (Unternehmen) 192, 272
Edison, Thomas 185
Ego-Prinzip 303
Ehe für alle 204, 209
Ehrman, Riccardo 72
Eichner, Klaus 57
Eilmeldung 397
Einfluss 60, 65, 66, 134, 160, 181, 193, 236, 246, 257, 284, 302, 303, 307, 358, 359, 362, 384, 389, 391, 395, 417, 418, 422, 439
Einflussfaktor 181, 183, 303, 304, 389
Einflussfaktoren auf systemische Organisationen (Grafik) 183
Einfluss von Dataismus und Mikropropaganda (Grafik) 391

Einfühlungsvermögen 73, 120
Einstein, Albert 24, 25, 185
Einstein Unter den Linden (Restaurant) 377
Einstiegsfrage (Fragetechnik) 80
Einsunternull (Restaurant) 377
Ein-Weg-Kommunikation 199
Eisbergprinzip 339
Eisenhower, Dwight D. 43, 44
Eisenhower-Prinzip 44
Eiserner Vorhang 21
Ekman, Paul 50
E-Learning 255
E-Learning-Plattform 219
Elefantenrunde 48, 50
Elisabeth II., Königin des Vereinigten Königreichs Großbritannien und Nordirland 64
Élysée-Palast (Französischer Regierungssitz) 64
E-Mail 17, 56, 59, 180, 187, 211, 275, 365, 384
E-Mail-Marketing 275
Emotion 48, 50, 66, 67, 72, 88, 103, 108, 110, 160, 176, 194, 214, 246, 247, 249, 285, 364, 384, 420, 421
Emotionaler Markennutzen 200
Emotionale Werte 163
Emotionalisierung 285, 384
Empfehlungsmarketing 266, 267, 269
Empfehlungsmarketing-Ablaufplan 267
Empfehlungsmarketing-Apblaufplan (Grafik) 269
Employer Branding 197, 198, 201, 234, 235, 236, 238, 239
Employer-Branding-DNA 238, 239
Employer-Branding-DNA (Grafik) 241
Employer-Branding-Elemente 236
Employer-Branding-Elemente (Grafik) 237
Employer-Branding-Prozess 197
Employer-Branding-Story 239, 241
Employer-Branding-Strategie 238, 239
Employer-Value-Proposition - EVP 236, 239, 241
Empörungswelle 382, 393
EM-TV (Medienunternehmen) 300
Engpassfunktion 238, 240
Entertainer 99
Entrecôte (Restaurant) 377
Entscheidung 21, 23, 40, 83, 88, 90, 106, 112, 115, 147, 160, 175, 204, 206, 214, 224, 244, 246, 247, 248, 255, 285, 332, 341, 342, 358, 389, 393, 404, 405, 432
Entwicklung 15, 23, 24, 33, 42, 57, 59, 64, 96, 154, 185, 190, 192, 194, 198, 239, 274, 275, 278, 284, 285, 294, 384, 408, 411, 418, 425, 430, 432
Erdinger (Produkt und Unternehmen) 167
Erdoğan, Recep Tayyip 222, 225
Erfahrungswert 23, 163, 176, 248

Erfolg 23, 78, 224, 225, 226, 227, 229, 236, 239, 267, 292, 409, 411
Erfolgsstory 229
Ergebnis 34, 41, 42, 80, 82, 87, 90, 91, 92, 93, 106, 108, 109, 110, 111, 115, 128, 147, 148, 154, 155, 175, 184, 196, 210, 236, 246, 272, 320, 364, 370, 387, 388, 405, 419, 429, 439
Ergebnissicherung 92, 106
Erhard, Ludwig 117
Erickson, Milton H. 147, 257
Eröffnungsfrage (Fragetechnik) 82
Erregungswelle 384, 389, 393, 414
Erscheinungsbild 176, 194, 232, 438
Erster Weltkrieg 132, 392
Erzählstrang 258
Eskalationsstufe 122
Estrin, Judith 17
EU-Parlament 366
Europäische Gemeinschaft - EU 64
Europäischer Gerichtshof - EuGH 56
Evaluation 91, 196, 201
Evangelischer Pressedienst - epd (Medienunternehmen) 377
Event 149, 211, 219
Eventmanagement 198, 201
Expeditives Milieu (Sinus-Milieus) 309, 311, 314, 315
Expert:in 101, 110, 197, 254, 275, 285, 301, 322, 397, 428, 429
Externe Fachleute 435
Externe Kommunikation 190, 198, 201
Eyecatcher 219, 232

F

Faber-Castell (Unternehmen) 266
Facebook (Online-Unternehmen) 15, 17, 44, 57, 79, 110, 111, 134, 236, 248, 252, 275, 358, 386, 387, 388, 389, 393, 395, 397
Facial Action Coding System - FACS 50
Fake News 27, 29, 132, 136, 138, 384, 386, 389
Fake oder Fakt (Grafik) 137
Fakten 29, 74, 91, 103, 136, 137, 139, 148, 193, 194, 217, 239, 249, 251, 252, 257, 285, 293, 302, 341, 344, 384, 386, 425
Faktencheck 322, 395
Falschaussage 344, 349, 382, 386, 389, 395
Falschinformation 138, 139, 389, 432
Familienmarke 235
Fan Dialog 275
FC Bayern München - FCB (Fußballverein) 32, 33, 166, 167, 292
Feedback 83, 92, 434, 435
Feedbackfrage 83
Fellgiebel, Erich 356
Fernsehen (TV) 17, 27, 41, 72, 99, 106, 161, 257, 282, 283, 284, 342, 344, 382, 397, 429
Fernsehformat 309, 312, 341

Fernsehinterview 342, 348
Fernsehkritik 339
Fernsehsender 280, 300, 302, 341, 342, 382
Fernsehsendung 17, 78, 187, 280, 283
Fernsehstudio 48, 50, 79, 280, 341, 342
Fernsehübertragung 283
Fernsehwerbung 303
Film 100, 101, 110, 139, 142, 210, 219, 252, 254, 255, 257, 258, 272, 373
Filmproduktion 258
Finanzberichterstattung 295
Finanzen 166, 435
Finanzkommunikation 293, 294, 300, 303
Finanzkommunikation (Grafik) 295
Finanz- und Kommunikationsexpert:in 302
Fischer, Joseph Martin »Joschka« 155, 156
Fischer-Lescano, Andreas 318
Fisher, Roger 110, 111
Flüchtling 386, 422
Flüchtlingspolitik 382, 386, 425
Flurfunk 129, 197
Flyer 210, 232, 275
Focus (Magazin) 311
Foerster, Heinz von 181, 182, 390, 416
Fokus 42, 103, 190, 208, 224, 227, 232, 274, 418
Fokussierende Frage (Fragetechnik) 82
Fokussierung 44, 101, 185, 224, 238, 357
Footer 217
Formen der politischen Einflussnahme (Grafik) 367
Forschung 109, 275, 303, 313, 382, 392, 419, 428, 435
Fotografie 14, 16, 98, 132, 134, 135, 139, 142, 186, 217, 219, 282, 373, 375
Fotokamera 17, 186, 187, 439
Fotoshooting 232
Fox News (US-amerikanischer Nachrichtensender) 393, 395
Fragestellung 33, 42, 101, 128, 134, 181, 274, 298, 304
Fragetechnik 79, 80, 81, 82, 83, 110, 138, 184, 341, 344
Fragetechniken (Grafik) 83
Frage zur Positionsklärung (Fragetechnik) 83
Fraigne, Jean Jaques Gilbert de 126
Framing-Modell 399
Franck, Georg 161
Frankfurter Allgemeine Zeitung - FAZ (Zeitung) 320, 339, 377
Frankfurter Börse 300
Frankfurter Rundschau (Zeitung) 113
Frau im Spiegel (Magazin) 310
Fraunhofer-Gesellschaft (Forschungsgesellschaft) 429
Freeman, R. Edward 357
Freie Demokratische Partei - FDP (Partei) 106, 108, 111, 112, 113, 154, 155, 204

Freihandelsabkommen 425
Freihandelszone 425
Fremdbild 161, 163, 171, 239
Fremdwahrnehmung 322, 373
Freude 50, 51, 147, 174, 175, 176, 192, 208, 345
Freud, Sigmund 32, 33, 34, 35, 36, 135, 181, 183, 298, 324, 391, 417
Fridays-for-Future 144, 438
Friedensnobelpreis 73, 118, 119
Friedensrhetorik 119
Friedensschutz 330
Friedman, Michel 78, 79, 81
Friedrich August, Fürst von Anhalt-Zerbst 126
Friedrich, Hans-Peter 320
Friedrich II., König von Preußen, auch Friedrich der Große, auch Alter Fritz 126, 127
Friesen, Wallace 50
Frisch, Max 332
Frühwarnsystem 295, 339
Fuchs, Gino (Graffitikünstler) 117
Führung 21, 23, 28, 42, 70, 81, 128, 144, 148, 149, 168, 169, 175, 181, 192, 224, 227, 236, 332, 378, 410, 425
Führungspersönlichkeit 199, 332
Führungsstil 239, 241, 274
Führungsverantwortung 81
Fünf Axiome der Kommunikation (Grafik) 340
Funktionaler Markennutzen 200
Fußballweltmeisterschaft 166, 222, 224

G

Gallionsfigur 168
Gandhi, Mohandas Karamchand, genannt Mahatma 185
Ganzheitliche Marken-Architektur (Grafik) 235
Gates, Bill 17, 96
Gauck, Joachim 154, 155
Gauland, Alexander 78
Geerkens, Edith 336
Geerkens, Egon 336
Gefühl 42, 72, 88, 103, 123, 127, 147, 175, 176, 192, 209, 226, 232, 248, 300, 309, 314, 336, 341, 382, 389, 392, 404, 420, 429
Gegenmeinung 29
Gegenposition 74, 75
Gegenrede 66, 80
Gegenwirkung 29
Gegner:in 64, 65, 331, 332, 406
Geheimdienst 56, 57, 58
Geheimhaltung 115
Geiwitz, Arndt 292
General Electric (US-amerikanisches Unternehmen) 192
General Motors (US-amerikanisches Unternehmen) 175

Generation Z 267
Genscher, Hans-Dietrich 154, 155, 156, 157
Georg VI., König des Vereinigten Königreichs Großbritannien und Nordirland 64
Gergen, Kenneth J. 428
Gerichtete Frage (Fragetechnik) 82
Gerücht 48, 128, 129, 139, 339, 351, 379, 384
Geschäftsführung 197, 228, 239, 409, 432
Geschichte 14, 15, 41, 57, 66, 72, 96, 98, 101, 103, 132, 142, 144, 155, 166, 185, 194, 198, 214, 225, 227, 239, 244, 251, 252, 254, 255, 257, 258, 272, 274, 275, 280, 282, 285, 290, 292, 302, 303, 313, 318, 320, 336, 341, 350, 351, 354, 358, 388, 392, 393, 395, 399, 411, 419, 428, 439
Geschlossene Frage (Fragetechnik) 79, 80, 82
Geschmackstest für Softdrinks (Grafik) 247
Gesellschaftliches Umfeld 28
Gesichtsausdruck 50, 284
Gesichtsverlust 120, 121
Gespräch 14, 56, 58, 59, 60, 79, 81, 82, 83, 91, 147, 181, 214, 282, 343, 344, 345, 351, 363, 364, 375, 418, 429
Gesprächsführung 80, 81, 149
Gesprächsführung durch Fragen (Grafik) 80
Gesprächsinhalt 81
Gesprächsklima 81
Gesprächspartner:in 50, 58, 59, 81, 148, 149
Gesprächsteilnehmer:in 22
Gestik 53, 59, 61, 66, 75, 109, 148, 149, 336, 343, 344, 345, 373
Gewaltfreie Kommunikation - GfK (Marshall B. Rosenberg) 122, 123
Gewaltfreie Kommunikation (Grafik) 123
Gewerkschaft 171, 435
Geyer-Hindemith, Christian 320
Glaeseker, Olaf 347, 348, 351
Glasersfeld, Ernst von 181, 182, 390, 416
Glasl, Friedrich 120
Glaubwürdigkeit 48, 61, 66, 70, 78, 112, 120, 146, 156, 169, 192, 208, 234, 236, 254, 266, 282, 304, 322, 323, 330, 341, 349, 362, 378, 432, 438
Globales Dorf 14, 15, 415
Goebbels, Josef 135
Goffman, Erving 373
Google (Online-Unternehmen) 17, 57, 98, 252, 275, 387, 388, 389
Gottschalk, Christoph 301
Gottschalk, Thomas 32, 301, 312
Götze, Mario 222
Governmental Relations 365, 366
Graco (Projekt von Graco, Graffitiprojekt) 221
Graham, Martha 185
Grand Hyatt Berlin (Hotel) 377
Grand-Slam-Turnier 40
Grassroots-Lobbying 360, 362, 365, 367

Gray, Albert E. N. 44
Grill Royal (Restaurant) 377
Grimme Online Award 320
Grindel, Reinhard 222, 225, 226
Grinder, John 146, 147, 257
Groenewold, David 339
Grossmann, Seth 393
Großorganisation 59, 190, 293, 294
Grundrecht 379, 387, 415, 428
Gruner+Jahr (Medienunternehmen) 377
Gruning, James E. 198
Gruppendynamik 87, 88, 181, 183, 391, 417
Guardiola, Pep 292
Gutenberg, Johannes 14, 16
Guttenberg, Enoch zu 308
Guttenberg, Karl-Theodor zu 308, 309, 310, 311, 312, 313, 318, 319, 320, 321, 323, 324
Guttenberg, Stepanie zu 309, 310, 311, 312
GuttenPlag (Online-Plattform) 318, 320

H

Häberle, Peter 318, 320
Habermas, Jürgen 21, 22, 26, 27
Haeften, Werner von 354
Hagebölling, Lothar 347, 348, 351
Halo-Effekt 255
Haltung 23, 33, 34, 44, 58, 60, 61, 65, 79, 83, 109, 122, 144, 168, 169, 170, 184, 191, 199, 204, 206, 225, 314, 323, 324, 328, 332, 358, 365, 439
Hamm-Brücher, Hildegard 154
Handlung 22, 52, 87, 101, 122, 123, 149, 206, 208, 246, 255, 285, 305, 324, 351, 358, 373, 420
Handy 44, 180, 187
Hannoversche Landeskirche 328
Harari, Yuval Noah 15, 21, 388
Harbusch, Nikolaus 336
Haribo (Unternehmen) 192, 193
Harry Potter (Filmfigur) 258
Harvard-Prinzip (Roger Fisher und William L. Ury) 110
Harvard University 42, 110, 248, 382
Hasskommentar 386, 387
Headline 214, 216, 217, 219, 402
Hedonistisches Milieu (Sinus-Milieus) 309, 311, 314, 315
Heidemanns, Martin 336
Held 180, 185, 252, 258, 259, 404, 428
Heldenreise 258
Helmholtz Gemeinschaft (Forschungsgemeinschaft) 429
Hemingway, Ernest 214, 218
Hemphil, Carol 56

Hendrix, Jimi 188
Henkel, Hans-Olaf 266, 267
Herakut (Graffitikünstler) 7, 401, 471
Herr der Ringe (Filmreihe) 258
heute-journal (Fernsehsendung) 112
Hikvision (Chinesischer Internetgigant) 418
Hilton Berlin (Hotel) 377
Hinleitende Frage (Fragetechnik) 82
Hintergrund 166, 167, 169, 176, 283, 284, 286
Hintergrundgespräch 81, 211, 363, 364
Hirnforschung 248
Hitchcock, Alfred 185
Hitler, Adolf 56, 64, 119, 135, 137, 354, 356, 357, 358
HNRX (Graffitikünstler) 63
Hobbes, Thomas 120
Hochkulturgesellschaft 14
Höcke, Björn 113
Hockenjos, Christian 86
Hoeneß, Ulrich 32, 33
Hoffmann, Maximilian Edwin 142
Höhlengleichnis 395
Homepage 210, 219, 236, 268, 320, 324
Homo sapiens 414, 438
Honecker, Erich 19, 21
Hornbach (Unternehmen) 252, 253, 254, 255
Horx, Matthias 254
Hotel de Rome (Hotel) 377
Huawei (Chinesisches Unternehmen) 418
Humanismus 181, 182, 183, 254, 388, 390, 391, 392, 415, 416, 417, 418, 422
Hummels, Mats 224
Hunt, Todd 198
Hunzinger, Moritz 370, 373, 375
Hybris 32, 48, 324
Hypothetische Frage (Fragetechnik) 83
Hypozentrum (Graffitikünstlergruppe) 47

I

I.C.A. Horse (Graffitikünstler) 125
ICH-WIR-ES-Faktoren (TZI-Modell) 87
Identifikation 185, 214, 234, 236, 238, 290
Identität 33, 154, 191, 200, 226, 239
Ikea (Unternehmen) 192
Il Punto (Restaurant) 377
Image 40, 166, 175, 197, 234, 238, 240, 246, 247, 290, 349, 370, 403
Impfstoff 424, 425, 428
Impression Management 373
Impuls 81, 88, 90, 128, 197, 214, 303, 411, 429, 432, 434, 435
Impulsvortrag 214

Individualität 23, 73, 157, 158, 160, 227, 425, 428
Infektionszahlen 430
Influencer:in 209, 214, 275, 378
Informationsaustausch 294, 365
Informationsbedürfnis 88, 336
Informationsgesellschaft 14, 15, 17, 23, 44, 387
Informationsmanagement 191
Informationspool 295
Informationstheorie 181, 183, 391, 417
Informations- und Netzwerkzeitalter 15
Informationsverarbeitung 24, 303, 305, 384, 432
Informationszeitalter 42, 303
Innerfields (Street-Art-Gruppe) 179, 180
Innovation 143, 144, 174, 175, 176, 238, 240, 290
Innovationsmanagement 28
Innovator:in 168
Instagram (Online-Plattform) 15, 275, 358, 389, 395
Instanz, moralische 33, 167, 298, 301
Institut für Weltwirtschaft (Forschungsinstitut) 429
Institut für Wirtschaftsforschung - ifo (Forschungseinrichtung) 429
Inszenierung 106, 146, 284, 285, 308, 369, 370, 373, 375, 382, 384, 428, 439
Interaktion 22, 66, 87, 103, 156, 161, 184, 246, 290, 358, 382, 425, 428
Internationale Arbeitsorganisation - ILO (Sonderorganisation der Vereinten Nationen) 422
Interne Kommunikation 185, 192, 197, 201, 211, 222, 226, 227, 290
Interner Input 434, 435
Internet 14, 15, 17, 23, 24, 42, 56, 101, 110, 135, 142, 180, 187, 197, 216, 236, 267, 280, 302, 318, 320, 323, 349, 362, 382, 384, 386, 387, 388, 389, 392, 402, 405, 414, 425, 438
Internet der Dinge, Internet ot Things - IoT 15, 22
Internetgigant 387, 388, 389, 392, 418
Internetplattform 387
Internettechnologie 304
Internetüberwachung 56
Interview 32, 79, 81, 106, 204, 211, 225, 257, 278, 323, 324, 341, 342, 343, 345, 346, 349, 363, 375
Intranet 210, 228
Intrigant:in 128, 129
Intrige 125, 126, 128, 129
Investition 110, 262, 290, 302
Investor:in 171, 293, 294, 295
Investor Relations - IR 292, 293, 295
Involvement-Konzept 302, 303
Involvement-Konzept (Grafik) 305
iPad (Produkt) 190
iPhone (Produkt) 17, 180, 184, 190, 403
iPod (Produkt) 187, 190
Issue Tracking 322
IT-Management 201

J

Jamaika-Aus 106
James, William 358
Jarvis, Jeff 395
Jauch, Günther 86, 282, 339
Jens, Walter 66
Jinping, Xi 418
Jobs, Steve 14, 17, 73, 96, 97, 98, 101, 180, 181, 184, 185, 190, 234, 255
Johnson, Boris 59, 428
Johnson, Lyndon B. 59
Joler, Vladan 387
Journalismus 137, 219, 350, 351, 395
Journalistenausbildung 209
Journalist:in 41, 48, 72, 150, 209, 214, 217, 219, 275, 282, 285, 318, 320, 336, 339, 341, 342, 344, 349, 350, 351, 375, 378, 395
Jung, Carl G. 181, 183, 373, 391, 417

K

Kabel New Media (Medienunternehmen) 300
Kahn, Robert E. 17, 24, 384
Kalchas 128
Kalter Krieg 20, 23, 28, 57, 72, 119
Kameratraining 343, 344
Kampagne 185, 190, 194, 196, 197, 211, 226, 234, 252, 280, 285, 298, 300, 301, 303, 304, 305, 312, 362
Kampagnen-Briefing (Grafik) 287
Kampagnenziel 287, 362
Kantar TNS (Marktforschungsunternehmen) 158, 160
Kant, Immanuel 33
Kanzleramt 48, 58
Kanzler:in 48, 50, 56, 58, 64, 70, 78, 118, 154, 167, 204, 206, 209, 210, 278, 280, 282, 312, 318, 320, 324, 330, 375, 418
Karolus, August 17
Karte der Macht (Grafik) 377
Käßmann, Margot 328, 329, 330, 331
Katholische Kirche 216
Katholische Nachrichten-Agentur - KNA (Medienunternehmen) 377
Kemmerich, Thomas 111, 112, 113, 155
Kennedy, Jacqueline »Jackie« 313
Kennedy, John F. 59, 70, 71, 72, 73, 283, 284, 285, 313, 430
Kennedy, Robert 72
Kernaussage 98, 194, 286, 345
Kernbotschaft 103, 184, 239, 286, 343, 345, 346, 364
Kerner, Johannes B. 301
Keynes, John Maynard 393
Khedira, Sami 224

Kinkel, Klaus 154
Klarheit 29, 66, 70, 106, 226, 312, 386, 402
Klarstellende Frage (Fragetechnik) 82
Kleinanleger:in 300, 301
Klein, Astrid 99
Kleist, Friedrich Wilhelm Gottfried Arnd von 126
Klimaerwärmung 27, 422
Klimaschutz 15, 144, 208, 422
Klimawandel 24, 29, 181, 328, 431
Kloeppel, Peter 342
Kniefall 118, 119
Knorr (Unternehmen) 167
Koalition 48, 50, 120, 121, 128, 359
Kohl, Helmut 64, 65, 204
Kommunikation, assymetrische 199, 373
Kommunikation, nonverbale 50, 52, 336, 403
Kommunikationsabteilung 15, 21, 59, 87, 88, 196, 197, 227, 234, 267, 298, 301, 302, 313, 322, 341, 378, 397, 409, 410, 432
Kommunikationsalltag 50
Kommunikationsangebot 194, 303, 341
Kommunikationsarbeit 196, 197, 222, 234, 257, 378
Kommunikationsausrichtung 169, 184, 191, 193, 198, 199, 210, 232, 234, 257, 304, 408, 410, 432, 439
Kommunikationscontrolling 196
Kommunikationsexpert:in 23, 191, 192, 193, 199, 206, 422, 429
Kommunikationsform 90, 147, 198, 255, 336, 402
Kommunikationsgeschichte 15, 79
Kommunikationshaltung 42
Kommunikationshaus 191, 196, 197
Kommunikationsinstrument 196, 199, 294
Kommunikationsintensität 303
Kommunikationskanal 196
Kommunikationskodizes (Grafik) 379
Kommunikationskonzept 191, 196, 208, 211, 285, 397
Kommunikationsleistung 196, 197, 222
Kommunikationsmanagement 198, 201, 375, 409
Kommunikationsmarkt 196
Kommunikationsmaßnahmen 122, 194, 196, 198, 397, 430
Kommunikationsmittel 27, 44, 196, 197, 246, 254, 419
Kommunikationsperformance 302
Kommunikationsplanung 193, 197
Kommunikationsproblem 58, 59
Kommunikationsprozess 90, 146, 180, 373
Kommunikationspsychologie 33
Kommunikationsquadrat (Friedemann Schulz von Thun) 58
Kommunikationsquadrat (Grafik) 61
Kommunikationsstrategie 23, 134, 180, 184, 190, 193, 197, 198, 204, 208, 210, 222, 227, 248, 267, 274, 285, 358, 409, 410, 419, 422, 430
Kommunikationsstruktur 21
Kommunikationstechnik 14, 91, 146, 274, 439

Kommunikationstheorie 181, 183, 373, 391, 417
Kommunikationsverhalten 194, 196, 199, 387
Kommunikationsverlauf 59, 210
Kommunikationsverweigerung 336
Kommunikationswerkzeug 58, 439
Kommunikation, symmetrisch 341
Kommunikationsziel 193, 194, 196, 200, 239
Kommunikation, trojanische 128
Kommunikation, unbewusste 50
Kommunikative Fokussierung (Grafik) 45
Kommunikatives Handeln 22
Kommunikatives Handeln (Grafik) 27, 29
Kommunikative Wirkprinzipien 206
Kommunikative Wirkprinzipien (Grafik) 207
Kommunikator:in 59, 168, 169, 197, 232, 308
Kommunistischen Partei - KP (Partei) 21, 418
Kompetenz 67, 146, 162, 254, 282, 309, 345
Konferenz 65, 86, 180, 275
Konflikt 32, 34, 61, 88, 91, 109, 116, 118, 120, 122, 126, 150, 209, 224, 328, 331, 370, 393, 397
Konflikteskalation 120, 121
Konfliktforscher 120
Konfrontation 120, 129, 190, 284, 403, 429, 439
Konken, Michael 342
Konkurrent:in 358
Konkurrenz 120, 236, 238, 272, 285, 290
Konservativ-Etabliertes Milieu (Sinus-Milieus) 309, 310, 314, 315
Konstruktivismus 181, 182, 390, 416
Konsument:in 176, 206, 208, 246, 248, 267, 303, 304
Konsumgüterindustrie 36
Kontrolle 20, 27, 79, 128, 184, 344, 345, 349, 373, 392, 418, 425
Konzern 146, 181, 190, 191, 267, 293, 302, 365, 387, 388, 389, 414, 425, 429
Kooperation 325, 357, 365, 425
Korff, Kurt 132
Körperhaltung 64, 148, 373, 418
Körpersprache 48, 52, 53, 59, 66, 67, 149, 343, 344
Korruptionsprozess 336
Kostolany, André 300
Kreative Leitidee 194, 196, 198, 200
Kreativität 92, 96, 185, 227, 257, 274, 425, 428
Kreditaffäre 339
Kreml (Russischer Regierungssitz) 64
Kriegsrhetorik 119, 419, 420
Krise 27, 34, 79, 128, 154, 192, 197, 198, 214, 216, 226, 292, 309, 311, 318, 322, 323, 324, 328, 330, 332, 333, 334, 336, 339, 345, 349, 357, 358, 375, 389, 399, 412, 414, 415, 420, 421, 422, 425, 428, 429, 430, 431, 432
Krisenbewältigung 330, 332, 421, 429
Krisenfall 193, 345, 358

Kriseninterview 342, 344
Krisenkommunikation 197, 198, 201, 322, 323
Krisenkommunikationsplan 198
Krisenkonzept 322
Krisenkurve 339
Krisenmanagement 198, 278, 320, 324, 330, 331, 332, 333, 425, 432
Krisenplanspiel 198
Krisenprofil 322
Krisenprozess 257
Krisenpsychologie 322
Krisen-Tacho (Grafik) 325
Krisenteam 322
Krisenverlauf 339
Krisenverläufe (Grafik) 338
Kritiker:in 73, 193, 206, 227, 234, 257, 323, 328, 332, 362, 429, 435
Kroos, Toni 224
Krug, Manfred 298, 299, 301, 304
Krugman, Herbert E. 303
Kruse, Peter 191, 428
Kubicki, Wolfgang 154, 155
Kultprodukt 252
Kultur 20, 87, 144, 191, 192, 199, 227, 234, 236, 239, 241, 248, 308, 392
Kulturgut 248
Kummulations-Modell 398
Künast, Renate 386, 387
Kundencenter 434
Kund:in 23, 32, 36, 59, 144, 146, 147, 149, 150, 171, 174, 175, 176, 180, 185, 190, 194, 197, 198, 207, 208, 244, 246, 248, 252, 254, 255, 257, 266, 267, 268, 269, 272, 274, 290, 298, 303, 305, 314, 357, 408, 435
Künstliche Intelligenz - KI 24, 27, 57, 384, 387, 388, 418, 425, 429
Kununu (Online-Plattform) 236

L

Lafontaine, Oskar 370
LAKE, Pseudonym des Graffitikünstlers Christian Wahle 117
Lambsdorff, Alexander Graf von 155
Landesparlament 78, 208
Landgericht Hannover 336
Landkarte 147, 148, 151, 314
Laotse 409
Laschet, Armin 419
Latour, Bruno 425
Lead 217, 219
Leading 149, 151
Leadsatz 219
Le Bon, Gustave 134, 135
Lehman Brothers (Finanzunternehmen) 422

Lehmann, Falk (Graffitikünstler der Gruppe Herakut) 7, 401
Leibniz-Gemeinschaft (Forschungsgemeinschaft) 429
Leibniz-Institut für Wirtschaftsforschung Halle (Forschungsinstitut) 429
Leitbild 147, 191, 192, 200
Leitmotiv 66, 155, 252, 430
Leitung 87, 151, 214, 224, 225, 318, 336
Lennon, John 185
Lepsius, Oliver 312, 313, 320
Leser:in 132, 214, 320, 404
Leserschaft 150, 217, 282, 318, 323
Leuchtturm der Führung (Grafik) 169
Leutheusser-Schnarrenberger, Sabine 155
Lewandowsky, Stephan 139
Lewin, Kurt 181, 183, 391, 417
Lewis, Elmo 206
Liberal-Intellektuelles Milieu (Sinus-Milieus) 309, 310, 314, 315
Lidl (Unternehmen) 272
Liechtenstein, Friedrich 272, 273
Lifestyle-Produkt 36
Likes 15, 388
Limbisches System 248, 420
Limbourg, Peter 342
Lindner, Christian 106, 107, 111, 112, 155
Linguistisch 151
Link 112, 217, 219, 384
LinkedIn (Online-Plattform) 110, 275
Lippmann, Walter 209
Li, Wenliang 414
Lochner, Robert H. 72
Locke, John 33
Logo 142, 144, 174, 175, 219, 248
Lorenzo, Giovanni di 323
Lose-Lose-Prinzip 101, 120, 121
Love Brand 246
Löw, Joachim »Jogi« 222, 223, 224, 226, 282
Loyalitätsmarketing 266
Lucke, Bernd 78, 79, 81
Luhmann, Niklas 14, 180, 181, 182, 184, 282, 390, 416
Lumière, Auguste 17
Lumière, Louis 17
Lungenkrankheit SARS 414
Luther, Martin 180
Luther, Martin King 185
Luxemburg, Rosa 21

M

Machiavelli, Niccolò di Bernardo dei 21, 181, 278, 378
Macht, kommunikative 18, 20, 21, 27

Machtverschiebung 388
Macron, Emmanuel 419, 420
Macworld Konferenz 180
Made in Germany 262, 263, 266
Magdalena, Maria 180
Magische Kommunikationskanäle (Grafik) 17
Maguire, Tom 56, 57, 58
Mailbox 347, 348, 349, 351
Malik, Fredmund 181, 182, 390, 416
Management 23, 28, 42, 44, 110, 168, 171, 181, 190, 192, 197, 198, 201, 227, 244, 257, 267, 268, 274, 275, 278, 290, 293, 294, 295, 330, 357, 373, 428
Management, agiles 28, 227
Managementlehre 42, 206, 357
Manager:in 32, 66, 81, 138, 144, 166, 167, 168, 169, 175, 181, 191, 192, 193, 224, 226, 266, 292, 294, 308, 357, 365, 408, 409
Manager Magazin (Magazin) 308
Manipulation 22, 108, 136, 146, 362, 439
Manipulationstechnik 146
Marconi, Guglielmo 16, 17
Marke 40, 41, 142, 144, 146, 147, 154, 161, 163, 167, 169, 174, 175, 176, 177, 180, 185, 190, 192, 197, 235, 236, 239, 244, 246, 247, 248, 266, 272, 285, 303, 314
Markenarchitektur 234
Markenattribute 163
Markenbekanntheit 248
Markenbotschafter:in 176, 236
Markenerlebnis 163
Markenerwartung 162, 163
Markenführung 142, 144, 155, 175, 176, 211, 235, 236, 239, 246
Markenidentität 162
Markenimage 163
Markenkern 143, 144, 154, 155, 174, 175, 176, 177, 191, 192, 193, 200, 235, 236
Markenkern (Grafik) 177
Markenleistung 177, 200
Markennutzen 177, 200
Marken-Nutzen-Versprechen 162
Markenpersönlichkeit 155, 177, 200
Markenstrategie 176
Markentechnik 161, 175
Markenverhalten 162
Markenvermittlung 175
Markenversprechen 236
Markenwelt 175
Markenwert 143, 144, 175, 176, 191, 192, 193, 200, 235
Markenzeichen 142
Marketing 23, 42, 59, 142, 176, 190, 191, 192, 198, 199, 201, 206, 207, 211, 234, 239, 244, 254, 255, 257, 266, 267, 268, 269, 272, 274, 275, 285, 293, 294, 295

Marketingabteilung 59, 190, 267
Marketingbudget 300
Marketingexpert:in 194, 254, 298
Marketingstrategie 266, 272
Märklin (Unternehmen) 266
Marktanteil 181, 266
Marktbearbeitung 144, 197, 227, 397, 432
Marktfähigkeit 28, 402, 408
Marktforschung 28, 157, 314
Marktforschungsstudie 267
Marktführer 181, 272
Marktmanagement 28
Marktteilnehmer:in 294, 295
Marktumfeld 28, 110, 236, 295
Markt- und Mediaforschungsinstitut 154, 196
Markwort, Helmut 32
Maschmeyer, Carsten 339, 351
Massachusetts Institute of Technology - MIT 257, 303
Massenkommunikation 207, 388
Massenmanipulation 22, 135
Massenmedium 14, 17, 284, 384, 398
Massenpsychologie 134, 135
Maßnahme 90, 191, 192, 193, 196, 198, 199, 216, 239, 244, 262, 266, 267, 274, 283, 285, 290, 292, 322, 324, 325, 356, 365, 397, 411, 414, 415, 422, 429, 430, 431, 432
Maßnahmenplan 92, 194, 201
Mauerbau 70, 118
Maximalziel 112, 114, 115, 365
Max-Planck-Gesellschaft (Forschungsgesellschaft) 429
Mayrew, Bill 65
McClure, Samuel M. 246
McDonald, Malcolm 246
McKee, Robert 257
McKinsey (Unternehmensberatung) 234
McLuhan, Marshall 14, 181, 183, 391, 417
McMahon, Vince 393
McQueen, Steve 142
Media Control (Marktforschungsunternehmen) 78
Mediation 121, 122
Mediawert 252
Medien 15, 33, 41, 48, 59, 78, 79, 89, 106, 132, 134, 150, 154, 155, 161, 180, 194, 199, 204, 208, 209, 210, 217, 226, 246, 254, 269, 272, 274, 278, 280, 285, 290, 298, 300, 302, 303, 304, 312, 313, 314, 320, 324, 328, 330, 336, 341, 342, 343, 346, 349, 358, 362, 370, 375, 377, 379, 382, 384, 392, 393, 395, 397, 399, 402, 418, 420, 429, 432
Medienagenda 398
Medienarbeit 208, 214, 217, 224, 362, 366
Medienberater 167, 283
Mediengeschichte 50, 375
Mediengesellschaft 137, 282, 312, 378

Medienkampagne 324
Medienkanal 396
Medienkompetenz 50
Medienmarkt 214, 302, 323, 397, 399, 432
Medienmix 196
Medienrevolution 15
Medien-Trainings-System (Grafik) 343
Medien- und Öffentlichkeitsarbeit 109, 170, 199, 365
Medienunternehmen 386, 397
Medienvertreter:in 81, 106, 108, 111, 210, 214, 222, 318, 330, 342, 345, 365, 395
Meeting 86, 87, 90, 91, 101, 228
Mehrabian, Albert 52
Meinung 29, 82, 87, 90, 199, 236, 254, 290, 318, 384, 393
Meinung, öffentliche 199
Meinungsbildner:in 365
Meinungsbildung 135, 333
Meinungsforscher:in 285
Meinungsfreiheit 386, 387, 428
Meinungsherrschaft 23
Meinungsmache 302
Meinungsvielfalt 387, 388
Menschenrechte 56, 415, 422
Mercedes-Benz (Unternehmen) 40, 41, 167
Merchandise Marks Act (Britisches Markengesetz) 262
Merkel, Angela 14, 32, 48, 50, 56, 58, 78, 106, 154, 204, 206, 209, 210, 278, 279, 280, 282, 284, 320, 405, 418
Mertesacker, Per 225
Merz, Friedrich 320
Messe 211, 275
Methode 44, 101, 138, 146, 147, 149, 157, 227, 255, 257, 350, 362, 365, 379, 408, 418, 419
Metro (Unternehmen) 272
Micky Maus (Comicfigur) 185, 257
Microsoft (Unternehmen) 17, 96, 387
Mielke, Erich 21
Mikrochip 17, 187
Mikrogesichtsausdruck 50
Mikropropaganda 389
Milieu 34, 309, 311, 313, 314
Milieu der Performer (Sinus-Milieus) 309, 311, 314, 315
Milieuforschung 313
Milieu-Verortung im Fall Guttenberg (Grafik) 311
Milka (Produkt) 194, 195
Millionenpublikum 41, 48, 86, 99, 345, 384, 395
Mimik 48, 52, 53, 59, 61, 66, 75, 148, 149, 336, 343, 344, 345, 373
Mindestlohn 278
Minimalziel 108, 109, 112, 114, 115, 363
Minister:in 155, 167, 278, 318, 320, 323, 324, 364, 370, 375
Ministerium für Staatssicherheit - Stasi 57

Ministerpräsident 111, 127, 128, 155, 336, 350, 370, 429
Minkmar, Nils 339
Mintzberg, Henry 168, 169
Missbrauchsskandal 216, 330
Mitarbeiter:in 44, 56, 57, 59, 90, 111, 128, 154, 169, 171, 174, 175, 185, 190, 191, 192, 194, 197, 198, 199, 211, 226, 227, 228, 230, 232, 234, 236, 237, 238, 239, 240, 252, 257, 258, 275, 290, 292, 345, 357, 362, 365, 367, 370, 404, 405, 408, 409, 411, 432
Mitarbeiterzeitung 211, 228, 229
Miteinbeziehende Frage (Fragetechnik) 83
Mitglied des Bundestags - MdB 364, 365
Mitglied des Landtags - MdL 364
Mobilcom (Telekommunikations-Unternehmen) 300
Mobilisierung 285, 365
Mobiltelefon 17, 56, 180
Moderation 86, 87, 90, 91, 121, 122, 410, 429
Moderationsführung 91
Moderationstechnik 87
Moderationszyklus 87, 90, 91, 93
Moderationszyklus (Grafik) 93
Moderator:in 32, 48, 78, 79, 83, 86, 87, 90, 91, 111
Moffitt, Terrie E. 185
Molière, bürgerlich Jean-Baptiste Poquelin 66
Möller und Schaar (Unternehmen) 375
Monitor (ARD-Magazin) 382
Monomarke 235
Monopolist 387
Montague, Latané M. 246
Montague, P. Read 246
Moreno, Jacob Levy 181, 183, 391, 417
Moritz, Steffen 318
Mosa, Markus 272
Motivation 111, 128, 168, 169, 185, 227, 229, 290, 411
Mozart, Wolfgang Amadeus 403
Muhammad Ali, bürgerlich Cassius Marcellus Clay 185
Multimediakanal 198
Multiplikator:in 192, 193, 194, 197, 200, 227, 230, 234, 267, 274, 290, 365
Mund-zu-Mund-Empfehlung 266, 267
Müntefering, Franz 50, 155, 156, 157
Murdoch, Rupert 395
Musashi, Miyamoto 181, 206
Musk, Elon 17

N

N24 (Fernsehsender) 78, 342
Nachbereitung 87, 90, 91, 343, 346
Nachhaltigkeit 144, 190, 266, 267
Nachricht 27, 52, 58, 59, 60, 61, 72, 108, 132, 136, 137, 146, 150, 174,

198, 206, 209, 210, 214, 226, 236, 272, 298, 323, 339, 349, 351, 356, 377, 382, 384, 386, 393, 397, 404, 414, 432
Nachrichtendienst 57
Nachrichtenfaktoren 208, 209
Nachrichtenlage 204, 302, 397, 425
Nachrichtenmarkt 302
Nachrichtenwert 209, 217, 272, 393
Nadolny, Rudolf 132
Naisbitt, John 15
Napolitan, Joseph 284, 285
Narrativ 180, 185, 190, 392, 393, 397
National Broadcasting Company - NBC (US-amerikanischer Fernsehsender) 283
Nationalist:in 134, 135, 382
Nationalmannschaft 166, 222, 224, 225, 226, 227
National Security Agency - NSA 56, 57
Nationalsozialismus 20, 56, 392
Native Advertising 275
Naturwissenschaftliche Systemtheorie 181, 182, 390, 416
Nazareth, Jesus von 180
Nazi-Deutschland 64, 70
Neinsagen 44, 45
Nespresso (Produkt) 36
Nestlé (Unternehmen) 36
Netto (Unternehmen) 272
Netzaktivist:in 320, 323
Netzwerk 15, 129, 136, 208, 236, 254, 280, 358, 384, 387, 392, 397, 408, 429
Netzwerkgesellschaft 388
Neuausrichtung 22, 23, 27, 118, 154, 198, 408, 429, 432
Neuer Einfluss des Humanismus (Grafik) 417
Neuer, Manuel 224
Neuigkeit 209, 219
Neun Stufen der Konflikteskalation (Grafik) 121
Neuro-Linguistisches Programmieren - NLP 146, 147, 148, 149, 150, 151, 257
Neuromarketing 206, 246, 247, 248
Newsletter 211, 274, 275, 359
Newsroom 302
New York Times (US-amerikanische Zeitung) 302, 393
Nicht-Dataisten 388, 389
Niebuhr, Oliver 73
Niedergang 21, 392, 399
Nietzsche, Friedrich 52
Nike (Unternehmen) 192, 225
Nixon, Richard 282, 283, 284
NLP-Bauplan (Grafik) 151
Noir, Thierry (Graffitikünstler) 231
North Atlantic Treaty Organization - NATO 20, 70, 370
Noske, Gustav 132, 133

n-tv (Fernsehsender) 342, 377
Nürnberger Prozesse 415
Nutzen 15, 66, 103, 110, 111, 115, 162, 177, 192, 199, 206, 234, 248, 345, 429
Nutzer:in 15, 134, 232, 387

O

O2 (Telekommunikations-Unternehmen) 167
Obama, Barack 73, 136, 255, 405
Oddset (Unternehmen) 167
Odol (Produkt) 264, 266
Offene Frage (Fragetechnik) 80, 82
Öffentlichkeit 32, 41, 56, 98, 106, 108, 112, 118, 119, 154, 175, 185, 210, 222, 244, 282, 290, 294, 308, 332, 336, 339, 341, 344, 349, 356, 365, 373, 378, 382, 397, 398, 399, 420, 422, 432
Öffentlichkeitsarbeit 109, 161, 170, 199, 210, 298, 304, 365, 366, 378
Off- und Online-Kanäle 432
Ökologie 27
Ökonomie 27, 161, 181, 182, 390, 392, 393, 416
Ökonomisches Umfeld 28
Olbricht, Friedrich 356
One-to-One-Marketing 198
Online-Magazin 79, 275
Onlinemedien 198
Onlineplattform 23
Onlineportal 198
Onliner:in 318
Online-Stellenmarkt 234
Onlinestrategie 198
Online-Werbung 269
Ōno, Taiichi 138
Ono, Yoko 185
On- und Offline-Kommunikation 23
Opel (Unternehmen) 167, 174, 175, 309, 311
Open Space 228, 411
Organisation (Unternehmen) 23, 42, 86, 90, 110, 128, 129, 169, 180, 181, 184, 185, 191, 192, 193, 194, 196, 197, 198, 199, 226, 227, 234, 236, 238, 257, 266, 290, 308, 322, 342, 358, 363, 364, 378, 388, 389, 408, 409, 410, 411, 432
Orwell, George 387, 418
Osbourne, John Michael »Ozzy« 156, 159, 160
Ostap, Pseudonym von Vyacheslav »Slava« Osinski (Graffitikünstler) 277
Output 432, 435
Owned Content 275
Özdemir, Cem 375
Özil, Mesut 222, 225, 226

P

Page, Larry 17
Paid Content 275
Pandemie 24, 27, 29, 208, 399, 414, 415, 418, 419, 420, 421, 422, 425, 428, 429, 430, 431, 432, 438
Parker Follet, Mary 357
Parlamentarische Initiative 363, 364
Parlamentarischer Abend 363, 364
Parship (Online-Plattform) 389
Parsons, Talcott 244
Partizipation 92
Paulaner Bier (Produkt und Unternehmen) 167
Paulon (Graffitikünstler) 327
Pauly Saal (Restaurant) 377
Pawlow, Iwan Petrowitsch 149, 384
Paypal (Unternehmen) 17
Pecha-Kucha-Technik 99, 101
Penetrationstechnik 146
Pepsi (Produkt und Unternehmen) 181, 184, 246, 247, 248
Perls, Frederick S. 147
Persil (Produkt) 17, 246, 280
Personal 147, 148, 149, 224, 236, 295, 405, 435
Personalabteilung 197, 234, 238, 239, 294
Personality-Public-Relations (Grafik) 163
Personality-Public-Relations - PPR 156, 161
Personalkommunikation 236, 239, 241
Personalmarketing 239, 241
Personalstruktur 239, 241
Persönliche Krisen-PR 330
Perspektivwechsel 83, 110, 115, 150, 395
Peter Pan (Filmfigur) 258
Pflaume, Kai 41
Pflichtveröffentlichung 294
Philosophie 14, 33, 191, 408
Phonogramm 186
Picasso, Pablo 185, 189
Pierre de Bernis, François-Joachim de 126
Pilati-Borggreve, Kristina 370, 371
Pitta, Julie 184
Plakat 185, 232, 236, 275, 308
Planung 23, 93, 181, 191, 294, 295, 365
Platon 16, 33, 181, 182, 390, 394, 395, 416
Platons Höhlengleichnis des 21. Jahrhunders (Grafik) 396
Plattform 15, 23, 27, 44, 219, 236, 274, 387, 389, 393, 395, 397, 408, 414
Plattformkapitalismus 392
Platzierung 144, 208, 285, 294, 300, 302, 308, 398
Plot 100
Plotbot KEN (Graffitikünstler) 413

Pocher, Oliver 40, 41
Podiumsdiskussion 219
Podolski, Lukas 225
PokerStars (Unternehmen) 40
Polemik 120, 121
Politik 21, 32, 56, 73, 78, 106, 112, 118, 119, 126, 128, 134, 144, 146, 154, 171, 194, 206, 208, 214, 224, 278, 280, 282, 284, 285, 298, 302, 304, 309, 311, 312, 313, 318, 324, 330, 332, 336, 339, 363, 365, 370, 375, 384, 388, 392, 393, 395, 402, 414, 415, 419, 422, 428, 429, 430, 435
Politiker:in 48, 58, 64, 66, 73, 78, 79, 81, 106, 118, 119, 127, 132, 135, 154, 155, 204, 208, 254, 278, 280, 308, 312, 313, 323, 324, 328, 342, 349, 358, 362, 364, 365, 370, 375, 386, 392, 418, 419
Politikstil 118, 127, 312
Populist:in 382, 384, 422
Porsche, Ferdinand »Ferry« Anton Ernst 142
Porsche (Unternehmen) 142, 144
Position 74, 83, 101, 108, 160, 169, 238, 254, 313, 318, 332, 358, 363, 364
Positionierung 191, 192, 194, 234, 236, 240, 285, 294
Positionspapier 363, 364
Postbank (Finanzunternehmen) 167
Präsentation 52, 59, 96, 98, 99, 100, 101, 103, 184
Präsentationstechnik 99, 101
Präsentations-Treatment 101
Präsentations-Treatment (Grafik) 100
Präsentations-Zündstufen (Grafik) 103
Präsident 64, 70, 72, 73, 166, 222, 226, 255, 266, 342, 384, 388, 393, 395, 419
Präventionsparadoxon 429, 430, 431
Präventionsparadoxon (Grafik) 431
PR-Berater:in 161
Precht, Richard David 33
Preis-Leistungs-Verhältnis 266
Prekäres Milieu (Sinus-Milieus) 309, 310, 314, 315
Premierminister:in 64, 65, 136
Presse 134, 166, 169, 252, 320, 339, 377, 402, 403
Pressearbeit 217
Presseartikel 397
Pressegespräch 210, 211, 274, 275
Presseinformation 217
Pressemitteilung 211, 217, 219, 275
Pressesprecher:in 169, 199, 318
Pressestab 199, 222, 373
Pressestelle 217, 219, 378, 432
Presseveröffentlichung 318
PricewaterhouseCoopers International - PWC (Unternehmen) 219
Priming-Modell 399
PR-Instrument 210, 282, 322, 365, 375
Produktion 252, 275, 294, 295, 420

Produktivität 90, 410
Produktmarke 161, 234, 235
Projekt 90, 257, 303, 357, 365, 402, 418
Projektmanagement 410
Prominenz 161, 209
Promoted Content 275
Propaganda 132, 135, 146, 234, 389, 425
ProSiebenSat1 (Medienunternehmen) 342
Protagonist:in 139
Protektionismus 266
Prozess 22, 24, 34, 41, 66, 79, 83, 89, 91, 92, 109, 114, 134, 146, 147, 148, 149, 184, 197, 238, 239, 247, 248, 257, 267, 282, 293, 303, 336, 339, 397, 398, 402, 409, 411, 415, 425, 429
Prozessbegleitung 121, 122
Prozess, kognitiver 247
PR-Strategie 280, 370, 439
PR-Toolbox 210
PR-Toolbox (Grafik) 211
Psychoanalyse 32, 33, 34, 36, 87, 298, 324
Psychologie 34, 110, 181, 183, 185, 254, 257, 303, 332, 373, 391, 393, 417
Public Affairs - PA 198, 199, 201, 210, 363, 364, 365, 366, 375
Public Relations - PR 42, 106, 142, 161, 198, 199, 201, 210, 211, 248, 255, 280, 282, 284, 294, 308, 320, 322, 330, 362, 365, 366, 370, 375, 378, 379, 397, 398, 439
Public-Relations-Strategie 274
Publikum 52, 66, 67, 72, 73, 74, 75, 96, 99, 101, 103, 184, 300, 373, 393, 399
Publikumsagenda 398
Puma (Unternehmen) 40, 225
Putin, Wladimir 428

Q

Qualitätsjournalismus 81, 386
Qualitätsmanagement 325
Qualitätsnachricht 386
Qualitätsoffensive 266
Quantencomputer 23, 197, 389
Quantensprung 388
Qubit 389
Queen Kong (Graffitikünstler) 307
Quelle 81, 108, 129, 137, 139, 217, 310, 315, 344, 384, 386
Quellencheck 137
Quiagen (Niederländisches Unternehmen) 300
Quintilian 420

R

Radio 27, 72, 397
Radioansprache 64
Radiosender 346, 393
Radiospot 147
Radiowerbung 275
Rationaler Wert 163
Ratzinger, Georg 219
Ratzinger, Joseph Kardinal 214
Reaktion 23, 34, 87, 110, 149, 176, 204, 206, 222, 225, 278, 287, 349, 384
Reaktionsgeschwindigkeit 344
Realität 20, 136, 184, 208, 239, 257, 323, 324, 375, 395, 403, 418, 422
Reality Mining 418
Reason, James T. 428
Recherche 44, 81, 127, 336, 339, 373, 435
Recruiting 197, 234, 239
Recruitingprozess 241
Redakteur:in 217, 320, 350
Redaktion 137, 217, 339
RedaktionsNetzwerk Deutschland - RND (Medienunternehmen) 377
Redaktionsschluss 347
Rede 52, 59, 60, 64, 66, 70, 72, 73, 74, 75, 80, 98, 112, 118, 120, 144, 149, 211, 228, 255, 267, 342, 351, 363, 370, 402, 405
Rededuell 65, 280
Redestil 66, 67
Redner:in 59, 66, 72, 73, 96, 98, 101, 278
Reflexive Frage (Fragetechnik) 83
Regent Berlin (Hotel) 377
Regierung 48, 57, 58, 266, 342, 365, 375, 392, 418, 422
Regierungsbildung 106, 155, 204
Reichskanzler 204, 206
Reichweite 199, 235, 272, 275, 382
Reif, Marcel 86, 87
Reimspieß, Franz Xaver 142
Reiz 34, 36, 42, 44, 132, 149, 249, 312, 380, 382
Reiz-Reaktions-Maschine 42, 134, 380, 382
Reizwort 345
Relevanz 103, 192, 206, 207, 303, 397, 398, 399
Relotius, Claas 137
Reporter ohne Grenzen (Organisation) 426
Republikaner (US-amerikanische Partei) 282, 283, 384
Reputation 40, 128, 161, 165, 166, 167, 169, 238, 301, 332, 378
Reputationsmanagement 41, 170, 333
Respekt 88, 110, 115, 185, 188, 328
Ressourcenzuteiler:in 168
Restaurant Paris-Moskau (Restaurant) 377
Restaurant Tim Raue (Restaurant) 377
Retnowati, Deviat Putri (Graffitikünstlerin DevitaArt) 381

Retro (Graffitikünstler) 353
Reuleaux, Franz 262
Reuters (Medienunternehmen) 377
Rewe (Unternehmen) 272
Rezipient:in 52, 208, 252, 384
Reziprozität 254
Rheinisch-Westfälisches Institut für Wirtschaftsforschung (Forschungsinstitut) 429
Rhetorik 14, 17, 64, 65, 66, 72, 73, 74, 343, 344, 439
Rhetoriklehre 420
Rhön-Klinikum (Unternehmen) 308
Riemann, Fritz 421
Riemann-Thomann-Modell 420, 421
Riemann-Thomann-Modell (Grafik) 423
Ries, Al 175
Risikomanagement-Tool 431
Ristorante Bonfini (Restaurant) 377
Ritter Sport (Produkt und Unternehmen) 192
Roadshow 244, 246
Robert Koch-Institut - RKI (Bundesoberbehörde) 431
Robotik 23
Rogers, Ted 283
Rollenteilung 87, 110, 114, 115, 167
Rose, Geoffrey 429
Rosenberg, Marshall B. 122
Rosenow, Frank 336
Rosenthal, Philip 274
Rösler, Philipp 154
Rote Armee Fraktion - RAF 330
Rotes Rathaus von Berlin 377
Rotterdam, Erasmus von 183, 391, 417
Röttgen, Norbert 320
RTL (Fernsehsender) 41, 86, 309, 342, 377
RTL II (Fernsehsender) 311, 312
Ruhr-Universität Bochum 328
Rundfunksendung 17, 186
Rusk, Dean 59

S

Sacca, Chris 395
Sachebene 60, 87, 88, 339, 341
Sachinhalt 58, 59, 60
Safari (Internet-Suchmaschine) 252
Sägeblatteffekt 42
Şahin, Uğur 424, 425
Saint-Exupéry, Antoine de 185
Sale e Tabacci (Restaurant) 377
Sané, Leroy 224
Sarrazin, Thilo 78

Sartre, Jean-Paul 181, 183, 391, 417
SAT.1 (Fernsehsender) 377
Satir, Virginia 147, 150, 181, 183, 257, 391, 417
Satzbau 59
Satzlänge 219
Sauer, Joachim 320
Schabowski, Günter 57, 72
Scharping, Rudolf 370, 371, 372, 373, 375, 378
Schauspieler:in 50, 52, 142
Schausten, Bettina 342, 345
Scheel, Walter 154
Scheinbar offene Frage (Fragetechnik) 82
Schiedsverfahren 121, 122
Schlagzeile 41, 78, 135, 174, 212, 214, 216, 262, 284, 298, 302, 320, 429
Schlecker, Anton 290, 291, 292, 293, 294
Schlecker, Lars 292
Schlecker, Meike 292
Schlecker (Unternehmen) 290, 292, 293
Schloss Bellevue (Sitz des Bundespräsidenten) 345
Schlosshotel Berlin by Patrick Hellmann (Hotel) 377
Schlüsselfunktion 238, 240
Schmid, Marco (Graffitikünstler der Gruppe Queen Kong) 307
Schmidt, Helmut 330, 331
Schmidt, Manfred 339
Schmid, Vero (Graffitikünstlerin der Gruppe Queen Kong) 307
Schneck, Josef 86
Scholz, Olaf 422
Schröder, Gerhard 48, 49, 50, 280, 312, 320, 370, 375
Schröder, Klaus Theo 362
Schulz, Martin 204
Schulz von Thun, Friedemann 58, 59
Schwan, Robert 166, 167, 169
Schwellen-Modell 398
SCM Microsystems (US-amerikanisch-deutsches Unternehmen) 300
Scrum 408
Sculley, John 181, 184
Seehofer, Horst 32
Seibert, Steffen 282, 318
Selbstbild 161, 162, 170, 191, 247, 314, 332
Selbstkritik 34, 331, 332, 333
Selbstoffenbarung 58, 60, 61, 98, 373
Selbstoffenbarungsanteil 59
Selbstreflexion 60, 323, 324, 379, 393
Selbstüberschätzung 324
Selbstwahrnehmung 33, 184, 239, 247, 322, 373
Selvini Palazzoli, Mara 181, 183, 391, 417
Seminar 44, 83, 210, 214, 255, 420
Semiometrie 156, 157, 159, 160
Semiometrie (Grafik) 160

Semiometrie-Verortung (Grafik) 159
Seneca 181, 182, 227, 390, 416
Senger, Harro von 330, 331
Sensorik 23
Sex 41, 144, 209, 309, 310
Shannon, Claude 181, 183, 391, 417
Shareholder Value 404
Sherif, Muzafer 303
Shiller, Robert J. 392, 393
Siddiqui, Jasmin (Graffitikünstlerin der Gruppe Herakut) 7, 401
Sigmund Freud 324
Signale, nonverbale 52, 53, 65
Simon, Hermann 293
Sina Weibo (Chinesische Mikroblogging-Plattform) 414
Sinnerzeugung 184
Sinnfrage 184, 190
Sinnhaftigkeit 181
Sinus-Institut (Markt- und Sozialforschungsinstitut) 310, 315
Sinus-Milieus 313
Sinus-Milieus (Grafik) 315
Sirach, Jesus 328
Sitzung 44, 86, 87, 90, 91, 110
Slate (Online-Magazin) 272
Slogan 73, 174, 175, 190, 192, 216, 280
Slomka, Marietta 112
Sloterdijk, Peter 420, 421
Smartphone 44, 180, 187, 418
Smartphone-Symbiose (Grafik) 187
SMART-Regel 91, 194
Smith, Richard 57
Snapchat (Online-Plattform) 395
Snowden, Edward 56, 57
Snyder, Allan 248
SO/ Berlin Das Stue (Hotel) 377
Social Content 275
Social Media 22, 142, 201, 211, 268
Social-Media-Aktion 367
Social-Media-Bereich 198
Social-Media-Kanal 180, 198, 222, 382, 384, 393, 432
Social-Media-Kommunikation 198
Social-Media-Maßnahmen 191
Social-Media-Plattform 23, 27, 274, 387, 393, 395
Softdrink 181, 247, 248
Soho House Berlin (Restaurant) 377
Sokrates 16, 17, 33, 81
Sommer, Ron 298, 300, 301, 304
Sotheby's (Unternehmen) 439
Soundmarke 147
Souverän (Magazin) 310
Sozialdemokratische Partei Deutschlands - SPD (Partei) 48, 50, 78, 127, 204, 280, 282, 312, 362, 370, 375
Soziale Marktwirtschaft 208
Sozialismus 118, 134
Sozialistische Einheitspartei Deutschlands - SED (Partei) 20, 21, 72, 126, 154, 216
Sozialität 158, 160
Sozialkreditsystem 418
Sozialökologisches Milieu (Sinus-Milieus) 309, 310, 314, 315
Soziologie 181, 182, 390, 416
Spanische Grippe 419
Spannung 61, 70, 86, 100, 120, 224, 232, 278
Spannungsbogen 98, 100, 101, 150, 192, 206, 258
Sparkasse (Finanzunternehmen) 278
Spee (Produkt) 246
Spence, Gerry 59
Spiegel Online (Online-Nachrichten-Magazin) 320
Spiegelungs-Modell 399
Spiegel-Verlag (Medienunternehmen) 377
Sport Bild (Magazin) 318
Sportwagen 142, 143, 144, 150
Sprachduktus 64, 66
Sprache 14, 15, 22, 59, 66, 73, 118, 122, 146, 147, 148, 194, 217, 226, 290, 345, 373, 402, 439
Sprachtraining 64
Sprecher:in 73, 168, 342
Springer, Axel 318, 350, 402, 403, 404, 405
Springer, Friede 402, 403, 404
Sr Papá Chango (Graffitikünstler) 381
Staatssekretär:in 362, 364
Stakeholder:in 59, 194, 199, 358, 359, 410, 432, 434
Stakeholder-Management 171, 357
Stakeholder-Mapping 110, 210, 357, 358
Stakeholder-Mapping (Grafik) 359
Stakeholder-Theorie 357
Stammesgesellschaft 14, 16
Standard Operating Procedure - SOP 357
Ständige Vertretung - StäV (Restaurant) 377
Star Wars (Filmreihe) 258
Statement 106, 206, 312, 341, 343, 344, 363, 366, 375
Statusmeeting 359
Stauffenberg, Claus Schenk Graf von 354, 355, 356, 357, 358
Steffen, Wilhelm 134
Steiff-Bär (Produkt) 265, 266
Steinbrück, Peer 278, 280, 282, 422
Steinmeier, Frank-Walter 155
Stellantis (Niederländische Automobilholding) 174, 175
Stern, Daniel 148
Stern (Magazin) 32, 311
Stern, William 34
Steuerungsprozesse des Autopiloten (Grafik) 249

Stimme 52, 53, 64, 65, 66, 67, 73, 75, 98, 190
Stoiber, Edmund 32, 48
Storch, Beatrix von 79
Story 99, 239, 241, 254, 274, 275, 304, 313
Storyboard 257, 258, 259
Storytelling 103, 254, 255, 257
Strategie 13, 14, 15, 22, 23, 39, 42, 73, 108, 109, 110, 111, 114, 147, 151, 154, 167, 175, 181, 190, 191, 193, 196, 199, 200, 204, 238, 239, 241, 254, 256, 267, 272, 274, 275, 280, 294, 295, 298, 300, 322, 328, 349, 357, 358, 365, 367, 370, 378, 408, 414, 415, 425, 439
Strategielehre 181, 182, 390, 416
Strateg:in 24, 423
Strauß, Franz Josef 156
Street-Art 438, 439
Streiter, Georg 214
Struktur 14, 22, 74, 80, 85, 86, 87, 89, 90, 91, 100, 101, 109, 110, 114, 185, 196, 199, 201, 217, 224, 226, 244, 282, 293, 357, 402, 429
Struktur einer Pressemitteilung (Grafik) 217
Studio Friedman (Fernsehsendung) 78
Stufenplan der internen Kommunikation 227
Stufenplan der internen Kommunikation (Grafik) 229
Styleguide 196
Süddeutscher Verlag (Medienunternehmen) 377
Süddeutsche Zeitung (Zeitung) 282, 308, 318, 386
Sundblom, Haddon 244
Sun-Tsu, Wu 181
Sutcliffe, Kathleen M. 431
SWOT-Analyse 193, 200, 322
Synthese 259
Systemische Familientherapie 150, 181, 183, 391, 417
Systemspitze 175, 199, 402, 409

T

Tagesschau (Nachrichtensendung) 72, 280, 298, 420
Tagesspiegel (Zeitung) 106
Tageszeitung 186, 342
Tagung 86
T-Aktie 298, 300, 301, 304
Taktik 108, 110, 111, 115, 206, 208, 209, 224, 332
Tal der Tränen 411
Talkshow 78, 154, 208, 272, 332, 339, 382, 421, 429
Tann, Hartmann von der 48
Tauber, Richard, geboren als Richard Denemy 403
Täuschung 22, 128, 134, 136, 318, 320, 382
taz Verlag (Medienunternehmen) 377
Team 23, 108, 110, 190, 197, 222, 224, 225, 227, 234, 238, 255, 275, 357, 388, 402, 423, 425
Teamplayer:in 423
Tech-Gemeinde 388

Tech-Konzerne 387, 414, 425
Technik 59, 91, 96, 99, 101, 138, 147, 148, 150, 180, 181, 184, 192, 257, 313, 314, 384, 429
Technik-Hype 414
Technologiewandel 24
TED Talks 101
Teilnehmer:in 80, 83, 87, 88, 90, 91, 92, 98, 110, 216, 357
Teilöffentlichkeit 210
Telebörse (Unternehmen) 300
Telefonie 186
Telekom (Telekommunikations-Unternehmen) 298, 300, 301, 302, 304
Tempich, Veit (Graffitikünstler der Gruppe Innerfields) 179, 180
Tencent (Chinesischer Internetgigant) 418
Texter:in 285
Thatcherismus 65
Thatcher, Margaret 64, 65, 66
The King's Speech (Kinofilm) 64
The Mandala Hotel (Hotel) 377
Themenzentrierte Interaktion (Grafik) 89
Themenzentrierte Interaktion - TZI (Ruth C. Cohn) 87, 88, 90
The Ritz-Carlton Berlin (Hotel) 377
The Weinmeister (Hotel) 377
The Whole Earth Catalog (Magazin) 98
Think different (Kampagne von Apple) 185, 188, 190, 255
Think Tank 414, 429, 431, 432, 434, 435
Thomann, Christoph 421
Thorngate, Warren 428
Thümler, Sabine 232
Thunberg, Greta 144, 145
TNS Infratest (Marktforschungsunternehmen) 157
Tomlin, Damon 246
Ton 59, 66, 118, 149, 186, 285, 403, 430
Tondokument 349
Tonfall 53, 59, 64, 65
Touchpoint 239
Townhall-Meeting 228
Toyota Motor Corporation (Japanisches Unternehmen) 138
Traditionelles Milieu (Sinus-Milieus) 309, 310, 314, 315
Trägheits-Modell 399
Trainer:in 222, 224
Transformationsprozess 22, 402
Transparenz 29, 92, 129, 198, 236, 293, 294, 365, 378
Transparenzoffensive 349
Transzendentalphilosophie 33
Treatment 100, 101, 103
Trump, Donald 136, 384, 385, 388, 393, 395, 428
Tucholsky, Kurt 438, 439
Türeci, Özlem 424, 425
TV-Auftritt 48, 280
TV-Duell 278, 280, 282, 283, 284

TV-Format 99, 375, 429
TV-Show 41
TV-Studio 79, 283, 344
TV-Werbung 275
Tweet 15, 136, 226, 384, 393, 395
Twesten, Elke 126, 127, 128
Twitter (Online-Plattform) 15, 17, 44, 110, 226, 275, 358, 384, 386, 393, 395, 397

U

Uber (Unternehmen) 395
Uhse, Beate 354
Ulbricht, Walter 70
Ullstein Verlag (Medienunternehmen) 132
Umfeld 28, 34, 88, 89, 169, 214, 226, 236
Umfeldanalyse 28, 110, 322
Umsatz- und Gewinnschätzung 302
Umsetzung 88, 101, 194, 196, 200, 201, 227, 229, 256, 257, 262, 365, 370, 387
Unbewusste Kommunikation (Grafik) 51
Ungerichtete Frage (Fragetechnik) 82
Union of European Football Associations - UEFA (Europäischer Fußballverband) 86
Universität Bayreuth 318, 320
Universität Bremen 318
University of California 52
Unterbewusstsein 149, 185, 244, 246, 247
Unternehmensanalyse 28
Unternehmensausrichtung 191
Unternehmensidentität 196
Unternehmenskommunikation 28, 191, 194, 197, 226, 234, 239, 267, 274, 432
Unternehmenskultur 129, 184, 191, 192, 200
Unternehmensmanagement 28
Unternehmensplanung 28
Unternehmenssteuerung 28
Unternehmensstrategie 191, 200, 294, 298
Unternehmenswert 226, 236, 238, 408
Unternehmensziel 191, 226, 238, 364
Urheber 137
Ursache 27, 29, 138, 325, 341
Ury, William L. 110
US Army Intelligence 57
User Experience - UX 408
User:in 42, 214, 236, 384, 387, 389

V

Venkatachalam, Mohan 65
Veränderung 15, 22, 23, 52, 83, 118, 146, 184, 197, 229, 257, 292, 302, 332, 362, 400, 402, 408, 409, 410, 421, 432
Veränderungsmaßnahme 197, 325
Veranstaltung 83, 91, 92, 101, 108, 210, 227, 232, 358, 364, 397, 411
Verantwortung 66, 87, 88, 108, 109, 112, 134, 137, 146, 154, 155, 224, 226, 293, 312, 323, 324, 333, 345, 357, 387, 397
Verband 20, 358, 362, 363, 365, 432
Verband der Privaten Krankenversicherungen - PKV 362
Verdrängungswettbewerb 302
Verhalten 87, 108, 146, 147, 148, 149, 150, 151, 157, 160, 170, 184, 208, 226, 248, 318, 323, 324, 344, 351, 370, 375, 408, 418
Verhaltensparadoxon 430
Verhandlung 59, 106, 108, 109, 110, 111, 112, 115, 118, 155, 274, 336, 375
Verhandlungsdelegation 106, 108, 109
Verhandlungsergebnis 110
Verhandlungsführer:in 168
Verhandlungsgeschehen 109
Verhandlungspartner:in 108, 109, 111, 112
Verhandlungsphase 110
Verhandlungsprozess 106, 109
Verhandlungsrunde 111, 115
Verhandlungsstrategie 108, 111
Verhandlungstechnik 108
Verkaufsplattform 267, 268
Verlagshaus 137, 402
Verleumdung 386, 387, 389
Verleumdungskampagne 134, 389
Vermittlung 96, 122, 156, 175, 226, 227, 228, 410
Vernetzer:in 168
Vernetzung, crossmediale 217
Veröffentlichung 32, 56, 132, 134, 318, 323, 328, 339, 346, 349, 373, 420, 435
Verteidigungsminister 308, 309, 312, 318, 320, 323, 324, 332, 370, 371, 372, 373, 375
Vertrauenspyramide 322, 323
Vertrauenspyramide (Grafik) 322
Vertrauensverlust 324
Very important Person - VIP 275
Video 15, 139, 180, 225, 228, 229, 232, 252, 257, 272, 274, 389, 429
Videoanalyse 344
Videobotschaft 59, 210
Videochat-Software 17
Videomaterial 15
Videoportal 17
Vier Kanäle einer Nachricht (Friedemann Schulz von Thun) 58
Vier Ohren (Friedemann Schulz von Thun) 58, 120, 122

Vier Phasen einer Verhandlung (Grafik) 115
Vier P (Price, Product, Place, Promotion) 267, 269
Vier Seiten des Kommunikationshauses 191
Vier Seiten des Kommunikationshauses (Grafik) 201
Vierte Gewalt 134, 137
Viralität 270, 272, 382
Virus 24, 198, 414, 415, 418, 420, 425, 428, 430
Visegrád-Staaten 425
Vision 118, 162, 178, 180, 190, 192, 204, 256, 257, 266, 267, 292, 402, 410
Visionär:in 185, 188, 190, 406, 408, 409, 423
Visualität 103
Visuelle Gesellschaft 14
Vizepräsident:in 181, 283
Volatilität 22, 24, 302, 303
Volkswagen - VW (Unternehmen) 32, 128, 142, 402
Vorbereitungsphase 108, 342
Vordenker:innen 185, 227
Vorgesetzte:r 59, 168, 227
Vortrag 52, 74, 75, 96, 99, 100, 101, 211, 397
Vortragende:r 73, 96, 101
Vortragstechnik 73
VUCA 22, 23, 24, 28, 428

W

Wachstum 27, 88, 175, 190
Wagner, Franz Josef 318
Wahlergebnis 48, 50
Wähler:in 120, 127, 204, 208, 255, 278, 280, 282, 284, 314, 324, 384, 393
Wahlhochrechnung 48
Wahlkampf 48, 73, 150, 204, 208, 278, 280, 282, 284, 384, 388, 393, 395
Wahlkampfmanager:in 283, 284
Wahlkampfthema 204
Wahrheit 20, 22, 52, 112, 136, 150, 199, 309, 324, 382, 386, 387, 395, 402, 408
Waigel, Theo 300
Walküre (Militäroperation) 356, 357, 358
Wall Street (US-amerikanische Börse) 136, 300, 384, 393
Walt Disney Company (Unternehmen) 258
Walt-Disney-Strategie (Grafik) 256
Waltenspühl, Amadeus (Graffitikünstler) 361
Wandel 83, 118, 146, 161, 180, 234, 402, 408, 409, 410, 411, 421, 423
Warin, Ronald 342
War Room 302
Warschauer Ghetto 118, 119
Warschauer Pakt 21, 22, 56
Washington, George 73

Wasmuth, Volker 342
Watzlawick, Paul 181, 183, 257, 336, 339, 340, 341, 391, 417
Weber, Max 169
Website 252, 274, 275
WeChat (Online-Plattform) 414
Wehrmacht 20, 70
Weick, Karl E. 181, 182, 184, 290, 390, 416, 428, 431, 432, 433
Weihnachtsmann, Nikolaus, Santa Claus 48, 244, 245, 246, 248, 336, 346, 349
Weil, Stephan 127, 128
Weimarer Republik 132, 134, 161, 373, 392, 439
Weißes Haus (US-amerikanischer Regierungssitz) 44, 64, 73, 255, 393
Weißflog, Holger (Graffitikünstler der Gruppe Innerfields) 179, 180
Weitergeleitete Frage (Fragetechnik) 83
Weizsäcker, Richard von 358
Welch, John Francis »Jack« 192
Weltausstellung 262
Weltgesundheitsorganisation - WHO 414, 419
Weltwirtschaft 24, 198, 414, 429
Weltwirtschaftskrise 392, 419
Werbebotschaft 146, 167, 174, 175, 208, 236, 248, 267, 304
Werbedruck 206, 244, 246, 300
Werbeeffekt 208
Werbefilm 147, 194, 252, 255, 272
Werbeindustrie 303
Werbekampagne 181
Werbemaßnahme 199, 244
Werbeplakat 185
Werber:in 208, 267
Werbespot 17, 185, 187, 194, 272, 280, 298, 301, 304
Werbestrategie 36
Werbeträger 36, 42, 266
Werbe- und Marketingmaßnahme 308
Werbe- und Marketingstrateg:in 36
Werbeunternehmen 303
Werbeversprechen 234
Werbewirkungsmodell 208
Werbung 42, 96, 128, 142, 146, 149, 166, 180, 185, 236, 244, 248, 252, 254, 255, 267, 272, 274, 275, 280, 284, 298, 301, 303, 304, 313
Werner, Götz 290
Werte 32, 34, 161, 175, 192, 227, 234, 244, 254, 312, 313, 373, 378, 421
Wertesystem 235
Weyrich, Hans-Peter 280
Weyrich, Ulrike 280
WhatsApp (Online-Plattform) 59, 384, 389
Widerlegung 59, 75
Widerlegungsstrategie 139
Widerstand 135, 356, 358, 410
Wiedervereinigung 20, 24, 64, 65, 119, 404

Wiener, Norbert 181, 183, 391, 417
Wikipedia (Online-Plattform) 21
Wilhelm II., Kaiser und König von Preußen 132
Will, Anne 106
Winterkorn, Martin 32
Wirkprinzip 135, 206, 207
Wirkung 22, 23, 27, 29, 33, 46, 52, 59, 64, 65, 66, 73, 81, 82, 109, 110, 147, 149, 171, 175, 190, 191, 199, 208, 216, 232, 236, 238, 252, 254, 282, 284, 285, 292, 300, 303, 308, 309, 320, 330, 341, 343, 344, 346, 354, 373, 388, 392, 415, 419, 439
Wirkungsabsicht 139
Wirtschaft 21, 42, 73, 101, 126, 128, 144, 146, 161, 224, 262, 266, 267, 292, 302, 309, 311, 332, 365, 370, 377, 389, 392, 393, 402, 422, 428, 431
Wirtschaftsgeschichte 266
Wirtschaftsordnung 190
Wissensgesellschaft 14
Wissensmanagement 255, 410, 411
Wochenzeitung 16, 32, 186, 323
Woldag, Roland 79
Wolfsschanze (Führerhauptquartier) 354, 356
Word-of-Mouth, Mundpropaganda - WOM 266
Workshop 83, 86, 210, 227, 228
World Café 228, 411
World Press Freedom Index 426
World Wide Web Foundation 389
World Wide Web - WWW 387, 389
Wortschatz 59
Wowereit, Klaus 232
Wright, Frank Lloyd 185
Wrubel, Dmitri Wladimirowitsch (Graffitikünstler) 19
Wulff, Bettina 339
Wulff, Christian 336, 337, 339, 341, 342, 344, 345, 346, 347, 348, 349, 351

X

Xi Jinping 415, 418, 428
Xing (Onlineplattform) 110, 236, 275

Y

Yamamoto, Tsunetomo 181
Yat, Pseudonym von Mika Sitter (Graffitikünstler) 251
Yello Strom (Unternehmen) 167
YouTube (Online-Plattform) 15, 17, 142, 257, 275, 389

Z

Zabou (Graffitikünstlerin) 31
Zaltman, Gerald 248
Zehn Regeln der Intrigenabwehr (Grafik) 129
Zehn Regeln in der Krise (Grafik) 333
Zeitalter 14, 15, 22, 24, 44, 136, 161, 180, 234, 284, 285, 388, 414, 415, 428
Zeitplan 91, 286, 287
Zeit- und Maßnahmenplan 194, 201
Zeitung 14, 27, 272, 393
Ziel 21, 42, 44, 48, 59, 68, 83, 88, 91, 92, 98, 99, 101, 108, 109, 110, 114, 120, 126, 147, 148, 149, 157, 175, 176, 185, 190, 191, 192, 194, 196, 197, 199, 200, 206, 208, 210, 222, 224, 226, 227, 228, 234, 237, 239, 241, 257, 274, 275, 285, 293, 294, 303, 308, 322, 323, 325, 332, 341, 344, 346, 354, 357, 362, 386, 402, 408, 409, 410, 418, 429, 432
Zielerreichung 42, 44, 112, 191, 222, 226, 227
Zielgruppe 23, 103, 157, 191, 192, 193, 194, 196, 197, 198, 199, 200, 208, 238, 239, 240, 252, 254, 266, 267, 272, 274, 275, 285, 287, 304, 309, 312, 314, 322, 359, 397, 398, 408
Zielgruppenanalyse 238, 308
Zielgruppenansprache 196, 239, 241
Ziel, operatives 191, 200
Zoom (Online-Plattform) 17
Zorc, Michael 86
Zuckerberg, Mark 17, 397
Zuhören 14, 58, 59, 61, 81, 111, 119, 438
Zuhören, aktives 58
Zuhörer:in 58, 59, 65, 73, 74, 75, 96, 98, 100, 101, 103, 147, 184, 214, 255, 312
Zukunftsforscher:in 15
Zukunftsforschung 29
Zukunftsmanagement 29
Zurückgegebene Frage (Fragetechnik) 83
Zuschauer:in 48, 78, 214, 252, 254, 255, 280, 282, 284, 298, 300, 301, 304, 312, 344, 346
Zuse, Konrad 17
Zustand der weltweiten Pressefreiheit (Grafik) 427
Zustimmung 101, 112, 118, 147, 197, 204, 206, 309, 341, 349, 359, 365
Zweiter Weltkrieg 20, 56, 65, 70, 126, 149, 214, 357, 404, 415, 429
Zweites Deutsches Fernsehen - ZDF (Fernsehsender) 48, 112, 219, 225, 226, 341, 342, 377, 382
Zwei-Wege-Kommunikation 199

BÜCHER

Abdel-Latif, Adel: Quick & Dirty, München 2015

Ahrens, Rupert / Knödler-Bunte, Eberhard: Die Affäre Hunzinger. Ein PR-Missverständnis, Berlin 2003

Akerlof, George A. / Shiller, Robert J.: Phishing for Phools: The Economics of Manipulation and Deception, Princeton 2015

Akerlof, George A. / Shiller, Robert J.: Animal Spirits: How Human Psychology Drives the Economy and Why this Matters for Global Capitalism, Princeton 2009

Albrecht, Niels H. M.: Businessmoderation, Potsdam 2020

Albrecht, Niels H. M.: EXIT – Raus aus der Krise, Potsdam 2020

Albrecht, Niels H. M.: Medientraining, Potsdam 2020

Albrecht, Niels H. M.: Verleumdungskampagnen und Medienskandale. Amtsführung im postfaktischen Zeitalter, in: Aus Politik und Zeitgeschichte: Das Amt, 67. Jahrgang, 14-15 / 2017

Albrecht, Niels H. M.: Der EGO-Macher. Selbst.Marketing.Strategie., Göttingen 2015

Alter, Roland: Schlecker, oder: Geiz ist dumm. Aufstieg und Absturz eines Milliardärs, Berlin 2012

Althaus, Marco (Hrsg.): Kampagne! Neue Strategien im Grassroots Lobbying für Unternehmen und Verbände, Band 3, Berlin 2007

Althaus, Marco / Geffken, Michael / Rawe, Sven: Handbuch Public Affairs, Münster 2005

Althaus, Marco (Hrsg.): Kampagne! Neue Marschrouten politischer Strategie für Wahlkampf, PR und Lobbying, Münster 2001

Althaus, Marco: Wahlkampf als Beruf. Die Professionalisierung der Political Consultants in den USA, Frankfurt a. M. 1998

Amar, Patrick: Psychologie für Fach- und Führungskräfte, Heidelberg 2013

Anderson, Chris: Ted Talks. Die Kunst der öffentlichen Rede, Frankfurt am Main 2017

Aristoteles: Rhetorik, Stuttgart 1999

Arlt, Hans-Jürgen / Storz, Wolfgang: Bild und Wulff – ziemlich beste Partner. Fallstudie über eine einseitig aufgelöste Geschäftsbeziehung, Frankfurt am Main 2012

Aubin, Hermann / Zorn, Wolfgang (Hrsg.): Handbuch der deutschen Wirtschafts- und Sozialgeschichte, Stuttgart 1976

Augstein, Rudolf: Otto von Bismarck, Frankfurt am Main 1990

Bandler, Richard / Grinder, John: Neue Wege der Kurzzeit-Therapie. 14. Auflage, Paderborn 2007

Bandler, Richard / Grinder, John: Metasprache und Psychotherapie. Die Struktur der Magie, 11. Auflage, Paderborn 2005

Bandler, Richard / Grinder, John: Kommunikation und Veränderung. Die Struktur der Magie II, 8. Auflage, Paderborn 2003

Bandler, Richard: Time for a Change. Lernen, bessere Entscheidungen zu treffen, Paderborn 2003

Bandler, Richard: Reframing. Ein ökologischer Ansatz in der Psychotherapie, Paderborn 2000

Baring, Arnulf: Machtwechsel. Die Ära Brandt-Scheel, Stuttgart 1982

Barrett, Wayne: Trump: The Greatest Show on Earth: The Deals, the Downfall, the Reinvention, New York 2016

Barrow, Simon / Mosley, Richard: The Employer Brand. Bringing the Best of Brand Management to People at Work, West Sussex 2005

Bateson, Gregory / Ruesch, Jürgen: Kommunikation. Die soziale Matrix der Psychiatrie, Heidelberg 1995

Bateson, Gregory / Bateson, Mary Catherine: Wo Engel zögern. Unterwegs zu einer Epistemologie des Heiligen, Frankfurt am Main 1993

Bateson, Gregory: Ökologie des Geistes. Anthropologische, psychologische, biologische und epistemologische Perspektiven, Frankfurt am Main 1981

Batinic, Bernad / Appel, Markus (Hrsg.): Medienpsychologie, Heidelberg 2008

Beck, Klaus: Kommunikationswissenschaft, Konstanz 2015

Bennis, Warren: On Becoming a Leader, New York 2009

Bentele, Günter / Piwinger, Manfred / Schönborn, Gregor (Hrsg.): Kommunikationsmanagement. Strategien, Wissen, Lösungen, Neuwied 2017

Bernays, Edward: Propaganda – Die Kunst der Public Relations, Berlin 2007

Berners-Lee, Tim / Fischetti, Mark: Der Web-Report. Der Schöpfer des World Wide Webs über das grenzenlose Potential des Internets, München 1999

Bierling, Stephan: America First – Donald Trump im Weißen Haus, München 2020

Bihler, Ulrich Public Affairs Management, Berlin 2009

Bindé, Jérôme (Hrsg.): Die Zukunft der Werte, Frankfurt am Main 2007

Bissinger, Manfred: Hitlers Sternstunde. Kujau, Heidemann und die Millionen, Bramsche 1984

Bonfadelli, Heinz / Friemel, Thomas N.: Medienwirkungsforschung, 5. Auflage, Konstanz 2015

Bongard, Joachim: Werbewirkungsforschung. Grundlagen – Probleme – Ansätze, Münster 2002

Brandt, Richard L.: Ein Klick. Der Aufstieg von Amazon und Jeff Bezos, München 2013

Brandt, Willy: Erinnerungen, Frankfurt am Main 1989

Brandt, Willy: Begegnungen und Einsichten, Hamburg 1976

Brandt, Willy: Der Wille zum Frieden. Perspektiven der Politik, Hamburg 1971

Brandt, Willy: Friedenspolitik in Europa, Frankfurt am Main 1968

Brown, Archie: Der Mythos vom starken Führer. Politische Führung im 20. und 21. Jahrhundert, Berlin 2018

Brunken, Ingmar P.: Die 6 Meister der Strategie, 3. Auflage, Berlin 2007

Burda, Hubert / Döpfner, Mathias / Hombach, Bodo / Rüttgers, Jürgen (Hrsg.): 2020 – Gedanken zur Zukunft des Internets, Essen 2010

Burke, Peter: Ludwig XIV. Die Inszenierung des Sonnenkönigs, Berlin 1993

Cassino, Dan: Fox News and American Politics, New York 2016

Cerwinka, Gabriele / Schranz, Gabriele: Die Macht der versteckten Signale. Wortwahl, Körpersprache, Emotionen, Wien 1999

Chomsky, Noam: Media Control. Von Macht und Medien, München 2003

Cialdini, Robert B.: Die Psychologie des Überzeugens, Bern, 1997

Cicero: De oratore – Über den Redner, 3. Auflage, Stuttgart 1997; vgl.: Cicero; Marcus Tullius: De oratore – Über den Redner, Düsseldorf 2007

Clausewitz, Carl von: Vom Kriege, Hamburg, 10. Auflage, 2017

Cohen, Bernard C.: The Press and Foreign Policy, Princeton 1963

Cohen, William A. / Cohen, Nurit: Der Weg an die Spitze, Berlin 1985

Cohn, Ruth C.: Von der Psychoanalyse zur Themenzentrierten Interaktion, 16. Auflage, Stuttgart 2009

Cohn, Ruth C. / Terfurth, Christina: Lebendiges Lehren und Lernen. TZI macht Schule, Stuttgart 2001

Cohn, Ruth C.: Es geht ums Anteilnehmen – Perspektiven der Persönlichkeitsentfaltung in der Gesellschaft der Jahrtausendwende, Freiburg im Breisgau 1993

Cook, John / Lewandowsky, Stephan: The Debunking Handbook, Australia: University of Queensland, St. Lucia 2011

Deutschman, Alan: Das unglaubliche Comeback des Steve Jobs: Wie er Apple zum zweiten Mal erfand, Frankfurt am Main 2001

Dolata, Ulrich / Schrape, Jan-Felix: Kollektivität und Macht im Internet. Soziale Bewegungen – Open Source Communities – Internetkonzerne, Wiesbaden 2018

Domizlaff, Hans: Die Gewinnung des öffentlichen Vertrauens. Ein Lehrbuch der Markentechnik, 7. Auflage, Hamburg 2005

Dönhoff, Marion Gräfin: Um der Ehre Willen. Erinnerungen an die Freunde vom 20. Juli, Berlin 1994

Dörner, Andreas: Infotainment, Frankfurt am Main 2001

Dörner, Dietrich: Die Logik des Misslingens. Strategisches Denken in komplexen Situationen, Reinbek bei Hamburg 2011

Drucker, Peter F.: Was ist Management?, 7. Auflage, Berlin 2014

Eberl, Ulrich: Smarte Maschinen: Wie Künstliche Intelligenz unser Leben verändert, München 2016

Ebner, Julia: Radikalisierungsmaschinen. Wie Extremisten die neuen Technologien nutzen und uns manipulieren, Berlin 2019

Eder, Jens: Dramaturgie des populären Films – Drehbuchpraxis und Filmtheorie, Münster / Hamburg 1999

Ekman, Paul: Gefühle lesen – Wie Sie Emotionen erkennen und richtig interpretieren, München 2004

Epkenhans, Michael / Lappenküper, Ulrich / von Seggern, Andreas: Otto von Bismarck. Aufbruch in die Moderne, München 2015

Esch, Franz-Rudolf: Strategie und Technik der Markenführung, 5. Auflage, München 2008

Esch, Franz-Rudolf: Wirkung integrierter Kommunikation, 4. Auflage, Wiesbaden 2006

Esch, Franz-Rudolf (Hrsg.): Moderne Markenführung, 4. Auflage, Wiesbaden 2005

Fenske, Uta / Hülk, Walburga / Schuhen, Gregor (Hrsg.): Die Krise als Erzählung, Bielefeld 2013

Fest, Joachim: Staatsstreich. Der lange Weg zum 20. Juli, Berlin 1994

Fink, Klaus-J.: Empfehlungsmarketing – Königsweg der Neukundengewinnung, Wiesbaden 2006

Fischer-Lichte, Erika / Pflug, Isabel (Hrsg.): Inszenierung von Authentizität, Tübingen/Basel 2000

Foerster, Heinz von / Pörksen, Bernhard: Wahrheit ist die Erfindung eines Lügners. Gespräche für Skeptiker, Heidelberg 1998

Follet, Mary Parker: The New State, London 1918

Forgas, Joseph P. / Frey, Dieter: Soziale Interaktion und Kommunikation – Eine Einführung in die Sozialpsychologie, Weinheim 1999

Foscht, Thomas / Swoboda, Bernhard: Käuferverhalten: Grundlagen – Perspektiven – Anwendungen, 3. Auflage, Wiesbaden 2007

Franck, Georg: Ökonomie der Aufmerksamkeit, München 1998

Freeman, R. Edward: Strategic Management: A Stakeholder Approach, Boston 1984

Freud, Sigmund: Selbstdarstellung, Wien 1925

Freud, Sigmund: Das Ich und das Es, Wien 1923

Freud, Sigmund: Massenpsychologie und Ich-Analyse, Wien 1921

Freud, Sigmund: Über Psychoanalyse, Wien 1910

Friedrichs, Jürgen / Schwinges, Ulrich: Das journalistische Interview, Opladen 1999

Fröhlich, Romy / Szyszka, Peter / Bentele, Günter (Hrsg.): Handbuch der Public Relations, Heidelberg 2015

Gallo, Carmine: Überzeugen wie Steve Jobs. Das Erfolgsgeheimnis seiner Präsentationen, 3. Auflage, München 2012

Gammelin, Cerstin / Hamann, Götz: Die Strippenzieher. Manager, Minister, Medien – Wie Deutschland regiert wird, Berlin 2006

Geismann, Georg / Herb, Karlfriedrich (Hrsg.): Hobbes über die Freiheit, Würzburg 1988

Gerstbach, Ingrid: 77 Tools für Design Thinker, Offenbach 2017

Glasl, Friedrich: Konfliktmanagement. Diagnose und Behandlung von Konflikten in Organisationen, Stuttgart 1980

Goffman, Erving: Wir alle spielen Theater. Die Selbstdarstellung im Alltag, 10. Auflage, München 2003

Götschenberg, Michael: Der böse Wulff? Die Geschichte hinter der Geschichte und die Rolle der Medien, Kulmbach 2013

Graham, Pauline: Mary Parker Follett – Prophet of Management, Washington D.C. 1995

Graves, Lloyd Milner Graves: The Great Depression and Beyond, New York 1932

Gray, Albert E. N.: The New Common Denominator of Success, New York 2008

Greene, Robert: Power. Die 48 Gesetze der Macht, München 1999

Grunig, James E. / Hunt, Todd: Managing Public Relations, Austin 1984

Habermas, Jürgen: Wahrheit und Rechtfertigung, Frankfurt am Main 1999

Habermas, Jürgen: Strukturwandel der Öffentlichkeit, Frankfurt am Main 1990

Habermas, Jürgen: Moralbewusstsein und kommunikatives Handeln, Frankfurt am Main 1983

Habermas, Jürgen: Theorie des kommunikativen Handelns, Frankfurt am Main 1981

Hahn, Kurt / Hausmann, Matthias / Wehr, Christian (Hrsg.): ErzählMacht. Narrative Politiken des Imaginären, Würzburg 2013

Hahne, Peter: Die Macht der Manipulation. Über Menschen, Medien und Meinungsmacher, Neuhausen-Stuttgart 2005

Haller, Michael: Das Interview. Ein Handbuch für Journalisten, Konstanz 2001

Harari, Yuval Noah: Homo Deus. Eine Geschichte von Morgen, 10. Auflage, München 2017

Harbusch, Nikolaus / Heidemanns, Martin: Affäre Wulff. Bundespräsident für 598 Tage – die Geschichte eines Scheiterns, Berlin 2012

Häusel, H. G.: Neuromarketing, 2. Auflage, Freiburg 2012

Heckhausen, Heinz / Gollwitzer, Peter M. / Weinert, Franz E. (Hrsg.): Jenseits des Rubikon: Der Wille in den Humanwissenschaften, Heidelberg 1987

Heckhausen, Heinz / Gollwitzer / Peter M.: Motivation and Emotion, Berlin 1987

Hegel, Georg Wilhelm Friedrich: Enzyklopädie der philosophischen Wissenschaften, Frankfurt am Main 1970

Herbst, Dieter (Hrsg.): Der Mensch als Marke, 2. Auflage, Göttingen 2011

Herman, Edward S. / Chomsky, Noam: Manufacturing consent: the political economy of the mass media, New York 2002

Hochstätter, Matthias: Deutschland kommuniziert – Politik, Lobbyismus, Medien und öffentliche Meinung, Saarbrücken 2008

Höffe, Otfried: Thomas Hobbes, München 2010

Hoffmann, Peter: Claus Schenk Graf von Stauffenberg: die Biographie, 4. Auflage, München 2017

Hofmann, Wilhelm / Renner, Judith / Teich, Katja (Hrsg.): Narrative Formen der Politik, Wiesbaden 2014

Horkheimer, Max / Adorno, Theodor W.: Dialektik der Aufklärung, Frankfurt am Main 1998

Isaacson, Walter: Steve Jobs, München 2011

Jackob, Nikolaus / Petersen, Thomas / Roessing, Thomas: Strukturen der Wirkung von Rhetorik. Ein Experiment zum Wirkungsverhältnis von Text, Betonung und Körpersprache. In: Publizistik Nr. 53, 2008, S. 215–230.

Jaritz, Sabine: Kundenbindung und Involvement, Wiesbaden 2008

Jarvis, Jeff: Mehr Transparenz wagen! Wie Facebook, Twitter & Co. die Welt erneuern, Köln 2012

Jung, Carl Gustav: Gesammelte Werke, Düsseldorf 1995

Jung, Carl Gustav: Archetypen, München 1990

Jung, Emma: Animus und Anima, Fellbach-Oeffingen 1990

Kästner, Erich: Kurt Tucholsky, Carl v. Ossietzky, Weltbühne. In: Die Weltbühne, 04.06.1946

Kelley, Tom / Littmann, Jonathan: The ten faces of Innovation. New York 2005

Kelley, Tom / Littmann, Jonathan.: The Art of Innovation: Lessons in creativity from IDEO, New York 2001

Keynes, John Maynard: The General Theory of Employment Interest and Money, London 1936

Klein, Hans-Michael / Kresse, Albrecht: Psychologie – Vorsprung im Job, Mannheim 2011

Knop, Carsten: Big Apple. Das Vermächtnis des Steve Jobs, Frankfurt am Main 2011

Koch, Klaus-Dieter: Reiz ist geil. In 7 Schritten zur attraktiven Marke, Zürich 2006

Kolb, Eberhard: Bismarck, München 2009

Köppl, Peter: Power Lobbying: Das Praxishandbuch der Public Affairs, Wien 2003

Körner, Torsten: Franz Beckenbauer. Der freie Mann, Frankfurt am Main 2006

Krockow, Christian Graf von: Eine Frage der Ehre. Stauffenberg und das Hitler-Attentat vom 20. Juli 1944, Berlin 2002

Kroeber-Riel, Werner / Esch, Franz-Rudolf: Strategie und Technik der Werbung, 6. Auflage, Stuttgart 2004

Krugmann, Herbert E.: The Impact of Television Advertising: Learning without Involvement, Public Opinion Quarterly, 29, 1965, S. 349-356

Kruse, Peter: next practice. Erfolgreiches Management von Instabilität, 6. Auflage, Offenbach 2011

Krützen, Michaela: Dramaturgie des Films, Frankfurt am Main 2004

Kuby, Erich: Der Fall »Stern« und die Folgen, Hamburg 1983

Kuhla, Karoline: Fake News, Hamburg 2017

Kuss, Alfred / Tomczak, Torsten: Käuferverhalten – Eine marketingorientierte Einführung, 3. Auflage, Stuttgart 2004

Lachmann, Ulrich: Wahrnehmung und Gestaltung von Werbung, Hamburg 2002

Latour, Bruno: Das terrestrische Manifest, Berlin 2018

Latour, Bruno: Kampf um Gaia. Acht Vorträge über das neue Klimaregime, Berlin 2017

Latour, Bruno: Die Rechtsfabrik, Konstanz 2016

Latour, Bruno: Von der Realpolitik zur Dingpolitik oder wie man Dinge öffentlich macht, Berlin 2005

Lay, Rupert: Dialektik für Manager. Einübung in die Kunst des Überzeugens, München 1974

Le Bon, Gustave: Psychologie der Massen, Leipzig 1911

Lee, Kai-Fu: AI-Superpowers: China, Silicon Valley und die neue Weltordnung, Frankfurt am Main 2019

Leif, Thomas / Speth, Rudolf (Hrsg.): Die fünfte Gewalt, Lobbyismus in Deutschland, Heidelberg 2006

Lieberman, Al: The Entertainment Marketing Revolution, New Jersey 2002

Lippmann, Walter: Die öffentliche Meinung, München 1964

Locke, John: An Essay Concerning Human Understanding, Ditzingen 2020

Löhmer, Cornelia / Standhart, Rüdiger: TZI – Die Kunst, sich selbst und eine Gruppe zu leiten, Stuttgart 2015

Luhmann, Niklas: Macht, 4. Auflage, Stuttgart 2012

Luhmann, Niklas: Einführung in die Systemtheorie, 6. Auflage Heidelberg 2011

Luhmann, Niklas: Die Realität der Massenmedien, 3. Auflage, Wiesbaden 2004

Luhmann, Niklas: Organisation und Entscheidung, Opladen 2000

Luhmann, Niklas: Funktionen und Folgen formaler Organisation, 4. Auflage, Berlin 1995

Luhmann, Niklas: Soziale Systeme. Grundriss einer allgemeinen Theorie, Frankfurt am Main 1984

Luhmann, Niklas: Politische Planung, Stuttgart 1972

Luhmann, Niklas: Vertrauen – ein Mechanismus der Reduktion sozialer Komplexität, Stuttgart 1968

Machiavelli, Niccolò: Der Fürst, Köln 2016

Maier, Michaela / Stengel, Karin / Marschall, Joachim: Nachrichtenwerttheorie, Baden-Baden 2010

Malik, Fredmund: Führen, Leisten, Leben. Wirksames Management für eine neue Zeit, Frankfurt am Main 2006

Matthes, Jörg: Framing. Konzepte. Ansätze der Medien- und Kommunikationswissenschaft, Baden-Baden 2014

Maucher, Helmut: Management-Brevier. Ein Leitfaden für unternehmerischen Erfolg, Frankfurt am Main 2007

Mayer, H. / Illmann, T.: Markt- und Werbepsychologie, 3. Auflage, Stuttgart 2000

McClure, Samuel M. / Li, Jian / Tomlin, Damon / Cypert, Kim S. / Montague, Latané M. / Montague, P. Read: Neural Correlates of Behavioral Preference for Culturally Familiar Drinks. Neuron, 2004

McLuhan, Marshall: Das Medium ist die Massage: ein Inventar medialer Effekte, Stuttgart 2011

McLuhan, Marshall: Die magischen Kanäle – Understanding Media, Dresden / Basel 1994

McLuhan, Marshall: Die Gutenberg Galaxis. Das Ende des Buchzeitalters, Düsseldorf 1968

McLuhan, Marshall: Understanding Media, New York 1964

Mehrabian, Albert: Nonverbal Communication, New Brunswick 2007

Mehrabian, Albert: Silent Messages. Implicit Communication of Emotions and Attitudes, Los Angeles 1971

Mey, Stefan: Darknet. Waffen, Drogen, Whistleblower. Wie die digitale Unterwelt funktioniert, München 2017

Meyer, Thomas: Mediokratie. Die Kolonisierung der Politik durch das Mediensystem, Frankfurt am Main 2001

Meyer, Thomas / Ontrup, Rüdiger / Schicha, Christian: Die Inszenierung des Politischen. Zur Theatralität von Mediendiskursen, Wiesbaden 2000

Mohl, Alexa: NLP – Was ist das eigentlich?, Paderborn 2002

Moreno, Juan: Tausend Zeilen Lüge. Das System Relotius und der deutsche Journalismus, Berlin 2019

Mück, Florian / Zimmer, John: Der TED-Effekt, München 2017

Mück, Florian: Der einfache Weg zum begeisternden Vortrag, München 2016

Munk, Nicole: Die T-Aktie als Marke: Staatliche und private Einflussnahme zur Kurspflege einer »Volksaktie«, 2. Auflage, Wiesbaden 2003

Musashi, Miyamoto: Das Buch der Fünf Ringe. Die klassische Anleitung für strategisches Handeln, Berlin 2005

Müsseler, Jochen (Hrsg.): Allgemeine Psychologie, Heidelberg 2008

Naisbitt, John / Aburdene, Patricia: Megatrends 2000, 5. Auflage, Düsseldorf 1992

Naisbitt, John: Global Paradox, Düsseldorf 1994

Napolitan, Joseph: The Election Game and How to Win It, New York 1972

Neuhäuser-Metternich, Sylvia: Kommunikation im Berufsalltag, Verstehen und Verstanden werden, München 1994

Neumann, Achim (Hrsg.): Der Fall Schlecker. Über Knausern, Knüppeln und Kontrollen sowie den Kampf um Respekt & Würde, Berlin 2012

Niebuhr, Oliver: Perzeption und kognitive Verarbeitung der Sprechmelodie. Theoretische Grundlagen und empirische Untersuchungen, Berlin 2008

Nietzsche, Friedrich: Jenseits von Gut und Böse. Viertes Hauptstück: Sprüche und Zwischenspiele, Leipzig 1886

Nilsson, Nils: The quest for artificial intelligence. A history of ideas and achievements, Cambridge 2010

Nonn, Christoph: Bismarck. Ein Preuße und sein Jahrhundert, München 2015

Oetinger, Bolko von / Ghyczy, Tiha von / Bassford, Christopher (Hrsg.): Clausewitz – Strategie denken, 10. Auflage, München 2016

Orwell, George: 1984, Berlin 2004

Parsons, Talcott: The Social System, Ort 1951

Pawlow, Iwan Petrowitsch: Conditioned Reflexes, London 1927

Peck, Reece: Fox Populism, Cambridge 2019

Popitz, Heinrich: Soziale Normen, Frankfurt am Main 2006

Presse- und Informationsamt der Bundesregierung (Hrsg.): Friedensnobelpreis 1971 für Bundeskanzler Brandt, Bonn 1971

Pyta, Wolfram / Havemann, Nils / Braun, Jutta: Porsche. Vom Konstruktionsbüro zur

Weltmarke, München 2017

Radunski, Peter: Wahlkämpfe, München 1980

Rahn, Helmut (Hrsg.): Marcus Fabius Quintilianus: Ausbildung des Redners, Zwölf Bücher, 5. Auflage, Darmstadt 2011

Raschke, Joachim / Tils, Ralf: Politische Strategie – Eine Grundlegung, Wiesbaden 2007

Rattner, Josef: Klassiker der Psychoanalyse, 2. Auflage, Weinheim 1995

Reason, James: Managing the Risks of Organizational Accidents, Cornwall 2008

Rehn, Rudolf (Hrsg.): Platons Höhlengleichnis. Das Siebte Buch der Politeia, Mainz 2005

Ries, Al / Ries, Laura: Die Entstehung der Marken: Über die Naturgesetze der Innovation und das Überleben der Stärksten im Business, München 2005

Ries, Al / Ries, Laura: PR ist die bessere Werbung, München 2003

Ries, Al / Trout, Jack: Die 22 unumstößlichen Gebote im Marketing, Berlin 2001

Robbins, Lionel: The Great Depression, New York 1934

Rosenberg, Marshall B.: Gewaltfreie Kommunikation, 11. Auflage, Paderborn 2013

Rosenberg, Marshall B.: Die Sprache des Friedens sprechen, Paderborn 2006

Rosenzweig, Phil: Der Halo-Effekt: Wie Manager sich täuschen lassen, Offenbach 2008

Roth, Gerhard: Fühlen, Denken, Handeln. Wie das Gehirn unser Verhalten steuert, Frankfurt am Main 2003

Roth, Gerhard: Persönlichkeit, Entscheidung und Verhalten, 4. Auflage, Stuttgart 2008

Röttger, Ulrike (Hrsg.): PR-Kampagnen. Über die Inszenierung von Öffentlichkeit, 4. Auflage, Wiesbaden 2009

Rufener, Rüdiger (Hrsg.): Platon: Der Staat. Politeia, Düsseldorf 2000

Rürup, Reinhard (Hrsg.): Wissenschaft und Gesellschaft, Berlin / Heidelberg / New York 1979

Salewski, Wolfgang: Die Kunst des Verhandelns, München 2007

Saner, Raymond: Verhandlungstechnik, Bern 1997

Scheier, C. / Held, D.: Wie Werbung wirkt. Erkenntnisse des Neuromarketing, Planegg / München 2012

Scheuer, Stephan: Der Masterplan. Chinas Weg zur Hightech-Weltherrschaft, Freiburg / Basel / Wien 2018

Schirrmacher, Frank: EGO. Das Spiel des Lebens, München 2013

Schlieter, Kai: Die Herrschaftsformel, Frankfurt 2015

Schneider, Jürgen (Hrsg.): Wirtschaftskräfte und Wirtschaftswege, Stuttgart 1978

Schober, Otto: Körpersprache – Schlüssel zum Verhalten, Bad Hersfeld 2010

Schranner, Matthias: Teure Fehler, Berlin 2009

Schulz von Thun, Friedemann im Gespräch mit Angela Gatterburg und Dietmar Pieper: Sprechen und Verstehen. Zauberkraft zwischen zwei Menschen, in: Der Spiegel Wissen: Versteh mich nicht falsch! Erfolgreiche Kommunikation in der Liebe, im Beruf, in der digitalen Welt, Ausgabe 3 / 2015, Seiten 10 - 19

Schulz von Thun, Friedemann: Miteinander reden: Fragen und Antworten, 3. Auflage, Reinbek 2010;

Schulz von Thun, Friedemann: Miteinander reden: Störungen und Klärungen. Psychologie der zwischenmenschlichen Kommunikation, Reinbek 1981

Schulz, Winfried: Die Konstruktion von Realität in den Nachrichtenmedien, Freiburg / München 1976

Schweiger, Wolfgang: Der (des)informierte Bürger im Netz. Wie soziale Medien die Meinungsbildung verändern, Wiesbaden 2017

Schwiesau, Dietz / Ohler, Josef: Nachrichten – klassisch und multimedial. Ein Handbuch für Ausbildung und Praxis, Wiesbaden 2016

Sculley, John / Byrne, John A.: Meine Karriere bei PepsiCo und Apple, Düsseldorf 1987

Senger, Harro von: 36 Strategeme für Manager, 5. Auflage, München 2013

Senger, Harro von: Strategeme. Lebens- und Überlebenslisten der Chinesen – die berühmten 36 Strategeme aus drei Jahrtausenden, München / Wien 2008

Seuhs-Scholler, Christiane: NLP und Werbung. Der effiziente Weg zum Kunden, Wien / Frankfurt am Main 2000

Sherif, Muzafer / Sherif, Carolyn Wood: Social Psychology, New York 1969

Shiller, Robert J.: Narrative Wirtschaft. Wie Geschichten die Wirtschaft beeinflussen – ein revolutionärer Erzählansatz, Kulmbach 2020

Shiller, Robert J.: Narrative Economics, New Haven 2017

Shiller, Robert J.: Phishing for Fools. Manipulation und Täuschung in der freien Marktwirtschaft, Düsseldorf/Berlin 2016

Shiller, Robert J.: Irrational Exuberance, Princeton 2015

Shiller, Robert J.: Märkte für Menschen. So schaffen wir ein besseres Finanzsystem, Frankfurt am Main/New York City 2012

Simon, Walter: Grundlagen der Kommunikation, Offenbach 2004

Sloterdijk, Peter: Die Verachtung der Massen. Versuch über Kulturkämpfe in der modernen Gesellschaft, Frankfurt am Main 2000

Sloterdijk, Peter: Medien-Zeit. Drei gegenwartsdiagnostische Versuche, Stuttgart 1993

Smith, Daniel: How to think like Steve Jobs. Des Apfels Kern: Was jeder von ihm lernen kann, Berlin 2014

Spence, Gerry: Argumentieren und gewinnen, München 1997

Stengel, Oliver (Hrsg.): Digitalzeitalter – Digitalgesellschaft. Das Ende des Industriezeitalters und der Beginn einer neuen Epoche, Wiesbaden 2017

Stern, Carola: Willy Brandt, Reinbek bei Hamburg 1975

Steven Broschart, Steven / Monschein, Rainer: Der Content-Faktor, München 2017

Stone, Brad: Der Allesverkäufer. Jeff Bezos und das Imperium von Amazon, 2. Neuausgabe, Frankfurt am Main 2019

Strässle, Thomas: Fake und Fiktion. Über die Erfindung von Wahrheit, München 2019

Stumm, Gerhard / Pritz, Alfred: Wörterbuch der Psychotherapie, Wien/New York 2000

Sun Tsu: Die Kunst des Krieges, München 2001

Szyszka, Peter: Beziehungskapital. Akzeptanz und Wertschöpfung, Stuttgart 2017

Theweleit, Klaus: Männerphantasien, Frankfurt am Main/Basel 1977/1978

Tillack, Hans-Martin: Die Lobby-Republik. Wer in Deutschland die Strippen zieht, Berlin 2015

Tomczak, Torsten / Esch, Franz-Rudolf/Kernstock, Joachim/Herrmann, Andreas: Behavioral Branding – Wie Mitarbeiterverhalten die Marke stärkt, Wiesbaden 2008

Trost, Armin (Hrsg.): Employer Branding. Arbeitgeber positionieren und präsentieren, Köln 2009

Tucholsky, Kurt: Mir fehlt ein Wort. In: Die Weltbühne,17.09.1929

Uebernickel, Falk / Brenner, Walter / Pukall, Britta / Naef, Therese / Schindlholzer, Bernhard: Design Thinking, Frankfurt am Main 2015

Ueding, Gert (Hrsg.): Historisches Wörterbuch der Rhetorik, Tübingen 1992

Ulsamer, Berthold: Exzellente Kommunikation mit NLP, Offenbach 1991

Ury, William L.: Schwierige Verhandlungen, New York 1991

Voeth, Markus / Herbst, Uta: Verhandlungsmanagement, 2. Auflage, Stuttgart 2015

Walker, Wolfgang: Abenteuer Kommunikation. Bateson, Perls, Satir, Erickson und die Anfänge des Neurolinguistischen Programmierens, Stuttgart 1996

Walter, Benjamin von / Kremmel, Dietmar (Hrsg.): Employer Brand Management. Arbeitgebermarken aufbauen und steuern, Wiesbaden 2016

Watzlawick, Paul / Beavin, Janet H. / Jackson, Don D.: Menschliche Kommunikation – Formen, Störungen, Paradoxien, 13. Auflage, Bern 2017

Watzlawick, Paul: Anleitung zum Unglücklichsein, München 1983

Watzlawick, Paul: Die erfundene Wirklichkeit – Wie wissen wir, was wir zu wissen glauben?, München 1981

Watzlawick, Paul: Wie wirklich ist die Wirklichkeit? – Wahn, Täuschung, Verstehen, München 1976

Watzlawick, Paul / Beavin, Janet H. / Jackson, Don D.: Pragmatics of Human Communication. A Study of Interactional Patterns, Pathologies, and Paradoxes, New York 1967

Wehling, Elisabeth: Politisches Framing. Wie eine Nation sich ihr Denken einredet und daraus Politik macht, Köln 2016

Weick, Karl E. / Sutcliffe, Kathleen M.: Das Unerwartete managen. Wie Unternehmen aus Extremsituationen lernen. Stuttgart 2003

Weick, Karl E.: Sensemaking in Organizations, London 1995

Weick, Karl E.: Der Prozess des Organisierens, Frankfurt am Main 1985

Weizenbaum, Joseph: Die Macht der Computer und die Ohnmacht der Vernunft, 12. Auflage, Berlin 1978

Willems, Herbert / Jurga, Martin (Hrsg.): Inszenierungsgesellschaft. Ein einführendes Handbuch, Opladen 1998

William Ross Ashby: An Invitation to Social Construction, London 1999

William Ross Ashby: Einführung in die Kybernetik, Frankfurt 1974

William Ross Ashby: An introduction to Cybernetics, New York 1956

Wirth, Bernhard P.: Alles über Menschenkenntnis, Charakterkunde und Körpersprache. 9. Auflage, München 2011

Wolff, Michael: Feuer und Zorn. Im Weißen Haus von Donald Trump, Reinbek bei Hamburg 2018

Woodcock, George: Der Hellseher. George Orwells Werk und Wirken, Zürich 1985

Woodward, Bob: Fear. Trump in the White House, New York 2018

Wulff, Bettina: Jenseits des Protokolls, München 2012

Wulff, Christian: Ganz oben, ganz unten, München 2014

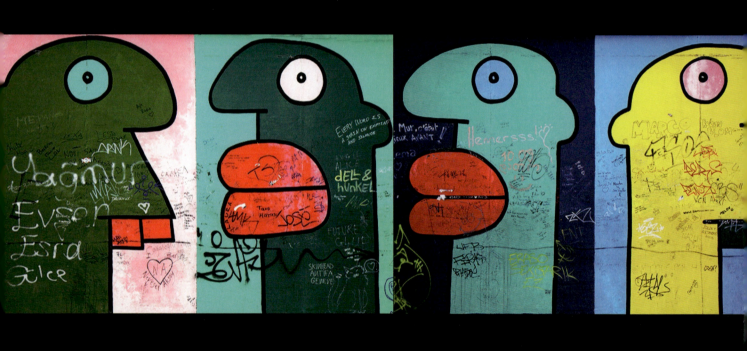